Jan Reetze

Der Sound der Jahre

Westdeutschlands Reise von Jazz und
Schlager zu Krautrock und darüber hinaus —
Ein Trip durch fünf Musikjahrzehnte

Für D.

7 *Vorwort von Hans-Joachim Roedelius*

8 Intro
20 Trümmerjahre
45 Telstar und die kleine Bimmelbahn
71 Musikmedien I
83 Star-Club
97 Wirtschaftswunderbeat
121 Die irreführende Magie des Jahres 1968
141 Münchener Krawalle
153 Engel des Chaos: Amon Düül II
174 Die Geister verwirren: Can
198 Die Zukunft ruft
237 Musikmedien II
249 Studios und Produzenten
269 Kaisers Reich
296 Tune in, turn on
301 Elektronische Revolution
317 Schoener, Fricke, Moroder
331 Berlin
342 By this River: Weserbergland
359 Kraftwerk
375 Düsseldorf
388 Hamburg
398 Wege ins Paradies: Agitprop
417 Ganz egal
423 Musik im Fernsehen
432 Siebziger Müesli
452 Eiszeit
471 Dunkle Wolken und flimmernde Bilder
480 Schwarze Romantik und starke Gefühle
488 Die Mär vom Einfluss
494 Outro

507 *Anmerkungen*
514 *Quellen*
520 *Index*

VORWORT VON HANS-JOACHIM ROEDELIUS

Gern komme ich der Bitte des Musikautors und Soziologen Jan Reetze nach, der der Liebe wegen in die USA ausgewandert ist und nun schon seit einigen Jahren dort arbeitet: zu seinem Buch, in dem es um Fragen der historischen Entwicklung der zeitgenössischen Popmusik gehen soll, ein Vorwort beizusteuern.

Als Mitgründer von Kluster, Cluster und Harmonia, verbunden mit meiner Solokarriere, habe ich zur Geschichte dieser Musik sicherlich einiges beigetragen. Das meiste, was man über diese Geschichte findet, ist mit einigen speziellen Menschen verbunden, die in dutzenden von Publikationen immer wieder erwähnt worden sind (und sicher auch hier wieder erwähnt werden). In diesem Buch jedoch werden einige von ihnen auf ihre tatsächliche Bedeutung zurückgestutzt, während andere, die bis heute in einer Art Dornröschenschlaf existieren mussten, erstmals ins Scheinwerferlicht gestellt werden.

Es ist kein Neid, der mich dazu bringt, das so deutlich auszusprechen. Es ist – im Gegenteil – eine späte Genugtuung, dass in Jans Buch etliche Protagonisten erstmals die ihnen zustehende Anerkennung erfahren. Manche Fakten, die lange missachtet wurden und über die nie nachgedacht wurde, werden hier benannt. Die in zahllosen Publikationen immer wieder erzählte Krautrock-Geschichte wird hier endlich einmal von jemandem präsentiert, der sich mit diesem Thema wirklich auskennt.

Für Experten, ebenso wie für Krautrock-Neulinge, eröffnet dieses Buch nicht nur einige Perspektiven zum ersten Mal, sondern es vermittelt auch einen Gesamtüberblick über das weite Feld der Rockmusik in Deutschland. Es widmet sich nicht nur dem Kapitel „Krautrock“, sondern zeigt auch die ursprünglichen Wurzeln der einmaligen und erfolgreichen musikalischen Bewegung, die dann unter dieser Bezeichnung bekannt wurde – eine Bewegung, die ohne eine Verbindung zur damaligen politischen Situation nicht möglich gewesen wäre, ebenso wenig wie ohne „a little help from a good friend“: den Einfluss der Flower-Power-Bewegung, die von Amerika aus nach Deutschland übersprang.

Womit ich, Joachim Roedelius, Ihnen eine angenehme Lektüre wünsche – möge dieses Buch die Aufmerksamkeit finden, die es verdient.

INTRO

Wenn man sich heute 50 Jahre alte Fernseh- oder Kinowerbespots anschaut, dann sind sie nicht nur zum Schmunzeln, sondern enthalten auch eine Menge Hintergrundinformationen über die Zeit, in der sie neu waren. Wer diese Zeichen entschlüsselt, erhält eine Ahnung davon, wie die Menschen damals tickten; man erfährt einiges über ihre Wünsche, Hoffnungen und manchmal auch über ihre Sorgen und Probleme. Jetzt, 50 Jahre später, erkennen wir aber auch, dass die Dinge nur selten so eingetroffen sind, wie man sie damals prophezeit hat. Retrospektiv können wir sehen, warum das so war.

Was für Werbespots gilt, das gilt sinngemäß auch für die Musik. Deutschlands tägliches Leben spiegelt sich in der Musik, die Menschen gehört haben. Wer sie heute hört, erfährt nebenher eine Menge über den kulturellen, politischen, wirtschaftlichen Zustand der damaligen Republik. Wie überall auf der Welt entstand auch in Deutschland die Musik nicht einfach „unter den damaligen Umständen", sondern sie entstand *wegen* der jeweils gegebenen Umstände - und gar nicht so selten hatte sie wiederum eine explizite Rückwirkung *auf* die Umstände.

Das ist die Grundidee dieses Buches. Es wirft einen Blick auf die Geschichte Westdeutschlands zwischen 1945 und 1990 im Spiegel seiner populären Musik. Denn eine Geschichtsschreibung, die sich nur von Meisterwerk zu Meisterwerk hangelt, würde am Ende das verfehlen, was Massenattraktivität ausmacht. Deswegen geht es hier weniger um hochklassige Bildungsmusik (nennen wir sie mal so), sondern hauptsächlich um die Alltagskultur, um den Schlager, um Gebrauchsmusik, Musik im Fernsehen, kurz: um das, was die Deutschen durch ihr Leben begleitet und sie geprägt hat.

Den wichtigsten Schwerpunkt bildet dabei die *Krautrock-Ära* der 1970er-Jahre. Was genau das sein soll, „Krautrock", ist nie klar definiert worden, aber in der Regel ist damit die Rockmusik gemeint, die in der Bundesrepublik Deutschland zwischen den späten 1960er- und den späten 1970er-Jahren entstand. Und wenn deutsche Musik im Ausland je wahrgenommen worden ist, dann ist es, von wenigen Ausnahmen abgesehen, die Musik genau dieser Zeit.

Der Titel des ersten FRUMPY-Albums, *All Will Be Changed* (1970), zeigt die Atmosphäre des Aufbruchs, die diese Szene in sich trug. Krautrocker, so will es die Sage über die damalige deutsche Musikszene, folgten ihren Ideen mit radikaler Konsequenz. Sie ignorierten Gott und die Welt ebenso wie ihr Publikum oder die A&R-Abteilung ihrer Plattenfirma (gesetzt, sie hatten einen Plattenvertrag), und sie taten, was ihnen der Herrgott oder seine chemischen Geschwister in den Kopf pflanzten. Sie konnten nicht anders, denn sie waren Deutsche, und die Deutschen, wie man weiß, standen zu allen Zeiten mit einem Bein in der Vergangenheit und mit dem anderen in der Zukunft, nur in der Gegenwart findet man sie für gewöhnlich nie.

Aber schon mit ihrem zweiten Album sandte FRUMPY ein Warnsignal: „Take Care of Illusion". In der Realität hatten Bands nämlich manchen Irrweg zu gehen, bevor sie ihre Nische, ihren Stil und, mit etwas Glück, ihr Publikum gefunden hatten. Die meisten scheiterten an dieser Suche oder gaben ganz auf. Aber seinen Weg nicht genau zu kennen, muss nicht zwangsläufig etwas Negatives sein, man kann darin auch eine Chance sehen. Bands kämpften mit ihren Plattenfirmen, in der Kasse herrschte ständige Ebbe, sie wurden von obskuren Managern über den Tisch gezogen. Sie mussten technische Probleme lösen. Bandmitglieder mussten sich mit ihren Familien, Freunden und Freundinnen auseinandersetzen. Sie mussten lernen, wie mit schlafmützigen Radioredakteuren und der musikalischen Wüste auf deutschen Fernsehschirmen umzugehen war. Sie hatten sich zwangsweise mit der oftmals herablassenden, entmutigenden Berichterstattung in der deutschen Musikpresse zu arrangieren. Sie waren konfrontiert mit bizarren Tourplänen, ahnungslosen Konzertveranstaltern, Künstleragenturen und dem Arbeitsamt. Dazu kamen ein renitentes und nicht selten aggressives Publikum, das an neue Klänge nicht gewöhnt und häufig nicht mal willens war, Eintritt zu zahlen. (Auch einige englische oder amerikanische Bands hatte diese Erfahrung auf die harte Tour zu machen.) Rockmusik in Deutschland war ein Produkt beständigen Versuchs und Irrtums. Dieses Buch begleitet die Künstler auf ihrer Reise durch Entscheidungen und Lernprozesse im Licht der jeweiligen Zeitumstände.

Dennoch ist dies kein Weißt-du-noch-Buch. Es korrigiert zahlreiche Aspekte, die heute (besonders in einigen Fan-Zirkeln) scheinbar zum Allgemeinwissen gehören; es zerstört unvermeidbar auch einige gehätschelte Illusionen.

Es liefert Hintergründe über die deutsche Musikszene und einige ihrer Macher. Die Namen Conny Plank, Dieter Dierks, Rolf-Ulrich Kaiser und einige andere werden Sie zumindest als Fan deutscher Rockmusik kennen, aber vielleicht nicht so, wie sie hier portraitiert werden. Andere Namen, etwa Siggi Loch, Peter Meisel, Manfred Weissleder oder Mike Leckebusch, sind schon weniger bekannt. Auch von Bert Kaempfert und James Last wird hier die Rede sein, und wenn Sie sich fragen, was die mit Rockmusik zu tun haben – die Verbindungen gab es. Genau das ist Alltagskultur. Sie werden von den Arbeitsbedingungen professioneller Musiker hören und sich darüber wundern, was diese so alles tun und spielen mussten, um über die Runden zu kommen. Viele Rockmusiker waren sehr viel dichter an der von ihnen nach außen hin verachteten Schlagerszene dran als sie zugeben möchten. (Oder umgekehrt: Die Schlagerszene war gar nicht so weit weg von der Rockszene, wie viele sich das vorstellen.) Nicht zuletzt werden Sie erfahren, wie deutsche Musik im Ausland wahrgenommen wurde, wie für Musiker, Produzenten und Plattenfirmen so mancher hoffnungsvoll abgefeuerte Schuss nach hinten losging, und woran genau das lag.

Krautrock, obwohl inzwischen 40 bis 50 Jahre alt, ist neben der Klassik heute die Musiksparte, die im Ausland am unmittelbarsten mit Deutschland verbunden wird. Dabei ist das musikalische Pop- und Rock-Spektrum schon immer breiter gewesen und die Wurzeln reichen weiter zurück als man vielleicht denkt. Krautrockmusiker erzählen gern die Geschichte, sie hätten keine Tradition gehabt, an die sie hätten anknüpfen können – nichts als Beethoven und schreckliche Schlager habe es gegeben, und so sei man dazu gezwungen gewesen, alles komplett neu zu erfinden. Tatsächlich aber gab es sehr wohl Traditionen, die aufgegriffen werden konnten, und die Musiker haben davon auch durchaus Gebrauch gemacht. Es gab Jazz-Einflüsse, ebenso wie Spuren einer Cabaret-Tradition. Es gab britische, amerikanische und hausgemachte Folk-Spuren. Es gab Skiffle, es gab den Merseybeat, es gab enge Verbindungen zwischen Schlagern und Rock, es gab Komponisten wie Stockhausen und Ligeti, es gab „Achtundsechzig“ (nur wusste im Jahr 1968 noch niemand, dass daraus einmal ein feststehender Begriff werden würde) und es gab einen Zeitgeist, der die amerikanische Kultur gleichzeitig verehrte und verabscheute.

Wenn man sich den Kopf darüber zerbricht, welche Einflüsse aus dem Ausland auf deutsche Musiker eingewirkt haben, dann sollte man auch umgekehrt fragen: Welchen Stellenwert hatte deutsche Musik im Ausland? Auch das wird ein Schwerpunkt dieses Buches sein.

Die folgende Aufstellung der deutschen Singles, die zwischen 1955 und 2015 mindestens die #30 der amerikanischen *Billboard*-Charts erreichten, gibt schon mal einen ersten Eindruck:[1]

JAHR	INTERPRET	TITEL	POSITION
1955	Caterina Valente	The Breeze And I	#8
1962	Bert Kaempfert Orchestra	Wonderland by Night	#1
1975	Kraftwerk	Autobahn	#25
1975	Silver Convention	Fly Robin Fly	#1
1976	Silver Convention	Get Up and Boogie	#2
1978	Boney M	Rivers of Babylon	#30
1982	Peter Schilling	Major Tom (Coming Home)	#14
1983	Nena	99 Luftballons	#2
1984	Scorpions	Rock You Like a Hurricane	#25
1988	Milli Vanilli	Girl You Know It's True	#2
1989	Milli Vanilli	Baby Don't Forget My Number	#1
1989	Milli Vanilli	Girl I'm Gonna Miss You	#1
1989	Milli Vanilli	Blame It on the Rain	#1
1990	Snap	The Power	#2
1991	Scorpions	Winds of Change	#4
1992	Snap	Rhythm is a Dancer	#5
1993	Real McCoy	Another Night	#3
1995	La Bouche	Be My Lover	#6
1996	Mr. President	Coco Jamboo	#22
1999	Lou Bega	Mambo No. 5	#3
2015	Omi/Felix Jaehn	Cheerleader	#1

Das ist es, was „die Welt" von Deutschland erwartet: Discopop, Eurodance, manchmal Techno. Ein bisschen Innovation darf gern dabei sein (wie schon der Audi-Slogan „Vorsprung durch Technik" aus dem Jahre 1971 zeigt, der auch in den USA gut bekannt ist). In New York City oder Los Angeles will aber niemand Afri-Cola, dort hat man das Original. Deshalb muss deutsche Rockmusik, wenn sie überhaupt zur Kenntnis genommen werden soll, etwas Spezielles mitbringen. Etwas, das die Musikszenen dieser Länder so nicht haben. Kraftwerk ist eine Gruppe, die in Musik und Image speziell genug war, bemerkt zu werden. Auch Trio und ihr Hit „Da Da Da" waren ungewöhnlich genug, um später in einem amerikanischen Audi-Werbespot verwendet und im positiven Sinne als „deutsch" wiedererkannt zu werden. Andere Bands setzen auf Bühnenauftritte mit martialischem Lärm und Feuerzauber, vorgeführt von schwitzenden jungen Männern mit nacktem Oberkörper – das wäre dann das Geschäftsmodell von Rammstein. Die Hardrocker Scorpions bilden die Ausnahme der Regel: Sie sind eine deutsche Band, passten sich aber perfekt den Standards einer Szene an, die fast vollständig von Bands aus dem anglo-amerikanischen Raum dominiert wurde und wird.

Es war um 1970, als britische Musikjournalisten das Label „Krautrock" auf Rockmusik aus Deutschland pappten. Mit der V-2 waren diese krazy Krauts gescheitert, und jetzt wagten sie es wieder, diesmal mit Verstärkern und Synthesizern? Das konnte nicht wahr sein.

War es aber. Und selbst 1973 war es anscheinend noch nicht möglich, sich die Deutschen ohne Stahlhelm vorzustellen, wie dieser Ausriss aus einer Virgin-Anzeige im *Melody Maker* zeigt:

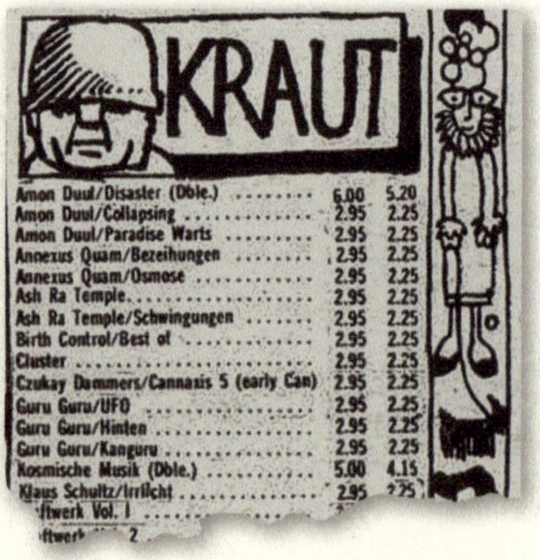

Wenn es kein Stahlhelm war, dann setzte man mit großer Wahrscheinlichkeit eine Frakturschrift für die Schlagzeile ein. David Bowie betitelte ein Stück seines *"Heroes"*-Albums „V-2 Schneider", womit er natürlich den Hut vor Kraftwerks Florian Schneider lüftete, aber das „V-2" setzte die Widmung in ein ambivalentes Licht – was wohl auch der Grund dafür war, dass sich Schneider dazu nie öffentlich geäußert hat. – Andere Journalisten, wie hier im *New Musical Express*, amüsierten sich über den deutschen Akzent, und natürlich wurde den Deutschen auch das größte Mundwerk unterstellt:

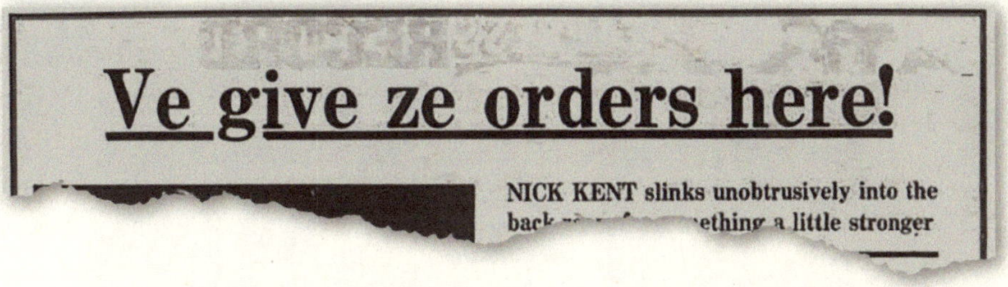
Ve give ze orders here!

NICK KENT slinks unobtrusively into the

Man findet solcherlei bis heute in ermüdender Einfalt in der englischen Boulevardpresse, wenn ein Fußballspiel zwischen England und Deutschland ansteht. Es hat inzwischen etwas latent Seniles an sich. Aber auch andere Länder servierten in den 1960er- und 1970er-Jahren manchmal mit großer Kelle, wie etwa diese Rezension von Kraftwerks *Trans Europa Express* in der schwedischen Boulevardzeitung *Expressen* zeigt:

> „Ich wusste zunächst nicht, ob ich es wagen durfte, zu lachen. Eine deutsche Popgruppe mit diesem Namen: Kraftwerk – soll das eine Parodie auf die Fritz-Kultur sein, oder was …? Gespannt legte ich die Platte mit Titeln wie ‚Europa Endlos' und ‚Franz Schubert' auf den Plattenteller, und das Lachen blieb mir im Hals stecken. Das ist nichts anderes als Faschismus, klar und einfach. Würde es ein Arbeitsverbot in Deutschland geben, es sollte gegen Kraftwerk verhängt werden. Durchgehend ist der Sound synthetisch bis zur metallischen Monotonie. Dreiklänge und Marschrhythmus mit Texten wie ‚Europa Endlos mit Eleganz und Dekadenz'. … Hier wird es zum rhythmischen Stiefelgetrampel in der neuesten synthetischen Verpackung."[2]

Wer nun allerdings glaubt, solches Gefasel sei nur noch schwer zu unterbieten, der irrt:[3]

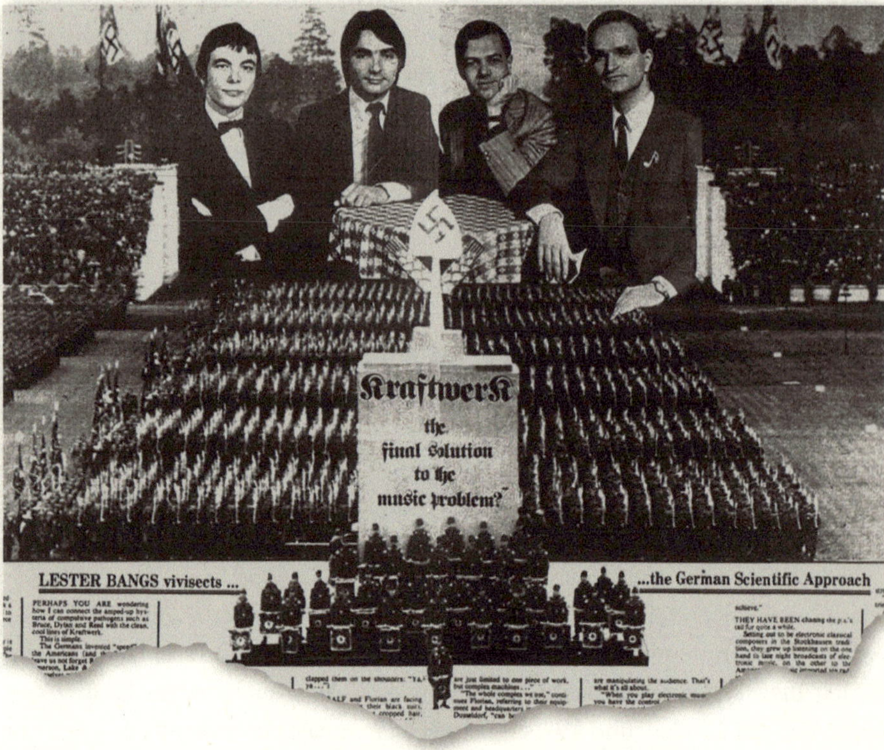

Eine Band in einer einzigen Montage mit Reichsparteitagsaufmärschen *und* noch dem Holocaust („Endlösung“) in Verbindung zu bringen – das muss man erstmal schaffen.

Nur seien wir fair: Plattenbesprechungen und Anzeigen dieser Art zielten nicht auf die Platten oder die Musiker ab, gemeint war *Deutschland*. Man muss sich vergegenwärtigen, wann diese Kritiker und Plattenfirmenleute geboren wurden. Was haben sie von ihren Eltern und Großeltern über Deutschland gehört? Was haben sie in der Schule darüber gelernt? Hinzu kommt die Tatsache, dass sich die ersten Bands aus Deutschland im Ausland oft arrogant und abgedriftet verhielten. Natürlich kaschierten sie damit vor allem ihre eigene Unsicherheit, denn sie wussten (oder ahnten zumindest), wie sie als Deutsche wahrgenommen werden würden. Und man kann sich vorstellen, wie diese Ausstrahlung bei den Journalisten ankam. Für letztere war Deutschland ohnehin schon ein aufgeladenes Thema, und dazu dann noch diese seltsame Musik! Folglich also öffneten die Kritiker erst einmal sämtliche Schleusen und kalauerten sich gallebitter durch alle Stereotypen, die ihnen so einfielen.

Aus englischer und amerikanischer Perspektive war und ist Deutschland ein exotischer Platz. Der Zweite Weltkrieg war noch nicht verdaut und in vielen Fällen gab es persönliche oder familiäre Erfahrungen. Informationen darüber, was in diesem mysteriösen Land in den 1960er- oder 1970er-Jahren tatsächlich vorging, waren schwer zu bekommen. Manchmal waren Tatsachen auch gar nicht erwünscht, denn mit Vorurteilen lässt es sich bequemer arbeiten. Viele englische oder amerikanische Musikjournalisten, selbst die gutwilligen, waren nie in Deutschland gewesen, meistens sprachen sie die Sprache nicht und wussten über Bach, Beethoven, Wagner und James Last hinaus nur wenig (wenn überhaupt etwas) über Deutschlands musikalische und kulturelle Landschaft. Wenn sie dann mit Bands wie AMON DÜÜL, AMON DÜÜL II, CAN, FAUST, KRAFTWERK oder TANGERINE DREAM zu tun bekamen, reagierten sie entweder geschockt oder amüsiert – umso mehr, als sie Rock meist als originär britisches oder amerikanisches Monopol ansahen, an dem sich andere nicht zu vergreifen hatten. Noch heute, wenn ich im *New Yorker*, im *Atlantic* oder in der *New York Times* Artikel über Deutschland finde (viele sind es ohnehin nicht), habe ich den Eindruck, es werde über ein kleines, merkwürdiges Land berichtet, in dem humorfreie und streberhafte Menschen leben, die sich seltsam spannungslose Fernsehkrimis anschauen, geistig im 19. Jahrhundert stehengeblieben sind, aber manchmal doch irgendwie ganz drollig sein können.

Deutsche Schlager hatten normalerweise schon aufgrund der Sprache keine Chance, über den Kanal oder in die Neue Welt zu gelangen. Krautrock hatte diese Chance. Und war dieser Terminus anfangs alles andere als freundlich gemeint, so änderte sich das nach einer Weile. Vorhergesagt hatte es niemand, aber plötzlich fanden deutsche Bands ein interessiertes Publikum in England. Zunächst war es nur ein kleiner Hörerkreis, aber dieser Kreis wuchs, und irgendwann hatte sich das „Krautrock"-Etikett in ein Qualitätssiegel verwandelt, anfangs in England, dann auch in den USA und Japan, selbst in Australien entwickelte sich eine kleine Fangemeinde. „Krautrock", und in dessen Nachfolge auch die frühe „Neue Deutsche Welle", bevor sie zum Schlager wurde, waren Synonyme für Charakteristika, die in den Mutterländern des Rocks nicht zu finden waren: Seltsame Sounds, manchmal Gedudel ohne Punkt und Komma, musikalische Anarchie, Missachtung der überkommenen Regeln der Musikindustrie, aber auch Innovation, Radikalität und Kompromisslosigkeit. Das war der Punkt: In England und den USA kannte man das in dieser Form nicht. Und das anglo-amerikanische Publikum hatte – anders als ihre Musikpresse – kaum Vorurteile; die deutschen Musiker mussten lediglich ein paar internationale Spielregeln lernen. Welche, das lesen Sie in diesem Buch.

Begriffe wie „Genie", „Legende", „Ikone" et cetera werden Sie in diesem Buch selten finden. Sie halten aber auch kein wissenschaftliches Nachschlagewerk, keine Masterarbeit oder Dissertation in Ihren Händen, es dient nicht dazu, mir einen akademischen Titel einzubringen. Dies ist ein essayistisches Buch, das einige Perspektiven eröffnet, die Sie so vielleicht noch nicht wahrgenommen haben. Und letztlich soll es nicht langweilen – weder Sie noch mich selbst. Dieses Buch erzählt von dem Stoff, mit dem ich aufgewachsen bin, und der Art und Weise, wie wir (junge Leute in Deutschland) die Dinge damals gesehen haben. Ich möchte eine Ahnung davon vermitteln, unter welchen kulturellen und politischen Umständen zu welcher Zeit nach 1945 welche Musikrichtungen entstanden, wie sie sich gegenseitig beeinflusst haben, und was passierte, als die jeweiligen Wellen später wieder abebbten – denn das geschah natürlich unweigerlich.

Könnte es sein, dass insbesondere die Krautrock- und später die sogenannte Alternativbewegung einen Rücksturz in die Zeit des „Sturm und Drang" bedeutete? Könnte es sein, dass die chaotische Art, wie Musik entwickelt und ans Publikum gebracht wurde, tief in der Ära der Deutschen Romantik wurzelte? Könnte es sein, dass die Denkweise der Krautrockmusiker gar nicht weit von jener der Künstler und der „Lebensreform"-Gruppen der Weimarer Republik entfernt war – Stichworte Worpswede, Hellerau, Monte Verità und so weiter? Zumindest besaßen viele Krautrockgruppen, ebenso wie Teile der Studentenbewegung, eine vergleichbare „Alles-oder-Nichts"-Einstellung wie ihre Vorläufer in den 1920er-Jahren. Der Radikalismus, wie er in den 1970er-Jahren zu Phänomenen wie der „Bewegung 2. Juni" und der „Baader-Meinhof-Gruppe" führte, war nicht neu und in der deutschen Geschichte darüber hinaus auch nicht einmalig. Diese Radikalität ging gegen Ende der Krautrock-Ära fließend in die Neue Deutsche Welle über. Da gibt es Verbindungen, einige „typisch deutsche", nicht immer angenehme, und Sie werden in diesem Buch mehr darüber erfahren. Allerdings, um es mit den Worten von Stewart Brand zu sagen: „Wenn Sie dieses Buch nur lesen, um sich Ihre gegenwärtigen Ansichten bestätigen zu lassen, dann haben Sie den falschen Berater angeheuert."[4]

Um auch in den Medien präsentabel zu erscheinen, braucht die Musik einprägsame Persönlichkeiten – gute Sänger, versierte Gitarristen – Leute, die knackige Statements glaubwürdig von sich geben konnten. Genau solche Persönlichkeiten waren jedoch rar in Deutschland. Ralf Hütter von KRAFTWERK: „Wir können eben nicht so gut reden, deshalb machen wir Musik"[5], und er war nicht der Einzige, der so dachte. Deswegen mussten englische Journalisten oft raten, was die betreffenden Künstler wohl meinten. Sie konnten die Klänge, die sie aus Deutschland hörten, nicht einordnen (mit Ausnahme von Schlagern – die hatten von Natur aus lächerlich zu sein), und sie wussten nicht, wie sie sie in ihren Magazinen an die Leserschaft bringen sollten. Es gab kein Internet und kein Wikipedia, deshalb war nur wenig Hintergrundinformation verfügbar, und selbst große Teile dessen, was überhaupt verfügbar war, beruhten auf Vermutungen – teils absichtlich, teils aber auch einfach deshalb, weil die Journalisten die Bedeutung einiger Redewendungen nicht verstanden, die deutsche Musiker in Interviews gebrauchten. Und die Musikfans in England oder den Staaten hatten schließlich keine Möglichkeit, die Presseberichte über Deutschland, deutsche Musik und deutsche Musiker zu verifizieren.

Kein Wunder also, dass schon bald „Fake News" zirkulierten. Missverständnisse und falsche Schlussfolgerungen machten die Runde, sowohl über die Musiker selbst, aber auch über ihr Talent und ihre Absichten. Und nachdem die einmal in der Welt waren, stabilisierten sie sich sehr schnell und wurden mehr und mehr als Tatsachen angesehen. Und noch interessanter: Diese scheinbaren Tatsachen schwappten plötzlich wieder nach Deutschland zurück. Viele dieser Informationen spuken noch heute in Deutschland herum. Natürlich ist nicht jede Information, die man in englischen Quellen findet, falsch, aber oft fehlt wichtiger Kontext. Sobald dieser Kontext gegeben ist, sehen einige Dinge plötzlich anders aus.

Diesen Kontext liefert dieses Buch. Es zeigt, wie verschiedene Musikszenen in das Alltagsleben eingebettet waren und bietet eine Spurensuche. Krautrock, und ebenso die NDW, waren keine isolierten Ereignisse, sie fielen nicht plötzlich vom Himmel. Es gab jede Menge Hintergrund, Traditionen, Geschichte und Geschichten - und manchmal kam etwas Neues dabei heraus.

Dieses Buch handelt von Deutschland als dem Biotop, in dem diese Musik entstand. Es liefert Hintergrundinformationen über die künstlerischen, kulturellen, soziologischen, infrastrukturellen, politischen und ökonomischen Umstände, die die Entstehung einer deutschen Musikszene zwischen etwa 1950 und den späten 1980ern beeinflusst haben. Das Buch dröselt auf, weshalb deutsche Musiker andere Ausdrucksformen fanden als ihre Kollegen in den klassischen Rock-Ländern. Es ist deshalb auch ein Buch über Deutschland, sein tägliches Leben und seine Reise durch die Aufs und Abs einiger recht unterschiedlicher Jahrzehnte. Sie werden den jeweiligen Zeitgeist schnuppern und ihn altersbedingt entweder wiedererkennen oder ihn als neue Erfahrung kennenlernen. Und es wird klar werden, dass Musiker manche Gegebenheit überschätzen, weil sie selbst daran beteiligt waren.

Der rote Faden in diesem Buch ist die Chronologie. Manchmal allerdings schien es mir sinnvoller zu sein, einem konkreten Thema zu folgen als einem strikten Zeitstrahl. Die wirklichen Veränderungen in Kultur, Musik und Kunst sind immer ein Prozess, der sich unabhängig von Jahrzehntgrenzen vollzieht.

Dabei mache ich mir einen Platzvorteil zunutze: Ich bin in den 1970ern und 1980ern anwesend gewesen. Mein Tinnitus erinnert mich täglich daran, wieviele Konzerte ich ungefähr besucht und wieviele LPs ich zu laut im Kopfhörer gehört habe. Ich habe ein Jahr in London zugebracht und lebe heute in den USA. Beides gibt mir die Möglichkeit, die deutsche Musikszene sowohl von innen als auch von außen zu betrachten – und ich kann versichern, dass sich aus der Distanz manches anders darstellt als aus der Binnenperspektive.

Die hier erzählte Geschichte endet ungefähr bei der deutschen Einheit im Jahr 1989 oder kurz danach. In den 1990er-Jahren veränderte sich nicht nur die politische, sondern auch die mediale Landschaft, und zwar drastisch. Neue Technologien wie das Internet veränderten nicht nur die Produktion, sie stellten auch die Distribution von Musik auf den Kopf, und damit veränderte sich auch die Musik selbst. Das Schlusskapitel wird es andeuten; dies alles vollständig zusammenzubringen würde ein neues Buch erfordern.

Dies ist kein Lexikon. Wenn ein Act in diesem Buch nicht oder nur am Rande genannt wird, bedeutet das nicht, dass ich ihn für schlecht oder unwichtig halte. Sinn dieses Buches ist es nicht, auch noch den letzten Stein umzudrehen, ob sich darunter womöglich eine Band versteckt hatte, sondern es sollen die relevanten Strömungen dargestellt werden, die es geschafft haben, nicht nur in Deutschland, sondern auch international Spuren zu hinterlassen. Und das sind dann gar nicht so viele.

Ein wichtiger Punkt sei noch angemerkt: In diesem Buch geht es *ausschließlich* um die Bundesrepublik Deutschland und West-Berlin. Auch in der DDR gab es eine sehr aktive Jazz- und Rockszene mit exzellenten Musikern, aber diese Szenen waren immer relativ isoliert, und die Musikerinnen und Musiker dort hatten wegen der oft strikten Lenkungspolitik der DDR-Regierung nur wenige Möglichkeiten, sich mit den Entwicklungen im Westen zu befassen. Häufig waren sie daran auch gar nicht interessiert. Ich als „Wessie" fühle mich nicht kompetent, derjenige zu sein, der darüber schreibt. Das sollte jemand machen, der oder die in den entsprechenden Jahren in der DDR gelebt hat.

Die wunderbare Fran Lebowitz hat mal irgendwo geschrieben: „Ein Buch sollte kein Spiegel sein, sondern eine Tür." – Herzlich willkommen also. Fühlen Sie sich ganz wie zu Hause.

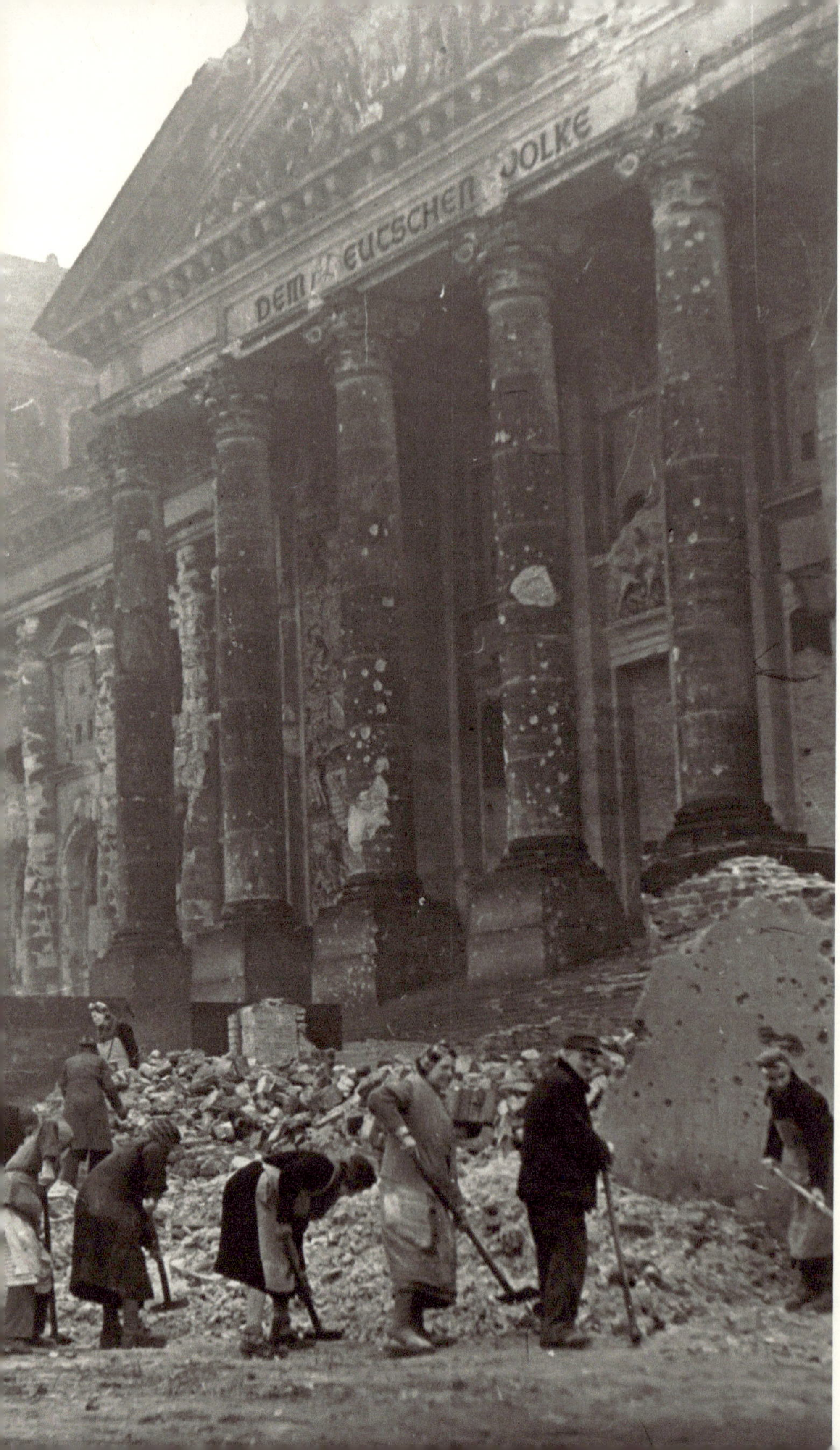

Die Trümmer des im 2. Weltkrieg zerstörten Reichstages werden beseitigt (18. März 1948)

TRÜMMERJAHRE

Werner Herzog, geboren 1942 und einer der wenigen deutschen Filmemacher, die man auch in England und den USA kennt, sagt: „Als ein deutscher Filmemacher nach dem Krieg bin ich – und nicht nur ich, sondern alle meine Mitstreiter – als eine vaterlose Generation aufgewachsen, eine Generation von Waisen. Unsere Väter waren entweder geflohen oder verjagt worden, oder sie waren Mitläufer des barbarischen Naziregimes gewesen. Wir hatten niemanden, von dem wir lernen konnten, und so schauten wir zurück auf unsere Großväter. Und das waren Murnau, Fritz Lang und andere. Mit so einer Kultur musste ich mich verbinden, einer rechtmäßigen, großen Kultur Deutschlands. Und das war die Kultur unserer Großväter, oder eine noch ältere."[1]

Von Rockmusikern hört man ähnliche Stellungnahmen. Ralf Hütter beispielsweise sagt im Hinblick auf die Anfänge von KRAFTWERK: „Wir haben damals gemerkt: Die Bundesrepublik hat keinen zeitgenössischen Klang. Das war für uns ein Schock. Aber dann haben wir uns gedacht: Lass uns einen machen. Da war ja ein riesiger Raum, der leer war. Schauen Sie sich die späten Sechziger an. Da gab's nur Schlager. Und Rock aus den anglo-amerikanischen Quellen. … Was soll die Leute denn sonst interessieren, wenn nicht die wirkliche deutsche zeitgenössische Alltagskultur? Die kulturelle Identität mussten wir aber erst mal finden. Das kannten wir in der Form damals ja gar nicht."[2]

Manuel Göttsching (ASH RA TEMPEL) drückt sich ähnlich aus, ist dabei aber präziser: „Es war eine Periode, in der viele wirklich interessante Musikgenres aufkamen, wegen seiner Situation besonders in Deutschland. Wir hatten nach dem Zweiten Weltkrieg ein kulturelles Desaster. Wir mussten unsere Kultur neu aufbauen, weil die meisten interessanten Leute entweder ermordet waren, oder emigriert, wenn sie konnten. In den Sechzigern war das Verlangen junger Leute nach etwas Neuem sehr stark."[3]

Drei Stimmen von vielen, und alle Stichworte sind versammelt: Vaterlose Generation, fehlende kulturelle Identität, leerer Raum, nichts als Schlager. Vieles lässt sich damit recht einfach erklären. Offen bleibt, wie meist in Statements dieser Art, was denn das überhaupt sein mag, diese „kulturelle Identität". Und Hand aufs Herz: Hat in den 1950er- und 1960er-Jahren überhaupt je ein Rockmusiker ernsthaft „die Notwendigkeit gefühlt", Neues zu erfinden, weil er oder sie keine Tradition erkennen konnte, mit der man sich hätte verbinden können? Tatsächlich kopierten sie die anglo-amerikanische Musik, weil sie attraktiv war, weil sie von den Erwachsenen verdammt wurde, und nicht zuletzt wohl auch, weil ihnen selbst nichts Besseres einfiel. Dass sie tatsächlich auch mit eigenen Ideen um die Ecke kamen, geschah erst später. Über Traditionen hat man sich keine großen Gedanken gemacht. Die einzige Ausnahme war die Folkszene. Die hatte tatsächlich ein Problem, das aber, wie noch zu zeigen sein wird, *gerade* die Tradition war.

Und wie stellt sich die Sache dar, wenn man eine etwas weitere Perspektive wählt? Gab es diesen „leeren Raum", diese *tabula rasa*, wirklich? Gab es nach dem Krieg tatsächlich so etwas wie die vielbeschworene „Stunde Null"? Gemeint war damit die Zeit unmittelbar nach dem Kriegsende, als angeblich alle Deutschen gleichermaßen vor dem Nichts standen.

Diese Legende hat so nie gestimmt. Zwar standen die meisten Deutschen tatsächlich vor dem Ruin, aber es gab auch ein paar, die noch ein Stahlwerk oder ein Kohlebergwerk besaßen, oder diejenigen, die Professoren oder Richter waren und ihre Karrieren nahtlos fortsetzen konnten, gerade so, als sei nichts gewesen.

Konsequenzenlos war das Kriegsende natürlich nicht. Wer zum Beispiel vor der Nazizeit Filmemacher gewesen war, der hatte nun eine harte Zeit vor sich. Während der Weimarer Republik, in den „Goldenen Zwanzigern", war Deutschland eines der führenden filmproduzierenden Länder. Mit Regisseuren wie Fritz Lang, F.W. Murnau, G.W. Pabst, Robert Wiene und anderen war die deutsche Kinematographie innovativ, einflussreich, risikobereit und kunstvoll geworden – und vor allem: erfolgreich. Deutsche Filmkunst wurde von Hollywoods Drehbuchautoren, Regisseuren und Kameraleuten mit wachen Augen beobachtet. Als die Nazis die Filmindustrie übernahmen (und das war eine ihrer ersten Aktionen), verlor das deutsche Kino den größten Teil seiner Qualität und seine gesamte Glaubwürdigkeit. Zwar setzten die Nazis während des Dritten Reiches nicht weniger als rund 1200 Filme in die Welt, aber erwähnenswert war davon bestenfalls eine Handvoll.

Es ist Deutschland nach dem Ende des Dritten Reiches nie gelungen, seine Filmindustrie wieder auf das künstlerische Niveau der 1920er-Jahre zu heben – bis heute nicht. In den 1950er- und 1960er-Jahren bestand die deutsche Filmproduktion im Wesentlichen aus sentimentalen Heimatschinken und harmlosen, meist eher unkomischen Komödien. Ein Film wie *Der Verlorene*, 1951 unter der Regie des aus der US-Emigration zurückgekehrten Jahrhundertschauspielers Peter Lorre gedreht, konnte in diesem Umfeld nur scheitern. Niemand wollte ein Drama sehen, das sich in der Nachkriegstrümmerlandschaft mit Schuld und der Unmöglichkeit der Sühne auseinandersetzte. Lorre verließ daraufhin Deutschland zum zweiten Mal, diesmal für immer.

Und die Musikproduktion? Da sah es ein bisschen anders aus. Das erwähnte Statement von Werner Herzog ist nicht falsch, greift im Hinblick auf die Musik nur ein wenig zu kurz.

Es mag richtig sein, dass vielen deutschen Rockmusiker die Musiktraditionen im Lande nicht bewusst waren, aber das heißt nicht, dass es keine gab. Tatsächlich konnte Deutschland auf eine reiche Tradition zurückblicken: Schlager, Operette, Folklore, klassische Musik, Cabaret, und auch Jazz. In den 1920er- und den frühen 1930er-Jahren gab es originelle Sounds – etwa die COMEDIAN HARMONISTS (manche sehen sie als die erste Boygroup an) oder WEINTRAUB's SYNCOPATORS, es gab Komponisten und Texter wie Friedrich Hollaender, Robert Gilbert, Kurt Tucholsky, Erich Kästner, Werner Richard Heymann, um nur einige von ihnen zu nennen. Manche späteren Musiker griffen auf diese Traditionen sogar zurück, ohne sich dessen überhaupt bewusst zu sein.

Viele Werke dieser genannten Künstler wurden während der Nazi-Ära als „entartet" eingestuft - besonders Werke jüdischer Komponisten, etwa jene Erich Wolfgang Korngolds oder Berthold Goldschmidts. Aber auch Kompositionen, die einfach nur irgendwie „schwierig" waren, die nicht glatt ins Ohr gingen, wie etwa jene Paul Hindemiths, waren den Nazis ein Graus.

Auch Swing und Jazz wurde in Deutschland gespielt. Das waren natürlich „kopierte" Musikstile, aber sie gehörten zum Kernbestand der „Goldenen Zwanziger" und frühen Dreißiger. Es wird häufig behauptet, in Deutschland sei der Jazz während der Nazizeit per Gesetz verboten gewesen, aber ganz so einfach war es nicht. Die Nazis ließen zwar verlauten, solcher „Hottentottenlärm" (einer der diversen herabsetzenden Begriffe aus dem Wörterbuch der Nazis) sei dem deutschen Nationalgeist nicht zuträglich, aber zu einem vollständigen Verbot führte das nicht per se. Natürlich war dies nicht die Musik, die die Nazis sich wünschten. Sie wollten die jungen Leute im Gleichschritt marschieren lassen[4], und das war zu Swing- oder Jazzrhythmen nicht zu machen. Im Jahr 1935 wurde angeordnet, dass die Reichssender Jazz oder Swing nicht mehr spielen sollten. Jazz-Schallplatten jedoch, besonders Importe, waren nach wie vor zu bekommen. Man musste nur wissen, wo. Auch wurde den Gauleitern freigestellt, regionale Verbote auszusprechen. Manche taten das, andere nicht. 1937 trat in einigen Regionen ein Verbot von Swingtanz in Tanzcafés, Cabarets und Bars in Kraft. Kellner bekamen die offizielle Anweisung, zu verhindern, dass die Kapellen solche Musik spielten und Gäste dazu tanzten. Goebbels gab anlässlich der Eröffnung der jährlichen „Reichsmusiktage" bekannt, dieses Unkraut solle entfernt werden, und der Staat müsse als der Gärtner handeln. Wie das aufzufassen war, wurde im Mai 1938 durch die Düsseldorfer Ausstellung „Entartete Musik" offensichtlich.

Für die sogenannte „Swing-Jugend" brachen damit harte Zeiten an. Diese Jugendlichen, weibliche wie männliche Teenager und Twentysomethings, waren kleine Fangruppen, die amerikanischen und englischen Swing und Jazz hörten, meist von Importplatten oder über ausländische Radiostationen wie die BBC – und natürlich bekamen sie via BBC auch einiges andere mit. Die Swing-Kids trugen ihr Haar für damalige Begriffe relativ lang, hatten einen spezifischen Kleidungsstil und unterhielten sich in einem Slang, der mit etlichen Anglizismen durchsetzt war. Sie grüßten einander mit „Swing Heil" oder veralberten die Hitler-Jugend (HJ), indem sie sich selbst als die „Hotler-Jugend" bezeichneten. Besonders Mutige begingen am 30. November sogar Winston Churchills Geburtstag, indem sie einen Bowler und einen aufgerollten Schirm trugen und eine alte Ausgabe der *Times* aus ihrer Manteltasche herausschauen ließen.[5] Wenn sie Glück hatten, wurden sie dann nur von Kellnern, Lehrern und überaktiven Mitgliedern der HJ behelligt.[6]

Später allerdings hatten Swing-Kids, die als „Rädelsführer" angesehen wurden, Gefängnis oder KZ zu gewärtigen. Man unterstellte ihnen, sie hätten Auslandssender gehört, was strikt verboten war (ab September 1939 stand darauf sogar die Todesstrafe). Wenn es das nicht war, dann reichte für eine Bestrafung auch allgemeines „rebellisches Verhalten". Im Jahr 1941 gründete die Gestapo (Geheime Staatspolizei) in Hamburg sogar eine eigenständige Abteilung gegen die Swing-Jugend; Cafés und andere Treffpunkte wurden durchsucht, man arretierte die Teenager und ließ sie Spießruten laufen. Sie wurden zusammengeschlagen und hatten dann stundenlang regungslos an einer Wand im Gestapo-Hauptquartier zu stehen. Wenn jemand sich doch bewegte oder schlichtweg umkippte, begann die Behandlung von vorn.[7] Einige der besten Jazz- und Swingmusiker, etwa der Gitarrist Coco Schumann wanderten in den Knast.

Kontrastierend dazu aber gab es hunderte von Tanzkapellen, die weiterhin in Bars, Cafés und Cabarets spielten, und viele schafften es irgendwie, Jazz- oder Swingnummern unterzubringen – denn große Teile der Gäste wollten genau diese hören. So wurde dann der „Tiger Rag" als „Katzenfoxtrott" angesagt, oder die Musiker erfanden unverfängliche deutsche Texte. Sie wussten, dass das Publikum das akzeptieren würde. Und auch das Publikum wusste, dass die Musiker keine andere Möglichkeit hatten; niemand konnte wissen, ob nicht ein Spitzel im Saal war. Die Nazis schickten tatsächlich von Zeit zu Zeit Leute los, die kontrollieren sollten, ob alles „in Ordnung" war. Manche waren zu blöd, um zu durchschauen, was da ablief, andere taten blöd, weil sie die Musik in Wirklichkeit selbst schätzten. Es konnte vorkommen, dass Sänger, die englische Texte sangen, dazu aufgefordert wurden, deutsch zu singen. Manchmal erfüllten die Bands den Wunsch, indem sie „Bei mir bist du scheen" sangen – zum Amüsement jener Gäste, die den Hintergrund dieses Songs kannten.

Spätestens aber nach der sogenannten „Kristallnacht", dem Pogrom gegen Synagogen und jüdische Geschäfte im November 1938, wurden Späßchen dieser Art zu gefährlich, und in der Folgezeit wurde auch die Produktion entsprechender Schallplatten eingestellt. Es war immer noch möglich, Importplatten zu bekommen, wenn man die richtigen Läden kannte, wo sie nun allerdings unter dem Tisch gehandelt werden mussten. Die frechen Cabaret-Songs der Zwanziger Jahre jedoch, die gab es nun nirgendwo mehr.

Es ist schwer zu glauben, aber die Nazis produzierten sogar selbst Jazz- und Swingplatten. Diese wurden für die Propagandasendungen, die der deutsche Rundfunk über Kurzwelle weltweit in diversen Sprachen ausstrahlte, benötigt. Klar, dass die Nazis, wenn sie Zuhörer gewinnen wollten, Musik präsentieren mussten, die für ein internationales Publikum attraktiv war. So brachten sie Bands wie Teddy Stauffer und seine Original-Teddys (eigentlich eine Schweizer Band) oder Charlie & his Orchestra (ein reines Propagandaprojekt) in geheime Studios und ließen sie dort Jazz- und Swingmusik speziell für diese Radiosendungen einspielen. Für Deutsche war es, wie erwähnt, bei Todesstrafe verboten, diese Sendungen zu hören, aber selbstverständlich kannten die Swing- und Jazzfans in Deutschland die Sendepläne und Frequenzen dieser Sendungen genau, üblicherweise aus Vorsichtsgründen auswendig.

Später, als allmählich nicht mehr zu leugnen war, dass dieser Krieg nicht mehr gewonnen werden konnte, kippte die Sache sogar um: Die Nazis spielten diese Aufnahmen in den Radiosendungen für die Soldaten an der Front, um sie davon abzuhalten, die BBC oder die Voice of America einzuschalten. Mit deutschen Heimatschnulzen, Märschen oder Polkas konnte man diese Soldaten nicht mehr an den Lautsprecher locken.

Man sieht, es gab eine Musiktradition in Deutschland, die auch während der Nazizeit nicht vollständig abriss. Wahr ist, dass während dieser Zeit die Aktivposten dieser Musik verbogen und missbraucht wurden, und das meist auf billige Art und Weise. Es gab aber Naziführer, die ziemlich intelligent waren, insbesondere Joseph Goebbels. Deshalb ließ er manch unerwünschten Impuls von links, wie etwa die Wandervogel-Bewegung, nicht einfach verbieten, sondern er wusste, dass es effektiver wäre, sie an Bord zu holen. Wer sich heute die Nazis als ausschließlich reaktionäre, kulturell rückwärtsgewandte Langweiler vorstellt, sollte genauer hinschauen. Die Nazipartei gründete sich im Jahr 1920 im Münchner Hofbräuhaus; sie ging aus der DAP, der Deutschen Arbeiterpartei, hervor. Schon in ihren Gründungstagen gab sie sich ein progressives Image. Die meisten Menschen hatten die ökonomischen und politischen Krisen der Weimarer Zeit bis unter den Stehkragen satt, und die Nazis fingen diese Stimmung auf. Damit gaben sie den „kleinen Leuten“, den Arbeitern, Angestellten, Bauern, das Gefühl, endlich wieder eine Stimme zu haben. Ähnlich wie die italienischen Faschisten nahmen die Nazis dafür manche der fortschrittlichen kulturellen Strömungen in ihr Programm auf. Sie konnten einige der besten kreativen Kräfte jener Jahre gewinnen – Namen wie Leni Riefenstahl, Thea von Harbou, oder der künstlerisch großartige, politisch aber naive Walter Ruttmann kommen einem – wie noch viele andere – in den Sinn. Vergleichsweise einfach waren Schauspieler an Bord zu holen, denn sie waren für ihre Arbeit auf die deutsche Sprache angewiesen. Ihnen war es deshalb nicht möglich, einfach nach England oder Amerika auszuweichen. (Die wenigen, denen es gelang, nach Hollywood durchzukommen, mussten prompt immer wieder deutsche Fieslinge spielen.)

Die Nazis förderten die damals modernen Medien Film und Rundfunk massiv. Gleichzeitig präsentierten sie sich als volkstümlich. Ihre Progressivität kam stets mit einem Anstrich daher, der den oft radikalen Erscheinungsformen moderner Kunst die Schärfe nahm. Und schließlich, wenn ihnen Filme, Songs, Bücher oder Kunstwerke nicht in den Kram passten, zögerten sie nicht, einzugreifen. In solchen Fällen waren Aktionen – etwa die Bücherverbrennungen im Mai 1933 – schnell in Szene gesetzt. Die Musik jüdischer Komponisten verschwand aus den Medien und durfte nicht mehr aufgeführt werden. Im Falle besonders beliebter Melodien allerdings konnte der Komponist zum „Ehrenarier“ erklärt werden; eine Hintertür, die dem zweiten Mann im Staat, Reichsmarschall Hermann Göring, eingefallen war.[8]

Seltsames, widersprüchliches Verhalten? Ja, aber nur scheinbar. Das Resultat dieser Aktionen war nämlich, dass sich die Nazianhänger an der Spitze ihrer Zeit fühlen konnten, weil die moderne Ästhetik mit all ihren Schärfen nun „geerdet" zu sein schien. Moderne Kunst wurde mit Kitsch und Pathos unterfüttert. Wenn wirkliche Radikalität in einem Werk auftauchte, dann polsterten die Naziherrscher sie sofort so ab, dass sie nicht mehr gefährlich aussah. Die Menschen wurden an die Hand genommen und mit Resolutheit beruhigt. Und nicht zuletzt nutzten die Nazis die noch immer relativ neuen Medien Film und Rundfunk, um irgendwo im kollektiven Unterbewusstsein vergrabene Stimmungen und Gefühle an die Oberfläche zu holen – etwa den latent vorhandenen Antisemitismus, der in Deutschland seit Jahrhunderten schwelte und leicht zu aktivieren war,[9] oder man verstärkte bestehende Vorurteile über Intellektuelle, Künstler und andere unberechenbare Zeitgenossen. All dies gab den „Menschen auf der Straße" das Gefühl, geschützt zu sein und mit den Nazis die richtige Wahl getroffen zu haben, denn diese präsentierten sich als kompetent und modern, ihre Entscheidungen kamen schnell und wurden entschlossen umgesetzt. Was die Nazis förderten, konnte nicht gefährlich sein, und wenn etwas aus dem Ruder lief, konnte man sicher sein, dass sie das schnell in Ordnung bringen würden. So entstand ein Gefühl allgemeiner Sicherheit, das die Deutschen lange vermisst hatten.

In den frühen 1930er-Jahren hatten nur wenige die Klarsicht, zu erkennen, wohin das führen würde. Hätte es 1936 oder 1937 noch freie Wahlen gegeben, die NSDAP hätte eine deutliche Mehrheit eingefahren. Die Nazi-Ideologie trug Züge einer Religion, und als Glaubender konnte man ein wohlorganisiertes Leben ohne großen Ärger führen, solange man sich an die Regeln hielt. Wenn etwas Merkwürdiges, Unangenehmes, Unerwünschtes passierte, wusste die Nazipropaganda es zu erklären, und trat ein Problem auf, dann hatte die örtliche Naziorganisation bestimmt eine Lösung.

Die bestand aus einem alten Spiel: Die Nazis teilten die Welt auf in „wir" und „sie". Wer mitspielte und keine Fragen stellte, gehörte zu „uns" und war sicher. Außer man war jüdisch. Juden waren „sie" und dienten den Nazis als Allzweck-Sündenbock. Später fand man noch ein paar weitere. Dieses Gefühl, Teil einer großen Gemeinschaft zu sein, hatten während der Weimarer Zeit viele Deutsche vermisst, und als die Nazis erklärten, „wir" seien „ihnen" überlegen, kam das bei vielen gut an. Sie wollten, dass es wahr sei. Wer nach unten treten darf, rebelliert nicht nach oben – ein Herrschaftstrick so alt wie die Menschheit.

Es gab nicht viele, die diesen Propagandanebel durchschauten. Nur einige Intellektuelle – Journalisten, Autoren, Künstler, Komponisten, Filmproduzenten und -regisseure – ahnten zusehends, was das alles zu bedeuten hatte, zunächst für sie selbst, später aber auch für Arbeiter, Angestellte, überhaupt: alle. Es gab keine freie Presse mehr. Kino-Wochenschauen, Zeitungen und die Radiowellen wurden wichtige Teile des Nazi-Manipulationsapparates. Nach 1938 – spätestens – taten selbst die Anhänger eigentlich unpolitischer Bewegungen oder zahlenmäßig unwichtiger Gruppierungen wie die erwähnten Swing-Kids gut daran, sich zu verbergen (und wurden in manchen Fällen gerade dadurch politisiert).

1945 endete die ganze Geschichte in Trümmern. Das Reich, das tausend Jahre bestehen sollte, brach nach nur zwölf Jahren in sich zusammen. Für die Deutschen stürzte nicht nur eine Partei oder ein politisches System ein, es implodierte ihre Welt. Alles, woran sie geglaubt hatten, war plötzlich nicht mehr gültig. Und die Musik war ihr kleinstes Problem.

Deutschland war zerstört. Fast jeder Überlebende hatte irgendjemanden verloren. Hunderttausende deutscher Soldaten waren vermisst oder saßen in Kriegsgefangenschaft. Langsam, sehr langsam, ging den Menschen auf, was in den letzten zwölf Jahren geschehen war, und noch länger dauerte es, zu *begreifen*, dass es hatte geschehen können. Der Nationalsozialismus war, wie es der Philosoph Peter Sloterdijk beschreibt, spätestens in seinen letzten zwei Jahren „eine Form des politischen Somnambulismus, den seit der ersten Minute der Machtergreifung eine Dosis suizidalen Hazards durchzog. In der Sache war er ein Experiment zur Beantwortung der Frage, ob auch Staaten mitsamt ihren Gesellschaften zum Selbstmord fähig sind.“[10] Der Vergleich kommt mir ein wenig verrutscht vor, denn zum Selbstmord gehört der Wille, ihn zu vollziehen. Die Deutschen aber hatten nicht sterben, sondern als Herrenvolk leben wollen. Doch alles, was scheinbar so vielversprechend begonnen hatte, lag nun in Schutt und Scherben. In der Tat fühlte man sich wie zwangsweise aus dem Schlafwandel gerissen.

Auf dem Lande war die Situation ein bisschen besser als in den Städten. Dort war weniger stark bombardiert worden. In den Städten war kaum noch irgendwelche Infrastruktur vorhanden. Die Menschen hatten keine andere Kleidung mehr als das durchlöcherte Zeug, das sie auf dem Leib trugen. Sie hatten ihr Leben, und das war alles. Zu allem Überfluss war der Winter 1945/46 extrem hart; die Temperaturen fielen bis auf minus 30 Grad und brachten tausende in ihren zerstörten Wohnungen ums Leben. Die Leute mussten sich mit Lebensmittelkarten herumschlagen, die nutzlos waren, weil es in den Läden nur noch leere Regale gab. So musste man „hamstern gehen“, wie man das nannte. Das heißt: Man fuhr oder ging zu Fuß aufs Land und bettelte bei Bauern um Nahrungsmittel, oder man klaute gleich direkt vom Feld. Wer konnte, marschierte dutzende von Kilometern an Eisenbahngleisen entlang, um nach von Zügen herabgefallenen Kohlen oder Lebensmitteln zu suchen, und wenn nichts zu finden war, dann stoppte mancher sogar einen Zug, um Feuerholz oder Kohlen zu stehlen. Ladendiebstahl wurde zum Volkssport. Im Ruhrgebiet nannte man das „fringsen“, weil der Kölner Kardinal Josef Frings denen, die aus Not stahlen, seinen Segen erteilt hatte. Menschen, die sich noch vor dem Krieg niemals hätten vorstellen können, solche Taten zu begehen, brachen in Wohnungen, Dachböden und Keller ein, sogar am Tage, in der Hoffnung, dort irgendwelche Metallteile, Kupferdrähte oder etwas anderes zu finden, für das ein Schrotthändler vielleicht ein paar Pfennige geben würde. Für fast alles gab es einen Schwarzen Markt. Zigaretten waren hier die Leitwährung, weil die Reichsmark nichts mehr wert war. Manchmal waren diese Zigaretten Geschenke alliierter Soldaten, und wenn nicht – man muss nicht speziell erklären, was sonst noch getan wurde, um an Zigaretten zu kommen. Die Geburtsstatistiken der Jahre 1946/47 mit dem Vermerk „Vater unbekannt“ sprechen eine deutliche Sprache.

Nach und nach dämmerte nun vielleicht auch dem einen oder anderen, welche Zerstörung und welches Elend man in den letzten sechs Jahren anderswo auf der Welt angerichtet hatte, aber bis das auf breiter Ebene in die Köpfe drang, sollte es noch dauern.

Neben all dieser Finsternis gab es aber auch ein paar freundlichere Aspekte: Mit den Alliierten änderte sich der Wind – zumindest in Westdeutschland. Eine Sache war im Zusammenhang mit dem Thema dieses Buches besonders wichtig: Die Alliierten reorganisierten den Rundfunk, und zwar gründlich. In den meisten Haushalten stand noch immer ein Volksempfänger, dieses billige, durable Radio, das die Nazis entwickelt hatten, um ihre Propaganda in jedes Haus hineinzutragen (weswegen diese Geräte im Volksmund „Goebbelsschnauze“ hießen). Nun aber lieferten diese Bakelitkästen frisches Audiofutter für hungrige Ohren – Jazz, Swing, populäre Klänge aus England, Amerika oder Frankreich wehten auf den Radiowellen ins Haus, und jetzt waren es nicht mehr hausgemachte Glenn-Miller-Kopien, sondern die Originale. Unvorstellbar für uns Kinder der heutigen Medienlandschaften, welch eine ungeheure Befreiung der Köpfe das bedeutete.

Da saßen die Leute nun also in den Trümmern und fragten sich: Was machen wir jetzt mit diesen verdammten Jahren zwischen 1933 und 1945?

War man denn überhaupt beteiligt gewesen? Wenn, dann sollte man es besser ganz schnell vergessen. Und so geschah es. Zwölf Jahre wurden in die Abstellkammer verbannt. Niemand wollte mehr darüber sprechen – wozu denn auch. Eine Nation steckte kollektiv den Kopf in den Sand. Spätestens in den 1960ern sollte das allerdings zu Problemen führen. Aber zunächst, im Jahr 1948, kam eine Währungsreform. Alle hatten nichts anderes als die 30 Mark, die jeder bekam – so jedenfalls will's die Sage bis heute. Plötzlich standen wieder Waren in den Läden – die Händler stellten alles ins Schaufenster, was sie in der Hoffnung auf bessere Zeiten im Keller versteckt hatten. Und der Wunsch, zu vergessen, wurde zum Raketenantrieb für den *Schlager*.

Die 1930er-, 1940er- und 1950er-Jahre waren eine Blütezeit für Musikverlage (nicht zu verwechseln mit Plattenfirmen). Die Aufgabe dieser Verlage war es, Musikwerke aller Art als Notendrucke zu vertreiben. Bis in die 1950er-Jahre hinein basierten die britischen Pop-Charts nicht auf den Platten-, sondern den Notenverkäufen. Was zählte, war die Komposition, nicht der Interpret.

Die übliche Prozedur in England in den 1950ern lief so: Einmal wöchentlich besuchten die Musikverlage die Plattenfirmen und die BBC und stellten dort anhand von Demoaufnahmen ihre neuen Werke vor (üblicherweise Gesang mit Klavier, meist sang der Komponist selbst). Hielt eine Plattenfirma einen Song für erfolgversprechend, ließ sie ihn sich vom Musikverlag lizenzieren und produzierte dann eine Aufnahme mit einem ihrer Vertragssänger. Weil diese Lizenzen nicht exklusiv waren, war es nicht ungewöhnlich, dass ein Song in vier Versionen auf den Markt kam; alle vier großen Plattenfirmen (Decca, EMI, Pye und Philips) veröffentlichten eigene Versionen. Hinzu kam dann häufig noch eine Version, die die BBC mit ihren Haussängern und -orchestern produzierte. Schallplatten wurden nur von Stationen wie dem englischen Programm von Radio Luxembourg und ein paar Piratensendern gespielt. Erst 1955 startete die BBC eine (!) wöchentliche Sendung, in der Schallplatten zu hören waren: „Pick Of The Pops".

Eine Hitparade im heutigen Sinne war das noch nicht, trotzdem ging mit ihr die Bedeutung der Pop-Notendrucke zurück. Damit war das goldene Zeitalter der Singleplatte eingeläutet. Die Musikverlage reagierten sehr schnell: Statt nur Notendrucke zu vertreiben, kümmerten sie sich nun verstärkt um die Verwaltung der Rechte an Kompositionen und Texten. (Das ist im Wesentlichen das, was sie heute noch tun, soweit es Popmusik betrifft. Im Bereich der Klassik und zeitgenössischen E-Musik haben sie noch andere Aufgaben.) Es dauerte nicht lange, bis das Umschlagbild der Notendrucke identisch zu den jeweiligen Plattenhüllen war.

Jazz, besonders der leichten Art wie etwa von Glenn Miller, war populär, aber keine Musik, die breite Bevölkerungsschichten ansprach. Schlager als Genre waren nichts prinzipiell Neues, in früheren Zeiten hießen sie nur nicht so. Anfangs waren sie eine Kreuzung von Volksliedern und Operettenmelodien. Die Bezeichnung *Schlager* geht zurück auf das Jahr 1881, als die Wiener *National-Zeitung* den Begriff von „Blitzschlag" ableitete. „Schlager" meint nichts anderes als das englische „Hit" – etwas, das einschlägt. Durchgesetzt hat sich die Bezeichnung aber erst in den frühen 1920er-Jahren, als der Mix aus Volkslied und Operette um Jazz- oder Charleston-Elemente erweitert wurde und man merkte, dass dieser neue Stil weder ganz dem einen noch dem anderen entsprach.

Der Aufstieg des Schlagers wäre nicht möglich gewesen ohne Radio und die Massenproduktion von Schallplatten. Später verstärkte sich der Trend, als der eben entstandene Tonfilm Schlager als Filmmusik nutzte oder die Handlung sogar ganz um Schlager herumstrickte. *Die Drei von der Tankstelle* von 1930 sei als ein Beispiel genannt; ein Musikfilm mit den damals populären Stars Lilian Harvey, Willi Fritsch, Heinz Rühmann und Oskar Karlweis zur Musik des Erfolgskomponisten Werner Richard Heymann (der sich gern mit den Worten „Sie kennen mich nicht, aber Sie haben schon viel von mir gehört" vorzustellen pflegte). Viele Schlager der 1920er- und 1930er-Jahre blieben für das Publikum allerdings so gut wie anonym. Die Labels auf den Platten nannten Titel, Komponisten und – manchmal – das Orchester; dass die Vokalisten (damals „Refrainsänger" genannt) namentlich aufgeführt wurden, war die Ausnahme. Eine Ausnahme waren die COMEDIAN HARMONISTS. Sie waren bereits ein Marketingphänomen; die Plattenfirma wusste um die Magnetwirkung des Namens und setzte ihn gezielt ein – live, auf Platte, im Film und sogar in der Werbung.

Das Schlagergenre überlebte die Weimarer Republik, das Dritte Reich und den Zweiten Weltkrieg. Und nach Deutschlands Zusammenbruch im Jahr 1945 ging es auf der Erfolgsstraße einfach weiter.

Schlager sind normalerweise betont unpolitische Lieder. Manchmal tippen sie soziale oder politische Probleme an, aber das ist die Ausnahme. Wenn sie es tun, dann meist auf eine konservative, sentimentale oder pathetische Weise, selten humorvoll und niemals aggressiv. Schlager sind nicht das geeignete Vehikel, um die Verhältnisse infrage zu stellen. Ihre Hauptthemen sind entstehende oder scheiternde Liebesbeziehungen oder Botschaften an einen vorhandenen oder imaginierten Partner. Wichtig ist, dass der Schlager *einen* Sänger bzw. *eine* Sängerin hat; diese müssen in der Lage sein, den Textinhalt als individuelle Person stimmlich und durch die Art ihrer Phrasierung glaubwürdig zu repräsentieren, sonst funktioniert das Stück nicht. Deswegen hört man Duos oder Chöre in Schlagern eher selten. Die Interpreten übrigens waren an den Umsätzen der Platten durchweg nicht beteiligt. Sie wurden für die Aufnahmesession bezahlt, hatten darüber hinaus aber nicht viel mitzureden.

Es wird häufig behauptet, Schlager zu hören sei schlecht, weil sie für eine gewisse Zeit von der Wirklichkeit ablenken. In der Tat haben Schlager – wie im Übrigen auch alle anderen Unterhaltungsmedien – die Aufgabe, Hörer dort abzuholen, wo sie gerade stehen, und deren Situation in Melodien und Texte zu fassen. Wenn dich gerade die Liebe deines Lebens verlassen hat und du am Boden zerstört bist, kann ein Schlager diese Situation spiegeln und das tröstende Gefühl vermitteln, nicht der erste auf der Welt zu sein, der das erlebt hat. Misstrauisch beäugt wurde diese Funktionsweise in den 1960er-Jahren, als Kritiker, Journalisten und Sozialwissenschaftler die Theorie entwickelten, Schlager seien das Produkt einer, wie sie es nannten, „Kulturindustrie". Sie würden einzig hergestellt, um die Menschen von der Realität abzulenken und ruhig zu halten, damit „das System" stabil bleibe. Darauf wird zurückzukommen sein.

Etliche Dokumentationen über deutsche Rockmusik kamen und kommen mit der Aussage daher, deutsche Schlager seien außergewöhnlich schreckliche Musik. Üblicherweise wird der sonnenbrillentragende, blonde Barde Heino als typisches Beispiel für den Nachkriegsschlager auserkoren – selbst die alte Tante BBC konnte es nicht lassen, ihn in einer Krautrock-Doku vorzuführen[11]. Abgesehen davon, dass Heinos Karriere überhaupt erst 1965 begann: Stimmt denn diese Aussage überhaupt, verglichen mit englischen oder amerikanischen Hits?

Machen Sie den Test. Gehen Sie zu YouTube oder zum Streaming-Anbieter Ihres Vertrauens und hören Sie sich mit offenen Ohren ein paar deutsche Schlager der 1950er- und frühen 1960er-Jahre an. (Bitte achten Sie darauf, dass Sie wirklich die Originale erwischen; etliche deutsche Schlager jener Jahre kursieren inzwischen in späteren Neueinspielungen.) Die vergleichen Sie dann mit englischen und amerikanischen Hits derselben Zeit. Hören Sie „Es hängt ein Pferdehalfter an der Wand" mit Bruce Low (1952), „Tiritomba" mit Margot Eskens (1955), Fred Bertelmanns „Der lachende Vagabund" (1957), das Hazy-

Osterwald-Sextett mit dem „Kriminal-Tango" (1959) oder Caterina Valente mit „Spiel noch einmal für mich, Habanero" (1958). Und danach lauschen Sie den Klängen von „(How Much Is) That Doggie In The Window?" (1953) von Patti Page (oder in England Lita Roza), Anne Sheltons „Lay Down Your Arms" (1956; eine Coverversion des schwedischen Schlagers "Ann-Carolina"), Mike Prestons „A House, A Car, And A Wedding Ring" (1958) oder Doris Days "Que Sera, Sera (Whatever Will Be, Will Be)" (1956).

Selbst, wenn man die englischen Texte nicht versteht, wird man zugeben müssen, dass dies alles *Schlager* sind, dass sie alle nach demselben Prinzip gebaut sind, und alle ziemlich ähnlich klingen. Einige sind besser, andere weniger gut, manche sind tatsächlich fürchterlich, aber der Unterschied zwischen den deutschen und den englischsprachigen Stücken ist hauptsächlich die Sprache, weniger der musikalische Gehalt. Giorgio Moroder hat recht, wenn er sagt: „Songstrukturen sind universell. Es spielt keine Rolle, ob es ein britischer Beatsong oder ein deutscher Schlager ist."[12]

Ein weiterer Aspekt, den man nicht außer Acht lassen darf: Viele populäre deutsche Schlager waren in Wirklichkeit Coverversionen englischer oder amerikanischer Popsongs. Den deutschen Plattenkäufern war das meist nicht bewusst, weil in den 1950er- und 1960er-Jahren diese Coverversionen mit deutschen Titeln kamen. Die meisten Deutschen, Österreicher oder Schweizer sprachen, wenn überhaupt, kaum Englisch; sie hätten im Plattenladen nicht gewusst, wie der gewünschte Titel auszusprechen ist. Meine verstorbene Großtante, die ihr Arbeitsleben lang an der Kasse eines Hamburger Innenstadtkinos saß („Ich bin in der Filmbranche", wie sie zu sagen pflegte), sprach englische Filmtitel und Schauspielernamen gnadenlos deutsch aus, und damit war sie keineswegs allein. Während des Krieges hatte es vielfach keinen vernünftigen Schulunterricht gegeben, weil der Unterricht wegen der Bombenangriffe unterbrochen werden musste, ganz ausfiel oder die Kinder als Hitlers letzte Reserve im Kriegseinsatz verheizt wurden. Auch ausländische Instrumentalstücke erhielten (manchmal absurde) deutsche Titel.

Etliche englische und amerikanische Stars nahmen für den deutschen Markt sogar deutschsprachige Versionen ihrer Hits auf. Man erlebte prominente Namen wie Johnny Cash, die Everly Brothers, Conny Francis, John Leyton, Manfred Mann, Willie Nelson, Elvis Presley, Cliff Richard, Helen Shapiro, The Supremes, Dionne Warwick und manche mehr im Kampf mit den Umlauten sowie dem Rachenlaut „ch". 1967 versuchte selbst David Bowie sein Glück, aber in seinem Fall wurde die Aufnahme eingeschlossen und der Schlüssel weggeworfen. (Bowies deutsche Version von „Heroes", zehn Jahre später, funktionierte besser.) Es war also möglich, wenngleich die deutschen Texte oft einen deutlich höheren Saccharingehalt aufwiesen als die Originale.

Coverversionen waren übrigens keine ausschließlich einseitige Sache: Anfang des Jahres 1960 etwa erreichte „Be Mine" mit dem Sänger Lance Fortune die #4 in England. Der Song aus der Küche des Produzenten Joe Meek war die Coverversion des Schlagers „Alle Mädchen wollen küssen" von Leo Leandros (1958). Im selben Jahr verliebten sich die amerikanischen Hörer in die Musik aus dem deutschen Film *Unser Wunderland bei Nacht*, gespielt vom ORCHESTER BERT KAEMPFERT. Kaempferts Hauslabel Polydor hatte die Aufnahme abgelehnt. Kaempfert, wütend über die Entscheidung, verkaufte sie an die amerikanische Plattenfirma Decca. Sofort coverte das BILLY VAUGHN ORCHESTRA das Stück, aber Kaempferts Version setzte sich durch: Im Januar 1961 wurde das Stück, nun „Wonderland by Night" betitelt, die erste deutsche Platte, die jemals die #1 der *Billboard*-Charts erreichte. Sie verkaufte sich mehr als zwei Millionen Mal. (Danach wachte dann auch Polydor auf und organisierte die Distribution für Australien, Neuseeland, Kanada und Südafrika, wo die Platte ebenfalls Top-Positionen erreichte.)

Man sieht: Der Schlager ist ein internationales Phänomen, kein spezifisch deutsches. Schlager sind Drei-Minuten-Lieder, einfach strukturiert, manchmal rührselig, selten heiter, meistens unpolitisch, aber dabei durchaus in der Lage, Zeitgeistphänomene aufzugreifen. Um ein Hit zu werden, muss der Schlager – klar – eine eingängige Melodie besitzen. Seine *Hookline* ist idealerweise schleifenfähig, das heißt, die Melodie läuft nach zwei oder vier Takten in sich selbst zurück. Dann nämlich kann ein Ohrwurm entstehen, der sich im Kopf ständig wiederholt. Und selbst, wenn man glaubt, der Text sei nicht so wichtig, so muss er doch als „passend" empfunden werden. Gute Schlagertexte zu schreiben ist durchaus kein einfacher Job.

Ein in diesem Sinne gut gebauter Hit spiegelt dann den Zeitgeist seiner Ära in einer ähnlichen Weise wider wie Illustrierte, TV-Werbung oder Filme. Man merkt dies meist nicht, wenn der Schlager aktuell ist, aber dreißig Jahre später wird man es merken.

Wer sich heute Kino- oder Fernsehwerbung aus jenen Jahren anschaut (das Deutsche Fernsehen startete 1952), sieht filigrane, oft mehr als zwei Minuten dauernde Filmchen, sentimental, kitschig und fleckenlos sauber. Nach der Währungsreform des Jahres 1948 war die Werbung dominiert von „Es gibt wieder

…“-Slogans; vormals bekannte Markenprodukte, die während der Nazizeit nicht zu haben waren, kamen zurück in die Läden. In den 1950ern, als diese Phase endete und sich das Leben zu normalisieren begann, entwickelte die Werbung einen spezifischen Stil: Von der Milchflasche über das Kaffeeservice bis zur blankpolierten Kommode hatte alles, sogar Autos an der Tankstelle, ein glückliches Lächeln, alles tanzte und sang Lieder. Alle Gegenstände umflorte ein an die Filme Walt Disneys erinnerndes Schimmern und Strahlen. Die Werbemusiken waren melodisch, harmonisch und sanft. Gesprochene Informationen kamen in Reimen, die Verse waren lang, die Stimmen der (durchweg männlichen) Sprecher sanft, freundlich und gewinnend – zu gut noch hatten die Deutschen die schneidenden Stimmen der Nazi-Wochenschauen und die bellenden Kommentare der Propagandafilme im Ohr.

Der Fahrstuhl nach oben

Diese Mischung aus Sentimentalität und Freundlichkeit beherrschte auch den deutschen Schlager. In den frühen 1960er-Jahren kam er oft mit einem kleinen Schuss Exotik daher, mit sanft-jazzigen Tanzrhythmen, die aufkommende Bossa-Nova-Welle hinterließ Spuren. Die Texte folgten den hauptsächlichen Zeittrends: Zunächst war das die *Fresswelle*, die Phase des übermäßigen Essens nach den Hungerjahren, die man nun glücklich überstanden hatte. Es folgte die *Reisewelle* – die Deutschen entdeckten die Freuden des Tourismus, diesmal ohne Panzer und Kanonen. Besonders verliebten sie sich in Italien und Spanien, und „Der weiße Strand von Surabaya“ (Hula Hawaiian Quartett, 1954) wurde zur Traumdestination. Mit großem Vergnügen schickten die Schlagermacher ihre Hörer auch in nicht existierende Fantasieparadiese irgendwo in der Südsee. Und schließlich, in den 1960ern, wurde das *Wirtschaftswunder* zum Schlagerthema, manchmal mit einem Spritzer Stolz, gelegentlich sogar mit einer Prise Ironie, wie in „Es geht besser, besser, besser“ mit Peter Alexander und Caterina Valente (1956). Dieser Schlager enthielt fast eine Art versteckte Warnung, die Dinge könnten vielleicht schon bald ein bisschen zu gut laufen. Damit niemand übermütig werden würde, hatten Peter Alexander und Leila Negra schon 1952 auf die natürliche Ordnung der Gesellschaft hingewiesen: „Die süßesten Früchte fressen nur die großen Tiere / und weil wir beide klein sind, erreichen wir sie nie“[13] – damit das klar war. Ein aberwitzig ideologisches Lied, dessen Süßlichkeit noch heute Zahnschmerzen verursacht. Aber nach dem Kriegschaos wollten die Deutschen keinesfalls Risiken eingehen, lieber machten sie sich künstlich klein. Humorvoller ging da schon das HAZY-OSTERWALD-SEXTETT zu Werke: „Der Fahrstuhl nach oben ist besetzt, Sie müssen warten“ (1966). Diese Schweizer Vollblutmusikanten wussten schon, wie der Karrierehase lief: „Der richt'ge Fahrstuhl für Sie / fährt unter Umständen nie“[14]. Die Kabarettstars Wolfgang Neuss und Wolfgang Müller konnten in der satirischen Filmkomödie *Wir Wunderkinder* (1958) den Song „Jetzt kommt das Wirtschaftswunder“ unterbringen. Die Bilder, die dazu liefen, sprachen für sich: Alte Nazis, die wieder aus ihren Löchern kamen und sich in Wirtschaft und Politik re-etablierten.

Um das Jahr 1960, als der Schatten des Dritten Reiches langsam zu verblassen schien und die Wirtschaft sich stärker zu beleben begann, breitete sich der Slogan „Wir sind wieder wer!“ aus. Die Schlager reflektierten diese Stimmung, ebenso die nun in Mode kommenden *Heimatfilme* – sentimentale, volkstümliche Filme, üblicherweise in kleinen Alpendörfern, der Lüneburger Heide oder im wilden Schwarzwald angesiedelt. Parallel dazu entstanden Schlagerfilme, meist alberne Komödien, die Schlager in ihre Handlung integrierten oder komplett um sie herumgestrickt waren. Das Fernsehen sendete Serien über mehr oder weniger glückliche Familien und ihre Alltagsproblemchen. Keine wirklichen *Sitcoms* wie etwa die US-Serie *Father Knows Best* (1954-1960) über eine „typische“ weiße Mittelklassenfamilie,[15] sie waren ein bisschen seriöser (oder taten jedenfalls so), aber jede Folge endete mit einem garantierten „Ende gut, alles gut“-Lachen der gesamten Familie. Kein Problem durfte ungelöst bleiben, die Familie war das Rezept für alles und überhaupt das Wichtigste auf der Welt. Wenn es ein Kennzeichen gab, das alle diese Serien verband, dann war es die stete Wiederkunft des Immergleichen. Die Serienautoren hatten anscheinend ihren Nietzsche gelesen. (Immerhin. Heute geben sie sich meist schon mit Robert McKee zufrieden.)

Schlager waren der Soundtrack dieser Welten. Sie spiegelten, wie die Heimatfilme, den Wunsch der Durchschnittsdeutschen nach einem kleinen Stück Idylle wider. Die wirkliche Welt war nicht idyllisch, deswegen ließ man sich gern vom Schlager in andere Welten entführen, etwa an so wunderbare Plätze wie unter den „Weißen Mond von Maratonga“ (Lolita, 1957), eines jener nicht existierenden Südseeparadiese, oder man lauschte, ein bisschen konkreter, der griechischen Sängerin Nana Mouskouri: „Weiße Rosen aus Athen / sagen dir: Komm recht bald wieder“ (1961)[16] – wer noch erinnerte, wie sich deutsche Soldaten in Griechenland aufgeführt hatten, hätte angesichts dieser Einladung eigentlich im Boden versinken müssen. So weite Reisen waren aber für die meisten Deutschen ohnehin noch nicht erschwinglich, deswegen tröstete Paul Kuhn: „Es gibt kein Bier auf Hawaii / es gibt kein Bier / Drum fahr' ich nicht nach Hawaii / drum bleib' ich hier" (1963)[17].

Sehnsucht und Ferne: Diese Kombination rührte die deutschen Seelen seit der Romantik, und wie wir sehen werden, machten davon später auch deutsche Rockbands Gebrauch.

Einsame Cowboys, wartende Bräute

Ein Blick in die Beschaffenheit deutschen Empfindens gefällig? Dann hören Sie mal hinein in die Schlagerlyrik der späten 1950er und frühen 1960er! Sie werden erfahren, dass die meisten deutschen Männer jener Jahre Jim, Johnny oder Bill hießen und meist als Seeleute oder Cowboys unterwegs waren, und wenn sie dann mal da waren, mussten sie sofort wieder aufbrechen. Ihr Schiff wartete an der Pier und ihre Braut war die See für immer: „Seemann, deine Heimat ist das Meer" (Lolita, 1960). Sie hatten gefährliche Abenteuer zu bestehen, irgendwo unter der brennenden Sonne, die Gitarre und/oder ihr Pferd als ihre einzigen Freunde. Und manchmal nicht mal das: „Rastlos zieh' ich um die Erde / in die weite Welt hinaus / ohne Freund und ohne Liebe / denn ich hab' ja kein Zuhaus", so barmte Jimmy Barber in „Rastlos" (1961)[18]. Das Pech klebte den Boys am Hemd („Kein Gold im Blue River", Ronny, 1964) oder war einfach ihr Schicksal: „Jimmy wollt' ein Mädchen lieben / doch ein anderer kam daher / Und als Trost sind ihm geblieben / die Gitarre und das Meer" (Freddy Quinn, 1959)[19]. Das Böse lauerte immer und überall, so etwa bei dem erfolgreichen Goldsucher Jim, der den Fehler macht, auf dem Ritt nach Hause zu seiner jahrelang nicht gesehenen Braut seine Nuggets zu offen zu zählen: „Er hörte den Schuss / aber nie mehr das Echo / und nie mehr sah er / Jenny-Lees goldenes Haar" („Gold in der Sierra", Donald Wolf, 1965)[20].

Manchmal wurden all diese Berge von Schicksal und Exotismus in einem einzigen Song zusammengerührt, etwa in „Heißer Sand" (1962) mit der italienischen Sängerin Mina: Der schwarze Tino, der das verlorene Land verlassen musste, würde gern von seinem nicht näher beschriebenen, aber gefährlichen Job in Arabien (wie die Musik andeutet) oder Griechenland oder Italien (wie der Text suggeriert) zu seiner Angebeteten, der weißen Nina, heimkehren. Doch leider kann er dies nicht, denn er hat Rocko, dem Nina schon im Wort stand, ins Jenseits befördert. Nun tanzt Nina irgendwo in einem unbekannten Hafen für die Boys, wer immer diese sein mögen, und alles, was Tino bleibt, ist „Heißer Sand und ein verlorenes Land / und ein Leben in Gefahr / Heißer Sand und die Erinn'rung daran / dass es einmal schöner war“[21]. Der Texter übrigens, Kurt Feltz, dem man weder Talent noch unterschwelligen Humor absprechen kann, war hauptberuflich Musikredakteur beim NDR. Er wurde gefeuert, nachdem zu offensichtlich wurde, dass er hauptsächlich Platten spielte, die er selbst betextet hatte.

Aber selbst in den schlimmsten Situationen, wenn gar nichts mehr half, gab es immer noch eine Person, an der man sich festhalten konnte: Mutter! Meist hatte sie in Schlagern nichts Besseres zu tun als sich um ihren seefahrenden Sohn zu sorgen und ihm verzweifelte Briefe zu schreiben: „Ich mach mir Sorgen, Sorgen um dich / Denk auch an morgen, denk auch an mich!“ („Junge, komm bald wieder“, Freddy Quinn, 1962)[22] – ein massiver Hit, der noch heute wohlbekannt ist. Freddy Quinn stammte ursprünglich aus Wien, sein wirklicher Name war Ernst Manfred Niedl-Petz, später übernahm er den Namen seines amerikanischen Vaters. Er war der Prototyp dieses „einsamen Seemanns“, wie er in den 1950er- und 1960er-Jahren en vogue war. Damit sein Image intakt blieb, verdonnerte ihn seine Plattenfirma zur Geheimhaltung seiner Ehe, er durfte keinen Ring tragen und hatte sich in der Öffentlichkeit von Frauenbekanntschaften fernzuhalten (was postwendend zu unausgesprochenen Gerüchten führte). Freddy Quinn hatte als Jugendlicher zeitweilig in den USA gelebt und dort eine Artistik-Ausbildung absolviert, die es ihm ermöglichte, in Boulevardtheaterstücken die Bühne auf einem Seil zu überqueren. Mit rund 60 Millionen verkauften Platten war er einer der erfolgreichsten Schlagerstars seiner Zeit.

Und die Damen? Folgt man den Schlagertexten, so war ihre Hauptaufgabe das Warten – auf ihren Cowboy, Goldgräber oder Seemann. Und wenn es den noch nicht gab, dann standen sie am Hafen unter einer Laterne: „Ein Schiff wird kommen / und das bringt mir den einen / den ich so lieb' wie keinen / und der mich glücklich macht“ (Lale Andersen, 1960)[23] – wobei natürlich immer klar war, dass dieser Mann, wenn er denn auftauchte, nie treu sein würde, denn seine wahre Braut, wie wir wissen, waren ja die See und eventuell seine Gitarre (lassen wir das Pferd in diesem Fall lieber beiseite). Diese Lale Andersen übrigens war ein Paradebeispiel für eine Opportunistin, die sich durch das Nazireich hindurchgewurstelt hatte. Sie war die ursprüngliche Sängerin des weltberühmt gewordenen Schlagers „Lili Marleen“ (1939)[24], der später von Marlene Dietrich gecovert wurde, und schon da stand sie unter der Laterne. Willi Schaeffers, der Boss des Berliner KaDeKo (Kabarett der Komiker), hatte sie stets vor den Nazis beschützt, aber sie war zu opportunistisch (oder einfach zu dumm), um das zu schätzen zu wissen. In einer KaDeKo-Chronik heißt es: „Der Generalsekretär der Reichskulturkammer, Hans Hinkel, verehrte und begünstigte die Künstlerin; sie wiederum nutzte diese Verbindung skrupel- und gedankenlos aus und war dem Nazi am Ende auf Gedeih und Verderb ausgeliefert. Mit sadistischer Freude ließ er ... [sie] in seinem Netz zappeln, sie dennoch immer vor Schlimmerem bewahrend."[25] Lale Andersen blieb auch nach 1945 ein Star. Noch in den 1960ern war sie die „Stimme des Meeres" und ein Dauergast in maritimen Fernsehshows wie etwa der „Haifischbar" des NDR, damals ein Zuschauermagnet. Lale Andersen verstarb im Jahr 1972. Auf der Nordseeinsel Langeoog, auf der sie gelebt hatte, findet man eine Statue, die sowohl an sie als auch an „Lili Marleen" erinnert. Rainer Werner Fassbinders Film *Lili Marleen* (1980) basiert auf Andersens Autobiografie.

Anscheinend war es nicht zu ändern: Einsam und in gefährlicher Mission unter dem Kreuz des Südens zu wandeln war das Schicksal der Joes, Jims und Bills. Deswegen blieb den Frauen nichts anderes übrig, als weiter zu warten – denn eines Tages, irgendwo auf der Welt, würde er wieder vor ihnen stehen und sämtliche Glocken zum Klingen bringen: „Ich war allein im fremden Land / die Sonne hat die Erde verbrannt / Überall nur Leid und Einsamkeit / und du, ja du, so weit, so weit / Doch eines Tags von Süden her / da zogen Wolken über das Meer / Und als endlich dann der Regen rann / fing auch für mich das Leben an: / Am Tag als der Regen kam / Weit und breit, wundersam / Als die Glocken erklangen / als von Liebe sie sangen / da kamst du, da kamst du" („Am Tag, als der Regen kam", Dalida, 1959)[26] – serviert mit Kathedralhall und Streichern, die einem noch heute die Haare zu Berge treiben.

Das Sahnehäubchen auf der Cowboys- und Seeleute-Welle lieferte 1963 die damals 17-jährige dänische Sängerin Gitte (damals noch ohne den Nachnamen Hænning), musikalisch in eine Art Country-Klischee verpackt und sehr *up-tight*: Während ihr die zeternde Mama wegen der sozialen Sicherheit den Bundesbahner von nebenan ans Herz legt, empfiehlt der joviale Papa „den Filmfritzen", wegen der Karriere. Aber Gitte hat andere Vorstellungen: „Da rief ich no, no, no, no, no / Mit dem werd' ich des Lebens nicht mehr froh / Ich will 'nen Cowboy als Mann!" Und sie weiß, warum: „Dabei kommt's mir gar nicht auf das Schießen an / denn ich weiß, dass so ein Cowboy küssen kann!"[27] Was sollen die Eltern da noch machen? – Der Song war ein gigantischer Erfolg. Er sprang auf die #1, blieb 20 Wochen in den Charts und bildete die Startrampe für Gittes Karriere in Deutschland. „Ich will 'nen Cowboy als Mann" ist noch heute wohlbekannt, und in gewisser Weise ist der Song sogar bemerkenswert: Hier nämlich wagt die Tochter, eigene Vorstellungen von ihrer Zukunft zu entwickeln. Das gab's im Schlager nicht alle Tage.

Es ist ziemlich leicht, über all das zu schmunzeln – heute. Aber nach dem Horror der Nazizeit und den Hungerjahren danach hatten die Deutschen einfach das Gefühl, sich diese kleinen Fluchten verdient zu haben. Wer will, mag sie dafür kritisieren. Um aber ehrlich zu sein: Manche dieser Schlager, wie etwa der erwähnte „Tag als der Regen kam", waren einfach sehr, sehr gut gemachte Songs, mit einem Dramagehalt *larger than life*. Und wenn so ein Werk dann noch von einer erstklassigen Künstlerin wie Dalida mit unwiderstehlicher Melancholie in der Stimme vorgetragen wurde: Bitte mal Hand hoch, wer sich dem entziehen kann.

Ein anderes Rezept, das gut funktionierte, war Fröhlichkeit. Ein Beispiel dafür steht in der Gestalt Caterina Valentes vor uns. Sie war eine ungewöhnlich begabte Sängerin aus Italien, Kind einer Artistenfamilie; in deutschen Tonstudios trug sie den Spitznamen „Lady First Take", weil sie immer hinreichend vorbereitet war, um ihren Gesang in nur einem einzigen Take fehlerfrei einzusingen. In Deutschland gab sie die ewig Gutgelaunte, aber sie beherrschte akzentfrei sechs Sprachen, sang sogar in elf, und konnte damit in verschiedenen Ländern unterschiedliche Genres bedienen – italienische Canzone, französische Chansons, in England hörte man sie in Jazzeinspielungen unter anderem mit dem Trompeter Chet Baker oder dem JOHNNY KEATON ORCHESTRA. Außerdem war sie eine brillante Gitarristin. Im Sport würde man sagen: Sie war komplett. Wenn Sie nicht überzeugt sind, hören Sie sich einmal „Fiesta Cubana" (1955) an – da singt sie im Multiplayverfahren alle Stimmen und spielt alle Instrumente selbst.

Der früher bereits erwähnte Heino ist ein Spezialfall: Ein typischer Schlagersänger war er nie, vielmehr war er der erste Protagonist einer Musikwelle, die in den 1970ern auf breiter Ebene als „Volksmusik" oder „volkstümlicher Schlager" in Mode kam – Musik, die nicht Schlagern oder Folklore entsprach, sondern eine Kreuzung aus beidem war. Manche Stars dieser Musikrichtung hängten in Deutschland, Österreich, Südtirol und der Schweiz sogar Stars wie Michael Jackson oder die ROLLING STONES ab; ihr Publikum bestand auch keineswegs nur aus fortgeschrittenen Jahrgängen.

Halbstark

All das war nur ein Teilsegment der deutschen Musikszene. Kennen Sie noch das Wort „halbstark"? In England waren halbstarke Jugendliche die „Teddy

Boys", in Frankreich nannte man sie „blousons noirs", in Spanien hießen sie „Gamberos", manchmal hörte man auch den nicht ganz zutreffenden Begriff „Beatniks". Die Halbstarken tauchten etwa Mitte der 1950er-Jahre auf, gemeint waren damit Teenager und Heranwachsende, die sich in Opposition zur idyllischen, konservativen Weltsicht der Erwachsenen sahen. Meist waren sie männlich und Kinder der Arbeiterschicht. Ihr Verhalten war rebellisch, ihre Rollenvorbilder waren Filmcharaktere wie Marlon Brando in *The Wild One* (1953) oder James Dean in *Rebel Without a Cause* (1955). Sie trafen sich in Straßenbanden und waren Motorradfans, wobei diese Liebe aus finanziellen Gründen meist unerwidert blieb – ein Moped musste reichen. Meistens trugen sie eine Haartolle, Jeans, rote oder karierte Hemden, Stiefel und Lederjacke. Ihre musikalischen Helden waren Elvis Presley, Bill Haley, Tommy Steele, Buddy Holly oder der britische Skiffle-Star Lonnie Donegan.

Rockabilly, später Rock'n'Roll, der Sound elektrischer Gitarren: Dieser brandneue Stoff war auch in Deutschland angekommen. Im Programm deutscher Radiosender zwar eher am Rande, aber im BFBS (British Forces Broadcasting Service) oder AFN (American Forces Network) konnte man ihn hören, ebenso in Tanzbars, beim Autoscooter oder der Berg- und Talbahn auf der Kirmes, und zum Ärger der Nachbarn meist auch in der Jukebox der nächstgelegenen Eisdiele. Die Singles gab es auch im Plattenladen, und zwar nicht, wie man meinen könnte, als Importe aus England oder den USA, sondern die großen deutschen Plattenfirmen hatten nach einer Phase des unentschlossenen Abwartens zugeschlagen. Rock'n'Roll gab es nun in deutscher Pressung, manche Firmen etablierten sogar spezielle Labels dafür: Telefunken etwa nutzte seine Sublabels London für Musik aus den USA und Decca für Musik aus England. Besonders London stand bei Fans in hohem Ansehen.

Die Halbstarkenbewegung erreichte ihren Höhepunkt im Fahrwasser des Films *Rock Around The Clock* (1956, deutscher Titel *Außer Rand und Band*). Den Titelsong lieferten Bill Haley & His Comets, er war bereits 1955 in dem Film *Blackboard Jungle* zu hören gewesen. Die Single sprang prompt auf die #1. In so manchem Kino überlebten Teile des Mobiliars die Erstaufführung nicht, und als Bill Haley mit seinen Mannen durch Deutschland tourte, verwüsteten die Fans den Berliner Sportpalast ebenso wie die Essener Grugahalle. Wenn Haley „Let's Rip It Up" sang, dann war das mehr als nur ein Song – es war ein Signal, eine Botschaft. Nach einer Vorführung von *Außer Rand und Band* zogen 4000 Halbstarke durch die Dortmunder Innenstadt, griffen Passanten an und warfen Schaufensterscheiben ein. Die Polizei antwortete mit Schlagstöcken und Wasserwerfern. So etwas hatte es bis dahin nicht gegeben. Für eine Weile wurde es normal, dass eine Hundertschaft Polizisten Konzerthallen bewachte; in Hamburg verfiel man auf die nicht ganz ungefährliche Idee, den Boden der Ernst-Merck-Halle mit Schmierseife zu präparieren, um das Publikum zu gemäßigten Bewegungen zu zwingen. Offenbar war die Energie dieser Musik überwältigend, sodass viele Jugendliche sich nicht mehr zu bremsen wussten. Derartige Powermusik hatten sie einfach noch nie gehört.

Es ist schwer zu sagen, wie ernst diese Rebellionen zu nehmen waren. Die Teilnehmer selbst werden sie in ihrem subjektiven Empfinden durchaus ernst gemeint haben. Es war ihre Antwort auf die Welt der Erwachsenen, die aus der Sicht der Halbstarken langweilig und unehrlich war. Völlig erfolglos waren sie damit nicht: Presse, Medien und Eltern waren empört und selbst in einigen Landesparlamenten kam es zu Debatten über die „Aufstände".

Aber war halbstark zu sein wirklich die Realität der Gesamtheit der deutschen Jugendlichen? Wohl kaum. Tatsächlich waren es gerade mal 5 Prozent der Jugendlichen, die sich dieser Bewegung zuordneten.[28] Aber selbst die Kids, die nicht daran interessiert waren, als halbstark zu gelten, hörten Presley, Haley, Holly und Co., und sie merkten: Wir haben eine Stimme. Wir können uns bemerkbar machen. Es gibt Musik, die Papa und Mama schrecklich finden und nicht verstehen. Darauf kam es an.

Schlager im Rock'n'Roll-Gewand

Zu den wesentlichen Charakteristika des Schlagers gehört seine Fähigkeit, jede Art von Einfluss aufzusaugen, solang das Ergebnis die Ohren kitzelt, ohne bedrohlich zu wirken. Es war daher nur eine Frage der Zeit, bis der Schlager seine eigene Rock'n'Roll-Abteilung gegründet hatte.

Alle vier großen Plattenkonzerne – Deutsche Grammophon Gesellschaft (DGG), Hamburg; EMI/Electrola, Köln; Ariola/Eurodisc, Gütersloh und München; Teldec (Telefunken-Decca), Hamburg – hatten registriert, dass da ein Markt auf sie wartete, eine Zielgruppe, die sich definieren und ansprechen ließ. Eine Doktorarbeit aus dem Jahr 1958 zeigt, dass die Mechanismen der Plattenindustrie bereits damals griffen. Kaum jemand innerhalb der Firmen mochte diese Musik, aber man sah ausreichendes Potenzial, um auf den Zug aufzuspringen.[29]

Deutschland war zu keinem Zeitpunkt in der Lage, mit Rock'n'Rollern vom Format eines Chuck Berry, Elvis Presley, Buddy Holly, Little Richard, Jerry Lee

Lewis oder Bill Haley aufzuwarten. Hier musste man sich mit Sängern wie Peter Kraus oder Ted Herold zufriedengeben. Diese (und auch einige andere) starteten ihre Karrieren in den späten 1950ern mit deutschen Coverversionen der Hits von US-Stars. Peter Kraus etwa begann auf dem Münchener Billiglabel Tempo, wo er als TWIST BOYS Duette mit sich selbst sang. Die daraus resultierenden Aufnahmen waren Kreuzungen aus Rock'n'Roll, Twist, Skiffle und deutschem Schlager. Bill Haleys Stücke zogen dutzende von Coverversionen nach sich - und gerade die Billiglabels waren sehr aktiv in deren Produktion.[30]

Um die Aufmerksamkeit der Öffentlichkeit warmzuhalten, wurde eine Art „Good Boy – Bad Boy"-Spiel zwischen Peter Kraus und Ted Herold inszeniert. Das war Futter für die Hochglanzmagazine. Besonders *Bravo*, die im Jahr 1956 zunächst als Film- und Kinomagazin mit dem Untertitel „Das Magazin mit dem jungen Herzen" gegründet worden war und sich später zum Leib- und Magen-Musikblatt für Teenager wandelte, füllte ihre Seiten mit Stories über deren Filmrollen, Schlager, Liebes- und sonstige Affären. Dabei war die Rivalität zwischen Kraus und Herold reine Show, denn tatsächlich wurden beide vom selben Management vertreten. Am Ende verlor Ted Herold, der eigentlich der bessere Sänger und Performer war. Peter Kraus wurde zum Traum aller Schwiegermütter und vollintegrierter Bestandteil der Schlager- und Teenagerfilm-Szene der 1960er-Jahre. Damit war auch die letzte Spur von Rock'n'Roll aus Kraus' Karriere weggewaschen. Was blieb, war Fake. Die Filmindustrie stellte ihm den Teenagerstar Cornelia Froboess zur Seite, die 1951 im zarten Alter von neun Jahren mit „Pack' die Badehose ein" ihren ersten Hit hatte und seitdem als „kesse Berliner Göre" herumgereicht wurde. Die beiden wurden als „Traumpaar" in dem latent zweideutig betitelten, aber völlig harmlosen Film *Wenn die Conny mit dem Peter* (1958) vermarktet, gefolgt von *Conny und Peter machen Musik* (1960) – dämliche Liebeskomödien mit ebensolcher Musik, gestrickt nach dem Muster amerikanischer „Beach Party"-Filme. Gitte Hænning, die später als Schlager- und manchmal respektable Jazzsängerin reüssierte, wurde mit dem Schlagersänger Rex Gildo zusammengespannt, um ein weiteres „Traumpaar" für Schlagerfilme zu bilden: „Wir mussten in diesen Filmen all die unerfüllten Träume der Hausfrauen erfüllen."[31]

Vor solchen Paaren mussten Eltern keine Angst haben. Die Botschaft, die von diesen Filmen ausging, war klar: Eure Kinder sind manchmal vielleicht ein bisschen verrückt, aber macht euch keine Sorgen, eines Tages fahren sie auf demselben Gleis wie ihr. Denn wie Conny Froboess und Peter Alexander 1963 in die Welt hinausschmetterten: „Verliebt, verlobt, verheiratet / so heißt das Spiel zu zwei'n / Doch ein Schritt von diesem Weg / der führt zu weit / Ja, es führt bei mir kein and'rer Weg / zur Seligkeit"[32], wiederum in einem dazu passenden Film (*Der Musterknabe*). Also bitte, es geht doch.

Moralaufbauende Stoffe dieser Art fanden stets den Weg an die Spitze der Hitlisten. Im Jahr 1959 startete *Bravo* ihren „Starschnitt", zunächst mit dem französischen Superstar Brigitte Bardot, aber schon der zweite und dritte Starschnitt präsentierte Peter Kraus beziehungsweise Connie Froboess. Das Prinzip, falls heute nicht mehr bekannt: Jede *Bravo*-Ausgabe enthielt einen ganzseitigen Ausschnitt aus einem Foto. Wenn man nach fünfzehn oder mehr Wochen alle Teile vorliegen hatte, klebte man sie zusammen und hatte dann ein lebensgroßes Bild des betreffenden Stars, fertig, an die Wand gepinnt zu werden. Man muss es den *Bravo*-Machern lassen: Im Hinblick auf die Leser-Blatt-Bindung war der Starschnitt ein Geniestreich.

Peter Kraus gab seine Abschiedstournee im Jahr 2014. Er sieht noch immer gut erhalten aus, seine plärrende Stimme allerdings ging mir zeitlebens auf den Geist. Ted Herold indes musste kleinere Brötchen backen. Ein *Bravo*-Starschnitt wurde er nie, aber auch er beendete seine Karriere erst vor wenigen Jahren.

Ein anderer früher Rock'n'Roller war Paul Würges aus München; man nannte ihn auch den „deutschen Bill Haley". Er war definitiv ein besserer Sänger als die beiden Vorgenannten, und als Gitarrist war er talentiert genug, um als Sessionmusiker für Paul Anka, Tony Sheridan und sogar Chubby Checker engagiert zu werden. Unter seinem eigenen Namen landete er jedoch nie einen Hit (nicht auszuschließen, dass es wirklich am Namen lag), immer blieb er nur ein Insider-Tipp, und Zeit seines Berufslebens blieb ihm nichts anderes übrig, als unter diversen Pseudonymen für Billiglabels zu arbeiten. (In einem späteren Kapitel werde ich auf diese Billiglabels noch eingehen, denn sie waren wichtiger als man vermuten könnte.)

TELSTAR UND DIE KLEINE BIMMELBAHN

Wie bereits erwähnt, kamen nun Klänge nach Deutschland, die man lange nicht gehört hatte: echter Jazz! Swing und Pop aus England und den USA wurden geliefert von den Alliierten Streitkräften und ihren Radiostationen BFBS (British Forces Broadcasting Service) und AFN (American Forces Network). Die Bewohner der französischen Besatzungszonen waren nicht ganz so gut dran; dort war man mehr auf Chansons im französischen Stil eingestellt. Wenn man in den 1970er-Jahren Erwachsene nach ihren Lieblingssongs fragte, ließ sich unschwer erraten, in welcher Besatzungszone sie als Teenager gelebt hatten.

Im Fahrwasser von AFN und BFBS entwickelte sich eine kleine Jazzszene in Deutschland. In Düsseldorf gründete ein gewisser Klaus Doldinger eine Dixielandband namens The Feetwarmers, ein anderer Musiker, der in den späten 50ern startete, war Peter Brötzmann, der später zu einer Art „freiem Radikalen" in der Jazzszene wurde. Und sie waren nicht die Einzigen. Eine daraus folgende Konsequenz war die (Wieder-)Eröffnung von Musikclubs in verschiedenen Städten. Und diese Clubs waren ideale Brutplätze für neue Klänge außerhalb des Schlagers und des Teenager-Rock'n'Rolls, und sie waren ein Treffpunkt für ein Publikum, das willens und neugierig war, sich diese Bands und Musik anzuhören.

1960 war ich vier Jahre alt – kein Alter, in dem Rockmusik eine Gänsehaut auslöst. 1961 waren bereits die Beatles unterwegs, und sie wurden zum Tagesgespräch (besonders in Hamburg, wo ich aufwuchs), die Rolling Stones folgten ein Jahr später. Tagesgespräch waren diese Bands allerdings vorrangig in der Presse, nicht bei uns zu Hause. Der wichtigste Aspekt war selten die Musik (die hatte noch kaum jemand gehört), sondern es waren die „langen Haare" – jedenfalls, wenn man dem Kaffeeklatsch bei Omas Geburtstag lauschte. Wobei das, was damals als „lang“ galt, heute als Kurzhaarschnitt durchgehen würde. In den frühen 1960ern schienen diese Frisuren und ihre Träger kriminell zu sein und konnten erstaunliche Aggressivität auslösen. Immer fand sich ein Vater, Nachbar, Onkel, der mit Abscheu und Empörung über den Tisch posaunte, was er mit „diesen Affen“ machen würde, wenn man ihn ließe. Dankenswerterweise ließ man ihn nicht. Dafür konnten aber Schlichthumorige in Scherzartikelläden und Kaufhäusern „Beatle-Perücken“ oder riesige „Beatles-Kämme“ für die nächste Karnevalssaison erstehen.

Wenn ich Musik hörte, kam die meist aus dem Radio. BEATLES und Konsorten hörte man vor 1965 dort kaum. Meist spielte man Bigband- oder Orchestermusik, Easy Listening – mir unvergesslich ist des Namens wegen das Hausorchester des NDR: das TANZORCHESTER OHNE NAMEN unter der Leitung von Franz Thon, das in aller Regel Coverversionen aktueller Schlager zum Besten gab.

Meine Eltern hatten nicht viele Platten, vielleicht zwei Dutzend Schlagersingles. Die meisten davon kannten sie aus der Jukebox ihrer Stammkneipe. Stammkneipen waren damals eine besonders von Ehemännern gern genutzte Möglichkeit, für ein oder zwei Stunden den beengten Wohnverhältnissen zu entkommen, und in Eimsbüttel, dem Stadtteil, in dem ich aufwuchs, gab es an jeder Straßenkreuzung vier – mindestens. Meine Eltern waren Motorradfans. Ein- oder zweimal im Jahr nahmen sie ihre Zündapp mit Beiwagen und besuchten Freunde, die in einem kleinen Ort in der Rhön lebten. Einer von ihnen arbeitete an der örtlichen Tankstelle, ein anderer war als Vertreter für einen Kräuterschnapshersteller unterwegs. Zu diesem Kreis gehörte ein Geschwisterpaar, das ein Fernfahrerhotel mit Gaststube und Hausschlachtung betrieb. Von morgens bis tief in die Nacht donnerten dort die LKW vorbei – „Zur Krone“ hieß dieses Etablissement, ein damals gebräuchlicher Name für Gasthäuser; er wird uns noch wiederbegegnen. Immer am Sonnabend gab es dort im Hinterzimmer typische 1960er-Jahre-Partys, die meistens mit Besäufnissen und wildem Tanz zu den Klängen der Jukebox endeten. Einige der Platten, die sie dort in der „Krone“ gehört hatten, kauften sich meine Eltern nach ihrer Rückkehr als Souvenir. Und wenn sie zu Hause eine Party gaben (was mit drei befreundeten Paaren reihum geschah), dann kam unweigerlich zu fortgeschrittener Stunde von irgendwem der Satz: „Leg doch mal die Rhönserie auf.“ Die wurde dann mit dem Telefunken-Zehnerwechsler zelebriert. Jimmy Barbers „Rastlos“ war stets der Hit des Abends.

Wenn sie allein zu Hause waren, hörten meine Eltern eher populäre Klassik, etwa Edvard Griegs „Peer Gynt Suite", Tschaikowskys „Nussknacker-Suite" oder Beethovens „Mondschein-Sonate". Mein Vater war Sachbearbeiter in einer Bausparkasse, meine Mutter war Fließbandarbeiterin und hatte ihren Job aufgegeben, als ich im Leben der beiden erschien (nichts anderes hätte mein Vater geduldet). Wir hatten nicht viel Geld, deswegen stammten die Klassikplatten von Billiglabels; ich erinnere mich besonders an jene des Opera-Labels mit den genähten Plattenhüllen. Schon damals war es gängige Praxis bei solchen Labels, kommerziell gescheiterte Plattenaufnahmen bekannter (Rundfunk-)Orchester und Dirigenten aufzukaufen, um diese dann mit erfundenen Orchester- und Dirigentennamen als Billigplatte neu zu veröffentlichen. Daher waren diese Platten häufig nicht mal schlecht. – Meine Eltern sind längst verstorben und viele ihrer Platten gingen verloren. Die verbliebenen stehen heute in ein paar Schuhkartons in meinem Büro im Regal, und manches Mal schon habe ich mich gefragt, wer hinter den Dirigentennamen wohl wirklich steckt.

Als Kind hat mich Klassik nicht interessiert, was insbesondere wohl an den Interpretationen lag, die die Dirigenten den Werken der Klassiker in den 1950ern und 1960ern angedeihen ließen: Heroisch, begraben unter Pathos und Grimm, ständig klopfte das Schicksal an die Tür und die Dirigenten kämpften Titanenkämpfe mit den Noten – und genauso erklärten mir meine Eltern diese Musik. Sie erwarteten wohl, dass ich in Ehrfurcht erschauern würde, aber ich fühlte mich von diesen Aufnahmen einfach nur angebrüllt. Die einzige Ausnahme war Leopold Mozarts „Spielzeugsinfonie" - den Rest der Klassikwelt entdeckte ich erst viel später.

Meine Lieblingsplatten waren „Witch Doctor" von David Saville (1958, mit den beschleunigten Stimmen, die später The Chipmunks wurden). Und ich liebte „Die kleine Bimmelbahn" (1958), die immer im Tunnel stehen blieb – „... denn der Schaffner hat sein Mädchen / mitgebracht aus seinem Städtchen / ... Drin im Tunnel darf er's wagen / sie um einen Kuss zu fragen / denn im Tunnel kann's ja niemand sehn."[1] Marianne Vasel und Erich Storz machten ihrem Namen Harzer Meisterjodelpaar alle Ehre, besonders, wenn man die Platte mit 78 Umdrehungen pro Minute statt mit 45 abspielte. Eine andere frühe Liebe von mir war Ron Goodwin & His Orchestra: „Swinging Sweethearts" (1958), noch heute trage ich diese Melodie, das Arrangement und den federnden Rhythmus mit mir herum. Und dann war da das Orchester Bert Kaempfert, das im Radio vergleichsweise häufig zu hören war. Meine Favoriten waren „A Swinging Safari", „Happy Trumpeter", „Mexican Road" und – klar –

„Afrikaan Beat“ (alle 1962). Ich wusste nicht, wer diese Titel spielte, aber den *Sound* dieses Orchesters erkannte ich immer sofort.

Bert Kaempfert

Bert Kaempfert aus Hamburg war Arrangeur, Komponist und Orchesterleiter. Er arbeitete als In-House-Produzent für die Plattenfirma Polydor. Neben den obengenannten schrieb er einige weitere Melodien, die Welthits wurden: „Spanish Eyes“ (1965) mit Al Martino sei genannt (ursprünglich ein „Moon Over Naples“ betiteltes Instrumental), ebenso zwei von Frank Sinatras größten Hits: „Strangers In The Night“ (1966) und „The World We Knew (Over And Over)“ (1967). Sinatra hasste diese Titel, weil ein Deutscher sie geschrieben hatte und ausgerechnet sie zu seinen größten Hits gehörten. Bei seinen Konzerten pflegte Sinatra stets die Komponisten und Texter der von ihm vorgetragenen Songs zu nennen (wie es französische Chansoniers noch heute tun) – aber den Namen Kaempfert brachte er nicht ein einziges Mal über seine Lippen.

Kaempfert baute sein eigenes Orchester auf und entwickelte einen spezifischen Sound. Dieser beruhte wesentlich auf Rolf Ahrens' sofort erkennbarem Schlagzeugspiel mit Besen, pedalgetretener Hi-Hat und Bassdrum-Akzenten, die nur scheinbar zufällig gesetzt zu sein schienen, kombiniert mit Ladi Geislers charakteristischem „Knackbass“. Dazu kamen Streicher, durchweg im Hintergrund, Flöten, und sehr hohe, meist textlose Sopranstimmen (die waren damals in Mode), und dazu eine kräftige Portion Ray-Conniff-inspirierter Posaunen. Es kostete mich einige Zeit, das Geheimnis dieses Knackbasses zu lösen, aber eines Tages hatte ich es herausgehört: Es war nicht *ein* Bass, es waren *zwei* – ein gezupfter Kontrabass (später eine elektrische Bassgitarre) und, synchron dazu, eine heruntergestimmte Konzertgitarre, die mit einem Plektron nahe am Steg gespielt wurde. Beides zusammen ergab den Knackbass. Kaempfert hatte eine spezielle, für ihn typische Methode, seine Kompositionen so zu arrangieren, dass Melodielinien und Instrumentengruppen sich miteinander zu unterhalten schienen.

Kaempfert arbeitete bei den Aufnahmen nie mit Multitrack-Technik, er verwendete stets ein einziges Stereomikrofon für das gesamte Orchester. Statt den Sound am Mischpult auszubalancieren, setzte er die Musiker mal hierhin, mal dorthin, ein bisschen mehr nach vorn oder nach hinten, bis sich der Gesamtklang ergab, der ihm vorschwebte. Es konnte Stunden dauern, bis das erreicht war, aber die eigentliche Aufnahme war dann in nicht mehr als einem oder zwei Takes erledigt. Die Klangqualität und Plastizität dieser Aufnahmen ist noch heute verblüffend, besonders im Kopfhörer. (Es gibt solche Mikrofone noch immer, zum freundlichen Preis zwischen etwa 6000 und 10.000 Euro. Holger Czukay verwendete ein solches für sein Live-Album *Radio Wave Surfer* von 1991, auch Max Raabes Palastorchester wird so aufgenommen.) Ich bin mit dem Begriff „Genie" immer vorsichtig, aber Bert Kaempfert war definitiv sehr, sehr gut in dem, was er machte (nicht umsonst nannte man ihn auch „the thinking man's James Last"), und sein Sound war für meine Ohren ganz sicher prägend. Kaempfert verstarb 1980 im Alter von nur 57 Jahren an einem Schlaganfall. Seine Asche wurde in den Everglades verstreut.

Wenn ich den Kaempfert-Sound mit dem ganz anderen Sound etwa des Tanzorchesters ohne Namen verglich, dann merkte ich, dass es selbst dann unterschiedlich klang, wenn sie dasselbe Stück spielten und die gleichen Instrumente einsetzten. Dass man so etwas als „Arrangement" bezeichnet, wusste ich nicht, aber wie es funktioniert, das begriff ich.

Offener Weltraum im Schlafzimmer

Es warteten weitere musikalische Abenteuer auf mich. Als ich etwa sechs Jahre alt war, hörte ich „Telstar" von The Tornados im Radio. Natürlich hatte ich keinerlei Ahnung, wie die seltsamen Klänge am Anfang und Ende dieses Stücks erzeugt worden waren, und niemand konnte mir erklären, wie sie das wohl gemacht hatten. Dieses Stück brachte den offenen Weltraum in meine Zimmerecke (ich hatte das Schlafzimmer mit meinen Eltern zu teilen, in unserer Zweizimmerwohnung war das nicht anders zu machen), und es war klar, dass diese Klänge nicht mit Trompeten, Flöten oder Gitarren erzeugt worden sein konnten. Offenbar gab es noch mehr Möglichkeiten, Musik zu machen, als nur mit Orchestern oder Bands.

Unvergessen geblieben ist mir meine erste Begegnung mit echter Rockmusik – wenn man sie denn so nennen will. Es passierte am Silvesterabend 1963/64. Meine Eltern weckten mich kurz vor Mitternacht, wir gingen nach draußen und brannten unser Feuerwerk ab. Danach luden die über uns wohnenden Nachbarn uns und einige andere Nachbarn mitsamt Kindern in ihre Wohnung ein, um noch ein bisschen weiter zu feiern – es war feuchtfröhlich, wahnsinnig eng, alle hatten alberne Hütchen auf, haben gequalmt und warfen mit Papierschlangen um sich. Und dieser Nachbar hatte eine echte Sensation: ein Grundig-Spulentonbandgerät. So etwas hatte ich noch nie gesehen. Plattenspieler waren schon relativ verbreitet, aber Tonbandgeräte in Privathaushalten waren rar. Aber dieser Nachbar war ein Musikfreak. Und plötzlich, mit einem hinterhältigen Grinsen, drehte er die Lautstärke auf und startete das Gerät: In meinen Ohren explodierte „Jack The Ripper“ von Screaming Lord Sutch. Nie werde ich die gehetzten Schritte, das schwere Atmen und den Schrei vergessen, mit denen das Stück beginnt, bevor es in einen Twistrhythmus übergeht. War *das* etwa diese *Beatmusik*, von der meine Eltern, meine Tante, meine Cousine, gelegentlich sprachen? Jedenfalls war es anders als das, was ich bis dahin gehört hatte. It really got me.

Etwas später im Jahr 1964 verliebte ich mich in einen anderen Song, der selten, aber doch manchmal im Radio lief: „Have I The Right“ mit den Honeycombs. Die extrem lärmigen Drums und das Getrampel im Refrain beeindruckten mich mordsmäßig, und ich hämmerte auf dem Tisch mit, bis jemand kam und mich fragte, ob ich sonst noch alle Tassen im Schrank hätte. (Diese Frage war schon damals schwer zu beantworten.)

Es dauerte übrigens bis in die Mittsiebziger, bis ich herausfand, dass alle drei Songs, „Telstar“, „Jack The Ripper“ und „Have I The Right“, eine Gemeinsamkeit hatten: Sie hatten denselben Produzenten, einen gewissen Joe Meek. Es war mir nicht ganz klar, was dieser Typ gemacht hatte, aber es musste irgendetwas gewesen sein, das schon, als ich noch Kind war, eine Resonanz in mir auslöste.[2]

Peter Thomas

1966 kam das deutsche Fernsehen mit einer Serie namens *Raumpatrouille*. Sieben Folgen in schwarz-weiß, jede eine Stunde lang, und sie erzählte von den Abenteuern der Besatzung des „schnellen Raumkreuzers Orion“ im Jahr 3000. (Noch heute denken viele, die Serie sei eine Antwort auf die US-Serie *Star Trek* gewesen, tatsächlich aber war *Raumpatrouille* sogar die etwas frühere Produktion.) Ich war hin und weg. Selbst aus heutiger Perspektive waren die *special effects* nicht so schlecht wie sie später oft geredet wurden. Klar, die verrückte Art, wie man im „Starlight Casino“ tanzte, die Wasserhähne, die als Mikrofone in den Schaltpulten steckten, das Bügeleisen und die Bleistiftspitzer, mit denen das Raumschiff navigiert wurde – die wirken heute erheiternd. Damals aber fiel mir das schlichtweg nicht auf, ich war es ja gewohnt, mit Kistenbrettern oder Pappkartons die abenteuerlichsten Stadtlandschaften für meine Matchbox-Autos zu bauen. Es gab allerdings auch viele subtile Trickeffekte in der Serie, die man auch heute erst beim zweiten Hinsehen als solche erkennt. Natürlich konnte ich als Zehnjähriger nicht die diversen kleinen und nicht selten satirischen Referenzen an die Lebenswelt der 1960er-Jahre erkennen, die im Plot versteckt waren. Interessanterweise aber haben damals auch die meisten Erwachsenen diesen Aspekt der Serie nicht wahrgenommen. Über platte Witze hinaus war man Humor in den Medien nicht gewohnt, schon gar nicht subtile Ironie (zumal diese oft auch noch durch mittelprächtige Schauspieler vergeigt wurde, die vielfach ihre Rollen nicht verstanden hatten[3]).

Die Musik der *Raumpatrouille* stammte von dem Komponisten Peter Thomas mit seinem PETER THOMAS SOUND ORCHESTRA, das allerdings kein festes Ensemble war. Thomas war *der* Filmkomponist der 1960er-Jahre. Es kam kaum ein Edgar-Wallace- oder Jerry-Cotton-Film in die Kinos, zu denen er nicht die Musik beigetragen hatte; auch die grotesk bombastische Fanfare, mit der das „Constantin Film bringt"-Logo unterlegt war,[4] stammte aus seiner Feder. Thomas arbeitete mit der Crème der damaligen Jazz- und Studiomusiker: Klaus Doldinger, Charlie Tabor, Lothar Meid, Olaf Kübler, Jan Hammer, Ingfried Hoffmann oder Albert Mangelsdorff waren einige dieser Namen. Eventuell erkennen Sie darin schon jetzt Teile des Münchener Studiozirkels, der uns noch wiederbegegnen wird.

Für die *Raumpatrouille* lieferte Peter Thomas einen kirmeshaften Mix aus Trompeten, Posaunen, hohen Frauenstimmen (da waren sie wieder, wie schon bei Kaempfert!), elektronischer Orgel, jeder Menge Röhrenglocken, auf der Kuppe angeschlagenen Becken und den Tönen eines *Thowiphons* (einem frühen Synthesizer mit zwölf Tongeneratoren; Peter Thomas selbst hatte das Instrument mit dem Wiener Ingenieur Hansjörg Wicha entwickelt), und all dies war übergossen mit einem kathedralartigen Hall.[5] Es war die futuristischste Musik, die ich seit „Telstar" gehört hatte. Die Musik wurde im Studio ganz oder auf der Basis von Leadsheets improvisiert und später für den Endmix zusammengeschnitten. Und dann gab es da noch eine Robot-Stimme, die für Countdowns und Computerdurchsagen verwendet wurde – ein unglaublicher Sound. Das Ganze klang wie ein Mann, der mit tiefer Stimme und einer Wäscheklammer auf der Nase in eine Gießkanne spricht. Wir konnten nicht wissen, was es wirklich war: das erste funktionierende Modell eines *Vocoders*, der die Sprachmodulation dem Klang eines gestrichenen Cellos aufprägte („voice-coding", daher stammt der Name). Die Texte sprach Thomas selbst; vermutlich war dies der erste Vocodereinsatz zu Unterhaltungszwecken. Das Gerät gehörte dem "Siemens-Studio für Elektronische Musik" in München, das 1956 gegründet und von dem Komponisten Josef Anton Riedl geleitet wurde. Komponisten wie Pierre Boulez, Henri Pousseur, Mauricio Kagel, Dieter Schnebel, John Cage und David Tudor arbeiteten dort. Das Studio wurde im Jahr 1968 geschlossen; seit 1993 kann man die Geräte im Deutschen Museum in München besichtigen. Der Regisseur Edgar Reitz verwendete das Studio in der zweiten Staffel seiner *Heimat*-Trilogie (1984-2004) als Set für seinen fiktionalen Komponisten Hermann W. Simon (der eine Kombination aus Riedl und Reitz selbst ist).[6]

Fluxus

Obwohl (oder gerade weil) die Ökonomie sich auf einem Höhenflug befand, blieb die Atmosphäre in Deutschland sehr konservativ. Man hatte sich gerade ein halbwegs normales Leben aufgebaut und war nicht gewillt, irgendwelche Risiken einzugehen, die diese Normalität hätten gefährden können. Für schräge Musik, moderne Kunst und andere ruhestörende Ideen hatte man deshalb nicht viel übrig, erst recht dann nicht, wenn sie sich nicht sofort ohne Erklärung erschlossen.

Dabei war die Kunstszene in Deutschland schon sehr aktiv. Klar, dass die im vorigen Kapitel geschilderte Atmosphäre sich in den Werken niederschlug. Künstler haben eine spezielle Wahrnehmung der Welt, und es ist ihr Job, ihre Eindrücke in Form von Kunstwerken umzusetzen. Dass diese Kunstwerke sich dann nicht jedem erschließen, ist einleuchtend, letztlich aber sind solche Anstöße genau das, was die Kunst zum gesellschaftlichen Leben beiträgt. Langfristig verändert sie damit den Blick auf die Dinge der Welt und trägt zum gesellschaftlichen Wandel bei.

Seit den Mittfünfzigern etwa existierte die Gruppe Zero – Otto Piene, Günther Uecker, Heinz Mack und einige andere versuchten, das Konzept der Skulptur neu zu definieren. In Köln wirkte die Künstlerin Mary Bauermeister, die mit dem Komponisten Karlheinz Stockhausen und dessen Ehefrau zusammenlebte. In einem Obergeschoss in der Kölner Lintgasse hatte sie ihr Atelier, und sie nutzte es für Künstlertreffen: Joseph Beuys (ich komme auf ihn zurück), Wolf Vostell, Nam June Paik, John Cage, Christo, David Tudor und Hans G. Helms waren regelmäßige Besucher. Diese Treffen, mit Happenings, Aktionen, Lesungen und neuen Kompositionen bereiteten den Boden für eine Bewegung, die unter dem Begriff *Fluxus* bekannt werden sollte.[7]

Im Juni 1965 wurde in der Galerie Parnass in Wuppertal mit einem 24-stündigen Happening eine Fluxus-Gruppenausstellung mit Werken von Beuys, Vostell und anderen eröffnet. Hier entwarf Nam June Paik, inspiriert durch Beuys, seine „Video-Skulpturen“, die er aus alten Fernsehgeräten zusammenbastelte, und mit der Cellistin Charlotte Moorman entwickelte er, was später als „Performance Art" bekannt wurde – ein besseres Etikett dafür gab es noch nicht. Die Ausstellung löste einigen Wirbel in den Medien aus.

Und das ist der Punkt: Der Wirbel fand in den Medien statt, und dort blieb er auch. Die „Normalbürger" nahmen all diese Aktionen überhaupt noch nicht wahr - und wenn doch, dann schüttelten sie bestenfalls den Kopf über den vermeintlichen Unsinn. Für sie ergab es keinen Sinn, ein altes Klavier umzuwerfen oder das Bild Richard Nixons auf einem TV-Bildschirm mit einem starken Hufeisenmagneten zu verzerren.

So weiß, weißer geht's nicht

Die 1960er-Jahre waren in ihrer ersten Hälfte keine gute Zeit für kulturelle Herausforderungen. Erstens wollten die Deutschen sich zunächst mal um die Artikel kümmern, die sie in den 1950ern und im Krieg schmerzlich vermisst hatten. Bis dieses Ziel erreicht war, gab es keine Atempausen, Kultur war dabei ein Luxusartikel, der kaum jemanden interessierte. Wenn nicht sogar ein Störfaktor.

Zweitens wurden die Deutschen nun zunehmend empfindlich: Wenn jemand nach der Vergangenheit fragte, reagierten sie gereizt, besonders dann, wenn jemand damit schlafende Hunde weckte. Ein Beispiel dafür war etwa der Schlager „Hundert Mann und ein Befehl" (1966, eine Coverversion von „The Ballad Of the Green Berets"), von Heidi Brühl mit flammendem Blick zu militärischem Trommelrhythmus im Fernsehen präsentiert: „Hundert Mann und ein Befehl / Und ein Weg, den keiner will / Tagein, tagaus, wer weiß, wohin / Verbranntes Land, und was ist der Sinn?"[8] Auch wenn dieser Schlager weder konkrete Schuldige nannte oder nach Verantwortlichkeit fragte, so stellte er doch den Sinn des Soldatendaseins infrage, und da sah sich so mancher Kriegsteilnehmer, der seine Gesundheit und sein Leben riskiert hatte, heftig an seiner Ehre gepackt.

Mehr und mehr kippten Sachverhalte ins Gegenteil: Plötzlich wurde die Sowjetunion zum „Feind" erklärt. Ich erinnere mich an unseren Erdkundelehrer, der uns im Jahr 1967 in bedrohlichem Ton davon in Kenntnis setzte, die Rote Armee sei nur vierzig Panzerminuten von Hamburg entfernt, und wir sollten das nie vergessen. In einer Geschichtsstunde gab einer meiner Klassenkameraden zum Besten, der Krieg sei gar nicht beendet, es herrsche ja nur ein Waffenstillstand, da es keinen Friedensvertrag gebe – er plapperte wahrscheinlich nur nach, was er zu Hause gehört hatte, aber unser Lehrer ließ das unwidersprochen stehen. Und Bundeskanzler Adenauer hatte die Wiederbewaffnung Deutschlands damit begründet, man müsse Sowjetrussland klarmachen, ein Angriff auf Deutschland würde ein großes Risiko für Sowjetrussland selbst bedeuten.[9] Kein Wort mehr davon, dass es Deutschland gewesen war, das die Sowjetunion angegriffen hatte.

Ein großes Weißwaschen des politischen Zeitgeistes hatte eingesetzt. Der Werbeslogan des Waschmittels Dash, 1964 ersonnen von der Agentur Young & Rubicam, passte exakt in diese Stimmung: So weiß, weißer geht's nicht.[10] Und so waren plötzlich wieder alle Westen: weiß, als sei nie etwas gewesen. Die Politrocker FLOH DE COLOGNE kommentierten später mit der gallebitteren Werbeslogan-Parodie: „Ein Blutfleck auf der Weste? Kein Problem! Nehmen Sie einfach Bundesverdienstkreuz! Erhältlich bei jeder Bundesregierung."[11]

Mehr und mehr Menschen in der DDR sahen dort keine Zukunft mehr für sich und gingen nach West-Berlin oder Westdeutschland. Um diesen Exodus zu stoppen, mauerte sich die DDR im August des Jahres 1961 selbst ein. Zurück blieb West-Berlin wie eine Insel.

Später in den 1960er-Jahren gewann die NPD („Nationaldemokratische Partei Deutschlands"; eine Art NSDAP-Ersatzpartei) neue Mitglieder und konnte einige regionale Mandate in Landtagswahlen erobern.[12] Offensichtlich gab es einige unverbesserliche Trottel, die entweder nichts dazugelernt oder nie überhaupt etwas begriffen hatten. Wirklich große Erfolge hat die NPD nie erringen können, aber viele junge Leute, besonders an den Universitäten, nahmen diese Ergebnisse wahr und waren beunruhigt. Unter der Oberfläche begann in Deutschland einiges zu brodeln, was später zu Konsequenzen führen sollte. Die 1960er-Jahre nämlich waren eine seltsame Dekade: Wer in dieser Zeit aufwuchs, lebte in zwei Welten. Die Aufbruchstimmung und die Schlagerromantik waren die helle Seite, aber es gab auch eine dunkle.

Die andere Seite der Medaille

Während der 1950er-Jahre waren die Menschen in erster Linie froh darüber, dass der Krieg zu Ende war. Sie genossen, dass die wirtschaftliche Lage und ihre persönliche Situation sich stabilisierten. Aber nun wurde es komplizierter: Der Krieg und die Nachkriegszeit versanken mehr und mehr im kollektiven Unterbewusstsein und doch blieben sie auf eine eigenartige Weise präsent. Jeder kennt das Gefühl, letzte Nacht einen Albtraum gehabt zu haben: Man wacht auf, erinnert Bruchstücke, die sich nach einer Weile auflösen - und doch liegt ein

Schatten auf dem weiteren Tag. Man weiß nicht mehr genau, was es war, aber das ungute Gefühl, etwas Quälendes erlebt zu haben, bleibt noch stundenlang. So etwa fühlte sich Deutschlands Erwachsenenwelt. Wer in dieser Zeit seine Kindheit erlebte, blieb davon zwangsläufig nicht unberührt.

Deutschland in den 1950ern hatte Fahrt aufgenommen. Aber man sah noch überall von Bomben zerstörte Orte, Ruinen, Stadtteile, die wie plattgewalzt aussahen, und überall lärmten Baustellen. Einarmige oder einbeinige Männer auf der Straße zu sehen, war normal. Alle, die in den 1950ern geboren wurden, haben ihre eigenen Erinnerungen an Trümmerfelder in den Städten, Straßen, die nirgendwo hinführten, Ruinen, Häuser, die sichtbar durch Einschüsse oder Phosphorbomben beschädigt waren. Für uns Kinder waren Ruinen und Rohbauten fantastische Spielplätze. Natürlich fanden unsere Eltern das viel zu gefährlich, und natürlich hatten sie recht, aber das hat uns nicht davon abgehalten, trotzdem dort zu spielen. Ich habe mehr als einen Unfall gesehen und hatte auch selbst mehr als einen. Glücklicherweise haben Kinder Gummiknochen.

Wenn sich Erwachsene unterhielten, hörte man oft dunkle, seltsame Dinge. *Der Krieg* war dauerpräsent, besonders dann, wenn Männer miteinander sprachen. Sie kamen von diesem Thema nicht los. Wenn Mütter in der Waschküche oder im Treppenhaus miteinander tratschten und glaubten, wir würden nicht zuhören, dann redeten auch sie über den Krieg, aber so, als sei er ein Naturphänomen gewesen. Wir Kinder hatten keine klare Vorstellung, was das gewesen war, dieser Krieg, aber er musste etwas Unheimliches gewesen sein. Wenn man danach fragte, war die Antwort meistens: „Das könnt ihr nicht verstehen. Das war eine andere Zeit."

Im Laufe der Zeit veränderte sich dieser Krieg. Er wurde zu einem abstrakten, geisterhaften Ereignis, irreal wie ein Drachenüberfall. Aber irgendwie wussten wir genau, dass diese Drachen sehr real gewesen sein mussten, denn die Konsequenzen waren überall sichtbar und fühlbar: Sei es in Form der Ruinen, sei es aber auch daran, dass es kaum männliche Lehrer gab, und die wenigen, die es gab, waren unseren Müttern zufolge meist „Flüchtlinge". Und dann musste da noch irgendetwas gewesen sein. Aber was? Die meisten von uns Schulkindern (für mich begann die Schule 1963) hatten keine Idee, was Juden waren. Es gab evangelisch und katholisch, und das war alles. Es hat uns niemand erzählt, dass es noch andere Religionen gibt; der Religionsunterricht, damals in der Grundschule Bestandteil des normalen Unterrichts, war christlich, und ich erinnere mich nicht daran, dass während meiner gesamten Schulzeit sich jemals jemand als jüdisch zu erkennen gegeben hätte. Dieses Thema gab es einfach nicht, außer dann, wenn uns der Hausmeister anherrschte: „Hier geht's ja wieder zu wie in der Judenschule!" Der Hausmeister war derjenige, den die Lehrerin zu Hilfe rief, wenn ein bockiges Kind ihr über den Kopf wuchs. Seine Aufgabe war es dann, die fällige Strafe zu exekutieren. Gelernt war eben gelernt. Aber die Querverbindung zu den Erziehungsmethoden der Nazis fiel uns neun- oder zehnjährigen Kindern natürlich nicht auf. Die Prügelstrafe an deutschen Schulen wurde offiziell erst im Jahr 1973 abgeschafft.

Aber wir haben gespürt, dass da etwas so Ungeheuerliches passiert sein musste, dass selbst unsere Eltern oder Lehrer nicht in der Lage waren, es halbwegs vernünftig zu erklären. Nie wurde erwähnt, *was* genau geschehen war, und Adolf Hitler war für uns Kinder eine irreale Gestalt.

Nicht nur, als sie in Lumpen gehüllt in den noch rauchenden Trümmern saßen, sondern auch noch Jahre später konnten es viele nicht zugeben, dass er die treibende Kraft hinter all diesem Horror gewesen war und, dass sie selbst seine überzeugten Anhänger gewesen oder ihm zumindest gedankenlos gefolgt waren. Um diesen unbehaglichen Gedanken zu entkommen, steckten die Deutschen ihre Energie in die Arbeit. Begriffe wie *Holocaust* oder *Shoah* existierten nicht, und so war das Thema nicht benennbar. Erst 1978 wurde in Deutschland, damals hochkontrovers diskutiert, die US-Serie *Holocaust* gesendet und gab uns ein Wort. Die meisten Leute sprachen es englisch aus.

Keine Experimente!

Die konservative CDU-Regierung unter Bundeskanzler Konrad Adenauer und Wirtschaftsminister Ludwig Erhard hatte die Maxime „Keine Experimente!" ausgegeben und ein Pflänzchen ausgesät, das dann zum sogenannten „Wirtschaftswunder" heranwuchs. Es war kein großes Kunststück, dieses Wunder herbeizuführen. Die deutsche Wirtschaft lag flach am Boden, und die Politiker hätten tun können, was immer ihnen in den Sinn kam – wirtschaftspolitische Pläne schmieden oder bei Vollmond um eine hohle Eiche tanzen: Die ökonomische Situation hätte sich in jedem Fall erholt. Nicht zuletzt gab es den Marshall-Plan, der ab 1948 erheblich dazu beitrug, dass die unter den Kriegsfolgen leidende Wirtschaft Europas wieder auf die Beine kam.

Ludwig Erhard hatte im Ministeramt nicht nur die richtige Idee, sondern es gelang ihm auch, sie durchzusetzen. Er war Volkswirtschaftsprofessor gewesen; 1935 wurde er Mitgründer des ersten Marktforschungsinstituts Deutschlands.[13] Sein Verhältnis zu den Nazis war ambivalent gewesen; direkt unterstützt hatte er sie nicht.

Und nachdem er sich dann noch erfrecht hatte, in einem Gutachten den Krieg bereits als verloren einzukalkulieren, war er bei ihnen gänzlich unten durch gewesen.

Seine Erfindung, die „Soziale Marktwirtschaft", war ein wohldurchdachtes System, ein halbwegs faires Gleichgewicht zwischen Unternehmen, Arbeitnehmern und Verbrauchern herzustellen. Erhards Erscheinungsbild – wohlbeleibt, immer mit Zigarre – wurde nicht nur sein persönliches Markenzeichen, sondern es stand geradezu als Symbol für den wirtschaftlichen Aufschwung. Im Jahr 1963 gab es sogar einen volkstümlichen Schlager über ihn: „Lasst doch mal den Dicken ran" mit den SCHAUMBURGER HOFSÄNGERN – die Refrainzeile traf den Kern: „Solang' noch die Zigarre glüht, solange geht's uns gut".[14] Die Deutschen arbeiteten obsessiv und die Konjunktur ging durch die Decke. Die Wirtschaftswunderjahre sind noch heute legendär.

Erhards Ruhm zerfiel, als er 1963 Adenauers Nachfolger als Bundeskanzler wurde. Als Minister hatte er eine glückliche Hand gehabt, nun aber zeigte sich, dass er als Kanzler nicht der hemdsärmelige „Macher" war, den die Leute sehen wollten. Er war ein dünnhäutiger Denker mit einer Vorliebe für Bauhausmöbel und moderne Kunst – und damit war er der falsche Mann im falschen Amt. Nach einer Reihe böser Fehler und verbaler Entgleisungen trat er im Jahr 1966 zurück. Sein Nachfolger wurde Kurt-Georg Kiesinger, der allerdings ebenfalls bald in heißes Wasser geriet: Er war von den Alliierten zwar als „Mitläufer" eingestuft worden, aber in der Realität mehr gewesen als das. Seit 1933 NSDAP-Mitglied, war er im NS-Außenministerium stellvertretender Leiter der Rundfunk-Abteilung gewesen und hatte in dieser Position die Verantwortung für die Propagandasendungen getragen, mit denen die Nazis per Kurzwelle das Ausland beglückten.[15] (Um die Tatsache übrigens, dass in Kiesingers Kabinett auch acht SPD-Mitglieder saßen, die in Naziorganisationen tätig gewesen waren, kümmerte sich seltsamerweise niemand.)

Um 1966 gab es in Deutschland so gut wie keine Arbeitslosigkeit mehr. Die Unternehmen waren zunehmend verzweifelt auf der Suche nach qualifizierten Arbeitskräften. Bewerber konnten Gehälter und Arbeitsbedingungen durchdrücken, die noch wenige Jahre vorher undenkbar gewesen wären. Im Jahr 1963 hatten die Gewerkschaften die Fünftagewoche mit einem freien Wochenende durchgesetzt; die Kampagnenplakate zeigten lachende Kinderportraits und die Schlagzeile: „Samstags gehört Vati mir!". Und die Gewerkschaften forderten Lohnerhöhungen von zehn, zwölf oder mehr Prozent, plus Urlaubs- und Weihnachtsgeld – und sie konnten diese Forderungen durchsetzen.

Aber das alles war, wie gesagt, nur die Sonnenseite.

Wir Kinder der 1950er- und frühen 1960er-Jahre stießen, als wir etwas älter waren, auf zwei sprachlose Generationen: Eltern und Großeltern. Es war klar, dass sie irgendwie ein menschliches, politisches und kulturelles Desaster jenseits aller Vorstellbarkeit angerichtet hatten, aber die meisten waren nicht mal bereit, sich Fragen anzuhören: „Halt den Mund. Du warst nicht dabei, du kannst das nicht beurteilen." Wir hatten mit Lehrern, Lehrlingsausbildern und Trainern im Sportverein zu tun, die irgendwie involviert gewesen sein mussten in diese zwölf Jahre des Tausendjährigen Reiches – manche aktiv, manche passiv, manche gegen ihren Willen, manche aus Gleichgültigkeit. Viele hatten von den Sozialsystemen und der Arbeitsmarktpolitik der Nazis profitiert oder ihre Karriere dort gestartet. Kaum jemand gab zu, im Jahr 1933 die NSDAP gewählt zu haben, weil er ihre Ziele begrüßte. Aber auch die, die sie nicht gewählt hatten, reagierten meist passiv-aggressiv, wenn man fragte: Wo warst du? Was hast du gesehen, was wusstest du? Und was hast du gemacht? Man erhielt wirre, unglaubwürdige Antworten. Oder gar keine. Immer wieder liefen die Antworten darauf hinaus, man sei von den Naziherrschern betrogen worden.

Meine Großeltern mütterlicherseits waren, was man „einfache Leute" nennt. Mein Großvater war sein Leben lang Gewerkschafter und SPD-Mitglied. Seine Frau und er hatten sich beim „Wandervogel" kennengelernt, einem Teil der Jugendbewegung der 1920er-Jahre. Die Wurzeln des Wandervogels (ein altes Wort für Zugvogel) lassen sich bis in die Deutsche Romantik zurückverfolgen. Üblicherweise sah man diese Bewegung als Teil der progressiven Lebensreformbewegung des frühen 20. Jahrhunderts an: Man lebte vegetarisch, die Jungen trugen Hemden mit Schillerkragen (der offene Hemdkragen wurde über den Jackenkragen gezogen), die Mädchen trugen lockere Gewänder, man vermied Alkohol, war für Naturschutz, pflegte das Wandern in freier Natur, freies Singen, Tanzen und freie Liebe, und ich bin sicher, meine Großeltern lebten das so.

Das klingt positiv, aber Vorsicht: Von Anfang an gab es in dieser Jugendbewegung Parallelen zur Weltsicht der später aufkommenden Nazis. Es war für die Nazis daher nicht schwer, sie zu korrumpieren. Man findet über diese überlappenden Weltanschauungen inzwischen einige Literatur.[16] Meine Großeltern sind im Wesentlichen auf der sozialdemokratischen Seite geblieben, aber auch sie hatten Erinnerungen, die beidseitig interpretierbar waren. Selbst in den letzten Kriegstagen, als Deutschland längst in Trümmern lag, war meine Großmutter noch davon überzeugt gewesen, der Führer habe eine Wunderwaffe im Ärmel.

Glücklicherweise hatte er keine.

Für meinen Vater begann die Nazizeit mit 14. Sein Vater war Straßenbahnfahrer. Eigentlich war die Familie der Seefahrt verbunden, mein Großonkel war ein alter Kap Hoornier, und mein Vater selbst wäre gern Schiffsingenieur geworden. Das dafür erforderliche Studium ließ sich aber aufgrund der sozialen Umstände nicht realisieren. Er sollte dann in eine Schneiderlehre gesteckt werden. Dieser Schnapsidee entzog er sich, indem er in eine Behördenlehre floh, die ihm letztendlich einen Job irgendwo in den unteren Rängen der Hamburger Justizverwaltung eintrug. Er war in der HJ (Hitler-Jugend) gewesen, ob gern oder nicht, darüber sprach er nie. Als Motorradfan trat er dem NSKK bei, dem „Nationalsozialistischen Kraftfahr-Korps". Daraus machte er kein Geheimnis, nur stellte er diesen Verein stets als eine Art Automobilclub dar. Tatsächlich aber war das NSKK die Motorabteilung der SA – doch das erwähnte er niemals.[17] Mein Vater hat mir gegenüber sowohl die SA wie auch ihre Schwesterorganisation, die SS, stets verharmlost. Damit zeigte er ein Verhaltensmuster, auf das man häufig stieß. Gelegentlich sprach er auch an, dass er als Wehrmachtssoldat als Funker in Frankreich gewesen war. Wenn ich nachfragte, was für Aufgaben er dort hatte oder was für Funksprüche er durchzugeben hatte, dann erzählte er vom Morsealphabet, von Radiowellen oder davon, wie schwer es manchmal war, einen Platz für die Antenne zu finden, den der Feind nicht sofort entdecken konnte. Und nie ließ er die Alkoholexzesse unerwähnt, die offensichtlich fest zum Soldatenalltag gehörten. Spezifischere Antworten waren nicht zu bekommen; gelegentlich musste man allerdings auf antisemitische Abfälligkeiten gefasst sein.

Zeitlebens war eine Mauer aus Glas um meinen Vater. Sie war nicht zu durchbrechen. Sein Alkoholproblem wurde er bis zu seinem frühen Tod nicht los. Es war – wie bei vielen seiner Generation – auf unheimliche Weise wahr geworden, was Adolf Hitler im Jahr 1938 über die Jugenderziehung unter dem Hakenkreuz gesagt hatte: *Und sie werden nicht mehr frei ihr ganzes Leben.*[18]

Auf diese Weise mischte sich die Vergangenheit unserer Eltern und Großeltern in unser Leben und schrieb sich darin fort. Fast alle Gleichaltrigen, wenn sie überhaupt Fragen gestellt hatten, machten ähnliche Erfahrungen. Erklärungen liefen meist auf eines der drei großen Volksmärchen über das Dritte Reich hinaus: (1) Wir haben nichts gewusst; (2) Wir wurden nicht gefragt; (3) Der Wehrmachtssoldat als solcher war anständig.

Kaum jemand war bereit, darüber zu sprechen, wie er durch diese zwölf Jahre gekommen war, zu Hause, oder als Soldat in einem der vielen überfallenen Länder. Sie alle waren anscheinend anwesend gewesen, aber hatten nichts gehört. Sie hatten in Feuergefechten gelegen, aber gesehen hatten sie nichts. Und in der Heimat? Viele mussten die halbtoten Zwangsarbeiter gesehen haben, die jeden Morgen von SS-Männern durch die Straßen in eine Fabrik, einen Steinbruch oder auf die Äcker getrieben wurden. Aber niemand hatte sie je bemerkt. Jeder kannte jemanden, der für wenig Geld Möbel, Haushaltsgegenstände oder einen Wintermantel erstanden hatte; Dinge zumeist, die aus den Wohnungen von Nachbarn stammten, die „weggegangen" waren. Die lokalen Naziorganisationen verkauften deren Habseligkeiten auf der Straße, auf Märkten oder auf Auktionen. Keiner hatte gefragt, warum deren Besitzer „weggegangen" waren oder wohin. Man war glücklich, ein Schnäppchen gemacht zu haben. Man wollte nicht wissen, woher diese Schnäppchen kamen, und wenn man wusste oder ahnte, dass dieser Mantel der Frau Goldbaum von gegenüber gehört hatte, dann hatte man es halt nicht ändern können. Dass Juden nach und nach die bürgerlichen Rechte genommen wurden, wollte niemand bemerkt haben, obwohl der gelbe Stern nicht zu übersehen war. Oder man fand nichts dabei. Dass jüdische Geschäfte plötzlich neue Besitzer hatten, verwunderte anscheinend nicht nur niemanden, es wurde gar nicht erst hinterfragt.

Hitler musste wie eine Seuche aus heiterem Himmel über die Deutschen hereingebrochen sein. Fast niemand gab zu, Anhänger oder Mitglied einer Naziorganisation gewesen zu sein, und wenn es nicht abzustreiten war, dann war es „gegen den eigenen Willen" geschehen. Mehrfach wurde mir von Bekannten meiner Eltern erzählt, der gesamte Beamtenstand sei zwangsweise in die NSDAP aufgenommen worden. Eine andere Variante war, man sei eingetreten, „um Schlimmeres zu verhüten."

Sieht man heute Spielfilme, die im Deutschland der Nazizeit spielen (davon gibt es viele, besonders aus den USA), kann man leicht den Eindruck gewinnen, die Menschen hätten damals in permanentem Aufruhr gelebt, mit Kampflieder grölenden SA-Horden, die durch die Straßen patrouillierten, HJ-Kindern, die Mitschüler drangsalierten, mit Gestapo-Ledermänteln, die überall herumschlichen und jeden beobachteten, mit Blockwarten, die dreimal am Tag an jede Wohnungstür klopften, mit Nachbarn, die von „Schweinehund!" brüllenden SS-Männern auf LKWs geladen wurden – und alles umgeben von einer Atmosphäre aus Angst und Terror, die unentwegt von Zeitungen, Kino-Wochenschauen und dem Radio angeheizt wurde.

Aber das war nicht die wirkliche Art und Weise, wie das Nazireich funktionierte. Die meisten Menschen lebten einfach ihr Leben. Sie fragten nichts, sie ignorierten oder nahmen mit Kopfschütteln zur Kenntnis, was sie sahen oder hörten, und sie gingen zur Arbeit, um ihre Miete bezahlen zu können. Sie lachten, sie weinten, sie verliebten sich, sie heirateten, sie hatten Kinder. Sie dachten nicht über das politische System nach, in dem sie lebten. Solange es ihnen Brot und soziale Sicherheit gab, hielten sie es am Leben, indem sie es nicht infrage stellten. Als ihnen schließlich dämmerte, dass Ehemänner oder Kinder nur Kanonenfutter waren, da war es zu spät. Anders als im Jahr 1914, als der Erste Weltkrieg begann, wollten die meisten Menschen eigentlich keinen Krieg, aber als er da war, hatten sie keine andere Wahl als hindurchzugehen.

Immer steht hinter allem die große Gewissensfrage: Kann man aus dem verbrecherischen Charakter eines Systems individuelle Schuld ableiten?

Als der Nazispuk zu Ende war, atmeten die Deutschen kurz auf. Dann machten sie einfach weiter. Die Städte mussten vom Schutt befreit werden, es musste ein Dach über dem Kopf her und die Trümmerfrauen griffen zum Hammer. Klar, es hatte Leute gegeben, die das Nazisystem aktiv unterstützt hatten, aber das war vorbei, es interessierte niemanden mehr. Kaum jemand fühlte Verantwortung für das, was er hinterlassen hatte - von Schuld gar nicht zu reden. Viele waren auch stolz auf das, was sie getan hatten und konnten nichts erkennen, was sie falsch gemacht hatten.

Als im Februar 1943 die Todesurteile gegen Sophie und Hans Scholl sowie Christoph Probst bekanntgegeben wurden, applaudierten 3000 Studenten im Auditorium Maximum der Universität München. Niemand verlor je ein Wort über diese 3000, die später mal Deutschlands „Elite“ wurden. Keiner hat sie je gefragt, was sie sich gedacht hatten.

Diese Leute waren das Problem. Diese Leute sind das Problem in jedem politischen System, denn sie sind, um mit Kurt Tucholsky zu sprechen, diejenigen, die niemals die Tinte umgegossen haben, die sie umgegossen haben.[19] Und schlimmer: Die meisten Polizisten, Beamten, Professoren, Lehrer, Erzieher, Richter, Staatsanwälte konnten ihre Karrieren nach 1945 bruchlos fortsetzen, selbst *wenn* sie glühende Anhänger des Nazistaates gewesen waren – denn wie Konrad Adenauer sagte: Wir haben keine anderen.

Die sogenannte „Entnazifizierung“ – die Überprüfung der Vergangenheit aller Deutschen nach dem Ende des Dritten Reiches, die die Alliierten in Gang zu setzen versuchten – wird heute von Historikern allgemein als gescheitert angesehen. Zu viele Menschen wurden zu „Mitläufern“ erklärt, und die meisten der ohnehin wenigen, die vor Gericht landeten, wurden „nicht schuldig“ gesprochen – nicht zuletzt, weil etliche Richter selbst Leichen im Keller hatten. Der Romanautor und Essayist Ralph Giordano nannte dies später „die zweite Schuld“: Die Täter, mit wenigen Ausnahmen, kamen straffrei davon.[20]

Man kann es Pragmatismus, Kälte oder Verdrängung nennen: Dies ist, was 1967 die Psychologin Margarete Mitscherlich „die Unfähigkeit zu trauern“ nannte[21]. Man erkennt unschwer die doppelte Bedeutung dieses Satzes: Manche sahen einfach keinen Grund, zu trauern, andere waren nicht in der Lage dazu, weil sie den Umfang dessen, was passiert war, nicht erfassen konnten. Es überstieg einfach jede Vorstellungskraft. Mitscherlich wurde für ihre Feststellung mit wütenden Beschimpfungen überzogen. Man darf in diesem Zusammenhang nicht vergessen, dass natürlich jede Familie einen individuellen Zugang zu ihrer eigenen Geschichte hat. Und Erinnerungen sind nichts Statisches; jedes Mal, wenn sie aufgerufen werden, verändern sie sich ein bisschen. So wurden die jeweiligen Erinnerungen angepasst und im Familienkreis und vor dem eigenen Gewissen so lange zurechtgebogen, bis sie irgendwann zur Familienlegende und damit zum eigenen Selbstbild wurden, und von da an konnten sie nicht mehr widerlegt werden.[22]

Versuchte jemand, die Mörder zur Verantwortung zu ziehen, wie etwa der Staatsanwalt Fritz Bauer in Frankfurt, dann warfen ihm Politiker und Kollegen so viele Knüppel zwischen die Beine, dass kein Ergebnis dabei herauskommen konnte. Als jemand Bauer mitteilte, dass der Nazi-Massenmörder Adolf Eichmann in Argentinien zu finden sei, traute Bauer den deutschen Behörden so wenig, dass er lieber gleich den israelischen Geheimdienst informierte. Der fasste Eichmann und stellte ihn vor Gericht. Diese Verhandlung ist auf Film dokumentiert, und wenn man sieht und hört, wie Eichmann dort versucht, sich selbst zum Opfer zu stilisieren, dann möchte man sich krümmen. Seine emotionslose, heruntergeleierte Verteidigungsrede sagt viel über die Mentalität der Nazis aus. Und man bekommt einen direkten Eindruck davon, was die Autorin Hannah Arendt meinte, als sie von der „Banalität des Bösen“ sprach.[23]

Ob es ein Polizist, dein Lehrer, dein Opa oder deine eigenen Eltern waren: Man sah ein freundliches Gesicht, aber man konnte nicht sicher sein, was sich dahinter verbarg – jemand Respektables, ein Opfer, ein mit der Herde dahintrottendes Schaf oder ein Monster. Diese Unsicherheit wurde prägend für mindestens eine ganze Generation von Kindern. Viele von ihnen konnten niemals ein liebevolles oder wenigstens vertrauensvolles Verhältnis zu ihren Eltern, Verwandten oder Lehrern entwickeln. Man konnte ja schließlich nicht wissen, ob sie nicht doch zu jenen gehörten, die die Tinte umgegossen hatten.

Hatten sie das, dann schrieb sich ihre Denkweise fort, direkt und indirekt. In den frühen 1960er-Jahren etwa kam es in Mode, Stadtkinder im Alter zwischen 5 und etwa 10 Jahren auf ärztliche Verschreibung hin zu „verschicken", wie man das nannte. Diese Verschickungsreisen, „Kinderkuren" genannt, dürften zigtausende von Kindern ereilt haben: Für sechs Wochen wurden sie in Heime an der Nordsee oder in den Bergen geschickt. Das Ganze war, auch wenn es niemand aussprach, eine direkte Fortsetzung der Idee der „Kinderlandverschickung" (KLV), die die Nazis entwickelt hatten. Ab 1940 waren ganze Schulklassen aus Städten evakuiert und monatelang in Heimen in Gegenden untergebracht worden, die von Bombardierungen nicht betroffen waren. Das Prinzip dieser sogenannten „KLV-Lager" wurde in den 1960ern quasi unverändert weitergeführt; für die Heimbetreiber war das ein glänzendes Geschäft. Für viele Kinder jedoch wurden diese Wochen ein einziger Horrortrip. (Glauben Sie mir, ich weiß, wovon ich rede.) Es war nicht nur der früher erwähnte Schulhausmeister, der die Verabreichung der geforderten Prügel als seine selbstverständliche Pflicht ansah. Hier waren es etliche der Erzieherinnen, die „Tanten", wie sie genannt werden wollten, die ihre schwarze Pädagogik oft noch beim BDM und aus Nazi-Lehrbüchern gelernt und in Kinderheimen, Straflagern oder Waisenhäusern angewandt hatten. Vermutlich waren viele von ihnen auch selbst so behandelt worden. Diese „Tanten" setzten die Nazipädagogik fort, bis weit ins Wirtschaftswunder hinein, so, wie sie es gelernt hatten. Und die Eltern oder die verschreibenden Ärzte fanden das völlig normal.[24]

Wenn Sie den Film *Cabaret* (1972)[25] gesehen haben, dann erinnern Sie sich sicherlich an die Szene, in der Brian und Maximilian in einem Biergarten auf dem Lande ein Glas Bier trinken. Max ist einer jener Menschen, die glauben, dieser Nazispuk werde nach ein paar Monaten unter Kontrolle zu bringen sein, wenn die Nazis erstmal in die Regierungsarbeit eingebunden seien; Brian ist da skeptischer. Dann steht ein blonder Jüngling auf und beginnt, ein pathetisches Lied zu singen: „Tomorrow Belongs To Me"[26]. Es dauert ein paar Augenblicke, bis die Kamera zurückfährt und wir sehen können, dass er eine HJ-Uniform trägt. Zunächst schauen nur ein paar Menschen zu ihm, aber dann, nach und nach, hören sie zu, lächeln ihm zu, einige beginnen mitzusingen. Am Ende singen alle Biergartengäste mit, junge wie ältere (mit Ausnahme eines älteren Mannes, dem man ansieht, dass ihm nicht gefällt, was sich hier abspielt), stehend, aus voller Kehle und mit zum Hitlergruß erhobenem Arm, über die glorreiche

Zukunft, die da kommen soll. Brian und Max verlassen den Biergarten, und während sie in Max' Auto steigen, fragt Brian knochentrocken: „Still think you can control them?"

In Wirklichkeit wird es eine solche Szene nicht gegeben haben. Aber sie zeigt in komprimierter Form besser als so manche soziologische Studie einen der Mechanismen, durch die sich die Nazis im Volk verankerten. – Weshalb ich das schildere? Weil 1972, in der deutschen Uraufführung von *Cabaret*, genau diese Szene fehlte. Die Verleihfirma hatte sie herausgeschnitten. Noch im Jahr 1972 also fand man es unzumutbar, einem deutschen Publikum eine Szene zu präsentieren, die auf symbolische Weise zeigte, dass die Nazis nicht vom Himmel gefallen, sondern von der Begeisterung der Menschen an die Macht getragen worden waren.

Alle unsere Probleme mit unseren Eltern und sonstigen Altvorderen, Lehrern und so weiter sind natürlich heiße Luft gegenüber den psychischen und physischen Schäden, mit denen die Juden, Kommunisten, Schwulen, Lesben, Christen, Fahrenden, geistig Gehandicapten und andere zu kämpfen hatten, wenn sie Auschwitz, Treblinka, Buchenwald, Dachau, Neuengamme oder eines der vielen anderen Konzentrationslager oder andere Einrichtungen der Nazis überlebt hatten. Man könnte denken, sie wurden von den Alliierten befreit und konnten danach glücklich in ihr früheres Leben zurückkehren. Aber das war in den meisten Fällen nicht möglich. Man sah es den Menschen äußerlich nicht an, oft versuchten sie auch bewusst, es zu verstecken, aber sie blieben Gezeichnete. Viele fanden nicht mehr den Weg zurück in die Welt. Sie waren da, und sie waren doch nicht da. Immer blieb im Hinterkopf das Bewusstsein, dass morgen die Katastrophe von Neuem beginnen und ihr Leben erneut in Scherben fallen könnte. Sie horteten Lebensmittel in einem verborgenen Winkel ihrer Wohnung, sie saßen auf ständig reisefertig gepackten Koffern, sie bekamen Schweißausbrüche, wenn morgens um fünf Leute durch das Treppenhaus trampelten, sie ließen niemals versehentlich ihren Pass ablaufen, sie hatten Telefonketten organisiert für den Fall, dass man sie abholen würde. Was mögen diese Menschen, wenn sie nach ihrer Befreiung in Deutschland geblieben waren, gesehen haben, wenn sie beim Einkaufen oder bei Behördengängen in die Gesichter der Passanten oder der Beamten hinter dem Schalter schauten? – Wenn es ein Chanson gibt, das diese Situation auf den Punkt bringt, dann ist es „Weg zur Arbeit" des jüdischen Wiener Liedermachers Georg Kreisler.[27]

Kaum jemand sprach es aus, aber das war die Atmosphäre in Deutschland, die auf allem lag.

Zuerst kam der Jazz

Der blinde ökonomische Aufschwung und der Wille, die Vergangenheit nicht sehen zu wollen: Das war das, was Rockmusiker, Jazzer und Liedermacher meinten, wenn sie Deutschland später in den Sechzigern als kulturelle Wüste bezeichneten. Es ist nachvollziehbar, woher diese Ansichten kamen. Akkurat waren sie aber nicht, denn tatsächlich war, wie geschildert, kulturell schon einiges im Gange. Und dabei blieb es nicht. Deutschland war keine Wüste, aber am Mainstream-Publikum rauschte vieles vorbei.

Die meisten Rockmusiker hatten zwar grundsätzlich nichts gegen das gehobene Kunstpublikum, aber das waren nicht die Leute, die sie eigentlich erreichen wollten, und auch an den Kulturprogrammen der Radiosender waren sie nicht interessiert. Sie wollten in die Programme, die alle hörten. Sie machten auch keine „Kunstmusik", sondern zunächst kopierten sie, was von draußen hereinkam.

In den 1950ern war die deutsche Jazzszene noch sehr klein, man spielte vorrangig live für ein eingeschworenes Publikum. Deutschen Jazz auf Platten gab es so gut wie noch nicht, wenn, dann eher auf amerikanischen als auf deutschen Labels. Erwin Lehn leitete das Tanzorchester des Südwestfunks und machte daraus bald eine ernstzunehmende Swing-Bigband, wie überhaupt die Rundfunkorchester eine wichtige Rolle spielten. Jazzmusiker waren die ersten, die die Klänge und Rhythmen von jenseits der deutschen Grenzen absorbierten. Namen wie Hans Koller, Jutta Hipp, Helmut Brandt, Joki Freund oder Rolf Kühn prägten die Live-Szene; Bebop war nicht unbedingt der Stil der Wahl, man bevorzugte eher den Cool Jazz. Der erste, der ein breiteres Publikum ansprach und dieses auch tatsächlich erreichte, war Klaus Doldinger.

Doldinger

Der Multiinstrumentalist Klaus Doldinger hatte 1953 die Feetwarmers gegründet, während er Klavier und Klarinette an Düsseldorfs Robert-Schumann-Konservatorium studierte. Aber dabei beließ er es nicht. Er fügte seinen Studien das Saxophon hinzu (von der Klarinette aus ist das kein allzu großer Sprung, weil die Grifftechnik ähnlich ist, vom Charakter her ist es aber ein großer Sprung). Im Jahr 1955 gründete er Oscar's Trio, so benannt zu Ehren Oscar Petersons, und gewann den „Coup Sidney Bechet“. Zudem machte er an der Hochschule eine Ausbildung zum Toningenieur, was ihm später sehr zugute kommen sollte. Im Jahr 1960 tourte Doldinger durch die USA, kam dort in Berührung mit George Lewis und anderen Jazzgrößen, spielte im Birdland und wurde Ehrenbürger von New Orleans. Zurück in Deutschland arbeitete er mit hier lebenden amerikanischen Musikern wie Don Ellis, Johnny Griffin, Kenny Clarke, Donald Byrd und Benny Bailey. 1962 folgte die Gründung des Klaus Doldinger Quartetts mit Ingfried Hoffmann (Orgel), Helmut Kandlberger (Bass) und Klaus Weiss (Drums). Dieses Quartett nahm für das Philips-Label die Alben *Jazz Made In Germany* (1963) und *Live At The Blue Note Berlin* (1964) auf; beide wurden von der Kritik hoch gelobt. Ab 1964 produzierte Doldinger Werbemusik - ein Nebenjob, für den er später berühmt wurde. Das alles öffnete ihm die Tür zur Filmmusik, die er nicht nur komponieren, sondern auch spielen und aufnehmen konnte; seine erste Filmmusik entstand im Jahr 1963 für den Kurzfilm *Verpasst den Anschluss nicht* von Klaus Lemke. Doldingers erste eher jazzrockorientierte Band hieß Motherhood; der Name war ein freundlicher Gruß in Richtung Mothers Of Invention. Motherhood ist auf zwei LPs zu hören, die Besetzung war nicht konstant. Und Doldinger hielt sich fern vom Free Jazz.

Free Jazz

Hatte man in den 1950ern Cool gespielt, so kam nun eine Radikalisierung ins Spiel. Es bildeten sich erste Formationen, aus denen wenig später die deutsche Free-Jazz-Szene hervorging. Der Begriff „Free Jazz“ ist von Ornette Colemans Album *Free Jazz: A Collective Improvisation* (1961) abgeleitet. Free Jazz basierte auf einer Erweiterung des Bebop: Die harmonische Tonalität wurde ebenso aufgelöst wie Unterscheidungen zwischen Ton und Geräusch, es gab auch keine Trennung zwischen Solisten und Begleitmusikern mehr. Das waren zunächst die Merkmale des frühen Free Jazz. Später drifteten auch Rhythmus und Metrik auseinander. Und irgendwie fiel diese Denkweise in Deutschland auf fruchtbaren Boden. Es dauerte nicht lange, bis Musiker wie Peter Brötzmann, Hans Koller, Gunter Hampel, Peter Kowald, die Schweizerin Irène Schweizer und andere sich in diese vollständig frei improvisierte Musik verliebten. Wie der Bassist Eberhard Weber bemerkt, zerfiel die Szene bald in zwei Fraktionen: eine „Hardcore“-Fraktion und eine „Happening“-Fraktion.[28] Beide konnten sich mit der jeweils anderen nicht anfreunden. Für ein Publikum, das an Künstler wie Oscar Peterson oder Stan Getz gewöhnt war, war der „Hardcore“-Sound schwer verdaulich, und auch der anarchische Humor der „Happening"-Fraktion erschloss sich nicht jedem. Aber das gehörte zum Programm.

Innerhalb dieser Gruppen von Free-Jazz-Musikern stößt man auf Namen, die später einmal wichtig für die deutsche Rockszene werden sollten: den Schlagzeuger Manfred „Mani" Neumeier aus München und den Bassisten Uli Trepte aus Konstanz. Eine gute Möglichkeit, deren Zusammenspiel kennenzulernen, ist das Album *Early Tapes* des Irène Schweizer Trios, aufgenommen im Jahr 1967, veröffentlicht allerdings erst elf Jahre später auf dem FMP-Label. Es ist ganz klar ein Jazzalbum, aber es zeigt, dass die beiden Musiker bereits deutliche Rockimpulse verinnerlicht hatten. Die Power-Pianistin Irène Schweizer passt fugenlos dazu. Mani Neumeier: „Ich war damals neben Jaki Liebezeit von Can der größte Free-Jazz-Drummer in ganz Europa. Wir haben bei dieser Musik Harmonien radikal auseinandergenommen und diese dann neu zusammengesetzt. Dann kam Jimi Hendrix, der hat mich vollkommen geflasht. Fortan war für mich klar, dass ich etwas Elektronisches in meine Musik einbauen muss. Ich fing damit in der Schweiz an, rief dort mit Uli Trepte Guru Guru Groove ins Leben. Doch um etwas wirklich Revolutionäres zu initiieren, dafür war die Schweiz schlicht zu klein. 1968 gab es gerade mal drei Auftrittsmöglichkeiten, an denen wir unsere neue Art von Musik spielen konnten. Folgerichtig wurden wir Vagabunden, reisten nach Deutschland, um unsere Mission zu verkünden. Dank etlicher netter Damen und befreundeter Bands wie Amon Düül hatten wir stets einen Unterschlupf. Und wir konnten uns als Guru Guru einen Namen machen. … Zunächst mal waren wir Außenseiter. Allein schon aus dem Grund, dass wir lange Haare trugen. Ich würde behaupten, dass wir Anarchisten waren, individuelle Freigeister. Wir wollten mit unserer Arbeit und Andersartigkeit den Staub vom ollen Adolf H. aus diesem Land wegpusten."[29]

Der Drummer Hans „Jaki" Liebezeit aus Dresden spielte in Spanien unter anderem mit Chet Baker und wurde dann ein Mitglied des Manfred Schoof Quintetts und des Globe Unity Orchestra. Hören kann man ihn etwa auf den Alben *Voices* mit dem Manfred Schoof Quintett und *Globe Unity* mit dem Pianisten Alexander von Schlippenbach, beide aus dem Jahr 1966. Die Szene war nicht groß, alle Musiker kannten sich untereinander, jeder jammte mit jedem, und so ist es nicht verwunderlich, dass auf letzterer LP auch Brötzmann und Neumeier zu hören sind.

Eine wichtige Sache, die von vielen Hörern nicht verstanden wurde, war, dass diese Musiker Virtuosen auf ihren Instrumenten waren. So mancher Hörer war überzeugt davon, Free-Jazz-Musiker könnten einfach keine vernünftigen

Melodien zusammenbringen, und deshalb würden auf der Bühne alle zusammen durcheinander spielen. In Wahrheit spielten die Musiker so, weil sie fühlten, dass es Zeit war, ein paar Mauern einzureißen, und die Amerikaner hatten ihnen einen neuen Weg gezeigt.

Vielleicht lässt sich das mit dem Schock vergleichen, den viele in der Kunstgemeinde erlitten, als sie sich erstmals mit abstrakter Malerei konfrontiert sahen. Auch da war der erste Gedanke: Diese Typen können nicht malen. Je mehr man sich aber als Betrachter mit diesem Stil befasste, desto deutlicher wurde sichtbar: Sie kennen die Gesetze der Malkunst sehr gut, und wenn man einmal herausgefunden hat, worin sich das zeigt, dann sieht man auch, wie und wo sie sie angewandt haben. Wie meistens, so waren die Künstler einfach schneller als ihr Publikum.

Mit der Hilfe einiger offener Redakteure deutscher Rundfunksender dauerte es nicht lange, bis die europäische Free-Jazz-Szene radikaler war als die amerikanische. Es dauerte allerdings sehr wohl eine Weile, bis auch die Hörer zu schätzen lernten, was ihnen da um die Ohren gehauen wurde. Jemanden wie etwa den Saxophonisten Peter Brötzmann zu sehen und zu hören, schnaufend, schwitzend, unentwegt sein Instrument überblasend: Das *war* eine Herausforderung. Oft genug endeten solche Auftritte mit einem schockierten und buhenden Publikum.

Dabei war es genau diese Virtuosität, die den großen Unterschied ausmachte zwischen den Free Jazzern und den späteren Rockbands, die vorgaben, eine Art „Free Rock“ zu spielen.

Erste deutsche Rockgruppen

Dieses Buch ist nicht der Ort, um Deutschlands gesamte Vergangenheit und die Art und Weise, wie damit umgegangen wurde, aufzuarbeiten. Man sollte sie aber zumindest gut genug kennen, um einordnen zu können, woher die politischen und soziologischen Veränderungen und die Konflikte zwischen Alt und Jung kamen, die die 1960er-Jahre prägten. So wird man auch leichter verstehen können, was in der Musikszene passierte, und besonders, weshalb die Deutschen ihre Schlager so liebten: Sie waren der Soundtrack jener Jahre. Die 1960er kamen nicht zurück, die Schlagerszene aber blieb.

War das aber wirklich die Situation, die Rockmusiker dazu inspirierte, neue Musikstile zu entwickeln? In Interviews behaupten sie das damals wie heute gern. Manche waren tatsächlich über die Tendenzen in Kunst und Avantgarde informiert, aber es war eine Art von Parallelwelt. Die meisten Rockmusiker kannten diese Szene ebenso wenig wie das breite Publikum. Sie hatte nichts mit der Tradition zu tun, in der sie standen. Es war nur eine Handvoll Jazzmusiker, die den sicheren Hafen des Dixielands oder Swings verließen, um herausfordernden Horizonten entgegen zu segeln. Aber das war Jazz. Die meisten Rockmusiker konnten damit nicht viel anfangen. Die deutschen Rockmusiker, die ihre Karriere in den Sechzigern starteten, waren bereits mehrheitlich zu jung, um noch direkte Erinnerungen an die Nazizeit zu haben. Und was *davor* gewesen war, das kannten sie – wenn überhaupt – nur vom Hörensagen, und es interessierte sie nicht. Selbst, wenn es sie interessiert hätte, gab es kein Internet und keine Archive, die schnelle und umfassende Informationen lieferten.

Man kann sich ungefähr ausmalen, welch explosiven Einfluss Elvis Presley, Bill Haley oder Buddy Holly haben mussten, als sie auf diese Atmosphäre trafen. Zeitungen, besonders die mit den fetten Überschriften, berichteten über ratlose Eltern, zeigten wenig Verständnis für das Rock'n'Roll-Virus, das offenbar Deutschlands Jugend befallen hatte, und sie feuerten Breitseiten gegen Haleys Deutschlandtournee 1958. Die Kinowochenschauen zogen diese „affenähnlichen" Rock'n'Roll-Tänze ebenfalls ins Lächerliche – und merkten anscheinend nicht einmal, dass sie dabei einen Tonfall und ein Vokabular verwendeten, das den alten Naziwochenschauen über amerikanischen Jazz in nichts nachstand.

Erste Rockabilly- und später Rock'n'Roll-Bands entstanden und folgten diesem Rollenmodell. Aber sehr einflussreich waren sie alle nicht. Die Evolution der Rockmusik wurde erst in den 1960er-Jahren wirklich interessant, als Bands und Musiker wie die Beatles, Ray Charles, Lonnie Donegan, Emile Ford, Johnny & The Hurricanes, die Rolling Stones oder Screaming Lord Sutch nach Deutschland kamen – zuerst per Platte, manchmal per Radio und dann auch persönlich. Damit hatten die deutschen Musiker Rollenmodelle, mit denen sie etwas anfangen konnten.

Man kann unmöglich sagen, wer „die erste deutsche Rockgruppe" war. Es lag Gründungsfieber in der Luft, der Erfolg der Beatles trieb die Gitarrenverkäufe in ungeahnte Höhen, viele junge Leute, oft noch im Schulalter, gründeten „Beatgruppen", wie man sie damals noch nannte. Die meisten benannten sich nach dem Schema „X & His Ys", andere waren einfach „The Xs". Unmöglich, festzustellen, wie viele X and his Rhythm Rockers es gegeben haben mag, wie viele Starlighters, Blue Velvets, Fireballs, Four Aces, Roulettes, oder wie viele Beathovens – letztere gab es allein in Hamburg mindestens zweimal, und in einer Düsseldorfer Ausgabe saß ein gewisser Wolfgang Flür am Schlagzeug – wir werden ihn noch wiedertreffen.

Eine der ersten Bands, die es zu einem Plattenvertrag brachte, waren THE LORDS (zunächst SKIFFLE LORDS) aus West-Berlin. „Hey Baby, lass den Anderen" war im Jahr 1964 ihre erste Single, getextet von Schlagerprofi Carl Ulrich Blecher, die Musik stammte von LORDS-Mitglied Peter Lietz. Auf der Rückseite fand sich eine Coverversion des berühmten Songs „Tobacco Road". Die Platte war noch kein Erfolg.

Die andere wichtige Band waren THE RATTLES aus Hamburg. Beide Bands, THE LORDS und THE RATTLES, mussten vor ihrem deutschlandweiten Erfolg zunächst einen Bandwettbewerb im Hamburger Star-Club gewinnen.

Bevor wir diesem Etablissement allerdings einen Besuch abstatten, ist es ratsam, einen kurzen Blick auf die Infrastruktur der damaligen Musikszene und -industrie zu werfen.

MUSIKMEDIEN I

Ein englischer Musiker, Künstler, Autor oder Filmemacher, der es schaffen will, geht nicht nach Manchester oder Bristol, sondern nach London. Das Äquivalent in den USA wäre New York City („If you can make it there, you'll make it anywhere"), es sei denn, sein Geschäft wäre Schauspielerei oder Drehbuchschreiben, dann ist Los Angeles die richtige Adresse. In Österreich ist Wien die Stadt, auf die es ankommt. In Frankreich geht man ohne zu überlegen nach Paris, in Japan nach Tokyo. Das sind die Orte, an denen die wichtigen Plattenfirmen sitzen, Musikverlage, die Radio- und TV-Stationen, Konzertagenturen, Filmproduktionsfirmen, Agenten, Buchverleger und Vertriebsfirmen.

Kultur ohne Zentrum

In Deutschland gab es nach dem Krieg keine Hauptstadt mehr, in der alles zusammenkam. Berlin war das kulturelle Zentrum während der Weimarer Republik gewesen, ebenso während des Dritten Reiches, nun aber war das westlich orientierte Berlin eine Insel mitten in der DDR. Selbst theoretisch hatte es seine Hauptstadtfunktion verloren – wenn nicht in den Fünfzigern, dann auf jeden Fall im Jahr 1961, nachdem das DDR-Regime die Mauer errichtet hatte. Von diesem Zeitpunkt an wurde es zu einer harten Nervenprobe, von Westdeutschland nach West-Berlin zu reisen. Das Flugzeug war die beste Lösung, denn mit dem Auto hatte man stets zwei (oft schikanöse) DDR-Kontrollpunkte zu durchfahren, musste dabei auf einer vorgeschriebenen Transitstrecke voller Polizeiüberwachung bleiben, und es gab pedantische Geschwindigkeits- und Verkehrskontrollen, deren einziger Sinn darin bestand, den Transitreisenden möglichst viel westliche D-Mark abzuknöpfen. Die DDR war dringend auf Devisen angewiesen. Und wenn man dann wieder nach Hause fuhr, spielte sich das Theater von vorn ab. Für West-Berliner, die nach Westdeutschland reisen wollten, sah die Sache ebenso aus.

Warum aber hat keine andere Großstadt, wie Hamburg, Frankfurt oder München, die Chance ergriffen, die neue Hauptstadt zu werden?

Dafür gab es hauptsächlich zwei Gründe (oder genau genommen: vier). Nach dem Krieg teilten die alliierten Besatzungsmächte Deutschland in eine amerikanische, eine britische, eine französische und eine sowjetische Zone auf, und natürlich wollte jede Zone ihr eigenes Zentrum besitzen. Um die Dinge noch komplizierter zu gestalten, wurde auch Berlin in vier Zonen aufgeteilt: Die amerikanische, britische und französische Zone bildeten zusammen West-Berlin, die sowjetisch besetzte Zone wurde zur Hauptstadt der DDR.

West-Berlin war aufgrund seiner Lage nicht mehr als Hauptstadt Westdeutschlands zu halten. Deswegen entschieden die drei Westmächte, dass bis auf weiteres Bonn am Rhein die politische Hauptstadt Westdeutschlands sein sollte. Politisch hat das ganz gut funktioniert. Als kulturelle Hochburg jedoch war die eher verschlafene Kleinstadt nicht zu gebrauchen. Die alte Tante Volksmund wusste es genau: Entweder es regnet in Bonn oder die Bahnschranken sind geschlossen; tritt beides gleichzeitig ein, ist Sonntag.

Radio

Der zweite Grund dafür, dass es keine kulturelle Hauptstadt gab, war die Neuorganisation des Rundfunks. Während der Nazizeit wurden alle deutschen Sender zu einem einzigen Netz zusammengefasst. Alles stand unter der direkten Kontrolle von Goebbels, und der wusste genau, wie er den Funk einsetzen konnte, um die Botschaften der Machthaber ans Volk zu bringen.

Damit ein solcher Missbrauch in Zukunft ausgeschlossen war, vereinbarten die drei Westmächte, dass es keinen zentralen Rundfunk in Deutschland mehr geben durfte. Der Rundfunk wurde regional organisiert, jedes Bundesland hatte seinen eigenen Sender, und jeder dieser Sender war öffentlich-rechtlich nach dem Vorbild der BBC verfasst – das heißt: Nicht mehr der Staat oder die Regierung war Betreiber der Sender, sodass die Unabhängigkeit des Rundfunks gewährleistet war. Der Rundfunkstaatsvertrag (heute Medienstaatsvertrag), der die Aufgaben der Sender regelt, schreibt vor, dass die Sendungen regierungsunabhängig sein und der Bildung, der Information, der Beratung und der Unterhaltung dienen sollten.[1] (Dass sich die Sache mit der Regierungs- und Parteienunabhängigkeit in der Realität manchmal anders darstellt, ist leider nicht zu bestreiten, kann an dieser Stelle aber nicht thematisiert werden.)

Eine zweite wichtige rundfunkpolitische Entscheidung der Alliierten war, keine kommerziellen (privaten) Sender zuzulassen. Den Amerikanern muss das gegen den Strich gegangen sein, aber aus politischen Gründen stimmten auch sie für diese Regelung. Jede Station sendete nun zwei Programme, ein eher klassisch-informatives und ein eher unterhaltungsorientiertes. Diese Programmstrukturen haben sich im Laufe der Jahre verändert, aber die Idee dahinter ist noch dieselbe. Im Jahr 1950 gründeten die Rundfunkanstalten dann die ARD (Arbeitsgemeinschaft der Rundfunkanstalten Deutschlands). Damit war eine Zusammenarbeit zwischen den Sendern möglich, ohne dass es eine Zentrale gab.

Außerdem gab es in Deutschland noch die Sender, die die Alliierten selbst als Service für ihre Soldaten betrieben: AFN (American Forces Network), zu hören hauptsächlich in Bayern, Hessen, Teilen von Baden-Württemberg und Rheinland-Pfalz, und der englische BFBS (British Forces Broadcasting Service) in Norddeutschland. Die französischen Besatzer betrieben keinen eigenen Sender. Schlussendlich gab es dann noch den RIAS (Rundfunk im amerikanischen Sektor) in West-Berlin. Er sendete in deutscher Sprache; nicht zuletzt sollten mit dieser Station auch die Hörer in Ost-Berlin und der DDR erreicht werden. Letzteres war so erfolgreich, dass die DDR-Regierung alsbald damit begann, die RIAS-Sendungen zu stören.

Die einzige kommerzielle Radiostation, die man in Deutschland hören konnte, war Radio Luxembourg, das Schlager, Pop, Smalltalk und Werbung per UKW über die Grenze ins Saarland und ins Ruhrgebiet blies. Eine Kurzwellen- und eine Mittelwellenfrequenz konnten in ganz Europa gehört werden, aber die Klangqualität war mäßig. Abends, ab 19 Uhr, sendete Radio Luxembourg auf der Mittelwelle ein Programm in englischer Sprache. Dieses war von großer Bedeutung für England, aber auch wir in der AFN-losen norddeutschen Tiefebene konnten das Programm hören. Ich wage mir kaum vorzustellen, wie wir die 1960er- und 1970er-Jahre ohne das englische Programm von „208 Radio Luxembourg“ hätten überstehen können. Für mich, den dreizehnjährigen Schüler mit durchschnittlichem Schulenglisch, war das Programmjingle ein ewiges Rätsel, weil ich das „Two-O-Eight“ immer als „two or late“ misshörte und keine Ahnung hatte, was die mir damit sagen wollten (es war einfach die Frequenz: 208 Meter entsprechend 1440 kHz). Das Programm war knackiges Top-40-Radio, keine deutschen Schlager, immer die neuesten Hits aus England und den USA. Und die lockere Art der Moderation machte klar, wie kraftvoll und unterhaltsam Radio sein konnte, anders als der immer latent steife und „staatstragende“ deutsche Rundfunk.

Dann gab es noch ein paar Piratenstationen, die man auf Kurz- oder Mittelwelle hören konnte, hauptsächlich waren das Radio North Sea International, Radio Caroline und Radio Veronica. Die sendeten ihr Programm von Schiffen, die außerhalb der Dreimeilenzone auf der Nordsee vor Anker lagen oder sich in verlassenen Militärgebäuden in der Themsemündung niedergelassen hatten. Diese Stationen waren schwer zu empfangen, hauptsächlich aus technischen Gründen, aber wegen des klandestinen „Piraten"-Images, das diese Sender hatten, nahmen wir das in Kauf – anscheinend tricksten sie die Behörden aus, von denen sie ständig gejagt wurden, und das machte sie liebenswert. Von Zeit zu Zeit gab es in Illustrierten Berichte über die Piratensender, meist unter geistvollen Überschriften wie „Bei Windstärke 10 wackelt der Plattenspieler" oder „Die DJs müssen seefest sein" – als ob die DJs wirklich an Bord der Schiffe gesessen hätten. Aber wir wussten es nicht besser. Tatsächlich wurden die Sendungen in Studios in London oder Hilversum auf Tonband vorproduziert. An Bord der Schiffe waren nur die Sendeanlagen. Für die zwei oder drei jeweils diensthabenden Techniker an Bord dieser Kähne muss das ein schrecklich langweiliger Job gewesen sein; alle paar Tage wurden sie per Boot mit neuen Tonbändern, Lebensmitteln und Pornoheften versorgt.

„Your Station of the Stars", das englische Programm von Radio Luxembourg, war kein Piratenradio, aber auch dort wurde das Live-Programm anfangs nur simuliert. Die Shows wurden aufgezeichnet in einem kleinen Studio in Londons Hertford Street; Tag für Tag wurden die Bänder mit einem Sportflugzeug nach Luxembourg geflogen. Erst im Jahr 1963 zogen die DJs dann selbst nach Luxembourg-Stadt (nach „Luxy", wie sie es nannten). Ab dann wurde das englische Programm live aus der Villa Louvigny gesendet, in der alle Programme Radio Luxembourgs hergestellt wurden.[2]

Radio Luxembourg und die Piratensender machten schmerzhaft klar, was den deutschen Sendern fehlte. Bei denen war die Präsentation der Sendungen todernst, und obendrein spielten sie häufig nicht mal die Originalversionen, sondern die Coverversionen ihrer eigenen Orchester und Bigbands, und so war es nicht immer einfach, mit neuen Pop-Produktionen aus England oder Amerika in Berührung zu kommen. Lange Zeit war die einzige öffentlich-rechtliche Möglichkeit die wöchentliche Schlagerparade, die jeder Sender betrieb. Dort waren dann allerdings sowohl englische Poptitel als auch deutsche Schlager zu hören, und die Spitzenpositionen erreichten meist nur letztere. Hinzu kam noch, dass die meisten Sprecher (damals noch nicht „Moderatoren" oder „DJs" genannt, sondern meist schlicht „Ansager") ausgebildete Schauspieler bzw. Schauspielerinnen waren, die ihre Texte mit feierlicher, oft düster gefärbter Stimme vom Manuskript ablasen und das Gefühl vermittelten, beim nächsten Ton des Zeitzeichens werde die Elbe die Innenstadt überfluten. Das hatte den ursprünglichen Grund, dass anfangs die meisten Programme über Mittelwellensender mit beschränkter Tonqualität liefen, sodass man Sprecher einsetzte, die deutlich und akzentuiert zu sprechen wussten. Mit dem verstärkten Aufkommen des UKW-Radios war das nicht mehr erforderlich, aber gewohnheitsmäßig blieb man dabei. „Radio Personalities" wie Minnie Pearl, Garrison Keillor oder Jack Benny, die im US-Radio programmprägend und *nationwide* bekannt waren, gab es in Deutschland ohnehin so gut wie nicht. Der erste und über lange Zeit einzige Sprecher, der seine Sendungen ein bisschen aufhellte, war denn auch sinnigerweise ein Engländer: Chris Howland startete im Jahr 1952 beim damaligen NWDR in Köln. Seinen englischen Akzent konservierte er sorgfältig. Außer ihm gab es noch Jimmy Jungermann im Bayerischen Rundfunk, der einen lockereren Tonfall anschlug.

Es dauerte bis in die 1970er-Jahre hinein, bis der Bierernst in den Radiosendern wenigstens ein bisschen verflog. Pionierdienste leistete wiederum der Bayerische Rundfunk mit Thomas Gottschalk, der seine Radioshow im Jahr 1971 startete. Doch noch immer waren die meisten Präsentatoren keine „DJs", sondern nun meist Journalisten, die sich selbst nicht selten vielmehr als Intellektuelle und Volkserzieher denn als Unterhalter verstanden. Popmusik und Schlager betrachteten sie meist von oben herab.

Fernsehen

Fernsehen in Deutschland startete im Jahr 1954. Noch heute heißt deswegen das ARD-Programm „Das Erste"; alle ARD-Anstalten lieferten Beiträge. Weil Bundeskanzler Adenauer fand, dieses Programm sei zu linksgestrickt und zu kritisch, forderte er ein eigenständiges bundesweites Programm, das direkt der Regierung unterstellt werden sollte. Das Bundesverfassungsgericht machte ihm einen Strich durch die Rechnung; es entschied, dass auch weiterhin jedes Programm öffentlich-rechtlich organisiert zu sein habe. So entstand im Jahr 1963 das Zweite Deutsche Fernsehen (ZDF) mit Sitz in Mainz.

In den Jahren 1964 und 1965 entwickelten die einzelnen ARD-Anstalten zusätzlich Fernsehprogramme für ihre jeweilige Region. Die wurden dann – man ahnt es – „Dritte Programme" genannt; hauptsächlich liefen dort regionalbezogene Sendungen, ein zweiter Schwerpunkt war Bildung.

Wie schon bei den Radioprogrammen, so waren auch im Fernsehen nur sehr begrenzte Werbesendungen zugelassen: ARD und ZDF durften zwischen 18 und 20 Uhr jeweils 20 Minuten Werbung senden. Die Dritten waren werbefrei.

Diese Radio- und Fernsehstationen wurden zu Andockstellen für Plattenfirmen, Tonstudios, Konzertveranstalter, Filmproduktionsfirmen und Distributoren. Das ist der Grund dafür, dass es für die deutschen Musiker und andere Künstler kein „New York" und kein „London" gab, wo sie sich hätten ansiedeln können. Rundfunk und Fernsehen blieben dezentral, deswegen hat sich in Deutschland nach 1945 keine kulturelle Hauptstadt etabliert. Wie wir noch sehen werden, hatten die Musiker mit dieser Struktur immer wieder heftig zu kämpfen.

Andererseits, und das war ein großer Vorteil dieses Systems, konnten ARD und ZDF, ähnlich wie auch die BBC, Shows, Serien und Projekte entwickeln und produzieren, die kommerzielle Sender nicht einmal in Erwägung gezogen hätten. Sie besaßen eines der weltweit besten Auslandskorrespondenten-Netze, sie betrieben Sinfonieorchester, Bigbands, Unterhaltungsorchester, Chöre und Spezialensembles. Sie gaben Kompositionen in Auftrag, sie produzierten ambitionierte Hörspiele, Radiofeatures und Reportagen, die nicht selten zu kontroversen Diskussionen in der Öffentlichkeit führten. Und damit wurden sie insbesondere für zwei Musikgenres wichtig:

Jazz und Elektronische Musik

Noch heute ist eine der berühmtesten Radio-Institutionen das „Studio für Elektronische Musik des WDR" in Köln, gegründet am 18. Oktober 1951 von Werner Meyer-Eppler und Herbert Eimert. Beide waren Pioniere dieser Elektronischen Musik (großgeschrieben wird sie übrigens deshalb, weil „Elektronische Musik" als ein eigenständiges Musikgenre, wie „Oper" oder „Schlager" angesehen wurde). Von 1963 bis 1989 leitete der Komponist Karlheinz Stockhausen das Studio, das zu einem der weltweit wichtigsten Impulsgeneratoren der Elektronischen Musik der 1960er- und 1970er-Jahre wurde und noch heute als richtungweisend angesehen wird. Das Studio musste einige Male umziehen, sein Gerätepark landete schließlich im Souterrain eines leerstehenden Industriegebäudes bei Köln, betriebsbereit, aber weitgehend nur noch für Besichtigungen genutzt. Eine Zeitlang war eine Wiedereröffnung in der Galerie Mödrath bei Kerpen im Gespräch (einem früheren Wöchnerinnenheim; Stockhausen wurde dort geboren), doch der WDR lehnte das Angebot nach fast fünfjähriger Bedenkzeit ab. Anscheinend weiß dort heute niemand mehr einzuordnen, welchen musikhistorischen Wert dieses Studio repräsentiert.[3]

Eine ähnliche Einrichtung betrieb auch der Südwestfunk in Baden-Baden: das „Experimentalstudio", gegründet von Heinrich Strobel, nach dem das Studio heute benannt ist. Der SWF gründete zudem ein Sinfonieorchester, das auf zeitgenössische Musik spezialisiert war. Ohne diese Institutionen wären die weltweit bekannten „Donaueschinger Musiktage für experimentelle Musik" nicht möglich gewesen.

Ein weiteres Beispiel für die Relevanz des öffentlich-rechtlichen Rundfunks war eine Reihe namens „das neue werk", dem damaligen Zeitgeist folgend kleingeschrieben. Für diese Reihe vergab der NDR seit 1951 Kompositionsaufträge und produzierte und sendete viele experimentelle Werke sowohl elektronischer als auch orchestraler Art. Stockhausens *Gruppen für drei Orchester* (1957) ist eines davon; es gilt heute als eines der Schlüsselwerke der zweiten Hälfte des 20. Jahrhunderts. Die Reihe existiert noch heute.

Einige Musikredakteure der ARD-Sender hatten eine spezielle Vorliebe für den zeitgenössischen Jazz. Einer dieser Redakteure war Joachim-Ernst Berendt, dessen „Jazzbuch" über die Geschichte des Jazz noch immer als Meilenstein gilt.[4] Er baute die Jazzredaktion des Südwestfunks auf und betreute in Zusammenarbeit mit dem (damals bereits bekannten, heute legendären) MPS-Label viele Platten als Produzent. In den 1970ern wurde Berendt dann allerdings mehr und mehr zum Dogmatiker in Sachen Free Jazz, den er mit einer fast schon rührenden Humorlosigkeit als hochpolitisches Genre ansah, während viele der Musiker in dieser Hinsicht sehr viel lockerer waren.[5] Später driftete Berendt dann vollends in den Nebel des New Age ab.[6] Aber dies schmälert nicht seine Bedeutung für die Entwicklung des Jazz in Deutschland.

Im Jahr 1958 startete der Norddeutsche Rundfunk den „NDR Jazzworkshop", zunächst unter der Federführung des österreichischen Saxophonisten und Malers Hans Koller, später in den 1970ern übernahm der Pianist, Soziologe und Besitzer einer unvergesslichen Stimme, Michael Naura, die Reihe. Der „Jazzworkshop" organisierte und kommissionierte Studiokonzerte mit Musikern von Lee Konitz bis Keith Jarrett, Gary Burton bis Miles Davis und Albert Mangelsdorff bis Pat Metheny. Für Jazzfans dürfte es kaum eine bessere Adresse gegeben haben und das Archiv ist eine Schatzkammer.

Dies alles sind nur einige Beispiele für das Wirken des öffentlich-rechtlichen Rundfunks, aber sie mögen einen Eindruck davon vermitteln, wie wichtig diese Sender waren, unabhängig davon, wie steif die Programme manchmal daherkamen. Welcher kommerziell betriebene Sender würde sich auch nur in die Nähe solcher Programme wagen? Lediglich Rockmusiker, insbesondere deutsche, hatten einen schweren Stand mit ihnen.

Platten und Märkte

Im Jahr 1929 wurden in Deutschland bereits 30 Millionen Platten verkauft. Bedingt durch die ökonomische Krise brachen die Zahlen bis auf 10 Millionen im Jahr 1933 ein. Für die Nazizeit gibt es keine Statistiken. 1949 jedoch wurden nur noch 4 Millionen Platten verkauft – nachvollziehbar, denn die Menschen hatten andere Sorgen als Platten zu kaufen. Aber es war nur eine Frage des wirtschaftlichen Aufschwungs, bis sich diese Zahlen wieder änderten. Nur drei Jahre später hatte sich die Zahl bereits verdreifacht, 12,5 Millionen Platten wurden verkauft. 1955 hatte man die späten 1920er eingeholt: 31 Millionen Platten gingen über die Ladentheken, im Jahr 1956 waren es bereits 40 Millionen.[7] Ein paar Jahre blieb es bei dieser Größenordnung, dann kamen die BEATLES und trieben die Zahl weiter nach oben: 1964 wurden 47,6 Millionen Scheiben verkauft.[8] Damit begann das Goldene Zeitalter der Plattenindustrie und die Verkäufe stiegen von Jahr zu Jahr. Im Jahr 1973 brachte die Industrie 148 Millionen Platten unters Volk.[9]

Ein großer Teil der Singles wanderte in Jukeboxen – wer erinnert sich nicht an sie, diese wunderbaren Seeburgers, Rock-Olas oder Wurlitzers, die oft aussahen wie prachtvolle Kinofassaden en miniature; damals nannte man sie schlicht Musikautomaten. Diese Geräte standen in jeder Bar und jeder Eckkneipe und waren eine nicht unbedeutende Einnahmequelle für die Wirte. Eine gut genutzte Jukebox konnte durchaus die Monatsmiete für das Lokal einspielen. 1955 gab es rund 12.000 dieser Boxen in Deutschlands Kneipen; 1970 waren es bereits 80.000. Gefüllt und gewartet wurden sie von zumeist selbständig arbeitenden Automatenaufstellern. Jede Jukebox hatte um die hundert Platten im Bauch – zusammen waren das 8 Millionen. Ich erinnere mich daran, dass es in den späten 1960ern 20 Pfennig kostete, eine Platte zu spielen. Drei Spiele kosteten 50 Pfennig und sechs Spiele 1 Mark. Im Jahr 1970 erzielten allein die Jukeboxen in Deutschland einen Gesamtumsatz von 240 Millionen Mark.[10]

In den Mittsechzigern lag der Jahresumsatz für Plattenverkäufe (ohne die Jukeboxen) bei 300 Millionen Mark,[11] 1973 war die Milliardengrenze erreicht.[12]

Das klingt nach „Big Business“, aber man täusche sich nicht: In Deutschland wird bis heute mehr Umsatz mit Weihnachtsbäumen als mit Musik gemacht,[13] makroökonomisch betrachtet war Musik hier also nie ein großer Markt.

Üblicherweise gilt Deutschland als drittgrößter Plattenmarkt der Welt nach den USA und England, gefolgt von Frankreich und Japan; wobei Deutschland, Frankreich und Japan die Plätze untereinander gelegentlich tauschen. In Großbritannien war der Umsatz stets um etwa ein Drittel höher als in Deutschland oder Japan.[14] Die Deutschen sind kein Volk begeisterter Plattenkäufer. Tatsächlich gaben damals rund 60 Prozent der Deutschen niemals Geld für Musik aus – in den Sechzigern nicht, und heute sind es sogar 70 Prozent. Die meisten der verbleibenden 40 beziehungsweise 30 Prozent kaufen im Leben nicht mehr als zehn oder fünfzehn Tonträger.[15] Man muss im Prinzip nur einen Blick auf eine deutsche Schrankwand der 1960er- oder 1970er-Jahre werfen, um zu erkennen, wie wenig Platz dort für Bücher und Platten vorgesehen war, verglichen mit dem Schnapskabinett. Die Möbeldesigner der Versandhäuser wussten schon immer ziemlich genau, was die Zielgruppe wirklich will.

Und die Plattenkäufer? Die Plattenindustrie wusste durch Marktstudien, dass 80 Prozent ihres Umsatzes von nur 20 Prozent der Kunden stammen. Die Plattenhändler hatten eine ähnliche Faustformel: Von zehn Kunden im Laden wissen acht nicht genau, was sie suchen. Es sind die Väter, Mütter, Onkel und Tanten, die sich eine Weile suchend umsehen und schließlich den Verkäufer nach „einer Platte für einen 14-Jährigen“ fragen. Oder sie singen dem Verkäufer eine Melodie vor, die sie im Radio gehört haben. Diese Kunden benötigen oft eine lange, intensive Beratung und gehen am Ende mit einer Single aus dem Laden (wenn sie überhaupt etwas kaufen). Der neunte Kunde ist einfacher: Der weiß genau, was er sucht, und kauft, wenn er es findet. Und dann gibt es da noch den zehnten Kunden. Der ist als Käufer am interessantesten, aber er ist nicht immer pflegeleicht. Diese Kunden sind Spezialisten. Sie verlassen den Laden selten mit weniger als fünf oder mehr Platten, sind des Verkäufers beste Freunde und fachsimpeln gern und lange. Sie wissen genau, was sie wollen, und das ist normalerweise nicht die Top-10-Ware. Sie suchen ausgefalleneren Stoff. Dafür können sie allerdings auch ziemlich muffig werden, wenn sie nicht finden, was sie suchen, oder - noch schlimmer - wenn der Verkäufer die gesuchte Platte nicht kennt.

In den 1950ern und 1960ern gab es in Deutschland nur wenige große Schallplattengeschäfte, die das volle Repertoire im Angebot hatten. Man fand sie in den Innenstädten; manchmal gehörten sie zu Musikhäusern wie etwa Steinway. Ketten wie das amerikanische Tower Records oder das englische HMV gab es nicht, auch die Plattenfirmen hatten keine eigenen Läden. Dann gab es die Kaufhäuser. Die hatten zumeist eine Schallplattenabteilung, in den meisten Fällen (das heißt: mit Ausnahme der Flaggschiff-Häuser in den Innenstädten) boten diese allerdings nur Top-40-Ware und Standardklassik an. Außerdem gab es noch eher kleine Geschäfte, die auf bestimmte Genres spezialisiert waren; meist auf Klassik oder Jazz. Ein großer Teil des Plattenverkaufs lief über kleine und mittlere inhabergeführte Radio- und Fernsehgeschäfte. Deren Job waren allerdings in erster Linie Verkauf und Reparatur von Phonogeräten, Radios und Fernsehern; Plattenverkauf war bestenfalls ein Nebengleis. Die Inhaber waren meist Radio- und Fernsehtechniker, von Musik hatten sie selten mehr Ahnung als der durchschnittliche Käufer eines Fernsehgerätes. Wenn man Glück hatte, dann gab es in solchen Läden einen sechzehnjährigen Lehrling, der seinem Boss sagen konnte, welche Platten er bestellen sollte.

Deutschland hatte auch ein paar Schallplattenclubs; etwa den Deutschen Schallplattenclub, den Bertelsmann-Schallplattenring oder die Büchergilde Gutenberg; letztere war verbunden mit dem Deutschen Gewerkschaftsbund. Diese Clubs sandten ihren Mitgliedern regelmäßig einen Katalog, man musste drei Platten (oder Bücher) im Vierteljahr bestellen; tat man es nicht, schickten sie einem drei Bücher oder Platten ihrer Wahl ins Haus. Die Platten nannten sich meist „Club-Sonderedition" oder ähnlich, hatten häufig ein vom Original abweichendes Cover, waren aber inhaltlich identisch mit der normalen Ladenversion, lediglich ein paar Mark billiger. Manchmal hatten die Clubs auch Sonderpressungen, die man nur dort bekam. Die Hoch-Zeit dieser Clubs waren die 1960er- und 1970er-Jahre, in den 1980ern ging ihre Bedeutung zurück.

Bis 1966 waren Platten preisgebunden; man sah sie wie Bücher als Kulturgut an, das nicht dem profanen Markt überlassen werden sollte. Dann erklärte der Bundesgerichtshof die Preisbindung für unzulässig – sehr zum Ärger der Industrie. Aber die Plattenfirmen gaben so schnell nicht auf. Sie installierten stattdessen einen „empfohlenen Verkaufspreis", und der Einzelhandel wusste sehr genau, wie er diese Empfehlung zu deuten hatte. So blieben die Preise für Platten noch eine Weile stabil und zudem sehr hoch: Im Jahr 1965 kostete eine Single 4,50 und eine LP 18 Mark, 1969 kletterten die Preise auf 4,75 beziehungsweise 20 Mark und schon kurze Zeit später auf 4,95 respektive 22 Mark. Die LP-Preise blieben dann stabil, die Single-Preise stiegen weiter bis auf 6 Mark in den Mittsiebzigern. Wieviel Geld das war, wird klar, wenn man weiß, dass im Jahr 1965 das monatliche Durchschnittseinkommen gerade mal 400 Mark brutto betrug; 1970 waren es 580 Mark.[16] Wir werden auf diese Preisgestaltung noch zurückkommen, denn dass sie zusammenbrach, war nicht zuletzt auch der Rockmusik zu verdanken.

Musiker brauchen nicht nur elektronische Medien, sie benötigen auch Plätze, an denen sie ihr Publikum „face to face" treffen können. Die meisten Städte hatten Musikclubs, und manchmal besaßen Plattenläden oder Boutiquen eine kleine Bühne. Manchmal gab es auch den einen oder anderen Headshop, aber die hießen noch nicht so. Alle diese Plätze waren wichtig für den Aufbau einer lokalen Szene, und sie waren die Möglichkeit für Musiker, die letzten Trends aus London oder New York kennenzulernen oder ihre Fans zu treffen.

In Frankfurt gab es den Sinkkasten, einen berühmten Jazzclub. Es existierte auch eine Kellerbar namens Heidi Loves You, eine Mischung von Kneipe, Club und Headshop, betrieben von Paul-Gerhard „Hadayatullah" Hübsch und Bernd Brummbär, beide bekannt als Autoren. Der Club war ein Treffpunkt für die frühe (damals noch kleine) Frankfurter Psychedelic-Szene. Weil Heidi Loves You Alkohol anbot, ohne eine Konzession zu haben, schloss die Polizei das Etablissement im September 1968, nachdem dort außerdem ein paar Gramm Haschisch und einige Wasserpfeifen gefunden worden waren.[17]

In München gab es das PN Hit-House in der Leopoldstraße im feinen Schwabing, wo während der Woche Coverbands spielten und am Wochenende internationale Top-Acts. Später wurde Amon Düül hier die Hausband. Dann waren da noch das Blow Up, das P1, das Domicile, das Big Apple und ein wohlbestückter Plattenladen namens Pudding Explosion. Letzterer hatte stets die neuesten Untergrundscheiben aus England und Amerika auf Lager. Eine der dort laufenden Dauerdudelplatten war von Hapshash & The Coloured Coat und hieß *Feat. The Human Host and the Heavy Metal Kids* (1967). Diese Band war aus einer Londoner Crew von Werbeleuten, Posterdesignern und Musikern hervorgegangen; ihre wilde Musik hatte hörbaren Einfluss auf die Musiker, die später einmal Amon Düül II werden sollten.

Das Riverboat in West-Berlin bezeichnete sich selbst als „Aktionszentrum". Es gab dort große, ineinander übergehende Räume, in denen simultan vier Bands und ein DJ arbeiten konnten. Es gab etliche weitere Clubs, allein drei mit dem Namen Eden, und die Badewanne, die hauptsächlich ein Jazzclub war. Der wichtigste allerdings war das im Jahr 1967 gegründete Zodiak Free Arts Lab im Bezirk Kreuzberg, das aus zwei Räumen – einem schwarz- und einem weißgestrichenen – bestand und in einem Gebäude untergebracht war, das vom Theater Schaubühne genutzt wurde. Einer der Gründer war Conrad Schnitzler. Mit Hans-Joachim Roedelius, Boris Schaak, Elke Lixfeld, Christoph

Sievernich, Beatrix Rief, Verena Schirz, Broderick Price und Norbert Eisbrenner startete er ein Projekt namens HUMAN BEING und nutzte das Zodiak für voll improvisierte Lärm-Events, die häufig ein ratloses Publikum zurückließen. Später folgten Bands wie AGITATION FREE, ASH RA TEMPEL, FAUST oder Edgar Froeses TANGERINE-DREAM-Vorläufer THE ONES und spielten das Publikum um Verstand und Gehör; auch das Equipment überlebte die Shows nicht immer. Das Zodiak schloss seine Pforten nach nur zwei Jahren, aber der Einfluss dieses Clubs auf die West-Berliner Rockszene ist nicht zu unterschätzen.

In Düsseldorf gab es die weltberühmte Kunstakademie. Dort lehrten Sigmar Polke, Gerhard Richter, Blinky Palermo, Jörg Immendorf, Bernd und Hilla Becher und andere bedeutende Künstler – und natürlich Joseph Beuys, der die meisten Studenten hatte (was kein allzu großes Kunststück war, da er aus Prinzip keine Bewerber oder Bewerberinnen ablehnte). Einer seiner Studenten war Conrad Schnitzler gewesen. Um die Kunstakademie herum befanden sich etliche Clubs und Galerien. Das Creamcheese, das Galerie und Kneipe zugleich war, wurde für Düsseldorfs spätere Musiklandschaft sehr wichtig; hier begannen unter anderem KRAFTWERK und CAN. In den 1980ern übernahm der Ratinger Hof diese Startfunktion.

Aber nicht nur in Großstädten, auch in der Provinz und in Kleinstädten passierte einiges. Wie die meisten Städte, in denen amerikanische oder englische Besatzungssoldaten lebten, gab es auch in der hessischen Garnisonsstadt Hanau ein lebendiges Rotlichtviertel, inklusive einiger Musikclubs. Der wichtigste war die Jolly Bar – hier spielten regelmäßig THE MONKS und beeinflussten die gerade entstehende deutsche Rockszene.[18] Deutsche und amerikanische Musiker spielten hier zusammen. Eine spätere Hanauer (Krautrock-)Band war ORANGE PEEL. Aus Hanau kam auch ein für die Rockszene wichtiger Maler und Plattencovergestalter, Helmut Wenske.

Der Sessionmusiker und spätere AMON-DÜÜL-II-Saxofonist Olaf Kübler vermeldet manche Schnurre über den Start seiner Karriere in Gießen (auch dies eine hessische Garnisonsstadt) – hier waren es das Café Baumann und der Casanova Club, wiederum Foren, die halb Rotlichtetablissement, halb Jazzclubs waren.[19]

Später entstanden bessere Möglichkeiten, in Deutschland live zu spielen, aber in diesen frühen Jahren war für junge Bands nichts anderes vorhanden als solche Jazzclubs, Bars und Cafés, manchmal Galerien. Ohne Frage waren sie deshalb alle wichtig, aber unabhängig von ihrer Wichtigkeit als Keimzellen blieb ihre Bedeutung meist regional begrenzt.

Einen Club allerdings gab es, der sie alle überragte. Sein Einfluss erreichte ganz Deutschland, und seine Eröffnung im Jahr 1961 beendete ein- für allemal „die Zeit der Dorfmusik“.

STAR-CLUB

Nein, es geht hier nicht zum x-ten Mal um die BEATLES in Hamburg; dazu gibt es bereits jede Menge guter Literatur. Natürlich war der Star-Club der Platz, an dem ihre Karriere abhob, obwohl sie vorher bereits in anderen Hamburger Clubs gespielt hatten, und das allein sagt bereits etwas darüber aus, wie wichtig dieser Club war. Einwohner anderer Städte mögen es vielleicht anders sehen, aber ich zögere nicht, zu behaupten: Der deutsche Rock begann hier, im Herzen von Hamburgs weltberühmtem Rotlichtbezirk St. Pauli.

Der Mann, der den Startknopf drückte, war Manfred Weissleder aus Dortmund (nicht zu verwechseln mit dem Radsportler Manfred Weißleder aus Weimar). Er kam im Jahr 1955 als Angestellter der Elektrofirma AEG nach Hamburg. Diesen Job hängte er jedoch bald an den Nagel und stieg als Elektriker und Haustechniker im Stripteaseclub Tabu ein. Er war ein wortkarger einsamer Wolf und schien rund um die Uhr zu arbeiten. Das allerdings tat er sehr effektiv. Sogar sein Hobby, das Tauchen, nutzte er, indem er mit einigen Damen vom Horizontalgewerbe und Striptänzern irgendwo in die Südsee reiste und dort mit ihnen eine Reihe von Unterwasser-Pornofilmen drehte. Die erwiesen sich als gut verkäuflich, und so kam Weissleder zu Geld.

Er war ein Bär von Kerl, und schon das allein verschaffte ihm einigen Respekt in der St.-Pauli-Szene, aber auch sein sehr kurzer Geduldsfaden sprach sich herum – einmal warf er den Fotografen Günter Zint kurzerhand eine Treppe hinunter. Das tat ihm sofort sehr leid, aber jeder wusste: Auf solche Ausfälle musst du bei ihm gefasst sein.[1] Später wurde Zint der Hausfotograf des Star-Clubs und seine Frau saß an der Kasse. Als Weissleder allerdings sah, dass Zint einen der Schaukästen im Eingangsbereich dazu nutzte, um seine Fotos zum Verkauf anzubieten, knöpfte er ihm monatliche 60 Mark Miete ab. Kurz: Weissleder wusste, wo Geld zu holen war und wie er mit Geschäftspartnern auf dem Kiez umzugehen hatte, und so war sein Aufstieg in der St.-Pauli-Hierarchie unaufhaltsam.

Nach nur fünf Jahren, da war er gerade mal 32, nannte man ihn den „König von St. Pauli“. Ihm gehörten zu diesem Zeitpunkt zwölf Etablissements („hauptsächlich die linke Seite der Großen Freiheit“, wie er zu sagen pflegte): ein Bordell namens Rote Katze, einige Strip-Bars, Kneipen, ein Pornokino sowie einige Bars im Paradieshof, einer Art Hinterhof, den man nur durch einen Torweg von der Großen Freiheit aus erreichen konnte. Eine der Bars dort in einem Obergeschoss war der Erotic Night Club, wo 24 Stunden am Tag Pornofilme liefen – Weissleders Unterwasserfilme und andere. Nach einer Inspektion verlangte die Baupolizei die Einrichtung eines zweiten Notausgangs. Dafür gab es nur eine Möglichkeit: Es musste eine Wand zum Nachbargebäude durchbrochen werden. Dieses war ursprünglich ein Ballhaus namens Sternsaal gewesen. Im Jahr 1949 hatte eine Filmvorführerin mit dem filmreifen Namen Jeltheda Fraukina Lümmy Iderhoff, die aus Ostfriesland nach Hamburg gekommen war, das reichlich angejahrte Etablissement zu den Stern-Lichtspielen umgebaut. Als Geschäftspartner hatte sie vorsichtshalber Walter Cartun mit ins Boot geholt, einen alten Kinohasen, der noch weitere St.-Pauli-Kinos betrieb. Frau Iderhoff stieg bereits 1951 wieder aus und gründete die Roxy-Kinokette, die es auf immerhin vier Stadtteilkinos brachte. Cartun führte die Stern-Lichtspiele allein weiter, bis ihm Weissleder im Jahr 1962 das Haus abkaufte. Er brauchte zwar kein Kino, aber einen Notausgang, und den hatte er nun. Cartun weinte dem Haus indes nicht lange nach, denn kurz zuvor hatte es dort gebrannt, der Saal hätte renoviert werden müssen, und das hätte sich kaum noch gelohnt, denn das Kino lief nicht mehr gut. Auf der Großen Freiheit erwarteten die Leute anderes.

Eines kalten Morgens im Februar 1962 betrat ein Mann namens Horst Fascher das Café, in dem Weissleder zu frühstücken pflegte. In den Fünfzigern war Fascher Federgewichtsboxer gewesen, hatte aber seine Karriere beenden müssen, denn er war mit einem Matrosen in Streit um eine Frau geraten und hatte den Disput mit ein paar Fausthieben beendet. Am nächsten Morgen fand man den Matrosen tot in seiner Koje; er war einer Gehirnblutung erlegen. (Noch heute kann es passieren, dass Fascher in Tränen ausbricht, wenn man ihn auf diesen Zwischenfall anspricht – denn Boxer sind ja, wie man aus tausend Filmen weiß, in Wahrheit gefühlvolle Kerlchen.) Das führte zu großem Wirbel in der Presse, der lokale Boxsportverband sah Faschers Namen als „beschmutzt“ an und schloss ihn von weiteren Kämpfen aus. Nun verdingte sich Fascher auf dem Kiez als Kellner und Rausschmeißer in verschiedenen Clubs, darunter dem Indra und dem Kaiserkeller. Dies waren beides Plätze, in denen 1961 die BEATLES gespielt hatten, und so war eine Freundschaft zwischen ihnen entstanden; Paul McCartney nennt ihn heute noch „Horsti". Nach einigem Zoff mit dem Kaiserkeller-Boss Bruno Koschmider, einem früheren Trapezartisten, wurde er Manager des Top Ten Clubs an der Reeperbahn. Während seiner Kaiserkeller-Zeit hatte Fascher einige gute Kontakte zu englischen Bands und Agenten hergestellt und die wollte er nun nutzen.

Respektvoll näherte er sich Weissleders Tisch und stellte sich vor. Weissleder fuhr ihm knapp über den Mund: „Ich weiß, wer du bist." (Natürlich wusste er das. Zu wissen, wer wer war auf dem Kiez, gehörte zu den Grundbedingungen einer St.-Pauli-Karriere.) Es gelang Fascher an diesem Morgen, Weissleder eine Idee ins Hirn zu pflanzen: einen Musikclub zu eröffnen – einen *richtigen, großen* Musikclub, nicht einfach eine weitere Kaschemme mit einer Band irgendwo in der Ecke. Weissleders Antwort: „Gib mir drei Tage." Zu Faschers Überraschung meldete er sich drei Tage später tatsächlich: „Wir könnten das Stern-Kino verwenden, wenn du meinst, dass das ginge." Damit würde das Stern-Kino wieder zu dem, was es ursprünglich einmal war: einem Ballsaal, diesmal aber einem zeitgemäßen. Damit war Fascher sehr zufrieden. Weissleder hatte bereits beschlossen, dass der Laden dann *Star-Club* heißen sollte – typisch für seine ökonomische Denkweise, denn auf diese Weise konnte er den Neonstern an der Fassade weiter benutzen. Und er heuerte Fascher als „Manager und Booker" an.

Der Star-Club eröffnete am Freitag, dem 13. April 1962 in der Großen Freiheit 39. Nun hatte, wie quietschorange Handzettel und Plakate in ganz Hamburg verkündeten, „die Not ein Ende" und die „Zeit der Dorfmusik" war vorbei. Die Grundidee war, dass sich der Star-Club von Indra, Kaiserkeller, Top Ten, Blockhütte und so weiter vor allem darin unterscheiden sollte, dass nicht nur eine Band pro Abend alternierend mit der Jukebox wieder und wieder spielen sollte, sondern man fuhr drei, vier, manchmal sogar noch mehr Bands am Abend auf, die jeweils eine Stunde lang spielten. Meist war eine davon bekannt und diente als Magnet, die anderen wollten erst noch bekannt werden.

Das erste, was Fascher managte, war der Einbau einer Bühne mit einem gelben Vorhang. Die Bühne war geräumig genug, um sogar einer Bigband Platz zu bieten. Fascher ließ ein sehr gutes Tonsystem einbauen, das für die damalige Zeit atemberaubend teuer war, aber Weissleder machte das Geld locker, weil er die Notwendigkeit einsah. Und Fascher heuerte den Maler Erwin Ross an, der die Manhattan-Skyline für den Bühnenhintergrund malte. Ross hatte die Wandmalereien für fast alle Stripschuppen und Kneipen auf dem Kiez gemalt. Man nannte ihn nicht von Ungefähr den „Rubens von St. Pauli“ – Viele seiner Gemälde existieren noch und verbreiten mittlerweile einen leicht verwitterten Nostalgiecharme.

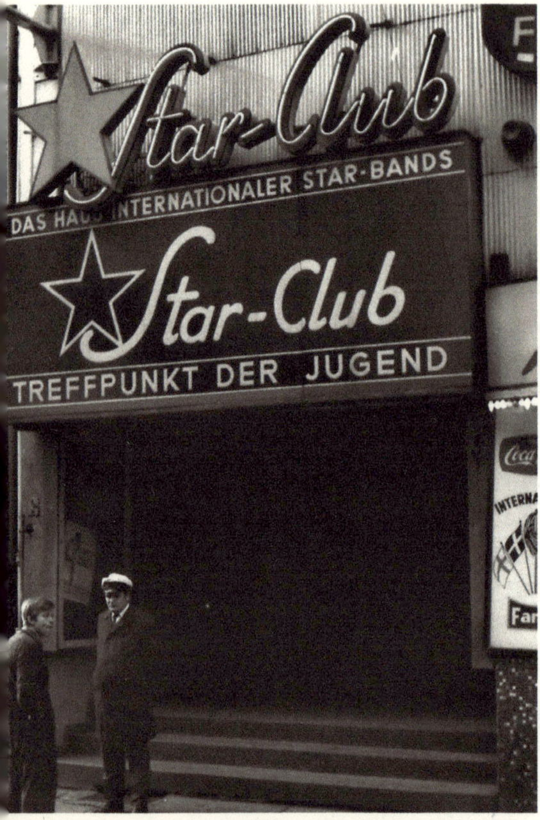

Eingangsbereich des Star-Clubs

Die auftretenden Bands wussten natürlich, dass sie Konkurrenten waren, und manchmal führte das zu Auseinandersetzungen und kleineren Prügeleien hinter der Bühne, aber meistens gingen sie freundschaftlich miteinander um. Dadurch konnten sie voneinander lernen – spezielle Akkorde, spieltechnische Tricks, neue Vokabeln, sinnvolle Texte. Da die Lingua franca im Beat das Englische war, lernten die deutschen Musiker mehr von den Engländern als umgekehrt. So manch eine talentierte Band erhielt auf diese Weise den letzten Schliff, den sie noch brauchte, um ins Profilager wechseln zu können - und Professionalität war etwas, was Deutschlands Rockszene dringend brauchte. Aber der Lernprozess funktionierte auch umgekehrt: Die meisten Bands aus Liverpool oder London waren Coverbands, hatten die klassische „drei Gitarren + Schlagzeug“-Besetzung und waren spezialisiert auf eine bestimmte Musikrichtung – Rockabilly, Skiffle, Rhythm & Blues, Rock'n'Roll, Dancehall, Cliff-Richard-Songs, Top 40. Die Bands versuchten, Fanzirkel aufzubauen, indem sie ihre Vorbilder so genau wie möglich imitierten. Zu Hause funktionierte das ganz gut. Kamen diese Bands dann aber nach Hamburg, wurde von ihnen größere Vielseitigkeit erwartet. Selbst für die besten unter ihnen bedeutete das eine schnelle Erweiterung des Repertoires und damit harte Probenarbeit. Sie erhielten so in Hamburg einen bestimmten Schliff, der sich in ihrem Sound zeigte.

Der Liverpooler Musiker Kingsize Taylor nennt das den „Hamburg-Sound". Wenn die Bands dann nach Liverpool zurückkehrten, nahmen sie diesen Sound mit sich nach Hause, woraus am Ende das wurde, was wir heute als „Mersey-Beat" kennen. Es ist demnach nicht komplett überzogen, den Mersey-Sound als Hamburg-Sound zu bezeichnen, nur darf man dabei nicht außer Acht lassen, dass er das Resultat eines beiderseitigen Austauschprozesses ist.

Horst Fascher buchte so ziemlich jede Band, die einen Namen hatte oder sich einen machen wollte. Zunächst waren das Bands aus Deutschland, ebenso wie Bands aus England und den USA, später auch aus den Niederlanden, Belgien, Frankreich und sogar Indonesien: THE SEARCHERS, THE LIVERBIRDS (im Star-Club angekündigt als „die weiblichen BEATLES", nicht die einzige, aber eine der ersten Bands, die ausschließlich aus Musikerinnen bestand; mit „Diddley Daddy" hatten sie 1965 einen #5-Hit in Deutschland), JOHNNY KIDD & THE PIRATES, BILL HALEY & THE COMETS, Chuck Berry, Chubby Checker, Little Richard, Gene Vincent, Tony Sheridan, Screaming Lord Sutch, THE TORNADOS, THE GERMAN BONDS, THE BLUE FLAMES, THE RIVETS, THE RATTLES und viele mehr – und natürlich die BEATLES, dreimal.

Weissleder: „Als ich merkte, welchen Zuspruch der Star-Club fand, bin ich sofort nach England gefahren und habe da weitere Gruppen ausfindig gemacht. Später habe ich dann regelrechte Competitions abgehalten, habe die Bands vorspielen lassen. Das ist natürlich ein Nachteil, weil sie dann zwei oder drei Nummern einüben und nicht ihren wirklichen Standard bringen, aber es ging nicht anders. Ich war in Liverpool inzwischen bekannt, wenn ich da ankam, wurde ich gleich von irgendwelchen Managern verfolgt. Und ich habe mich als Unbekannter in irgendwelche Dancing Halls gesetzt, mitgehört und dann die Gruppen angesprochen. Wir haben immer nur selbst Gruppen eingekauft, nie über Agenturen gebucht, mit Ausnahme der großen Stars, insbesondere aus Amerika, die man praktisch nur über Agenturen buchen kann. Wir haben ja praktisch alle Stars gehabt, die es in der Zeit gab, mit Ausnahme von Elvis Presley. Aber der trat sowieso nicht auf zu der Zeit. … Wir hatten früher auch ein ganz anderes Geschäftsprinzip gehabt als heute in diesen Betrieben, wo vergleichbare Gruppen auftreten. Wir erhoben zum Beispiel kaum Eintritt, das höchste waren 5 Mark, das waren dann aber auch Leute wie Fats Domino und Bill Haley und solche Sachen, die selbst am Abend 60.000 Mark kosteten. Da habe ich immer

Geld zugesetzt bei diesen Star-Auftritten. Das konnte ich, weil ich immer noch diese anderen Läden hatte. Und das können die Leute heute vielleicht nicht, deshalb gibt es sowas wie den Star-Club auch nicht mehr. Also, ich habe an den normalen Tagen, den Alltagen, Geld verdient, und an den Tagen, wo Stars auftraten, habe ich regelmäßig zugesetzt."[2]

Mehr als einmal kam es vor, dass ein Star erst noch zu lernen hatte, was „St. Pauli" bedeutete. Chuck Berry, um ein solches Beispiel zu nennen, saß in seiner Garderobe, und als ihm Fascher mitteilte, man sei vollständig ausverkauft, sagte er: „Okay, dann zahlt mir 10.000 Dollar mehr, sonst spiele ich nicht." Offenkundig war ihm nicht klar, wo er war. Weissleder reagierte postwendend. Er ließ seine Kellner den Bühneneingang und alle Notausgänge blockieren und besuchte dann Chuck Berry: „Na gut, Chuck, es bleibt dir überlassen, ob du spielen willst oder nicht. Aber solltest du dich entscheiden, nicht aufzutreten, musst du durch den Saal raus, und Horst informiert die Leute, weshalb du nicht spielen willst. Ich kann dann nicht für deine Gesundheit garantieren." – „War doch nur 'n Scherz", meinte Berry. Na klar.[3]

Der Name „Star-Club" wurde alsbald ein Gütesiegel. Das Logo wurde berühmt, und Weissleder und Fascher entwickelten neue Methoden, um es zu Geld zu machen. So hatten sie etwa eine Schablone mit dem Star-Club-Logo, und viele Bands, die im Club auftraten, wollten das Logo auf ihre Flightcases oder die Bassdrum ihres Schlagzeugs gesprüht haben – manche sogar, bevor sie sich um ihre Gage kümmerten. Der Star-Club verkaufte Merchandise-Artikel wie T-Shirts, Pullover, Halstücher, Feuerzeuge, Anstecknadeln, Schirme, Poster, Aufkleber, Postkarten, Schlüsselringe und was man sich sonst noch vorstellen mag. Aber das war nicht alles: Weissleder lizenzierte den Namen und das Logo auch an diverse Clubs in anderen Städten. Die hatten dafür monatlich 1000 Mark zu berappen. Letztlich gab es um die zwanzig Star-Club-Klone in Deutschland, und natürlich hatten sie alle ihre Bands über Weissleders und Faschers Agentur zu buchen.

All diese Clubs veranstalteten Wettbewerbe, und weil der Star-Club für faire Bedingungen bekannt war, ergriffen viele Bands diese Chance. Zu den Gewinnern eines dieser Wettbewerbe gehörte Wolfgang Flürs Band The Beathovens, wie das Star-Club-Logo auf ihrer Bassdrum zeigt.[4] Die Gewinner wurden dann meist auf eine Tournee durch die Star-Club-Klone geschickt, und so seltsam es vielleicht klingt: So wurde bühnengetestete Musik von zumeist brauchbarer Qualität in ganz Deutschland verbreitet.

Um das Haus zu füllen, gab es auch Wettbewerbe für das Publikum, etwa eine Twist-Competition im Jahr 1962 zwischen den Hamburger Star-Club-Gästen und französischen Matrosen, deren Schiff im Hafen lag. Zu gewinnen gab es als ersten Preis 500 Mark, als zweiten 250 Mark und 125 Mark als dritten Preis. Das war keine Kleinigkeit: Für einen Büroangestellten oder eine Verkäuferin waren 500 Mark damals ein ganzes Monatseinkommen.

Wie Weissleder schon erwähnte, sandte das Star-Club-Team Talentscouts nach England und sogar nach Amerika aus. Selbst für dortige Bands wurde es zu einer Prestigefrage, im Hamburger Star-Club gespielt zu haben – das konnte für sie einen leichteren Karrierestart bedeuten. Im Star-Club gespielt zu haben war ein international anerkanntes Empfehlungsschreiben.

Interessanterweise konnte allerdings gerade der Erfolg im Star-Club auch zu einer Falle werden. Ein Auftritt dort öffnete wichtige Türen – aber die Band oder der Künstler musste dann auch hindurchgehen. Wer das vergaß oder zu lange wartete, verpasste unter Umständen sogar den Zug, der eine internationale Karriere bedeuten konnte. Eines der prominentesten Beispiele dafür ist sicherlich Tony Sheridan. Der hätte das Zeug zu einer internationalen Karriere mit Sicherheit gehabt. Leider ließ er sie schleifen, denn in Hamburg war er ja weltberühmt. Als ihm auffiel, dass Hamburg doch nicht ganz die Welt ist, war es zu spät, und er blieb der „local hero“; letztlich landete er in Vietnam in der Truppenbetreuung. Es gäbe noch etliche weitere Beispiele für vergeigte Karrieren – The German Bonds, The Rivets, die Liste ließe sich fortsetzen.

Im Jahr 1964 startete Weissleder ein Monatsmagazin namens *Star-Club News*. Anfangs war das tatsächlich nicht mehr als eben dies, aber es dauerte nicht lange, bis sich das Heft zu einem seriösen Musikmagazin mauserte; selbst politische Themen gehörten manchmal zum Inhalt. Man hatte einige gute Autoren, und viele gute Fotos lieferte der Hausfotograf Günter Zint. In fast jeder Ausgabe fand sich eine vollständige Liste aller Acts, die bis dahin im Star-Club gespielt hatten; es gab also keine Chance, einen Auftritt dort zu Werbezwecken zu behaupten. Das Magazin wurde ein ernstzunehmender Konkurrent für die Hochglanzmagazine wie *Bravo* oder *Musikparade*. Nach einer Weile nahm der Heinrich-Bauer-Verlag, einer der großen deutschen Zeitschriftenverlage, das Blatt in den Vertrieb auf.

Sogar ein Piratensender war im Gespräch und wurde bereits halboffiziell angekündigt. Der sollte von einem Schiff auf der Nordsee außerhalb der Dreimeilenzone senden, aber unglücklicherweise unterzeichnete Deutschland genau zu dieser Zeit eine Konvention gegen Radiopiraterie. So wurde aus „Radio Star-Club“ leider nichts. Man hätte es gut gebrauchen können.

Star-Club Schallplatten

Ein anderes Spielbein des Star-Clubs wurde dagegen sehr erfolgreich: das Plattenlabel. Siegfried E. „Siggi" Loch, Plattenproduzent und A&R-Mann bei Philips in Hamburg, hatte Klaus Doldinger und etliche andere Musiker, hauptsächlich aus dem Jazzbereich, entdeckt und Platten mit ihnen produziert. Während des zweiten Beatles-Gastspiels im Star-Club sprach er Manfred Weissleder darauf an, ob er sich ein Star-Club-Plattenlabel vorstellen könne, das als Sublabel von Philips laufen würde. Im Kopf hatte er dabei hauptsächlich Livemitschnitte aus dem Club, besonders war er an Leuten wie den Everly Brothers, Ray Charles, Fats Domino oder Little Richard interessiert. Lochs Aktivität war nicht ganz risikolos, denn sein Boss bei Philips, Hans Schrade, hatte die Idee nicht sehr glücklich gefunden, und die Reaktion der Vertreter, die diese Scheiben dann in den Läden würden unterbringen müssen, war noch gedämpfter. Letztlich aber stimmte Schrade zu: „Wenn die Sache nicht mehr kostet als die technische Ausrüstung, dann lass es uns von mir aus probieren."

Anders als Schrade witterte Weissleder sofort das riesige Werbepotenzial, das ein Plattenlabel mit dem Star-Club-Logo bieten würde. Er war clever genug, um ein paar Bedingungen zu stellen: Philips würde sich nicht um Extra-Gagen kümmern müssen, das würde er (Weissleder) übernehmen, und er stellte auch einen Raum hinter der Bühne für das Equipment zur Verfügung. Er bestand allerdings darauf, dass zunächst mal ein Testalbum mit Star-Club-Acts gemacht würde, und erst, wenn sich dieses Album mehr als 10.000 Mal verkaufen würde, dann sei er bereit, das Star-Club-Logo freizugeben. Und er verlangte fünf Prozent der Verkaufserlöse dieses Albums und aller weiteren Platten. Damit konnte Loch leben. Als Vorwarnung gab ihm Weissleder trotzdem einen kleinen Vorgeschmack von St. Pauli mit: Als sie die Treppe zu Weissleders Büro im Erotic Night Club (dem mit dem Notausgang) hinaufstiegen, um den Vertrag aufzusetzen, hob ihn Weissleder plötzlich an den Oberarmen drei Stufen hoch in die Luft und raunte: „Und merken Sie sich eines, mit Manfred Weissleder spielt man nicht!"[5] – Immerhin sagte er „Sie".

Die Test-LP erschien noch auf dem Philips-Label: der Sampler *Twist im Star-Club*. Er wurde ein Bestseller, Weissleder war zufrieden, und alle bei Philips waren schon immer von der Star-Club-Idee begeistert gewesen. Unter dem Star-Club-Label erschienen diverse LPs und alles in allem mehr als zweihundert Singles, und sie verkauften sich siebenstellig – eine echte Goldgrube. Sogar eine Single von Edgar Froeses TANGERINE-DREAM-Vorgänger THE ONES erschien auf Star-Club Records: „Lady Greengrass" (1967).

Aber dann, eines Tages, erlaubte sich Loch, tatsächlich mit Weissleder zu „spielen": Er durchkreuzte einen 10.000-Mark-Deal zwischen THE SEARCHERS und Decca Records, den Weissleder angestoßen hatte. Loch war schlicht schneller gewesen und veröffentlichte die SEARCHERS-LP *Sweets For My Sweet – The SEARCHERS Live At The Star-Club Hamburg* (1963) auf Philips. Man darf das wohl Chuzpe nennen, und Weissleder schäumte entsprechend. Es war klar, dass er diese Unbotmäßigkeit nicht so einfach vergessen würde.

Ein Jahr später geriet Weissleder in eine Zwickmühle und Loch wurde der rettende Engel: Die jamaikanische Sängerin Millie hatte im Jahr 1964 einen weltweiten Hit mit „My Boy Lollipop". Weil ihr Produzent, Charles Blackwell, in Deutschland mit der SPENCER DAVIS GROUP sehr erfolgreich gewesen war, wollte er Millie um jeden Preis im Star-Club unterbringen. Das Problem war allerdings, dass Millie ohne Begleitband anreiste. In dieser Situation war Siggi Loch derjenige mit der richtigen Idee und den richtigen Kontakten. Er überredete einen seiner Acts, Paul Nero und seine Band, einzuspringen. Am Tag des Auftritts stellte sich allerdings ein weiteres Problem ein: Blackwell hatte vergessen, die Noten nach Hamburg zu schicken, und so konnte die Band nicht proben. Es sah ganz so aus, als müsse man das Konzert absagen – peinlich für alle Beteiligten, und ein finanzieller Verlust. Am Nachmittag spielte Nero seinen Musikern schließlich Millies Platten vor, und sie probten dann nach Gehör. Am Ende kamen so etwa dreißig Minuten Repertoire zusammen, zu wenig für einen Auftritt von Millie. Aber sie gingen auf die Bühne – und zeigten dort, was Musikantentum ist: Sie bliesen „My Boy Lollipop" zu einer improvisierten, rotglühenden, fast halbstündigen Jam Session auf, das Publikum rastete aus, der Abend war gesichert, und Weissleder und Blackwell wurden beste Businessfreunde, was für kommende Konzerte sehr wichtig war. – Paul Nero, der Boss der Band, war natürlich niemand anderer als Klaus Doldinger, getarnt mit einer blonden Lockenperücke, die recht seltsam aussah, aber er wollte nicht erkannt werden, falls der Auftritt ein Reinfall geworden wäre. Nicht viele Musiker hätten es geschafft, ein Konzert unter diesen Umständen über die Bühne zu bringen, aber es funktionierte. Weissleder betrieb seinen Laden mit Herzblut und Liebe zur Musik, anders wäre der Star-Club gar nicht denkbar gewesen, aber an diesem Abend ging ihm auf, dass es im Musikgeschäft Dinge gab, für die man noch andere Talente brauchte als die, die er hatte. Und sein Zorn auf Loch war vergessen.[6]

Das Ende der Ära Weissleder wurde 1964 eingeläutet, als die Polizei und das Finanzamt beschlossen, ihn gehen sehen zu wollen. Klar – vergessen Sie nicht, wir bewegen uns hier unter Rotlichtbestrahlung –, die Polizei hatte immer wieder Schlägereien im Star-Club aufzulösen, mehr als neunzig Mal allein im Jahr 1963, etwa wenn wieder mal die Rocker auf die „Exis", die Existenzialisten im schwarzen Rollkragenpullover, losgegangen waren. Meist hingen diese Gruppen in entgegengesetzten Ecken des Clubs und ließen sich in Ruhe, aber mit steigendem Alkoholpegel blieb es dabei dann doch nicht immer. Es gab Prostituierte im Club, und die meisten dieser Frauen waren, ebenso wie die Kellner und die Musiker, oft auf Speed, anders hält man solche Jobs nicht lange aus. Somit waren meist auch Drogenhändler im oder zumindest vor dem Haus.

Ein weiteres Problem waren Gäste unter 18. Sie hatten den Club um 22 Uhr zu verlassen, so wollte es das Jugendschutzgesetz. Jeden Abend kurz vor zehn wurde dies angesagt (Paul McCartney kann die Durchsage noch heute auswendig), im Zweifelsfall hatten die Kellner die Ausweise zu kontrollieren. Selbstverständlich vergaßen sie dabei immer einige Gäste, versehentlich oder absichtlich. Wenn dann die Polizei eine Razzia veranstaltete, was von Zeit zu Zeit vorkam, schnappte sie dort immer einige Jungen oder Mädchen unter 18.

Ein drittes Problem war der ständige Ärger zwischen den Kellnern und jenen Gästen, die entweder zu viel getrunken hatten oder nicht genug trinken wollten. Mit den ersteren wurde nicht lange diskutiert, die Kellner lösten das Problem physisch. Den letzteren „empfahlen" die Kellner die Zahlung eines „Trinkgeldes", dann ließen sie den Gast mit seiner Cola in Ruhe. Kam dieser jedoch der freundlichen Empfehlung nicht nach, trat die erstgenannte Behandlung in Kraft. Dies war keine spezielle Eigenart des Star-Clubs; die meisten anderen Kiezetablissements machten das nicht anders. Ich erinnere mich daran, dass ein Freund meiner Eltern mit einigen auswärtigen Geschäftsfreunden in einer Strip-Bar gelandet war und den Fehler machte, sich ein wenig zu laut über die überhöhten Getränkepreise auszulassen. Er wurde dann von zwei Rausschmeißern nach draußen auf den Hinterhof gebeten, wo sie ihm klarmachten, dass die Getränkepreise völlig angemessen waren – und diese Jungs waren Fachleute, die wussten, wie man Gäste überzeugt, ohne sichtbare Spuren zu hinterlassen. Prozeduren dieser Art gab es natürlich auch im Star-Club (bzw. dahinter).

Das alles ergab ein nettes Sündenregister. Die Behörden wollten allerdings vermeiden, Weissleder in den Augen der Öffentlichkeit zum Märtyrer zu machen. Der Star-Club war hochpopulär und Weissleder hatte außerdem seine *Star-Club News*, er würde sich womöglich wehren können. Deswegen konstruierten die Behörden einen Vorwurf, der der Verhaftung Al Capones würdig gewesen wäre: Sie gruben eine uralte Bestimmung aus, nach der alle Bands und Künstler, die drei oder mehr Tage in Folge im Club aufgetreten waren, als Angestellte hätten behandelt werden müssen. Das bedeutete, dass Weissleder für jeden dieser Fälle die Sozialabgaben nachzahlen musste. Das gab der Club trotz bester Geschäftsverläufe nicht her, und so steckte Weissleder von heute auf morgen tief in den roten Zahlen. In Bezug auf das Problem der Unter-18-Jährigen warf man ihm zudem die „Verletzung der Aufsichtspflicht" vor. In Summe reichte das aus, um Weissleder die Lizenz zu entziehen. Horst Fascher als Geschäftsführer wanderte sogar für ein paar Tage hinter Gitter und der Club blieb geschlossen. Das führte allerdings schon am ersten Abend zu Aufruhr in der Großen Freiheit – der Star-Club war ja nicht zuletzt auch eine riesige Touristenattraktion.

Um den Club am Laufen zu halten, hatte Weissleder keine andere Wahl, als einen neuen Geschäftsführer einzusetzen. Das war Hans Bunkenburg, jedenfalls formal; tatsächlich blieb Weissleder noch eine ganze Weile die lenkende Kraft im Hintergrund. Es kostete ihn mehr als zwei Jahre, seinen Prozess gegen die Freie und Hansestadt Hamburg zu gewinnen und seine Lizenz zurückzuerhalten. Doch das half ihm nicht. Er war raus aus dem Geschäft; zwei Jahre lassen sich nicht überspringen – nicht im normalen Geschäftsleben, und schon gar nicht auf dem Kiez. Im Jahr 1965 musste Weissleder dann auch noch die *Star-Club News* aufgeben, weil der Heinrich-Bauer-Verlag ein Hochglanzmagazin namens *OK* für Jugendliche aufs Gleis setzen und deshalb keinen Konkurrenten im eigenen Haus mehr dulden wollte.

Weissleder nagte nicht sofort am Hungertuch. Er hatte immer noch einige andere Lokale und konnte von den Mieten ganz gut leben. Aber seine große Zeit war vorbei. Für St.-Pauli-Könige gilt dasselbe wie für Boxer: They never come back.

Die Post-Weissleder-Ära

Das Star-Club-Management wechselte in den Folgejahren mehrfach. Die neuen Inhaber versuchten, mit der Evolution der Musikszene mitzuhalten. Die Manhattan-Skyline auf der Bühne verschwand und wurde durch einen blauen Vorhang ersetzt, vor dem der laubgesägte Star-Club-Schriftzug hing. Aber das machte den Laden letztendlich nicht moderner, zudem gaben mehr und mehr der „klassischen" Star-Club-Bands auf. Als ab 1967 verstärkt Stars wie Jimi Hendrix und Bands wie THE NICE, COLOSSEUM, EAST OF EDEN, CREAM,

Vanilla Fudge, Spooky Tooth oder The Earth (die später zu Black Sabbath wurden) die Bühne des Star-Clubs enterten, war das ein bisschen so, als versuchte man auf einem alten Regionalflugplatz Raketen zum Mond zu starten.

Im Februar 1969 übernahmen die Musiker Kuno Dreysse (The Rivets), Achim Reichel und Frank Dostal (The Rattles, Wonderland) den Club. Sie wurden die letzten Mieter; es gelang ihnen nicht, den Absturz aufzuhalten. Das Problem war nicht nur ihre eigene Inkompetenz, es war mehr und mehr die Star-Club-Tradition selbst, die altbacken wirkte. Der Star-Club stand in den Augen der Öffentlichkeit für Rock'n'Roll, Twist und Beat, nicht für Prog-Rock. Andere Clubs, wie das Top Ten, waren zur Disco umgerüstet worden, und keine dreihundert Meter vom Star-Club entfernt hatte in einem leerstehenden Hallenbad das Grünspan seine psychedelischen Pforten der Wahrnehmung eröffnet. Das war der erste Club in Deutschland, der mit Stroboskoplicht ausgestattet war, und er wurde sehr schnell zum Mekka aller erleuchteten Kiffer und Säureköpfe.

Der Star-Club versuchte zunächst noch, mitzuziehen. The Nice etwa wurden in Anzeigen angekündigt mit dem Hinweis: „Das erste Mal in 16.500 W Licht!“[7] Aber es half nichts mehr, und Reichel und seine Freunde waren auch zu unerfahren, um selbst kleine Probleme zu lösen. Frank Dostal: „Wenn uns die Putzfrau sagte, dass das Toilettenpapier knapp wurde, wussten wir nicht mal, wo wir das bestellen mussten.“[8]

Heißes Finale

Am Silvesterabend des Jahres 1969 spielten Hardin & York mit einer speziellen, einstündigen Hommage an den Club das Requiem. Um 22 Uhr mussten sie aufhören. Zum letzten Mal fiel der Vorhang, diesmal für immer. Um Mitternacht war das Gebäude geräumt und der Star-Club war Geschichte.

Es zog ein Sextheater namens Salambo ein, betrieben von René Durand. Für rund eine Dekade machte er gute Geschäfte, aber in den 1980ern ging es auch damit zu Ende. Nicht nur seine Sexrevuen lockten immer weniger Besucher an, St. Pauli generell verlor an Attraktivität und verkam mehr und mehr zu einer Meile, auf der man Touristen abkochte. Als Hamburger ging man dort nicht mehr hin. Durand stand am Ende mit rund einer Million Mark Schulden da. 1983 ging das Gebäude schließlich in Flammen auf. Noch heute wird über Brandstiftung aus Versicherungsgründen spekuliert (in Hamburg nennen wir so etwas „warme Sanierung“), andere vermuten, ein Mitbewerber habe wohl einen unliebsamen Konkurrenten abräumen wollen[9], doch letzteres ergibt wenig

Sinn, denn das Salambo war ja bereits pleite. Das ausgebrannte Gebäude blieb noch drei Jahre lang unberührt. Dann spielte Lee Curtis, der über die Jahre etliche Dutzend Auftritte im Star-Club absolviert hatte, eine Abschlussshow in der Ruine, begleitet von einer Art Ballett mit Striptänzerinnen und –tänzern aus der Durand-Truppe. Danach übernahm die Abrissbirne den Fall.[10] Auf der gegenüberliegenden Straßenseite sah man erwachsene Paare, denen die Tränen herunterliefen – ein Teil ihrer Jugend lag da in Trümmern vor ihren Füßen.

Heute steht an der Stelle, an der einst der Star-Club war, ein gesichtsloses, rotgestrichenes Stundenhotel mit einer Bar im Erdgeschoss; der Paradieshof wurde zum Biergarten mit Karaoke-Bar. Unter den übriggebliebenen Star-Club-Memorabilien findet sich Erwin Ross' Manhattan Skyline sowie der alte Stern von der Fassade, beide heute Ausstellungsstücke im Museum für Hamburgische Geschichte.

An einer Rückwand am Ende des Durchgangs zum Paradieshof, von der Straße aus nicht sichtbar, ist eine Gedenktafel angebracht. Sie wurde von Günter Zint initiiert, ist der Leuchttafel über dem früheren Star-Club-Eingang nachempfunden und zeigt die Namen etlicher Stars, die hier aufgetreten sind – zuerst mit einer „Jimmy Hendrix"-Gravur, in einer zweiten Version wurde der Fehler korrigiert. Das ist alles, was vom Star-Club übrig ist.

Manfred Weissleder verstarb 1980 mit nur 52 Jahren, und es war eine Geschichte ohne Happy End. Er war zunehmend abhängig geworden von Alkohol und diversen Pillen. In seiner Wohnung in Altona vereinsamte er mehr und mehr; der letzte ihm verbliebene Freund war Erwin Ross, der Rubens von St. Pauli. Weissleder verhungerte nicht, aber sein einziges Einkommen war am Ende die Miete, die er vom Salambo bezog. Seine anderen Läden gehörten ihm nicht mehr, und mit dem Geld, das er für den Ruhestand zurückgelegt hatte, verschwand seine letzte Ehefrau.

Das Ende eines St.-Pauli-Königs.

Rotlicht heißt: Los!

Aus heutiger Sicht, und wenn man sich die Atmosphäre der ersten Hälfte der 1960er-Jahre nicht nur in Deutschland, sondern in ganz Europa vorstellt, dann ist es kein Wunder, dass die innovativen Impulse für die Musikszene nicht aus den seriösen Konzerthallen und ehrwürdigen Musikclubs kamen, sondern sich in der Umgebung von Striptease-Bars, Pornokinos, Peepshows und Kneipen in Rotlichtbezirken wie St. Pauli entwickelten. Überall auf der Welt, in New Or-

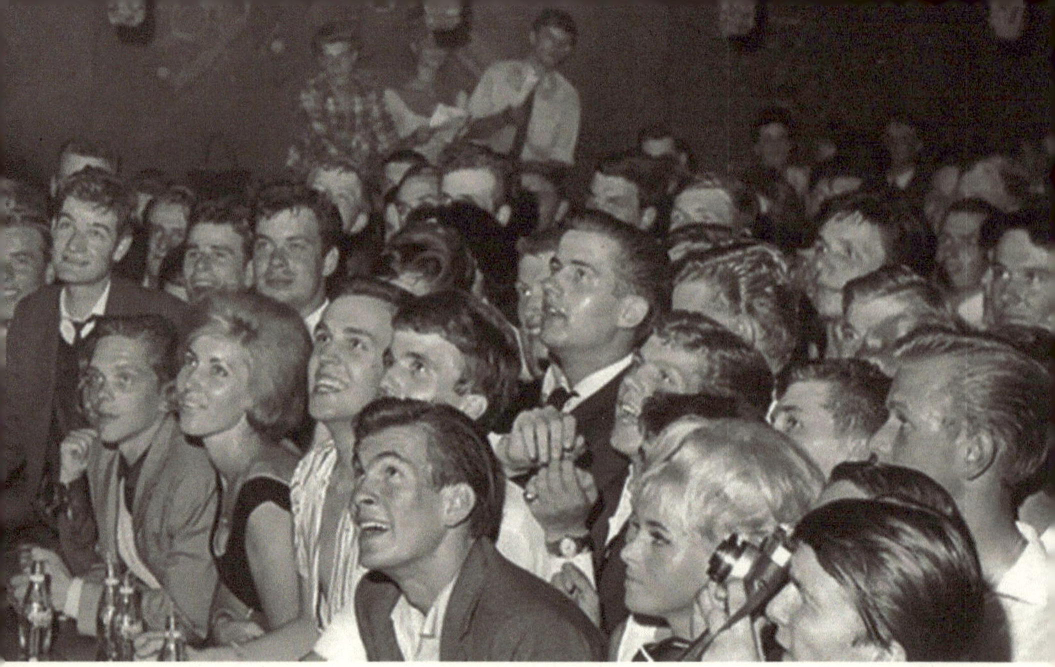

Das Star-Club-Publikum (bei einem Live-Auftritt von Chubby Checker am 2. August 1963)
© Robert Günther

leans wie in Chicago, London, Wien oder Paris sind dies die Plätze, an denen Leute über die Stränge schlagen können, ohne für verrückt gehalten zu werden. Es sind immer diese Plätze gewesen, an denen die Wirte noch den größten Unfug zuließen, solange er Geld in die Kasse brachte.

Bruno Koschmider, der Indra-Boss, hatte den Beatles und anderen Bands in seiner Kneipe stets „Macht Schau!“ zugerufen – und die taten genau das. Und je mehr “Schau” sie machten, desto mehr liebte sie das Publikum. Pro Nacht mussten die Bands mindestens drei Auftritte absolvieren, oft mehr, sodass sich nicht selten mehr als sechs Stunden ergaben. Das war ohne Alkohol und Speed nicht zu schaffen, und ihre Shows wurden jede Nacht wilder. Niemand hatte so etwas zuvor gesehen, und so wurden die Shows zum Stadtgespräch – und weil sie Erfolg hatten, professionalisierten die Bands ihren Auftritt. In gutbürgerlichen Mittelklasse-Vierteln wäre das so nicht möglich gewesen. Das ging nur hier, in einem Milieu, in dem bürgerliche Regeln nicht viel galten.

WIRTSCHAFTSWUNDERBEAT

Für Bands war der Star-Club die wichtigste Startrampe jener Jahre. Zwei von ihnen waren The Lords und The Rattles. Beide starteten ihre Karriere, indem sie einen Star-Club-Bandwettbewerb gewannen.

The Lords waren die wohl erste Rockband (damals nannte man sie noch „Beatgruppe“), die den Sprung ins Profilager wagte. Angefangen hatte sie im Jahr 1959 als Skiffle Lords in Berlin. 1964 gewannen sie einen Wettbewerb, der mit der deutschen Premiere des Beatles-Films *A Hard Day's Night* (1964; der hochoriginelle deutsche Verleihtitel war *Yeah Yeah Yeah*) verbunden war: „Wer sind die Berliner Beatles?“ Die Lords, wie sie ihren Namen inzwischen verkürzt hatten, waren nicht wirklich die Beatles Berlins, aber gut genug, um sich für das Finale im Star-Club zu qualifizieren.

Das wurde der Start ihrer Plattenkarriere. Heinz Gietz, EMI-Produzent und Schlagerspezialist, nahm sie unter seine Fittiche. Nachdem ihre erste Single, „Hey Baby, lass den Anderen“, gefloppt war, akzeptierte Gietz den Wunsch der Gruppe, in englischer Sprache singen zu dürfen. Und damit hatten sie recht: „Shakin' All Over“, eine relativ gelungene Coverversion des Hits von Johnny Kidd & The Pirates, erreichte im August des Jahres 1965 die #11 der deutschen Charts. Ihr erstes selbstgeschriebenes Stück, „Poor Boy“, folgte bald und erreichte #12.

Auf die Texte der Lords achtet man besser nicht zu genau. Oft übersetzten sie ihren Berliner Arbeiterslang Wort für Wort: „When I was born, you know / I couldn't speak and go / My mother worked each day / And she learned me to say …“ Aber das störte niemanden. Der Song als solcher funktionierte durchaus, und die meisten Deutschen merkten es ohnehin nicht. Schaut man sich heute allerdings damalige Fernsehauftritte der Band an, fällt es einem schwer, nicht über ihre Operettenuniformen, Mop-Top-Frisuren und unbeholfenen Tanzschrittchen zu schmunzeln.

The Lords hatten nie einen Nummer-Eins-Hit, aber sie waren in der Lage, immerhin zwölf Songs unter die ersten Zehn zu bringen und rund 7 Millionen Singles zu verkaufen. Ihre Coverversionen von Huddie Ledbetters und Lonnie Donegans „Have A Drink On Me" (1965) und Donegans „Glory Land" (1967) werden noch heute in den Programmen von Oldie-Stationen gespielt. Die Band trennte sich in den frühen 1970ern, fand sich jedoch bis zum Tod ihres Sängers Ulli Günther („Lord Ulli") im Jahr 1999 diverse Male wieder zusammen. Sie nahmen sogar einen Image-Song für die „Kassenzahnärztliche Vereinigung Nordrhein" auf: „Die Zähne von dem Zahn" (1978), veröffentlicht unter dem Namen Lord Ulli.

The Rattles aus Hamburg starteten später als die Lords, wurden aber dennoch die ersten, die kommerzielle Erfolge einfuhren. Und während die Lords noch vor sich hin skiffelten, bereitete ein anderer die Szenerie für den Beat der Rattles vor: ein junger Schlagersänger namens Drafi Deutscher.

Peter Meisel war Musikproduzent und –verleger in Berlin. Im Jahr 1962 hatte er die Hansa-Musikproduktion gegründet, aus der zwei Jahre später das gleichnamige Plattenlabel hervorging. Sein hauptsächliches Betätigungsfeld war das Schlagergenre mit Künstlern wie Conny Froboess, Manuela, Marion, Siw Malmkvist, Giorgio Moroder und anderen. Drafi Deutscher, unter der Regie des Komponisten und Produzenten Christian Bruhn (der uns – ebenso wie Meisel – in diesem Buch noch wiederbegegnen wird), hatte bereits einen ansehnlichen Erfolg mit „Shake Hands" (1964) erzielen können, ein wirklicher Hit war daraus aber nicht geworden. Nun nahm sich Meisel seiner an. Im Jahr 1965 produzierten Meisel und Bruhn mit Drafi Deutscher & His Magics die Single „Marmor, Stein und Eisen bricht", ein Paradebeispiel für einen Ohrwurm. Der Song enthielt die unvergesslichen Zeilen: „Weine nicht, wenn der Regen fällt / *dam dam, dam dam* / Es gibt einen, der zu dir hält / *dam dam, dam dam* / Marmor, Stein und Eisen bricht / Aber unsere Liebe nicht …"[1]. Viele kennen diese Zeilen noch heute, und ob man es zugeben mag oder nicht, dieser Song war nicht einfach Schlager, er hatte *Beat* in sich. „Marmor, Stein und Eisen bricht" flog auf den Platz #1 der deutschen und österreichischen Charts und hielt sich dort fünf Wochen lang. In den Niederlanden erreichte die Platte #3. Eine englische Version folgte („Marble Breaks and Iron Bends"), sie erreichte #80 in den USA. Nicht, dass der Song „Hard Rock" oder etwas dergleichen gewesen wäre, aber er war die erste wirkliche Fusion von Beat und Schlager; er kombinierte den Sound einer Beatgruppe (The Magics waren eine wirkliche

Band) mit der deutschen Sprache und wurde auf breiter Front akzeptiert. Nur der Bayerische Rundfunk mochte die Platte nicht spielen: Der Titel sei, so laute-te die Begründung, grammatikalisch nicht korrekt. Formal gesehen stimmte das: Da drei Elemente genannt werden, hätte ein Plural folgen müssen – „Marmor, Stein und Eisen *brechen*", aber mein Sprachgefühl verbiegt sich auch mit „bricht" nicht. Die Angelegenheit war ohnehin lächerlich, und spätestens, als der Song die Charts anführte, gab der Sender nach.

Die Major-Labels hatten nie Probleme damit, Genres zusammenzuwerfen, wenn sie sich davon einen Verkaufserfolg versprachen. So gab es etwa einen Sampler namens *Die großen 16, 1967/68* auf dem deutschen EMI/Columbia-Label, der in trauter Eintracht unter anderem den Schlagersänger Graham Bonney (ein in Deutschland gestrandetes Ex-Mitglied der britischen Band RIOT SQUAD aus Joe Meeks Küche), THE LORDS, Ralf Bendix, Gitte, Adamo, ein weibliches Gesangsduo namens DIE PEANUTS, Gilbert Bécaud, Heino und Howard Carpendale vereinte – und PINK FLOYD („See Emily Play"). Ernsthaft.

Für die wachsende Beatmusikszene war das wahrscheinlich nicht mal schlecht. LPs wie diese und Schlager wie „Marmor, Stein und Eisen bricht" brachten untrainierten Hörern Rock-Klänge nahe, öffneten Türen in den Medien und pflasterten zukünftige Wege. Das ist nicht zu unterschätzen, denn noch im Herbst des Jahres 1965, als die ROLLING STONES ihre erste Deutschlandtournee starteten, waren die Pressereaktionen durchweg herabsetzend – eine seltsame Mischung aus Angst und Hass. Der erste Auftritt der STONES fand in Münster statt und war kurz. Die Band wurde als „härteste Band der Welt" und Antithese zu den BEATLES vermarktet. Leider hatte sie ein Liverepertoire von nur acht Songs, sodass ihre Show bereits nach 22 Minuten beendet war, aber das reichte aus, um die hochseriöse *Frankfurter Allgemeine Zeitung (FAZ)* zum Ausrasten über diese „erbärmlich einfallslose primitive Musik"[2] zu bringen. Dabei war dort gar nichts Spektakuläres passiert und die vorsichtshalber aufgefahrene Polizei musste nicht einmal ihre Wasserwerfer einsetzen. Das änderte sich vier Tage später, als die STONES in der Berliner Waldbühne spielten: Einige Fans sprangen auf die hölzernen Sitzbänke und begannen, auf und ab zu wippen, und ein paar der Bänke gingen dabei zu Bruch. Andere Fans versuchten, die Bühne zu erklimmen. Das Konzert endete mangels Repertoire auch hier ziemlich plötzlich. Weil aber die Wipperei nicht aufhörte, sah die Polizei nun den passenden Moment für ihren Auftritt. Die Fans mochten sich nicht verprügeln lassen und verließen das Gelände sofort, beschädigten auf ihrem Nachhauseweg allerdings

Straßenlaternen und 17 S-Bahn-Wagen. Es gab insgesamt 87 Verletzte, einen Sachschaden von rund 400.000 Mark, die Presse schrieb von einem „Gemetzel der Gammler", und das *Neue Deutschland* aus der DDR stellte klar, womit seinerzeit schon der Faschismus begonnen hatte: „Vernebelte Köpfe und nackte Gewalt waren schon immer die besten Bundesgenossen derer, die Deutschlands Jugend in zwei Weltkriege trieben".[3] Mit solchen Reaktionen musste rechnen, wer damals begann, „Beatmusik" zu spielen – so wie die RATTLES.

THE RATTLES wurden im Jahr 1960 in Hamburg von Achim Reichel und Herbert Hildebrandt gegründet, die sich aus der Schule kannten. Die Jungens coverten englische und amerikanische Songs, die sie auf Platten oder im Radio gehört hatten. Die Texte verstanden sie nur zum Teil, der Rest wurde nach Gehör ergänzt – was manchmal zu seltsamen Ergebnissen führte, aber wie schon bei den LORDS funktionierte, weil es die Zuhörer auch nicht besser konnten. Da die Instrumente den größten Teil des vorhandenen Geldes gefressen hatten, waren keine Verstärker vorhanden. Stattdessen spielten sie über Röhrenradios, die Gitarre wurde am Plattenspielereingang angeschlossen. Das muss zu abenteuerlichen Verzerrungen geführt haben, aber genau die waren erwünscht.

Solche Tricks wurden damals in hunderten von Kellern, Schuppen und Garagen praktiziert, und mangels Talent sind die meisten Bands auch dort geblieben. Nicht so die RATTLES: Im Februar des Jahres 1963 gewannen sie einen Star-Club-Wettbewerb. Sie erspielten sich dort den Rang einer Art Hausband, was zu ihrem ersten Album führte: *Twist im Star-Club Hamburg* (1963). Im Wesentlichen enthielt die LP Coverversionen englischer Titel; nur einer war von der Band selbst geschrieben („Mashed Potatoes", später als Single veröffentlicht). Die Scheibe erschien auch in Großbritannien, Philips vermarktete die Band als „the German BEATLES". 1964 folgte ein zweites RATTLES-Album, wieder unter dem Titel *Twist im Star-Club Hamburg* und wieder hauptsächlich mit Coverversionen. Ihre erste Studiosingle nahmen die RATTLES 1965 auf: „La La La", mit einem Text, der nicht viel Übersetzung brauchte.

Die RATTLES waren die erste deutsche Band, die Teil einer „Package Tour" durch Großbritannien wurde – fünf Wochen lang tourten sie mit Bo Diddley, Little Richard und den noch relativ unbekannten ROLLING STONES. Hans Joachim Kreutzfeldt, Sänger und Gitarrist, stieg aus der Band aus, um Schlagersänger zu werden; als eine Hälfte des Duos KIM & HAJO veröffentlichte er „Junge Liebe"/„Wenn du weißt", später hörte man ihn mit einer deutschen Coverversion des Hits „Mademoiselle Ninette", einem netten kleinen Popsong aus Herbert Hildebrandts Küche.

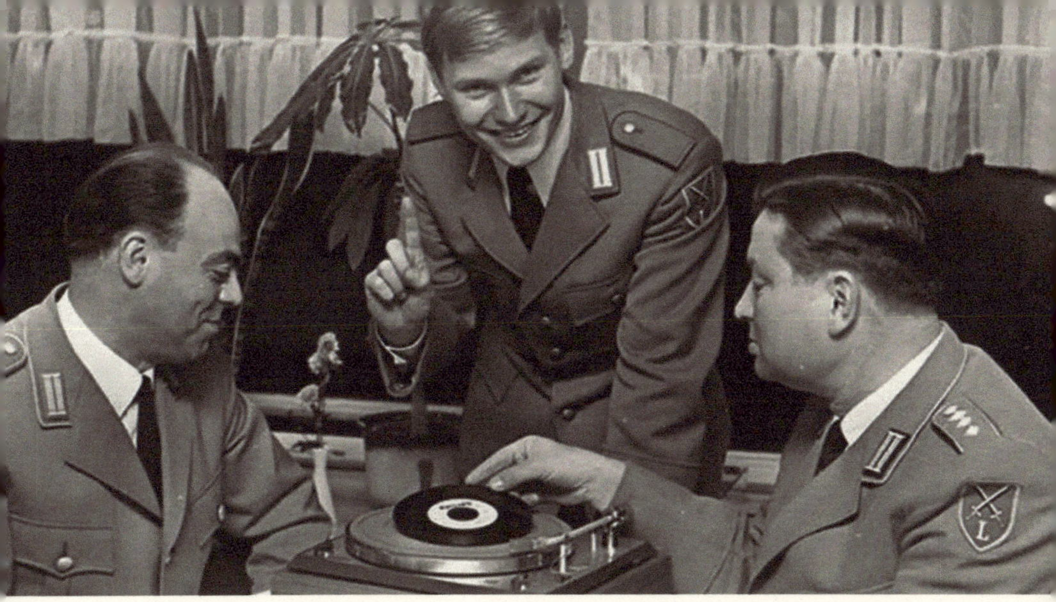

Achim Reichel bei der Bundeswehr (1966)

Im Jahr 1966 waren die Rattles eine der drei Vorgruppen auf der sogenannten „*Bravo*-Blitztournee" der Beatles. In München waren sie so erfolgreich, dass Beatles-Manager Brian Epstein sie bei den noch verbleibenden Konzertstationen Essen und Hamburg als erste Band auftreten ließ – möglichst weit weg von seinen Schützlingen.

Im selben Jahr tauchten die Rattles in einem Spielfilm auf: *Hurra, die Rattles kommen!* Dieser wurde als „Deutschlands erster Beat-Film" promotet, war eine Variation der typischen Teenager-Schlagerfilme und laut Achim Reichel „eine richtige Gurke"[4]. Selbst die Dialoge wurden von professionellen Schauspielern nachsynchronisiert. Der französische Sänger Johnny Hallyday heuerte die Rattles als Band für seinen deutschsprachigen Song „Lass die Leute doch reden" an.

Die Karriere der Rattles erlitt einen herben Rückschlag, als Achim Reichel 1966 mitten in der heißesten Rattlemania der Einberufungsbefehl ins Haus flatterte. Star-Club-Boss Manfred Weissleder meinte zwar, er solle ruhig hingehen, man werde ihn dann schon herausholen,[5] doch das klappte nicht. Das Gericht sah keinen Hinweis darauf, dass die Beatmusik in nächster Zeit aus der Mode geraten werde. So musste Achims langes Blondhaar fallen, und das Teenagermagazin *Bravo* veröffentlichte seine neue Autogrammadresse (Panzergrenadier Achim Reichel, Boehn-Kaserne Hamburg). Die Bundeswehr war clever genug, um seine Popularität zu nutzen. Sie stellten ihm einen Presseoffizier zur Seite, der die Medien über alles informierte, was Reichel tat, sagte oder plante.

Der Produzent Siggi Loch quatschte Reichel in eine deutsche Schlagerproduktion: „Trag es wie ein Mann" – ein in jeder Hinsicht schauerlicher Versuch, aus Reichels Militärdienst Kapital zu schlagen. Sowohl Loch als auch Reichel sahen die Scheibe schon bald als hochgradig entbehrlich an, aber es dauerte lange, bis sie darüber lachen konnten. Auf YouTube findet man derzeit mehr als hundert Songs von Achim Reichel – dieser war jahrelang nicht dabei. Auch jetzt muss man noch lange scrollen, um ihn zu finden.[6]

Den Rattles blieb nichts anderes übrig, als Achim zu ersetzen. Die Wahl fiel auf den Sänger, Gitarristen und Organisten Frank Dostal aus Flensburg – keine schlechte Wahl, wie man in „Cauliflower" (1967) hören kann. Dostal hatte zuvor bei den Faces gespielt (nicht zu verwechseln mit Rod Stewarts Band), die ebenfalls einen Star-Club-Wettbewerb gewonnen hatten; zudem war er mit Mary McGlory, der Bassgitarristin der Liverbirds, verheiratet.

Nach seinem Militärdienst kehrte Achim Reichel nicht zu den Rattles zurück. Er hatte erkannt, dass die Musik sich verändert hatte und die Rattles nicht mehr zu dem passten, was ihm durch den Kopf ging. Im Jahr 1968 gründete er auf Anregung von *Bravo* die Band Wonderland mit Frank Dostal, Reinhard „Dicky" Tarrach, Helmut Franke und Les Humphries. Der Name kam durch einen Wettbewerb der *Bild*-Zeitung zustande.[7] Die Gruppe lieferte Musik irgendwo zwischen Beat, Pop und einer Art Bluesrock. Eine Umfrage unter Musikjournalisten erklärte Wonderland zur drittbesten deutschen Rockband des Jahres 1969. Die Produkte der Band waren von uneinheitlicher Qualität, etliche Stücke sind aber durchaus ein zweites Anhören wert. Der Produzent dieses Projektes war niemand anderer als der Party-King und „Happy Sound"-Producer James Last. Was hatte der dort verloren?

James Last

Um 1963 herum empfand Hans Last aus Bremen seinen Job als Bassist in der NDR-Bigband zunehmend als belastend. Er wusste um seinen fast beamtenhaft sicheren Job, aber die Vorstellung, bis ans Ende seines Berufslebens in der letzten Reihe dieses Orchesters zu stehen, erfüllte ihn mit deutlichem Widerwillen, zumal es ihm nicht möglich war, hier seine eigenen Kompositionen unterzubringen – im Selbstverständnis dieses Klangkörpers gehörte sich das einfach nicht. So riskierte Last den Sprung ins kalte Wasser, nahm einen Brotjob als Schlagerarrangeur bei Polydor an – und gründete ein eigenes Orchester. Etliche

Mitglieder dieses Orchesters waren frühere NDR-Kollegen. Das war offiziell erlaubt, die Musiker durften Nebenjobs annehmen; viele spielten auch bei Bert Kaempfert und/oder bei der PETER HERBOLZHEIMER RHYTHM COMBINATION & BRASS.

Hans Last nahm mit seinem Orchester hauptsächlich Tanzmusik auf. Da er nicht der Einzige war, der das tat (auf Polydor erschienen auch Kaempfert und das Münchener ORCHESTER MAX GREGER, und auch andere Labels hatten Unterhaltungsorchester an Bord), suchte er nach einem „Special“, etwas, das die anderen nicht hatten, aber die Erleuchtung, was das sein könnte, ließ auf sich warten. Relativ früh kam ihm die Idee, die Trompeten nicht, wie sonst meist üblich, als Gruppe zu platzieren, sondern sie an die äußeren Ränder des Orchesters zu stellen. Das ergab eine Art Stereoteppich und machte schöne Echoeffekte möglich. Das hatten andere Orchester nicht, aber es war noch nicht das, was er suchte. Wie oft in der Musik war es dann mehr oder weniger Zufall, dass er es fand: Als Kind hatte er mit seinem Vater Musiksendungen von Radio Kopenhagen gehört - Musik von kleinen Kaffeehaus-Ensembles mit klappernden Tassen und anderen Cafégeräuschen im Hintergrund. Das war in seinem Klanggedächtnis eingerastet. Als dann eines späten Abends nach einer Aufnahmesession sich die beteiligten Musiker und einige andere Leute aus der Studiocrew bei relativ hoher Lautstärke die eben gemachten Aufnahmen aktueller Hit-Potpourris anhörten und es dazu den einen oder anderen Drink gab, begannen manche mitzusingen oder mitzuklatschen, zu tanzen, zu reden. Das weckte die Erinnerung, und Lasts Genieblitz in diesem Moment war, dem Tonmeister Peter Klemt zu sagen: „Nimm das auf“. Später mischten sie diese Partygeräusche unter die Musikaufnahmen – und das war das „Special“, das er gesucht hatte. Hans Lasts Partysound war geboren, auch wenn er anfangs noch recht dünn klang. Als Last den A&R-Leuten der Polydor die fertige Aufnahme vorspielte, meinten diese: „Schade, die Musik ist doch gut, was sollen denn die Geräusche da drauf?“ Lasts knochentrockene Antwort: „Das bleibt so.“

Und so blieb es. *Non Stop Dancing '65* mit Hintergrundgeräuschen wurde Lasts erstes Album, und weil man bei Polydor nun plötzlich sogar die Chance sah, mit diesem Sound den internationalen Markt zu erreichen, entschied man, ohne Rücksprache mit ihm, den Hans in einen James zu verwandeln.[8]

Diese Entscheidung erwies sich als Goldmine. James Last verkaufte im Laufe seiner Karriere rund 200 Millionen Tonträger und durfte 17 Platin- und mehr als 200 goldene Schallplatten in Empfang nehmen – weltweit. Nur in den USA sprang man nicht auf seinen Sound an. Im Jahr 1975 ging er deshalb in die

Höhle des Löwen und nahm in Los Angeles eine Platte mit der Crème dortiger Sessionmusiker auf (Larry Carlton, Ernie Watts, Tom Scott, Jim Gordon, um einige zu nennen): *Well Kept Secret* wurde eines seiner besten Alben, aber die Amerikaner zeigten auch dieser Platte die kalte Schulter. 2008 wurde das Album wiederveröffentlicht, diesmal unter dem Titel *James Last in Los Angeles*, aber es ging erneut unter wie ein Stein im Wasser. Offenbar war dieser „amerikanische" Sound etwas, das die Amerikaner von einem Deutschen nicht akzeptierten, und für die Deutschen war er nicht das, was sie mit dem Namen James Last verbanden. Last konnte mit dem Flop leben.

Die meisten seiner Platten bestanden aus Coverversionen nahezu aller Genres, die er im speziellen Sound seines Orchesters arrangierte: Schlager, Pop, Soul, Volkslieder, Klassik, Polka, Walzer, üblicherweise zwei oder drei Titel zu Potpourris verwoben. Da die meisten seiner LPs unter einem bestimmten Motto standen, erschien Last in passender Kostümierung auf den Covern und meist auch als lebensgroßer Aufsteller aus Pappe in den Läden. So wurde James Last zu seinem eigenen Markenzeichen. Zum Orchester gehörten Musiker, Sängerinnen und Sänger der Spitzenklasse, genannt seien stellvertretend für alle die Gitarristen Peter Hesslein, Erlend Krauser und „Big" Jim Sullivan, die Trompeter Manfred Moch und Derek Watson, die Sänger Simon Bell, Katie Kissoon, P. P. Arnold und die Weather Girls. Last stieg auch mit eigenen Kompositionen in den Ring, einige davon wurden Welthits: „Happy Hearts" (1970), „Games That Lovers Play" (1970), „The Lonely Shepherd" (1980, mit Panflötist Gheorghe Zamfir; 1987 auch in Quentin Tarantinos Film *Kill Bill* eingesetzt), „Biscaya" (1981; ein Titel, der viele entfernt an Erocs 1979er Instrumentalhit „Wolkenreise" erinnerte, aber bei genauerem Hinhören unterscheiden sich die Stücke doch recht deutlich). Hinzu kamen dutzende von Fernseh- und Filmmusiken, etwa die Titelmusik der „ZDF-Hitparade" oder die Programmschlussmusik von RTL („Happy Luxemburg", 1976). Am bekanntesten dürfte jedoch bis heute die Titelmusik zu dem Film *Morgens um sieben ist die Welt noch in Ordnung* (1968) sein, deren kleines Piccoloflötenmotiv man stundenlang nicht wieder loswird.

Nachdem Last seinen Job als Orchestermusiker beim NDR aufgegeben hatte, dauerte es nicht lange, bis er auch als Produzent zu arbeiten begann. Das bringt uns zurück zu Wonderland. Kritiker pflegten Lasts Stil als „Fahrstuhlmusik" zu bezeichnen, Musiker wussten es jedoch besser. Für Wonderland entwickelte er saftige Bläserarrangements, interessante Klangeffekte und psychedelische Sahnehäubchen. „Das waren tolle Burschen, sie waren wirklich bereit, für ihren Erfolg hart zu arbeiten. Les Humphries war sehr wissbegierig und rief mich oft nachts an, weil er selbst arrangieren wollte: ‚Sag mal, wie transponierst du ein Horn, wie setzt du die Celli, wie krieg ich diesen oder jenen Soundeffekt hin …?'"[9] In einer kurzen Veralberung des Tränendrüsendrückers „Mama" (damals ein Riesenhit mit Heintje, einem zwölfjährigen Import aus den Niederlanden) verwendeten WONDERLAND sogar einen Originalausschnitt des JAMES LAST ORCHESTERS als Backing Track.

James Last nutzte sein Talent als Arrangeur und Produzent im selben Jahr auch für seine Version des Musicals *Hair*, die man noch heute zu seinen besten Aufnahmen zählen darf. Dabei ist schwer zu sagen, ob er seine Erfahrungen mit WONDERLAND für die *Hair*-Sessions einsetzte oder umgekehrt, aber wie dem auch sei: Es funktionierte.

James Last hätte ohne weiteres so etwas wie der deutsche Quincy Jones werden können, aber er entschied sich dafür, weiter an seinem „Happy Sound" zu arbeiten. In den 1970ern produzierte das JAMES LAST ORCHESTER bis zu zwölf Alben pro Jahr und erwirtschaftete ein Drittel des gesamten Polydor-Umsatzes. In diesen Jahren war es unmöglich, ihm zu entkommen, seine Musik war einfach omnipräsent. Auch in England ist Last Rekordhalter: Es gelang ihm 90 Mal, die Royal Albert Hall auszuverkaufen. Wer will ihm da verübeln, seine Erfolgsmasche stetig weitergestrickt zu haben? Er kannte einfach sein Publikum. James Last verstarb im Juni 2015 nach schwerer Krankheit mit 86 Jahren in seiner Wahlheimat Palm Beach, Florida. Er stand bis zuletzt auf der Bühne, auch wenn die Säle mit der Zeit kleiner wurden.

WONDERLANDS erste Single war „Poochy"/„Moscow" (1968). Wie es manchmal vorkommt, wurde die B-Seite der Hit. „Poochy" blieb als eine Art zweitklassige DAVE DEE, DOZY, BEAKY, MICK & TICH-Kopie ohne nennenswertes Echo, „Moscow" aber erreichte #15 der Charts. Die Band hatte etliche Fernsehauftritte mit dem Song und spielte als Vorprogramm für niemand geringeren als die BEE GEES. „Moscow", ebenso der Nachfolger „Boomerang" (1968), hätten das Zeug zu internationalen Hits gehabt, aber irgendwie passierte es nicht – niemand kann in solchen Fällen sagen, weshalb. Auch in Deutschland blieb „Moscow" der einzige Hit, und so ging Reichel schließlich seiner Wege.

Helmut Franke stieg als Gitarrist ins JAMES LAST ORCHESTER ein. Frank Dostal wurde später Produzent, Musikverleger und Schlagertexter. Als solcher war er involviert in unverzeihlichen Musikschrott wie „Das Lied der Schlümpfe" mit Vader Abraham oder „Yes Sir, I Can Boogie" mit dem weiblichen Gesangsduo BACCARA. Später wurde Dostal Mitglied des GEMA-Vorstandes. Er verstarb im Jahr 2017.

Und die RATTLES? Ihr größter Hit sollte erst noch kommen. Nach einer Reihe von Besetzungswechseln bestand die Band aus Edna Béjarano, Frank Mille, Herbert „Borny“ Bornhold und Kurt „Zappo“ Lüngen, Herbert Hildebrandt wirkte als Produzent und Songschreiber noch immer hinter den Kulissen. Musikalisch unterschied sich ihr Stil nun vollständig von den „Beat“-RATTLES, der Sound ging zum psychedelisch angehauchten Hardrock, Edna brachte einen guten Schuss Soul in die Band. (Ednas Mutter, nebenbei bemerkt, war Esther Béjarano, die zu den letzten Überlebenden des MÄDCHENORCHESTERS VON AUSCHWITZ gehörte. In den 1980ern gründete sie mit ihrem Sohn Joram und Edna COINCIDENCE, eine Vokalgruppe für jüdische und antifaschistische Lieder, und war Mitgründerin und Vorsitzende des Internationalen Auschwitz-Komitees.)

„The Witch“ war ursprünglich die B-Seite von „Geraldine“ gewesen, einer Single von 1969 mit dem Sänger Henner Hoier, der den RATTLES von den RIVETS, einer weiteren Star-Club-Hausband, zugeflogen war, doch 1970 spielten die RATTLES den Song neu ein. Mit dieser kraftvollen und dramatischen Neueinspielung gelang ihnen der Sprung auf die #4 in Deutschland, gefolgt von weiteren Chartplatzierungen in den Nachbarländern. Selbst in den USA erreichten sie #79 der *Billboard*-Charts. Interessanter- und leider auch typischerweise spielte der NDR in seiner wöchentlichen „Internationalen Hitparade“ stets die alte Flipseitenversion. Es schien dort niemand zu merken, dass das nicht die Hitversion war.

Zwei weitere Singles wurden kleinere Hits in Deutschland, „You Can’t Have Sunshine Every Day“ und „Devil’s On The Loose“, beide aus dem Jahr 1971, danach gelangen den RATTLES keine adäquaten Nachfolger mehr. Die Gruppe löste sich im Jahr 1977 auf. Später gab es einige Wiedervereinigungen, aber die liegen außerhalb des Zeitrahmens dieses Buches. Von Zeit zu Zeit treten sie noch einmal gemeinsam im Rahmen irgendwelcher „Oldie“-Nächte auf, ansonsten arbeiteten die Mitglieder als Studiomusiker, etwa bei Aufnahmen der Schlagersängerin Juliane Werding.

Andere Folgeprojekte oder Solokarrieren mit Beteiligung von RATTLES-Mitgliedern (außer WONDERLAND), die es zu Plattenveröffentlichungen brachten, waren der HAMBURGER BLUES-GESANGSVEREIN VON 1970 (den man nicht allzu ernst nehmen sollte), Birgit Sommer, BIRGIT & IRIS, HERBERT & BIRGIT, PEGASUS, MOTI SPECIAL, KUNO & THE MARIHUANA BRASS, RANDY PIE, Hajo, THE GORILLAS, Edna, PROPELLER, Toni Pepperoni, THE „IN“ KRAUT, THE FIXX, OUR GANG, SUNSHINE BAND – und das ist sicherlich noch nicht die komplette Liste.

Henner Hoier landete bei den LES HUMPHRIES SINGERS und wurde später Schlagersänger; seine größten Erfolge waren die deutsche Version von Daniel Boones Sommerhit „Beautiful Sunday“ und der Song „Ich hör' Musik“. Er schrieb und produzierte Songs für andere Sänger wie Jürgen Drews, der von *Hair* kam und ebenfalls zu den LES HUMPHRIES SINGERS gehörte, Hans Hartz, Wencke Myhre und auch für die LORDS; später tourte er als Musicaldarsteller.

John Leslie „Les“ Humphries, ursprünglich ein ausgebildeter Militärmusiker, hatte neben seinen SINGERS und WONDERLAND ein Afro-Hardrockprojekt namens MEGATON mit dem Sänger Jimmy Bilsbury auf die Beine gestellt. Deren selbstbetiteltes Album von 1971 wurde mit Musikern aus dem JAMES LAST ORCHESTER und dem Zirkel um die RATTLES und LUCIFER's FRIEND eingespielt und war inspiriert von WONDERLAND und OSIBISA, es landete allerdings im Nirgendwo. Bilsbury, der zu den Leadsängern der LES HUMPHRIES SINGERS gehört hatte, starb 2003 als verarmter Alkoholiker irgendwo auf der Straße. Die LES HUMPHRIES SINGERS verkauften alles in allem rund 50 Millionen Platten, ihre Erfolgssträhne endete jedoch mit der Dekade. Im Jahr 1998 täuschte der inzwischen vereinsamt und alkoholkrank in London lebende Humphries seinen eigenen Tod vor, um seinen Namen noch einmal in den Medien zu sehen. Jürgen Drews, dem die tatsächliche Situation nicht bekannt war, sprach einen Nachruf im Bayerischen Rundfunk.

Herbert Hildebrandt arbeitete weiter erfolgreich als Songschreiber, Produzent und Session-Bassist. Unter der Überschrift „THE RATTLES present“ veröffentlichte er auf dem Star-Club-Label als HERBERT & BIRGIT (Birgit Sommer) den Song „Hey Jean, Hey Dean“ die Coverversion eines Songs, der 1964 von dem US-Duo DEAN & JEAN aufgenommen worden war. Die Platte wurde ein bescheidener Hit. Im Jahr 1971 übernahm Hildebrandt HERBERT & BIRGIT in ein Projekt namens PEGASUS und veröffentlichte dieselbe Aufnahme unter diesem Bandnamen erneut. PEGASUS endete 1973 mit dem Tod Birgit Sommers; sie schlief mit einer brennenden Zigarette im Bett ein. Eine von Hildebrandts erfolgreichsten Produktionen war „Mademoiselle Ninette“ mit der liberianischen Band THE SOULFUL DYNAMICS, das Stück erreichte Goldstatus in 1971 und ist noch immer auf Oldie-Radiosendern zu hören. Und nicht zuletzt arbeitete Hildebrandt auch gelegentlich namenlos für das Billiglabel Europa.

Billiglabels

Der obenstehende Abschnitt lässt uns bereits ahnen, dass „erfolgreicher Musiker“ nicht gleichbedeutend war mit „Star“. Werfen wir doch mal einen Blick die diversen Jobs, die Profimusiker in jenen Jahren annahmen, um über die Runden zu kommen – und die seltsamen Querverbindungen, die sich dabei manchmal ergaben.

Im Bimmelbahn-Kapitel hatte ich sie schon erwähnt, die sogenannten *Billig-Labels*, auch Kaufhaus- oder Budgetlabels genannt; in den USA nennt man sie Drugstore Labels. Es waren Plattenfirmen, die außerhalb des „großen“ Marktes arbeiten, aber sehr wohl von ihm profitierten. Mehrheitlich waren diese Firmen unabhängig von großen Konzernen, manche waren allerdings auch das Billigventil eines Major-Labels oder wurden von einem der großen Versandhäuser betrieben. Neckermann-Schallplatten etwa gehörten dem damals größten deutschen Versandhaus, dessen wichtigster Konkurrent, Quelle, hatte ein Label namens Quellux. Letzteres wurde später in Universum umbenannt und damit Teil der Hausmarke für Radios, Fernseher und Plattenspieler.

Die meisten dieser Labels verfolgten zwei Geschäftslinien: Die erste war die Produktion und Distribution von Coverversionen aktueller Hits. Dafür wurde zu Vinylzeiten oft das EP-Format bevorzugt, weil man auf diese Weise vier Hits auf einer 17-cm-Platte unterbringen konnte. Die zweite Geschäftslinie umfasste Folklore, Volksmusik, populäre Klassik, Operetten, Opernquerschnitte, Militärmärsche, Comedy, et cetera. (Ich erwähnte bereits, dass die Klassikaufnahmen nicht selten gefloppte Rundfunk- oder andere Orchesteraufnahmen waren, die unter Phantasie-Orchester- und Dirigentennamen als Billigausgabe wieder auf den Markt geworfen wurden.) Einige Firmen hatten noch einen dritten Geschäftszweig: Hörspiele.

Interessanterweise haben diese Billiglabels – Baccarola, Bella Musica, Fass, Hallo, Opera, Starlet, Tempo, Tip, Volksplatte, um einige zu nennen – einen nicht zu unterschätzenden Beitrag zum deutschen Rock'n'Roll geleistet. Meist handelte es sich um Coverversionen populärer englischer oder amerikanischer Hits, auch erfolgreiche deutsche Schlager wurden blitzschnell gecovert. Die Produktion musste schnell und billig über die Bühne gehen; die Sessionmusiker, die auf diesen Platten zu hören waren, hatten selten mehr als einen halben Tag Zeit, um die vier Titel einer EP einzuspielen – inklusive Kaffeepausen und Auf- und Abbau der Instrumente. Sie spielten unter diversen Pseudonymen oder sogar anonym.

Eine der wenigen wirklich existierenden Bands, die dazu in der Lage waren, waren THE ROCKING STARS, eine Amateurband aus Karlsruhe. Sie spielten häufig in Rastatt in einem Lokal namens Beat-Club, einem jener Clubs, die mit dem Hamburger Star-Club zusammenarbeiteten, sie hatten auch schon gemeinsame Konzerte mit den RATTLES gespielt. Sie gewannen einen Schallplattenvertrag mit dem vorrangig auf Flexidiscs (Schallfolien) spezialisierten Rastatter Hallo-Label. Nach einigen Aufnahmen dort landeten sie bei CBS und wurden Profis. Die gewünschte Weltkarriere wollte sich allerdings nicht einstellen.

In den meisten Fällen kamen die Musiker, die für Billiglabels arbeiteten, von professionellen Bigbands, Tanzorchestern, Showkapellen oder Bierzeltbands, oder sie arbeiteten im Brotberuf als Musiklehrer. Sie mussten nach Noten spielen können (idealerweise „first sight“, und das kann auch unter Profis nicht jeder), und sie mussten ohne Assistenz jedes Musikgenre bedienen können, vom Schlager zum Walzer, vom Country zum Dixieland, von der Polka zum Rock'n'Roll. Mit letzterem waren sie meist nicht vertraut, aber in ihrer Einfachheit (um nicht zu sagen: in der Art, wie sie schlecht und recht zusammengehauen waren), sind diese Aufnahmen oft authentischer und glaubwürdiger gewesen als die Hochglanzproduktionen der Majorlabels – wobei letztere häufig mit denselben Studiomusikern arbeiteten wie die Budgetlabels, nur hatten sie mehr Zeit für die Politur.

Selten, dass Billiglabel unbekannte neue Stücke veröffentlichten, aber es kam vor. Wenn, dann hatte es meist mit einer akuten Modemasche zu tun, die sie nutzen wollten. In den 1950ern und den frühen 1960ern kamen auch eigens komponierte Rock'n'Roll-Songs heraus, meist von und mit Interpreten wie Paul Würges, Benny Quick, Flip Gering, den ROCKING STARS und anderen, und ihr Härtegrad ist manchmal verblüffend. In gewisser Weise ist es schade, dass viele dieser Billigproduktionen für immer verloren sind. Wenn man sie sucht, sind Flohmärkte die beste Adresse.

Billigplatten waren im „seriösen“ Plattenhandel nicht zu finden. Es gab sie in Supermärkten, meist in einem Aufsteller in Kassennähe, in Billig-Kaufhäusern wie dem längst dahingeschiedenen Karstadt-Ableger Kepa, oder Woolworth (das sogar ein eigenes Billiglabel namens Embassy betrieb). Die großen Kaufhausketten Karstadt, Kaufhof, Hertie und Horten (lange Zeit die großen Vier in Deutschland) führten sie in ihren Plattenabteilungen, aber getrennt von den Normalpreis-Platten. Manchmal fand man Billigplatten auch auf Wühltischen in der Nähe der Eingänge, dann meist unsortiert zusammen mit Cut-outs von Majors. Nach der Erfindung der Cassette, später der CD, wurden Tankstellen ein weiterer wichtiger Vertriebsort für Billigplatten, insbesondere für Hörspielcassetten, mit denen genervte Eltern ihre quengelnde Brut („Sind wir bald da?") eine Weile in Schach halten konnten. Eine Billig-Single kostete in den 1960ern, wenn die Erinnerung nicht trügt, 1,75 Mark, eine EP kostete 3,95 Mark, eine LP war für meist 5 oder 5,95 Mark zu haben.

Nicht alle, aber die meisten Billiglabels gaben in den 1970er- oder 1980er-Jahren auf. Nur eine Handvoll überlebte. Eines dieser Labels, Europa, verlagerte seinen Schwerpunkt in den 1970ern auf Hörspiele für Kinder und Teenager und wurde damit phänomenal erfolgreich. Europa gehörte ursprünglich zum US-Konzern Miller International, der Aufnahmen deutscher Orchester und Volksmusikensembles zu niedrigen Preisen in den USA vertrieb. Das lief so gut, dass die Firma sich auch um den deutschen Markt zu kümmern begann. Außer dem Europa-Label betrieb Miller International die Labels Parade und Somerset. Später wurde Europa an die US-Medienfirma MCA verkauft und gehört heute zu Sony, ist aber nach wie vor ein Billiglabel.

Billigplatten waren besonders für Menschen attraktiv, die an „flotter Musik" interessiert waren, für die sie aber nicht viel Geld ausgeben wollten. Dafür nahm man dann in Kauf, nur Kopien zu erhalten. Andere merkten den Unterschied nicht einmal, oder er kümmerte sie nicht. Solche Kunden gab es viele. Es ist schwer, konkrete Verkaufszahlen zu finden, aber mit Sicherheit rotierten Billigplatten in den 1960er-Jahren zu hunderttausenden auf Schrebergartenfesten, Kegelabenden und in ungezählten privaten Partykellern.

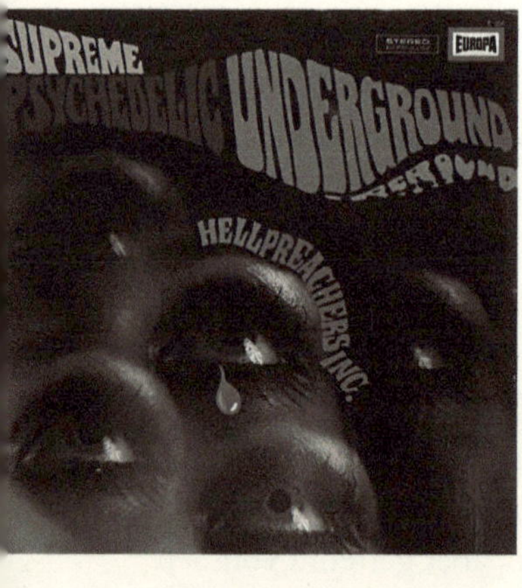

Um zu zeigen, dass Budgetlabels manchmal durchaus eine Rolle spielten, sei hier ein Beispiel herausgegriffen: Im Jahr 1968 veröffentlichte das Europa-Label eine LP namens *Supreme Psychedelic Underground* von einer Gruppe namens Hell Preachers Inc.

Diese Scheibe zirkulierte hochbeachtet in meiner Schule, selbst unser Musiklehrer – sonst Jazzfan – spielte und „analysierte" sie im Unterricht. An seiner Meinung war niemand interessiert, aber es war eine Möglichkeit, im Unterricht Musik zu hören. Wir waren damals um die zwölf Jahre alt und hatten natürlich keine Ahnung von Budgetlabels. Wir stolperten nicht darüber, dass diese LP zu billig war, um eine „richtige" zu sein. Sie hatte ein Cover mit zerlaufender Day-Glo-Schrift, musste also wohl irgendwie „psychedelisch“ sein, was immer das genau heißen mochte, und der Name der Band hatte etwas Böses an sich. Zu hören waren in die Musik gemischte Kirchenglocken, Schüsse, Sirenen und andere Klangeffekte, die man lose mit Protest oder Aufstand in Verbindung bringen konnte. Das alles reichte, um uns Schulkindern die Illusion zu geben, es handle sich bei diesen Höllenpredigern um eine rebellische Hardcore-Undergroundband aus England oder Amerika, und wir behandelten die Platte mit Respekt. Dass weder Musiker noch Komponisten auf dem Cover genannt wurden, machte die Sache nur noch mysteriöser. Noch heute wird *Supreme Psychedelic Underground* in manchen Hard- oder Krautrockzirkeln als eine Art Insider-Tipp herumgereicht; manche Internetquellen wollen sogar gehört haben, kein geringerer als Ritchie Blackmore spiele hier mit, und möglicherweise sogar noch weitere DEEP-PURPLE-Mitglieder – der Verdacht konnte entstehen, weil gewisse „Ähnlichkeiten“ mit DEEP-PURPLE-Nummern nicht zu überhören waren.

Wenn etwas fast zu schön klingt, um wahr zu sein, dann ist es meist nicht wahr. So auch hier. HELL PREACHERS INC. waren weder aus England noch Amerika, sie waren nicht mal eine wirkliche Band. Wir hören den Bassgitarristen Herbert Hildebrandt (Ex-RATTLES) und die Band THE TONICS aus Hamburg, bestehend aus Gitarrist Helmuth Franke, Gitarrist Hermann „Rugy“ Rugenstein (später RATTLES), Bassgitarrist Benny Bendorff (Schlagersänger, RATTLES-Mitglied, später LUCIFER'S FRIEND und JAMES LAST ORCHESTER), Gitarrist Hajo Teschner (der sich später der Krautrockband SILBERBART anschloss) und Herbert Bornhold (später LUCIFER'S FRIEND); nicht alle spielen in jedem Stück. THE TONICS hatten im Jahr 1963 als THE FOUR RENDERS einen Star-Club-Wettbewerb gewonnen, der sie ermutigte, Profis zu werden. In den 1970ern waren sie die Begleitband des Schlagersängers Manfred Oberdörffer, der unter dem Namen Tony bekannt wurde; Hildebrandt hatte schon gelegentlich mit ihm gearbeitet. Tonys größter Hit in Deutschland war „Mädchen mit roten Haaren“ (1971). Die Band, die darauf zu hören ist, entspricht weitgehend (ohne die Bläser) den HELL PREACHERS INC. Hätten wir Zwölfjährigen das damals gewusst … aber wir wussten es nicht. *Supreme Psychedelic Underground* ist inzwischen auf diversen Labels wiederveröffentlicht worden und noch immer erhältlich. Mit ein wenig Humor kann man die Platte als eine Art Schrott-Ikone durchgehen lassen.

Die TONICS (ohne Oberdörffer oder Hildebrandt) spielten unter mindestens 30 entschlüsselten Pseudonymen sowohl für Majorlabels (Polydor, Philips, Fontana) wie für Budgetlabels (Tip, Elite-Special, Joker). Nach der Auflösung der Tonics fanden sich Franke, Bendorff, Bornhold und Teschner beim James Last Orchester ein.

Das Münchener Billiglabel Tempo veröffentlichte in den 1960er-Jahren mehr als hundert Coverversionen von Hits der Beatles, Johnny Cash, der Rolling Stones, der Spencer Davis Group, Dusty Springfield und vielen mehr, durchweg auf EPs. Oft um Haaresbreite an den Originalnamen vorbei, hießen die Bands dort Blue Cats, Venture Five, Gamblers, The Lovers, The Dynamits, High Tops, The Stars, The Beat Kings, Vokalisten hießen Johnny Smash, Ben Cash, Teddy Todd, Jimmy Fields oder Rusty Greenfield. Üblicherweise machte schon ihr Akzent klar, dass sie Deutsche waren. Hinter den Instrumentalisten steckten bei Tempo vielfach Musiker aus dem Münchener Orchester Max Greger. Profis waren sie alle. Einer der Masterminds hinter den Tempo-Acts war Christian Bruhn. Er arbeitete mit dem Berliner Peter Meisel (Hansa Produktion) zusammen (wir erinnern uns an Drafi Deutscher) und wurde später selbst Schlagerkomponist und –produzent; einer seiner Haupt-Acts war Katja Ebstein. Die einzige echte Band bei Tempo dürften die Beat Kings aus Liverpool gewesen sein (nicht zu verwechseln mit den Beat Kings, deren Sänger der spätere Ton Steine Scherben-Sänger Rio Reiser war).

Ein weiterer Musiker aus der ersten Reihe ist der Drummer und Komponist Carsten „CeBee“ Bohn aus Hamburg. Er war eines der Gründungsmitglieder der Hamburger City Preachers und gehörte später zu dem wohlbekannten Blues-Rock-Projekt Frumpy. Er bringt uns zurück zum Europa-Label, denn er war eine der Personen hinter dem Sammelpseudonym „Bert Brac“, das auf unendlich vielen Hörspielaufnahmen auftaucht. Wohl um die 200 Musiken für die Serien *Fünf Freunde*, *TKKG*, *Die drei Fragezeichen* und andere gehen auf sein Konto. Diese mit einfachen Mitteln hergestellten und durchweg inhaltlich dünnen Hörspiele verkauften sich wie warme Semmeln. *Die drei Fragezeichen*-Serie allein verkaufte rund 45 Millionen Tonträger, hauptsächlich Cassetten. Würden Budget-Produktionen in den offiziellen Charts mitgerechnet, dann hätten diese Hörspielserien bis in die 1980er-Jahre hinein ständig die ersten fünf Plätze belegt. Heikedine Körting, ausgebildete Juristin und Produzentin dieser Hörspielreihen, nahm diesen Erfolg zunächst nicht einmal wahr – bis ihr schließlich auf einen Schlag 64 goldene Schallplatten ins Haus schneiten. Bis heute hat sie über 2000 Hörspiele produziert.[10] Das sind Zahlen, von denen bekannte Schlagersänger nur träumen können – von deutschen Rockgruppen jener Jahre ganz zu schweigen.

Um ein komplettes Album einzuspielen, hatten die Musiker bei Billiglabels nur sehr selten mehr als einen Studiotag zur Verfügung. Das erklärt die diversen Flüchtigkeitsfehler und Timingprobleme auf *Supreme Psychedelic Underground*, aber es macht auch deutlich, weshalb die Plattenfirmen auf wirkliche Profis angewiesen waren: Ohne sie hätten die Aufnahmen viel zu lange gedauert und wären viel zu teuer geworden.

Der Bassist Dieter Horns erklärt, wie das lief: „Pro Stück zahlte das Label 60 Mark. Morgens habe ich im Studio Maschen gespielt [ein Schlagerstudio nicht weit von Hamburg entfernt], am Nachmittag war ich im Polydor-Studio, und abends dann noch, sagen wir, im Privatstudio von Drafi Deutscher. Man musste ja irgendwie über die Runden kommen." Sein Kollege, der Gitarrist Peter Hesslein: „Das hat uns auf die Idee gebracht, dass wir das als Gruppe machen könnten." Das Resultat war die Hardrock-Band LUCIFER'S FRIEND. Dieter Horns: „Manchmal, wenn wir einen kreativen Anfall hatten, kamen mehr Stücke dabei heraus als auf eine LP passten. Auf einmal hatten wir Material für drei LPs. Dann haben wir ausgewählt: Das beste Material für LUCIFER'S FRIEND, das zweitbeste war für ASTERIX [ein Seitenprojekt von LUCIFER'S FRIEND, sie veröffentlichten 1971 ein Album], und der Ramsch von unseren vierzig Stücken landete bei Europa."[11]

Die LUCIFER'S FRIEND-Musiker waren aktiv als oder beteiligt an THE AIR MAIL, ASTERIX, BOKAJ RETSIEM („Meister Jakob" rückwärts), BROTHER T. & FAMILY, CHILDREN OF QUECHUA, ELECTRIC FOOD, THE FANTASTIC PIKES, THE FOUNDATIONS, THE FOUR RENDERS, THE GIANTS, HELL PREACHERS INC., LAKE, THE PINK MICE, REBEL, RUDOLF ROCK & DIE SCHOCKER (ein Spiel mit dem Namen des in den 1960er-Jahren bekannten Kammersängers Rudolf Schock), SPINNING WHEEL, STONEWALL, TONE BAND, TONY & THE KINGTONES, darüber hinaus wirkten sie auch auf Rolf Zuckowskis Kinderplatten mit – und bestimmt noch an einigem mehr, an das sie sich selbst nicht mehr erinnern. Peter Hesslein schildert die Entstehung solcher Sessionproduktionen: „Sie sagten zu uns: ‚Heute machen wir mal eine LP, die *Easy Rider* heißen soll. Ihr wisst schon, so Woodstock-artiges Zeug mit Powergitarren, richtig gute Rockstücke. Zwölf Tracks. Habt ihr irgendwas auf Lager, was in so ein Konzept passen würde?' Und wir saßen da im Studio und sagten: ‚Ja, da hätten wir schon was in der Art …', und sie meinten: ‚Okay, dann legt mal los.'"

Werbung

Eine weitere Einkommensquelle für viele Musiker war Werbemusik, sowohl was das Komponieren als auch das Einspielen anging. Das mag ein wenig seltsam anmuten, wenn man überlegt, dass „Beatmusiker" in jenen Jahren von der Öffentlichkeit meist als langhaarige Affen gesehen wurden, die ihre Instrumente misshandelten. Aber in den Werbeagenturen wusste man es besser. Wenn sie zeitgemäß klingende Werbejingles und kurze Hintergrundmusiken für Werbespots brauchten, dann wussten sie genau, wer die liefern konnte.

In den USA war das nichts Neues; viele Musiker nahmen diese Einkommensquelle gern mit. Selbst Topkomponisten aus dem Brill Building, etwa Doc Pomus, ließen sich solche Gelegenheiten nicht entgehen. Im Jahr 1964 lieferten die ROLLING STONES Musik für Kellogg's Rice Krispies, IRON BUTTERFLY spielten 1968 für Ban Roll-On-Deodorant, der Pontiac GTO wurde mit Musik von PAUL REVERE & THE RAIDERS geschmückt, JEFFERSON AIRPLANE machten 1971 einen (schauerlichen) Jingle für Levi's Jeans (zu hören auf der Kompilation *2400 Fulton Street* von 1987). Die Beispiele ließen sich fortsetzen.

In Deutschland gehörte Klaus Doldinger zu den ersten in diesem Geschäft - und er wurde einer der produktivsten. Seit den frühen 1960ern schrieb er viele Jingles, die meisten davon „one off"-Produktionen, aber einige, wie etwa die Musik für eine Seife namens Fa, liefen in verschiedenen Arrangements jahrelang.

Die GERMAN BONDS waren eine der großen Star-Club-Bands. Unter diesem Namen veröffentlichten sie einige Alben, zunächst auf Fontana (einem Sublabel von Philips), später auf dem Star-Club-Label. Aber von Anfang an spielten sie auch für Europa und waren im Werbegeschäft aktiv. Im Jahr 1966 veröffentlichten sie einen Coca-Cola-Song. In den 1970ern brach die Band auseinander. Einige der Musiker gingen zu den LES HUMPHRIES SINGERS, andere landeten bei James Last. Parallel dazu starteten sie LUCIFER'S FRIEND, aber die Werbesession-Jobs gingen weiter.

Eine andere Band, die Werbejobs machte, waren die JAY FIVE aus Würzburg. Ihre „offiziellen" Platten erschienen auf Polydor, später auf Cornet, dazwischen machten sie Film- und Werbemusik. „Frischwärts", eingespielt in drei verschiedenen Arrangements, erschien 1971 auf einer Single als B-Seite eines Werbesongs der NEW SEEKERS: „I'd Like To Buy the World A Coke" – aus letzterem wurde kurz darauf ein Welthit mit dem Titel „I'd Like To Teach the World To Sing".

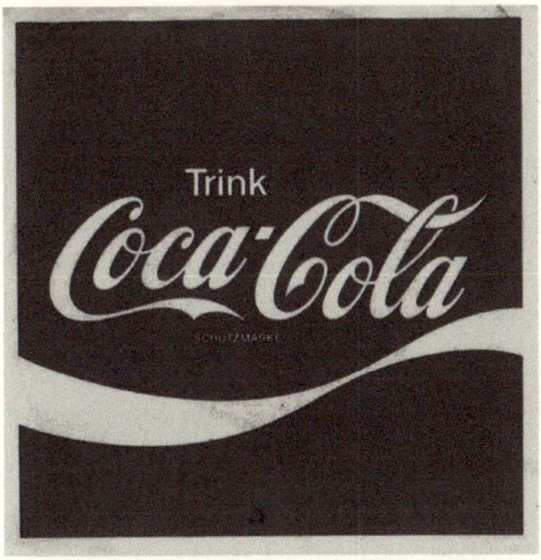

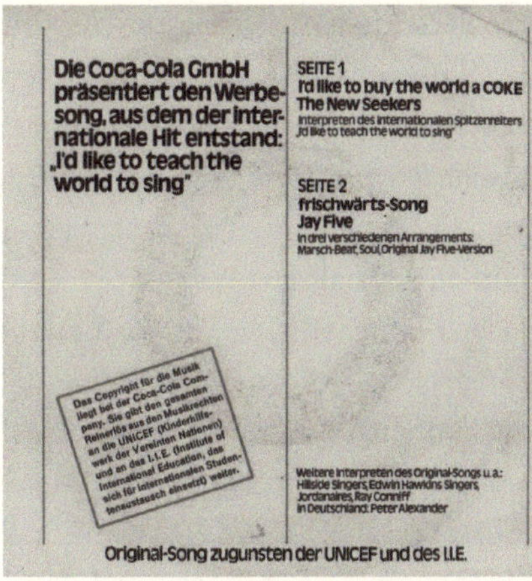

Der Novalis-Keyboarder Lutz Rahn gründete nach dem Ende der Band ein eigenes Studio und spezialisierte sich auf die Produktion von Werbemusik. Wirft man einen Blick auf seine Referenzen, staunt man, wie viele seiner Kunden man kennt.[12] Selbst die Einstürzenden Neubauten stießen 1988 zur Gemeinde der Werbemusiklieferanten: Sie produzierten einen Jingle für Jordache-Jeans; nachzuhören auf *Strategies Against Architecture II* (1991).

Die große Zeit der Werbemusikproduktion endete in der zweiten Hälfte der 1980er-Jahre. Die Werbeagenturen hatten eine neue Masche entdeckt: Sie verwendeten mehr und mehr Originalhits als Werbemusiken, meist Oldies. Aber die Musiker fanden einen neuen Markt: Ab 1984 erlaubte ein neues Mediengesetz erstmals den Betrieb kommerzieller Radiosender. Diese Sender brauchten hunderte von Stationskennungen. Meistens bestanden diese aus nicht mehr als dem Namen der Station und ihrer Frequenz, aber diese paar Silben mussten in Musik gesetzt und produziert werden – ein Job, der nicht nur Musiker ernährte, sondern auch so manches Studio über Wasser hielt.

Das Leben als Telefonmusiker

All das zeigt: Die Instrumentalisten und Vokalisten, die auf Billigproduktionen oder in Werbemusiken erscheinen, waren und sind keineswegs zweitklassige Musiker. Viele arbeiten heute selbständig und können bessere Konditionen durchsetzen. Damals aber waren Sessionmusiker an den Plattenverkäufen nicht beteiligt, sondern sie wurden pro Session bezahlt. Das ist der Grund, weshalb insbesondere viele der Sängerinnen und Sänger, die für Billiglabels arbeiteten, unter verschiedenen Pseudonymen für etliche Labels aktiv waren. Es war die pure Notwendigkeit, sie hätten anders nicht überleben können. Sie kann man wirklich als Profis bezeichnen. Ohne sich zu beschweren, liefern sie, was gewünscht wird, und sie tun es schnell, zumeist ohne große Fehler und ohne deutlichen Personalstil. Unter ihnen gibt es einige, die sich auf das Imitieren von Stimmen spezialisiert haben. Sie werden gerufen, wenn der Star, dessen Name auf der Platte steht, heiser wird oder für notwendige Overdubs nicht zur Verfügung steht. Morgens singen diese Sängerinnen und Sänger eine Coverversion eines aktuellen #1-Schlagers, am Nachmittag ist in einem anderen Studio eine Rock'n'Roll-Nummer dran und einen Tag später liefern sie in einem dritten Studio den Gesang für ein Volksmusikalbum namens *Echo der Berge*. Viele haben als Hobbymusiker in einer Band gespielt. Manche, wie etwa Lucifer's Friend, wagen den Sprung ins Profilager, wenn sie merken: Es könnte funktionieren. Professionelle Musiker in Deutschland hatten nie große Probleme damit, Stile und Genres zu wechseln – es war ihr täglich Brot.

Auch für die Plattenfirmen ergab das Sinn. Die Billiglabels mussten ihre Coverversionen von Hits im Markt platzieren, solange sie noch auf dem Erfolg des Originals surfen konnten. Die Pseudonyme all dieser Musiker sind so gut wie nicht zu knacken – und schon gar nicht die auf Billigproduktionen auftauchenden, denn dort wurden Aufnahmen oft unter Pseudonym A auf dem eigenen Label veröffentlicht, gleichzeitig wurde die Aufnahme an weitere Billiglabels lizenziert, wo sie dann unter den Pseudonymen B, C und D erschien. Auch der umgekehrte Fall war gängige Praxis: Budgetlabels fassten Aufnahmen diverser Sänger unter einem Sammelpseudonym auf einer LP zusammen. Die Stimmen waren ohnehin meist eher neutral gehalten, zudem waren sie bei der Aufnahme so mit dem Equalizer behandelt, dass es für einen normalen Hörer (der mit solcher Praxis ja ohnehin nicht rechnet) so gut wie unmöglich war, zu erkennen, dass auf dem Album des Sängers X in Wahrheit drei Sänger zu hören sind. Wichtig dabei war, dass Billigplatten nie im Rundfunk oder Fernsehen gespielt wurden, denn so blieben die Namen fast immer unbekannt. GEMA und GVL haben die Pseudonyme selbstverständlich registriert, aber sie geben sie nicht heraus, selbst viele Jahre nach dem Tod eines Künstlers nicht.

Der Saxophonist Hanus Berka hatte die damalige Tschechoslowakei verlassen und war in München gestrandet. Er gründete dort die Gruppe Emergency, ihr Album *Get Out to The Country* (1973) ist ein Jazzrock-Schätzchen. Mit Emergency spielten unter anderem der Schlagzeuger Udo Lindenberg und der Gitarrist Frank Diez, der später das Frumpy-Folgeprojekt Atlantis beehrte. Aber Berka spielte auch für viele Schlagerproduktionen, meist in Verbindung mit dem Produzenten und Arrangeur Rainer Pietsch (der selbst eine Softrock-Gruppe namens Tanned Leather hatte; ihr 1973er Album *Child Of Never Ending Love* blieb ein Geheimtipp). So taucht Berka etwa auf der LP *Wir sind die Meiers* (1973) des österreichischen Sängers und Texters Wolfgang auf. Im Jahr 1970 hatte Wolfgang einen Riesenhit mit dem Song „Abraham (Das Lied vom Trödler)"; viele aus meiner Generation können ihn noch heute mitsingen. In den Line-Ups von Wolfgangs Platten finden sich neben Berka Namen wie die Tanned Leather Band, Lothar Meid (später Amon Düül II), Wolfgang Schmid, Curt Cress und Keith Forsey (später Doldingers Passport; Forsey arbeitete später auch für viele Produktionen mit Giorgio Moroder), auch der Gitarrenvirtuose Wolfgang Schwab ist zu hören. Da Wolfgang (sein voller Name ist Wolfgang Hofer) nicht der größte aller Sänger und mit seinen eigenen Platten textlich nicht massenkompatibel war, gab er nach zehn Singles und drei LPs seine Sängerkarriere auf und arbeitete nur noch als Texter. Allein für Udo Jürgens schrieb Hofer mehr als hundert Texte, darunter einen seiner schönsten: „Narrenschiff" (1986).

Generell war es für deutsche Rock- oder Jazzmusiker nichts Besonderes, für Schlagerproduktionen gebucht zu werden. Inga Rumpf zum Beispiel startete ihre Karriere als Schlagersängerin; ihre erste Single war „Bonnie And Clyde" (Decca, 1968) mit John O'Brien-Docker als Inga & John veröffentlicht, erst dann kamen die City Preachers, Frumpy und Atlantis.

Gitta Walther

Gitta Walther war eine Sängerin von den 1960ern bis hinein in die 1980er. Für den Produzenten Erich Storz (man erinnere: „Die kleine Bimmelbahn") nahm sie zahlreiche Backup-Vocals für volkstümliche Polka- und Jodelmusik auf, sie sang mit den Orchestern Werner Müller, Ambros Seelos und Addy Flor, mit den Thunderbeats (auch als The Rollicks und The Shouters unterwegs) nahm sie 1966 mit eigenartig russischem Akzent das Album *Liverpool And Blue Beat* für das Eurocord-Label auf (das Club-Label von Intercord), unter den Namen Simone, Gitta MacKay und Jackie Robinson spielte sie Soloplatten ein; unter dem letzteren Namen erreichte sie 1975 die #5 der US-*Billboard*-Disco-Charts mit „Moving Like A Superstar". Sie sang mit den Cornely Singers, die sich 1969 in Love Generation umtauften; unter diesem Namen hatten sie 1975 einen kleinen Hit mit „Hör' wieder Radio", und sie sang Backup für Giorgio Moroder, unter anderem hört man sie in Aufnahmen von Donna Summer. Dann, jetzt wieder als Jackie Robinson, bildete sie zusammen mit Penny McLean und der Schlagersängerin Ramona Michael Kunzes „Munich Sound"-Trio Silver Convention; eine Art Spin-Off-Projekt aus dem Zirkel um Moroder/Bellotte. „Fly Robin Fly" war ein weltweiter Hit im Jahr 1975 – Gitta Walther erhielt 1200 Mark für diese Session (nicht schlecht für einen Tag Arbeit, aber gemessen an dem Erfolg der Platte ...). Aus Gittas Kehle stammten auch die schrillen Schreie in Penny McLeans „Lady Bump" (1975), wiederum ein internationaler Hit aus der Küche Michael Kunzes. Danach arbeitete Gitta Walther als Backup-Sängerin für Marius Müller-Westernhagen, in den 1970ern und 1980ern einer der großen Superstars in Deutschland. Ebenfalls in den 1980ern gründete Gitta das Gesangsquartett The Hornettes, das Resultat waren zwei kleinere Hits. Im Jahr 1989, nach der deutschen Einheit, ging sie zurück in ihre ursprüngliche Heimatstadt Annaberg in Sachsen und begann wieder für Billiglabels zu arbeiten. Auf Laserlight und Phonica veröffentlichte sie Weihnachts- und andere volkstümliche Lieder im Dialekt des Erzgebirges bis zu ihrem Tod im Jahr 2014.

Diese Art von Karriere mit ihren unglaublichen Aufs und Abs, ihren Sprüngen zwischen Labels, Stilen, Pseudonymen Erfolgen, Flops, Großproduktionen und Gelegenheitsjobs: Sie war typisch für viele Karrieren in den 1960ern, 1970ern und 1980ern. Unter einem oder mehreren Pseudonymen für Billiglabels zu arbeiten konnte ein lukrativer Zusatzjob, aber auch eine Überbrückung von Durststrecken sein. Für manche war das der Brotjob, der ihnen ermöglichte, unter ihrem wirklichen Namen die Musik zu spielen, die sie eigentlich machen wollten. Manchmal kam dann sogar eine stabile Solokarriere dabei heraus. Als Beispiel sei Rosemarie Schwab genannt, die in den 1960er-Jahren unter einer Vielzahl von Pseudonymen für Billiglabels sang, bis sie schließlich die Rosemarie zu Mary Roos umdrehte und sich mit einem ersten großen Hit („Arizona Man", 1970) dauerhaft etablieren konnte. Meistens blieben die Karrieren jedoch in Sessions, Backup-Gesang, Coverversionen für Billiglabels, Gesang für Werbespots oder Radio-Stationskennungen stecken. Üblicherweise bezeichneten sich diese Musiker als „Telefonmusiker": Eine Plattenfirma oder ein Studio bestellte sie zu einer Session morgen Nachmittag, sie machten den Job, erhielten ihren Scheck, und das war's dann. Sie hatten keinen Einfluss darauf, was mit den Aufnahmen geschah oder unter welchem Namen sie veröffentlicht wurden, oft kannten sie sie nicht einmal im fertigen Zustand.

Wenn für eine Schlagerproduktion Streicher benötigt wurden und das String-Keyboard (später der Sampler) nicht ausreichte, dann wurde die Streichersektion des nächstgelegenen Opernhauses ins Studio bestellt – hoch- und höchstqualifizierte Musiker. Die grummelten dann eine Weile über das „primitive Zeugs", das ihnen da wieder zugemutet wurde, aber sie machten den Job. Das gilt heute umso mehr, denn die heutigen Konservatorien und Musikhochschulen produzieren weit mehr Musiker als von den existierenden Orchestern aufgenommen werden können. Obwohl sie das eigentlich wissen, ist vielen dieser ausgebildeten Musiker nicht klar (und niemand an der Hochschule sagt es ihnen), dass solche Studiogigs einen wesentlichen Teil ihres späteren Einkommens bilden werden. Ebenso wenig wird ihnen im Studium vermittelt, ihr Instrument mit Kopfhörern auf den Ohren zu spielen, wie das im Studio erforderlich ist. Besonders Geiger bekommen dann oft ihre Intonation nicht hin – sehr nervig für alle am Aufnahmeprozess Beteiligten.

Was all das zeigt: Die Grenzen zwischen Schlager, Pop, Rock, Gebrauchsmusik, Klassik, Labels, Band A und Band B waren immer durchlässig und sind es heute noch. Hinter all den Pseudonymen, den nichtexistierenden Bands, den reinen Studioprojekten erkennen wir eine Musikszene, die im Grunde überschaubar ist. All diese Musiker, Produzenten, Komponisten, Texter, Arrangeure kennen sich untereinander. Sie alle haben ihre Muggen (Musikerslang für „Musikalisches Gelegenheitsgeschäft") hinter sich, haben in Werbemusiksessions ebenso gespielt wie in Fußgängerzonen (letzteres tat zum Beispiel Damo Suzuki, wobei ihn Holger Czukay und Jaki Liebezeit entdeckten und zu CAN einluden, wo er dann blieb). Sie spielen auf Beerdigungen („mal wieder einen unter die Erde geigen", wie das im Slang heißt) oder Hochzeiten, haben ihre Band oder ihr Kammermusikensemble. Sie würden sich das oft wohl anders wünschen, aber eines verbindet sie alle: Sie *leben* tatsächlich von ihrer Tätigkeit als Musiker. In diesem Sinne sind sie fast schon privilegiert, denn viele haben dieses Glück nicht. Sie müssen als Privatlehrer unbegabten Kindern das Klavierspiel beibringen oder ihre Lebenszeit in Büros absitzen. Und wohlbekannt zu sein – das zeigt das Beispiel Gitta Walther – bedeutet keineswegs die Sicherheit, dass es morgen nicht plötzlich wieder anders sein kann.

Viele von ihnen, besonders Jazzmusiker, haben noch immer das Glück, Mitglied eines der Orchester oder einer der Bigbands des WDR, HR, NDR oder SWR zu sein. In den 1960ern bis in die 1980er hinein gab es auch unabhängige Orchester, bei denen Musiker unterkommen konnten: das ORCHESTER BERT KAEMPFERT, das ORCHESTER JAMES LAST, das ORCHESTER MAX GREGER, das

Billiglabelorchester von Lothar Nakat (hauptsächlich für Starlet und Tempo tätig), Peter Herbolzheimer Rhythm Combination & Brass. Viele Musiker spielten parallel in mehreren dieser Ensembles.

In den 1980ern, nach dem Erfolg von *Cats*, waren Musicals en vogue und wurden zu einer neuen Einkommensquelle für Musiker, die Noten lesen konnten, idealerweise „prima vista", sprich: ohne Probe. Auch ein Top-Notch-Drummer mit klassischer Ausbildung wie Pierre Moerlen (er gehörte zu Gong, Les Percussions de Strasbourg, hatte sein eigenes Projekt Pierre Moerlen's Gong und spielte mit Mike Oldfield und der schwedischen Band Tribute) musste zeitweilig sein Talent für *Miss Saigon* hergeben und daneben Schlagzeug unterrichten. Auch als Virtuose muss man in diesem Geschäft manchmal sehr pragmatisch sein. Wer solche Jobs nicht hat, kann, wenn er Glück hat, als Kopist für einen Musikverlag jobben, er kann ein Gitarrenlehrbuch schreiben wie Peter Bursch, der Gitarrist von Bröselmaschine (auch meine Wenigkeit lernte die fünf handelsüblichen Gitarrenakkorde aus diesem Buch), der Saxophonist Helmut Hachmann von Ardo Dombek ist Musiklehrer an einer Schule, und wer sehr viel Glück hat, erobert eine Professur an einer Musikhochschule. So mancher ist auch einfach vorsichtig und gibt für die Musikerkarriere nicht gleich seinen bürgerlichen Job auf. Das klingt vernünftig, kann aber zu Problemen führen, wie später das Beispiel Novalis zeigen wird.

Und damit ist auch klar, weshalb so unglaublich viele Pseudonyme auf Plattenhüllen stehen. – All dies sind Hintergrundinformationen. Wissen, das man haben kann, aber nicht muss. Wer aber wirklich hinter die Kulissen der deutschen Musikszene schauen will, sollte sich diese Fakten immer mal wieder vor Augen führen. Denn genau das ist der Moment, in dem man eine Vorstellung davon bekommt, was für eine gewaltige Entscheidung es für einen Musiker in den 1960ern oder 1970ern bedeutet hat, zu sagen: „Ich will mein Geld mit Musik verdienen. Ich kann mein Potenzial nicht entwickeln, wenn ich diesen verdammten Brotjob machen muss. Ich muss ihn aufgeben. Meine Band muss professionell arbeiten."

DIE IRREFÜHRENDE MAGIE DES JAHRES 1968

In seinem Buch „Der Wendepunkt“ hat der Schriftsteller Klaus Mann, Sohn Thomas Manns, einige sehr klare Sätze über Deutschland und die Jugendbewegung der frühen 1920er-Jahre geschrieben:

> „Die Jugendbewegung, wie die Tanzkunst der Mary Wigman und die Poesie Stefan Georges, lässt sich nur im Lande ihres Ursprungs begreifen. Die prahlerische Selbstverherrlichung der Jugend als idealistisch-revolutionäres Programm, die Etablierung einer bestimmten biologischen Phase als autonome Lebensform: Nur in Deutschland war dergleichen möglich. Wie unverwechselbar, wie *gefährlich* deutsch ist die Mischung aus Systematik und Verschwommenheit, aus revolutionärem Elan und bösartigem Obskurantismus, die wir für die Jugendbewegung charakteristisch finden! Ohne Frage, die romantische Rebellion gegen unsere mechanisierte Epoche enthielt zukunftsträchtige, wahrhaft progressive Elemente; gleichzeitig aber barg sie auch den Keim des Unheils. … Die Wandervögel begnügten sich nicht damit, eine verkalkte und verspießte ältere Generation mittels ausgefallener Trachten und Frisuren zu schockieren; vielmehr machte man sich mit einer ‚Weltanschauung‘ wichtig, in der die mannigfachen Stimmungen und Tendenzen wirr durcheinandergingen. Fortschrittsfeindliche, nationalistisch-rassistische Neigungen, die schon bei den ideologischen Begründern der Jugendbewegung – bei Blüher[1] etwa – spürbar gewesen waren, nahmen bald überhand. Schließlich zerfiel die ‚Revolution der Jugend‘ in eine Vielfalt politisch bestimmter Gruppen, von denen die einflussreichsten sich als Wegbereiter des Nationalsozialismus erweisen sollten.“[2]

Man tausche Wandervogel gegen die Studentenbewegung Ende der 1960er und den aufkommenden europäischen Rucksacktourismus der 1970er[3], und es zeigt sich: Es gibt deutliche Parallelen zwischen der Jugendbewegung der 1920er-Jahre und der Studentenbewegung der 1960er, ebenso auch – später – der „Alternativbewegung" der 1970er. Man stößt auf eine Grund-Radikalität, die sich durch die Dekaden und Jahrhunderte zieht und die bereits in der Deutschen Romantik angelegt war. Die 1968er, ebenso die in den 1970ern folgende „Alternativbewegung", standen im Zentrum einer zyklisch wiederkehrenden Tradition, ohne sich dessen bewusst zu sein. Und Klaus Manns Worte sind aktuell geblieben.

Das Jahr 1967 war ein noch relativ glückliches Jahr in Deutschland gewesen. Aber es tauchten erste Zweifel auf. Gerade hatte Deutschland eine Phase der konjunkturellen Überhitzung überstanden, nun gingen die Dinge ein wenig abwärts – völlig normal nach einer solchen Boomphase, aber für manche war das ein Signal, um innezuhalten und Luft zu holen: Während des Wirtschaftswunders hatte sich Deutschland beim Konsumieren fast überschlagen – aber war das wirklich erstrebenswert? Konnte das immer so weitergehen? Unter Studenten und einigen Intellektuellen breitete sich die Phrase vom „Konsumterror" aus. Erste vorsichtige Befürchtungen wurden laut, dass das Pendel womöglich zurückschwingen könnte. In den Medien und in der Gesetzgebung wurde Verbraucherschutz zu einem wichtigen Thema. Nach Hyperinflation und zwei Weltkriegen wurde in Deutschland fast nichts als so wichtig angesehen wie Sicherheit. Aber wo die Sicherheit zur wichtigsten Maxime wird, da denkt man nicht in Kategorien wie „Möglichkeiten" oder „Chancen". Gefahrenabwehr hat oberste Priorität. Das Vertrauen in gesellschaftliche Kreativkräfte fällt dann leicht über die Tischkante.

Das Jahr 1968 brachte Flower Power, Mary Quant, Twiggy und *Magical Mystery Tour* nach Deutschland. Auf breiter Ebene löste zunächst nichts davon Begeisterung aus, nur kleine gesellschaftliche Gruppen reagierten. Frank Zappa und seine Mothers Of Invention waren ein häufiges Gesprächsthema in den oberen Klassen unserer Schule. Niemand verstand so genau, was Zappa und seine Gang da eigentlich machten, aber die Popzeitschriften nannten es „progressiv", und mehr brauchte man nicht, um ihn für das Nonplusultra zu halten.

Die Elektrizitätswerke schalteten Fernsehwerbung, in der Kernkraft als wunderbare, nie versiegende neue Energiequelle angepriesen wurde, und die elektronische Musik, die sie für diese Spots einsetzten, beeindruckte mich ungeheuerlich. Der damals populäre Physikprofessor und Wissenschaftsjournalist Heinz Haber war ein Kernkraftenthusiast. Sein Handwerk als Wissenschaftsjournalist hatte er bei Walt Disney gelernt.[4] Als „Chief Science Consultant" war er an dem Imagefilm *Our Friend The Atom* von 1957 beteiligt, einer Disney-Produktion im Auftrag der amerikanischen Regierung.[5] Sein durchaus vorhandenes Talent, Sachverhalte verständlich zu erklären, brachte Haber nun ins deutsche Fernsehen ein, wobei er sich besonders für die Schnelle-Brüter-Technologie einsetzte. Diese, so erklärte er in seinen Fernsehsendungen, habe einen doppelten Nutzen, da man mit ihr sogar den atomaren Abfall verwerten könne, der in normalen Atomkraftwerken entstehe. Weitblickendere Geister, etwa jemand wie Carl Sagan, waren rar im deutschen Fernsehen, und so blieb Habers Begeisterung ungebremst, und für mich klang die Atomenergie folglich wie die Zukunft selbst. Im Jahr 1968 erschien Terry Rileys wegweisendes Album *A Rainbow In Curved Air*, und auf dem Rückcover phantasierte sich auch Riley in eine Zukunftsvision hinein: „Die Energie aus demontierten Atomwaffen lieferte freie Wärme und freies Licht". Offensichtlich war ich nicht der Einzige, in dessen Ohren „nukleare Energie" einfach märchenhaft klang (aber nun ja, ich war damals zwölf).

Das Buch „Understanding Media" des kanadischen Medientheoretikers Marshall McLuhan[6] erschien in Deutschland unter dem Titel „Die magischen Kanäle" und pflanzte Visionen vom „globalen Dorf" in unsere Köpfe, etwas, das nach Heimat und weiter Welt zugleich klang. Ein bisschen klang in McLuhans Ausführungen schon die Idee der Vernetzung alternativer Projekte an, wie sie sich in den USA dann in Stewart Brands „Whole Earth Catalog"[7] konkretisierte. Diese Idee blieb in Deutschland jedoch noch ohne Widerhall; erst der Popjournalist Rolf-Ulrich Kaiser kam später indirekt darauf zurück.

Zukunft und elektronische Medien waren ein Top-Thema jener Jahre und traten durchweg zusammen auf. Jeder, auch wir Schüler, diskutierte jetzt über „Die geheimen Verführer"[8] des US-Journalisten und Konsumkritikers Vance Packard. Dieser berichtete von „subliminalen Botschaften", die Verbraucher dazu bringen könnten, alles zu kaufen, was die „Mad Men"[9] aus den Werbeagenturen und ihre Komplizen aus den psychologischen Fakultäten wollten. Denen traute man so gut wie alles zu. Sogar unser Deutschlehrer empfahl uns das Buch.[10] Mit ein bisschen Logik hätte er (wie auch jeder andere) darauf kommen können, dass „unsichtbare Werbung" nicht funktionieren kann. Tatsächlich war das, was Packard berichtete, ein Bilderbuchbeispiel für des Kaisers neue Kleider gewesen: Ein amerikanischer Werbemann wollte potenziellen Kunden „unsichtbare Werbung" andrehen. Die erfolgreichen Experimente, die angeblich die Wirksamkeit solcher subliminalen Werbebotschaften belegten, hatte er schlicht erfunden, aber die Sache klang so utopisch, so amerikanisch, dass jeder sie glaubte.[11] Man *wollte*, dass das stimmt.

Weshalb? Damals gehörte Werbung zu den faszinierendsten und gleichzeitig meistgehassten Phänomenen überhaupt – wegen des „Konsumterrors", für den sie gemacht war, war Werbung etwas Böses, auf das niemand „hereinfallen" wollte. Gleichzeitig war Werbung auch faszinierend; Anzeigen waren der Platz, in denen es die neuesten und abenteuerlichsten Grafikmotive zu bestaunen gab, besonders solche mit knallbunten schmelzenden Buchstaben. Und im Werbefernsehen sah man verrückte Bildfolgen und –effekte und hörte abenteuerliche Musiken. Ohne sich jemals direkt auf halluzinogene Drogen zu beziehen, stellte die Werbung, insbesondere die audiovisuelle, doch eine indirekte Verbindung zu ihnen her. Das war neu, das hatten wir noch nicht gesehen. Vielleicht war sogar genau dieser Hintergrund der Angelhaken, mit dem uns die Werbung packte, denn Drogen standen in der öffentlichen Diskussion. Es ging nicht um Kokain oder Heroin (beides kam erst später), aber „Pot" war schon eine Weile im Gespräch. In den USA verstand man unter „Pot" meist Marihuana (dort auch „Grass" oder „Weed" genannt). In Deutschland, wenn die Erinnerung nicht trügt, war Marihuana nicht allzu verbreitet; mir jedenfalls ist es nicht oft begegnet. In Deutschland war eher Haschisch in Gebrauch (eine Droge übrigens, die, wie wiederum Klaus Mann berichtet, bereits in den 1920ern en vogue gewesen war[12]). In diesem Kontext tauchten plötzlich auch Horrorberichte über LSD auf. Manchmal waren diese *relativ* ernsthaft wie im Fernsehen, im *Spiegel* oder *Konkret*, oft aber auch sensationsheischend und skandalisierend in Illustrierten wie *Stern* oder *Quick*. In progressiven Popmagazinen waren die Erwähnungen immer ein bisschen „up-tight", in Knallblättern wie *Reader's Digest* oder *Hobby* liefen die Stories meist auf Schauergeschichten hinaus; in letzterem etwa berichtete ein Reporter über seinen angeblichen LSD-Selbstversuch[13] – ein Paradebeispiel unfreiwilliger Komik. Uns machte diese Art der Berichterstattung vor allem klar, dass es da etwas Interessantes gab.

Dazu gehörten auch die Klänge, die jetzt aus England und den USA zu uns herüberkamen. Die hatten mit dem klassischen Beat nichts mehr zu tun. Die Songstrukturen waren komplizierter, die Musiker traten anders auf und ihr Musikverständnis unterschied sich von dem der Beatgruppen. Statt lärmenden Skiffles oder ungeschliffenen Rock'n'Rolls spielten sie ausgedehnte Stücke mit ausgeprägter Raffinesse und komplexen Strukturen – ein *Sounds*-Kritiker überschlug sich geradezu angesichts eines Grateful-Dead-Albums: „Die Musik, die man in *Anthem Of The Sun* hören kann, ist die bis heute fortschrittlichste Pop-Musik: Verwendung elektronischer Mittel, moderne Formen und rhythmische und harmonische Komplexität sind nicht – wie bisher in der Pop-Musik üblich – der Modernität willen eine Symbiose eingegangen, sondern hier ist zum ersten Mal in der Geschichte der Pop-Musik mit all diesen Stilmitteln ein musikalisches Meisterwerk entstanden."[14] Ob die LP wirklich ein Meisterwerk war oder doch eher eine noch etwas planlose Bastelstunde, sei dahingestellt. Die Rezension immerhin klang sehr entschieden, und dieser Ton war für Rock-Platten neu; man kannte so etwas eher aus der Jazzecke.

Sounds, am Rande bemerkt, war für interessierte Rockfans die wohl wichtigste Stimme. Das Magazin war im Jahr 1966 als Jazzmagazin gegründet worden, wandelte sich aber schon ein Jahr später, nach einer Rezension des Zappa-Albums *Freak Out*, mehr und mehr zu einem Rockmagazin und wurde schließlich jahrelang das einflussreichste Rockjournal, das in Deutschland erschien. Als in den späten 1970ern *Sounds* allerdings damit begann, verstärkt über die Neue Deutsche Welle zu berichten, musste sie erfahren, dass ein großer Teil der Leserschaft nicht mitzog. Im Jahr 1983 war die *Sounds* pleite. Der Name wurde an den Schweizer Verleger Jürg Marquard verkauft, der bereits *Pop* und den Münchener *Musik Express* besaß. Marquard kombinierte die Blätter zu *ME/Sounds*, aber ein großer Teil der besseren Schreiber war bereits zu *Spex* abgewandert, die 1980 in Köln gegründet worden war.

Zurück in das Jahr 1968: Viele Gitarristen, die glaubten, talentiert zu sein, mussten lernen, dass da jemand namens Jimi Hendrix aufgetaucht war und alles überbot, was auf E-Gitarren je gespielt worden war. Es gab Sängerinnen wie Julie Driscoll oder Janis Joplin, deren Können und Ausdruckskraft alles in den Schatten stellte, was man von (weißen) Sängerinnen bis dahin gehört hatte. Es gab Schlagzeugvirtuosen wie Ginger Baker oder Keith Moon, die sich nicht mehr als Rhythmusknechte, sondern als eigenständige Solisten verstanden. Ein Bassgitarrist namens Jack Bruce beherrschte sein Instrument so perfekt, dass er Läufe und Melodien übernehmen konnte, die normalerweise auf der Gitarre gespielt wurden. So etwas hatte es bis dahin einfach nicht gegeben. Es trafen Bands auf unsere Ohren wie die bereits erwähnten GRATEFUL DEAD, THE UNITED STATES OF AMERICA, THE BYRDS oder JEFFERSON AIRPLANE, die, wenn sie auf die Bühne gingen, häufig nicht genau wussten, was sie spielen würden, deren Virtuosentum aber ausreichte, um dieses Risiko eingehen zu können (und wenn dann der eine oder andere Auftritt in die Hose ging, konnte selbst das zum Erlebnis werden). Die Studioeinspielungen dieser Bands beruhten auf komplexen, virtuosen, manchmal suitenartigen Strukturen und Texten, die von den Herz-Schmerz-Dramen der Teenagersongs früherer Jahre weit entfernt waren. Diese Songs arbeiteten mit ernstzunehmender Lyrik wie Bob Dylan, mit surrealen, aber auch witzigen, scheinbar unsinnigen Texten wie JEFFERSON AIRPLANE in „White Rabbit“: *Feed Your Head*, lud man uns ein, und wir griffen zu. Vielleicht nicht so, wie es gemeint war, aber im Zweifelsfall wussten wir, wer zu fragen war: „Go ask Alice when she's ten feet tall".

Man las und hörte von dem Psychologen Timothy Leary und seinen Drogenexperimenten in Harvard. Obwohl das bereits in den frühen 1960ern gewesen und schon halb vergessen war, zirkulierte sein Name noch immer. Als Richard Nixon ihn den „most dangerous man in America"[15] nannte, war das zwar reichlich übertrieben (Nixon hatte selbst genügend Probleme am Hals, von denen er ablenken musste), aber einflusslos war Leary nicht. Als er seinem Publikum „turn on – tune in – drop out" zurief, war das nicht einfach ein Aufruf, mit Hilfe von Drogenkonsum mal eben für ein paar Stunden das eigene Bewusstsein auf den Kopf zu stellen, sondern umgekehrt: Leary sah eine Bewusstseinsveränderung als Voraussetzung dafür an, sich von überkommenen Konventionen und sozialen Regeln lösen zu können, denn erst dann würden die Drogen (Psilocybin und LSD waren seine bevorzugten Präparate) ihre Wirkung sinnvoll entfalten können. Das ist eine Denkweise, die sich deutlich vom Drogenkonsum als Partyunterhaltung unterscheidet, wie er sich später etablieren sollte. Interessanterweise übrigens kam Leary diese Phrase in den Sinn, als er unter der Dusche stand und ihm Marshall McLuhans Rat durch den Kopf ging, der gesagt hatte, er müsse mit „something snappy" daherkommen, um seine Ideen unter die Leute zu bringen. Leary konnte es nicht ausstehen, als „LSD-Guru" oder „Drogenpapst" bezeichnet zu werden – er sah sich als „Coach".[16]

The Times, They Are A-Changing

Die amerikanische Plattenindustrie erkannte sehr bald, dass der Verkauf von Singles zurückging und das LP-Format sich auf dem Vormarsch befand. Nicht so, dass man sofort in Aktivitäten ausgebrochen wäre, aber doch genug, dass die A&R-Leute in den Plattenfirmen merkten: Da geht etwas vor, das wir beobachten sollten.

Es war dies eine Konsequenz aus der Tatsache, dass es in den Mittsechzigern sowohl in England als auch in den USA eine Reihe von Veränderungen in der Popszene gegeben hatte. Die wichtigste war, dass sich die bis dahin übliche Arbeitsteilung zwischen Songschreibern und Interpreten auf dem absteigenden Ast befand. Seit die Beatles, die Beach Boys und Singer-Songwriter wie Bob Dylan oder Joni Mitchell Teil der Szene und erfolgreich geworden waren, folgte ihnen eine zunehmende Zahl von Bands und Solomusikern darin, nicht nur ihr Material selbst zu schreiben, sondern auch die Regie über andere Aspekte der eigenen Karriere nicht mehr aus der Hand zu geben.

Damit stand die Rolle des klassischen Musikproduzenten zur Disposition, und damit wiederum verloren die Plattenfirmen zusehends die Kontrolle über ihre Acts. Der traditionelle Produzent, der „seinen" Künstlern nach freiem Belieben Songs, Sound, Image, Styling und Pseudonyme zudiktierte, war für diese Musiker keine Option mehr. Sie brauchten Produzenten, die individuelles Talent erkannten und akzeptierten, und die ihren Job darin sahen, Arbeitsbedingungen herzustellen, die diese Künstler benötigten, um ihr Talent optimal zur Geltung zu bringen. Ganz sicher hatten die Leute im New Yorker Brill Building und anderen Hitfabriken zunächst keine Idee, was sie mit diesen neuartigen Künstlern anfangen sollten. Aber sie fanden es heraus.

Die deutschen Plattenfirmen und Produzenten rieben sich ein wenig verschlafen die Augen, als sie mitbekamen, was der Trend im Ausland war. Um das Jahr 1966/67 stieg in den USA und Großbritannien das Interesse an LPs. Das hatte nicht nur mit den Musikern zu tun, sondern auch mit der Tatsache, dass in den USA die auf UKW sendenden Radiostationen an Bedeutung gewannen. Was war da los?

US-Radio

Anfang der 1970er-Jahre gab es in den USA knapp 4300 kommerzielle Radiostationen.[17] Einige davon waren in Networks eingebunden, gestalteten aber zumindest Teile ihres Programms selbst. Außerdem gab es syndizierte Shows, die von einer Station produziert und von mehreren anderen übernommen wurden. Die weitaus meisten Sender arbeiteten jedoch regional.[18] Sie spielten die jeweils aktuellen Top-40-Singles, und zwar im Wesentlichen auf Mittelwellenfrequenzen (in den USA „AM Radio" genannt). Etliche sendeten diese Programme parallel dazu auch auf UKW-Frequenzen („FM Radio") für lokal begrenzte Sendegebiete.[19] Letztere Praktik wurde jedoch im Jahr 1964 durch eine Verordnung der *Federal Communications Commission* unterbunden, die den Radiostationen untersagte, identische Programme parallel auf Mittelwelle und UKW zu senden. Um die UKW-Frequenzen nicht zu verlieren, setzten die meisten Stationen diese dann versuchsweise für Klassik- und Jazzprogramme ein. Angesichts der besseren Klangwiedergabe lag das nahe, zudem konnte man auf UKW auch in Stereo senden. Die AM-Stationen, das war eine ungeschriebene Regel, akzeptierten außerdem keine Platten, die die Dreiminutengrenze wesentlich überschritten. Wer einmal mit laufendem Autoradio auf US-Highways unterwegs war, hat mit Sicherheit noch die lautstarken Sprechsalven der DJs der AM-

Top-40-Stationen im Ohr. Die UKW-Sprecher dagegen entdeckten, dass sie in Zimmerlautstärke sprechen und längere Musikstücke, Textbeiträge, sogar ganze LP-Seiten, senden konnten. So bildeten sich in den Jahren ab circa 1967 neue FM-Programmformate heraus, und mit ihnen wuchsen Hörerschichten heran, die tatsächlich vor dem Lautsprecher saßen und zuhörten.

Populäre Alben etwa Frank Sinatras oder der Beach Boys erschienen bis weit in die 1960er-Jahre hinein in mono. Erst dann, um die Konsumenten zum Kauf von Stereoradios und -plattenspielern anzuregen, ging die Plattenindustrie dazu über, Platten verstärkt auch in Stereoversionen anzubieten. Noch bis in die 1970er-Jahre hinein gab es in den USA dann viele Platten, besonders die Singles, in zwei Versionen, Mono und Stereo. Die ursprünglichen Mono-Mischungen tauchen heute oft auf CD-Re-Issues als Bonustracks auf.

Die technische Reichweite der UKW-Sender ist lokal begrenzt, üblicherweise kalkuliert man die optische Sichtweite plus 50 Prozent. Daran lässt sich aus physikalischen Gründen nichts ändern. Dies war der entscheidende Auslöser für das Entstehen der *College-Radios:* Low-Power-UKW-Sender mit wenigen Kilometern Reichweite, die von Studenten betrieben wurden und ihre Hörer hauptsächlich aus der Studentenschaft ihrer jeweiligen Uni bezogen.

Woher nun aber der Effekt, dass ab den späten 1960er-Jahren die Single-Verkäufe massiv einbrachen und die Käufer sich der LP zuwandten? Das hängt wiederum damit zusammen, dass die amerikanischen Jugendlichen sich statt der früher üblichen AM-Kofferradios nun zunehmend FM-taugliche Geräte zulegten, mit denen sie bevorzugt ihr örtliches College-Radio hörten und auf diese Weise zunehmend komplette Alben kennenlernten. Gleichzeitig verstärkten die damals großen Rock-Acts, aber auch Folksänger wie Arlo Guthrie, diesen Trend, indem sie Stücke mit einer Dauer von zehn oder mehr Minuten einspielten (Guthries legendärer Song „Alice's Restaurant Massacree" hatte eine Dauer von nicht weniger als 18'20"!). Auch wurden ganze Albumseiten mit Songsuiten gefüllt, die als Einheit zu verstehen waren. An Single-Hits waren diese Künstler kaum noch interessiert.

In Zahlen ausgedrückt stellte sich dieser Trend so dar, dass eine Nummer 1 der *Billboard*-Single-Charts im Jahr 1968 noch etwa 750.000 verkaufte Singles bedeutete, während dies im Jahr 1979 gerade mal noch rund 50.000 Stück waren. Zudem war (und ist) der Abstand zwischen der Nummer 1 und den folgenden Plätzen ganz erheblich: Man geht davon aus, dass die Nummer 1 etwa so viele Einheiten verkauft wie die Nummern 2 bis 5 zusammen. Die jeweilige Nummer 1 erhält bei den Top-40-Radiostationen zudem einen speziellen Airplay-Bonus und erscheint deshalb häufiger in der Rotation als die folgenden Ränge.

Obendrein sind starke saisonale Schwankungen zu beobachten; in den mittleren 1970er-Jahren genügten im Sommer häufig schon 2000 verkaufte Singles, um eine Top-10-Platzierung zu erzielen. Das war dann kaum noch interessant.

Es hat immer einen zeitlichen Versatz von zwei bis drei Jahren gegeben, bis amerikanische Trends in Deutschland ankamen, und so dauerte es bis um das Jahr 1968/69, bis erste Plattenfirmen auch hier damit begannen, ihre A&R-Politik zu verändern. Damit lieferten sie das eigentliche Startsignal für das, was dann als „Krautrock" in die Geschichte einging. Ohne den Trend zur LP hätte diese Musikrichtung nicht so entstehen können, wie sie es dann tat.

Papas Kino, der kalte Krieg und das Wunder der Liebe

Im Jahr 1962 hatte eine Gruppe von 26 Filmemachern auf den „8. Westdeutschen Kurzfilmtagen" das „Oberhausener Manifest" verabschiedet: „Papas Kino ist tot!" Eine neue Filmästhetik wurde eingefordert, der „Neue Deutsche Film" wurde aus der Taufe gehoben und sollte die Leinwände von überkommenen Traditionen und Tabus befreien. Namen wie Rainer Werner Fassbinder, Werner Herzog, Edgar Reitz, Volker Schlöndorff, Alexander Kluge, Helma Sanders und andere tauchten auf und machten sich bekannt mit einem Konzept, das sie „Autorenfilm" nannten: Die bis dahin auf mehrere Personen verteilten Tätigkeiten des Drehbuchschreibens, der Regie und der Produktion sollten in den Händen einer Person zusammengefasst werden. Das klingt gut, hat aber in der Praxis nicht immer funktioniert; manchmal ist es durchaus sinnvoll, diese Jobs auf mehrere Schultern zu verteilen: Ein guter Regisseur ist nicht automatisch auch ein guter Autor, und ein guter Produzent weiß nicht zwangsläufig, wie man Schauspieler zu Höchstleistungen animiert. Aber diese Erfahrung mussten die Jungfilmer erst noch machen.

Als in den Mittsechzigern die Anti-Baby-Pille in Gebrauch kam, entdeckten die Deutschen den Sex. Gut, sie müssen davon auch vorher schon gewusst haben. Aber jetzt tauchte eine Dokumentation in den Kinos auf, die sich zu einer großen Sensation entwickelte: *Das Wunder der Liebe* von dem deutsch-niederländischen Journalisten Oswalt Kolle. Einerseits wurde der Film als Skandal angesehen; vor den Kinos standen Mitglieder der (vorrangig katholischen) „Aktion Saubere Leinwand" und warnten vor den verderblichen Folgen, die Filme wie dieser zwangsläufig nach sich ziehen würden. Diese Initiative war auch schon im Jahr 1963 gegen Ingmar Bergmans „skandalösen" Film *Das Schweigen* vorgegangen. Gegen den Verfall der Sitten forderten die Mitglieder in Flugblättern: „Wir wollen saubere Filme."

Auf der anderen Seite hatten die neuen Filmemacher tatsächlich Türen geöffnet, die vorher verschlossen waren, und es dämmerte so manchem, dass es an der Zeit wäre, über Liebe und Sexualität offener zu sprechen. Speziell junge Leute taten das auch, wenngleich es teilweise noch recht aufgesetzt klang. Eines der merkwürdigsten Ergebnisse dieser „Sexwelle", wie man sie jetzt nannte, war ganz sicher die Serie billiger Sexploitation-Filme unter dem Obertitel *Schulmädchen-Report* – Softpornos irgendwo zwischen schmierig und lachhaft, die vorgaben, „Reportagen" über das Liebesleben „heutiger Schulmädchen" zu sein. Diese *Report*-Serie brachte es auf nicht weniger als 13 Teile, ergänzt um eine Reihe weiterer „Report"-Filme, vom *Hausfrauen-Report* bis hin zu Entgleisungen wie dem *Blitzmädchen-Report* („Blitzmädchen" war während des Zweiten Weltkrieges die Bezeichnung für die meist jungen Flakhelferinnen, abgeleitet von ihrem Uniformkragenspiegel, einem stilisierten Blitz). All dieses Zeug war lausig, aber brachte den Bahnhofskinos gute Umsätze. Und man staunt in der Rückschau über so manche später prominent gewordenen männlichen wie weiblichen Mimen, die in diesen Gurken ihre Karriere starteten.

Der Schlagersänger Bernd Spier wusste im Jahr 1967 mit deutlichen Intonationsproblemen von einer „Flowertime in San Francisco" zu berichten („Ich geh mit dir durch San Francisco / Und sehe Blumen blühn in deinem Haar"[20]), France Gall ertrank in einem Meer aus Hall: „Die Hippie-Hippie-Hippie-Hippie-Welt / Ist die Hippie-Hippie-Welt, die uns gefällt"[21], und Bill Ramsey warnte ein Jahr später: „Verlieb dich nicht in ein Hippie-Mädchen", denn „Zum Hippie bist du nicht gemacht / Mach den Bogen im Städtchen / Um jedes Hippiemädchen / Und nimm vor Flower Power dich in Acht"[22].

Sicher war das nicht allzu ernst gemeint, aber dennoch war das der vorherrschende Tenor, in dem die Medien 1967 jede Menge Informationen und Gerüchte über einen angeblichen „Summer of Love" in San Francisco verbreiteten. Was aber ist dort eigentlich wirklich losgewesen?

Hippies

Die amerikanische Hippiebewegung ist in Deutschland immer missverstanden worden. Die generellen Ansichten über die USA waren ohnehin widersprüchlich: Einerseits war Amerika der Imperialist, der Deutschland erobert hatte, halb-faschistisch, kapitalistisch, „War Pig" und Besitzer der Atombombe. Andererseits aber war Amerika der Herkunftsort aller dieser Dinge, die wir so liebten: Freiheit, Demokratie, Jeans, Fortschritt, Donald Duck, Ginsberg, Dylan, Burroughs, großartige Musik, Hollywood – und eben die Hippiebewegung, oder jedenfalls das, was wir uns darunter vorstellten: eine weitgehend homogene, gewaltfreie, durchweg linksorientierte soziale Bewegung überwiegend Jugendlicher.

So einheitlich war das aber keineswegs. Es gab, besonders an den großen kalifornischen Universitäten, linksorientierte Hippies, aber schon der Begriff „linksorientiert" bedeutet in den USA nicht dasselbe wie in Europa. Unter den Oberbegriff „Hippies" fiel auch eine eher unpolitische „alternative Szene" von Menschen, die einfach neue Formen von Gemeinschaftsleben und gemeinsamem Handeln ausprobieren wollten. Hippies konnten auch Korea- oder Vietnam-Veteranen sein, die den Rückweg in die Gesellschaft nicht mehr fanden. Viele von ihnen schleppten psychische Probleme mit sich herum, die sie von ihren Kampfeinsätzen mitgebracht hatten. Es gab Graswurzel-Aktivisten, Liebhaber makrobiotischer Ernährung, Anarchisten, Kommunisten, Kommunistenhasser, Acidheads, Westcoast-Musikfans und Freidenker. Es gab Hippies, die angesichts des Vietnamkrieges einerseits öffentlich ihren Einberufungsbefehl verbrannten, gleichwohl aber den Schrank voller Knarren hatten, ohne dass sie das als Widerspruch empfunden hätten – undenkbar für deutsche Hippies. Autoren wie Tom Wolfe oder T.C. Boyle haben dieses Amalgam in (manchmal brutal ehrliche) Literatur verwandelt.

Dieser wirkliche soziale Hintergrund der amerikanischen Hippiebewegung wurde in deutschen Medien kaum dargestellt, und so war das, was wir in Deutschland darüber hörten, vielfach ohne realen Bezug. In den Spätsechzigern fokussierte die deutsche Presse meist auf die farbenfrohen Aspekte: Exotisch aussehende Jugendliche, Pot, Free Concerts im Golden Gate Park. Das klang nach purem Sonnenschein, und es kam aus Amerika, es wurde als großer Spaß wahrgenommen und konnte nichts Schlechtes sein.

Üblicherweise, und auch noch heute, kursiert in Deutschland die Mär, das Jahr 1967 sei der selige *Summer of Love* gewesen, während 1968 die Probleme begannen. Das stimmt nur graduell: Im Sommer '67 schien alles in Ordnung zu sein – allerdings nur von außen betrachtet. Die San Franciscans kamen mit den in die Stadt strömenden Menschen friedlich zurecht (jedenfalls, solange diese Geld mitbrachten), die Musik war erstklassig, die Radio-DJs waren noch nicht bestechlich, Acid war sauber, die Trips voller Regenbögen, dank der Diggers gab es freies Essen, die Hells Angels waren nette Kerle, niemand hatte einen Buckel, niemand schielte, und die Mafia war weit weg – irgendwo in Italien. Jedem stand eine sonnige Zukunft voller Liebe, Glück und Pot offen.

Aber schon zu diesem Zeitpunkt hatte das nicht gestimmt. Und dann, zur allseitigen Verblüffung, fiel das Paradies im Sommer '68 in sich zusammen, als Massen unbedarfter junger Leute San Francisco überschwemmten, die alle von '67 gehört hatten und dachten, dies werde nun einfach in die zweite Auflage gehen. Viele dieser Kids kamen irgendwo vom Lande und hatten nie im Leben eine Stadt gesehen (geschweige denn eine Ampel[23]). Eine wachsende Zahl von Psychos bevölkerte die Straßen und musste irgendwie betreut werden. Die Trips enthielten nun auch Methamphetamin, und plötzlich, keiner wusste, wieso, war auch Heroin im Spiel. Orientierungslose Jugendliche kotzten ihre Magic Mushrooms im Golden Gate Park über die Rabatten oder wurden auf Horrortrips alleingelassen. Die Diggers mit ihren „Free Kitchens" realisierten, dass der Spruch „There is no such thing as a free lunch" wirklich stimmt. Hinter den Kulissen begannen Hells Angels die Versorgung mit Drogen und die Mafia die Regie zu übernehmen.

Das Chaos war bereits im Jahr 1967 angelegt, aber die Menschen waren zu sehr auf die gute Atmosphäre fixiert, als dass sie die Infrastruktur hätten erkennen können, die notwendig war, um das Hippieparadies am Laufen zu halten. Die Naivität der jetzt hilflosen Helfer war riesengroß gewesen, und jetzt, 1968, wurde diese Unerfahrenheit schmerzlich sichtbar. Die Hippies hatten keine Vorstellung davon, was die verachtete „bürgerliche Gesellschaft" schon im Vorjahr geleistet hatte, um ein Desaster zu verhindern. Die aggressive Bettelei in den Straßen hatte man einfach nicht sehen wollen, die organisierte Kriminalität, die sofort Teil des Systems geworden war, hatte man gekonnt ignoriert. Die wenigen Medien, die die Situation ungeschminkt darstellten, wurden als „poisoning" angesehen und, wo immer es ging, ausgeschlossen und abgedrängt. Wenn Sie einen Einblick in die dunklen Seiten dieses glorifizierten Sommers 1967 gewinnen möchten: Joan Didions Essay „Slouching Towards Bethlehem", geschrieben 1967 (!), ist ein desillusionierender Augenöffner.[24]

In Deutschland kam dies alles nicht so recht an. Das zeigte sich deutlich allerdings erst in den 1970er-Jahren mit dem Entstehen der sogenannten „Alternativbewegung"; es wird darauf zurückzukommen sein.

Die amerikanische Musikindustrie erkannte natürlich sofort, dass in der Hippiebewegung Geld zu holen war. Alle Majorlabels eröffneten Büros in San Francisco. Zwischen dem Sommer 1967 und dem Sommer 1968 wurden in der Stadt nicht weniger als acht professionelle neue Tonstudios eröffnet; all das brachte geschätzt etwa 6 Millionen Dollar in die Stadt (heute würde der Betrag rund 44 Millionen Dollar entsprechen). San Francisco wurde zum neuen Zentrum der amerikanischen Rock- und Popmusikproduktion.

Den erfolgreichen Rockgruppen war das nur recht. Sie lebten in ihren Blasen und hatten Geld genug, um sich nicht um das kümmern zu müssen, was unter der farbenfrohen Oberfläche los war. Und so sehr ich die AIRPLANES liebe, den Salonanarchismus, wie er in Songs wie „Volunteers" oder „We Can Be Together" zum Ausdruck kommt, kann man nicht ernstnehmen. In Deutschland sah man sie geradezu als Prototyp einer Hippieband an, aber ihr Drummer, Spencer Dryden, macht klar: „Wir waren keine Hippies. Hippies waren die Leute, die unten in Haight-Ashbury die Straßen bevölkerten. Wir waren zuerst mal Musiker und Artschool-Kids."[25]

Das Woodstock-Festival im August des Jahres 1969 war dann schon eher eine Art Kostümball der Hippiebewegung, wenn auch ein noch relativ authentischer. Im Dezember desselben Jahres aber klappte das Altamont-Free-Concert den Deckel definitiv zu.

Deutschland, wie bereits geschildert, blickte mit gemischten Gefühlen über den großen Teich. In Schlagern wurden Hippies eher veralbert. Damit wurde das Thema aufgegriffen und ihm gleichzeitig die Spitze genommen. Die Erwachsenenwelt nahm die Hippiebewegung dennoch mit leisem Entsetzen wahr. Zeitungen und Nachrichtenmagazine, besonders aber die Boulevardpresse, schrieben darüber, als handle es sich in erster Linie um eine Sex- und Drogenstory. Als im August 1969 in Beverly Hills der Möchtegernmusiker Charles Manson und seine Anhänger im Drogenrausch ein Massaker in der Villa des Regisseurs Roman Polanski anrichteten, weil vorher dort ein Plattenproduzent gelebt hatte, von dem Manson abgewiesen worden war,[26] musste man die *Bild*-Zeitung waagerecht halten, damit das Blut nicht heraustropfte.

Die deutschen Eltern fürchteten, die Hippiebewegung könne womöglich auf Deutschland übergreifen und sich mit all ihrer unkontrollierbaren antiautoritären Ideologie ihrer Kinder bemächtigen. Als in einer Fernsehreportage Passanten über die ersten aufgetauchten Hippies und ihre nicht ganz so farbenfrohen Begleiterscheinungen, genannt „Gammler", befragt wurden, hörte man Dinge wie „Konzentrationslager", „die sollte man vergasen", „ab ins Arbeitslager mit denen" – offen in die Kamera gesprochen. Man darf sicher sein, dass die Reporter eine Weile suchen mussten, bis sie solche extremen Aussagen im Kasten hatten, aber man konnte sie finden. Offenkundig war es diesen Erwachsenen unmöglich, sich vorzustellen (und mehr noch: zu akzeptieren!), dass jemand andere Lebensvorstellungen haben könnte als Arbeit, Kinder, Auto und Garten mit Jägerzaun. Die Deutschen hatten seit jeher die Tendenz, überzuschäumen, wenn sie fürchten, es könnte ihnen jemand auf der Tasche liegen.

Manchmal in Fernsehdokumentationen über die 1960er und 1970er, auch auf Zusammenstellungen entsprechender Musik (etwa auf der LP *Hippies, Hasch und Flower Power – 68er Pop aus Deutschland* von 2008) findet man einen harschen Protestsong mit Freddy Quinn gegen Gammler, Hippies und sonstige Störenfriede: „Wir". Auf durchaus aggressive Weise setzt dieser Schlager „wir" gegen „sie". Das „Wir" sind selbstverständlich die anständigen Bürger: „Ihr lungert herum in Parks und in Gassen / Wer kann eure sinnlose Faulheit nicht fassen? Wir!"[27] Ein bisschen fühlt man sich an „Okie From Muskogee" (1969) von Merle Haggard & The Strangers erinnert, aber „Wir" war ätzender. Der Schlager war die B-Seite von „Eine Handvoll Reis", in der ein Kriegseinsatz geschildert wird, verblüffend ambivalent übrigens. Die Platte erreichte #6 in den deutschen und #7 in den österreichischen Charts. Ich selbst habe „Wir" nie gehört, im Radio lief der Song nicht, und ich würde ihn wohl nie kennengelernt haben, hätte Stefan Morawietz ihn nicht 2006 für seine Krautrock-Doku-Reihe *Kraut und Rüben* ausgegraben.[28] Freddy selbst, wie einem Interview jüngeren Datums zu entnehmen war, ist nicht gerade stolz auf "Wir". Aber in den 1960er-Jahren hatten Schlagersänger ganz einfach das zu singen, was die Plattenfirma ihnen vorlegte, erst recht dann, wenn sie nicht mehr der ganz große Top-Act waren.

Was heute oft unterschlagen wird: Vieles von dem, was uns heute als zeitgeisttypisch angeboten wird, wie etwa der obengenannte *Flower Power*-Sampler, erschien damals in Wirklichkeit nur auf B-Seiten oder auf Billiglabels und spielte tatsächlich keine große Rolle.

Nichtsdestotrotz war es die Schlagerindustrie, die schließlich dann doch auf den Hippiezug aufsprang. Und wie hätte es anders sein können? Schlager waren immer sehr fix darin, sich an Trends anzuhängen. Plötzlich um das Jahr 1968 herum erschienen selbst kreuzbrave Schlagersänger mit längerem Haar, und zum Standardspruch unserer semi-toleranten Eltern stieg folgender Satz auf: „Wir haben ja gar nichts gegen lange Haare, aber *gepflegt* müssen sie sein!" Die ermüdenden Diskussionen kreisten nun abendelang um die Frage, wie lang „lang" sein durfte und was man sich unter „gepflegt" vorzustellen hatte. Als die Kunde von „Swinging London" Deutschlands Fernsehschirme erreichte, dauerte es nur wenige Wochen, bis die Schlagertexte das Phänomen aufgriffen, meist aber mit Blick nur auf die bunte Oberfläche – und Peggy March formulierte den Wunschtraum der Plattenindustrie: „Was so alles geschieht in der Carnaby Street / Ja, die Girls und die Boys zahlen gerne den Preis / Und sie kaufen den Hit aus der Carnaby Street"[29] (1969; zunächst eine B-Seite, die dann aber bis auf #16 in den Charts kletterte).

Der Schlagstock regiert

Es gab nicht nur Spaß und gute Stimmung in den End-Sechzigern. Es gab auch einen Krieg in Vietnam, und der brachte die Studentenschaft in Wallung. Auch wenn sie sich, wie erwähnt, der Musik und großen Teilen der Kultur der USA sehr verbunden fühlte, so waren es doch dieselben USA, die jetzt einen offenkundig dreckigen Krieg führten. In den Zeitungen und im Fernsehen sahen die Studenten die Proteste ihrer amerikanischen und französischen Kommilitonen. Über den Universitäten braute sich etwas zusammen, das zunächst noch formlos war. Es war dann eine Trias von Ereignissen, die die Studenten und andere junge Leute dazu brachten, auf die Straße zu gehen.

Das erste dieser Ereignisse war der Besuch des Schah Mohammad Reza Pahlavi und seiner Frau, Farah Diba, in West-Berlin am 2. Juni 1967. Dieser Besuch führte zu Protesten. Es war am helllichten Tag, und die Demonstranten waren eine kleine Gruppe, wohl zwischen 400 und 1000 Personen. Sie machten viel Lärm, waren dabei aber friedlich. Ihnen gegenüber stand eine Gruppe wohlgekleideter iranischer Studenten, die *für* den Schah demonstrierten. Diese vermutlich gekauften Claqueure gingen als „Jubelperser" in die Umgangssprache ein. Sie trugen an Holzlatten befestigte Banner mit sich. Plötzlich, wie auf Kommando, nahmen sie diese Holzlatten, dazu noch mitgebrachte Metallstangen und Gummiknüppel, und begannen brutal auf die studentischen Protestierer einzuschlagen. Etliche Dutzend der Studenten wurden übel zugerichtet. Hunderte Polizisten, darunter viele zu Pferd, beobachteten die Szene und unternahmen – absolut nichts. Schließlich, nach mehreren Minuten, reagierten sie endlich. Es glaube aber niemand, sie hätten die Jubelperser gestoppt – nein, sie halfen dabei, die Studenten zu verprügeln. Schlagstockschwingend trieben sie die Protestierenden durch die Straßen. Das führte natürlich zu Gegenangriffen, und die Polizeigewalt lief völlig aus dem Ruder. Es folgten Einsätze von Wasserwerfern und Tränengas – Szenen, die nicht vergisst, wer sie im Fernsehen einmal gesehen hat, und noch weniger, wer die Botschaft seinerzeit direkt auf die Haut geprügelt bekam.

Der zweite Teil der Trias folgte wenige Stunden später. Der RIAS hatte über die Ereignisse des Tages berichtet, und diese Reportagen veranlassten weitere Studenten und andere Menschen, am Abend an einer weiteren Demonstration gegen den Schah und seine Frau teilzunehmen, die zu einem Besuch von Mozarts *Zauberflöte* in der Deutschen Oper Berlin erwartet wurden. Die meisten der Protestierer hatten die Absicht, wieder nach Hause zurückzukehren, wenn der Schah, seine Frau und deren Entourage das Opernhaus betreten haben würden. Aber genau in diesem Moment schlugen die Jubelperser ein zweites Mal zu. Während des folgenden Chaos' wurde der unbewaffnete 26-jährige Student der FU Berlin, Benno Ohnesorg, der sich gerade entfernen wollte, in den Polizeigriff genommen und von Polizeibeamten verprügelt. Der zuschauende, in Zivilkleidung eingesetzte Kriminalobermeister Karl-Heinz Kurras fühlte sich dennoch von Ohnesorg „bedroht“ und feuerte aus kurzer Distanz einen Schuss in dessen Hinterkopf. Die Polizei verhinderte dann noch am Ort des Geschehens die Erste Hilfe durch einen Mediziner. Ohnesorg verstarb während des Transports ins Krankenhaus, Kurras wurde später in mehreren Instanzen freigesprochen.[30]

Damit hatte die Studentenbewegung ein erstes Todesopfer durch exzessive Polizeigewalt. Viele sahen diesen 2. Juni als den Tag, an dem der „faschistische Staat“ sein wahres Gesicht gezeigt hatte. Und manche radikalisierten sich.

Teile der Studentenschaft standen ihrer eigenen Situation mehr und mehr kritisch gegenüber, wie auch der Politik im Allgemeinen. Die Proteste wurden radikaler und zunehmend besser organisiert. In West-Berlin wurde die „Kommune 1“ ein Brennpunkt des Widerstands. Diese war unter anderem von Dieter Kunzelmann, Fritz Teufel und Rainer Langhans gegründet worden; zunächst sollte sie nicht mehr sein als ein politisch motiviertes Modell des Zusammenwohnens in einer Gemeinschaft. Schnell wurde daraus ein Versuch, nicht nur zusammen zu wohnen, sondern ein Experimentierfeld für das Zusammenleben generell zu schaffen, politisch wie privat – und alles Private wurde nun als politisch betrachtet.

Die Kommunarden bereiteten ein satirisch gemeintes „Pudding-Attentat“ auf US-Vizepräsident Hubert H. Humphrey vor, den sie bei dessen geplantem Berlinbesuch im April 1967 mit Pudding, Joghurt und Mehl bewerfen wollten. Durch einen V-Mann erfuhren die Behörden von dem Plan und fanden ihn nicht übermäßig satirisch; elf Kommunarden wurden festgenommen, unter ihnen Kunzelmann, Langhans und Teufel. Die Presse schäumte, selbst die *New York Times* fand die Aktion gefährlich.

Als Mitglieder der „Kommune 1“ nach München zogen, blieb in West-Berlin die nun deutlich radikalere „Kommune 2“, kurz „K2“ genannt, zurück. Zu ihr gehörte unter anderem Jan Carl Raspe, der später in die „Baader-Meinhof-Gruppe“ abtauchte. Hans-Joachim Roedelius hatte Kontakt zu den Kommunarden: „Ich kannte einige Leute wie Andreas Baader und Ulrike Meinhof, die später wegen ihrer ‚Roten Armee Fraktion‘ berüchtigt waren. Ich habe die politische K2-Kommune besucht. Das war aus reiner Neugier, ich wollte wissen, was die machen. Ihren extremen Vorstellungen konnte ich nicht zustimmen, weil sie sich nur um sich selber kümmerten, dauernd standen sie unter dem Einfluss von

Chemikalien. So habe ich mich schließlich um die Kinder gekümmert, die von ihren Eltern alleingelassen worden waren, während die Eltern in ewige Diskussionen verwickelt waren. Ich habe dann beschlossen, auf meine eigene Weise zu protestieren, mit meiner eigenen ‚Kunst des Lärms'."[31]

Rudi Dutschke war Student der Soziologie, Ethnologie, Philosophie und Geschichte an der FU Berlin. Er war Herausgeber eines Magazins mit dem doppeldeutigen Namen *Anschlag*, arbeitete aktiv beim Sozialistischen Deutschen Studentenbund (SDS) mit, wo er Protestzüge und andere Aktionen gegen die Notstandsgesetze, die Große Koalition und den Vietnamkrieg organisierte, und war dadurch zu einer Art Sprecher der Studentenbewegung geworden. Auf einer Kundgebung vor 12.000 Studenten forderte er alle amerikanischen Soldaten in Vietnam auf, zu desertieren. Das führte zu Reaktionen: Am 21. Februar 1968 erlebte West-Berlin eine pro-amerikanische Kundgebung; unter anderem tauchten dort Banner mit Aufschriften wie „Öffentlicher Feind Nr. 1: Rudi Dutschke" auf. Ein Passant, der zufällig Ähnlichkeit mit Dutschke hatte, durfte dem Himmel danken, dass ihn die Menge nicht lynchte.

Am 3. April 1968 setzten die späteren RAF-Mitglieder Andreas Baader und Gudrun Ensslin zwei Frankfurter Kaufhäuser in Brand. „Im Einverständnis mit Andreas Baader will ich etwas erklären: Er und ich haben es im ‚Kaufhaus Schneider' gemacht, keiner der anderen war es. … Wir taten es aus Protest gegen die Gleichgültigkeit, mit der die Menschen dem Völkermord in Vietnam zusehen. … Wir haben gelernt, dass Reden ohne Handeln unrecht ist"[32], gab Ensslin vor Gericht zu Protokoll. Mit dem Gericht darüber diskutieren wolle sie aber nicht, sie werde mit anderen diskutieren.[33]

Dies alles wurde von einer mehr und mehr scharfmacherischen Presseberichterstattung begleitet, insbesondere in der *Bild*. Am 7. April 1968 kommentierte die Zeitung: „Man darf über das, was zur Zeit geschieht, nicht einfach zur Tagesordnung übergehen. Und man darf auch nicht die ganze Dreckarbeit der Polizei und ihren Wasserwerfern überlassen. Schlafen unsere Richter? Schlafen unsere Politiker? Wie lange wollen sie noch zulassen, dass unsere jungen Leute von roten Agitatoren aufgehetzt, dass unsere Gesetze in Frage gestellt, unterwandert und missachtet werden? Sind wir denn eine Apfelsinen-Republik, in der man Recht und Gesetz, Autorität und Ordnung unter fadenscheinigen Vorwänden mit Füßen treten darf? Aber unsere Jung-Roten sind inzwischen so rot, dass sie nur noch rot sehen, und das ist gemeingefährlich und in einem geteilten Land lebensgefährlich. Stoppt ihren Terror jetzt!"[34]

Jeder Leser wusste das zu deuten. Und so kam es zum dritten Auslöser: Am 11. April 1968 feuerte ein aufgehetzter rechtsradikaler Wirrkopf in West-Berlin drei Schüsse auf Rudi Dutschke ab. Er floh sodann in einen nahegelegenen Keller und versuchte, sich mit 20 Schlaftabletten das Leben zu nehmen. Er wurde gefunden und überlebte. Dutschke konnte durch eine stundenlange Operation gerettet werden. Sein Gehirn war verletzt, er musste neu zu sprechen lernen und litt für den Rest seines Lebens an epileptischen Anfällen. Ein solcher Anfall schließlich führte zu seinem Tod: Am Heiligabend 1979 ertrank Dutschke in seiner Badewanne. – Ob man ihn mochte oder nicht: Es waren Dutschke und einige Menschen seines Umfeldes, die wesentlich dazu beitrugen, die verkrustete Denkweise aufzubrechen, die die deutsche Gesellschaft der 1950er und 1960er kennzeichnete.

Terror

Diese drei Ereignisse, jedenfalls ist das meine Überzeugung, waren die wesentlichen Auslöser für die Terrorbewegung, die sich nun in Deutschland formierte. Die erste sich bildende Terrorgruppe hängte sich an die Erschießung Benno Ohnesorgs an: Die „Bewegung 2. Juni“ gründete sich zwar erst im Jahr 1971, aber zwei ihrer Gründer, Ralf Reinders und Ronald Fritzsch, schrieben im Jahr 1995: „Die eigentliche Politisierung kam ... mit der Erschießung Benno Ohnesorgs am 2. Juni 1967. Nach all den Prügeln und Schlägen hatten wir das Gefühl, dass die Bullen auf uns alle geschossen haben. Gegen Prügel konntest du dich ja ein Stück weit wehren. Dass aber einfach jemand abgeknallt wird, ging ein Stück weiter.“[35]

Diese „Bewegung“ war verantwortlich für zahlreiche Bombenanschläge, Banküberfälle und den Mord an dem Vorsitzenden des Berliner Kammergerichts, Günter von Drenkmann, bei einem Entführungsversuch. Im Jahr 1975 nahm die Gruppe drei Tage vor der Wahl zum Abgeordnetenhaus den Spitzenkandidaten der CDU, Peter Lorenz, als Geisel und forderte die Freilassung von zwei einsitzenden Demonstranten und fünf Terroristen, letztere wurden schließlich in den Südjemen ausgeflogen.

Während die spätere „Rote Armee Fraktion“ eher auf der marxistischen Seite stand, war die „Bewegung 2. Juni“ eine anarchistisch orientierte Sekte. In Teilen allerdings waren die Mitglieder identisch. In dieser partiellen Personalunion entstand die „Baader-Meinhof-Gruppe“, die sich später „Rote Armee Fraktion“ (RAF) nannte. Zunächst war diese Gruppierung bedeutungslos, aber die Situation erhitzte sich mehr und mehr. Im Mai 1968 hatte der Bundestag die nicht allzu glückliche Idee, die sogenannten „Notstandsgesetze" zu etablieren. Damit konnten in Krisensituationen bestimmte im Grundgesetz verankerte Grundrechte außer Kraft gesetzt werden. Konservative Politiker sahen dies als notwendig an, um angemessen reagieren zu können. Der Haken bei dieser Angelegenheit: Es war nicht festgelegt, was unter einer „Krisensituation" zu verstehen sei. Es verwundert daher nicht, dass die Studentenbewegung und ihre Sprecher dieses Gesetz als Antwort auf ihre Proteste und andere Akte bürgerlichen Ungehorsams verstanden, und sie reagierten: In allen größeren Städten, befeuert nicht zuletzt von den Studentenprotesten, die zur selben Zeit in Paris tobten, kam es zu den härtesten Protesten, die man bis dahin in Deutschland gesehen hatte. Noch heute sind diese Ereignisse als „Osterkrawalle" und „heißer Mai" bekannt. Sie markierten den Beginn der Zeit des Terrorismus, der schließlich in den 1970ern zum „Deutschen Herbst" führte.

Der Muff von 1000 Jahren

Angesichts des Terrors, dieser Aufstände und Studentenproteste kann man leicht den Eindruck gewinnen, Deutschland müsse sich in dieser Zeit in einem Zustand dauernder Unruhe befunden haben. Das ist nicht zuletzt auch das, was etliche Krautrocker gern in Interviews berichten. Aber stimmt das? Wie war die Dimension wirklich, und was hat die 1968er-Studentenbewegung Deutschland gebracht?

Zunächst einmal führten die Studentenproteste zu viel Wind in den Medien, aber wir sollten realistisch bleiben: Deutschland befand sich in keiner vorrevolutionären Situation. Deutschland drohte nicht einmal irgendwelche ernste Gefahr. Je mehr Dokumentationen über diese Protestzüge und Straßenschlachten man sich ansieht, desto deutlicher fällt auf, dass es immer dieselben drei oder vier Filmausschnitte sind, die man sieht.

Um sich ein Bild davon zu machen, welches Gewicht diese Studentenproteste hatten, lohnt es sich, einen Blick auf ein paar Zahlen zu werfen: Im Jahr 1960 waren nur 6 Prozent aller 18- bis 20-Jährigen an einer Universität immatrikuliert. Ein Studium war eine Angelegenheit für eine kleine Minderheit. 1970 war der Anteil bereits auf 12 Prozent gestiegen. Der Trend setzte sich fort, im Jahr 1980 betrug der Anteil 19,5 Prozent, 1990 stieg er auf 30,4 und 2010 auf 42,5 Prozent. Oder, wenn man absolute Zahlen bevorzugt: 1965 gab es in Deutschland insgesamt 245.000 Studierende an Universitäten, 1975 waren es 836.000, im Jahr 1989 studierten 1,5 Millionen, und 2013 waren 2,6 Millionen Studierende eingeschrieben.

Diese signifikante Veränderung in den Mittsiebzigern kam zustande, nachdem in den Bundestagswahlen 1969 die CDU die Regierungsgewalt an eine Koalition der SPD mit der FDP abgeben musste – erstmals in der Geschichte der Bundesrepublik. Der Sozialdemokrat Willy Brandt wurde Bundeskanzler. Wer es nicht selbst erlebt hat, kann sich nur noch schwerlich vorstellen, welche geistige Befreiung dies nach 25 Jahren einer konservativen Regierung bedeutete. Zu den ersten Aktivitäten der neuen Regierung gehörte die sogenannte „Bildungsoffensive" mit dem Ziel, mehr Menschen an die Universitäten zu bringen, speziell Arbeiterkinder.

Letzteres gefiel nicht allen. Viele der etablierten Akademiker waren nicht glücklich damit – ihnen wäre es lieber gewesen, eine geschlossene Elite zu bleiben. Viele Professoren waren, vorsichtig gesagt: irritiert. Die akademische Kultur zu jener Zeit war konventionell, die Professoren traten bei ihren Vorlesungen noch im schwarzen Talar an. Umso erfrischender war es gewesen, als im Jahr 1967 im Audimax der Universität Hamburg einige Studenten während der Amtseinführung eines neuen Universitätspräsidenten mit dem Banner „Unter den Talaren – Muff von 1000 Jahren!" die Treppe herabschritten. Das resultierende Foto machte die Runde; der Slogan wurde zu einem der bekanntesten der Studentenbewegung.

Die Zahl 1000, am Rande bemerkt, war nicht zufällig gewählt. Sie war als eine Erinnerung an das „Tausendjährige Reich", in dem viele Professoren bereits einen Lehrstuhl innehatten oder zumindest die akademische Leiter erklommen. Jetzt plötzlich wurden die ehrwürdigen Magnifizenzen zum Spottobjekt. Das war für viele ein Schock, den sie nicht leicht wegsteckten.

Es war zu dieser Zeit noch das Privileg einer Minderheit, studieren zu können. Die weitaus meisten jungen Leute damals sahen in ihrem Leben nie eine Universität von innen. Sie schlossen ihre Schullaufbahn ab, überlegten, welcher Beruf für sie der richtige wäre (oder was Eltern, Verwandte und Freunde dafür hielten) und gingen dann in eine Lehre. Die dauerte gewöhnlich drei Jahre für Haupt- und zweieinhalb Jahre für Realschüler. Danach legte man eine Prüfung vor der Handels- beziehungsweise Handwerkskammer ab und war dann von Beruf dieses oder jenes. In diesem Beruf arbeitete man bis zum Erreichen des Rentenalters, und er war, wie man heute sagen würde: identitätsbildend. Man arbeitete nicht als Kfz-Mechaniker, man *war* Kfz-Mechaniker. Die Lebenswelt der Lehrlinge und Berufstätigen hatte mit der Welt der Universitäten so gut wie nichts zu tun, auch wenn sich die Studenten das gern einbildeten.

Dies, und die genannten Zahlen, machen augenfällig klar, dass der Eindruck, damals sei die gesamte Jugend im Aufbruch gewesen, nicht stimmt, auch wenn manche Dokumentation diesen Eindruck erwecken möchte. Die wirklichen Veränderungen, die das Jahr 1968 in der Gesellschaft hinterlassen hat, waren subtiler.

MÜNCHENER KRAWALLE

Von 1966 bis 1969 wurde Deutschland von einer Großen Koalition aus CDU und SPD regiert. Zusammen hatten die beiden Parteien eine Zweidrittelmehrheit im deutschen Bundestag. Die einzige Oppositionspartei war die kleine FDP. Dies führte zum Entstehen der „Außerparlamentarischen Opposition" (APO), hauptsächlich bestehend aus Studenten und Gewerkschaftsmitgliedern. Die APO kommentierte das parlamentarische Geschehen durch Proteste und Demonstrationen.

Einer der muntersten APO-Schauplätze war München. Hier, im Haus der Kunst, feuerte der Komponist, Dirigent und Musiker Eberhard Schoener ein kulturelles Multimedia-Spektakel namens *(A)lter (A)ction* mit Lesungen, Musik und Schauspiel ab. Die Uraufführung fand am Ostermontag 1968 statt, drei Tage nach dem Anschlag auf Rudi Dutschke. *(A)lter (A)ction* war eine Art Oper, geschrieben von Egisto Macchi, über die letzten Tage des Dichters und Schauspielers Antonin Artaud im Irrenhaus.[1] In Rom war die Premiere polizeilich verboten worden, in München sollte das Stück nun 14 Tage lang aufgeführt werden. Das Set bestand aus vier Bühnen, die simultan bespielt wurden. Mitwirkende waren das ORCHESTER DER MÜNCHNER KAMMEROPER (ein Festivalorchester, das Schoener im Jahr 1965 gegründet hatte), eine Rockgruppe, einige Sänger und Sängerinnen mit extremen Tonlagen, Balletttänzer, Profis und Laien gleichermaßen. Spielzeuge wurden als Musikinstrumente eingesetzt, es gab Dia- und Filmprojektionen sowie Stroboskoplicht (die letzte Sensation seinerzeit), und der Sänger Heino Hallhuber, der Artaud spielte, musste fast 20 Minuten lang kopfüber von der Decke hängend singen.[2] In gewisser Weise hatte Schoener mit dem Haus der Kunst den passenden Platz für die Show gefunden: 1937 hatten die Nazis hier ihre Ausstellung „Entartete Kunst" gezeigt. Jetzt, als Spielort für dieses Stück genutzt, vermittelten die hohen Räume ein fast erschreckendes Gefühl von Leere und Absurdität.[3] Florian Fricke, späterer Kopf der Gruppe Popol Vuh, der als Kritiker für die *Süddeutsche Zeitung* arbeitete, schrieb in seiner Kritik: „Abgesehen vom Resultat und auch davon, dass das ‚Neue' ja nicht eigentlich neu war, nur eben für München, ist der Versuch zu begrüßen und selbst in seinem Misslingen interessant."[4] Andere Kritiker sprachen von einer „360-Grad-Oper"[5], die ein „riesenhafter Dilettantismus"[6] gewesen sei. Die Boulevardzeitung *AZ* hielt das Ganze gar für „Morphinisten-Gestammel"[7]. Der *Spiegel* bemängelte vor allem, dass „draußen auf den Münchner Straßen … zur gleichen Zeit weit eindringlicher provoziert"[8] werde.

Genau das wurde zum Problem: Die Studenten, die Schoener als Publikum einkalkuliert hatte, blieben aus. Sie waren damit beschäftigt, die Auslieferung der *Bild*-Zeitung an die Kioske zu blockieren, denn die *Bild* wurde als mitschuldig am Mordversuch an Rudi Dutschke angesehen, und die APO-Protestierenden waren wütend. Die Ereignisse sind noch heute als „Schwabinger Osterkrawalle" bekannt: 60.000 Menschen, keineswegs nur Studenten, lieferten sich Straßenschlachten mit 21.000 Polizisten. Um die 1000 Personen wurden festgenommen, darunter etliche, die an den Demonstrationen gar nicht beteiligt waren, ein Pressefotograf wurde durch einen Stein tödlich verletzt, mehr als 4000 Menschen trugen Verletzungen davon.

Schoener, der eigentlich mit den Studenten sympathisierte, steckte in der Klemme: Sponsoren zogen ihre Zusagen zurück, als sie sahen, dass nur eine Handvoll Zuschauer gekommen war. Schoener versuchte zu retten, was möglich war, indem er während der Pausen Werbung auf die Leinwände projizieren ließ – eine komplett neue Idee; niemand hatte so etwas zuvor während einer Opernaufführung gemacht. Nichtsdestotrotz blieb er auf einem Defizit von rund 40.000 Mark sitzen, für ihn zu dieser Zeit ein absolut ungreifbarer Betrag. Es folgte eine Fernsehproduktion des Bayerischen Rundfunks von *(A)lter (A)ction*, aber auch sie rettete Schoener nicht aus den Miesen: „Wir wussten: Das bedeutet weitermachen, dafür sorgen, dass Geld reinkommt. Ich fühlte mich Fassbinder sehr verbunden, der mit dem Etat für den neuen Film die Schulden des alten bezahlte."[9]

Die Situation in München blieb gespannt. Die Proteste gingen weiter, nun auch gegen die Notstandsgesetze, und sie waren wütender als je zuvor.

Und an einem dieser Tage in der Hitze des Mai 1968 – niemand erinnert sich an das genaue Datum – fand irgendwo in einem gekaperten Lichthof der Münchner Universität der erste öffentliche Auftritt von Amon Düül statt.

Die Krautrock-DNA

Dieser Auftritt markiert die Geburt der ersten Generation von Bands, die spielten, was dann später als „Krautrock" bezeichnet wurde. AMON DÜÜL war nicht die erste Band, die man mit diesem Begriff verbinden kann, aber viele gab es nicht: AMON DÜÜL, AMON DÜÜL II, CAN und GURU GURU GROOVE – das war mehr oder weniger der Anfang. Diese vier Bands waren die Pioniere, die die Emanzipation deutscher Rockmusik von unmittelbar kopierten britischen oder amerikanischen Vorbildern einleiteten. Was für ein Abenteuer das werden würde, hat zu diesem Zeitpunkt sicher noch niemand geahnt. In Düsseldorf hatte KRAFTWERKS Vorgänger ORGANISATION noch nicht wirklich angefangen, in West-Berlin war TANGERINE DREAM (vormals THE ONES) bereits aktiv, aber in diesem frühen Stadium noch als unbekannte Gitarrenband mit psychedelischem Einschlag. Conrad Schnitzlers und Hans-Joachim Roedelius' HUMAN BEING war ein mehr oder weniger loses Projekt, keine feste Band. Später schloss sich ihnen Dieter Moebius an, und die drei gründeten KLUSTER, aber auch das passierte erst im Jahr 1969. In München gab es erste Verbindungen zwischen Christian Burchard, Lothar Meid und Dieter Serfas, aber EMBRYO war noch nicht gegründet. Nur eines war klar: Die Beat-Ära hatte ihr Verfallsdatum erreicht, „Beatmusik" wollte niemand mehr spielen.

Woher der Begriff „Krautrock" stammt, ist etliche Male erklärt worden, letztlich weiß es aber niemand definitiv. Jean-Hervé Peron von FAUST schreibt den Begriff dem zweiten Mann von Virgin Records zu: „Das Wort wurde geprägt von Simon Draper von Virgin, als er auf der Suche nach neuen deutschen Acts war. Die englische Presse war für den nicht ganz ernstgemeinten Begriff dankbar. Wir wollten zeigen, dass auch Deutsche Humor haben, und haben gesagt: ‚Wenn ihr das Krautrock nennt, dann krautrocken wir euch.'"[10] Sicher ist allerdings, dass die Spielerei mit dem Begriff „Kraut" schon weiter zurückführt, zum Beispiel zu einer Frankfurter Band namens THE KRAUTS; ihre Single „I Can Understand"/„You Came Along" stammt bereits von 1965. AMON DÜÜL hatten auf *Psychedelic Underground*, ihrem ersten Album, den Titel „Mama Düül und ihre Sauerkrautband spielt auf". Die englischen Journalisten mussten den Textbaustein nur noch aufsammeln, den Begriff „Kraut" kannten sie ohnehin, und schon hatte der Rock aus Deutschland sein Etikett.

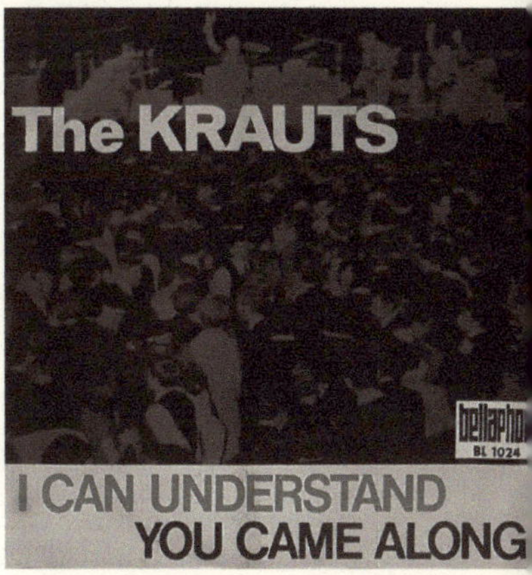

Es hat nie eine klare Definition gegeben, was „Krautrock“ sein soll. In verschiedenen Facebook-Gruppen zirkulieren zwar gelegentlich Definitionsversuche, doch sind dies meist Negativdefinitionen – hat wieder mal jemand einen YouTube-Link zu einem Stück einer englischen Gruppe oder einer Band aus den 1990er-Jahren gepostet, kann man darauf wetten, dass sehr schnell der ungeduldige Kommentar „This is not krautrock!“ kommt. Was der Verfasser des Kommentars aber unter „Krautrock“ versteht und woher er seine Definitionshoheit nimmt, bleibt stets offen.

Sagen wir es vielleicht so: „Krautrock“ ist Musik von Rockgruppen vorrangig aus Deutschland, in Teilen aber auch aus dem weiteren deutschen Sprachraum, die zwischen den späten 1960er- und den späten 1970er-Jahren aktiv waren. Deren musikalisches Spektrum aber ist so breit, dass Eingrenzungsversuche bis jetzt stets fehlgeschlagen sind. Oft wird „Krautrock“ mit drogen-induzierter Musik, mit psychedelischen, langfädigen, oft improvisierten Passagen und elektronischen Klängen assoziiert. Vielfach werden klassische Songstrukturen und das Dreiminutenschema des bis dahin gebräuchlichen Beatsongs und Schlagers über Bord geworfen. Letztlich gilt wohl: Man erkennt Krautrock, wenn man ihn hört, aber eindeutig definieren kann man ihn nicht.

Aufseiten der Produktion gab es gerade mal eine Handvoll von Produzenten, die erkannten, dass im Garten der deutschen Musik etwas Neues aus der Erde spross. Aber noch hatte keiner eine klare Vorstellung dessen, wie man diese neuen Bands fördern könnte. Um deutsche Rockmusik wirklich abheben zu lassen, hätte man Produzenten wie Conny Plank, Dieter Dierks und Rolf-Ulrich Kaiser benötigt. Die waren aber noch nicht im Spiel.

Immerhin gab es Siggi Loch und Gerhard Augustin, die in München die deutsche Niederlassung des US-Labels Liberty betrieben. Hauptsächlich veröffentlichten sie Schlager, Folk und Liedermacher mit Acts wie Vic Dana, Suzanne Doucet, Katja Ebstein und anderen, aber sie waren auch bereit, neue Territorien anzusteuern. Vor allem kannten sie den US-Plattenmarkt aus eigener Anschauung und wussten um die aktuellen Trends dort. Das Plattengeschäft war bis dahin weitgehend durch die Single bestimmt. Das 7-Inch-Format mit zwei Songs von jeweils zweieinhalb bis drei Minuten Dauer war das Maß der Dinge. Daran waren die US-Radiostationen schuld, denn sie sahen die Dreiminutengrenze als prinzipiell definitiv an. Als der Produzent Phil Spector im Jahr 1964 die Single „You've Lost That Loving Feeling” mit den RIGHTEOUS BROTHERS im Kasten hatte, stellte er fest, dass sie mit 3'45“ zu lang fürs Radio war. Deshalb ließ er 3'05“ auf das Label drucken. Als die DJs in den Radiostationen den „Fehler“

bemerkten, war es zu spät, das Stück war ein Renner. (Mit rund 15 Millionen Airplays hält der Song bis heute den Rekord: Noch kein Song lief im US-Radio häufiger.) Die Dreiminutengrenze galt dennoch eisern weiter.

Das Albumformat, also die LP mit 30 cm Durchmesser, gab es natürlich bereits, aber die LP wurde vorrangig für Klassik- und Jazzproduktionen eingesetzt. Für Popmusik bedeutete die LP nicht mehr als eine Möglichkeit, mehrere Singlehits auf einem Tonträger zusammenzufassen. Dass dieses Medium noch andere Möglichkeiten bot, darauf war bis dahin noch kaum jemand gekommen; ein Konzeptalbum wie etwa Frank Sinatras *In The Wee Small Hours* (1955) war eine seltene Ausnahme.

Dies änderte sich um das Jahr 1966 in den USA und Großbritannien. Jazzalben wie etwa Miles Davis' *Kind Of Blue* (1959) enthielten Stücke von zehn und mehr Minuten Dauer, und eine Handvoll Rockgruppen nahm dies zum Anlass, das Singleformat hinter sich zu lassen. THE BEATLES, GRATEFUL DEAD, IRON BUTTERFLY, IT'S A BEAUTIFUL DAY, JEFFERSON AIRPLANE, QUICKSILVER MESSENGER SERVICE und andere kamen mit Stücken, die über die Grenzen einer Single hinausgingen, oder sie schrieben Songzyklen, die als Einheit gehört werden sollten. Für diese Bands war das zunächst kein leichtes Spiel, denn von Amerikas A&R-Leuten wurden sie meist zunächst gefragt: „Wo ist die Single?" Denen dann klarzumachen, dass man an Zweieinhalbminuten-Hits nicht interessiert war, war harte Arbeit.

Es dauerte eine Weile, aber irgendwann merkten die Plattenmanager, dass sich dieses LP-Format mit seinen neuen Inhalten recht ordentlich zu verkaufen begann. So akzeptierten sie dieses neue Konzept – nicht gerade enthusiastisch, aber sie taten es, zumal ja dieser Trend mit der Umgewichtung des amerikanischen Radiosystems von Mittelwelle auf UKW zusammenfiel.

Ab etwa 1966/67 spielten UKW-Stationen längere Stücke aus LPs, und das sogar in Stereo. Nicht viele, aber es war ein Anfang. Wirklich spürbar hob dieser Trend erst in den frühen 1970ern ab, aber von da an hatten längere, komplexere und tontechnisch anspruchsvollere Musikstücke eine reale Chance, gesendet zu werden.

Dass Siggi Loch und Gerhard Augustin, die beide in den USA gearbeitet und direkte Beziehungen zur US-Plattenindustrie mit nach Deutschland gebracht hatten, die ersten waren, denen dieser Trend auffiel, war kein Zufall. Aber auch Peter Meisel, Schlagerproduzent und Musikverleger in West-Berlin, erahnte ihn wohl. Er wurde der erste Produzent, der konkret auf den deutschen Rock-Zug aufsprang. Im Jahr 1962 hatte er zusammen mit seinem Bruder

Thomas und dem Komponisten Christian Bruhn die Hansa-Musikproduktion gegründet. 1968, auf den Essener Songtagen, nahm Meisel Amon Düül, Tangerine Dream, Xhol Caravan und Birth Control unter Vertrag.

Amon Düül

Amon Düül war ein chaotischer Haufen, vorrangig bestehend aus Nichtmusikern, die sich als Künstlerkollektiv verstanden. Einige beherrschten zwei Akkorde auf der Gitarre, andere konnten auf Bongos herumtrommeln. Über eine Wanderklampfe und billige Perkussionsinstrumente verfügte damals jede Wohngemeinschaft. Und auch, wenn es kaum „wirkliche" Musiker gab, so gehörte Musikmachen doch zu den Projekten, die sich diese Künstlergemeinschaft auf die Fahnen geschrieben hatte. Ihr Name stammte von der ägyptischen Gottheit Amon oder Amun; woher der (bedeutungslose) Begriff Düül kam, weiß niemand. Ich erinnere mich, dass wir als Schüler für eine kurze Zeit die Phrase „Willst du mich düülen?" in Gebrauch hatten, im Sinne von „Willst du mich veralbern?" – aber selbst, wenn es eine Verbindung zu dem Bandnamen gab, wüsste heute niemand mehr zu sagen, ob zuerst die Band oder das Düülen auf der Welt war. Wie auch immer, Amon Düül klang mysteriös, und darauf kam es an.

Peter Meisel hatte keine Idee, wie er mit diesem Chaoszirkel eine vernünftige Platte machen sollte, und so setzte er die Gruppe einfach in ein Studio und nahm alles auf, was passierte. Auf diese Weise hatte er nach endlosen Stunden des Durchhörens, Auswählens und Tonbandschnipsel-Zusammenklebens schließlich Amon Düüls erstes Album, *Psychedelic Underground*, im Kasten – ein Abenteuer der besonderen Art: unkoordiniert, spontan, chaotisch und, nun ja: psychedelisch. Es gab keine Komposition und kein Konzept, niemand hatte eine Idee, was als nächstes passieren würde. Von Instrumentenbeherrschung konnte nicht die Rede sein, von gesanglichen Fähigkeiten ebensowenig. Fashion-Model Uschi Obermeier und einige andere C-Promis klapperten mit Maracas und schüttelten Tamburine, und irgendwo im Hintergrund, wenn man genau hinhört, weint ein Kind (zu Recht). Nicht nur spielte hier nun „Mama Düüls Sauerkrautband" auf, die Band spazierte auch „Im Garten Sandosa" umher. Letzteres war eine Verbeugung vor Albert Hofmann, dem „Vater des LSD", der als Pharmakologe bei der Schweizer Sandoz AG arbeitete. Der nicht genannte Toningenieur sah Hopfen und Malz offenkundig als verloren an, und so klang die ganze Platte vom Anfang bis zum Ende heftig übersteuert.

Meisel wusste nicht, was er mit diesen Aufnahmen anfangen sollte, und so landeten sie einstweilen im Giftschrank. Er gab sie erst frei, als *Phallus Dei*, die erste Platte des Spin-Off-Projektes AMON DÜÜL II, im Handel war und er wohl hoffte, in deren Windschatten mitsegeln zu können.

Psychedelic Underground erschien im Jahr 1969. Es gibt Hardcore-Krautrockfans, die die LP für einen Edelstein des Genres halten. Ein namenloser Rezensent in *Sounds* hörte darauf sogar „zahlreiche Anleihen von amerikanischen Vorbildern: Von den MOTHERS über GRATEFUL DEAD bis hin zu VELVET UNDERGROUND ist eigentlich alles an neuen Ideen vertreten, was in die Popmusik Eingang gefunden hat."[11] Das ist kaum nachvollziehbar. Selbst, wenn man eine experimentelle (und keineswegs durchgehend geglückte) Platte wie *Anthem Of The Sun* von den DEAD als Maßstab nimmt, springt einem der Unterschied buchstäblich ins Gesicht. Möglicherweise wusste der *Sounds*-Rezensent selbst nicht, was er von *Psychedelic Underground* halten sollte, wollte aber vorsichtshalber nichts sagen, was ihm später auf die Füße fallen könnte. Und es gab im deutschen Rock noch keine Vergleichsmaßstäbe, auf die er hätte zurückgreifen können.

Kommerziell war *Psychedelic Underground* nicht erfolgreich. Die LP ist, das sei konzediert, ein einzigartiges Dokument: der Beginn eines Trips ins Unbekannte. Der Nachfolger, *Collapsing Singvögel Rückwärts & Co.* (1969), verwendet Material derselben Session, wohl ergänzt um Material einer zweiten. Genau feststellen lässt sich das nicht mehr. Große Unterschiede zur ersten LP gab es nicht, abgesehen von einer etwas ausgefeilteren Nachbearbeitung. Ein weiteres Album mit wiederum demselben Sessionmaterial war *Disaster/Lüüd Noma*, eine Doppel-LP, die im Jahr 1972 noch nachgereicht wurde, als es die Band schon nicht mehr gab. Offensichtlich war dies ein Versuch des BASF-Labels, Resteverwertung zu betreiben, während das Presse-Info schwadronierte, alle Fehler und Störungen seien beabsichtigt.

AMON DÜÜLS *ParaDieswärts Düül* (1971), chronologisch das dritte Album, war eine andere Hausnummer. Die LP wurde aufgenommen in den Münchner Cineton-Studios und veröffentlicht auf Rolf-Ulrich Kaisers Ohr-Label. Der Produzent war Julius Schittenhelm, der auch das erste GURU GURU-Album, *UFO*, produziert hatte. (Später wurde er ein politischer Liedermacher.) Die Tonqualität ist besser und die Stücke haben eine erkennbare Struktur. Das ist kein Wunder, denn neben den üblichen nicht-musikalischen Verdächtigen sind hier auch John Weinzierl, Ulrich Leopold und Christian „Shrat" Thiele involviert, die später AMON DÜÜL II gründeten. Das macht *ParaDieswärts Düül* nicht zu einem interessanten Album, aber dass hier mehr Potenzial dahintersteht, kann man hören.

Peter Leopold, der am ersten AMON-DÜÜL-Album beteiligt gewesen war und später bei AMON DÜÜL II das Schlagzeug übernahm, gab im Jahr 1977 im Gespräch mit dem NDR-Moderator Klaus Wellershaus einige Auskünfte: „Die Ideologen kamen und sagten, jetzt müssen alle Musik machen. Es muss Musik gemacht werden von allen – alle dürfen, die irgendwie können. Das war erstmal ein gesellschaftliches Bedürfnis wie zusammen fernsehen, reden oder ins Kino gehen. Dann haben wir versucht, das auf die Bühne zu transponieren. Aber die Bühne schafft halt doch Abstand. Auf eine Bühne gehört eben nur das, was sich entsprechend vom Durchschnitt abhebt. Wenn dann eine Situation eintritt, wo im Publikum 20 Leute sitzen, die besser Gitarre spielen können als der Gitarrist da oben, dann können die Leute unten schon abgetörnt werden. Doch damals dachten wir, das ist ein gutes Modell, das sollte man durchziehen. Und mit der damaligen Einstellung hat man's dann eben auch eine Zeitlang durchziehen können."[12]

Nicht nur AMON DÜÜL dachte so. So manche Band, speziell Anfang der 1970er, entwickelte eine ähnliche Attitüde. Sie hörten das erste Album der VELVET UNDERGROUND und dachten: „Das ist ja einfach, das können wir auch." Dahinter steckt derselbe Fehlschluss, den viele schon beim Free Jazz gemacht hatten: Sie sahen ihre Inkompetenz als Qualifikation dafür an, Lärm zu machen. Sie nannten „Improvisation", was in Wirklichkeit nur wildes Chaos war und die Unwilligkeit zu proben und zu üben, und wenn sie von der Bühne gebuht wurden, dann gaben sie dem Publikum die Schuld, das eben „noch nicht reif" für sie sei.

Beuys

Hinter dem Konzept von AMON DÜÜL, hinter Peter Leopolds Aussage, hinter der ganzen Idee des „Partizipierens" hört man recht deutlich ein berühmtes Joseph-Beuys-Zitat: *Jeder Mensch ist ein Künstler*. Dieser Satz ist die Zuspitzung eines Zitates des Poeten Novalis: „Jeder Mensch sollte Künstler seyn."[13] Viele, auch Musiker, beziehen sich bis heute auf Beuys' Bemerkung, und bis heute wird sie missverstanden, oft überhöht, oft simplifiziert.

Joseph Beuys war Professor für „Monumentale Bildhauerei" an der Kunstakademie Düsseldorf; große Teile seines Werks befassten sich mit Sozialphilosophie, Humanismus und Rudolf Steiners Anthroposophie. Steiner sah sich als eine Art erleuchteter Verkünder, Beuys sah sich selbst in der Tradition des Schamanen: „Ich habe versucht, ganz absichtlich im Bilde des Schamanen etwas zu sagen, was etwa so heißt: Wir haben einen materialistischen Wissenschaftsbegriff, der behauptet, dass alles das, was der Schamane behauptet, nicht existiert. Jetzt tritt ein Mensch auf, der durchaus die Methodik des Materialismus kennt und führt wieder vor, dass es ganz andere Kräfte in der Welt gibt, von denen der Mensch gegenwärtig systematisch durch die politischen Systeme abgeschnitten wird."[14] Wir dürfen annehmen, dass der erwähnte „Mensch" er selbst war. Natürlich wusste Beuys, dass nicht jeder Mensch das Talent besitzt, ein Künstler im Sinne eines „Malers", „Bildhauers", „Musikers" oder „Komponisten" zu sein: „Damit sage ich nichts über die Qualität. Ich sage nur etwas über die prinzipielle Möglichkeit, die in jedem Menschen vorliegt ... Das Schöpferische erkläre ich als das Künstlerische, und das ist mein Kunstbegriff."[15] Konsequenterweise hat Beuys nie jemanden abgewiesen, der sich für seine Klasse an der Kunstakademie bewarb, obwohl ihm natürlich klar war, dass die meisten seiner Studenten kaum je als professionelle Künstler würden arbeiten können.

Beuys macht einem das Verständnis nie leicht: „Es gibt eine unsichtbare und es gibt eine sichtbare Welt. Zur unsichtbaren Welt gehören die nicht wahrnehmbaren Kraftzusammenhänge und Energieabläufe; gehört auch das, was man gewöhnlich das Innere des Menschen nennt. Der Mensch ist eine Bodenstation für etwas viel Größeres, und Kunstwerke sind Erdstationen, die etwas aus sich entlassen, was metaphysischen, spirituellen Charakter hat."[16] Dahinter steckt Beuys' Konzept der „sozialen Plastik". Auch dieses geht auf Rudolf Steiner zurück. Beuys' Biograf, Hans Peter Riegel, erklärt den Zusammenhang so: „Steiner nannte die Gesellschaft den sozialen Organismus, Beuys machte daraus die soziale Plastik. Die These ist: Jeder Mensch muss mit seinen individuellen Fähigkeiten, mit seinen Begabungen – vom Putzen und Holzhacken bis zur Lehrtätigkeit – seinen Beitrag leisten zur Entwicklung des sozialen Organismus, bei Beuys eben an der sozialen Plastik. Jeder solle schön an seinem Platz bleiben, jeder sollte an der neuen, anthroposophisch determinierten Gesellschaft mitarbeiten – und die ist eben das Kunstwerk."[17]

Wenn nun die Gesellschaft als Ganzes ein Kunstwerk ist, dann ist jeder Mensch, der auf seine Weise in der Gesellschaft wirkt, ein Künstler. Das ist die Bedeutung von Beuys' Statement „Jeder Mensch ist ein Künstler". Ziemlich banal eigentlich. Nur war dies für Beuys kein theoretischer Ansatz, sondern das Grundprinzip seiner gesamten Arbeit, inklusive eines damit verbundenen Verkündungswillens.

Dass er sich selbst als Schamanen sah, ist kein Zufall, denn der dringt – sozusagen qua Amt – in Dimensionen vor, die anderen nicht ohne weiteres zugänglich sind, muss dann aber nach seiner Rückkehr davon Zeugnis geben, denn er tut das nicht allein für sich: „Wenn ich etwas Schamanisches mache, nehme ich das schamanische Element …, um über eine zukünftige Möglichkeit eine Aussage zu machen. Ich wende mich zurück, indem ich nach vorne durchbreche."[18] Dabei ist der Job eines Schamanen weder angenehm noch bequem, denn dieses „Zeugnis geben" bedeutet: Der Schamane muss nach seiner Rückkehr öffentlich seine Knochen wieder zusammensetzen. „Zeige deine Wunden" ist nicht von Ungefähr ein Werktitel von Beuys, es geht um einen Vorgang von großer Intimität: „Der Mensch muss … die volle Inkarnation in die Stoffeswelt durch den Materialismus hindurch auch selbst erleiden. Er muss selbst sterben, er muss völlig verlassen sein von Gott."[19] Diese Erkenntnis, die er für sich selbst wohl auch als Handlungsanweisung betrachtete, anderen zu vermitteln, kann auch Provokationen beinhalten: „Das ist doch wichtig, dass etwas hervorgerufen wird. Provokation heißt hervorrufen. Wenn etwas hervorgerufen wird, ist das an sich schon ein Auferstehungsprozess."[20]

Idee 2000

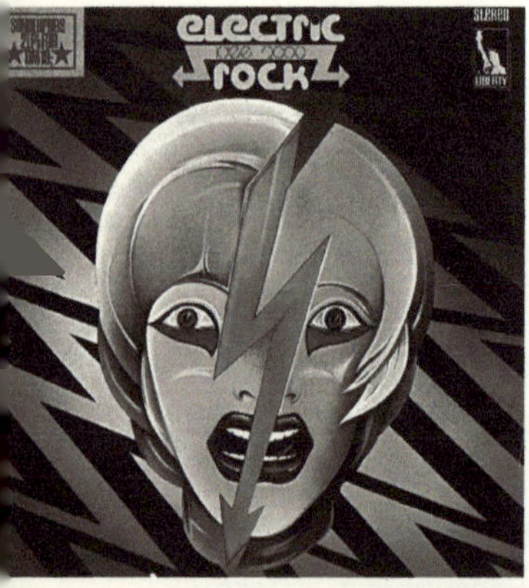

Im Jahr 1969 war ich zwölf. Zu meinem 13. Geburtstag schenkte mir ein eingeladener Mitschüler eine Platte, einen Sampler: *Electric Rock – Idee 2000.*

Ich habe diese Scheibe noch heute, eine Doppel-LP und meine wohl erste Rock-LP überhaupt (ich hatte bis dahin nur Singles). Die Platte war auf dem Label S*R-International erschienen, das zum Bertelsmann-Schallplattenring gehörte und für Lizenzdeals eingesetzt wurde. Ich sah sofort (und verkündete es vermutlich mit Kennermiene), dass auf diesen Platten nur Aufnahmen aus dem Liberty-/United Artists-Programm versammelt waren (womit wir dann wieder bei Loch/Augustin wären).[21] Die Eltern dieses Schulfreundes waren offenkundig Mitglieder des Bertelsmann-Schallplattenrings, und ich vermute, dass *Electric Rock* eine jener Platten war, die man unaufgefordert bekam, wenn man keine Platte eigener Wahl bestellte. Die werden sie an ihren Sohn weitergereicht haben, als er sagte, er brauche ein Geschenk für einen Mitschüler.

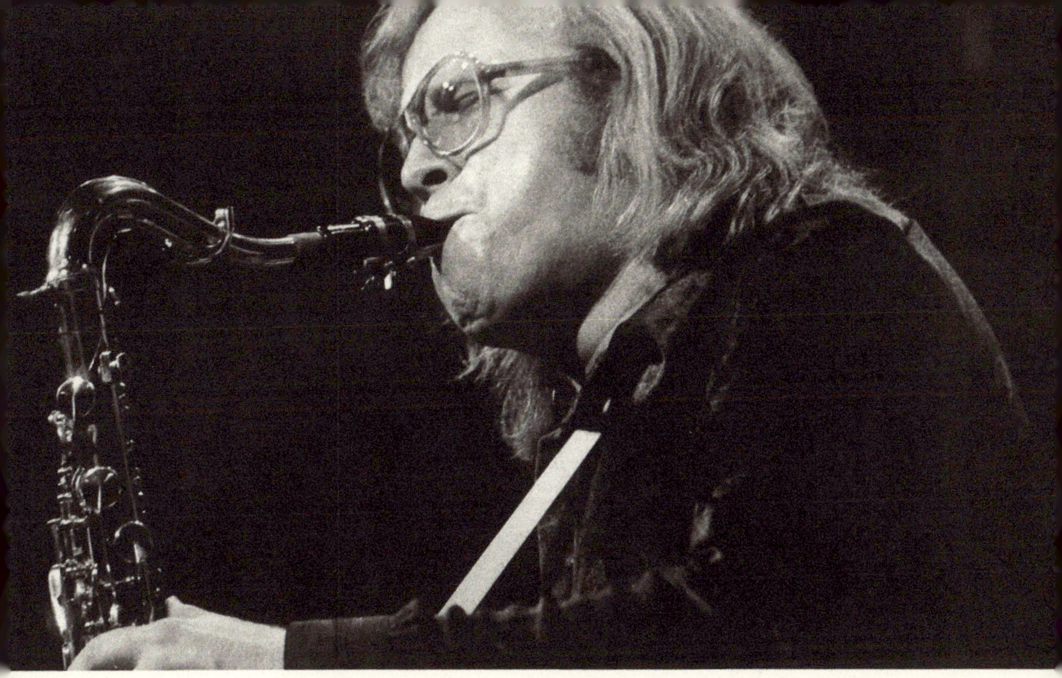

Klaus Doldinger (Stadthalle Heidelberg, 1971)

Einige britische, amerikanische und französische Namen kannte ich vom Hörensagen: Amon Düül II, The Can, Canned Heat, Jean-Luc Ponty, Johnny Winter. Von anderen hatte ich nie gehört: The Aynsley Dunbar Retaliation, Klaus Doldinger's Motherhood, Floating Bridge, The Groundhogs, Krokodil, The Petards, Pookah, Valhalla, Zevon. Das Ganze kam mit surrealen Liner Notes eines gewissen Karlheinz Freynik einher: „Höre das Gebet der Walzstraßen, Gasturbinen und Raketenmotoren; höre die elektrisierende Stimme der ‚electricgeneration'. Fühle deinen Körper sich zu Staub zersetzen …" Jedes Stück hatte seinen eigenen Kommentar: „Als das Gras nicht grüner wurde, obwohl die Farben wasserfest waren. Die Erholung blieb dieselbe. Amon Düül II: She Came Through The Chimney." Dieses Instrumental erwischte mich sofort und ist bis heute eines meiner Amon-Düül-II-Favoriten. „Als das Genie sich von der Feder trennte und im großen Park verschwand. Er wollte endlich Erster sein, wenn Bäume nur nach unten wachsen, Flüsse zurück zur Quelle fließen und Maulwürfe auf Händen aus ihren Löchern kriechen. The Can: Thief." Die pure Emotion des Gesangs machte mich atemlos. „Als die Hippies merkten, dass Sand nicht sandiger, Blumen nicht bunter, Schmutz nicht schmutziger wird. Motherhood: Sahara." Ich war hypnotisiert von der uhrwerkartig dahintickenden Schlagzeugmonotonie dieses Stücks, das von mir aus ewig hätte weitergehen können. „Sahara“ war das erste Stück, das mir den Namen Klaus Doldinger ins Bewusstsein brachte. Interessanterweise ist die auf diesem Album präsentierte Version (mit Klaus Doldinger, den Münchner Studiocracks Olaf Kübler, Joe Quick, Lothar Meid und dem Schweizer Drummer Kurt „Düde“ Dürst von KROKODIL) auf keiner anderen Platte zu hören – schade und ein bisschen seltsam, denn das Stück ist noch heute in Doldingers Live-Repertoire. Auch CANS „Thief“ ist hier rund 30 Sekunden länger als auf dem späteren CAN-Album *Delay 1968*, auf dem Czukay einige von Malcolm Mooneys expressivsten Vokalexzessen entfernte.

Es gab noch allerlei mehr Interessantes auf dieser Doppel-LP zu hören. Irgendwann wurde mir bewusst, dass meine drei Favoriten auf dem Album von deutschen Gruppen stammten, und mir fiel auf, dass sie einen spezifischen Sound hatten, den die englischen und amerikanischen Musiker nicht besaßen. Wahrscheinlich hatte ich mich angesteckt mit dem, was Freynik schrieb: „Die elektrische Revolution hat eine Hymne.“[22] Freynik übrigens, aber das wusste ich damals natürlich nicht, war Drehbuchautor und Schlagertexter im Zirkel des Produzenten und Komponisten Ralf Arnie, von dem wir noch hören werden.

Das war mein erster Kontakt mit dem, was später einmal Krautrock werden sollte. Das meiste davon kam aus München. West-Berlin war zu diesem Zeitpunkt noch nicht auf meiner Landkarte vertreten – nicht, dass es dort nichts zu hören gegeben hätte, nur blieb es im Wesentlichen innerhalb der Stadtmauern. Für den Moment aber lassen Sie uns noch ein wenig in München verweilen.

ENGEL DES CHAOS: AMON DÜÜL II

Rolf-Ulrich Kaiser, der 1968 Musikjournalist war, hatte die „Essener Songtage" organisiert, Deutschlands erstes wirkliches Rockfestival. Hier hatte der Produzent Peter Meisel AMON DÜÜL und TANGERINE DREAM unter Vertrag genommen. Kurze Zeit später verließen einige der Musiker das chaotische Konstrukt AMON DÜÜL und starteten AMON DÜÜL II.

Zunächst bestand die Band aus Chris Karrer (Gitarre), Dieter Serfas (Schlagzeug), Falk Rogner (Orgel), John Weinzierl (Gitarre) und Renate Knaup (Vocals). Wie ihre Ursprungsband AMON DÜÜL waren auch sie eine chaotische Crew, aber die Musiker hatten einen professionelleren Anspruch und beherrschten ihre Instrumente zumindest so weit, dass nicht nur unorganisierter Krach zu hören war. Weil sie in München und Umgebung einen Gig nach dem anderen spielten, dauerte es nicht lange, bis man dort Notiz von ihnen nahm.

Die Musikjournalistin Ingeborg Schober kannte AMON DÜÜL IIs Sängerin, Renate Knaup; sie hatten dieselbe Schule besucht. Ingeborg und ihr Freund, der spätere Filmemacher Rüdiger Nüchtern, sahen die Band bei einem Auftritt im (längst abgerissenen) Jazzkeller in Münchens Edelviertel Schwabing: „Dass ich mich kaum mehr an Einzelheiten dieses Auftritts erinnern kann, sondern nur noch einen überwältigenden Gesamteindruck hatte, erklärt die Wirkung dieser Musik. Ich war völlig paralysiert vom Lärm, vom visuellen Schauspiel der Lightshow, der intensiven Stimmung in diesem verräucherten, runtergekommenen Keller, den ich nach einen paar Stunden mit einem sogenannten ‚Filmriss' verließ."[1] Die Shows von AMON DÜÜL II packten das Publikum mit hypnotischer Musik, extremer Lautstärke und psychedelischem Licht.

Der Name AMON DÜÜL II zirkulierte schon bald unter Medienleuten und Plattenfirmen. Ingeborg Schober versuchte, das Interesse an der Band anzuheizen, indem sie eine Reihe von Liveaufnahmen an die etablierte Münchner

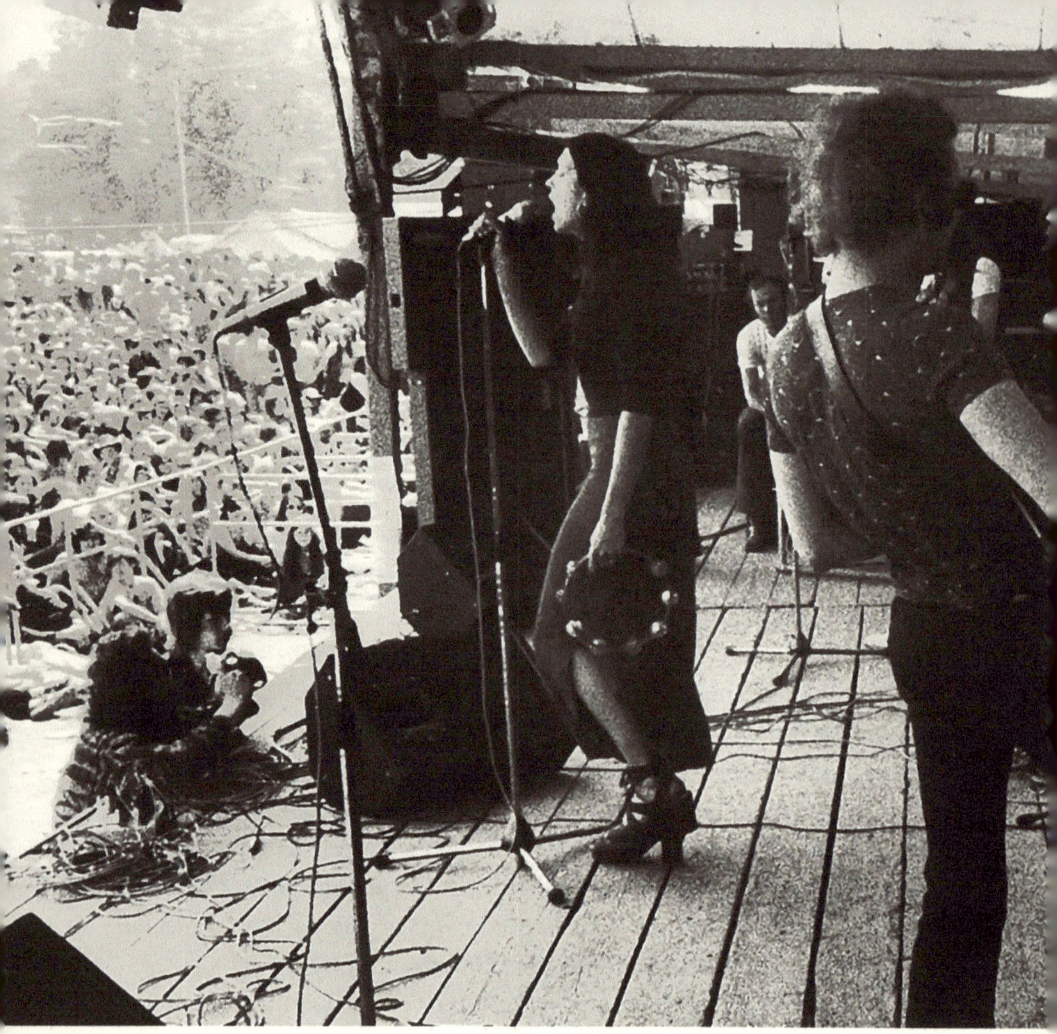

Plattenfirma Ariola schickte. Aber die, wie das Antwortschreiben an das „sehr geehrte Fräulein Schober“ lautete, sah „derzeit keine Möglichkeit zu einer Zusammenarbeit“. Für das sehr geehrte Fräulein war es zudem schwierig, eine brauchbare Pressemappe der Band zusammenzustellen, denn die Mitglieder waren alle sehr kamerascheu; es war fast unmöglich, sie einmal alle für eine Fotosession im Garten zu versammeln. Und den Plattenfirmen trauten sie alle sowieso nicht über den Weg.

Gebraucht wurde jemand wie Olaf Kübler. Der war zehn Jahre älter als die Düüls, ein vielgebuchter Studiosaxophonist und -Flötist mit Verbindungen zu Klaus Doldinger, Eberhard Schoener und anderen. Die offiziellen Vertreter der

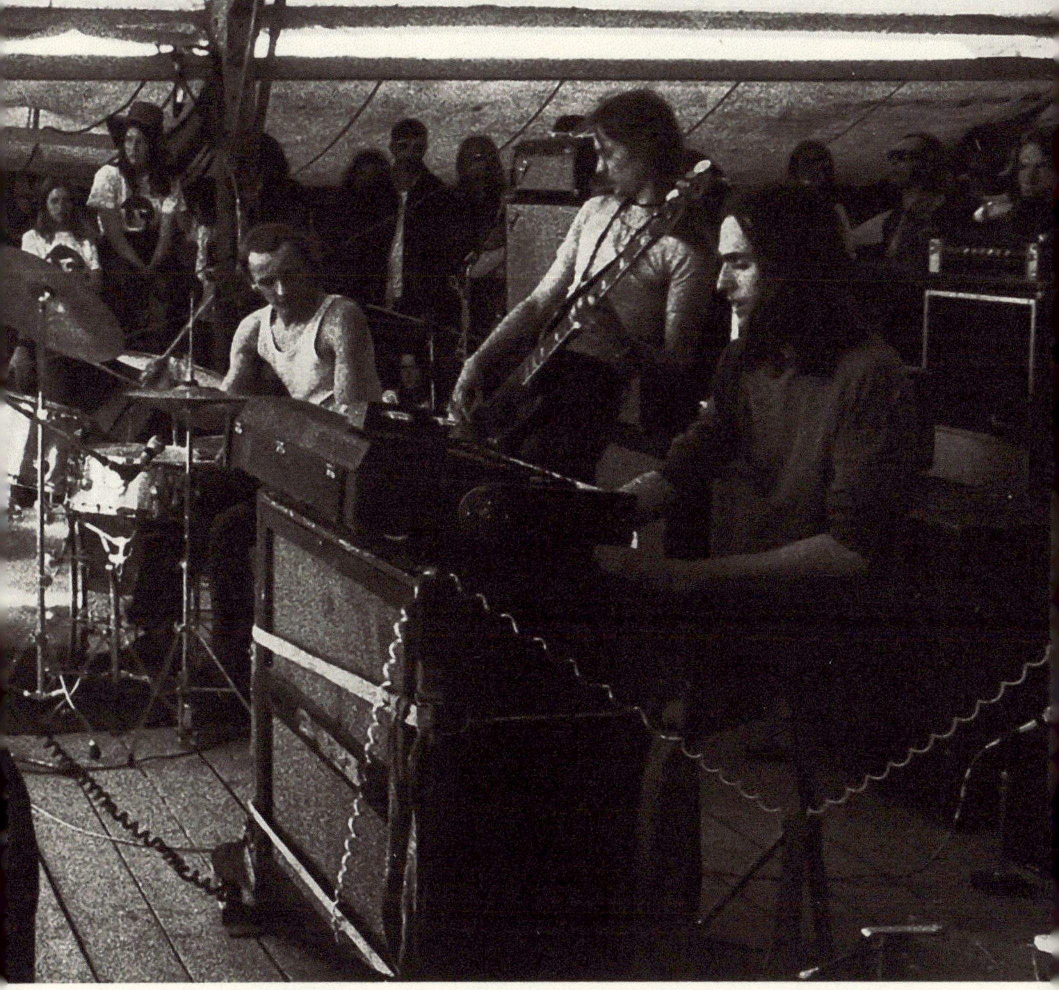

Amon Düül II (2. British Rock Meeting in Germersheim, 22. Mai 1972)

Plattenfirmen konnten sich mit der Band kaum unterhalten. „Die waren natürlich solche Krawattenärsche und Normalfreaks, dass die mit den DÜÜLs kein vernünftiges Wort reden konnten. Die überstanden schon mal den zweiten Joint nicht. Ich war halt ein anerkannter Wahnsinniger und Lokalmatador im Domicile, kannte den Dieter Serfas und Chris Karrer. … Ich hab dann arrangiert, dass auf die Kosten eines Verlegers, dem Wewerka, ein Demonstrationsband gemacht wurde.“[2]

Man denke nun zurück an die Verbindung zwischen Klaus Doldinger und Siggi Loch aus Star-Club-Zeiten: Als jemand, der mit Doldinger zusammengearbeitet hatte, hatte Küblers Stimme Gewicht bei Loch. Als er diesem das Demoband vorspielte und ihn dazu einlud, sich die Band auf der Bühne anzusehen, reagierte Loch positiv: „Der Jazzer Olaf Kübler nahm mich im Mai 1969 mit zu einem Auftritt von AMON DÜÜL II, die im krassen Gegensatz zur sphärischen Musik von TANGERINE DREAM fast wie eine frühe Heavy-Metal-Band klangen. Ich nahm sie sofort unter Vertrag …"[3]

Ein bisschen komplizierter war es allerdings schon. Loch war vorsichtig genug, um Kübler die Vorfinanzierung der Produktion zu überlassen. Kübler nahm an. Mit der Hilfe eines Anwaltes setzte er Verträge auf. Mit diesen Verträgen ging er zu seiner Bank. Die erklärte die Verträge für in Ordnung und gab ihm die Erlaubnis, sein Konto zu überziehen. Mit diesem Geld ging er zunächst nach Herrsching (ein kleines Dorf am Ammersee, 30 Kilometer südlich von München, wo die DÜÜLS in einer alten Villa residierten) und traf zunächst Vereinbarungen mit jedem einzelnen Bandmitglied. Später machte er einen Vertrag mit allen.[4] Als er diesen unterschriebenen Vertrag bei Liberty vorlegte, rückte die Firma das Geld für drei Tage Aufnahmezeit im Frühjahr 1969 im Münchner Trixi-Studio heraus.

Knallbonbons und Kirmesgeister: Phallus Dei

Kübler: „Diese drei Studiotage wurden zu einer Endlos-Session. Es wurde alles aufgenommen – und später wurden die Rosinen für die Platte rausgepickt."[5] Dave Anderson am Bass, Holger Trülzsch an den türkischen Trommeln und Christian Burchard am Vibraphon wurden zusätzlich angeheuert. Als professioneller Studiomusiker war Kübler in der Lage, die völlig unerfahrene Band durch den Aufnahmeprozess zu lotsen, aber es war stressig für alle Beteiligten. Trixis Toningenieur, Willy Schmidt, hatte schon Leute wie Doldinger, Hans Koller und jede Menge Schlager, Filmmusiken und Folklore aufgenommen, aber mit Rockgruppen war er nicht vertraut. Die DÜÜLS waren nicht imstande, ein Overdub zu machen oder an einem bestimmten Punkt mitten im Stück einzusetzen. Mit jedem Fehler, den sie machten, mussten sie wieder von vorn anfangen – und sie machten viele Fehler, denn sie improvisierten an ein paar Grundideen entlang.

Das Resultat war eine Kollektion kunstvoller Tonband-Schnitte. Kübler: „Siggi Loch hat grünes Licht gegeben, aber das Risiko war total auf meiner Seite. … Das war nicht eine Auftragssache, sondern: Nun geh mal und mach mal, dann werden wir schon sehen. Wenn das Ding in die Hosen gegangen wäre, hätte ich alles bezahlt und die Liberty wahrscheinlich gesagt: nein danke!"[6] Siggi Loch beschreibt die Sache ein bisschen weniger prosaisch: „Wir veröffentlichten zunächst die bereits fertige Produktion *Phallus Dei*, auch wenn wir die – unbegründete – Sorge hatten, dass das Album wegen des Titels auf den Index käme."[7] Aus heutiger Sicht kann man es wohl Gottvertrauen nennen, dass Liberty sich das Album überhaupt zu veröffentlichen traute.

Die LP erreichte im Jahr 1969 die Läden. Bis heute ist nicht ganz klar, ob das lange Titelstück die Seite 1 oder 2 werden sollte, aber wie auch immer: So etwas wie *Phallus Dei* hatte man von einer deutschen Band bis dahin nicht gehört, und – wichtiger noch – auch nicht von einer englischen oder amerikanischen. Dabei ist es ein typisches „erstes Album": Es hat kein klares Konzept, nichts ist poliert, aber man kann bereits erahnen, welchen Weg diese Band zukünftig gehen würde. Die Musik ist destruktiv, hat aber gleichzeitig wunderschöne Augenblicke; hypnotische Momente wachsen aus dem Chaos, fallen aber schon nach wenigen Sekunden wieder dorthin zurück. Viele Ideen sind zu hören, aber keine wird ausgearbeitet. Die LP springt von Moment zu Moment, so etwas wie ein musikalischer Fluss kommt nicht zustande. Teile des Textes sind in einem auf altertümlich getrimmten Deutsch gehalten, es entsteht ein atmosphärisch seltsamer Mix aus Mittelalter, biblischen Phrasen und in BDSM und Pädophilie hineinreichende Fantasien. Lochs Bedenken waren keineswegs unbegründet; wer heute mit solchen Texten käme, müsste sich auf Schwierigkeiten gefasst machen.

Der Komponist Karlheinz Stockhausen wurde von der Wochenzeitung *Die Zeit* über verschiedene deutsche Rock-LPs befragt. Über *Phallus Dei* befand er im Telegrammstil: „Nicht interessant: dreiteilige Form (A: Blubbern + Harmonium), B: D-Dur mit Schlagsahne, Irrengesang, Kirmesgeister, C: Bass-Partie mit Klarinetten / tonale Harmonik mit Knallbonbons / periodisches Klopfen in konstantem Tempo. Für *Phallus Dei* (‚Gottes Penis') viel zu kurz und erheblich zu dünn. Interessant: 5-Schichtigkeit zunehmender Komplexität ab Teil C / unregelmäßige Variation der Bassfigur, allmähliche Einführung des Tempos 152. Grundstimmung außermusikalisch: Film-Musik für Unerfahrene."[8] – Das kommt dabei heraus, wenn man ein Rockalbum zu analytisch hört. Falsch ist es jedoch sicher nicht.

Olaf Kübler meint: „Als die Platte in die Läden kam, ging sie weg wie warme Semmeln. Die Industrie war vom Erfolg der Platte überrascht, weil keiner einer deutschen Rockgruppe einen solchen Wahnsinn zugetraut hatte. Die Fachpresse schrieb äußerst wohlwollende Kritiken, und eine Schlagzeile lautete: ‚Deutschland erwacht mit Amon Düül II!'"[9] Auf den „Deutschland erwacht"-Kalauer werde ich an anderer Stelle noch zurückkommen. Und „warme Semmeln" dürfte ein bisschen hochgegriffen sein. *Phallus Dei* wurde im Rundfunk natürlich kaum gesendet, mit Ausnahme vielleicht des Titels „Kanaan“, die Platte erschien nie in einer Hitliste, und auch nicht alle Besprechungen waren tatsächlich positiv. Aber wie schon die alte Marketingweisheit sagt: Any publicity is good publicity. Es war eine Premiere – und sie machte viele Leute neugierig. *Phallus Dei* war ein wichtiger Türöffner, so viel ist sicher.

Der Film

Es war kein geplanter Promotion-Coup, dass Ingeborg Schobers Freund, der Filmstudent Rüdiger Nüchtern, die Idee hatte, einen Film über und/oder mit *Phallus Dei* zu machen. Tatsächlich war es sogar umgekehrt: Der Film kam zuerst, und dann erst wurde die Platte gemacht. Aber der Film erwies sich im Zusammenhang mit der Platte als sehr hilfreich, um den Namen der Band unters Volk zu bringen.

Die Grundidee zum Film entstand während eines Konzerts. Am Silvesterabend des Jahres 1968 besuchten Ingeborg und Rüdiger Freunde in Frankfurt – ein Akt der Verzweiflung, denn in ihrer Münchner Wohngemeinschaft gab es eimerweise Ärger, und sie brauchten ein paar Tage Erholung. An einer Wand erspähten sie ein handgemaltes Plakat: Ein neuer Club namens Underground sollte an diesem Abend mit Amon Düül II eröffnet werden – klar, dass sich die beiden das nicht entgehen ließen. Das Underground war in einem Keller, heruntergekommen, verqualmt und ungemütlich heiß. Die Düüls, Engel des Chaos wie immer, kamen zu spät; auf ihrem Weg nach Frankfurt blieb ihr Bus irgendwo im Schnee stecken. Schober: „Nach einer langen Verspätung und etlichen Debatten legten die Amon Düül II dann endlich los. So kompromisslos, aggressiv und angriffslustig habe ich sie danach nie mehr gehört. Der ganze Keller schien sich in Nichts aufzulösen. Rüdiger und ich waren von der Lightshow wie hypnotisiert. Da sagte er zum ersten Mal: ‚Stell dir das mal als Film vor!‘ Und damit war das mit dem Film eine beschlossene Sache. … Wir haben dann wohl auch einen Termin in München verabredet, aber es war alles sehr vage. Die Nacht ging in einem wilden Happening unter – so taumelten wir in das Jahr 1969.“[10]

Die Band war nicht sehr interessiert daran, Teil eines Films zu werden. Gerd Stein, damals Fotograf am Hofe der Düüls, erinnert sich: „Bei einer Session der Düüls sprach man zum ersten Mal von diesem Film. Renate sagte: ‚Da ist so ein Typ, Filmemacher, der ist ziemlich wahnsinnig, spießig und ausgeflippt. Der verkauft jetzt sein Auto und will mit uns einen Film machen, und da müssen wir halt hin.‘“[11]

Nüchtern schrieb ein dreiseitiges Exposé namens „AMON DÜÜL II spielt *Phallus Dei* – eine elektronische Oper“ mit vielen damals üblichen Modewörtern und einigen hippen McLuhan-Zitaten: „Ein Versuch, die Bildfolge so abzustimmen, dass parallel zur Musik eine einheitliche Kontinuität entsteht und dass auf keinen Fall das optisch-akustische Gleichgewicht zerstört wird. … Man wird lange Landschaftsbilder und –fahrten sehen, die Gruppe onstage vor einer Rückpro-Leinwand, auf die eine Lightshow aufprojiziert wird. Die Musiker werden aussehen wie Scheiben (Tele), wie schöne Bilder, Zeichen ihrer Musik, nicht mehr wie reale Personen. Man wird das Gesicht eines wunderschönen Mädchens sehen. Das Mädchen wird aufschreien, laut und gellend, gleichzeitig wird man laute Trommeln hören – und man wird nie zuvor einen solchen Schrei gesehen oder gehört haben. Man wird ihn in Erinnerung behalten, wie man vor unserer Zeit ein Bild von Tizian in Erinnerung behielt. Der Film wird in Farbe gedreht. Anstelle eines Drehbuchs gibt es ein Tonband und Farbdias.“[12]

Was für ein wunderbarer Mix aus Naivität, Unsinn und Megalomanie! Aber es war wohl genau diese Mischung, die Clemens Münster, Fernsehdirektor des Bayerischen Rundfunks und alter Fahrensmann im Geschäft, neugierig machte. Heute würde einem das niemand mehr abkaufen, aber damals waren einige Redakteure offen genug, um interessante Ideen wahrzunehmen, selbst wenn sie – wie in diesem Fall – eher Nachtspuk denn Konzept waren. Man erinnere sich an die TV-Version von Eberhard Schoeners *(A)lter (A)ction*: Auch da war es Münster gewesen, der die Produktion im Sender durchgesetzt hatte.

Nüchtern verließ Münsters Büro mit einem Optionsvertrag und einer Optionsgebühr von 1000 Mark – kein Betrag, mit dem man ausgesorgt hatte, aber er war die Starthilfe, die Nüchtern brauchte. Die Bandmitglieder nämlich waren nicht willens, ein Studio zu betreten, ohne im Voraus bezahlt worden zu sein. Nüchtern zahlte den DÜÜLS 800 Mark; sollte der Film verkauft werden, würden sie zusätzlich 25 Prozent des Gewinns erhalten. Die verbleibenden 200 Mark wanderten in die Kasse der KINETICLIGHTS, einer von Vincent Schaab gegründeten Lightshow-Gruppe; im Verkaufsfall sollte sie weitere 400 Mark erhalten. Ingeborg gab ihren Aushilfsjob auf, um die Dreharbeiten vorzubereiten, Rüdiger verkaufte in der Tat sein Auto, eine „Ente“ (das typische Studentenauto). Der Erlös reichte allerdings gerade für ein bisschen Filmmaterial und ein Leihauto, das für den Dreh und Transporte gebraucht wurde. Für die Kameras heuerte Nüchtern Matthias „Ufo“ Weiß und keinen geringeren als Wim Wenders an. Beide waren zu der Zeit noch Filmstudenten wie Rüdiger, hatten aber bereits etwas praktische Dreherfahrung. Clemens Münster machte etwas fast Unmögliches möglich: Für einen Tag konnte die Crew in einem professionellen Filmatelier arbeiten (dem ZDF-Studio III in Unterföhring) – und die Münchner Filmakademie würde alle Kosten übernehmen.

So nahm das Chaos seinen Lauf. Der erste Dreh fand statt am 28. März 1969 und wurde zu einem Ereignis, das niemand vergaß. Als die Truppe im knallbunten Lightshow-Bus und in diversen abenteuerlich angemalten Autos anrückte – die Filmcrew, die DÜÜLS, das Lightshow-Team, Roadies, Freunde, Freundinnen, Familie, Entourage, Haustiere – und das Studiopersonal diese extrem langhaarigen Typen in bodenlangen Ledermänteln, Hippieklamotten, Sonnenbrillen und mottenzerfressenen Pelzmänteln erblickte, wussten die Leute zunächst nicht recht, ob ein Kostümfest angesagt oder die Revolution ausgebrochen war.

Es zeigte sich, dass die Studioscheinwerfer die Lightshow überstrahlten, und so musste irgendwo eine 1000-Watt-Rückprojektionspistole aufgetrieben werden. Dann fiel jemandem auf, dass der Drummer, Peter Leopold, nicht da war. Keiner wusste, wo er steckte, und so wurden einige Leute losgeschickt, die ihn suchen sollten. Nach zwei Stunden fanden sie ihn schließlich in der Innenstadt, unterwegs auf einem LSD-Trip. Als er schließlich am Set war, prügelte er dermaßen auf sein Schlagzeug ein, dass das Instrument mitsamt dem Teppich, auf dem es stand, über den Boden schlitterte, bis man den Teppich schließlich festnagelte. Weil die DÜÜLS überall im Raum Räucherstäbchen verteilt hatten, gab es heftigen Protest vom diensthabenden Feuerwehrmann. Nüchtern baute die drei Kameras auf, allerdings konnte aufgrund des knappen Filmmaterials immer nur eine zurzeit benutzt werden. Eine der Kameras bediente er selbst, Weiß und Wenders erhielten per Wink oder Kopfnicken Kommandos, wann sie ihre Kameras ein- bzw. ausschalten sollten. Wenn jemand einen Fehler gemacht hatte, ignorierten die DÜÜLS konstant alle Stoppsignale und das 25 Minuten lange Stück musste wieder und wieder durchgespielt werden. Und weil die Band – wie bei ihr üblich – sämtliche Lautstärkeregler auf 11 gestellt hatte, konnte in den umliegenden Ateliers nicht weitergearbeitet werden. Deren Personal kam halb wütend, halb amüsiert herüber, neugierig, was hier wohl los war. Prompt fiel durch die geöffnete Studiotür Streulicht auf die Leinwand, und wieder musste man von vorn beginnen. Und weil das alles noch nicht reichte, gab eine Kamera den Geist auf. Weiß und Nüchtern mussten mit zwei Kameras weitermachen, während Wenders in einem Nebenraum die Reparatur übernahm. Um 7 Uhr abends war dann die Studiozeit abgelaufen und nicht ein einziger brauchbarer Meter Film im Kasten.

Der rettende Engel war wiederum Clemens Münster, denn er machte eine zweite Session möglich. Und so ging drei Tage später, am 31. März, der Zirkus von vorn los, nur war diesmal die Atmosphäre von Beginn an frustriert und aggressiv. Natürlich versagten die Kameras. Diesmal konnten plötzlich die Brennweiten nicht mehr verändert werden, so dass nie die ganze Band im Bild war und oft die falschen Ausschnitte erscheinen: Man sieht die Sängerin genau dann, wenn sie nicht singt, und wenn die Orgel ein Solo spielt, ist der Gitarrist im Bild. Immerhin kam die Lightshow recht gut durch.

Am Ende reichte das gefilmte Material nicht aus, um das Musikstück komplett abzudecken. Kürzen kam für Nüchtern nicht infrage, die Musik von Amon Düül II war unantastbar für ihn, und so entwickelte er den Plan, irgendwo auf dem Land einen Sonnenauf- und –untergang zu filmen. Die sollten dann – perfekt mit der Musik synchronisiert – die Lücken entsprechend füllen. Selbstverständlich wurde daraus ein neues Abenteuer: Manchmal waren zu viele Wolken am Himmel, oder es begann zu regnen, oder jemand im Team hatte verschlafen und die Sonne war bereits aufgegangen. Einmal ging dem geliehenen Auto der Sprit aus und Nüchtern musste etliche Kilometer zu Fuß bis zur nächsten Dorftankstelle gehen – die natürlich noch geschlossen war und erst um 11 Uhr öffnete (man fühlt sich von fern an Franz-Josef Degenhardts „Umleitung“ erinnert). Ein anderes Mal schien alles zu stimmen, aber dann fuhr man plötzlich in eine Gruppe von Radfahrern. Kurz: Irgendwas war immer.

Zwischen diesen Abenteuern wurden die Landschaftaufnahmen gedreht. Leider war es früher April, und alles, was man zu filmen fand, waren langweilige, noch kahle Bäume, irgendwo im bayerischen Hochland. Die Kamera war am Dachgepäckträger befestigt, Ingeborg bediente die Stoppuhr, während Rüdiger mit rhythmischem Gasgeben versuchte, eine Synchronität zur vom Band kommenden Musik herzustellen. Später wurden diese Bilder zur Musik geschnitten.

Als wäre all das noch nicht genügend Ärger gewesen, fanden sie beim ersten Blick auf das entwickelte Filmmaterial heraus, dass es sich um einen Film für Kunstlicht handelte, und so hatte alles einen deutlich erkennbaren Blaustich. Das machte die Bilder ein wenig surreal, was zwar in Ordnung, aber unbeabsichtigt war. Teile des Films waren außerdem kaputt und zeigten falsche und sich verändernde Farben. Drei Lücken blieben dann immer noch. Man füllte sie mit Schwarzfilm. Da man obendrein jeden Zentimeter des Materials hatte verwenden müssen, waren auch die am Anfang und Ende der jeweiligen Filmrollen auftretenden Auswaschungseffekte zu sehen. Wenders hatte diesen Effekt bereits in seinem Studentenkurzfilm *Silver City* von 1967 verwendet, dort allerdings absichtlich.

Irgendwie grenzte es an ein Wunder, dass der Film *Amon Düül II Play Phallus Dei – An Electronic Opera* schließlich doch fertig wurde. Seine Premiere erlebte er in der Münchner Filmakademie. Die Düüls waren selbst mehrheitlich nicht anwesend. Rüdiger Nüchtern und Ingeborg Schober waren pleite, aber es war Rüdigers erste Fernsehproduktion, und sie brachte seine spätere Karriere als professioneller Filmemacher ins Rollen. Der Film lief auf einem Filmfestival in Edinburgh (und startete dort natürlich mit einem Filmriss) und wurde auf einigen weiteren Festivals gezeigt. Der Bayerische Rundfunk machte Gebrauch von seiner Option und kaufte den Film, was für Rüdiger immerhin 8000 Mark bedeutete: „Ein kleines Vermögen. Ich finanzierte mein halbes Studium damit."[13] Der Film lief mehrfach im Bayerischen Fernsehen, einmal sogar am Tag. Einige Kritiker waren besonders fasziniert von den falschen und ausgewaschenen Farben und den Schwarzfilmschnipseln, die sie mit LSD-Trips in Verbindung brachten. Der amerikanische Regisseur Samuel Fuller meinte zu dem Film: „It's rough, it's vicious, it's a drama."[14]

Nach den genannten Vorführungen verschwand der Film vom Erdboden. Erst im Jahr 2003 veröffentlichte Repertoire Records ihn auf DVD; ärgerlicherweise sind Ton und Bild darauf heftig asynchron. Heute findet man den Film auch auf YouTube, leider mit ebendiesem Fehler.

Im April 1969 nahm Amon Düül II an einem Happening namens „Underground Explosion" im Circus Krone Bau in München teil, zusammen mit Guru Guru Groove, Paul und Limpe Fuchs, den Aktionskünstlern Peter Weibel und Valie Export und einer Theatergruppe namens Wath Tholl. Der Abend war angekündigt als „Musik, Theater, Film, Licht, Action". Besonders inspirierend war er dann allerdings nicht. Amon Düül II eröffneten die Show und forderten zunächst wie üblich Zeit und Raum heraus, aber nach einer halben Stunde tröpfelte das Ganze nur noch dahin. Guru Guru Groove boten die überzeugendere Leistung mit einer sich leise einschleichenden Trommelperformance von Mani Neumeier, der schon damals großartig war – sein Free-Jazz-Training mit dem Irène Schweizer Trio zahlte sich aus. Paul und Limpe Fuchs boten ihre übliche Schreiperformance mit Klavier, Flöte und selbstgebauten Instrumenten und überraschten damit niemanden mehr. Peter Weibel und Valie Export begossen das Publikum mit Wasser und nervten es mit einer Peitsche; anscheinend hatten sie Gerard Malangas Papiere gefunden, der die frühen Auftritte von Velvet Underground mit einer Peitsche zu begleiten pflegte, allerdings deutlich stilvoller. Der Abend war einfach nicht hervorstechend genug, um der kalkulierte Skandal zu werden, der er wohl hatte werden sollen – „Knall ohne Wirkung"[15] schrieb am Folgetag die *Süddeutsche Zeitung*.

Mit dem Film und ihrem ersten Album im Gepäck war Amon Düül II nun in der Lage, Liberty ein Doppelalbum einzureden. Der Produzent war nach wie vor Olaf Kübler: „Ich hatte, weil ich das Ding [die Produktion von *Phallus Dei*] eigenhändig durchgezogen habe, bei United Artists [Libertys Mutterfirma] eine gewisse Power. Es wurde dann auch versucht, mich durchzulinken. … Einige haben versucht, ich glaube, die Renate, der Falk und Peter waren dabei, mich für die nächste Produktion auszuklinken. Da wurde bei Liberty der böse King Kong aus mir gemacht. Siggi Loch war aber straight, der hat mich angeläutet und meinte: Pass auf, in meinem Büro sitzen deine Hanseln, die schmeiß ich jetzt raus. Versuch doch mal zu klären, was da los ist. Das war ein effektiver Versuch, aber das ist ja wurscht, solche Versuche haben immer stattgefunden. Man hat bei Amon Düül II immer versucht, gewisse autoritäre Sachen, die's im Lebensbereich gibt, einfach abzuschieben."[16]

Freundliche Worte. Aber selbst in ihrem innersten Zirkel waren die Düüls in der Lage, sich zu überraschen. In den Frühtagen der Band, um ein Beispiel zu nennen, hatten sie als Komponist schlicht „Amon Düül II" angegeben, und als die ersten Tantiemen von der GEMA anrollten, wurden diese komplett an eine Kontaktperson ausgezahlt. Der allerdings (es spielt keine Rolle, wer genau es war) teilte das Geld – einen fünfstelligen Betrag – nicht wie eigentlich vorgesehen mit den anderen, sondern sah einfach nur das Geld und kaufte sich ein neues Auto. Natürlich merkten die anderen Bandmitglieder schnell, dass das Geld weg war, aber nun griff eine Art Gruppensolidarität. Statt ihn zu verklagen oder zu feuern, wurde gesagt: Das muss der aber irgendwann zurückzahlen – wobei natürlich allen klar war, dass er dazu nie in der Lage sein würde. Danach allerdings wurden als Komponisten vorsichtshalber alle Bandmitglieder bei der GEMA gemeldet, sodass zukünftig jeder seinen Anteil direkt erhielt.

Yeti

Yeti (1970), der Düüls zweiter Streich, produziert von Loch und Kübler, erinnerte an eine Liveaufnahme und lieferte einen deutlich besseren Eindruck der Fähigkeiten der Band als das erste Album. Auch wenn sie ihr Potenzial noch nicht voll ausspielten, so war *Yeti* doch hörbar besser durchdacht als sein Vorgänger. Es fiel sofort auf, dass die Düüls in Sachen Musik einiges gelernt hatten.

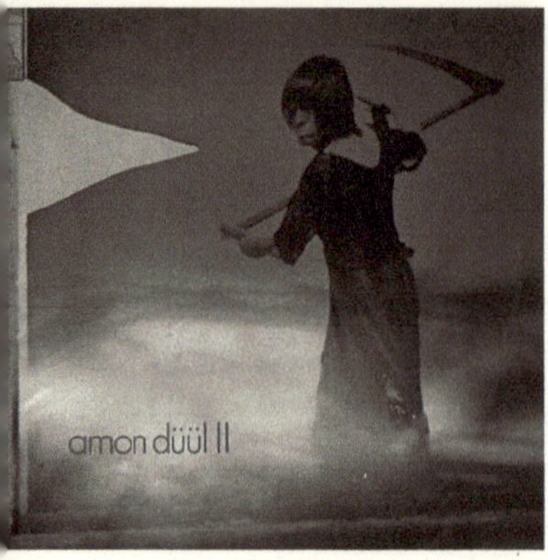

Sie hatten offenkundig einige amerikanische Platten absorbiert – Wim Wenders sagte in einem Interview: „Sie sind richtige Musiker geworden, so etwas wie die Jefferson Airplane von Deutschland. Und nicht nur, weil Renate dabei war und ähnlich ausgesehen hat wie Grace Slick, sondern von der ganzen Haltung her, der ganzen Auffassung. Am Anfang war das mehr Eastcoast-Musik und ist dann immer mehr und mehr eine Westcoast-Musik geworden."[17] Unüberhörbar war allerdings bei allem guten Willen, dass die Düüls instrumental mit Ausnahme von Kübler und Meid vom Niveau der Airplanes weit entfernt waren und auch gesanglich mit keiner Grace Slick und keinem Marty Balin aufwarten konnten. Dieses Problem blieb der Gruppe für immer. Trotzdem war Renate deutlich stärker eine Rocksängerin als die meisten anderen Sängerinnen im Rock- oder Schlagerbereich, vor allem deshalb, weil sie weitgehend auf Kopfstimmengesang verzichtete und auch in den höheren Lagen kraftvoll aus dem Bauch sang.

Das Konzept von *Yeti* unterschied sich nicht sehr von ihrer ersten LP, nur wussten die Musiker diesmal genauer, wohin sie wollten. Die Stücke waren strukturierter, Improvisationen liefen auf ein Ziel zu, und die Band hatte einige elektronische Studiotricks entdeckt (etwa den angsteinflößenden Gesang in „Eye-Shaking King", der auf einer Ringmodulation beruht). Auch der Gesamtklang der Band hatte jetzt einen Wiedererkennungswert, den *Phallus Dei* noch nicht besaß. Das heißt nicht, dass *Yeti* nicht wilder Stoff gewesen wäre – das war die Platte sehr wohl, und wir dürfen auch hier sicher sein, dass Tonband-Editing eine große Rolle gespielt hat, besonders für die improvisierten Teile.

Der „Sensenmann" auf dem Cover übrigens ist Wolfgang Krischke; das Bild stammt aus einer Fotoserie von Falk Rogner. Wolfgang gehörte zur Band-Entourage. Er hatte schon bei Amon Düül (I) das Klavier traktiert, hatte nun mit der Lightshow zu tun und sah die Düüls als eine Art Ersatz für sein deprimierendes Zuhause an – vielleicht nicht die beste Wahl, da die Band ständig mit eigenen Problemen zu kämpfen hatte und schon kaum in der Lage war, diese in den Griff zu bekommen. Kurz nach dieser Fotosession erfror Krischke während eines LSD-Trips im eiskalten Winterwald. Es wurde nie geklärt, ob absichtlich oder nicht.

Aus *Yeti* wurde sogar eine Single ausgekoppelt: „Archangel's Thunderbird", mit Ausschnitten aus dem „Soap Shop Rock" auf der B-Seite. „Archangel", so sollte man meinen, hätte eigentlich das Zeug zu einem Hit gehabt. Das Stück ist kohärent, und wenn man es gehört hat, wird man es für eine Weile nicht mehr los. Aber es gab keine Chance, es in die Medien zu kicken. Renates jenseitig klingender Gesang und der acid-gesättigte Text schlossen Funkeinsätze weitgehend aus. Ich erinnere mich, dass irgendein Musikmagazin (es könnte *Pop* gewesen sein) die Band mit Atommüll verglich: Bist du einmal damit in Berührung gekommen, bist du für den Rest deines Lebens verseucht – in diesem Fall allerdings im positiven Sinne.

Eine weitere Amon-Düül-II-Single wurde im Jahr 1970 veröffentlicht: „Rattlesnakeplumcake"/„Between The Eyes". Wenn ich meinen Ohren trauen darf, stammen diese Aufnahmen ebenfalls aus den *Yeti*-Sessions, wurden aber nie auf einem regulären Album veröffentlicht. Amon Düül IIs insgesamt vier Singles, plus einige LP-Auszüge, erschienen 1974 auf dem Compiler *Lemmingmania*.

Kronwinkl 12

Zwischenzeitlich hatte die Band ihr Herrschinger Domizil verlassen, weil dort die Ratten auf dem Küchentisch Billard spielten und die Müllabfuhr sich weigerte, sich des ständig wachsenden Müllberges vor dem Eingang anzunehmen. Wie in vielen Wohngemeinschaften waren die Bewohner zwar mental stets erleuchtet, aber für die Hausarbeiten – Abwasch, Mülleimer leeren, Staubwischen, Staubsaugen etc. – fühlte sich niemand zuständig. Das galt auch fürs Bezahlen der Stromrechnung, weshalb irgendwann der Strom abgestellt wurde und der Herd mit der Lötlampe angeworfen werden musste. Die Düüls waren nicht imstande, das Chaos in den Griff zu bekommen. Außerdem war es anscheinend nicht möglich, mit den Anwohnern in Frieden zu leben.

Die Band suchte nach einem Mäzen, fand einen (keines der Mitglieder würde man als Unterschichtkind bezeichnen, sie alle hatten ihre geldwerten Verbindungen) und zog um in die neue Residenz: Schloss Kronwinkl, ein Gutshaus aus dem 12. Jahrhundert. Ein bisschen glich der Umzug der Idee, ein neues Auto zu kaufen, weil im alten der Aschenbecher voll ist. Der Ort Kronwinkl, nicht weit von München, war ein winziges Nest, so klein, dass es keine Straßennamen gab. Heute gehört Kronwinkl zur Gemeinde Eching. Musikalisch portraitierte die Gruppe ihre Behausung auf ihrem 1972er-Album *Carnival In Babylon* mit dem Track „Kronwinkl 12" – ein eher ungemütlich klingendes Stück.

Tanz der Lemminge

Der Film *Amon Düül II spielt Phallus Dei* machte die Band unter Filmemachern bekannt. Im Jahr 1970 steuerte die Gruppe einen Song zu Rainer Werner Fassbinders Film *Die Niklashauser Fart* (eine frühe Schreibweise von „Fahrt“) bei, kurz darauf lieferte sie den Soundtrack zu Hans-Jürgen Syberbergs Film *Chamsin* (nach einer Vorlage von Heinrich von Kleist). Der Film, der in den Kinos im Jahr 1970 unter dem Verleihtitel *San Domingo* erschien, war nicht erfolgreich, aber die Düüls erhielten für ihren Soundtrack den „Deutschen Filmpreis“. Die Musik bildet die Seite 3 des Doppelalbums *Tanz der Lemminge*, das Amon Düül II 1971 veröffentlichte. Der Filmpreis hätte der Gruppe guten Nutzen bringen können, aber wie immer: Niemand in der Band kümmerte sich darum.

Tanz der Lemminge (1971) wurde Amon Düül IIs dritte Platte, wieder ein Doppelalbum. Erstmals veröffentlichte United Artists das Album auch im Ausland; in den USA als *Dance Of The Lemmings*, in Italien als *Vaggio in un sogno* („Reise in einen Traum“). Der Bassgitarrist Dave Anderson hatte die Band in Richtung Hawkwind verlassen, der Sessionmusiker Lothar Meid hatte den Bass übernommen. Er war ein Soul-Fan, absolut professionell mit einer deutlichen Liebe zum Jazz, er war auch Mitgründer von Embryo gewesen, und auch, wenn er als Typ ein wenig knorrig war: All das hört man in seinem Spiel. (Seinen staubtrockenen Humor hört man kompakt in „Die Helden aus dem Untergrund“ von seinem Soloalbum *Mensch, dieser Klaus!* von 1975.) Der Gesamtsound des Albums ist durchschaubarer und besser organisiert als auf den vorherigen Platten, trotzdem aber noch immer heavy, verzerrt, psychedelisch und mit hohem Wiedererkennungswert. Besonders hervorzuheben sind die weitgehend improvisierten Teile auf den Seiten 3 und 4; Falk Rogner lieferte einige schöne elektronische Spielereien in „The Marilyn Monroe Memorial Church“. Renate Knaup taucht lediglich in „Riding On A Cloud“ auf und ist seltsamerweise als „Guest“ bezeichnet. Ein anderer (wirklicher) Gast war der Schauspieler Rolf Zacher, der in „H.G. Wells'Take-Off“ mitwirkte. Dem Album ist anzumerken, dass jede der vier Seiten die Handschrift eines anderen „regieführenden“ Musikers trug.

Eine Single wurde im Jahr 1971 veröffentlicht, „Light“/„Lemmingmania“, aus nicht bekannten Gründen mit dem Gesicht der Robot-Maria aus Fritz Langs Film *Metropolis* auf der Hülle. Die A-Seite hätte mit einem deutschen Text glatt als Schlager durchgehen können. Aber die Single landete nirgendwo. Obwohl es eine Art „Kernbesetzung“ gab – Renate Knaup, Chris Karrer, Christian „Shrat“ Thiele, John Weinzierl, Daniel Fichelscher, Peter Leopold,

Falk Rogner –, änderte sich das Line-up von jetzt an von Platte zu Platte und von Auftritt zu Auftritt.

England

Im Januar und Februar des Jahres 1972 unternahm die Band ihre erste erfolgreiche England-Tour. Sie spielten fünf Konzerte, eines davon am University College of London. Wie immer verließ sie das Chaos auch auf der Insel nicht. Der Tourbus blieb liegen, sie fanden einen Auftrittsort nicht oder kamen zu spät. Eine zweite Tour im Juni war besser organisiert, sie spielten sogar im Londoner Roundhouse und im Marquee Club. Der Musikjournalist Winfried Trenkler war dabei: „Uxbridge bei London brachte den vorläufigen Höhepunkt. Die ganze Uni-Halle stand auf den Beinen. Der Applaus wollte nicht enden. ... Vergleiche mit englischen Gruppen förderten immer wieder nur zwei Namen zutage: Hawkwind und Pink Floyd.“[18]

Carnival In Babylon

Carnival In Babyblon, das 1972er-Follow-Up, enthielt das erwähnte „Kronwinkl 12“ und „All The Years Round“. Wer in der Lage war, die Texte zu dechiffrieren, erfuhr durch diese Stücke einiges darüber, wie die Situation der Gruppe hinter den Kulissen wirklich aussah. Abgesehen davon war es kein bemerkenswertes Album. Beteiligt war eine Back-up-Sängerin namens Joy Alaska – ihr Kopfstimmengesang war störend und passte nicht zu Renates Stimme. Es blieb ihr erster und letzter Einsatz.

Während der Aufnahmesessions dürfte die Hölle losgewesen sein. Olaf Kübler: „Bei *Carnival* war eigentlich wirklich das große Hickhack.“[19] Chris Karrer: „Mit kreisenden Revolvern im Studio! Vor allen Dingen war das die reinste Karrer-Weinzierl-Mafia damals. Da hatte bei *Lemminge* jeder eine Seite komponiert und konnte den riesigen Komponisten rausfahren: und jetzt spielt mal! Nachher gesehen, war das auch die falsche Methode, um zum Beispiel an Peter Leopold ranzukommen. Man dachte, dass der jetzt unter Druck vielleicht über sich hinauswachsen würde, was aber im Grunde genommen eine etwas perverse Methode ist.“[20]

Dieser Platte folgte ein weiterer England-Trip. Der Gig vom 16. Dezember im Greyhound, Croydon, wurde aufgezeichnet und (leider nicht vollständig) als *Live In London* (1973) veröffentlicht. Obwohl angeblich das professionelle Pye

Mobile Studio die Aufnahme gemacht haben soll, ist die Tonqualität zum Weghören. Die spätere entrauschte und remasterte CD klingt nur geringfügig besser. Außerdem bricht ein improvisierter Part, der vielversprechend beginnt, plötzlich ab. Trotzdem gibt es leider keine bessere Alternative. Das Album *BBC Radio 1 Live*, aufgenommen ebenfalls 1973, klingt deutlich besser, aber nur *Live In London* zeigt, welche Power diese Band entwickeln konnte, wenn sie gut drauf war. Leider war sie das nicht immer.

Wolf City/Utopia

Der Popkritiker Werner Burkhardt hatte einmal irgendwo über die Band geschrieben: Man stelle sich einen Wettbewerb vor. Erster Preis: ein Tag mit Amon Düül II, zweiter Preis: zwei Tage mit Amon Düül II. Wie punktgenau er damit ins Schwarze traf, zeigt *Wolf City*, das Album, das als nächstes kam. Es wurde veröffentlicht im Herbst des Jahres 1972 und ist wohl das am meisten ausgefeilte der Gruppe. Lothar Meid, der erneut den Bass übernommen hatte, und Olaf Kübler fühlten sich zusehends genervt von dem ständigen Chaos und den dauernden Streitereien, und irgendwie war die Idee entstanden, dass ja die Rechte der alten Amon Düül (I) bei der BASF lagen und man, daran anknüpfend, vielleicht einen Deal mit dieser Firma machen könnte. Sie mieteten das Bavaria-Studio für die Zeiten, in denen die Düüls es nicht nutzten und heuerten einige ergänzende Sessionmusiker an: Kristian Schultze von Passport, Jimmy Jackson (ein aus Pittsburgh stammender Pianist, der mit Embryo und Passport gespielt hatte), Keith Forsey und den Jazzdrummer Joe Nay. Mit diesem Line-up nahmen sie ein eigenes Bandprojekt auf, das zunächst keinen Namen trug – später wurde es Utopia genannt. Es blieb natürlich nicht aus, dass die anderen Düüls Wind davon bekamen und einbezogen werden wollten. Um es kurz zu machen: Die Geschichte mündete in einen Kampf um die Frage, wer was bei wem spielen sollte und wer seine Komposition als Erster realisiert hatte. Denn das war klar: Wer zuerst da war, ließ anderen keinen Raum mehr auf der Platte für ihre Ideen. Am Ende hatte Olaf Kübler das Kunststück fertiggebracht, das markanteste Stück, „Deutsch-Nepal", für beide Alben aufzunehmen – mit den teilweise identischen Musikern. Düüler ging es wirklich nicht mehr.

Kübler flog dann in die USA zu United Artists, ihrem amerikanischen Label, stellte dort die Aufnahmen beider Alben vor und ließ verlauten, er wolle das Utopia-Album gern unter dem Bandnamen Olaf & His Electric Nazis veröffentlichen. Kübler: „Die ganzen Plattenfirmenbosse sind fast ausschließlich

Juden. Da sind die natürlich ausgeflippt, da standen die natürlich überhaupt nicht drauf. Obwohl sie eigentlich auf mich standen. Ich habe dann auch irgendwas gemacht – was, weiß ich nicht mehr –, damit sie mir die Sache nicht übelnahmen. Und sie haben die Platte gekauft und 40.000 Mark auf den Tisch gelegt. Das waren die Produktionskosten. Also, an und für sich war das ein Freischaufeln zwischen Lothar und mir, vom *jive* her war das eine total andere Kiste."[21] – Utopia war mit Sicherheit eine der seltsamsten Veröffentlichungen aus dem gesamten Amon-Düül-II-Zirkel. Im Jahr 1982 wurde das Album wiederveröffentlicht, nun aber unter dem Namen Amon Düül II mit dem Albumtitel *Utopia*.

Was für eine Idee ist das, als Deutscher ein Album unter „Electric Nazis" laufen lassen zu wollen? Was hat man sich bei einem Titel wie „Deutsch-Nepal" gedacht? Was hat die Band geritten, sich ursprünglich einmal „Reichsverweser" oder „Blitzkrieg" nennen zu wollen? Dieses Liebäugeln mit Nazi-Assoziationen gab es nicht nur bei Amon Düül II. Der damalige Manager der Band, Peter Kaiser, erklärt es so: „Okay, das war ja ganz witzig, aber da mangelt es einfach unheimlich an Gefühlen und Wissen. ... Das war ein ganz gefährlicher Trip, der sehr unkontrolliert werden kann. Da sind wir einfach mit den Nagelstiefeln durchs Haus gelaufen, und alle fanden das toll und schick: Mensch, ist der drauf! Das sind so Dinge, wo man einfach die Sensibilität verkennt und wahnsinnig einseitig wird. Was ja auch bei vielen Rockbands passierte, diese Kälte, die dann plötzlich ausbricht, wo die Musik nur noch ein Panzer ist."[22]

Feuer

1971, während einer Deutschlandtournee, verbrannte das gesamte Equipment der Band bei einem Brand in einer Kölner Discothek. Vier Zuschauer verloren ihr Leben an diesem Abend; wieder mal waren, wie immer wieder festzustellen ist, die Notausgänge blockiert. Das Equipment, welche Überraschung, war nicht versichert. Um sich nicht bei einer Bank verschulden zu müssen, nahm die Band das Angebot von Liberty an, das Geld für eine neue Anlage vorzustrecken. Das ging schnell und problemlos über die Bühne, sodass die Band weiter touren konnte – und das musste sie, denn die Erlöse aus Plattenverkäufen reichten nicht für ein halbwegs vernünftiges Einkommen für alle.

Natürlich gab es das Geld nicht geschenkt. Mittlerweile allerdings waren wegen der dauernden Personalwechsel in der Gruppe und der Umwandlung von

Liberty Records zu United Artists Germany die Verträge zwischen der Band und dem Label durch ständige Änderungen und Ergänzungen so unübersichtlich geworden, dass niemand mehr durchblickte. Als dann im Jahr 1974 Siggi Loch Liberty verließ, um Boss von WEA Music zu werden, wurde schließlich ein Auflösungsvertrag abgeschlossen, der alle früheren Verträge zwischen Amon Düül II und Liberty/UA für ungültig erklärte. Damit war die Band zwar schuldenfrei, aber sie erhielt für alle bis dahin produzierten Platten so lange keine weiteren Tantiemen mehr, bis das Equipment abbezahlt war. Für Amon Düül II hieß das: Nach fünf Jahren als professionelle Band musste man wieder bei Null anfangen.

Olaf Kübler blieb ihr Produzent bis zu *Vive la Trance* (1973). Genervt von dem Chaos, das die Gruppe ständig um sich und mit sich veranstaltete, verbrannte er sämtliche Unterlagen im Englischen Garten. Danach blieb er zwar in Reichweite der Band, aber „offiziell" produzierte sich die Gruppe jetzt selbst.

Lothar Meid, Jörg Evers und Keith Forsey gründeten 18 Karat Gold als Nebenprojekt, sie veröffentlichten ein Album namens *All-Bumm*, 1973. Jörg Evers kam ursprünglich von Embryo. 1978/79 schrieb er den Soundtrack der Fernsehserie *Schluchtenflitzer* und 1989 für den TV-Film *Bolero*, beides unter der Regie von Rüdiger Nüchtern (man sieht, wie schön das Münchner Netzwerk funktionierte), unter dem Pseudonym Manni Ickx schrieb er die Musik zu *Manta, Manta* und einige andere schauerliche Achtziger-Jahre-Komödien. Bis zum Jahr 2012 saß Evers im Aufsichtsrat der GEMA. Keith Forsey spielte im Zirkel um Klaus Doldinger, Giorgio Moroder und Harold Faltermeyer und machte jede Menge Disco- und Schlagerjobs.

Andere Amon-Düül-II-Mitglieder, insbesondere Renate Knaup und Danny Fichelscher, spielten mit Florian Frickes Popol Vuh. Aber Amon Düül II bestand weiter.

Made In Germany

1975, auf dem Album *Made In Germany*, übernahm Jürgen S. Korduletsch das Ruder als Co-Produzent und Backup-Sänger. Er war als Produzent sehr aktiv. Seine Bandbreite reichte von Disco-Soul zu Pop, Schlagern und später Neuer Deutscher Welle. Mit ihm veränderte sich die Musik von Amon Düül II deutlich. Die Gruppe erschien in Deutschland nun bei Teldec, in den USA bei Atlantic Records – letzteres war nicht die beste Idee, wie sich herausstellen sollte. Das 1974er-Album *Hijack* (so sagt es das Cover, auf der Platte steht *Hi Jack*) erschien auf Teldecs Sublabel Nova, später wurde die Band auf Novas Sub-Sublabel Strand verschoben. Diese waren ein etwas seltsamer Gemischtwarenladen; Nova sowohl als auch Strand waren berüchtigt für suboptimale Pressqualität, was bei Teldec eigentlich erstaunlich war. Und mit Atlantic deutete sich schon bald ein Problem an.

Die Grundidee von *Made In Germany* klang großartig: Es sollte ein Musical sein. Und ja, irgendwie wären die DÜÜLs auch tatsächlich die ideale Besetzung gewesen, um solch ein Projekt zu stemmen – sie hatten das passende Image und das erforderliche Quantum an Wahnsinn. Aber es funktionierte nicht. Vielleicht war es für sie schon zu spät, vielleicht gab es andere Gründe. Was es auch war, sie gaben das Spiel aus der Hand. Korduletsch bügelte AMON DÜÜL IIs psychedelischen Sound und ihre ursprüngliche Heavyness herunter zu einer rückgratlosen Pop-Suppe mit orchestralen Einsprengseln. Er fügte einfallslose elektronische Vignetten hinzu und, unter dem Titel „La Krautoma", eine Coverversion des Evergreens „La Paloma". Dazu kam dann noch ein „Interview" mit Adolf Hitler, das aus diversen seiner Reden zusammengesetzt war – da war er wieder, einmal mehr. Klar, man kann das machen, aber so etwas muss dann schon satirische Qualität aufweisen oder wenigstens ein paar Fünkchen Humor besitzen. Beides war hier Fehlanzeige. Offenkundig ging Korduletsch einfach davon aus, dass eine deutsche Band ohne Hitler in den USA nicht zu verkaufen wäre.

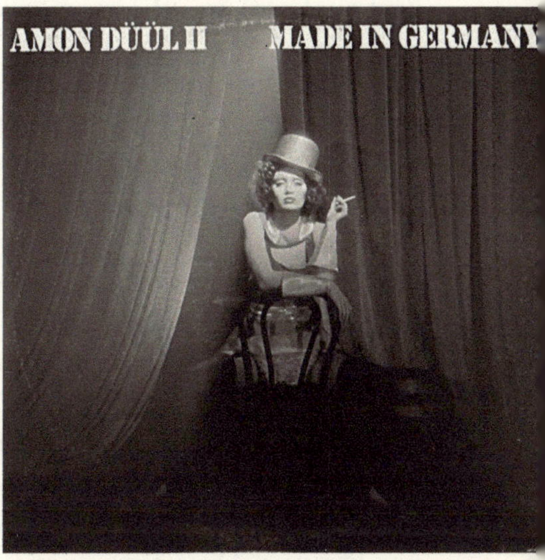

In Deutschland wurde *Made In Germany* als Doppel-LP auf dem Nova-Label veröffentlicht. Liner Notes kamen von Ingeborg Schober, das Cover zeigte die Band in historischen Uniformen und Kleidungsstücken, aber je genauer man hinschaute, desto deutlicher sah man, wie mitgenommen und mottenzerfressen diese Klamotten waren – vielleicht eine Andeutung dessen, in welche Richtung das ganze Projekt eigentlich einmal hätte gehen sollen. Obwohl die Band einen sehr schönen Auftritt in der Fernsehshow „Phonzeit" hatte, wo sie eine wilde „La Krautoma"-Version zelebrierte, ging das Album glatt unter. Es wurden etwa 10.000 Exemplare verkauft, das war's.

In den USA wurde das Werk auf Atlantics Sublabel Atco veröffentlicht, wo es im Prinzip in guter Gesellschaft war. Nur war die Firma nicht willens, es als Doppel-LP herauszubringen. Außerdem akzeptierte sie das Hitler-Interview nicht, denn natürlich hätten die Amerikaner die Stimme erkannt, aber die Sprache nicht verstanden. Deswegen musste Korduletsch das Album zu einer einfachen LP zusammenschneiden, und unglücklicherweise machte er den Fehler, auch noch das Wenige zu entfernen, das seltsam und ungewöhnlich war; übrig blieben nur „Standard-Popnummern", wie es in den USA weitaus bessere gibt. Obendrein wurde noch Renate Knaup in einer blödsinnigen Marlene-Dietrich-Pose aufs Cover gesetzt. Die LP ging unter.

Damit, mehr oder weniger, endet die Story von AMON DÜÜL II. Natürlich gab es weitere LPs. Pop-LPs. So schlecht, wie manche Kritiker sie schrieben, waren sie nicht, aber das typische AMON-DÜÜL-II-Aroma war fort – dieser raue, latent selbstzerstörerische, lemminghafte Charme. Irgendwo auf dem Weg war er verlorengegangen.

Die Band fiel auseinander. Eine Weile existierte AMON DÜÜL II hauptsächlich als eine Art Studio-Konstrukt mit wechselnden Musikern. Lothar Meids Projekt 18 KARAT GOLD wurde die Begleitband des Schlagersängers Peter Maffay. Die DÜÜLS, jetzt unter der Regie von Stefan Zauner und Klaus Ebert sowie dem Sänger Tommi Piper, gingen wieder auf Tour, aber im Jahr 1981, mit dem Album *Vortex*, ging das Kapitel AMON DÜÜL II vorerst zu Ende.

Zauner, durchaus konsequent, gründete die Schlager-Popgruppe MÜNCHENER FREIHEIT. Diese hatte ein paar große Hits in den 1980ern; man erinnert sich an „Ohne dich (schlaf ich heut' Nacht nicht ein)" von 1985 und „Solang man Träume noch leben kann" (1987), opulent mit dem LONDON SYMPHONY ORCHESTRA eingespielt.

Erst im Jahr 1995 kam dann AMON DÜÜL II wieder zurück. Ihr neues Album hieß *Nada Moonshine #*, erschien auf dem Schneeball-Label und knüpfte mit dem alten Team an die alten Wurzeln an.

Nebenbei bemerkt: Von Beginn an spielten die Bandmitglieder mit Gehörschutz, während die Zuschauer die volle Dosis serviert bekamen.[23] Ich kann dies aus eigener Erfahrung zumindest teilweise bestätigen. Ich sah die Band zweimal live. Das erste Mal war Ostern 1974, gerade war *Hijack* erschienen. Es war ein Festivalauftritt, die DÜÜLS spielten am Ostersonntagnachmittag. Lothar Meid, der für (vermutlich) Robbie Heibl eingesprungen war, erinnert sich an den Auftritt als „eine Katastrophe“[24], ich selbst erinnere ihn als „irgendwie neutral“ – ich sehe die Band noch auf der taghellen Bühne stehen, die Ernst-Merck-Halle war nicht verdunkelt und eine Lightshow war nicht vorhanden, Renate wirkte ein wenig ratlos. Sie waren laut, aber keineswegs übermäßig. Obwohl ich ihre Platten recht gut kannte, fiel es mir schwer, einzelne Stücke zu erkennen. – In gewisser Weise durfte man sich aber freuen, sie überhaupt gesehen zu haben. Einen Tag später sollte AMON DÜÜL II auf einem Festival am Bodensee spielen, aber nur Lothar Meid traf dort ein. Nach einer Weile wurde offensichtlich, dass die anderen nicht erscheinen würden, und so fuhr er heim nach München. Das sagt sicherlich einiges aus über den Zustand, in dem sich die Gruppe damals befand.

Meine zweite DÜÜL-Begegnung war ein Auftritt 1977 im Winterhuder Fährhaus, einem alten Ballsaal in Hamburg. Es war das Line-up mit Ebert und Zauner; *Almost Alive* war gerade erschienen. Es war vergleichsweise gut besucht. Ich glaube, dies war das einzige Konzert, das ich erlebt habe, bei dem das Publikum reihenweise den Saal verließ. Ich erinnere nicht einmal mehr, was gespielt wurde: die Lautstärke war schlicht nicht auszuhalten. Schließlich war der Saal halbleer, wir standen auf dem Rasen vor dem Gebäude und hörten von draußen zu. Weder die Band noch der Tonmann nahmen auch nur die geringste Notiz davon.

Offensichtlich konnte man *Almost Alive* da bereits als „halbtot“ lesen.

DIE GEISTER VERWIRREN: CAN

In Verbindung mit Rockmusik war Köln nicht unbedingt die wichtigste Stadt, auch wenn es einige Ausnahmen gab, etwa den Türk-Rock-Meister Alex Wiska, Zeltinger, Brings, BAP und einige andere. Aber hier treffen wir auf ein anderes Kind der 1968er-Ära, die wohl die wichtigste der ersten deutschen Rockband-Generation wurde: Innerspace, wie sie sich zunächst nannten, dann The Can, dann nur noch Can. Als Krautrock-Band haben sie sich nie definiert, vielleicht nicht einmal als Rockband. Aber sie wurden eine.

„Es ist immer gefährlich, die Geister zu verwirren", sagte Irmin Schmidt einst zu einer Reporterin. „Es ist nicht gut, über diese Dinge zu sprechen, wenn du sie nicht kontrollieren kannst."[1] – Ob und welche Geister die Gruppe verwirrt hat, werden wir noch erfahren. Auf jeden Fall ist es einfacher, mit Can umzugehen als mit Amon Düül II. Der Grund ist nachvollziehbar: Als Can ins Rennen ging, waren drei der vier Kernmitglieder bereits über 30, aus dem Gröbsten heraus, und vor allem waren sie Profis. Manchmal, selbst heute noch, hört man Gerüchte, Can hätte als Wohngemeinschaft im Schloss Nörvenich mit eigenem Gemüsegarten gelebt,[2] aber das war nie der Fall. Die Mitglieder der Gruppe waren sich als Musiker und Band sehr nahe, aber den Versuch, zusammenzuleben, unternahmen sie nie. Man darf annehmen, dass das wesentlich zum inneren Zusammenhalt der Band beigetragen hat – ebenso wie ihre völlig unterschiedlichen Werdegänge.

Irmin Schmidt hatte Klavier und Waldhorn studiert, war ein aufstrebender Dirigent und Komponist und hatte Musiktheorie und Kompositionslehre bei Karlheinz Stockhausen, Luciano Berio und György Ligeti studiert. Über letzteren sagt er: „In seiner Klasse fanden sich zunächst zehn, zwölf Leute ein. Nach zwei, drei Unterrichtsstunden war ich mit einem anderen alleine. Was Ligeti von uns verlangte, war für alle anderen unheimlich und total langweilig. Er hat gesagt: ‚Jetzt machen Sie mal ein Stück von zwei Minuten auf einem Ton, das aber rhythmisch und klangfarblich interessant ist!' Das fand ich irrsinnig spannend.

Ich habe wahnsinnig viel gelernt über Instrumentation. Er hat mich gezwungen, mich über jedes Instrument zu informieren. Er fragte mich: ‚Was weißt du eigentlich über den Kontrabass? Hier gibt es doch jede Menge Studenten, die ihn studieren. Lass dir zeigen, was der alles für Töne auf seinem Instrument machen kann!' Man hat gelernt, jedes Instrument ganz neu zu entdecken. Das war natürlich ein Kurs fürs Leben."[3] Später war Schmidt als Chorleiter an einem Opernhaus engagiert, er hatte Filmsoundtracks und Theatermusiken geschrieben, hatte den Deutschen Rundfunkpreis als bester Nachwuchsdirigent erhalten und im Auftrag des NDR ein Musikwerk für Orchester und Band (mit Manfred Schoof, Trilok Gurtu und John Marshall) komponiert. Zunehmend jedoch wurde ihm klar, dass er „mit dem Konzertpublikum nichts gemeinsam"[4] hatte. In New York hatte er an Trommelsessions mit Steve Reich und La Monte Young teilgenommen. Diese Erfahrungen hinterließen Spuren.

Hans „Jaki" Liebezeit, wie schon erwähnt, war zwei Jahre Schlagzeuger bei Manfred Schoof gewesen, hatte aber das Gefühl gewonnen, dass der Free Jazz sich totgelaufen hatte: „Alles folgte der Regel: Alle Töne sind gleichberechtigt. Es heißt auch, jede Art von Verdopplung oder Wiederholung ist auch verboten. Es gab Vorstellungen, zu spielen wie ein Gebirgsbach, der zu Tal fließt, mal schneller, mal langsamer, Stau, Wasserfall runter. Für Trommler ist das ein großer Frust. … Mit hundertprozentiger Überzeugung habe ich das nie gemacht."[5] Und so, als Irmin ihn fragte, ob er einen Drummer kenne, der eventuell Lust hätte, sich an einer neuen Band zu beteiligen, antwortete er: Ja, er wisse da jemanden – und erschien dann zu Irmins Überraschung selbst beim Gründungstreffen.

Holger Czukay studierte Kontrabass und Komposition, arbeitete als Musiklehrer an einem Schweizer Internat, belegte Kurse über Alte Musik und war von Oktober 1965 bis April 1966 Teilnehmer der „Kölner Kurse für Neue Musik". Einer seiner Lehrer dort war Karlheinz Stockhausen, und in dessen Kurs traf er Irmin Schmidt. (Auf Stockhausens Liste aller 38 Teilnehmer findet man Czukay unter seinem bürgerlichen Namen Holger Schüring. Weitere Teilnehmer waren Jon Hassell, Bruno Spoerri und David Johnson. Letzterer wurde ein frühes Can-Mitglied, verließ die Band aber, um Tonassistent bei Stockhausen zu werden. Seine Stimme ist in Stockhausens *Hymnen, Region 2* zu hören.[6]) Generell war Stockhausen an Rockmusik nicht sehr interessiert, aber die Karriere von Can behielt er viele Jahre lang im Auge. Besonders Holger Czukay hielt den Kontakt aufrecht: „Stockhausen war die Kirche im Dorf."[7] In gewisser Weise adoptierte Stockhausen die Gruppe. Irmin Schmidt: „Es gab während der Can-

Jahre Momente, wo wir miteinander zu tun hatten, auch hat er uns mal sehr geholfen. Übrigens hat er die Musik von CAN sehr akzeptiert und gemocht. Da muss ich Ihnen eine Geschichte erzählen: Er machte mal in der 70ern mit einer Zeitung einen Blindtest mit neuer Rockmusik.[8] Er fand das alles ziemlich bescheuert und hat sich nicht gerade freundlich über die meisten Sachen geäußert. Und dann haben sie ihm ‚Aumgn' aus *Tago Mago* vorgespielt. Das fand er ganz toll. Ihm wurde dann verraten, dass dies CAN sei. Dann meinte er: ‚Kein Wunder, das sind auch meine Schüler!'"[9]

Michael Karoli war ein Gitarrenschüler von Holger Czukay und wies diesen auf die Musik von Jimi Hendrix und anderen Rockgitarristen hin. Nach seinem Abitur studierte er für kurze Zeit Jura, gab das Studium allerdings auf, um 1968 bei CAN einzusteigen.

CAN wäre nicht die Band geworden, die sie war, hätte es da nicht auch Irmins Frau Hildegard gegeben. Als sie Irmin während einer Zugfahrt nach Berlin das erste Mal traf, war sie 17 und hatte einen Job in einer Immobilienverwaltung. Über die Rockszene wusste sie wenig, aber sie wusste, was ein Vertrag ist und wie man ihn korrekt aufsetzt. „Ich hatte ungeheuer viel Glück, gleich zu Anfang auf zwei Menschen zu stoßen, die sofort von CAN begeistert waren und mich in jeder Hinsicht unterstützten. Das waren Martin Davis, Managing Director von United Artists, von dem ich so viel gelernt habe und auf dessen Rat ich auch heute noch nicht verzichten möchte, und David Platz, ein Verleger der alten Schule, der mich damals ebenfalls unter seine Fittiche nahm und der leider nicht mehr bei uns ist. Mit ihm habe ich meinen englischen Verlag Messer Music gegründet."[10] Der Rest war „learning by doing".

Wie kam Malcolm Mooney zur Band? Hildegard Schmidt: „Malcolm habe ich in Paris kennengelernt. Ich besuchte Serge Tcherepnin, der mit Irmin zusammen bei Stockhausen studiert hatte. … Das war im Juni 1968, direkt nach den Mai-Unruhen. Malcolm – ein Freund von Serge aus den USA – kam gerade aus Indien und wollte wegen Vietnam auf keinen Fall zurück. Er suchte Verbindungen zu Galeristen und hoffte, irgendwo ein Atelier zu finden, in welchem er als Maler und Bildhauer hätte arbeiten können. Ich fand ihn auf Anhieb sehr sympathisch und absolut charismatisch. Ich dachte, durch Irmins und meine Verbindungen zur Kunstwelt könnte man vielleicht in Deutschland etwas für ihn finden. Also lud ich ihn ein, uns in Köln zu besuchen. Ziemlich bald danach ist es dann passiert. Ich war bei meiner Familie in Witten, und als ich zurückkam, war Malcolm – oder Dessie, wie wir ihn damals nannten – in Köln und schon Sänger von CAN."[11] Malcolm Mooney besaß eine spezielle Vorliebe für leicht erratische, improvisierte Texte und monomanische Wiederholungen; sein verzweifeltes Schreien in „Thief" oder „Soul Desert" oder seine endlos wiederholten Phrasen wie „Are you waiting for the streetcar" können eine unvergessliche Erfahrung sein. Im Konzert kam ihm gelegentlich die Kontrolle über sein eigenes Verhalten abhanden, bis hin zu Attacken auf das Publikum oder bis zum plötzlichen Verlassen der Bühne. Und leider, nachdem er der Band eine Weile angehört hatte, entwickelte er eine Mischung aus Heimweh und psychischen Problemen; er befürchtete, Ärger mit der Army zu bekommen, und wurde zunehmend unzuverlässig. Schließlich, im Jahr 1970, verließ er CAN und kehrte nach Harlem, New York City, zurück, um als Kunsterzieher zu arbeiten.[12] Er veröffentlichte später drei LPs mit der Bay-Area-Band TENTH PLANET und noch einige andere Kollaborationen mit anderen Musikern, aber an die Qualität seiner Arbeit mit CAN kam er nie wieder heran.

Kenji „Damo" Suzuki war ein Zufallsfund. Er war als Straßenmusiker in München unterwegs, als ihn zufällig die spazierengehenden Holger und Jaki sahen. Sie hörten ihm eine Weile zu und luden ihn dann ein, sie am Abend im Blow Up zu treffen. Das tat er, betrat die Bühne – und blieb. Dem *Melody Maker* zufolge bestand sein Vokalstil darin, dass er „weniger singt als Worte ins Mikrofon atmet"[13]; auch war er wie Malcolm in der Lage, textähnliche Phrasen zu improvisieren. Ich, für meinen Teil, mag seinen Gesang auf den Studioaufnahmen der Gruppe, auf der Bühne hatte er die unangenehme Tendenz, ins Kreischen zu verfallen. Er verließ die Band im Jahr 1973, als er eine Frau heiratete, deren Eltern Zeugen Jehovas waren, was ihn dazu veranlasste, selbst ein solcher zu werden. Er betont allerdings, die Entscheidung, die Gruppe zu verlassen, habe damit nichts zu tun gehabt.[14] Er blieb musikalisch aktiv, zu seinen besten Aufnahmen nach CAN dürfte die LP *In The Night* mit der Kölner Band DUNKELZIFFER von 1984 gehören.

Vermutlich werden jetzt einige mit dem Kopf schütteln, wenn ich folgende Behauptung aufstelle: Beide Sänger, sowohl Malcolm als auch Damo, waren starke Persönlichkeiten, sind Teil von CANs Geschichte und hinterließen deutliche Spuren. Es war Malcolm, der diese Experimentiergruppe kopflastiger Intellektueller überhaupt erst zu einer Rockgruppe geformt hat. Trotzdem bin ich davon überzeugt, dass beide zwar in die Chemie der Gruppe hineinpassten, sie aber nicht dauerhaft substanziell verändert haben. Als sie gegangen waren, versuchte CAN, adäquaten Ersatz zu finden, aber, wie Irmin sagte: „Ihr Fehler war, dass sie richtig singen konnten."[15] Schließlich arbeitete CAN ohne eigenständigen Sänger weiter, Irmin und Michael teilten sich den Gesang, und das funktionierte gut. Nun stelle man sich einmal vor, was passiert wäre, wenn auch nur eines der Kernmitglieder – Schmidt, Karoli, Czukay, Liebezeit – nicht mehr dagewesen wäre: Es braucht nicht viel Fantasie, um zu erkennen, dass CAN dann nicht mehr funktioniert hätte. CAN brauchte sie alle vier. Das bewahrheitete sich später.

Die Gruppe war ein weitgehend geschlossener Zirkel; Gastmusiker hörte man nur in „Red Hot Indians" vom 1975er-Album *Landed* (unser Freund Olaf Kübler spielt das Saxophon); auf *Saw Delight* (1977) spielen der Perkussionist Reebop Kwaku Baah und Bassist Rosko Gee, beide von TRAFFIC. Aber zu diesem Zeitpunkt hatte die Band bereits starke Schlagseite. Sie machte weiter, ein bisschen angestrengt, doch noch waren alle Kernmitglieder dabei. Ich erinnere mich aber ein Live-Konzert mit Klaus Schulze und CAN, das 1977 im Fernsehen übertragen wurde. Nach den beiden Auftritten gab es eine gemeinsame Interviewrunde, und wenn man Schmidt und Czukay beobachtete, dann konnte man die Spannung zwischen den beiden fast körperlich spüren.[16]

Als Reebop auf der Bühne den Stecker von Holgers Verstärker zog, sagte Holger: „Wenn du das nochmal machst, gehe ich."[17] Reebop machte es nochmal, und Holger verließ CAN nach *Saw Delight*. Die folgende LP, *Out Of Reach* (1978), noch mit Rosko und Reebop, wurde, obwohl von keinem geringeren als Conny Plank gemischt, eine charakterlose Sammlung bedeutungsloser Songs. Das Album wurde von der Band selbst jahrelang nicht wiederveröffentlicht. Schade, dass CAN in ihrer Wiederveröffentlichungsserie von 2014 nicht die Konsequenz besaßen, es dabei zu belassen. Ein Kernmitglied der Band war nicht mehr dabei, der Kreis war nicht mehr geschlossen. CAN war nicht mehr dieselbe Band und das ursprüngliche Konzept faserte aus. Die verbliebenen Musiker Irmin, Michael und Jaki merkten das und versuchten noch, auszuschalten, was sie als den Störfaktor lokalisierten, und das folgende Album, das einfach *Can* (1978) hieß, war dann auch wieder ein wenig kompakter als sein Vorgänger – aber es war blass und blieb ihr letztes. Der ursprüngliche Geist der Gruppe ließ sich nicht wiederbeleben.

Hildegard Schmidt: „Der Konflikt um Holger war sehr schmerzlich und hatte neben den musikalischen auch noch private Gründe, über die ich nicht sprechen möchte. Ich hatte nur den großen Wunsch und habe alles dafür getan, dass Holger seine eigene Karriere aufbauen konnte. Ich bin sehr froh über das Vertrauen von Holger in meine Arbeit. Ich glaube, er würde nie einen entscheidenden Schritt – was seine Karriere anbelangt – unternehmen, ohne mit mir darüber zu reden."[18]

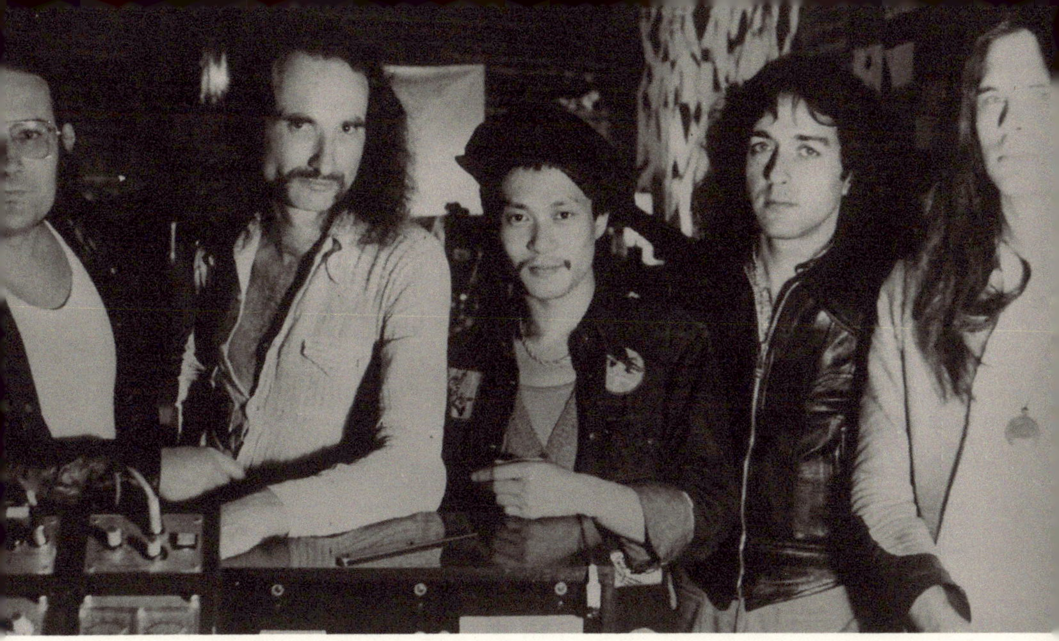

Can: Irmin Schmidt, Holger Czukay, Damo Suzuki, Jaki Liebezeit und Michael Karoli

Es sagt eine Menge über die soziale Konstruktion der Band aus, dass auf Holgers späteren Soloalben fast immer auch CAN-Mitglieder zu hören sind. Selbst, wenn es ernsthafte Konflikte gab, waren sie immer in der Lage, damit umzugehen. Der lebende Organismus CAN wurde zwar manches Mal beschädigt, überlebte aber alle Stürme. Vielleicht eine Altersfrage, wer weiß.

Neben der Tatsache, dass sich die Band selbst managte, gab es eine Reihe von selbstgeschaffenen Grundregeln: Die Kompositionen wurden niemals anders als mit „Can" oder den Namen aller Mitglieder gezeichnet, unabhängig davon, wer tatsächlich daran beteiligt war. Alle eingehenden Einnahmen wurden in eine gemeinsame Dose geworfen; die Legende sagt, darauf gründe der Name der Band. Über dessen Herkunft gibt es etliche Anekdötchen, aber dies scheint die plausibelste von allen zu sein.[19] Alle Bandmitglieder erhielten stets den gleichen Anteil. Anders als bei AMON DÜÜL II gab es daher nie Ärger um Tantiemen – oder jedenfalls *fast* nie. Die Ausnahme war das Album *Out Of Reach*, bei dem Rosko Gee auf individuelle Kompositionsangaben bestand. Am Ende des Tages war das einer der Gründe, weshalb sich die Band von ihm verabschiedete. Und Hildegard Schmidt hat es selbst in Krisenzeiten immer hinbekommen, dass niemand plötzlich ohne Geld dastand.

Sie bestreitet es, aber sie war von Anfang an auch in künstlerische Fragen involviert: „Stimmt nicht – ich hatte und wollte auch keinen Einfluss auf künstlerische Entscheidungen haben. Ich habe zugehört und meine Meinung gesagt. Bei *Tago Mago* fand ich das gesamte Material so toll, dass ich sowohl CAN als auch United Artists München überzeugt habe, eine Doppel-LP zu machen"[20] – wenn das mal keine künstlerische Mitsprache ist. Einflussnahme war sicher auch Hildegard Schmidts Idee, die Band im Jahr 1988 noch einmal zusammenzuholen, inklusive Malcolm Mooney (der allerdings zum selben Zeitpunkt die gleiche Idee hatte). Holger reiste unter Vorbehalt an: „Hildegard, ich bin jetzt hier, weil du das wolltest, aber ich weiß nicht, ob ich bleiben kann."[21] Damo Suzuki war auch gefragt worden, lehnte aber ab. Aus dem Treffen wurde der Nachzügler *Rite Time*.

Irmin Schmidt hatte schon frühzeitig in seiner Karriere Verbindungen zu Theatern und Filmemachern aufgebaut. Im Jahr 1969 spielte CAN drei Monate lang in *Prometheus* von Max-Peter Ammann am Stadttheater Zürich. Ein anderer Job im selben Jahr war die Musik zu dem Softporno *Kamasutra – Vollendung der Liebe* (in der Regie von Kobi Jaeger, längst vergessen wie der Film). „Nicht gerade ein Meisterwerk", wie Schmidt sagt: „Wir waren nicht CAN, wir waren noch INNERSPACE, als ein Filmproduzent kam und uns anheuerte. Immerhin haben wir ein bisschen Geld damit verdient. Allerdings nicht sofort. Erstmal musste Malcolm Mooney, unser Sänger, den Produzenten in einer Münchner Bar verprügeln, bevor wir unser Geld bekamen."[22] Filmmusikjobs wurden bald darauf zu einem wichtigen Teil von CANS Arbeit und eine bedeutende Einnahmequelle.

CANS *Kamasutra*-Erfahrung zeigt im Übrigen repräsentativ, worauf Rockmusiker in Deutschland immer gefasst sein mussten: Sie wurden nicht für voll genommen. Für Plattenfirmen, Booker, Konzertveranstalter und Filmproduktionsfirmen waren deutsche Rockmusiker, wie TANGERINE DREAMS Edgar Froese einst fluchte, „Karnevalsidioten".[23] Selbst wenn es nicht immer so extrem war: Viele versuchten, auf dem Rücken einer Rockgruppe eine schnelle Mark zu machen oder einen Soundtrack zum Schnäppchenpreis zu ergattern.

Ofarim

Ein weiteres Problem für Bands war es, ein Management aufzubauen. Auch CAN hatte damit zu kämpfen – Stichwort: Abi Ofarim. Auch hier war es Hildegard Schmidt, die die Band aus den Schwierigkeiten manövrierte. Was war passiert? Ofarim war bekannt als die männliche Hälfte des Duos ESTHER & ABI OFARIM, nach dessen Trennung war er Solosänger, Songwriter, Choreograph und Tänzer, und er war Gründer einer Musik-PR-Agentur namens Prom. Die sollte eigentlich eine Managementfirma sein, aber solche Pläne ließ man besser nicht offen verlauten (auf den Grund komme ich später zurück).

In einer Quasi-Live-Situation im Schloss Nörvenich hatte Can privat ein erstes Album aufgenommen, *Monster Movie*, aber keine Plattenfirma war daran interessiert. Deshalb ließen sie im Jahr 1969 von Music Factory, Karlheinz Freyniks vor der Gründung stehendem Plattenlabel, eine Privatpressung herstellen; die Auflage betrug 600 Stück (heute ein gesuchtes Sammlerteil). Auf der Coverrückseite findet sich der Slogan „Scheisshouse Records Production presents“. Weshalb der dort stand, weiß niemand so richtig; als Name für die Plattenfirma jedenfalls war er nicht geplant.

Freynik wurde bereits in Verbindung mit dem *Electric Rock*-Sampler erwähnt, für den er die surrealen Liner Notes geschrieben hatte. Er hatte eine erfolglose LP namens *Ich bin ein Deutscher* auf dem Star-Club-Label veröffentlicht, war Mitglied der City Preachers gewesen, in Drogenprobleme geraten und hatte später das Libretto für eine der zwei oder drei deutschen Versionen des Musicals *Hair* geschrieben. Da einige Sängerinnen und Sänger aus dem Münchner *Hair*-Ensemble – Donna Summer, Jürgen Marcus, Jürgen Drews und Su Kramer – bei Liberty unter Vertrag standen, hatte Freynik einen Draht zu dem Liberty-Chef Siggi Loch. Ihm drückte er eines schönen Tages ein *Monster Movie*-Musterexemplar in die Hand. Loch erinnert sich: „Von Can war ich gleich genauso fasziniert wie von Amon Düül II. Ihre Musik war originär und steckte doch voller Elemente aus allen möglichen Stilen, auch aus dem Jazz. Ich machte Kalle Freynik ein Angebot für eine Produktionsübernahme auf Liberty, wir wurden uns rasch handelseinig. Die Lizenzvorauszahlung von 10.000 Mark sollte er am nächsten Morgen nach Vertragsunterzeichnung gleich mitnehmen, er war in Eile und auf dem Weg in den Urlaub.“[24]

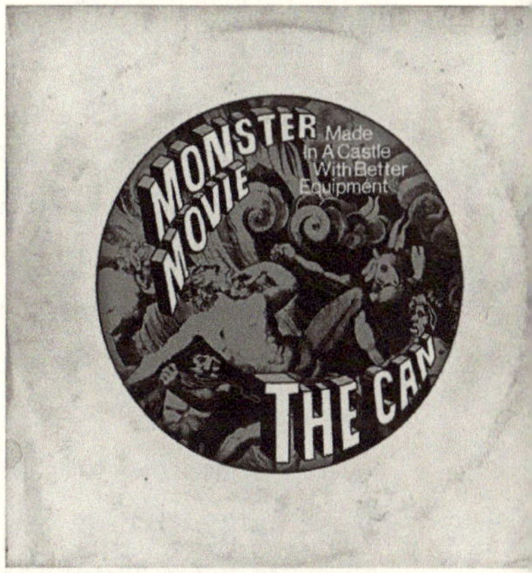

Aber Loch wartete vergeblich auf Freynik. Stattdessen bekam er einen Anruf von Abi Ofarim, der ihn davon in Kenntnis setzte, dass Freynik bereits auf dem Weg nach Griechenland und er (Ofarim) nun der Besitzer der Can-Aufnahmen sei. Loch: „Ich fuhr am selben Tag zu Abi, der mit der blutjungen, hübschen Iris Berben zusammenlebte. Abi Ofarim war ein schlauer ‚Wheeler Dealer‘. Es dauerte Stunden, zwischendurch servierte die betörende Iris Kuchen. Ich war zu tief in die Verhandlungen vertieft, um mich zu bedienen, aber mein Mitarbeiter langte kräftig zu und kam erst am übernächsten Tag wieder ins Büro. Die süße Verführung war ein Haschkuchen gewesen, der ihm einen totalen Blackout beschert hatte. Nach zähen Verhandlungen wurde ich mit Abi einig und kaufte *Monster Movie* erneut, und jetzt für die doppelte Summe."[25]

Das daraus entstehende Problem war, dass Abi Ofarim sich von diesem Moment an als CANs Manager sah und einen Teil ihrer Einnahmen beanspruchte. Hildegard Schmidt: „Nachdem Abi Ofarim uns direkt am Anfang von CAN erst einmal Rosinen in den Kopf gesetzt hatte, und wir glaubten, mit jemandem wie Abi als Manager würde sich der Erfolg ruckzuck einstellen, hatte ich nicht im Traum daran gedacht, Managerin von CAN zu werden. Das stand überhaupt nicht zur Debatte. Aber als wir dann nach der Anfangseuphorie trotz Abi ohne irgendwelches Geld dastanden, das Virus CAN mich aber schon voll im Griff hatte, konnte ich gegen meine mir angeborene Kämpfernatur nichts mehr tun und legte einfach los."[26] Natürlich war Abi nicht willens, das einfach so zu akzeptieren und bereitete der Band eine ungemütliche Zeit. Er erwirkte sogar eine Einstweilige Verfügung gegen die Veröffentlichung von *Tago Mago*.[27] Hildegard fand einen Lösungsweg und übernahm offiziell das Management der Band.

So rational das alles zu klingen scheint, CAN war kein leicht zu managendes Projekt. Die Kernmitglieder, ebenso aber auch die Sänger Malcolm und Damo, waren starke und sehr unterschiedliche Persönlichkeiten. Spannungen waren an der Tagesordnung, es gab Endlosdiskussionen, Funken flogen, besonders zwischen Holger und Jaki, weil Jaki stets fand, Holger spiele zu viele Noten (in seinen Soloprojekten hat Jaki konsequenterweise nie einen Bassisten geduldet). Viele andere Bands würden darüber entnervt das Handtuch geworfen haben, aber die CAN-Mitglieder fanden einen besseren Weg: Sie wandelten all diese Spannungen und Kontroversen in eine produktive Kraft um, die die Band vorwärtstrieb. Hildegard Schmidt: „Die hingen dermaßen an- und aufeinander, dass ich zum Beispiel die ersten Jahre mit unserer kleinen Tochter immer allein in Urlaub fahren musste. CAN hatte für sowas keine Zeit."[28] Wahrscheinlich ist es genau diese Arbeitsintensität und die Verschiedenheit der Charaktere gewesen, die CANs künstlerischen Erfolg ausgemacht hat.

Studio

CAN war eine der ersten Bands, der klar wurde, dass sie ihre Ideen nicht ohne eigenes Studio würden verwirklichen können. Holger Czukay: „Bevor wir als CAN zusammenkamen, hatte Irmin bereits einen Filmmusikauftrag. Der Film hieß *Agilok & Blubbo*, ein richtiger 1968er Underground-Film. Verwackelte Kamera und alles. Thema: Seinen eigenen Weg gehen. Wir lieferten eine ganz passable, intelligente Filmmusik dazu ab. … In [David Johnsons] Wohnung bauten wir alles auf. Wir sind nicht ins Studio gegangen. Irmin sagte schon ganz richtig: Wenn wir als Band richtig etwas hermachen wollen, dann müssen wir von Anfang an ein eigenes Studio haben, damit wir dort ganz ungezwungen Aufnahmen machen können. Das war also ein gegenläufiger Aspekt zur üblichen Vorgehensweise. … Wir erhielten dann einen Raum in Schloss Nörvenich, weil wir dort bei einer Picasso-Ausstellung gespielt hatten. Wir bekamen ihn einfach so."[29]

Das „Schloss" war ein Landhaus, erbaut um das Jahr 1400 im Raum Düren, unweit von Köln. Von 1963 bis 1971 lebte der Bildhauer Ulrich Rückriem hier mit seiner Familie und stellte etliche Räume als Künstlerateliers zur Verfügung.

CAN brauchte ein eigenes Studio, weil die Band improvisierte, experimentierte, diskutierte, änderte, überspielte und neu aufnahm – und all das nahm viel Zeit in Anspruch. Anders war es aber nicht möglich, denn im Gegensatz zu den meisten anderen Bands wurde ein Stück bei CAN nicht komponiert, entwickelt, bis zur Perfektion eingeübt und dann im Studio reproduziert. Bei CAN konnte jeder Moment Teil der Endfassung werden, aber genauso auch Backing für ein Overdub. Irmin Schmidt: „Unser Konzept war, dass niemand komponiert, sondern wir alle erfinden. Man muss sich sehr genau aufs Zuhören konzentrieren, eine fast ‚mönchische Übung', weil es nicht so sehr darauf ankommt, was man selbst spielt. In erster Linie geht es darum, die Ohren zu öffnen und zu hören, was die anderen machen! Eventuell kannst du dann, wenn es passt, etwas einbringen. Das ist eine ziemlich asketische Übung! Das ist keine Improvisation im Sinne von ‚jammen'. Das haben wir nie gemacht. Wir arbeiteten immer sehr fokussiert, mit viel Disziplin."[30]

Eine Rockgruppe ist nicht ganz leise, und so konnte Schloss Nörvenich keine Dauerlösung sein. Aber sie hatten Glück. Die Gruppe fand ein leerstehendes Kino im Städtchen Weilerswist bei Köln. Daraus wurde das Inner Space Studio, benannt nach dem ersten Namen der Band. Zur Schalldämmung verwendeten sie einen größeren Posten alter Bundeswehrmatratzen; der originale Vorhang, der aus den Flaggen diverser Länder zusammengesetzt war, blieb ebenso unangetastet wie das alte Kassenhäuschen und manches Dekor aus den aktiven Kinozeiten.

CAN hatte auch in einer anderen Hinsicht Glück: Es gab keinen ernsthaften Ärger mit den Nachbarn. Zunächst wurden sie zwar ein bisschen schief angesehen; die Musiker sahen zu dieser Zeit ziemlich verboten aus. Aber die Leute merkten nach einer Weile, dass es sich um freundliche Typen handelte, die weder die Parkbänke zerlegen noch die Töchter des Ortes jagen wollten, und sie gewöhnten sich an die Band. Ab 1971 war sie dann voll akzeptiert, nachdem CAN die Filmmusik für den TV-Krimidreiteiler *Das Messer* geschrieben hatte (ein sogenannter „Straßenfeger", den damals so gut wie jeder gesehen hatte). Dessen Titelsong, „Spoon", wurde ein veritabler Radiohit und stand 16 Wochen lang in den Charts, Höchstposition immerhin #6; die Single verkaufte sich rund 350.000 Mal – eine schöne Starthilfe auch für die LP *Ege Bamyasi.* Andere bekannte Soundtracks von CAN sind unter anderem *Das Millionenspiel* (1970, Regie: Tom Toelle, nach einem Drehbuch von Wolfgang Menge; in dieser bissigen Fernsehshowparodie trat die Band auch kurz selbst auf[31]), Thomas Schamonis *Ein großer graublauer Vogel* (1969), Wim Wenders' *Alice in den Städten* (1974), der „Tatort" *Tote Taube in der Beethovenstraße* (1973, Regie: Sam Fuller) und *Die letzten Tage von Gomorrha* (1974, Regie: Helma Sanders-Brahms; die Musik firmiert hier allerdings unter dem Namen Irmin Schmidt). „Mother Sky", der Soundtrack zu *Deep End* (1970, Regie: Jerzy Skolimowski; der Titel bezieht sich auf das tiefe Ende des Schwimmbassins) war mit einigen anderen Filmmusiken bereits auf *Soundtracks* von 1970 vertreten gewesen. Nicht selten sind die Musiken besser als die dazugehörigen Filme.

Am 4. Februar 1972 spielte CAN ein Free Concert vor etwa 10.000 Zuschauern in der Kölner Stadthalle – mit einem Illusionisten, Akrobaten und Feuerschluckern. Auf Bitten der Band filmte der Cutter Peter Przygodda die Show. Er hatte die meisten Wim-Wenders-Filme geschnitten; die Gruppe hatte ihn durch *Alice in den Städten* kennengelernt. Przygodda kürzte das Material zu einer 50-Minuten-Doku, die im WDR-Fernsehen gezeigt wurde. Im Anschluss daran starteten CAN ihre erste England-Tournee.

Der *Sounds*-Poll 1972 listete CAN als „Band des Jahres", und die Gruppe erhielt eine „Goldene Europa" von der Europawelle Saar des Saarländischen Rundfunks.

CANS übliche Studioroutine (sowohl im Schloss Nörvenich als auch im Inner Space) lief so ab: Irgendwann gegen 10 Uhr vormittags tauchten die Musiker auf. Wann sie das Studio verlassen würden, stand nie genau fest. Meist begann dann jemand (oder auch die ganze Band) damit, irgendetwas zu improvisieren. Das konnte heißen: ein Instrument zu spielen, aber ebenso auch, auf den mit Papier gefüllten Müllsäcken zu trommeln, die in Nörvenich als Schalldämmung verwendet wurden. Es konnte auch bedeuten, Musik zu hören, oder Irmin zu lauschen, der die Handlung eines Films erzählte. Was immer es war, es konnte unter Umständen stundenlang dauern. Sowohl Malcolm als auch später Damo waren in der Lage, spontan Texte oder zumindest singbare Phrasen zu erfinden. Fast alles, was passierte, wurde auf Band aufgezeichnet. Holger verwendete dafür nicht mehr als fünf Sennheiser-Mikrofone. Diese, zwei Revox-Bandmaschinen und ein einfaches Mischpult bildeten das gesamte Studioequipment.

Der zweite Schritt war dann üblicherweise, dass Holger die aufgezeichneten Aufnahmen dieser ersten Session editierte. Er schnitt heraus, was die Band als unerheblich erachtete, und klebte die verbleibenden Aufnahmen zusammen. Diese Schnitte sind oft nicht mal verborgen, man kann sie auf manchen CAN-Aufnahmen deutlich hören. Holger hatte das Studio so eingerichtet, dass eine Trennung zwischen Regie und Aufnahmeraum nicht existierte. Es gab ein PA-System, über das das soeben angefertigte Band als eine Art Backing Track abgespielt wurde. Die Band spielte dann eine zweite Schicht darüber. Diese konnte immer noch voll improvisiert sein, hatte aber häufig schon eine deutlichere Struktur. Das Resultat wurde wiederum editiert und eventuell weiter gekürzt. Man kann diese Aufnahmetechnik manchmal erkennen, weil darin Teile vorkommen, die so nicht in einem Durchgang entstanden sein können; einige der Schlagzeugparts (etwa in „Vitamin C“ oder „Mother Sky“) wären selbst für einen Drummer wie Jaki physisch unspielbar gewesen.

Ich bin nicht sicher, ob sie es damals wussten, aber die Methode, statt Kopfhörern ein Studio-PA-System zu verwenden, um den Musikern Playbacks zuzuspielen, ist sehr ähnlich der Methode, mit der der Produzent Phil Spector seine berühmte „Wall of Sound“ erzeugte. Auf diese Weise wird das Grundplayback beim zweiten Durchgang durch die Mikrofone wieder mit aufgezeichnet, und dies gab den CAN-Platten bis zu *Soon Over Babaluma* ihren räumlichen Klang.

Diese Methode funktionierte recht gut, verbrauchte allerdings enorme Mengen an Tonband. Weil letzteres teuer war, war die Band, wie Irmin sagte, quasi dazu gezwungen, diszipliniert und fokussiert zu arbeiten. Natürlich wurde das weggeschnittene Bandmaterial wieder und wieder verwendet, inklusive der Schnittstellen und eventueller Dropouts. Anders waren die Kosten nicht im Griff zu behalten.

Im Jahr 1974 legte sich die Band eine 16-Spur-Bandmaschine zu. Das veränderte den Arbeitsprozess dramatisch, denn nun konnte jeder der Musiker Spuren zu einer Aufnahme hinzufügen, ohne dass die anderen anwesend sein mussten. Das erste Album, das mit dieser Maschine aufgenommen wurde, war *Landed* (1975), und der Unterschied zu den vorherigen Platten springt einen geradezu an. Klar, sie konnten noch so arbeiten wie zuvor, aber technisch mussten sie es nicht mehr, und das war verführerisch. Nach meinem Eindruck hat die

Band darüber einen Teil ihres früheren Charmes eingebüßt, der durch das Zusammenspiel entstand.

Beide Aufnahmemethoden, die alte wie die neue, bedeuteten, dass alle Studioproduktionen von CAN massiv nachbearbeitet waren. Was auf den Platten zu hören ist, hätte live so nicht gespielt werden können. Das erinnert sehr an die Produktionsmethoden des Produzenten Teo Macero: Meisterwerke wie Miles Davis' *In A Silent Way* (1973) oder *Bitches Brew* (1974) sind nie 1:1 so eingespielt worden, wie wir sie auf den Platten hören. Sie sind das Ergebnis massiver Eingriffe per Schnitt oder am Mischpult. Nach wie vor regen sich Hardcore-Jazzfans manchmal darüber auf, dass so etwas im ach–so-ehrlichen Jazz möglich war – sie empfinden das als Betrug am Hörer. Kann man so sehen; ich für meinen Teil sehe darin eher eine Methode, das Studio als zusätzliches Instrument einzusetzen. Der Hörer kauft ja das Ergebnis, nicht den Produktionsprozess. Wäre das anders, dürfte man auch Filme nicht schneiden.

Wie schon gesagt, CAN war nicht ursprünglich als Rockgruppe geplant. Die Gruppe sollte ein Vehikel sein (ein Ochsenkarren, wie Holger sie manchmal nannte), um unabhängig von Genregrenzen in Musik zu transformieren, was die Mitglieder im Kopf hatten. Der wichtigste Teil dessen war die Bereitschaft und Fähigkeit der Musiker, *zuzuhören*, was die anderen gerade machten oder nicht machten. Und was immer das war, sie konnten sich darauf verlassen, dass niemand mit den Worten: „Was soll denn dieser Blödsinn jetzt?!" sein Instrument abstellen würde, sondern sie konnten sicher sein, dass jeder Impuls irgendwie aufgegriffen und weiterverarbeitet werden würde. Und „mitwirken" bedeutete dabei nicht zwangsläufig „ein Instrument zu spielen", es konnte auch Gesten, Blickkontakte et cetera meinen. Zur Inspiration taugte alles: „Ich glaube, dass man diese Sehnsucht nach Stille in meiner Musik auch wiederfindet", sagt Irmin Schmidt. „Mit CAN saßen wir oft lange beisammen, ohne miteinander zu sprechen. Wir rauchten vielleicht einen Joint und hörten in den Raum hinein, als wäre der Raum eine Klanginstallation, der man Klänge ablauschen kann. Aus diesem Gefühl heraus ist viel CAN-Musik entstanden, aber auch in meinen Solo-Arbeiten ist es gegenwärtig."[32]

Geisterbilder

CAN mag nicht daran interessiert gewesen sein, als Rockgruppe zu gelten, aber ein Image wollten sie durchaus. Speziell in ihren frühen Jahren versuchte die Band, sich mit Verbindungen zum Okkulten darzustellen. (Damit nahm die Band einen

Trend vorweg, der im Folgejahrzehnt sehr kommerziell werden sollte; ich komme an anderer Stelle darauf zurück. Parallel zu CAN setzte auch der Produzent Rolf-Ulrich Kaiser auf solche Images, wie das Kapitel über ihn zeigen wird.) CAN nutzte die Medien, um Anekdoten über „unerklärliche Dinge" zu verbreiten, die der Band angeblich laufend passierten. Und die Medien spielten mit. Der Musikjournalist Pierre Granini raunte geheimnisvoll: „Unerklärliches geschieht immer wieder im Umkreis der CAN, über das die Musiker nur zögernd und mit aller Vorsicht zu sprechen bereit sind. Da war beispielsweise die Sache mit der Studiouhr im Februar 1974 bei der Aufzeichnung zur englischen TV-Sendung ‚Old Grey Whistle Test'. Nach dem Startzeichen und dem Beginn des Stücks stellte Jaki fest, dass mit seinem Schlagzeug irgendetwas nicht stimmte. Er brach die Aufnahme ab, und im gleichen Augenblick blieb der Sekundenzeiger der Uhr stehen. Minuten später gab der Drummer das Signal ‚Fertig!', und der Zeiger begann wieder zu laufen. Keiner der Musiker hatte es wahrgenommen, aber die ganze Szene war mit vier Videokameras gefilmt worden und also nachprüfbar. Ein Kameramann kreidebleich: ‚An euch ist wirklich etwas komisch.'"[33] – Wow, *vier* Kameras, und dann noch der Kameramann kreidebleich – wer will da noch zweifeln! Diese Story stand nicht mal in *Bravo* oder in irgendwelchen Trashmagazinen, sondern in „Rock Session", einer relativ seriösen Musikbuch-Serie aus dem Rowohlt-Verlag.

Es gibt weitere Stories wie diese über CAN. Wir sollten sie nicht allzu ernst nehmen. Sie hatten vor allem den Sinn, ein Image zu konstruieren. Und vielleicht enthalten sie sogar ein Körnchen Wahrheit: Da die CAN-Musiker sehr eng aufeinander eingestimmt waren, ist nicht auszuschließen, dass sie ihrem Einfluss auf die Dinge im und außerhalb des Studios ein bisschen zu viel Gewicht beimaßen und scheinbare Parallelereignisse ernster nahmen als es diesen zukam. Granini: „Dass Michael einmal das penetrante Rauschen der alten, selten gespielten Selmer-Orgel im CAN-Studio durch gedankliche Anstrengung und verbalen Befehl zum Verstummen und Wiedereinsetzen bringen konnte, ist physikalisch nicht zu erklären."[34] Selbstverständlich nicht, weil es schlichtweg nichts zu erklären gibt. Es ist ein altes und wohlbekanntes Phänomen: Jeder hat schon erlebt, dass man genau in einem Augenblick, da man an die Mutter oder eine andere vertraute Person gedacht hat, einen Anruf von dieser Person bekam oder dass auf dem Smartphone eine Textmessage von ihr auftauchte. Wenn so etwas passiert, behält man das im Kopf. Aber haben Sie jemals gezählt, wie oft Sie an Ihre Mutter gedacht haben, und sie rief nicht an? Kein anderes Geheimnis würde ich hinter dem Verstummen der alten Selmer-Orgel vermuten. Aber die Presse liebt solche Stories (und seien wir ehrlich: die Fans auch).

Eine andere scheinbar esoterische Angelegenheit sind die I-Ching-Hexagramme, die Can auf einigen ihrer Plattencovers untergebracht haben. Auf *Future Days* zum Beispiel finden wir *dĭng*, die Nummer 50, „der Tiegel“, im Sinne von „halten“ oder „erfolgreich sein“.

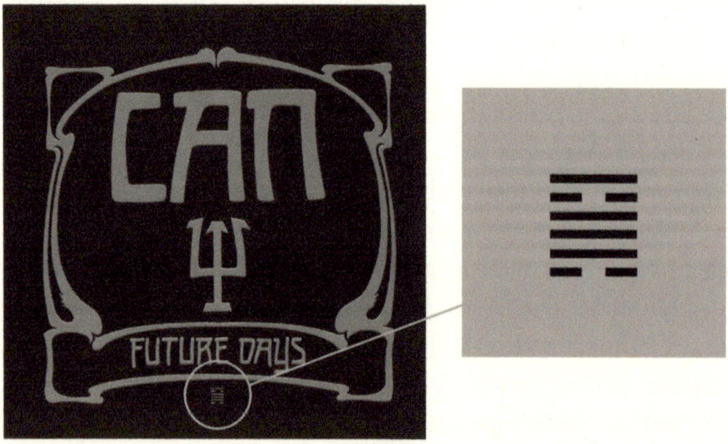

Auf *Flow Motion* finden wir zwei Hexagramme, *kăn*, Nummer 29, „das Abgründige“, und es wandelt sich in *huàn*, Nummer 59, „die Auflösung“, im Sinne von „Zerfall“.

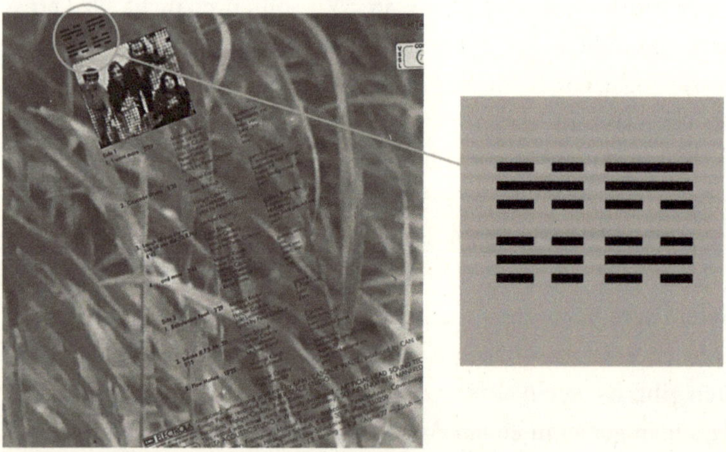

Das I-Ching (oder I-Ging) ist das chinesische „Buch der Wandlungen“. Es ist nicht, wie vielfach geglaubt wird, ein Horoskop oder eine Prophezeiung, es ist eher eine Art empirisches Vademekum, in das hunderte Jahre Lebenserfahrung eingeflossen sind. Die Grundidee dahinter ist, dass nichts so bleibt, wie es jetzt ist. Im Buddhismus findet man eine ähnliche philosophische Basis. Das I-Ching ist eine

Art modularer Baukasten, der Antworten auf Fragen gibt, die möglichst sorgfältig so formuliert sein sollen, dass sie nicht einfach mit „ja" oder „nein" zu beantworten sind. Das ist wichtig, weil zum Formulieren einer solchen Frage gehört, sich vorher genau überlegt zu haben, was das Problem ist und was genau man wissen möchte. Sich darüber klar zu sein ist meist schon der halbe Weg zur Lösung. Das I-Ching verlangt, dass *zwei* Hexagramme zu erstellen sind, denn die Antwort beschreibt immer einen *Prozess*. Die Hexagramme werden heute meist durch Münzenwürfe ermittelt; früher wurden dafür Schafgarben verwendet. Das erste resultierende Hexagramm steht für die Ausgangssituation, das zweite zeigt, wohin die Veränderung führen wird. Dieser Wandlungsprozess ist der Kern dessen, um was es im I-Ching geht. Er transformiert Erfahrungen, die wir alle schon gemacht haben, in universell gültige Kommentare: Wenn du erfolgreich bist, dann wird ein Kipppunkt kommen, an dem der Erfolg nachlässt; wenn du unglücklich bist, dann wird es sich zum Besseren wandeln; wenn du lange im Regen standest, dann wisse, der Tag wird kommen, da auch für dich die Sonne wieder scheint – das ist die Logik. (Bösartig gesagt: die Art von Weisheit, die wir aus Glückskeksen oder Schlagertexten kennen, allerdings durchdachter.) Wenn man die Kommentare sorgfältig interpretiert, kann das I-Ching tatsächlich eine Hilfe sein, um das Chaos im Kopf zu ordnen.

Was die Hexagramme auf den beiden Covern angeht, so kennen wir die Frage nicht, zu deren Beantwortung sie erstellt wurden. Für uns Außenstehende sind sie deshalb bedeutungslos. Auf dem *Future-Days*-Cover fehlt obendrein das zweite Hexagramm, es kann also kein Prozess beschrieben werden.

Aber die Hexagramme sehen interessant und ein bisschen mysteriös aus, und darum dürfte es in erster Linie gegangen sein.

Eines lässt sich über CAN mit Sicherheit sagen: Ihr Geheimnis war das Denken und Arbeiten in geschlossenen Kreisläufen. Man könnte ohne zu übertreiben sogar den Terminus „Autopoiesis" ins Spiel bringen[35], denn das ist es, was die Band musikalisch fast unangreifbar machte. Die Musiker registrierten und verarbeiteten die merkwürdigsten musikalischen Einflüsse und integrierten sie in ihre eigenen Gruppenkompositionen, sei es französische Musette, Straßenlärm, das Radio, Pierre Schaeffers *musique concrète*, eine „urban legend" aus der Zeitung („Mother Upduff"), Reggae, Disco, Walzer. Manche dieser Einflussfaktoren tauchen experimentell als nummerierte „E.F.S." auf („Ethnological Forgery Series" oder auch „Ethnologische Fälschungsserie"); einige davon sollte man nicht zu ernst nehmen – CANS Musik ist selten lustig, enthält aber einigen Humor, wenn man über eine passende Antenne verfügt.

Im Ergebnis führt all das dazu, dass nicht zwei LPs der Band gleich klingen, aber sie alle klingen eindeutig nach CAN. Jedes Album ist sein eigenes Universum, jedes von ihnen birgt Überraschungen und versteckte Dinge, und auch nach dem dreißigsten Hören, wenn man denkt, man kennt die Scheibe wie seine eigene Westentasche, kann es passieren, dass man irgendetwas entdeckt, das einem bis dahin nie aufgefallen war.

Elektronik

Oft wird CAN als eine „Elektronik"- oder „Synthesizer"-Band beschrieben. Das ist irreführend. Natürlich experimentierte CAN mit allen möglichen Klang- und Inspirationsquellen. Wenn es einen Satz gibt, der das klarmacht, ist es Irmin Schmidts Beschreibung des *Tago Mago*-Albums: Dessen Seiten 1 und 2 gäben „eine gewisse Vorstellung dessen, was wir spielen wollten", während die Seiten 3 und 4 „aus der Stimmung heraus entstanden, in der wir die ersten beiden Seiten gemacht haben – also etwa eine Entstehungsgeschichte der Platte."[36] CAN hatte ungewöhnliche Spielweisen und arbeitete mit Bandschnitten und Montagen, sie integrierten den Klang von Kurzwellenradios, etwa die Senderkennung in „Unfinished" auf der LP *Landed*, die bei 6'15" zu hören ist (ich erinnere mich, dass Holger sie einst Radio Moskau zuschrieb, tatsächlich war sie aber das Stationszeichen der Deutschen Welle: „Es sucht der Bruder seine Brüder" aus Beethovens *Fidelio*). Sie manipulierten Stimmen, wie Damos Gesang in „Come sta, la luna", die Gesangsstimme in „Full Moon on the Highway" scheint aus dem Vocoder zu kommen (ist tatsächlich aber nur ringmoduliert), und wer jemals Michael mit beiden Füßen gleichzeitig auf seinen diversen Effektpedalen herumturnen sah, weiß, dass die Band alles nutzte, was in Reichweite war. CAN gehörte auch zu den ersten Bands, die mit Kunstkopfstereophonie experimentierten, wenn auch nicht sehr ergiebig (auf den LPs *Flow Motion* und *Saw Delight*), und selbst Assi, Irmins Schnauzer, hatte in „Aumgn" auf *Tago Mago* einen Kurzauftritt. CAN war nach meinem Kenntnisstand auch die erste deutsche Rockgruppe, die eine Rhythmusmaschine einsetzte; erstmals hört man sie in „Peking O" auf *Tago Mago*. Dieses Stück wurde eingespielt an dem Tag, da die Band dieses Gerät bekam, was man also hört, ist die erste Reaktion der Musiker auf das neue Spielzeug,[37] und es ist interessant, dass sie die Maschine weniger als simplen Rhythmusgenerator denn als Klangquelle einsetzen. Später verwendeten sie es auch in „Spoon", aber selbst dort wird es eher als ergänzender Klang eingesetzt; das Gerät bringt eine zusätzliche künstliche Qualität in den Gesamtklang. In beiden Fällen ersetzt die Maschine nicht Jakis Spiel, sondern fungiert als eigenständige Instrumentalfarbe.[38]

Elektronische Musik im strengen Sinne ist das alles aber nicht. Und Synthesizer? CAN hat nie einen eingesetzt. Es gab lediglich Irmins „Alpha 77“: „Das war kein Synthesizer mit einem Keyboard, aber es hat drei Eingänge für die Orgel und das elektrische Piano, und es gibt einen Oszillator. Man kann nachmodulieren, filtern und mit verschiedenen elektronischen Möglichkeiten verändern. Das ist, was ich brauche. Ich kann zum Beispiel ringmodulieren, was eines der ältesten elektronischen Features ist. Ich habe es entworfen, nicht technisch, aber von der Idee her, und ein Elektroingenieur hat es dann für mich gebaut.“[39]

Can live

CANs Liveauftritte unterschieden sich stark von ihren Studioplatten. Sie hatten ihre Fangemeinde, und die Zahl ihrer Konzerte zeigt wachsende Popularität: Im Jahr 1971 spielte CAN 15 Konzerte, 1972 waren es etwa 20 und 1973 bereits 40. Mir selbst war es nur einmal vergönnt, CAN auf der Bühne zu erleben, und das war bereits zu einem späten Zeitpunkt ihrer Karriere, im April 1976 in der Fabrik in Hamburg. Wie erwähnt experimentierte die Gruppe mit verschiedenen Sängern; auf dieser Tour war Michael Cousins („Magic Michael“) dabei. Das haute nicht hin, und er verließ die Band einige Wochen später. Glücklicherweise war er nur während einiger Stücke auf der Bühne.

Nachdem der Supporting Act sein Set beendet hatte, passierte – nichts. Die Luft wurde mehr und mehr blau (damals hat so gut wie jeder geraucht, und es fühlte sich auch niemand bemüßigt, es für die zwei Stunden des Konzertes bleiben zu lassen – oft rauchten selbst die Musiker auf der Bühne). Alles, was gebraucht wurde, stand schon da – Jakis blautransparentes Drumkit mit zwei Bassdrums (damals schwer in Mode), Holgers und Michaels Verstärker, Irmins Keyboards und der Alpha 77, die PA links und rechts, und eine Lautsprecherwand auf der Rückseite der Bühne. Im Publikum verbreiteten einige Leute das Gerücht, sie wüssten „mit Sicherheit“, dass CAN mit „gefährlichen Ultraschall-Sounds“ arbeiten würde. Was natürlich nicht der Fall war. Die Fabrik war überfüllt und zunehmend überhitzt. Das Publikum, darunter ich, saß zum großen Teil auf dem Boden vor der Bühne, und nach einer Stunde des Wartens breitete sich allmählich Ungeduld aus.

Dann plötzlich, ohne Ansage oder Vorwarnung, stürmten die Musiker auf die Bühne und legten ohne Warmspielen los. Ich hatte irgendwie den Eindruck als hätten sie sich hinter der Bühne gestritten (vielleicht wegen des Sängers?). Es schien, als könnte das der Grund für die Verzögerung gewesen sein. CAN spielte ohne Unterbrechung wohl etwa zwei Stunden lang; Michael Cousins betrat die Bühne ein paarmal, tanzte und sprang wild herum, hinterließ aber keinen nennenswerten Eindruck. Schließlich verschwand die Band grußlos und kam nicht wieder. Zurück blieb ein ekstatisches Publikum. An eine Sache erinnere ich mich besonders deutlich: Man kennt den alten Musikertrick, sich eine Person aus dem Publikum herauszupicken und sozusagen „für ihn" zu spielen – nach dem Motto: Wenn ich den gepackt habe, dann habe ich sie alle. An diesem Abend war offenkundig ich derjenige, den sich Holger ausgeguckt hatte, und er merkte, dass ich das gemerkt hatte – eine seltsam intensive Form von Blickkommunikation; wir mussten beide ein paarmal grinsen.

So beeindruckend dieses Konzert war, so sind Liveaufnahmen von CAN doch immer ein zweischneidiges Schwert. Es sind inzwischen etliche Mitschnitte auf dem Markt, offizielle und weniger offizielle. Sie zeigen, dass CAN auf der Bühne im Prinzip dasselbe machten wie im Studio: Sie improvisierten umeinander herum, bis irgendetwas Interessantes sich abzeichnete, das sie dann weiterverfolgen konnten. Im Studio wurde dieser Prozess des Suchens dann weggeschnitten oder deutlich gekürzt (auf dem Album *Unlimited Edition* aus dem Jahr 1976 machten sie eine schöne Collage aus solchen weggefallenen Schnipseln: „Cutaway", wie der Titel schon ahnen lässt), während man im Konzert an dem gesamten Suchprozess live teilnahm. Und das konnte dauern. Auf dem zuvor erwähnten Konzert schienen sie eine Art Playlist zu haben, aber bekannte Stücke wurden nur kurz angetippt und morphten schnell in etwas anderes. Wieder erinnert dieser Prozess an Miles Davis: Auch er konnte mit allem beginnen, was ihm einfiel, selbst mit einer Disney-Schmalzballade wie „Someday My Prince Will Come", aber kaum zwei Minuten später war daraus ein völlig anderes Stück geworden.

Wenn CAN dann aber ihren Stiefel gefunden hatten, konnten sie hypnotisch werden – die Auftritte dauerten dann oft mehrere Stunden; der Rekord soll sieben Stunden betragen haben, irgendwo in West-Berlin. Es war faszinierend und spannend zugleich, diesen Prozess mitzuverfolgen und zu erleben, wie er sich vorwärts tastet und wächst – aber nur vom Publikum aus. Auf der Plattenaufnahme, bei der man die Kommunikation zwischen den Musikern nicht mitverfolgen kann, entsteht leicht der Eindruck, die Band kreise um sich selbst. Ich bevorzuge deswegen die Studioalben. Es kommt noch dazu, dass kaum Liveaufnahmen von CAN zur Veröffentlichung vorgesehen waren und deshalb fast immer die Tonqualität zu wünschen übrig lässt. Wer's trotzdem nicht lassen kann:

Live in Stuttgart 1975 (2021) ist trotz flauer Tonqualität hörenswert und zeigt gut, wie ein CAN-Konzert funktioniert hat.

CAN stehen heute in höherem Ansehen als zu ihrer aktiven Zeit. Sie gehörten zu der Handvoll deutscher Gruppen, die einen eigenständigen Stil entwickelten, der nichts kopierte und den niemand sonst hatte. Einer der Gründe dafür ist sicher, dass die Gruppenmitglieder durchweg älter waren als die Musiker anderer Gruppen. Der andere Grund ist, dass sie ihre Instrumente alle virtuos beherrschten und auf ein musikalisches Know-how zurückgreifen konnten, das in Rockkreisen nicht sehr verbreitet ist. Deswegen konnten sie improvisieren. Viele Bands, auch gerade solche, die CAN heute als ihr Vorbild angeben, reproduzieren in Wahrheit immer nur dieselben Motive und hängen sie heute in dieser, morgen in jener Reihenfolge aneinander, aber es bleibt dabei das immergleiche Potpourri an Fertigbauteilen, die abgearbeitet werden. Andere entwickeln kleine Akkordketten oder Melodien, die aber nie variiert oder verschiedenen musikalischen Prozessen unterworfen werden. Das Resultat sind dann lange Stücke, die endlos um die Häuser laufen, ohne jemals irgendwo anzukommen. Nicht so bei CAN. Diese Gruppe war in der Lage, den Begriff „Improvisation" zurückzuführen auf seine ursprüngliche Bedeutung: *spontane Komposition*. Deswegen funktioniert ihre Musik noch heute.

Solo

1960 hatte Holger Czukay beim WDR zusammen mit drei namentlich nicht mehr ausfindig zu machenden Freunden drei Jazzstücke eingespielt. Eines davon taucht unter dem Titel „Mellow Out" auf der CD-Version von *Canaxis 5* auf; dasselbe Stück findet sich unter dem Titel „Konfigurationen" auch in dem *Cinema*-Box-Set von 2018.

In einer Nacht des Jahres 1965 hatte er die Möglichkeit, sich unbemerkt ins Elektronische Studio des WDR zu schmuggeln und dort zusammen mit Rolf Dammers zwei Tracks zu gestalten, die dann im Jahr 1969 als *Canaxis 5* veröffentlicht wurden: „Boat Woman Song" und „Canaxis". Beides sind frühe Experimente mit Bandschleifen und gesampeltem Gesang, sie verweisen bereits auf das, was Holger später meisterlich perfektionierte.

Nachdem er CAN verlassen hatte, begab sich Holger für ein Jahr nach Thailand in ein buddhistisches Kloster, um sein angeschlagenes Selbstvertrauen zu regenerieren. 1978, nach seiner Rückkehr nach Deutschland, ließ er sich von

Conny Plank als Produktionsassistent in dessen Studio anheuern. Er half dort bei Produktionen von DAF, KILLING JOKE, BLÄCK FÖÖSS, ULTRAVOX und einigen anderen Bands. Eine davon, die BLÄCK FÖÖSS aus Köln (deren Name im Kölner Dialekt übrigens nicht „schwarze", sondern „nackte Füße" bedeutet, weil sie in ihrer Anfangszeit als Markenzeichen stets barfuß auftraten) bauten auf ihrer Jubiläumsplatte *Et es 20 Johr jenau jetz her* (1990) die Covercollage des *Sgt.-Pepper*-Albums der BEATLES nach. Wo bei den BEATLES Karlheinz Stockhausen zu sehen ist, da findet sich bei den BLÄCK FÖÖSS Holger Czukay – wenn das kein Kompliment ist!

In Connys Studio nutzte Holger die technischen Möglichkeiten, die er im Heimstudio nicht hatte, und Conny ließ ihn machen – auch wenn es ihn manchmal irritierte, dass Holger sämtliche Automatiken abschaltete und ganze Mischungen manuell fuhr. Was Holger schon im „Boat Woman Song" begonnen hatte, setzte er hier fort: die Einbeziehung gefundenen Materials – seien es Klangschnipsel aus dem Fernseher, dem Kurzwellenradio oder von Platten anderer. Czukay: „Wenn man etwas gefunden hat, muss man es wandeln. Eine geistige Verbindung eingehen mit dem, was man gefunden hat. Ich hasse es, Dinge nur zu benutzen."[40] Die resultierenden Platten waren und sind Meisterwerke jenseits allen Mainstreams: *Movies* (1979), *On the Way to the Peak of Normal* (1981), *Der Osten ist rot* (1984), *Rome Remains Rome* (1987) und weitere, auch wenn sie nicht alle von durchgehend gleicher Qualität sind. Mit David Sylvian stellte Holger zwei bezaubernde Ambient-Platten her, *Plight & Premonition* (1988) und *Flux + Mutability* (1989).

Alle diese Alben haben ihre stärksten Momente dann, wenn Holger nicht versucht, komisch zu sein. Er liebte es, den „Mad Professor" zu geben; der Musikjournalist Karl Lippegaus, der die Möglichkeit hatte, Holger Czukay einige Monate lang bei der Produktion von *Der Osten ist rot* zu begleiten, verglich ihn gar mit einem „heiligen Verrückten", der mit seinen Geräten sprach – aber nach einer Weile merkte er, dass Holger weder verrückt noch heilig war.[41] Trotz seines manchmal bizarren Auftretens vor Kameras und bei Interviews war er ein sensibler Musiker und seriöser Komponist. Er konnte Klängen nachspüren und fühlte, ob und wie sie zusammenpassen würden, und nach Jahren des Tonbandeditierens bei CAN war er in der Lage, Montagen zu erstellen, die weit über Collagen hinausgehen. Sie waren für ihn ein Weg, die Welt so zu organisieren, dass er in ihr leben konnte. Man kann das „akustische Philosophie" nennen: „Irgendwo fügen sich alle Dinge oder alle Geräusche zusammen, zu einer Sinfonie. Musik hat etwas mit Geist zu tun, ist eine geistige Sprache. … Das Angebot ist so riesig groß, dass man sich natürlich begrenzen muss. Sonst kriegt man nur noch so ein hippiehaftes Privatgetöse. Das mein ich nicht."[42] In Interviews spielte er diesen Aspekt gern herunter, aber man darf sich nicht von seinem Humor täuschen lassen. Sein Bass- und Gitarrenspiel war vielleicht nicht virtuos, aber keineswegs schlecht, vor allem aber verließ ihn sein Gefühl für musikalische Strukturen nur selten. Stücke wie „Träum mal wieder" oder „Music In The Air" können einen in andere Welten katapultieren. Die Integration kleinster Schnipsel in „Cool In The Pool" verblüfft immer wieder (besonders im Kopfhörer), und wie es ihm gelingt, in „Persian Love" das Gebet eines Muezzins aus dem Kurzwellenradio nicht nur einfach „einzubauen", sondern ihn mittels Variation der Abspielgeschwindigkeit auch noch in zwei Personen zu splitten – das ist atemberaubend.

Während seiner letzten Jahre lebte Holger Czukay mit seiner Frau Ursula (alias U-She) eine Weile in Bad Salzuflen, dann zogen die beiden in das alte Kino in Weilerswist. Es fiel Holger zusehends schwerer, noch die Treppe zur Wohnung im 1. Stock zu erklimmen; in seinem letzten Radiointerview ist deutlich hörbar, dass er Atemprobleme hatte. Am 5. September 2017, nur fünf Wochen nach dem Krebstod seiner Frau, die er bis zuletzt gepflegt hatte, verlor die Welt einen ihrer wirklich originellen Künstler. Es würde ihm im Nachhinein sicherlich ein Schmunzeln entlocken, dass er ausgerechnet in seinem Studio starb.

Im Jahr 2019 installierte die Stadt Köln einen jährlichen Musikpreis: den „Holger-Czukay-Preis für Popmusik".

Irmin Schmidt ist nun der letzte Überlebende des CAN-Kerns. Er setzte seine Arbeit nach der Auflösung der Gruppe mit Filmmusiken fort, und man kann sicherlich sagen, dass er in Deutschland zu den Spitzenkräften dieses Geschäfts gehört – auch wenn manche seiner Filmmusiken ein wenig länglich sind und die bislang letzte seiner Kompilationen, *Filmmusik Anthology Vol. 6* (2015), ein bisschen „wie immer" klingt. Drei weitere Kompilationen erschienen nur zum Download. Die meisten seiner Musiken umweht ein sympathischer Hauch von Melancholie. CAN, wie erwähnt, war bereits früh aktiv in Sachen Filmmusik, weitere Filmsoundtracks wurden auf *The Lost Tapes* (2012) nachgeliefert. CAN spielte auch die Titelmusik des wöchentlichen ZDF-Kulturmagazins „Aspekte". Sie wurde etliche Jahre lang verwendet, ein längerer Stereomix erschien im Jahr 1978 auf dem Album *Can* unter dem Titel „Aspectacle". Hört man sich Schmidts diverse Filmmusiken an, fällt auf, dass sie bei aller Unterschiedlichkeit doch eine klar erkennbare Handschrift haben, und dass sie die Filme, für die sie geschrieben sind, nie zerstören. Schmidt vermeidet, was deutsche Filmkomponisten „Mickey-Mousing" nennen und was in der Tat eine Plage geworden ist, seit Disney diesen Effekt in seinen Filmen etabliert hat: Jedes Geschehen im Bild wird mit der Musik quasi verdoppelt. Um dies zu vermeiden, arbeitet Schmidt nie direkt zum Bild: „Nur zum Bild eine Spur nach der anderen auf ein Band zu spielen ist erstens eine langweilige Arbeit, und zweitens hört man diese Langeweile auch! Es ergibt dann diese monotonen Synchronitäten, die da dauernd hergestellt werden, die so einen Kasperletheater-Effekt machen. Fällt einer auf den Kopf, dann macht es ‚bum'! Das ist keine wirkliche Musik. … Musiker sehen bei mir nie den Film. Grundsätzlich nicht. Ich stoppe mir den Film sehr genau. Ich spiele nicht zum Video. Ich schaue mir den Film vorher hundert Mal an, wenn es sein muss. Ins Studio gehe ich aber ohne Bild."[43]

Abgesehen von den Filmsoundtracks hat Schmidt eine Reihe von Soloalben veröffentlicht, seit 2000 einige davon auch mit Kumo (Jono Podmore), der auch sein Schwiegersohn ist („Kumo" ist japanisch und bedeutet sowohl „Wolke" wie auch „Spinne" – ich verkneife mir alle Mutmaßungen). *Musk At Dusk* (1987) und *Impossible Holidays* (1991) sind exquisite Popmusik. Irmins Gesang ist gewöhnungsbedürftig, aber nach einer Weile kann man sich die Platten kaum noch mit „normalen" Sängern vorstellen. (Auf letzterer singt übrigens die Schlagersängerin Gitte Hænning backup – ihre Stimme sticht regelrecht heraus.) Ein anderes akustisches Schätzchen ist Irmins Kollaboration mit dem Schweizer Saxophonisten Bruno Spoerri, das Instrumentalalbum *Toy Planet* (1981). Spoerri spielt hier ein Lyricon, eine Art Synthesizer, der statt mit einem Keyboard mit einem saxophon-ähnlichen Blaswandler gespielt wird. Schmidts „Fantasy-Oper" *Gormenghast* (2000) nach Mervyn Peakes Trilogie, eingespielt von der BRANDENBURG SYMPHONY, einigen klassischen Sängern und den üblichen CAN-Verdächtigen, ist nicht meine Tasse Tee. Aber wer's mag, bitte. Eine andere eher „klassische" Platte ist *5 Klavierstücke* (2018) für Klavier und präpariertes Klavier. Der Titel verweist offenkundig auf Stockhausens Zyklus *Klavierstücke* (1952-1956), unterscheidet sich aber deutlich von diesen. Schmidts Klavierstücke sind im Prinzip zwar Improvisationen, aber „ich mag das Wort Improvisation in diesem Zusammenhang nicht. Das sind spontane Kompositionen, was Stockhausen ‚intuitives Musizieren' genannt hat. Man spielt also nicht einfach drauflos, sondern Stücke entstehen, indem man sich selbst genau zuhört. Das ist wie japanische Kalligraphie, wo die Tuschezeichnungen ja auch im ersten Durchgang entstehen – aus der ersten Bewegung. Ein kühner Pinselstrich – das ist es. Daran wird dann nichts mehr verändert oder verbessert, und auch vorher macht man keine Skizzen oder Zeichnungen. Die Kalligraphie entsteht in diesem einzigen Moment. So habe ich auch das Klavieralbum eingespielt."[44] Die Live-Einspielung *Nocturne* von 2020 bestätigt diesen Eindruck.

Es sei noch darauf hingewiesen, dass es Solowerke auch von Jaki Liebezeit (u. a. *Nowhere* mit seinem Projekt PHANTOMBAND, 1983) und von Michael Karoli (*Deluge* mit der Sängerin/Schauspielerin Polly Eltes, 1984) gibt. Wenn auch für sie kein neues Kapitel der Musikgeschichtsschreibung eröffnet werden muss, so sind sie doch allemal hörenswert.

CAN, ebenso die Solowerke von Holger Czukay und Irmin Schmidt, sind und bleiben ein wichtiger Teil der Musik der zweiten Hälfte des 20. Jahrhunderts – zu gut, um „Krautrock" zu sein. Eines Tages wird man das nicht mehr betonen müssen.

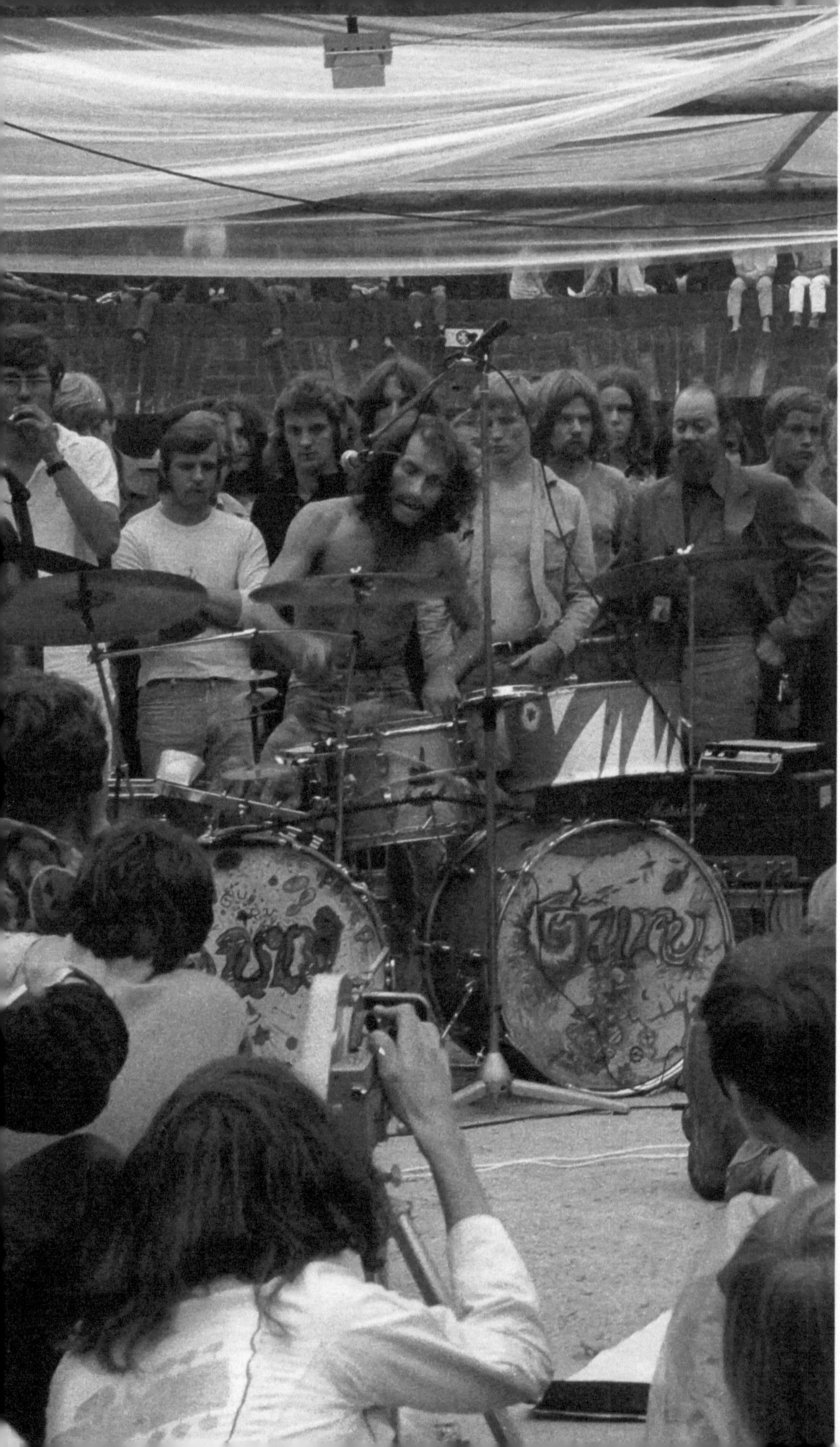

Mani Neumeier von Guru Guru (Heidelberger Thingstätte, 1970)

DIE ZUKUNFT RUFT

Obwohl Amon Düül II und Can ziemlich zeitgleich gegründet wurden, blieb Amon Düül II für mich immer eine „Achtundsechziger-Band“, während ich Can stets primär mit den Siebzigern assoziiere. Dort nämlich, in den 1970ern, sind wir jetzt angekommen auf unserem Trip durch die Jahre.

Die Zukunft rief in der Tat, aber nicht immer waren die Deutschen sehr enthusiastisch darin, ihr zu antworten. Die 1960er hatten ihre Spuren hinterlassen, mehr und mehr wurde „68“ zum Mythos. Der Philosoph Peter Sloterdijk fasste dies so zusammen: „Die 68er-Bewegung hatte die Form einer Sekte, die ironischerweise in den Mainstream mündete.“[1]

In großer Zahl emeritierten Universitätsprofessoren, und um ihre freigewordenen Lehrstühle kämpften nun die Aktivisten der 1968er-Ära. Sie starteten ihre Karrieren als wissenschaftliche Assistenten, habilitierten, ergatterten irgendwo eine Professur – das war nicht zuletzt deswegen möglich, weil jedes Provinznest seine eigene Universität eröffnete. Auch beliebt nach dem Uni-Abschluss war der Einstieg in eine Laufbahn als Beamter im mittleren oder gehobenen Dienst – da mochte man als Student noch so sehr über diese oh-so-bourgeoise Gesellschaft gestöhnt haben, die Unkündbarkeit und die später sichere Pension, die sie einem bot, waren dann doch reizvoll genug, den Widerwillen zu überwinden.

Karrieren in den Medien waren ebenfalls beliebte Ziele, besonders als Funk- oder Fernsehredakteur. Die 1970er waren eine ideale Zeit, um dort einzusteigen. Etliche junge Freelancer schafften den Sprung auf einen festen Redakteursstuhl, indem sie den Sender, für den sie hauptsächlich arbeiteten, auf Festanstellung verklagten, sobald sie als Freie eine bestimmte jährliche Honorarsumme überschritten hatten. Die Arbeitsgerichte sahen die Klage fast immer als gerechtfertigt an. Die meisten Journalisten, wenn sie einmal einen Platz hinter einem öffentlich-rechtlichen Schreibtisch ergattert hatten, blieben dort bis zur Rente sitzen – ein gutbezahlter Job mit fast beamtenhafter Sicherheit. Viele dieser Redakteure waren Teil der Studentenbewegung gewesen, ordneten sich selbst ins „irgendwie linke Spektrum" ein und hatten aus dem Journalistikstudium die Ansicht mitgenommen, es sei ohnehin unmöglich, objektiv zu berichten oder zwischen Reportage und Kommentar zu unterscheiden. Sie sahen Journalismus hauptsächlich als Auftrag zur Volkserziehung (leider hat sich daran bis heute nicht viel geändert).

Einige Journalisten, nicht selten die etwas wagemutigeren, wechselten nach einer Weile die Seiten – entweder in die Politik, wurden Spin-Doktoren, Redenschreiber oder Sprecher eines Politikers. Andere, besonders die Redakteure aus den Unterhaltungs- und Kulturredaktionen, verließen den Journalismus und tauchten in der Film- oder Plattenindustrie wieder auf.

Das war, was die Generation der Achtundsechziger den „Marsch durch die Institutionen" nannte. Sie wurde mit dieser Strategie ziemlich erfolgreich, denn einiges in der Gesellschaft konnte sie tatsächlich irreversibel verändern: In Sachen Ethik, Politik, Mode und Kunst wurden Dinge möglich, die noch fünf Jahre zuvor unvorstellbar gewesen wären. Diese Generation legte den Finger auf einige unbequeme Wahrheiten über die deutsche Gesellschaft, insbesondere ihren Umgang mit der jüngeren Geschichte, und sie öffnete neue Tore in die Zukunft. Nicht selten allerdings führte ebendies zu einem neuen Konformitätszwang, der heute von den Pionieren dieser Generation oft romantisiert wird. Dass der Aufbruch des Jahres 1968 gut und richtig gewesen war, wurde mehr und mehr zu einer Selbstverständlichkeit, die man nicht hinterfragte. Die dubiosen Idole, denen *sie* bei Protestmärschen mit Sprechchören und Transparenten gehuldigt oder die sie in Songs und Artikeln zu Volkshelden hochgejubelt hatten, wurden kurzerhand zu Tabus, an deren Lack man nicht kratzte, wenn man nicht zum „Reaktionär" oder „Scheißliberalen" erklärt werden wollte.

Unter Studenten verbreitete sich das Konzept der Wohngemeinschaft, nur ging es dabei zusehends weniger um neue Formen des Zusammenlebens, sondern um eher praktische Aspekte: Sich eine Wohnung mit anderen zu teilen, senkte die Miete. Als Student eine eigene Wohnung zu haben war fast unmöglich, für etliche Studiengänge musste man den Wohnort wechseln, und anders als heute war das Leben im „Hotel Mama" nicht beliebt; man wollte raus aus dem Elternhaus. Viele junge Männer zogen in dieser Zeit einen Umzug nach West-Berlin in Erwägung. Zwar war die Stadt eingemauert, aber dafür war sie das Paradies ewiger Jugend. Es gab dort zwei attraktive Universitäten, Berlin wurde aus bundesdeutschen Steuermitteln am Leben gehalten, die Lebenshaltungskosten waren deshalb niedrig, eine Wohnung, ein Zimmer, eine Wohngemeinschaft waren leicht zu finden, und – das war der wichtigste Punkt – wegen des speziellen politischen Status' West-Berlins wurde man nicht zur Bundeswehr oder zum Zivildienst einberufen. Physisch wie ideell gab es jede Menge Raum für Experimente in Musik, Liebe, Kunst und Leben. Ab wann man sich als erwachsen betrachtete, war verhandelbar. West-Berlin funktionierte wie ein Dampfkochtopf; alles geschah hier etwas früher und konzentrierter und gab der Stadt eine Atmosphäre, wie man sie nirgendwo sonst fand.

Dem Zeitgeist folgend veränderte sich in Wohngemeinschaften, aber auch in „normalen" Wohnungen, die Farbgebung in Richtung Auenland. Etliche Monate lang kam das Geschirrspülmittel Pril mit Blumenaufklebern auf jeder Flasche, und es dauerte nicht lange, bis jeder Kühlschrank, jede Küchenkachel, jede Wohnungstür und jeder Badezimmerspiegel mit Prilblumen verziert war. Das schwarze Standardtelefon gab es nun auch in Förstergrün oder Brüllorange, für die bequemere Handhabung gab es gegen Aufpreis dessen Kabel jetzt auch in sechs Metern Länge statt in zwei. Sehr frühe Avantgardisten legten sich einen Anrufbeantworter zu; klobige Geräte, die mit einem Tonbandgerät oder Cassettenrecorder gekoppelt werden mussten, und dem unerfahrenen Anrufer 30 Sekunden Sprechzeit gaben: „Bitte sprechen Sie nach dem Signalton – biiip." Die meisten Anrufer hatten keine Idee, was sie dann sagen sollten.

Die Zeit des Wirtschaftsbooms faserte langsam aus, aber es herrschte noch keine Krisenstimmung. Fern am Horizont zeichneten sich ein paar dunkle Wolken ab, etwa der Rückgang von Lehrstellen. Wer ihn sehen wollte, konnte den bevorstehenden Anstieg der Arbeitslosigkeit erahnen. In den Medien tauchten vereinzelt Stimmen auf, die sagten: Noch ist es ein Problem Weniger, aber wartet ab, die Arbeitslosigkeit wird zunehmen, und wenn die Zahl der Betroffenen die Millionengrenze übersteigt, dann wird es soziale Unruhen geben. – Tatsächlich stieg die Arbeitslosigkeit in den folgenden Jahren auf mehr als fünf Millionen an, und außer gewerkschaftlichem Protest passierte nur eines: Die Bundesregierung änderte den Zählmodus der Arbeitslosenstatistik. Zu den angedrohten ernsthaften sozialen Unruhen kam es nicht.

Im Jahr 1973 drehten einige arabische Staaten den Ölhahn zu. Die Ölkrise führte zu drei Sonntagen, an denen das autoverrückte Deutschland seine Gefährte stehenlassen musste. Die Straßen waren frei von Autoverkehr, Menschen spazierten oder radelten auf Autobahnen oder erklommen Brücken, die für Fußgänger sonst nicht zugänglich waren.

Erste Umweltprobleme kamen ins Gespräch. Wolfgang Menge (der Autor des *Millionenspiels*) schrieb im Jahr 1973 ein Drehbuch um einen Smogalarm im Ruhrgebiet mit scheinbaren Reportageszenen, das von Wolfgang Petersen (dem späteren *Boot*-Regisseur) unter dem Titel *Smog*[2] derartig beklemmend inszeniert wurde, dass der Film nach der Ausstrahlung im Fernsehen zu einem wochenlangen Aufreger wurde. Die Forschung fand erste Anzeichen dafür, dass das Treibgas in Spraydosen die Ozonschicht der Erdatmosphäre schädigen könnte, aber noch war es einfach, die Zeichen an der Wand zu ignorieren.

Seit dem Jahr 1969 war die CDU nicht mehr die Regierungspartei; der Sozialdemokrat Willy Brandt hatte sie als Bundeskanzler einer sozialliberalen Koalition abgelöst. Diese Koalition brachte frischen Wind nach Deutschland. Eine der wichtigsten Reformen dieser SPD/FDP-Regierung betraf das Schulsystem: Mehr Kinder aus Arbeiterfamilien sollten bessere Bildungschancen bekommen und im Idealfall studieren können. Das war bis dahin eher die Ausnahme gewesen, und wie sich zeigte, funktionierte die Idee (meine Wenigkeit ist eines der Beispiele). Ein anderer wichtiger Punkt war, dass Willy Brandt gegenüber der sozialistischen DDR einen deutlich offeneren Kurs fuhr als bis dato die CDU-Regierung. Dies führte letztlich zur Anerkennung der DDR. Noch wenige Jahre zuvor wäre das unvorstellbar gewesen, und viele Konservative zögerten nicht, Brandt einen „Verräter" (oder schlimmeres) zu nennen. Aber auch sie mussten zugeben, dass die Kontrollen auf den Transitwegen durch die DDR ein wenig zurückgenommen wurden. Die Schikanen hörten zwar nicht auf, noch immer versuchte die Volkspolizei der DDR, den Autofahrern mit kleinlichen Kontrollen möglichst viel Westgeld abzuknöpfen, aber es war nicht mehr so schlimm wie vor der Anerkennung. Im Jahr 1971 empfing Willy Brandt für seine neue Ostpolitik den Friedensnobelpreis.

Klingt gut? Naja, relativ. Eine kalte Dusche kam, als die anscheinend so fortschrittliche SPD den „Radikalenerlass" installierte. Der legte fest, dass Menschen, die nicht bereit waren, das Grundgesetz voll anzuerkennen, nicht mehr im öffentlichen Dienst arbeiten durften. In der Theorie waren damit Alt- und Neonazis gemeint, ebenso orthodoxe Kommunisten, aber da es so viele organisierte Nazis gar nicht mehr gab, betraf der Erlass hauptsächlich Mitglieder der Deutschen Kommunistischen Partei (DKP), die sich an den Ideen der Sowjetunion und der DDR orientierte und im Wesentlichen auch von dort finanziert wurde. Betroffen waren auch die Unterabteilungen der DKP: der Marxistische Studentenbund Spartakus (MSB Spartakus), der an den Universitäten aktiv war, und die Sozialistische Deutsche Arbeiterjugend (SDAJ), die Lehrlinge und junge Arbeiter organisierte.

Im Fahrwasser der 1968er-Bewegung gründeten sich diverse linksextreme Splittergruppen, die sogenannten „K-Gruppen". Dies waren:

- der Kommunistische Bund (KB), eine eher undogmatisch-linke Gruppierung, die eine monatliche Zeitung mit dem albernen Namen *Arbeiterkampf* herausgab, die zumindest gelegentlich diskussionswerte Beiträge enthielt (die Jugendgruppe des KB hatte eine eigene Zeitung mit dem noch alberneren Namen *Der Rebell*);
- der Kommunistische Bund Westdeutschland (KBW), eine strikt maoistische Partei mit Mitgliedern, die bei Demonstrationen mit einer geradezu militärischen Disziplin agierten, und wenn man mit einem KBW-Mitglied sprach, fühlte sich das an, als rede man mit einer gehirngewaschenen Phrasendreschmaschine;
- die Kommunistische Partei Deutschlands/Marxisten-Leninisten (KPD/ML), die ihr Heil im albanischen Kommunismus suchte.

Ich erinnere mich an einige weitere obskure Gruppierungen, etwa die Marxistisch-Reichistische Initiative (MRI), die sich an einer Kombination der Lehren Karl Marx' und der Sexualtheorie Wilhelm Reichs versuchte. Keine dieser wirrköpfigen Politsekten hatte auch nur die leiseste Chance, irgendwo Fuß zu fassen, aber sie waren immer anwesend, ihre Mitglieder waren darauf trainiert, einem das Ohr abzukauen, wenn man ihnen die Gelegenheit dazu gab, und sie konnten nahezu jede Diskussion, die ihrer Ideologie zuwiderlief, mit einer Art „Filibuster ad hominem"-Technik zerstören, ohne dass das jemals zu irgendeinem produktiven Ergebnis geführt hätte.

War die ursprüngliche Absicht des Radikalenerlasses, zu verhindern, dass solche Leute Lehrer, Polizeibeamte, Richter oder andere öffentlich Bedienstete werden konnten, so zeigte sich bald, dass in weitaus größerer Zahl Lokomotivführer, Zugbegleiter oder Postboten (die damals noch Beamte waren) von Berufsverboten betroffen waren. Diese Praktik führte zu großem Kopfschütteln im Ausland, besonders in Frankreich. Aus der Sicht jener Länder war Deutschland stabil genug, mit diesen paar Splittergruppen klarzukommen, ohne hysterisch zu werden. Um das Jahr 1975 war dann auch Schluss damit; der Radikalenerlass wurde in die Zuständigkeit der Bundesländer weitergereicht, wo er dann mehr oder weniger in Vergessenheit geriet.

Aber er hinterließ Spuren – manchmal recht seltsame. Weil man sich in einem bestimmten Alter selbst gern als unglaublich subversiv sieht, wurde es Mode – besonders bei Oberstufenschülern und Studenten – zu glauben, man sei radikal genug, um vom Verfassungsschutz beobachtet zu werden. Es gab absolut harmlose Zeitgenossen, die ernsthaft glaubten, ihr Telefon werde überwacht, weil sie fünf Jahre vorher an einer Sitzblockade gegen Straßenbahnfahrpreiserhöhungen teilgenommen hatten: „Wir haben immer so ein seltsames Knacken im Telefon. Die hören uns ab." „Die" war selbstverständlich mindestens der Geheimdienst, wenn nicht sogar der „geheime Geheimdienst". Manche waren auch überzeugt davon, jemand öffne und lese ihre Post, oder sie würden auf der Straße verfolgt, um „Kontaktpersonen" herauszufinden.

Heute mag man darüber lächeln. Aber in manchen Kreisen – keineswegs nur in radikalen – war das ein todernstes Thema. Ernst genug jedenfalls für einige der früheren Protestierer, um zu entscheiden, wirkliche Radikale zu werden und in den Untergrund zu gehen. Um das Jahr 1971, unter Zuhilfenahme einiger Klassenkampfideologien, wurde dies der Beginn der Ära der „Baader-Meinhof-Gruppe" (oder „-Bande", wie es später hieß).

Baader-Meinhof & Co.

Dieses Buch ist nicht der geeignete Ort, um tief in die Geschichte der selbsternannten „Roten Armee Fraktion" („RAF") einzutauchen, aber ein Einblick mag von Interesse sein, denn die Aktivitäten dieser Gruppierung prägten die Atmosphäre Deutschlands in einer Weise, die niemand ignorieren konnte. Und von Beginn an war die RAF ein Medienphänomen – absichtlich und wohlkalkuliert.

Der Politikwissenschaftler Wolfgang Kraushaar erklärt in einem Interview: „Das Kapitel ‚bewaffneter Kampf' hat in der Bundesrepublik Deutschland bezeichnenderweise mit einem Bombenanschlag auf das Jüdische Gemeindehaus begonnen, und das am 9. November 1969 bei einer Gedenkfeier für die Opfer der sogenannten Reichskristallnacht. Die Täter stammten aus einer Vorläuferorganisation [der RAF], den Tupamaros Westberlin. Sie waren zuvor ebenso wie die RAF von den Palästinensern an Waffen und Sprengstoff ausgebildet worden. Ohne diese antiisraelische Kooperation – zunächst mit der Fatah, später dann mit der PFLP [Popular Front for the Liberation of Palestine] – wäre keine der hiesigen Untergrundgruppierungen überhaupt aktionsfähig gewesen."[3]

Zwischen 1970 und den späten 1980ern umfasste der Kern der ersten und zweiten Terroristengeneration etwa 60 Personen. Auf der Grundlage wirrer politischer Ideen begingen sie Bombenanschläge, Banküberfälle und Geiselnahmen und sahen sich selbst als die Avantgarde der Revolution, dazu auserkoren, dem faschistischen deutschen Staat die Maske vom Gesicht zu reißen. Natürlich war das lächerlich. Der deutsche Staat war konservativ und zeigte gelegentlich autoritäre Züge, aber faschistisch war er nicht. Manche Linke sahen das sehr klar, aber sie konnten den Zug nicht mehr aufhalten.

Die RAF-Mitglieder redeten sich ein, sie befänden sich gegenüber diesem Staat in einer Art Notwehr-Situation und begründeten damit ihre Aktionen. Mit diesen Handlungen aber manövrierten sie sich immer weiter in eine Situation hinein, aus der es irgendwann keinen Rückweg mehr gab. Die resultierende Bunkermentalität führte die Baader-Meinhof-Mitglieder und ihre Unterstützer immer weiter weg von der Realität da draußen. Am Ende waren sie verantwortlich für 33 Morde, mindestens 200 Verletzte, Dutzende von Banküberfällen und Sachschäden in Höhe von rund 250 Millionen Mark.

Um einen Einblick zu geben, was in deren Köpfen vor sich ging, hier Ulrike Meinhof im Originalton:

> „Das ist ein Problem, und wir sagen, natürlich, die Bullen sind Schweine, wir sagen, der Typ in der Uniform ist ein Schwein, das ist kein Mensch, und so haben wir uns mit ihm auseinanderzusetzen. Das heißt, wir haben nicht mit ihm zu reden, und es ist falsch, überhaupt mit diesen Leuten zu reden, und natürlich kann geschossen werden. Denn wir haben nicht das Problem, dass das Menschen sind, insofern es ihre Funktion ist, beziehungsweise ihre Arbeit ist, die Verbrechen des Systems zu schützen, die Kriminalität des Systems zu verteidigen und zu repräsentieren. Und wenn wir es mit ihnen zu tun haben, dann sind das eben Verbrecher, dann sind das eben Schweine, und das ist eine ganz klare Front.“[4]

Es fällt schwer, sich angesichts dieses (vermutlich gesprochenen) Gestammels vorzustellen, dass Ulrike Meinhof in den 1960er-Jahren eine angesehene Journalistin gewesen war.

Die deutsche Regierung schnappte wegen dieser letztlich kleinen Gruppe von Extremisten nahezu über, die – so aggressiv und gefährlich sie auch war – zu keinem Zeitpunkt in der Lage gewesen wäre, die Gesellschaft oder die Regierung zum Kippen zu bringen. Die Aktionen waren gegen Ende nicht einmal mehr politisch, sondern bestanden hauptsächlich nur noch aus Kriminalität zur Selbstversorgung und den Versuchen, die eigenen Leute aus dem Knast zu holen.

Es kam zu heftigen Überreaktionen der Behörden, und einige Politiker versuchten, unter Berufung auf den Kampf gegen die Terroristen einige Dinge durchzusetzen, die sie sowieso schon immer durchsetzen wollten, etwa rigorosere Gesetze, mehr Überwachung, mehr Kontrolle. Gelegentlich kam es auch zu Denunziationen langhaariger und/oder Haschisch rauchender Studenten durch ordnungsliebende Nachbarn; auch linkslastige Intellektuelle und Künstler kamen unter Beobachtung.

Der in Hamburg lebende Liedermacher Hannes Wader etwa, um ein relativ frühes Beispiel zu nennen, begann im Jahr 1971 gerade eine Konzerttournee, als ihn ein Bekannter fragte, ob ein NDR-Reporter während der Tour Waders Wohnung nutzen dürfe. Wader sah keinen Grund, die Bitte abzulehnen. Als er nach seiner Tour zurückkehrte, fand er seine Wohnung verwüstet vor und wurde von der Polizei festgenommen. Es kam heraus, dass der „Reporter" – unter einem falschen Namen natürlich – die Terroristin Gudrun Ensslin gewesen war, die in der Wohnung mit Explosivstoffen experimentiert hatte. Die Polizei kaufte Wader nicht ab, dass er über die Identität seines „Gastes" nicht informiert gewesen war, und die Berichterstattung, insbesondere in *Bild*, lief in dieselbe Richtung. Gegen Wader startete eine üble Stimmungsmache. Der politisch linksstehende, aber mit Terroristen nicht sympathisierende Sänger wurde als „Baader-Meinhof-Sympathisant" und „Terroristenhelfer" dämonisiert. Es kostete ihn Jahre, von diesem Etikett wegzukommen, und ohne die Solidarität einiger Kollegen, insbesondere Reinhard Meys, hätte das leicht das Ende seiner Karriere bedeuten können. Mit Anti-Terror-Hysterie ließ sich die Auflage steigern, das nutzten Teile der Presse gnadenlos aus.

Wirklich massive Polizeiaktionen, die jeden betreffen konnten, begannen kaum vor den Mittsiebzigern, und sie nahmen zu im Jahr 1977, in den 44 Tagen, die als „Deutscher Herbst" in die Geschichte eingegangen sind. In diesem Jahr erreichte der RAF-Terror seinen Höhepunkt.

Im September 1977 entführten RAF-Mitglieder Hanns Martin Schleyer, den Präsidenten des Bundesverbandes der Deutschen Arbeitgeberverbände (BDA) und des Bundesverbandes der Deutschen Industrie (BDI), den man darob auch den „Boss der Bosse" nannte. Seine Nazivergangenheit war ebenso bekannt wie seine Kaltschnäuzigkeit. Die Terroristen erschossen Schleyers Fahrer und drei seiner Security-Leute, nahmen ihn selbst als Geisel und forderten 15 Millionen US-Dollars sowie die Freilassung von elf gefangenen RAF-Mitgliedern. Mit brutalen Videos des gefangenen Schleyer nutzen sie gezielt die Medien, um ihren Forderungen Nachdruck zu verleihen. Sie wussten bereits sehr genau, dass Terror ohne Medien nicht funktioniert.

Nach annähernd fünf Wochen des Verhandelns lehnte die Bundesregierung unter Bundeskanzler Schmidt alle Forderungen ab. (Willy Brandt war 1974 zurückgetreten, nachdem aufflog, dass sein persönlicher Assistent Günter Guillaume ein DDR-Spion war; Brandts Nachfolger wurde Helmut Schmidt aus Hamburg.) Weil es der Krisenstab als großen Fehler sah, dass man auf die Forderungen des RAF-Vorläufers „Bewegung 2. Juni“ eingegangen war, als diese im Februar 1975 den Berliner Bürgermeisterkandidaten Peter Lorenz in ihrer Gewalt hatte, wurde bereits am ersten Tag der Schleyer-Entführung beschlossen, dass der deutsche Staat keinesfalls nachgeben und dass darüber absolutes Stillschweigen gehalten würde – wohl wissend, dass dies für Schleyer das Todesurteil bedeuten konnte.[5]

Die Reaktion kam postwendend. Zwei weibliche und zwei männliche PFLP-Terroristen, die mit der RAF verbandelt waren, entführten auf Palma de Mallorca das Lufthansa-Flugzeug „Landshut“ mit 86 Passagieren und Besatzungsmitgliedern. Nach einer Odyssee durch verschiedene arabische Staaten und der Erschießung eines der Piloten landete die Maschine schließlich auf dem Flughafen von Mogadischu, Somalia, weil ihr der Treibstoff ausging. Eine höllische Woche lang stand die „Landshut“ dort in der Hitze, ohne Klimatisierung und ohne frisches Wasser. Diverse Ultimaten wurden gestellt und liefen ab. Schließlich übergossen die Terroristen ihre Geiseln mit Alkohol und brachten etliche Sprengkörper im Flugzeug an.

Dann, in einer einzigen Nacht, fielen alle Wunschträume der Terroristen in sich zusammen: Die Maschine wurde von der GSG-9, einer speziell ausgebildeten Truppe des Bundesgrenzschutzes, gestürmt. Drei der Entführer wurden erschossen, alle Geiseln konnten befreit werden.

Als dies in den deutschen Frühnachrichten gemeldet wurde, erschossen sich Andreas Baader und Jan-Carl Raspe in ihren Gefängniszellen, Gudrun Ensslin erhängte sich mit einem Kabel (am selben Fensterkreuz übrigens, an dem sich ein Jahr vorher schon Ulrike Meinhof erhängt hatte), Irmgard Möller versuchte sich zu erstechen, überlebte aber.

Hanns Martin Schleyer wurde in derselben Nacht erschossen. Seine Entführer ließen seine Leiche im Kofferraum eines Autos zurück, das nahe der französischen Grenze gefunden wurde.

Ich war zu dieser Zeit Zivildienstleistender. Es galt damals noch die allgemeine Wehrpflicht. Wer aus Gewissensgründen den Kriegsdienst verweigerte, hatte sein Gewissen von einer vierköpfigen Kommission der Bundeswehr (!) untersuchen zu lassen, die mehrheitlich aus Leuten bestand, die schon rein altersbedingt wohl bereits anderen Herren gedient haben mussten. Mir bescheinigten die Herrschaften eine gewisse Weltfremdheit und wollten wissen, ob man mit so einer Einstellung überhaupt eine Freundin fände, letztlich hielten sie mein Gewissen aber für glaubwürdig. Man hatte dann einen 18-monatigen Ersatzdienst zu leisten, drei Monate länger als der Wehrdienst. Diesen Ersatzdienst, oder Zivildienst, wie er offiziell hieß, hatte man in der Regel als Hilfskraft in einem Krankenhaus, einer Psychiatrie, einer Werkstatt für Behinderte oder einer ähnlichen Institution abzuleisten.

Ich erinnere mich, dass in meiner Zivildienststelle einige Kollegen meines Alters nicht an die RAF-Selbstmorde glaubten. Sie waren davon überzeugt, der Staat habe die Gefangenen getötet oder ihre Selbstmorde zumindest wissentlich nicht verhindert. Sie konstruierten absurde Theorien, weshalb es Baader gar nicht möglich gewesen sein könne, sich selbst in den Hinterkopf zu schießen (in der Tat muss ihn das einige Verrenkungen gekostet haben, aber er wollte ja, dass es verdächtig aussieht, und da gibt man sich halt Mühe). Noch heute kursieren einige Mythen über diese Suizide.

Während der Krise herrschte vollständiges Stillschweigen in den Medien (an die sich ausnahmslos alle hielten), und das sogenannte „Kontaktsperregesetz“ verhinderte jeden Kontakt zwischen den inhaftierten RAF-Terroristen und ihren Anwälten. Letztlich hieß das, dass die Bundesrepublik Deutschland 44 Tage lang statt von ihrer Regierung von einem Krisenstab geführt worden war, in dessen Haut man allerdings nicht gesteckt haben möchte.[6] Einige Gesetze, etwa das Gesetz zur „Rasterfahndung“, und einige andere „Anti-Terror-Gesetze“, die in der Folgezeit den Bundestag passierten, waren im Hinblick auf ihre Vereinbarkeit mit dem Grundgesetz zumindest fragwürdig.

Wenn man Artikel, Literatur oder Interviews mit einigen Rockmusikern jener Zeit liest, gewinnt man leicht den Eindruck, die Polizei habe ständig sämtliche Straßen kontrolliert und von morgens bis abends Leute wie dich und mich behelligt. Tatsächlich war das mehr oder weniger Unangenehmste, was einem Normalmenschen passieren konnte, eine Verkehrskontrolle, wie sie mich im Herbst des Jahres 1977 erwischte: Es war während meines Zivildienstes, als ich eines Nachts gegen 1 Uhr nach Hause fuhr. An einer Einfallstraße stoppte mich eine Polizeikontrolle. Ein Polizeibeamter wollte Zulassung und Führerschein sehen. Die Szenerie wurde von einigen starken Scheinwerfern beleuchtet, aus dem Augenwinkel heraus konnte ich sehen, dass außerhalb des Lichtkreises im Dunkeln vier uniformierte Polizisten mit Maschinenpistolen um mein Auto herum standen. Könnten Sie jetzt mein damaliges Auto sehen, wüssten Sie, wie surreal diese Szene war: Ich fuhr einen alten, rostigen R4, der nur noch von diversen Anti-Atomkraft-Aufklebern zusammengehalten wurde; obendrein war die Karre wegen einer beschädigten Lichtmaschine auch noch recht laut; ich selbst hatte schulterlange Haare und trug eine große, runde Brille (eine Janis-Joplin-Gedächtnisbrille, wie meine Freundin zu sagen pflegte). Kein ernstzunehmender Terrorist hätte eine solche Rostlaube auch nur angefasst, geschweige denn gefahren. Die RAF-Leute fuhren zu jener Zeit gestohlene BMWs, trugen aus Banküberfällen finanzierte Businessanzüge, hatten konventionelle Haarschnitte und sahen wie IBM-Vertreter aus. Ich legte meine Hände aufs Lenkrad und sagte dem Polizisten, in welcher Tasche meine Brieftasche mit den gewünschten Unterlagen zu finden sei. Umgeben von diesen vier Schusswaffen hielt ich es für besser, nicht selbst hineinzugreifen – einer der Herrschaften könnte womöglich einen nervösen Zeigefinger haben. Es wurden dann mein Name und das Nummernschild gecheckt, ich erhielt meine Unterlagen zurück mit der Aufforderung, doch bei Gelegenheit die Lichtmaschine reparieren zu lassen. – So überzogen solche Aktionen aus heutiger Sicht vielleicht wirken mögen: Es gab Gründe dafür. Und dies war die einzige Erfahrung, die ich in diesem Kontext mit der Polizei machte.

Es existieren einige Versuche, auf künstlerische Weise mit den Verbindungen zwischen Gesellschaft und Terror umzugehen, insbesondere sind dies die Filme *Deutschland im Herbst* (1978)[7] und *Der Baader Meinhof Komplex* (2008)[8], die beide auch im Ausland zur Kenntnis genommen wurden. Beide sind sehenswert, wenn auch nicht unproblematisch. In *Deutschland im Herbst* wird Baaders, Ensslins und Raspes Beerdigung gezeigt, dazu läuft im Off Joan Baez' Song „Here's To You"[9] aus dem Film *Sacco e Vanzetti* (1971) mit den unablässig wiederholten Zeilen „Here's to you, Nicola and Bart / Rest forever here in our hearts / The last and final moment is yours / That agony is your triumph". Einen noch unpassenderen Song hätte man wohl kaum finden können.

Der Baader Meinhof Komplex ist ein handwerklich passabler Spielfilm mit etlichen der damaligen Publikumslieblinge. Er portraitiert die involvierten Personen und Örtlichkeiten recht präzise, legt der Geschichte allerdings eine unangemessene Piraten-Romantik bei – als seien diese Terroristen nicht mehr gewesen als ein paar eigentlich gutmeinende Schafe, die in ihrer Naivität ein bisschen vom Weg abgekommen waren. Wer das glaubt, liegt schief. Wolfgang Kraushaar sagt über den Film: „Es scheint vor allem die Lust am Abenteuer und die Bewunderung für das Existenzielle – den Kampf auf Leben und Tod – zu sein, die hier anziehend wirken. Dafür sind dieselben Mechanismen ausschlaggebend, die auch für einen Actionfilm gelten. Wenn … etwa zu sehen ist, wie

Andreas Baader nachts aus einem fahrenden Wagen heraus wild durch die Gegend ballert, dann wird in dieser Szene das so überaus hohle Faszinosum auf den Punkt gebracht. Ich verstehe allerdings nicht: Was soll ‚cool' daran sein, Angst und Schrecken zu verbreiten, Banken zu überfallen, Leute zu entführen und sogar umzubringen?"[10]

Für eine Weile tauchte um die RAF dasselbe Phänomen auf wie das früher erwähnte vermeintliche Abhören des Telefons durch den Verfassungsschutz: So mancher versuchte sich dadurch interessant zu machen, dass er durch scheinbares Insiderwissen eine Nähe zur RAF vortäuschte. Ich erwähnte bereits meine Zivildienstkollegen, deren Zweifel an den Selbstmorden der RAF-Leute einen deutlich bewundernden Beiklang besaßen. Und man konnte darauf wetten, dass auf so ziemlich jeder Party Ende der 1970er-Jahre jemand auftauchte, der vorgab – nein, nicht Holger Meins zu kennen, aber dessen Schwester. Niemand wusste, ob Meins überhaupt eine Schwester hatte, aber darauf kam es nicht an. Wichtig war, dass eine „Verbindung" insinuiert wurde, die den Betreffenden in die Nähe eines echten Terroristen rückte. (An ein ähnliches Phänomen erinnere ich mich aus der Zeit nach 9/11 – es war verblüffend, wie viele Leute nach dem Anschlag auf das World Trade Center plötzlich behaupteten, jemanden zu kennen, der mit Mohammed Atta zu tun gehabt hatte.)

Es gibt eine interessante Parallele zu den Erzählungen unserer Eltern und Großeltern: Die meisten der überlebenden RAF-Terroristen, ebenso ihre Sympathisanten, waren und sind nicht bereit, detailliert über das zu sprechen, was sie in ihrer „aktiven" Zeit konkret getan haben. Sie bleiben stumm. Wenn man sie direkt fragt, sondern sie bedeutungslose Allgemeinplätze ab oder flüchten sich in zynische Anekdoten. Klar, niemand kann in ihre Köpfe schauen und ihre tatsächlichen heutigen Gefühle und Gedanken erkennen, aber es sieht so aus, als hätten die wenigen, die sich überhaupt äußern, nicht viel dazugelernt. Eine der wenigen Ausnahmen ist Peter Jürgen Boock, der heute findet: „Es ist scheiße, ein Mörder zu sein."[11] – Eine späte Einsicht und ein Eimer voller Selbstmitleid, aber vielleicht ein erster Schritt. Dass manche der damaligen Sympathisanten und Mittäter später übergangslos vom Links- in den Rechtsextremismus abgedriftet sind, ist ebenfalls ein bedenkenswertes Phänomen.

Musik und RAF

Manchmal, wenn man Interviews mit Krautrockpionieren liest, besonders jenen mit einem klaren politischen Standpunkt, fällt auf, dass sie nicht müde werden, zu erzählen, wie oft sie und ihr Fahrzeug doch damals, während ihrer Touren, von der Polizei gefilzt oder ihre Wohnung auf der Suche nach Terroristen gestürmt wurde, und wie nervig es jedes Mal war, die „Bullen" auszutricksen, damit sie den im Kühlschrank oder sonstwo versteckten Stoff nicht fanden. Dabei spielt ihnen interessanterweise oft die Erinnerung einen Streich, und sie datieren diese Ereignisse auf Zeitpunkte, zu denen die RAF noch kaum oder gar nicht aktiv war. Aber Musiker verbrachten Tage und Wochen auf der Straße und rissen tausende von Kilometern ab. Da war die Wahrscheinlichkeit, in Polizeikontrollen zu geraten, natürlich deutlich größer als bei Menschen, die für ihren Job nicht auf das Auto angewiesen waren. Und wie wir alle wissen (nur meist nicht glauben wollen), sind Erinnerungen nichts Statisches, sie verändern sich mit den Jahren. Ältere, aber auch Jüngere nutzen die RAF, um einen Privatmythos um sich aufzubauen. Aber die RAF war kein Abenteuerspielplatz.

Dabei gab es in der Rockmusik selbst gar nicht so viele direkte Reaktionen, wie man vermuten könnte. Einige Agitprop-Bands (mehr über sie später) fühlten sich in ihrem Misstrauen gegenüber „dem Staat" bestätigt, aber das war Teil ihrer normalen Denkweise. Einige Liedermacher machten die RAF zum Thema, etwa Franz-Josef Degenhardt („Bumser Paco", 1980). Die Schlagerszene, wen wundert's, verhielt sich völlig neutral.

Nur in der Avantgarde-Szene gab es einige Reaktionen, aber das dauerte lange. Das wohl wichtigste Werk, das sich direkt mit dem Thema „Baader-Meinhof" befasste, war *Das Mädchen mit den Schwefelhölzern* des Komponisten Helmut Lachenmann. Diese Oper (oder „Musik mit Bildern", wie er sie nannte), erlebte ihre Premiere im Jahr 1997 an der Hamburgischen Staatsoper, eine Plattenversion erschien erst vier Jahre später. Diese extrem komplexe Komposition nutzt Hans Christian Andersens Märchen als eine Folie, in die die Geschichte der Terroristin Gudrun Ensslin eingewoben ist. Zwar hat sich die Bezeichnung „Baader-Meinhof" eingebürgert, doch die treibende Kraft der RAF war Ensslin; der Journalist Stefan Aust bezeichnet sie als den wirklichen Kopf der Gruppe.[12] Lachenmann und Ensslin waren als Kinder Nachbarn, der Vater des Komponisten war der Vorgesetzte von Ensslins Vater. In einem Gespräch sagte Lachenmann: „Gudrun Ensslin hat in ihrer Stammheimer Gefängniszelle einen Brief geschrieben, dessen Sprache teilweise hässlich, gewalttätig, in seinem Schlussabschnitt aber von ergreifender Schönheit ist – schön, weil genau benennend –, so dass ich darin nicht nur einfach die entfesselte Gewaltbereitschaft und seelische Kaputtheit sehe, sondern auch ihre Liebe zum an der Gesellschaft zerbrechenden Individuum."[13] Lachenmann verwendet Teile dieses Briefes in seinem Libretto.

Die Gleichsetzung Gudrun Ensslins mit Andersens Streichholzmädchen (das eine Art Paradies halluziniert, während es in Wirklichkeit erfriert) mag hergeholt wirken. Es ist manchmal schwer, dem Vergleich zu folgen, aber er ist ein Versuch, Zugang zu einer Weltsicht zu erlangen, die eine sensible, intelligente Frau zu einer Terroristin, Brandstifterin und Mörderin werden ließ, und in der Kombination mit der hochkomplexen Musik kommt das Werk einer Antwort wahrscheinlich näher als die erwähnten Filme. Und Lachenmann ist kein naiver Träumer: „Die sich gegenseitig aufschaukelnden Brutalitäten im Kampf mit den ihrerseits nicht zimperlichen Ordnungskräften haben sie menschlich deformiert. An ihren kriminellen Handlungen gibt es nichts zu entschuldigen. Aber mit ihrer Verurteilung ist die Frage nach unserer Mitverantwortung nicht abgehakt."[14]

Atomkraft und Pershing II

Zwei weitere Phänomene der 1970er sind noch zu erwähnen, da beide ihren Teil zur Veränderung des gesellschaftlichen Klimas beigetragen haben:

Zum einen begannen Bürgerinitiativen damit, Widerstand gegen die Atomkraftwerke zu organisieren, die überall wie Pilze aus dem Boden schossen. Zum zweiten trat 1979 der sogenannte „NATO-Doppelbeschluss" in Kraft und bescherte den Deutschen Pershing-II-Mittelstreckenraketen und andere neue Waffen, um den Status der gegenseitigen Vernichtungsandrohung aufrechtzuerhalten (bzw. wiederherzustellen, da er angeblich durch sowjetische SS-20-Raketen aus dem Gleichgewicht geraten war). Atomkraftwerke und Raketen: Sie waren der gemeinsame Nenner, auf den sich die früher genannten radikalen Splittergruppen einigen konnten. Dazu kamen noch einige Graswurzelorganisationen wie etwa „Strobo" (Stromzahlungsboykott), eine kurzlebige Initiative von Leuten, die von ihrer Stromrechnung den Prozentsatz abzogen und auf ein Sperrkonto einzahlten, den die Elektrizitätswerke in den Bau von Atomkraftwerken investierten. Diese und andere Gruppierungen schafften es auf diese Weise ins politische Tagesgeschäft. Und sie traten Bürgerinitiativen bei bzw. riefen welche ins Leben; besonders aktiv war in diesem Zusammenhang der Kommunistische Bund (KB). Auch hier war keine dieser Gruppen in der Lage, die Anti-Atom- oder die Anti-Raketen-Bewegung tatsächlich zu dominieren, aber aufgrund ihrer bereits wohlorganisierten Infrastruktur spielten sie eine maßgebliche Rolle, wenn es um den Druck von Flyern, die Organisation von Protestmärschen und dergleichen ging. Es soll nicht vergessen werden, dass auch einige rechtsgerichtete Kräfte sich einmischten. Viele werden sich noch an Baldur Springmann erinnern, einen rechtsextremen Bio-Bauern mit langer Nazi-Vergangenheit, der eine Weile zur Dauererscheinung im Fernsehen wurde. Mit seinem weißen Bart und seinen blauen oder grünen Kasacks zog er jede Kamera auf sich, man konnte ihm nicht entkommen. Aber auch innerhalb der Linksorientierten gab es ständigen Zoff, die Grabenkämpfe zwischen ideologisch vernagelten Gruppen führten zu verbissenen Streitereien, Anfeindungen und zur Bildung von Splittergruppen der Splittergruppen.

Der Widerstand gegen Atomkraftwerke und gegen Raketen wurde zu zwei der wichtigsten ideologischen Treffpunkte im Deutschland der 1970er- und frühen 1980er-Jahre. Hier konnten sich sehr viele einfinden, und durch diese Themen politisierten sich viele, die vorher mit der Politik wenig bis nichts am Hut hatten. Sogar Rockfestivals gab es, von lokalen Events bis hin zu „Rock gegen Rechts“, letztere Initiative war inspiriert von der britischen „Rock Against Racism“-Bewegung. Letztlich mündeten alle diese Aktivitäten in die Gründung der Grünen im Jahr 1980.

Die 1970er waren die Zeit, in der ich Filme erkundete, zeitweilig exzessiv. Meist mit ein oder zwei Freunden wurde ich zu einer Art festem Inventar in Hamburgs Arthouse-Kinos. Nach einer Weile kannten uns die Kinobetreiber mit Namen und umgekehrt. Wir ließen nichts aus, was unter „Neuer Deutscher Film“ ging – Kluge, Wenders, Herzog, Fassbinder, Reitz und wer da sonst noch aktiv war, aber auch die Großen aus Frankreich und Italien. Niemand hätte sich damals getraut, Wenders' oder Herzogs Filme als so langweilig und an den Haaren herbeigezogen zu bezeichnen, wie sie tatsächlich manchmal waren – man wäre aus dem Kreis der zivilisierten Menschheit ausgestoßen worden. Oft aber war die Kameraarbeit dieser Filme großartig und in manchen war fantastische Filmmusik zu hören. Die wunderbaren Popol-Vuh-Soundtracks der Herzog-Filme, die Musiken, die Improved Sound Limited für Wim Wenders' *Im Lauf der Zeit* oder Erwin Keuschs *Das Brot des Bäckers* lieferten – sie waren nicht zuletzt ein wichtiger Wegweiser in Richtung Rockmusik aus Deutschland; im Kino fielen mir aber auch erstmals Filmkomponisten wie Jürgen Knieper oder Peer Raben auf. Zur Erholung allerdings musste dann auch gelegentlich eine Komödie her, etwa die Marx Brothers, die seinerzeit gerade wiederentdeckt wurden, aber auch für Klamotten wie *Car Wash* (1976) waren wir uns nicht zu schade. Aus dieser Zeit stammt auch meine ewige Liebe zu Jacques Tati. Manchmal mussten auch Actionfilme ohne philosophischen Klimbim her, wie sie typischerweise durch die paar in Hamburg noch verbliebenen Stadtteilkinos liefen, Filme wie *Fluchtpunkt San Francisco* (1971) oder *Convoy* (1978).

Amateuraktivitäten

Mit zwei Freunden startete ich eine Lightshow-Gruppe. Zunächst nannten wir uns X-LIGHTS, wenn mich die Erinnerung nicht trügt, später dann WAVES. Wir bauten eine Lichtanlage, die kompakt genug für Bühnen kleiner und mittelgroßer Räume war, wie man sie in Clubs, Jugendzentren oder Schulaulen findet. Wir hatten Spotlights, Stroboskope, Drehlichter, selbstgeschossene abstrakte Dias, Ölprojektoren, Liquid Wheels, Sternenhimmelhintergründe und allerlei eigene Erfindungen. WAVES existierte immerhin sechs Jahre lang, und nach einer Weile hatten wir eine Handvoll Bands, mit denen wir regelmäßig arbeiteten (oder sie mit uns). Natürlich lehnte uns auch manche Band, die wir ansprachen, mit Abscheu und Empörung ab – nein, solchen Firlefanz habe man nicht nötig. Wie sich dann zeigte, waren das immer genau solche Bands, die uns besonders dringend gebraucht hätten. Wir waren Anfang bis Mitte 20, es machte jede Menge Spaß, und die Zukunft bot tausend Möglichkeiten.

Die Beat-Ära war definitiv beendet, „German Rock“ wurde sichtbarer. Eines aber änderte sich nicht: Was immer Musiker und Plattenfirmen auch versuchten, Rockmusik aus Deutschland blieb ein spezieller Markt für spezielle Leute.

Wenn eine Band an den Start ging, dann waren die Mitglieder Amateure und kannten sich aus der Schule. Das erste, was sie dann finden mussten, war ein Proberaum. Auf dem Land konnte das Papas Garage sein, eine Scheune, das lokale Gemeindehaus oder Jugendzentrum oder ein Kellerraum in der Schule. In der Stadt konnte es komplizierter werden. Schulen und Gemeindehäuser gab es auch hier, aber aufgrund der höheren Anzahl an Bands pro Quadratkilometer musste man sich diese Räume oft mit anderen teilen. Nicht selten stellten die örtlichen Behörden für vergleichsweise wenig Geld Räume in alten, renovierten Luftschutzbunkern zur Verfügung. Diese Bauwerke waren so massiv, dass man sie zu vertretbaren Kosten und ohne die Nachbarbebauung zu beschädigen nicht abreißen konnte. Als Proberäume hatten sie den Vorteil, dass man die Lautstärkeregler auf 11 stellen konnte, ohne dass der Krach nach außen drang. Ich selbst habe mich in solchen Bauwerken nie wohlgefühlt. Immer hatte ich das Gefühl, die Angst der Menschen, die seinerzeit hier das Ende der Bombenangriffe abzuwarten hatten, stünde noch im Raum. Glücklich, wer damit keine Probleme hat.

Zu den ersten Entscheidungen, die die neue Band zu treffen hatte, gehörte die Frage: Spielen wir Coverversionen oder sollen wir versuchen, eigene Stücke zu schreiben? Wenn ersteres, wird man immer am Original gemessen, und meist schneidet das Original dabei besser ab als die Kopie. Außerdem war das Nachspielen eine Sache, die mit der Beatgruppen-Ära verbunden war, außer man machte es wie VANILLA FUDGE und kämmte die gecoverten Stücke so gegen den Strich, dass sie kaum noch wiederzuerkennen waren. Das setzte aber schon wieder einiges an Können voraus, das man sich erst noch erspielen musste. Die meisten Bands versuchten sich deshalb an eigenem Material. Anfang der 1970er-Jahre geschah das meist in einem Melodic-Rock-Stil mit Ausflügen in den Hardrock ohne viele individuelle Beigaben. Wenn eigene Songs geschrieben wurden, folgten sie durchweg dem Schema „Intro – Strophe – Refrain – Strophe – Refrain – Bridge – Refrain – Outro". Die Ironie dabei war, dass man Schlager zwar hasste, und die selbstgeschriebenen Stücke waren meist auch länger, trotzdem aber folgten sie baukastenartig der Struktur eines Schlagers. Texte wurden üblicherweise in englischer Sprache geschrieben. Manchmal war das eher ein Fantasie-Englisch, aber das tat niemandem weh. Später in den 1970ern wurde es dann mehr und mehr undenkbar, ausländische Bands zu „kopieren", gleichzeitig aber wollte man auch nicht „deutsch" klingen – ein schwer zu lösendes Dilemma. Es dauerte ein paar Jahre, bis die Bands merkten, dass sie faktisch gar nichts dagegen tun konnten, deutsch zu klingen, weil sie deutsch waren – und sie erkannten, dass das gar nicht zwangsläufig etwas Negatives sein musste. Es konnte auch ein Weg sein, um sich von englischen und amerikanischen Bands abzusetzen.

Alle Aktivitäten mussten abgestimmt werden mit der Schule, der Lehrstelle, dem Job und dem Familienleben. Die Musiker, wenn man sie fragte, sagten meist: „Wir machen das aus Spaß, wir haben keine professionellen Pläne." Nicht alle, aber die weitaus meisten Bands waren rein männlich, der Umgangston war oft latent misogyn, und wenn Bandmitglieder eine Freundin hatten, dann durften diese zwar zu Auftritten mitkommen, im Proberaum waren sie aber eher unwillkommen. Die einzige Ausnahme war – wenn vorhanden – die Sängerin; Instrumentalistinnen waren eine sehr seltene Erscheinung.

Die Musik solcher Bands war meist geradeaus, harmonisch und nicht zu kompliziert – „ehrlich", wie man sie zu nennen pflegte. Instrumentales Virtuosentum war einerseits hoch angesehen, jeder Gitarrist hatte seinen Helden, wenn er aber *zu* virtuos war, dann wurde er nicht mehr als „ehrlich" angesehen. Dies war eine seltsame, aber verbreitete Logik – als sei ein Musiker, der sein

Instrument beherrscht, unehrlich. Ein altbekanntes Phänomen: Nägel, die herausragen, werden plattgehämmert. Und selbst, wenn die Band in ihr Spiel einige psychedelische Effekte integrierte, die von Platten geklaut waren, so hatten die meisten Musiker dieser Art nur sehr selten selbst Erfahrungen mit psychoaktiven Substanzen, außer vielleicht von Zeit zu Zeit mit einem Joint. Normalerweise blieb es beim Bier; Gemeinsamkeit und gute Stimmung waren die Hauptsache des ganzen Bandprojekts, nicht Ekstase.

Zahlen sind naturgemäß nicht bekannt, aber es gab hunderte solcher Bands in Deutschland. Wenn sie nicht vollständig talentfrei waren, konnten sie in ihrer Gegend bekannt werden; dies führte dann bei Auftritten zu Honoraren zwischen 50 Mark plus Freibier bis hin zu vielleicht 500 Mark – aber dafür mussten sie in ihrer Region schon weltberühmt sein. Mehr war für eine Amateurband nicht zu holen. In den meisten Fällen zeigte sich das örtliche Finanzamt von der freundlichen Seite, klassifizierte die Auftritte als „Steckenpferd" und kassierte keine Steuern. Das war durchaus eine Ermessenssache: Angenommen, die Band kassierte 500 Mark pro Auftritt und spielte jeden Sonnabend, dann waren das immerhin 2000 Mark pro Monat, bei einer fünfköpfigen Band also 400 Mark pro Person. Anfang der 1970er-Jahre deckten 400 Mark schon die Kosten von Wohnung und Auto ab, man hätte den Betrag also durchaus als zu versteuerndes Einkommen werten können. Spielte das Finanzamt nicht mit, war die Band gut beraten, eine „Gesellschaft bürgerlichen Rechts" (GbR) zu bilden, und es musste dann auch jemand den Schatzmeister spielen und die Buchhaltung erledigen; ein Job, der meist an eine der Freundinnen weitergereicht wurde.

Hatte die Band in ihrer Region einen bestimmten Bekanntheitsgrad erreicht, kam nach drei oder vier Jahren mit ziemlicher Sicherheit jemand auf die Idee, eine Platte zu machen – live oder im Proberaum aufgenommen, manchmal in einem (einfachen) Studio. Das war dann eine Privatpressung, die Auflage betrug meist zwischen 300 und 500 Stück. 200 davon wurden bei den Konzerten verkauft, 50 erhielten Freunde, Verwandte und die lokale Zeitung, an die großen Plattenfirmen wurden Exemplare als Demo geschickt. Der Rest landete bei einem der Bandmitglieder auf dem Dachboden und verstaubte dort. Wenn sich die Band nach sieben oder acht Jahren schließlich auflöste, wanderten sie auf den Müll, weil der Platz für andere Dinge gebraucht wurde. In manchen Fällen, wenn die Restexemplare überlebten, konnte es passieren, dass ein englischer Plattenhändler sie vierzig Jahre später in die Finger bekam, sie mitnahm und sie via eBay als „hidden gem" und „extremely influential part of the German krautrock era" für teures Geld verscherbelte. Aber das passierte nicht oft.

Die Lebensdauer solcher Amateurbands betrug meist sechs oder sieben Jahre, in seltenen Fällen vielleicht zehn. Sie fielen auseinander, weil Beruf, Familie oder andere Hobbies wichtiger wurden. Vielleicht zog der Gitarrist in eine andere Gegend, oder es kam zunehmend zu Streitereien um das Repertoire, die schließlich nicht mehr beigelegt werden konnten. Aber in einigen Fällen kam irgendwann dann doch die Frage aller Fragen auf: Sollen wir Profis werden?

Diese Frage konnte ein harter Knochen sein, und man konnte eine potenzielle Karriere zerstören, wenn man zu lange damit wartete. Die Hamburger Band NOVALIS beispielsweise schloss im Jahr 1973 einen Plattenvertrag mit Brain ab, die Mitglieder blieben aber in ihren Berufen (Speditionskaufmann, Plattenhändler, Werbekaufmann, Fernmeldetechniker). Das klingt vernünftig, brachte aber mit sich, dass die Gruppe ihre Alben nicht vernünftig promoten konnte. Es waren nur Einzelkonzerte an Wochenenden und im Urlaub möglich. Ihre erste Tournee mit 35 Stationen machte NOVALIS erst im Jahr 1978 mit dem Erscheinen ihres bereits fünften Albums *Brandung*. Als sie sich schließlich entschieden, ihre Jobs aufzugeben, befand sich ihre Karriere bereits in Stagnation. Alles in allem verkaufte NOVALIS rund 400.000 LPs (ein Fünftel davon in Japan). Das ist sicherlich nicht schlecht, und man kann nicht sagen, sie hätten den Zug verpasst, aber trotzdem hätte die Band wohl ein größerer Act werden können, wenn die Musiker ihre Jobs schon im Jahr 1974 aufgegeben hätten. Aber das sagt sich leicht, aus der Rückschau. Zu Zeiten ihres ersten Albums, *Banished Bridge*, war das Risiko real.

Immerhin, NOVALIS *machte* den Sprung. Die meisten Bands legten die Idee, Profis zu werden, ad acta – der Talentscout, auf den sie warteten, kam nicht, oder, wenn er kam, hatte er ein großes Mundwerk, aber keine Verbindungen zu Plattenfirmen, oder er wollte im Voraus bezahlt werden (ein absolutes No-No, damals wie heute!). Die Democassetten kamen zurück oder blieben ohne Reaktion, Freundinnen oder Ehefrauen wollten sich mit dem Risiko nicht anfreunden, es musste ein Haus oder ein Auto abbezahlt werden, nicht zu reden von einem möglichen Kinderwunsch. Profimusiker zu werden wäre ein zu großer Schritt in ein zu unbekanntes Gelände gewesen. Es gab auch immer einen Vater oder Onkel, der etwas von „brotloser Kunst“ erzählte, und so wurde in der Familie darauf bestanden, dass der Künstler in spe zunächst mal einen „ordentlichen Beruf“ zu erlernen habe. In vielen Familien (etwa meiner) wurde damals, anders als heute, nicht mal *in Erwägung gezogen*, dass der Nachwuchs etwas mit Musik am Hut haben könnte. Es gibt keine belastbare Statistik zu dieser Frage, aber wenn man die Biografien etablierter Musiker liest, dann ist es auffällig, wie häufig sie aus

Musikerfamilien stammen, die Eltern als Musiklehrer oder Kirchenorganisten arbeiteten oder zumindest selbst in kreativen, kunstbezogenen Berufen tätig waren – im Bereich der Architektur, Schauspielerei oder ähnlichem.

Was also, wenn eine Band künstlerisch ausgereift genug für eine künstlerische Karriere war und willens, ins kalte Wasser zu springen?

Ein wichtiger Unterschied zwischen Musikern in Deutschland und den USA bestand darin, dass sich die meisten Amateurbands in Deutschland als untrennbare Einheit von Freunden sahen (in Teilen galt das wohl auch für englische Bands). Wenn, aus welchem Grund auch immer, ein Mitglied absprang, dann war das ganze Bandprojekt in Gefahr. Musiker in den USA sahen und sehen ihre Tätigkeit weitaus stärker durch die geschäftliche Brille. Wenn sie Profis werden wollten (exzellente Instrumentenbeherrschung vorausgesetzt), dann wussten sie: Man geht nach New York oder nach Los Angeles und stellt sich der bretthharten Konkurrenz. Wer dann *wirklich* gut war, kam eventuell in einer Crew von Studiomusikern unter; an die legendäre „Wrecking Crew"[15] sei an dieser Stelle erinnert. Oder er wurde als Solist von Aufnahmesession zu Aufnahmesession weiterempfohlen. Aktuell fallen einem dazu Namen wie Kenny Aronoff oder Leland Sklar als Beispiele ein; aber auch in den 1960ern gab es das bereits. Kaum jemand wird heute noch feststellen können, auf wie vielen Platten prominenter US-Bands, die einen Schlagzeuger in ihrem Line-up hatten, in Wirklichkeit trotzdem der Sessiondrummer Sandy Nelson zu hören ist, weil es mit diesem einfach schneller ging (in England könnte man Clem Cattini als Beispiel nennen). Undenkbar in Deutschland! Als in den 1990ern zunächst Wolfgang Flür und später Karl Bartos KRAFTWERK verließen und die Fans erfuhren, dass die beiden nur „Angestellte" der Kernmitglieder Ralf Hütter und Florian Schneider gewesen waren, da waren viele von ihnen tief geschockt.

Management

In den 1960ern und frühen 1970ern war es riskant, privat eine Rockgruppe zu managen, denn das war gesetzlich verboten. Künstlermanagement wurde offiziell als Sache der Arbeitsvermittlung angesehen, und das Monopol für diese Dienstleistung lag bei den lokalen Arbeitsämtern, wo es spezielle Abteilungen gab, „Künstlerdienst" genannt. Das Problem war, dass diese Stellen zwar wussten, an wen man Allround-DJs, Zauberkünstler, Krankenhausclowns oder Allzweck-Tanzbands vermitteln konnte, aber mit Rockgruppen kannten sie sich meist nicht aus. Die Rockgruppen mussten sich schon selbst bemühen.

Das aber war gefährlich, denn wenn aufflog, dass sich eine Gruppe selbst managte oder gar jemanden extra dafür abgestellt hatte, konnte das zu einer Anzeige führen – besonders dann, wenn der Verhandlungspartner eine Mehrzweckhalle oder Festwiese war, die von städtischer Seite verwaltet wurde. Manche Band versuchte das Risiko zu minimieren, indem sie den Manager als Mitglied der Band deklarierte, aber das Risiko blieb bestehen. Selbst der bereits etablierte Labelchef Rolf-Ulrich Kaiser wurde einmal zu einem Bußgeld von 10.000 Mark verdonnert, weil er einige Bands aus seinem Roster auch managte.

Erst Mitte der 1970er-Jahre wurde das Gesetz geändert und privates Management wurde legal.

Auf Tour

Vor 1973 gab es in Deutschland keine Konzertagenturen, die sich um deutsche Gruppen kümmerten. MaMa Concerts, betrieben von *Ma*rcel Avram und *Ma*rek Lieberberg, und Lippmann + Rau, beide in Frankfurt, waren Deutschlands bekannteste Konzertagenturen. Sie organisierten aber nur Touren für große Acts wie die ROLLING STONES, ausländische Showstars, populäre Schlagersänger und klassische Orchester. Horst Lippmann und Fritz Rau hatten allerdings eine spezielle Liebe für deutschen Jazz, Bluesbands und Liedermacher; Rau, ursprünglich Jurist, organisierte im Jahr 1955 sein erstes Konzert mit Albert Mangelsdorff[16], und nachdem das einigermaßen glatt über die Bühne gegangen war, machte er weiter mit Konzerten und Festivals. Aber an deutschen Rockgruppen war auch er nicht interessiert. Als er im Jahr 1975 gefragt wurde, weshalb er keine deutschen Bands unterstütze, ging er in die Luft wie das HB-Männchen: „Ich bin kein Nationalist – für mich gibt es keine deutschen Rockgruppen – für mich gibt es nur Rockgruppen! Ich habe keine Aufgabe der deutschen Nation gegenüber zu erfüllen und den deutschen Rock im Sinne einer Reichskulturkammer hochzupushen.“[17] Rau war immer ein Poltergeist, aber einer von der liebenswerten Sorte. Er hatte seine Kindheit und die frühen Teenagerjahre unter den Nazis verbracht und reagierte für den Rest seines Lebens allergisch auf alle Töne, die er als nationalistisch empfand. Durch die geschäftliche Brille betrachtet war seine harsche Reaktion von damals ohnehin nachvollziehbar: Die Anzahl der Tickets, die man mit deutschen Rockgruppen verkaufen konnte, war klein – zu klein, um die Kosten einer professionell organisierten Konzerttournee wieder einzuspielen. Rau, wie auch kleinere lokale Veranstalter, wussten sehr genau, dass es riskant war, mit solchen Gruppen zu arbeiten, und selbst, wenn man aus den roten Zahlen herauskam, war an deren Zielgruppe nicht viel zu verdienen. Hinzu kommt, dass viele Clubbetreiber, Wirte, Jugendzentrenbetreiber und so weiter es weder gewohnt noch daran interessiert waren, mit professionellen Konzertveranstaltern zu verhandeln. Sie arbeiteten lieber nach eigenem Gusto.

Auch nach 1973, als erste Veranstalter – oftmals Start-ups – damit begannen, Touren und Konzerte mit deutschen Bands zu organisieren, dauerte es lange, bis sie gelernt hatten, was es brauchte, um Konzerte auf die Beine zu stellen. Gerade auch kleine Veranstalter, die bei Tourneen die jeweilige örtliche Durchführung übernahmen, hatten oft keine Vorstellung davon, welche Rahmenbedingungen ein Rockkonzert braucht, und auch von Honoraren und Zahlungsmodalitäten hatten sie zunächst keine Idee. Die meisten handelten in guter Absicht, aber es dauerte, bis sie die Mechanismen des Konzertgeschäfts an Bord hatten.

Deswegen mussten die meisten Bands ihre Geschäfte selbst in die Hand nehmen. Um leben zu können, mussten sie jede Auftrittsmöglichkeit annehmen, die sich ihnen bot, und dadurch war es fast unmöglich, halbwegs ökonomische Tourpläne zu erstellen. So hatten sie in ihrem meist überladenen Ford Transit, VW-Bus, Variant oder – wie Franz K – mit einem ausgemusterten Leichenwagen absurde Streckenpläne zu absolvieren. An einem Abend spielten sie in Gummersbach, am nächsten Tag in Augsburg, am übernächsten in Amsterdam. Ein Gig in West-Berlin war immer willkommen, bedeutete aber DDR-Grenzkontrollen. Wenn man Pech hatte, wurde am Grenzkontrollpunkt das gesamte Equipment der Band auseinandergeschraubt und gewogen, und dasselbe passierte dann auf der Rückfahrt nochmal. Nicht jede Band hatte den Nerv, wie Cluster zu verfahren: Roedelius und Moebius fuhren von Museum zu Museum und von Galerie zu Galerie, klopften an die Tür und fragten, ob man sie am Abend spielen lassen würde. Manche waren dazu bereit, andere nicht. Manchmal fanden sich fünfzig Zuschauer ein, manchmal nur fünf. Rockmusiker zu sein bedeutete: Rauf auf die Straße mit halb schrottreifen Fahrzeugen, „fahr'n, fahr'n, fahr'n auf der Autobahn", tausende von Kilometern – man ahnt, wo Kraftwerk die Idee zu ihrem Stück gekommen ist.

Konzerte und Festivals

Viele Menschen, wenn man sie fragt, was damals ihrer Meinung nach das wichtigste Element der Jugendkultur im Allgemeinen und das wichtigste Element speziell für Gemeinschaftserlebnisse und gemeinsame Erfahrungen war, würden sagen: Rockkonzerte. Berichte und Anekdoten über die 1960er-Jahre sind voll mit solchen Aussagen. Der Politikwissenschaftler Wolfgang Kraushaar sieht das aber ein bisschen anders: „Konzerte haben zumindest hierzulande in der zweiten Hälfte der 60er-Jahre keine besondere Rolle gespielt. Das änderte sich erst ab 1970, als man versuchte, sich das, was durch den *Woodstock*-Film und die entsprechende Dreifach-LP massenmedial verbreitet wurde und überall präsent war, zu eigen zu machen und überall zu imitieren. Das Woodstock-Festival fand ja im August 1969 statt. Das erste wirklich große deutsche Open-Air-Konzert folgte im September 1970 auf der Ostseeinsel Fehmarn. Zuvor waren zweifellos Demonstrationen und Kundgebungen die zentrale Vergemeinschaftungsform all derer, die sich irgendwie als oppositionell oder rebellisch verstanden."[18]

Man konnte mit Konzertauftritten nicht reich werden und doch waren sie für die meisten Bands die Haupteinnahmequelle. In den Mittsiebzigern konnte eine etablierte Band wie KRAAN zwischen 3000 und 5000 Mark pro Auftritt einnehmen,[19] aber das war dann bereits „all inclusive". Die normale Durchschnittsband war davon weit entfernt.

GURU GURU verkauften von ihren ersten beiden LPs (*UFO*, 1970 und *Hinten*, 1971) jeweils etwa 4000 Exemplare. Die dritte, *Känguru* (1972), verkaufte 12.000 Exemplare, aber danach gingen die Verkäufe wieder zurück. Mani Neumeier: „Gelebt haben wir von den Live-Auftritten. Wir haben uns gesagt, Fensterputzen zwischendrin oder irgendwas schrauben oder sägen oder Büro, das haben wir jahrelang gemacht, machen wir nicht mehr – verboten! Lieber sparen und nur von der Musik leben. Von den Platten kam nichts, und Vorschüsse, mal 5000 Mark oder so, die gingen für die Technik drauf. Es war ein anspruchsloses Leben, aber mit der Zeit gewöhnt man sich daran. Wichtig ist die Zeit, die du für dich hast, und so viel Kohle, dass du genug zum Leben hast."[20]

Publikum

Um deutsche Rockmusik zu goutieren, brauchte man Offenheit für Experimentierereien, für ungewohnte Klänge, und eine hohe Toleranzschwelle für Fehler, Verspieler, inkompetente Sänger und Gitarristen, die bessere Ideen im Kopf als in den Fingern hatten. Tatsächlich bildeten in den frühen 1970ern die Fans deutscher Rockmusik fast eine Gemeinschaft. Bei Konzerten in Hamburg und Umgebung fielen mir immer wieder dieselben Gesichter auf – nach einer Weile kannte man sich vom Sehen. Im Rest Deutschlands war das nicht anders.

Für die Bands waren die Zuschauer nicht immer einfach zu handhaben. Das deutsche Rockpublikum besonders in den späten 1960ern und frühen 1970ern konnte sehr speziell sein, nicht nur deutschen Bands gegenüber. Auch britische und amerikanische Bands mussten das gelegentlich auf die harte Tour lernen. So mancher hatte kein Verständnis dafür, dass die Band nicht umsonst spielte; das Eintrittsgeld konnte beliebig niedrig sein, es war immer zu hoch. Immer mal wieder traten Fangruppen, die aus Platzgründen keinen Einlass mehr fanden, Türen oder Fenster ein und erzeugten gefährliche Situationen, sie ignorierten geflissentlich die Person an der Kasse oder bedrohten sie physisch. In ihrer Weltsicht standen sie damit auf dem moralisch höheren Podest. Das war wohl ein Überbleibsel aus dem Jahr 1968: „Wie bitte, die Band will Geld? Die ist wohl jetzt auf dem Kommerztrip, das können wir nicht hinnehmen!" Bands mit politischem Anspruch, wie die Edgar Broughton Band, Volks-Musik oder Ton Steine Scherben waren mit diesem Phänomen besonders konfrontiert. Auf der anderen Seite hatten Bands wie Grateful Dead Erfahrungen mit Fans, die die Türen eintraten, auch schon bei sich zu Hause gemacht, insofern war das kein rein deutsches Phänomen.[21] Wie auch immer, es dauerte ein paar Jahre, bis das deutsche Publikum begriffen hatte, dass man von Hobbymusikern keine professionelle Musik erwarten kann.

Übernachtung

Selbst Musiker auf Tour müssen manchmal schlafen. Ein Hotelbett war keine Option, jedenfalls nicht für deutsche Bands. Selbst wenn Hotelzimmer vorbestellt und bestätigt waren, trafen die oft wild aussehenden Musiker und Roadcrews auf einen Portier, der sie zum Teufel schickte, meist mit Worten wie: „Es tut uns wahnsinnig leid, aber einer unserer Lehrlinge hat sich fürchterlich vertan. Wir haben leider gar nichts frei, nehmen Sie es uns nicht übel." Die meisten Musiker kannten das, umso mehr, als sie schon mittags aus der Autobahnraststätte hinausgeflogen waren. In kleineren Ortschaften mussten die Musiker auch darauf gefasst sein, von einer Gruppe „respektabler Bürger" provoziert und verprügelt zu werden (glücklich, wenn sie dann ihre Roadies dabeihatten, mit denen sich so leicht niemand anlegte). Langhaarige amerikanische Musiker hatten zu Hause oft das gleiche Problem, wenn sie durch die Südstaaten tourten, aber nicht nur dort.

In den meisten Fällen wären jedoch Hotels für arme deutsche Bands ohnehin zu teuer gewesen, und so war es nicht unüblich, dass lokale Wohngemeinschaften sie beherbergten. Manchmal sogar fragten die Bands nach dem Konzert direkt von der Bühne herab, ob irgendwer im Publikum sie unterbringen könnte.

Von Zeit zu Zeit gab es einen freundlichen Lehrer, der die Musiker in seiner Schule übernachten ließ. In Kleinstädten lebten gelegentlich auch Hippiegemeinschaften, zwischen denen es regelrechte Wettkämpfe gab – sie warteten nach dem Konzert schon vor der Tür und das Spiel war: Wer kriegt die Band? Eine Rockband zu beherbergen wurde durchaus als eine Art Trophäe gesehen, und wenn es schon nicht LED ZEPPELIN sein konnte, dann war eine durchreisende deutsche Band nicht die schlechteste Alternative. Die Musiker schliefen dann auf Luftmatratzen, Sofas oder in Schlafsäcken, wenn nicht sowieso anstelle von Sitzmöbeln Matratzen auf dem Boden verteilt waren. Selbstverständlich mussten die Musiker bis vier Uhr morgens dem Seemannsgarn eines Kapitäns vergleichbare Tourgeschichten zum Besten geben, eine Privatsession für die WG-Bewohner spielen, albernes Zeug ins Gästebuch schreiben, die in jeder Wohngemeinschaft vorhandene Klampfe oder Bongotrommel signieren und ihre Potvorräte mit den Bewohnern teilen (das war meist das kleinste Problem). Immerhin musste die Band nichts bezahlen, es gab freien Wein, freies Bier, freies Frühstück und manchmal freien Sex.

Festivals

Nach dem Woodstock-Festival brach in Deutschland das Festival-Fieber aus. Das erste große Festival war das dreitägige „Love & Peace Open Air"[22] im September des Jahres 1970 auf der Insel Fehmarn. Dort ging so ziemlich alles schief, was schiefgehen konnte, von der Organisation über das Wetter bis zu nicht erscheinenden Bands. Die Geschichte endete in Pleiten, Feuer und Chaos.

Das hielt andere allerdings nicht davon ab, es ebenfalls zu versuchen. Auch sie hatten oft viel Lehrgeld zu bezahlen. Die meisten lokalen Behörden hatten keinerlei Ideen, wie sie mit den anreisenden Fans umgehen sollten. Schnell waren Zufahrtswege von illegal parkenden Autos blockiert, weder Roadies noch Ambulanzen oder die Feuerwehr konnten durch, manchmal hatten die Besucher drei Kilometer durch Matsch und Gestrüpp zu wandern, bevor sie das Festivalgelände erreichten. Sanitäre Anlagen flossen über, waren miserabel oder gar nicht vorhanden, weil einfach niemand daran gedacht hatte. Es gab kein Abfallmanagement, ganz schnell war die Wiese mit Glasscherben bedeckt und die Sanitäter waren total überfordert.

Die Soundsysteme reichten oft nicht aus, gaben bei Regen den Geist auf, oder der Wind trug den Schall nach irgendwo ins Nirgendwo. Selten, dass die Veranstalter von Delay-Lines gehört hatten, und wenn, dann waren sie falsch justiert, weil es zu wenig Zeit für Soundchecks gab. Von etlichen Standpunkten aus hörte man die auf der Bühne gespielte Musik dann zweimal – einmal direkt von dort, und mit einer halben Sekunde Verzögerung vom anderen Ende des Geländes. Oft konnten die Veranstalter aus Unerfahrenheit nicht richtig kalkulieren, wie lange Umbaupausen und Soundchecks dauern würden, auch die unweigerlich geforderten Zugaben waren nicht eingeplant, und so ging der Zeitplan zum Teufel. Es kam zu ellenlangen Pausen zwischen den Bands, und am Ende hatte die letzte Band des Abends – oft genug der Headliner! – das Nachsehen, weil für sie kaum noch Zeit blieb oder große Teile des Publikums bereits schliefen.

Das ärgerlichste Phänomen allerdings, als Festivals eine neue Entwicklung in Deutschland waren, war die Tatsache, dass die Veranstalter auf ihre Plakate, Presseerklärungen und Flyer die Namen aller möglichen Bands und Musiker druckten, die sie präsentieren wollten – leider ohne sie überhaupt gefragt zu haben. Diese Hobbyveranstalter gingen schlicht davon aus, dass jede Band, die man anfragte, froh und dankbar sein und kommen würde. Die Enttäuschungen blieben nicht aus. Wenn angekündigte Gruppen nicht erschienen und der arme Emcee dem Publikum unter Aufbietung aller denkbaren Ausreden beibringen musste, dass nicht nur die Band X, sondern auch die Band Y nicht da sei, reagierte das Publikum nicht selten aggressiv, Gegenstände flogen auf die Bühne, gelegentlich gingen auch Equipment oder Teile der Bühne zu Bruch.

Im Sommer des Jahres 1972 sandte der Freistaat Bayern allen Gemeinden die „Empfehlung", bis auf Weiteres keine Open-Air-Rockfestivals mehr zuzulassen. Als Hauptgründe wurden Müll, An- und Abfahrtsverkehr, Alkohol, Drogen und Lärm genannt. Dagegen war juristisch schwer anzukommen, da es ja nur eine „Empfehlung" war, aber die Gemeinden verstanden sie genauso, wie sie gemeint war.

Für etliche Acts, die in Woodstock spielten – etwa Joe Cocker oder SANTANA –, bedeutete das Festival den Start ihrer Weltkarriere, und sie bezogen sich immer wieder darauf. Über deutsche Rockfestivals lässt sich nichts dergleichen sagen. Keine deutsche Band wurde berühmt, weil sie auf Fehmarn oder in Scheeßel gespielt hatte. Lediglich TON STEINE SCHERBEN bekamen ihre 15 Minuten Weltruhm, als sie nach ihrem Fehmarn-Auftritt in der „Tagesschau" erwähnt wurden.

Auffällig war außerdem die meist unausgesprochene, aber dennoch vorhandene Trennung zwischen deutschen und ausländischen Bands. Selten durften sie eine Festivalbühne quasi gleichberechtigt miteinander teilen. Stattdessen gab es etliche „German Rock Festivals“ mit fast ausschließlich deutschen Acts; die Ausnahmen waren meist NEKTAR, die ursprünglich aus England stammten, aber definitiv Teil der Krautrock-Szene waren, auch SWEET SMOKE, manchmal auch der kanadische Singer-Songwriter Jack Grunsky. Man konnte fast den Eindruck gewinnen, den deutschen Künstlern fehle der Mut, sich unmittelbar mit englischen oder amerikanischen Acts zu messen. Oder waren es die Festivalorganisatoren, die glaubten, dies seien zwei verschiedene Welten?

Einen unangenehmen Beigeschmack bekamen Festivals manchmal auch durch ihre Betitelung, wenn sie mit Nazi-Vokabular herumkalauerten. (Und nicht nur Festivals taten das, auch LP-Werbung griff gern darauf zurück.) Schon die von Rolf-Ulrich Kaiser mitorganisierten „Essener Songtage“ warben mit der Unterzeile „Deutschland erwacht – Popmusik aus deutschen Landen“. „Deutschland, erwache!“ war ein Slogan der Nazis, der auf eine Zeile aus einem Nazi-Liederbuch zurückging: „Deutschland, erwache aus deinem bösen Traum / Gib fremden Juden in deinem Reich nicht Raum“[23] lauteten sie. Das sollen Bands und Veranstalter nicht gewusst haben? Das Publikum kümmerte sich selten darum, wohl auch aus Uninformiertheit. Aber gerade auch jüdische Bandmitglieder amerikanischer Bands kannten die Verbindung sehr genau durch ihre Eltern oder Großeltern, und selbst, wenn sie es nicht laut sagten: Innerlich sind sie zusammengezuckt.

Equipment

Ein großes Problem für live spielende Bands war der Sound. Während es in den USA schon länger möglich war, PA- und Monitor-Systeme zu mieten, suchte man solche Möglichkeiten in Deutschland noch vergeblich. Die meisten Clubs in den 1960ern hatten keine oder sehr schlechte Soundsysteme; der Star-Club und ein paar andere waren rare Ausnahmen. In kleineren Räumen nutzte die Band ihre Gitarren-, Bass- und Keyboard-Verstärker, das Schlagzeug musste nicht verstärkt werden, lediglich der Sänger brauchte Lautsprecher für sein Mikrofon. Ein Monitorsystem auf der Bühne und ein Mischpult im Saal brauchte man in solchen Fällen nicht. Lautsprechersysteme oder auch Verstärker waren bei vielen Bands selbstgebaut, und es war immer nützlich, jemanden dabeizuhaben oder wenigstens zu kennen, der mit einem Lötkolben umgehen konnte und die Elektronik durchschaute.

Ergab sich für die Band aber die Möglichkeit, in einer größeren Halle aufzutreten, etwa in einer Mehrzweckhalle, wie es sie in fast jeder Stadt gab, dann hatte sie ein Problem. Zwar verfügten solche Hallen auch immer über ein Beschallungssystem, doch dieses war nicht für Musik gedacht, sondern für Ansagen, Vorträge und so weiter; bedient wurde es obendrein meist vom Hausmeister, nicht von der Band selbst. Interessanterweise war es keine Rockgruppe, die als erste mit einem eigenen PA-System anrückte, sondern die Schlagersängerin Manuela, die im Jahr 1963 mit „Schuld war nur der Bossa Nova", einer Coverversion von Eydie Gormés „Blame It on the Bossa Nova", zu Bekanntheit gekommen war. Sie war mit eigener Live-Band (The Five Dops) und drei Backup-Sängerinnen unterwegs, und um 1966 hatte sie die Schnauze voll von den schlechtklingenden Soundsystemen in Clubs und Hallen und wollte darauf nicht mehr länger angewiesen sein.

Der große Haken: Ein brauchbares PA-System, bestehend aus Hochleistungsverstärkern, diversen Mikrofonen, einem Mischpult und natürlich etlichen Lautsprecherkabinetten, musste angeschafft werden, und das brachte die meisten Bands finanziell erheblich ins Schwimmen. In den USA konnte man solche Systeme bereits mieten, aber in Deutschland hieß es: kaufen. Ein Betrag zwischen 50.000 und 70.000 Mark kam da schnell zusammen. Wenn die Band dann noch mit elektronischen Instrumenten, etwa einem Synthesizer oder einem Mellotron, arbeitete, dann war man in Nullkommanichts bei 100.000 Mark. Einige glückliche Musiker hatten reiche Eltern oder fanden einen edlen Spender, aber in den meisten Fällen streckte die Plattenfirma das Geld vor. Nur hatte die natürlich nichts zu verschenken, sondern sie zog den Betrag von den Tantiemen aus den Plattenverkäufen ab. Wenn die Platte dann nicht gut lief, stand die Band unter erheblichem finanziellem Druck.

Hatte die Band dann endlich ein PA-System, taten sich sofort zwei neue Probleme auf. Erstens: Das Equipment musste transportiert werden, und dafür reichte der Ford Transit nicht mehr aus. Zweitens: Manche Bühnen waren für ein solches PA-System zu klein. Die Band musste also festlegen, wie viel Platz sie auf der Bühne brauchen würde, und sie mussten dies mit den Veranstaltern vertraglich vereinbaren. Clubbesitzer hatten allerdings häufig keine Vorstellung davon, wie groß oder klein ihre Bühne überhaupt war, oder sie nahmen den betreffenden Absatz im Vertrag nicht ernst und garantierten Bühnenabmessungen, die nicht vorhanden waren.

Die PA-Systeme jener Zeit waren nicht so gut wie die heutigen. Sie waren laut, aber die Klangqualität ließ meist zu wünschen übrig, sie produzierten Verzerrungen, die die Ohren noch Stunden nach dem Konzert klingeln ließen. Die Industrie kann heute stärkere Magnete bauen, deshalb können die Lautsprechermembranen aus anderem Material als aus Pappe hergestellt werden – PVC, Carbon, auch Leichtmetall. Heutige PA-Systeme bestehen üblicherweise aus hängenden Mittelbereichs-Lautsprechern und Tweetern, kombiniert mit Subwoofern, die irgendwo am Rand oder sogar unter der Bühne stehen. Diese Systeme sind kleiner als die früheren, ihr Klang ist selbst bei hohen Lautstärken keine so schreckliche Ohrenfolter mehr. Und man muss sie nun auch hier nicht mehr kaufen, man kann sie nach Bedarf mieten.

Leben

Wenn man bei guter Gesundheit war, und manchmal auch mit ein bisschen chemischer Hilfe, dann konnte ein Musiker dieses Leben einige Jahre durchhalten. Mit 25 sind wir alle unsterblich. Aber niemand hält dieses Leben auf der Straße ewig aus. Der Tag kommt, da man nach dem Konzert in ein vernünftiges Hotelbett fallen möchte.

Es mag einem gefallen oder nicht, aber das ist der Moment, indem klar wird, dass man mit der Musik Geld verdienen muss, und dass man ein vernünftiges Tourmanagement braucht. Nicht zu reden von solchen Kleinigkeiten wie etwa ein Familienleben oder eine Liebesbeziehung aufrechtzuerhalten. Es gibt zwar eine alte Musikerregel, die da lautet: „What happens on the road stays on the road", aber das heißt nicht, dass der Partner oder die Partnerin zu Hause nicht mitbekommt oder spürt, „what happened on the road". Eine Beziehung muss schon recht stabil sein, um das aushalten zu können. Natürlich, man kann die Liebste auch mit auf die Tour nehmen, aber die meisten machen das nur einmal. Für jemanden, der nicht direkt selbst involviert ist, ist eine Konzerttournee öde und frustrierend, und deswegen bleiben Freundinnen, Freunde und Ehepartner meist lieber zu Hause (ganz abgesehen davon, dass sie ja meist auch selbst einen Job haben – oft genug den, der das Überleben sichert). Und das Musikerleben auf der Straße endet nicht einfach zu Hause. Nach einer wochenlangen Tour ist man noch tagelang in einem geistigen Ausnahmezustand. Und dann müssen neue Songs geschrieben werden, der Proberaum und das Studio warten, und die nächste Tournee kommt auch irgendwann.

Für viele Musiker bedeuten diese Umstände nach einigen Jahren das Karriereende, weil sie zu einer Entscheidung zwingen. Als Single kann man vieles tun, was in einer festen Beziehung nicht mehr möglich ist. Das klingt nach Binse, aber für aktive, tourende Musiker kann das die simple und bittere Realität sein. Damals wie heute.

Wenn sich ein Musiker entschieden hatte, Profi zu werden, dann zog das eine ganze Reihe weiterer Entscheidungen nach sich. Nicht so sehr bei Klassik-Musikern – Deutschland beherbergte in den 1970ern etwa 150 professionelle Sinfonieorchester, die meisten Musiker fanden nach Beendigung ihrer Konservatoriumsausbildung eine Stelle, und meistens war die auch gut bezahlt.

Es gab einige Jazz-Studiengänge, für Rockmusiker gab es nichts. Man musste sein Instrument erlernen und seinen Weg selbst finden. Trotzdem wurde in den 1970er-Jahren die Situation für Rockmusiker besser, denn es änderte sich die Infrastruktur der Musiklandschaft. Die Arbeitsbedingungen wurden professioneller, und dies hatte auch Konsequenzen für die Musik selbst.

Diedrich Diederichsen, Deutschlands führender Rocktheoretiker (wenn es so etwas gibt), schreibt, dass eine Rockkarriere nicht mit Gitarren- oder Klavierunterricht beginnt, sondern mit einem Blick in den Spiegel und der Frage: Wie will ich gesehen werden?[24]

Klingt einleuchtend. Die meisten deutschen Rockmusiker in den 1970ern aber handelten geradezu gegenteilig. An einem visuellen Image waren sie überhaupt nicht interessiert. Sie wollten nur durch ihre Musik wahrgenommen werden. Ihr Erscheinungsbild auf der Bühne war denn auch, sagen wir: zurückhaltend. Krautrockbands standen meist nicht auf Show, sie tanzten nicht, trugen keine Glitzerjacketts, auch abenteuerlich frisierte Haare sah man selten (wenn doch, dann war das ironisch gemeint, aber Ironie war nie eine besondere Stärke deutscher Bands). Sie waren einfach die Hippies von nebenan. Sie sahen mehr oder weniger aus wie wir alle zu jener Zeit aussahen (außer, man hatte einen Bürojob, der zu Krawatte und gemäßigtem Haarschnitt zwang): langhaarig, mit geflickten oder kunstvoll bestickten Bell-Bottom-Jeans, mit obligatorischem Parka, der im Winter gegen den nicht minder obligatorischen afghanischen Pelzmantel ausgetauscht wurde (meiner war weiß, sah sehr cool aus, aber kratzte), in der Hand immer eine selbstgedrehte Zigarette. KRAFTWERK war vermutlich die erste Band, die bewusst *gegen* dieses Image arbeitete, aber auch sie begannen damit nicht vor 1975, nachdem *Autobahn* in die US-Charts eingestiegen war und sie sich auf US-Tournee begaben; auf dem ursprünglichen Rückcover der LP sieht man sie noch als langhaarige Hippies.

Der Psychologe Paul Watzlawick hat mit Recht festgestellt, dass man nicht *nicht* kommunizieren kann. Egal, was man trägt oder tut, man sendet damit immer ein Signal aus. Die Musiker, die versuchten, ein visuelles Image zu vermeiden, erreichten genau das Gegenteil dessen, was sie wollten: Nach einer Weile wurde das „Nicht-Image" selbst zu einem Image. In letzterem fanden sich dann auch die Fans wieder – die Leute auf der Bühne sahen genauso aus wie die vor der Bühne, was das Zusammengehörigkeitsgefühl verstärkte.

Der größere Teil des „durchschnittlichen" Rockpublikums (nennen wir es einmal so) hatte allerdings andere Vorstellungen von Bands und Musikern. Der Terminus war in Deutschland noch nicht sehr verbreitet, aber es war die Zeit des „Glam-Rocks", der aus England herüberkam – Acts wie The Sweet, Mud, T. Rex, Slade, Gary Glitter dominierten die Charts, und die zeichneten sich dadurch aus, dass sie *nicht* so aussahen wie ihre Fans. Auf der anderen Seite gab es „Prog", den von den Plattenfirmen als „progressiv" (also „fortschrittlich") verkauften Kunst-Rock, pompös, aber handwerklich meist virtuos gemacht. Was die Proggies mit den Glamrockern verband, war das Bedürfnis nach Sicherheit und Überraschungsfreiheit. Beide Fangruppen wollten zwar immer wieder Neues, aber es durfte auch nicht *zu* neu sein, es musste sich in den Strukturen bewegen, die man kannte und schätzte. Man wollte Variationen, keine Reisen in unbekannte Territorien.

Wenn solche Publikumsgruppen sich in ein Konzert mit deutscher Rockmusik verirrten, oder auf einem Festival mit vorwiegend englischen und amerikanischen Acts zwischendrin eine deutsche Band auftrat, konnte die Situation schnell ungemütlich werden. Wenn die Band Karthago, Jane oder Nektar war, konnte es funktionieren, aber wehe, es kam eine Band wie Kraftwerk, Cluster oder Faust. Dann wusste das Publikum nicht, was es daraus machen sollte, und es wollte es auch nicht wissen. Da waren die Hörgewohnheiten überfordert. Es brauchte Zeit, bis sich das änderte.

Lebensunterhalt

Solange man kein Star war, zahlte die Plattenfirma für jedes verkaufte Album einen Betrag zwischen 50 Pfennig und 1 Mark, und viel zu verhandeln gab es da nicht. Arno Steffen, Sänger der Kölner Band Triumvirat, machte in den frühen 1970er folgende Rechnung auf: „Als deutsche Band, wenn du 100.000 Exemplare deiner LP verkaufst, und die Band hat fünf Mitglieder, dann hast du – je nach dem Deal, den du mit der Plattenfirma hast – ungefähr 100.000 Mark an Tantiemen." Das war dann allerdings bereits ein Betrag am oberen Ende. Steffen: „Wenn du viel auf Tour bist und deine eigenen Songs schreibst, kannst du weitere 100.000 Mark von der GEMA hinzurechnen. Alles in allem sind das 200.000 Mark. Die müssen wir jetzt durch fünf teilen, dann sind das 40.000 Mark brutto. Und da ist noch nichts bezahlt, keine Steuern, keine Krankenversicherung, nichts. Und jetzt überleg mal, wie lange es dauert, bis 100.000 LPs verkauft sind. Das sind ungefähr anderthalb Jahre. Das heißt: Du hast in anderthalb Jahren 40.000 Mark brutto verdient. Teile das durch 18, und du kommst auf einen monatlichen Bruttobetrag von ungefähr 2000 Mark. Wenn ich als Straßenbahnschaffner arbeite, habe ich ein Gehalt von 2800 Mark brutto, vielleicht 2900 mit Nachtzuschlägen."[25]

Für die meisten deutschen Bands blieben 100.000 verkaufte Alben jedoch ein ewiger Wunschtraum. Selbst ein Top-Act wie KRAAN verkaufte vom Doppelalbum *Live* (1975) gerade mal 30.000 Stück. Einige tausend Exemplare gingen auch in Dänemark über die Ladentheken, aber die Nachbarländer waren kein Faktor, auf den sich eine Band hätte verlassen können. KRAFTWERK etwa standen einerseits bereits in den US-Charts, in Dänemark aber verkaufte *Autobahn* gerade mal 800 Stück. Die KRAAN-Musiker bezifferten ihr Einkommen als „das Gehalt eines kleinen Angestellten bei einer Schallplattenfirma: unter 2000 Mark brutto."[26]

Wie viele Musiker nebenher noch, wie zuvor erwähnt, anonym oder unter Pseudonym für Schlagerproduktionen oder Billiglabels arbeiteten, kann niemand beziffern. Die Musiker von LA DÜSSELDORF jobbten während der Produktion ihres Albums *Viva* auf einer Baustelle, und in seinen frühen Jahren arbeitete Edgar Froese als Grafiker für die Berliner Verkehrsgesellschaft. Es ging nicht anders. Und der Weg vom Erfolg zum Misserfolg konnte recht kurz sein.

Nektar

NEKTAR ist ein Beispiel für eine Karriere, die zunächst abhob, vielversprechend aussah und dann doch abrutschte. In den späten 1960ern strandete eine Handvoll englischer Musiker im Hamburger Star-Club. Die Idee, eine Band zu gründen, ließ nicht lange auf sich warten, und so entstand NEKTAR. Die Band zog in ein Bauernhaus im Odenwald, irgendwo zwischen Darmstadt und Heidelberg (heute beherbergt das Haus eine Tierarztpraxis).

Es war immer ein wenig kontrovers, ob man NEKTAR als eine Krautrock-Band sehen dürfe. In der ersten Auflage von Günter Ehnerts „Rock in Deutschland" ist die Gruppe aufgeführt, in der zweiten und dritten Edition wird sie nicht mehr genannt. Tatsächlich hat es in Deutschland zwischen 1971 und 1974 wohl kaum ein German-Rock-Festival ohne NEKTAR gegeben, häufig genug waren sie die Headliner.

Ihr erstes Album, das sie in Boston aufgenommen hatten, sah nie das Tageslicht. Einige der Stücke wurden im Jahr 1973 für das Doppelalbum *Sounds Like This* neu eingespielt (das allerdings klingt, als sei es mit zwei Mikrofonen und einem Cassettenrecorder im örtlichen Hallenbad aufgenommen worden); die originalen Boston-Aufnahmen erschienen erstmals offiziell im Jahr 2013 als Bonus-CD zur „Anniversary Edition" von *Remember The Future*.

Der Produzent Peter Hauke nahm die Gruppe für sein Bacillus-Label unter Vertrag. Musikalisch war NEKTAR immer ein bisschen so-so – spielen konnten sie alle, aber ihr Stil schwankte unentschlossen zwischen Bombast, Psychedelik und Hard & Heavy, mit einer Tendenz zu wiederholtem Leerlauf. Interessant war NEKTARS Lightshow, nicht zuletzt deshalb, weil sie ein Alleinstellungsmerkmal war. Mit Dias, Ölrädern, farbigen Flüssigkeitsprojektionen und Stoboskopen brachten Mick Brockett und Keith Walters (letzterer verließ die Band 1972) den Geist der psychedelischen Lightshows San Franciscos nach Deutschland, wobei sie die künstlerische Qualität ihrer amerikanischen Rollenmodelle JOSHUA, HEAVY WATER oder HEADLIGHTS zwar nie ganz erreichten, aber zusammen mit den gelegentlich trippigen Texten und den sonstigen Bühneneffekten wie dem unvermeidlichen Trockeneisnebel verfehlte das alles seine Wirkung nicht.

NEKTAR fasste den Entschluss, ihr gesamtes Management und die Verwaltung in die eigenen Hände zu nehmen. Diese Idee geisterte vielen Bands durch den Kopf; NEKTAR machte sie als eine der wenigen wahr. Eine Weile ging das gut – solange die Gruppe tourte und Festivals bespielte. Außerdem wurde ihr Album *Remember The Future* (1973) ein veritabler Hit: Die Platte erreichte Goldstatuts in den USA. Diesen Erfolg nutzten sie für eine US-Tournee, auf der sie das Folgealbum *Down To Earth* in 25 Konzerten vor insgesamt 150.000 Zuschauern vorstellten.

Aber irgendetwas ging schief. Trotz der Goldenen und 150.000 Zuschauern endete die Tournee mit einem Verlust in sechsstelliger Höhe[27] – ein Betrag, hoch genug, um ihr Label Bellaphon/Bacillus in ernste Schwierigkeiten zu bringen.

Im Jahr 1975 sah sich NEKTAR nicht mehr in der Lage, die monatlichen Fixkosten, etwa 30.000 Mark für Miete, eine Bürokraft, Roadies, Reisekosten und so weiter[28], durch Plattenverkäufe und Touren durch Deutschland und die umliegenden Nachbarländer zu erwirtschaften. Ihr US-Erfolg verleitete sie dann dazu, Deutschland zu verlassen und in die Staaten zu ziehen. Dort allerdings, das zeichnete sich schon bald ab, hatte niemand auf sie gewartet. Am Ende zog die Band nach England, in ihre ursprüngliche Heimat. Roye Albrighton verließ die Gruppe, um sich der „Fusion-Supergroup" Snowball mit dem Schlagzeuger Curt Cress, Keyboarder Kristian Schultze und Bassgitarrist Dave King anzuschließen. Deren Album *Defroster* (1978) endete im Nirgendwo, so kehrte Albrighton zu Nektar zurück. Die Band erlebte in verschiedenen Besetzungen einige kleinere Comebacks; im Jahr 2005 spielte die Band im „Rockpalast" im Fernsehen, nun ohne Lightshow, dafür mit Hintergrund-Filmprojektionen; perfekte Routine bis zur Langeweile, die die Musiker leider auch ausstrahlten. Roye Albrightons unerwarteter Tod im Jahr 2016 brachte die Band aus dem Gleichgewicht, soweit letzteres überhaupt noch vorhanden war. Inzwischen existiert die Band in zwei Line-ups, als Nektar und New Nektar.

Ausland

Nektar war nicht die einzige Band, die in den 1970er-Jahren, nachdem immerhin einige deutsche Bands im Ausland wahrgenommen worden waren, auf die Idee kam, doch mal Großbritannien oder die USA mit einer Tournee zu beehren. Ersteres war nicht allzu schwer, zumal sich inzwischen auch kleinere Fan-Zirkel herausgebildet hatten, die auf den exotischen „Krautrock" standen. Attraktiver waren aber die USA, nur waren diese auch deutlich schwieriger zu bereisen als die Insel. Wer in Amerika die Leiter erklimmen wollte, bekam zu spüren, dass dieses Land nicht nur räumlich weit weg und wirklich sehr groß ist, sondern dass es sich auch und gerade kulturell erheblich von europäischen Ländern unterscheidet. Da man in Deutschland aber im Allgemeinen glaubt, man wisse ja, wie „der Ami" tickt, hat so manche Band unangenehme Überraschungen erlebt.

Zunächst einmal, ganz generell, muss man sich darüber klar sein, dass das amerikanische Publikum nicht auf deutsche Kopien amerikanischer Musik gewartet hat. Wer hier etwas werden will, muss etwas anbieten, was amerikanische Bands nicht tun würden. Für Kraftwerk hat es funktioniert. Aber selbst für sie hat es nur einmal funktioniert. *Autobahn* und die 1975er-Tournee waren erfolgreich und begründeten den Ruf der Band in den Staaten. Aber schon die Folgetour im Jahr 1981 war bestenfalls „kein Flop", aber nichts, was man als großen Erfolg hätte verbuchen können.[29]

Es gab immer wieder einmal Versuche, deutsche Bands in die USA zu holen. Wirklich funktioniert hat das nur selten. Im Jahr 1977 etwa sandte Herb Cohen von Frank Zappas Management den Sänger Eric Burdon zum Brain-Festival in Essen. Von Burdon erhoffte er sich Tipps, welche Acts wohl US-geeignet sein könnten, aber auch der kam zu keinem Ergebnis.[30] Dabei ist es gar nicht so, dass deutsche Bands in den 1970ern in den USA nicht wahrgenommen worden wären. KRAANS Bassist Hellmut Hattler meint sogar, amerikanische Bands und Künstler seien von deutschem Rock wahrscheinlich stärker beeinflusst worden als man vermuten möchte.[31] Aber es gab im Prinzip nur zwei Wege, in Amerika zur Kenntnis genommen zu werden: Der eine war, sich wirklich perfekt (!) an ein existierendes Genre anzupassen, so, wie es in den USA als „gültig" angesehen wurde. Das war der Weg, den die SCORPIONS gingen. Aber der ist erstens hart und zweitens nicht wirklich originell. Und die Heavy-Metal-Szene ist ohnehin ein Spezialfall. Im Middle-of-the-Road-Bereich gab es keine deutschen TOTO, EAGLES oder STEELY DAN. LAKE, HIGHWAY oder RANDY PIE gingen ein wenig in diese Richtung, und als die Top-Musiker, die sie waren, machten sie das keineswegs schlecht. Aber wie Edgar Froese sagte: Es fehlte ihnen der Groove, oder, wie Miles Davis es formulierte, „this little thing."[32] Die Amerikaner haben das Original, auf Kopien sind sie nicht angewiesen. Das meinen sie nicht chauvinistisch oder nationalistisch, sondern die USA sind einfach so groß, dass das Sichtfeld der meisten Amerikaner mit den heimischen Territorien völlig ausgefüllt ist. Dass es auch noch andere Länder auf der Welt gibt, fällt da leicht über die Tischkante.

Dabei hätten gerade die deutschen Bands der Krautrock-Ära durchaus Chancen gehabt, in den USA wahrgenommen zu werden, denn viele boten etwas, was die Amerikaner von Hause aus nicht kennen. Trotzdem sind die meisten Versuche in dieser Richtung schiefgegangen. Woran lag's?

Eine Tournee durch die USA zu starten konnte – für eine unbekannte Band allemal – ganz schnell zu einer ruinösen Angelegenheit werden. Nach dem Zoll waren die amerikanischen Musikergewerkschaften das zweite große Hindernis, das überwunden werden musste. Allerdings betraf das nicht nur deutsche Bands, sondern auch die US-Bands selbst hatten damit zu kämpfen. Jerry Garcia (GRATEFUL DEAD) nennt ein Beispiel: „Wenn eine Rockband [im Shrine Auditorium in Los Angeles] spielen wollte, dann besagte die Regel der Gewerkschaft, dass sie damit der Hausband den Job wegnahm. Du musstest die Hausband anheuern und sie auszahlen, weil du ihr den Job wegnahmst."[33] Die Hausband saß dann irgendwo in ihrer Garderobe und spielte Poker – voll bezahlt. Für deutsche Bands, die in den USA auftreten wollten, konnten sich solche Vorschriften zu einem unüberwindbaren Hindernis auswachsen. Edgar Froese beschreibt in seiner Autobiografie einige weitere lächerliche Beispiele für die Vorgehensweise amerikanischer (aber auch englischer) Gewerkschaften – oder sollte man sagen: Geschäftstüchtigkeit? Die Gewerkschaftsvertreter, die vor jedem Konzert auftauchten, um die Lage zu peilen, waren sehr wohl imstande, den Auftritt zu verhindern, im Zweifelsfall dadurch, dass man die Eingänge blockierte, und sie taten das gnadenlos – aber mit Bakschisch in der richtigen Höhe ließ sich das Problem meist lösen.[34]

In einem riesigen Land wie den USA benötigt man für eine Tournee erhebliche Mittel; weit mehr als man als Laie vermuten würde. Hotels, Transport, örtliche Roadies, Soundequipment, Licht und so weiter sind teuer, insbesondere dann, wenn eine Band wenig Equipment vor Ort mieten konnte und eigenes Equipment mit auf die Reise nehmen musste. Auf ihrer 1981er-Tour waren Kraftwerk mit sieben Tonnen Gerät unterwegs, das von Deutschland in die USA und dort von Ort zu Ort transportiert werden musste. Und selbst schon in einer mittleren Halle fallen über die Roadies hinaus viele Jobs an, die man normalerweise gar nicht auf dem Schirm hat: vom Reinigungspersonal über die Elektriker, die Securityleute, die Müllabfuhr, die Abendkasse, die Parkplatzeinweiser, die Garderobenfrauen, die Platzanweiser, die Programmheftverteiler, das Barpersonal im Foyer, die Toilettenreinigung, das Erste-Hilfe-Personal, die Feuerwehr hinter der Bühne, das Personal, das sich um Heizung und Klimaanlage kümmert, bis hin zum Catering für die Band – da können je nach Größe der Halle 50 bis 100 Personen zusammenkommen, und jeder einzelne von ihnen will angeheuert und bezahlt werden.

Deutsche Plattenfirmen beteiligten sich an den Defiziten, die ihre Acts in den USA eingefahren hatten, normalerweise mit nicht mehr als 20.000 Dollar, und die amerikanischen Labels investierten keinen Cent, solange nicht ganz klar ein Durchbruch des Acts im Raum stand. Kleine Indie-Labels wie etwa Passport Records, das Kraan, Nektar, Lucifer's Friend oder die ungarischen Omega in die USA holte, waren finanziell überhaupt nicht in der Lage, einzuspringen.

Ohne zugesagte Hilfe eines US-Partnerlabels oder ihrer eigenen US-Niederlassung ließen deutsche Plattenfirmen meist die Finger davon, ihre Acts in die USA zu schicken, oft selbst dann noch, wenn ein Act bereits in die *Billboard*-Charts eingezogen war (ein seltener Fall ohnehin). Ein einzelner Hit reichte normalerweise nicht aus, um eine US-Plattenfirma dazu zu bringen, den Allerwertesten aus dem Sessel zu heben. Inga Rumpf, die zur selben Zeit wie Kraftwerk mit ihrer Band Atlantis durch die USA tourte, um das Album *Ooh Baby* (1974, erschienen auf Vertigo) zu promoten, weiß davon zu berichten:

„Wir standen damals bei Dieter Dierks unter Vertrag, und der hatte Kontakt zu einem amerikanischen Management. Und dieser Manager kam nach Deutschland, hörte sich die ganze deutsche Rockszene an, unter anderem KRAFTWERK, und dann brachte er KRAFTWERK und ATLANTIS nach Amerika. Dort haben wir 40 oder 50 Konzerte gespielt. … Wir hätten die Chance auf Erfolg gehabt, auch mit Platten, aber: Bei unserem Label in New York arbeiteten drei Deutsche. Und aus irgendeinem Grund wollten die uns das nicht abnehmen. Oder sie hatten nicht genug Vertrauen. … In den Läden war unsere Platte nicht zu bekommen. Die war nicht mal an die Radiostationen geliefert worden."[35]

Das war kein Wunder, denn die Zusammenarbeit von Plattenfirmen und Radiostationen sah und sieht in den USA anders aus als in Deutschland. In den USA existierten rund 4300 kommerziell betriebene Radiostationen. Manche waren Teil einer Kette und übernahmen gegenseitig ihre Shows, aber anders als die BBC in England oder Europe 1 in Frankreich konnte keine dieser Stationen das ganze Land erreichen. Und, weil keine Plattenfirma in den USA personell in der Lage war, 4300 Radiostationen abzugrasen, war dort ein Netz von einigen hundert professionellen sogenannten „Record Pluggers" entstanden, freiberuflichen Vertretern, die von Sender zu Sender reisten, um dort im Auftrag der Plattenfirmen deren neueste Veröffentlichungen vorzustellen. Dieses Geschäft lief auf Kommissionsbasis: Je häufiger die DJs eine Platte über den Sender schickten, desto besser wurde der Plugger bezahlt, der sie dort untergebracht hatte. Kein Wunder daher, dass sich immer gern ein kleiner Teufel namens *Payola* ins Geschäft einmischte: Während in den 1940er- und 1950er-Jahren noch 50 Dollars ausreichten, um die meist unterbezahlten DJs von einer neuen Platte zu überzeugen, in den 1970ern einige 100, so erwarteten die Top-DJs in den Schlüsselgebieten New York, Los Angeles und Bay Area in den 1980ern bereits 10.000 Dollars oder mehr.[36] Manchmal hatten die Plugger auch andere Spezialitäten im Koffer, etwa Reisen an exotische Plätze, Goodies aller Art, Drogen, oder auch Sex (speziell Country-Stationen wurden von weiblichen Pluggers beackert).

Diese Aktivitäten hätten die Plattenfirmen mehr gekostet als sie mit deutschen Acts realistischerweise hätten erzielen können, und deswegen hatten deutsche Acts so gut wie keine Radioeinsätze in den USA. Entsprechend unbekannt blieben sie. Das ist des Rätsels Lösung, weshalb die Platten von ATLANTIS nirgendwo zu bekommen waren. Mit ihrem einzigartigen Sound und Stil hätte auch KRAAN in den Staaten erfolgreicher sein sollen. Hellmut Hattler hatte ja völlig recht, wenn er meinte, deutsche Rockmusik werde in den USA durchaus wahrgenommen. Doch auch KRAANS amerikanische Plattenpressungen landeten letztlich als Cut-outs auf deutschen Wühltischen. Die meist kleinen Labels, die deutsche Platten in den USA vertrieben, wussten nicht, wie sie diese Musik vermarkten sollten. Ignoranz? Schlamperei? Wer kann das im Nachhinein schon sagen. Andere, auf Unkenntnis oder Missverständnissen beruhende Gründe konnten ein Übriges tun. So berichtet Edgar Froese, dass in einem Konzert seiner Gruppe TANGERINE DREAM in Sarasota, Florida, eine Gruppe von Nachfahren deutscher Einwanderer vor der Halle stand und Country-Rock und Rock'n'Roll aus dem Ruhrgebiet erwartete.[37]

Und wenn sie es in die Staaten schafften: Immer mussten die Bands im Hinterkopf haben, dass es einige unwillkommene Dinge gab, die mit Deutschland assoziiert wurden (und zum Teil noch immer werden). RAMSES aus Hannover etwa veröffentlichten ihr erstes Album *La Leyla* 1976 auf Sky Records, es wurde von Conny Plank und dem JANE-Gitarristen Klaus Hess produziert. Die Platte enthielt einen Antikriegssong mit dem Titel „War", der gewürzt war mit diversen Kriegsgeräuschen – Bombenexplosionen, Schüssen und so weiter. Das (kurzlebige) Label Annuit Coeptis aus Croydon, Pennsylvania, erhielt die Lizenz, das Album in den USA zu vermarkten. Da das Label allerdings jede Assoziation von „Germany" und „War" vermeiden wollte, bestand es darauf, das Stück in einen Song über Lärm als Umweltproblem zu verwandeln („Noise"); die Geräusche wurden gegen Straßenlärm aller Art ausgetauscht. Es half nichts, das Album ging in den USA unter – für „die Deutschen und ihre Umweltmeise", von der man hier zwar schon gehört hatte, interessierte sich am Ende niemand. Und natürlich endeten auch hier die unverkauften Exemplare für wenig Geld als Cut-outs in deutschen Plattenläden.

Als die Journalistin Ingeborg Schober im Jahr 1973 mit ein paar Bands durch die USA tingelte, kam sie zu dem Schluss, dass die Namen einiger deutscher Bands durchaus mit Respekt ausgesprochen wurden – Namen wie AMON DÜÜL II, CAN oder TANGERINE DREAM –, aber es war eben doch nur eine kleine Minderheit, die mit diesen Namen tatsächlich etwas anfangen konnte. Der Durchschnittsamerikaner hatte keinen dieser Namen je gehört. Die Chance auf Erfolge in Amerika bestand, aber sie bestand nur in der Theorie. Es existierten nicht die nötigen Instrumente, um die Theorie in die Praxis umzusetzen.[38]

Die deutsche Kultur stellt sich in Amerika noch immer zum großen Teil als Hitler, Bier, Lederhosen und Weißwurst dar, oder als das ach-so-verruchte Berlin der 1920er-Jahre. – Auch im Internetzeitalter hat sich daran nicht viel geändert, jedenfalls ist das nach den 14 Jahren, die ich jetzt hier lebe, meine immer wieder bestätigte Erfahrung.

MUSIKMEDIEN II

Gerade auch nach dem letzten Kapitel kann ein gründlicherer Blick auf den deutschen Plattenmarkt nicht schaden. Die durchschnittliche Produktion einer durchschnittlichen deutschen Rockgruppe in den frühen 1970er-Jahren verkaufte selten mehr als 1000 bis 3000 Exemplare. Der Markt war winzig klein: Nur etwa ein halbes Prozent aller in Deutschland verkauften Rock-LPs stammte von deutschen Acts, 99,5 Prozent entfielen auf britische und amerikanische Bands.

Rechnen wir mal ein bisschen: Im Jahr 1973 wurden in Deutschland insgesamt 148 Millionen Platten verkauft.[1] Der Anteil deutscher Rockgruppen entsprach demnach 750.000 LPs mit einem Umsatz von circa 5 Millionen Mark. KRAFTWERKS erstes Album, im Herbst 1970 verkaufte sich rund 60.000 Mal innerhalb eines Jahres; FRUMPYS Debutalbum *All Will Be Changed* aus demselben Jahr rund 15.000 Mal. In dieser Größenordnung rangierten auch die Topseller auf dem Ohr- bzw. Pilz-Label (TANGERINE DREAM, GURU GURU, ASH RA TEMPEL). Hätte eine LP der LES HUMPHRIES SINGERS oder des ORCHESTERS JAMES LAST 15.000 Exemplare verkauft, man hätte sie schlicht als Flop angesehen.

Selbst nachdem die deutsche Rockmusik abgehoben hatte (oder besser: Nachdem sie von Teilen der Industrie und des Publikums endlich akzeptiert worden war), blieben die Verkaufszahlen blass. Im Jahr 1977, als der Deutschrock seinen Popularitätshöhepunkt erreichte, verkauften sich deutsche Rock-LPs etwa 2 Millionen Mal. Die folgende Aufstellung zeigt die zwölf Topseller des Jahres 1977, in Klammern die Verkaufszahlen:[2]

- Udo Lindenberg: Panische Nächte (120.000)
- Jane: Live At Home (71.000)
- Kraftwerk: Trans Europa Express (67.000)
- Eloy: Dawn (65.000)
- Jane: Between Heaven And Hell (54.000)
- Scorpions: Virgin Killer (46.000)
- Lake: Lake (45.000)
- Novalis: Sommerabend (40.000)
- Michael Rother: Flammende Herzen (40.000)
- La Düsseldorf: Düsseldorf (35.000)
- Kraan: Wiederhören (33.000)
- New Triumvirat: Pompeii (32.000)

Macht zusammen 608.000 Platten. Das heißt, dass sich die verbleibenden 1,4 Millionen deutschen Rock-LPs auf circa 250 Acts verteilten, die einen Plattenvertrag hatten.[3] Rechnerisch bedeutet das durchschnittlich 5600 verkaufte Platten pro Act – und wie gesagt, 1977 war das verkaufsstärkste Jahr der Krautrock-Ära. Keines der oben aufgeführten Alben, nicht einmal das von Udo Lindenberg, erreichte eine Position in Deutschlands Album-Jahres-Charts des Jahres 1977, keine Single einer deutschen Rockgruppe schaffte den Sprung in die Singles-Jahres-Charts.[4]

Und weltweit? Tangerine Dream verkauften 250.000 Exemplare von *Phaedra*, 300.000 von *Rubycon* und 350.000 von *Ricochet*. In Deutschland verkauften sich diese Platten 10.000, 12.000 und 15.000 Mal, in Frankreich waren es 40.000, 45.000 und 50.000 Stück (Frankreich war für deutsche Elektronik immer ein größerer Markt als Deutschland selbst). Klaus Schulzes Alben erreichten etwa dieselben Größenordnungen.[5] Amon Düül II, Birth Control, Can, Kin Ping Meh und Randy Pie, die alle im Jahr 1977 ebenfalls LPs veröffentlichten, kamen nicht unter die Top 100. Sie teilten ihr Schicksal mit etlichen Dutzend Acts, die bei den zuvor erwähnten 1000 bis 3000 (oder noch weniger) hängenblieben, allerdings wohl ein wenig komfortabler.

Heinz-Gerd Lütticke, in den 1970ern A&R-Mann bei der Kölner EMI: „Wut habe ich gehabt, wie miserabel diese Musiker behandelt wurden. Wenn irgendjemand aus einem schottischen Dorf kam, dann sind die Leute vor Ehrfurcht auf die Knie gefallen. Wenn Frank Bornemann von Eloy in die Firma reinkam, mit damals 20.000 bis 30.000 verkauften LPs, dann kam er sich mehr oder weniger wie der Hausbote vor.“[6]

Um das Jahr 1972 begriffen die Major-Labels allmählich, dass da draußen in der deutschen Steppe Potenzial heranreifte. Sie etablierten Sub-Labels für deutschen Rock, und sie versuchten, ein paar deutsche Acts in die Umlaufbahn zu schießen. CAN und AMON DÜÜL II erschienen auf Liberty/UA in München, das unter der Leitung von Siggi Loch eines der ersten Labels wurde, das das Risiko auf sich nahm, deutsche Bands zu berücksichtigen. Loch, wie an anderer Stelle erwähnt, arbeitete zunächst bei Philips und setzte dort das Star-Club-Label aufs Gleis. Später nahm Philips nicht nur KRAFTWERK und FRUMPY unter Vertrag, sondern auch CLUSTER, SILBERBART, SIXTY-NINE, ZWEISTEIN und einige mehr, zum Teil erschienen diese auf dem Sub-Label Fontana. Ein anderes Beispiel war EILIFF, ein interessantes Jazzrock-Projekt irgendwo in der Nähe von SOFT MACHINE, gegründet von dem Gitarristen Houschäng Nejadépour (KRAFTWERK, später GURU GURU) und dem Pianisten Rainer Brüninghaus, der später mit Volker Kriegel arbeitete, dann ständiger Pianist der JAN GARBAREK GROUP wurde und zwei schöne Alben unter eigenem Namen auf dem ECM-Label veröffentlichte; *Freigeweht* (1981) und *Continuum* (1984); letzteres mit dem Trompeter Markus Stockhausen und dem Schweizer Drummer Fredy Studer – was einmal mehr die enge Verbindung zwischen der Jazz- und der Rockszene jener Jahre zeigt.

Nachdem die Krautrocklawine einmal angestoßen war, versuchten viele Labels ihr Glück, wenn auch die meisten nur für kurze Zeit. In den Jahren 1973 und 1974 wurde der Plattenmarkt buchstäblich mit deutschem Rock geflutet, selbst Sampler wurden produziert. Einige Journalisten sahen darin bereits den Beginn eines Ausverkaufs. Tatsächlich jedoch war deutsche Rockmusik noch immer weit entfernt davon, „Big Business" zu sein, immerhin aber wurde sie nun veröffentlicht und war in den Plattenläden zu finden.

Krautrock und die Medien

Veröffentlicht und zu finden? Ja, in vielen Läden. Aber nicht notwendigerweise auch präsent in Radio und Fernsehen. Dies war ein Langzeitproblem, mit dem alle Plattenfirmen zu kämpfen hatten, die sich mit deutschem Rock befassten. Es gab in den 1970er-Jahren keine Radiostation, die überhaupt auf Rockmusik spezialisiert war, schon gar nicht auf solche aus dem eigenen Garten. Eine Radiopersönlichkeit wie der BBC-Moderator John Peel war auf deutschen Ätherwellen nicht zu hören. Im Jahr 1973 änderte sich das wenigstens ein kleines bisschen, als der WDR mit der Ausstrahlung von Winfried Trenklers „Radiothek" und „Rock In" begann. Der NDR hatte mit Klaus Wellershaus einen

Redakteur an Bord, der zwar knochentrocken moderierte, immerhin aber stets wohlinformiert war. Im RIAS Berlin war Walter Bachauer (musikalisch auch bekannt unter den Pseudonymen Clara Mondshine und Anatol Arkus) zu hören und öffnete Türen. Peel am ähnlichsten war sicherlich Alan Bangs: Seit 1975 moderierte er beim Soldatensender BFBS, der nur regional in den ehemaligen britischen Besatzungszonen zu hören war, dann hörte man ihn auch im WDR, zudem übernahm er später die Moderation der „Rockpalast"-Nächte. Und dann gab es noch den liebenswerten Paradiesvogel Ingeborg Schober, die sich im Bayerischen Rundfunk für den „Club 16" und später den „Zündfunk" ans Mikrofon setzte. Aber sie alle waren ziemlich einsame Streiter.

Einige ARD-Sender hatten gerade sogenannte „Autofahrerwellen" eingeführt, damals le dernier cri: Serviceprogramme für Autofahrer unterwegs, mit konstant leichter Musik (inoffensivem Rock, Schlager, Instrumentalmusik), wenig Wort, unterbrochen nur von Staumeldungen und stündlichen Nachrichten. Das war zwar Musik rund um die Uhr, für Krautrock und andere Musikformen, die Autofahrer hätten ablenken können, gab es da aber keinen Platz. Viele Musikredakteure waren auch einfach auf englische und amerikanische Musik geeicht, Musik aus Deutschland wurde oft sehr arrogant abgetan.

In Deutschland gab es keine Plugger-Organisation wie in den USA. Hier hatte jede Plattenfirma ihre eigenen Promoter, „Senderbetreuer" genannt, gut aussehende junge Frauen waren besonders willkommen. Eigentlich war das kein eigenständiger Job, eher eine Stufe, die jeder zu erklimmen hatte, der im A&R-Bereich einer Plattenfirma etwas werden wollte. Keiner mochte diesen Job, aber er musste gemacht werden. Die Senderbetreuer mussten sich hinter das Lenkrad klemmen und mit 20 oder 30 neuen Produkten ihrer Firma im Koffer die Radiosender abgrasen. Sie mussten wissen, welcher Sender welche Musiksendungen im Programm hatte und welcher Redakteur oder Moderator diese jeweils betreute, und sie mussten über alle Neuveröffentlichungen ihrer Firma informiert sein – Schlager und Pop ebenso wie Klassik, Rock oder Spoken Word. Payola war in Deutschland nie ein großes Thema. Die Promoter waren gut beraten, zu wissen, welche Whiskymarke oder welcher Kunstkalender zu Weihnachten auf welchem Redakteurstisch zu platzieren war – das war meist die Dimension. Manchmal hatten sie auch eine Einladung zu einem „Fachkongress" auf Ibiza im Gepäck, kleine Giveaways wie den gelben Taschenrechner mit KRAFTWERK-Aufdruck, mit dem die Band ihr *Computerwelt*-Album promotete, oder sie hatten Tickets für Konzerte dabei, die offiziell ausverkauft waren; ich selbst wurde einmal mit einer LP aus Schokolade bedacht. Die Promoter konnten Kontakte zwischen Künstlern und Radioleuten herstellen, oft wurde für die Künstler auf diese Weise eine sogenannte „Sendertournee“ gestrickt, auf der sie zwecks Plauderei im Studio durch die Vormittagsmagazine gereicht wurden. Größere Acts, zum Beispiel Udo Jürgens, nahmen spezielle LPs auf, mit Antworten auf Fragen, die ihnen regelmäßig gestellt wurden. Daraus konnten die Moderatoren dann ein Fake-Interview zusammenbasteln und so tun, als sei Udo Jürgens bei ihnen im Studio zu Gast. Die großen Firmen pressten sogenannte „Informationsplatten“ mit einer Vorschau auf die Veröffentlichungen des kommenden Quartals, die an Redakteure, Musikjournalisten und wichtige Händler geschickt wurden. All diese Goodies sind heute gesuchte Sammlerstücke.

Wer Interviews mit damaligen Rockmusikern liest, wird bemerken, dass diese die A&R-Abteilungen immer wieder dafür attackieren, „nicht genügend Werbung“ gemacht zu haben. In den meisten Fällen traf das nicht zu. Bei Musik ist das überzeugendste Kaufargument immer noch, das Stück zu hören. Dabei taucht manchmal ein psychologisches Problem auf: Im Radio oder im Fernsehen hört sich das Stück wunderschön an, hat man es dann aber zu Hause auf dem Plattenteller, ist der Reiz plötzlich dahin. Des Rätsels Lösung für dieses Phänomen ist das Bewusstsein des Hörers, dass er, wenn das Stück im Radio oder im Fernsehen läuft, seinen Hörgenuss in diesem Moment mit tausenden anderer Hörer teilt, während er vor dem Plattenspieler allein sitzt.

Und es gibt Grenzen des Marketings: Eine Plattenfirma, die versucht, eine Platte von, sagen wir, Asmus Tietchens oder dem Hafler Trio zu vermarkten, kann machen, was sie will, auch mit größtem Marketingaufwand wird die Scheibe weltweit nicht mehr als vielleicht 2000 Stück verkaufen. Der Interessentenkreis ist einfach nicht größer.

Und die Hitparaden? Natürlich wussten alle Plattenfirmen, welches die Geschäfte waren, aus deren Verkaufszahlen die wöchentlichen Hitlisten ermittelt wurden. Manchmal versuchten die A&R-Abteilungen (manchmal auch die Künstler selbst) den alten Trick, bezahlte Käufer (oder Verwandte oder Freunde) in diese Läden zu schicken, um eine bestimmte Platte „in die Charts zu kaufen“. In Großbritannien und den USA konnte das zum Erfolg führen, weil eine Platte, die in die Top 40 gelangte, automatisch in die Rotation der Radiosender übernommen wurde. In Deutschland ergab dies allerdings keinen Sinn, weil es kein Top-40-Radio gab. Hier war es viel effektiver, die Fanclubs zu aktivieren, damit diese ihren Star mit vielen Postkarten in die Top 10 der Radio-Hitparaden hoben, und so gingen dann bei den Sendern für einen bestimmten Titel manchmal Dutzende von Postkarten mit derselben Handschrift ein.

Die armen A&R-Leute konnten sich abstrampeln, wie sie wollten, sie rannten bei den Radioredakteuren mit dem Kopf gegen eine Mauer der Ablehnung und des Desinteresses, wenn sie mit deutscher Rockmusik kamen. Und weil sie das wussten, steckten sie nicht viel Energie in dieses Spezialgebiet – denn ein Spezialgebiet war es tatsächlich. Platten von FAUST oder AMON DÜÜL II hatten einfach kaum eine Chance auf nennenswerte Medienpräsenz, schon gar nicht im Tagesprogramm.

Ein Problem waren häufig auch die Künstler selbst. Viele von ihnen hatten keine Lust, Singles zu produzieren, die man als „Appetizer" für ein Album oder als Türöffner im Radio hätte einsetzen können. Sie sahen sich als „Album-Acts" wie viele der angesagten amerikanischen Bands, und waren stolz auf ihre ausgedehnten, oft wild aufgeschäumten Stücke mit einer Dauer von zehn, fünfzehn oder noch mehr Minuten. Sie waren nicht willens oder aber nicht in der Lage, zu erkennen, dass solche Monstertracks in kein existierendes Radioformat passten. Klar, wie immer bestätigten Ausnahmen die Regel, aber Stücke wie CANS „Halleluwah", KRAFTWERKS „Kling Klang" oder NEU!S „Hallogallo" waren so gut wie nicht unterzubringen. Das betraf übrigens durchaus nicht nur deutsche Titel. Lange Stücke wie die „Valentyne Suite" von COLOSSEUM oder „Nine Feet Underground" von CARAVAN waren zwar ein bisschen leichter im Radio unterzubringen, weil sie progressiv und vor allem britisch waren, aber auch sie waren seltene Ereignisse auf deutschen Radiowellen. Der NDR zum Beispiel hatte eine Show namens „Nach der Schule – Musik für junge Leute", die am frühen Nachmittag 25 Minuten lang lief, und man kann sich vorstellen, dass man diese nicht für ein einziges Stück von 20 Minuten Dauer hergeben wollte. Als man – wundersamerweise ohnehin – dort einmal beschloss, TANGERINE DREAMS „Phaedra" zu spielen, lief das Stück mit 45 Umdrehungen statt mit 33, weil offenkundig weder der Redakteur am Mikrofon noch die Tonfrau in der Regie überhaupt zuhörten. Und als KRAFTWERK mit dem *Electric Café*-Album herauskam, ließ man „Musique Non-Stop" als Hintergrundtapete für die täglichen Veranstaltungshinweise laufen. Das war die übliche Weise, wie deutsche Rockmusik im Radio behandelt wurde.

Boom

In den 1970ern, besonders etwa in den Jahren zwischen 1972 und 1974, war es für eine Band, wenn sie ein bisschen Potenzial hatte, nicht allzu schwer, ein Label zu finden. Wenn sich Bands bei Labels, die auf deutschen Rock spezialisiert waren, eine Abfuhr holten, dann hatte das in den meisten Fällen gute Gründe. Wenn man das aber so sagt, bekommt man oft zur Antwort: „Aber es gibt doch dutzende von Beispielen, die zeigen, dass große Talente von den Schlafmützen bei den Plattenfirmen ignoriert worden sind!" – Ja, natürlich, Fehleinschätzungen waren und sind eine tägliche Erscheinung bei allen Plattenfirmen oder Verlagen. Produzenten oder A&R-Leute haben keine anderen Maßstäbe als ihr eigenes Bauchgefühl, es gibt keine Rezepte dafür, einen Hit zu backen. Dass Bands bei Firma A abgewiesen werden und sich später bei Firma B als Top-Acts entpuppen, geschieht jeden Tag. Aber – und das ist der Punkt – es passiert nicht allen überall zur selben Zeit. Wenn ein Künstler wirkliches Potenzial hat und sich regelmäßig mit guter Qualität zu Wort oder zu Ton meldet, dann ist es nur schwer vorstellbar, dass er *immer* von *allen* abgewiesen wird. Irgendjemand, dafür spricht einfach die Wahrscheinlichkeit (und auch der Hunger der Plattenfirmen und Verlage nach Neuem), wird die Qualität erkennen, auch wenn es vielleicht lange dauert und viele Anläufe erfordert. Dazu kommt, dass eine Veröffentlichung noch nicht automatisch einen Erfolg bedeutet, weder einen schnellen noch überhaupt irgendeinen. Niemand kann erklären, weshalb Platte A ein Riesenerfolg wird, während die durchaus ebenbürtige Platte B zum Ladenhüter mutiert. Aber: Beide wurden veröffentlicht und deswegen kann man sie heute noch finden.

Auf diese Weise gelangte auch etliches Material auf den Markt, das besser unveröffentlicht geblieben wäre. Die A&R-Leute waren oft nicht vertraut mit dem, was ihnen der Postbote täglich ins Büro brachte, nahmen die Bands aber trotzdem unter Vertrag – „vorsichtshalber". Sie sahen den Trend, ohne ihn zu verstehen, und hängten sich dran, weil man ja „nie wissen konnte". So entstand ungefähr drei Jahre lang eine Flut von Platten halbgarer Bands. Deren Produktion und Soundqualität war trotzdem gut, weil die Plattenfirmen damals noch die Studiokosten übernahmen. Natürlich gingen die meisten dieser Platten baden, aber das war nichts Besonderes: Eine Flop-Quote von 80 oder mehr Prozent ist in der Plattenindustrie normal. Eine erfolgreiche Platte muss nicht nur ihre eigenen Produktionskosten einspielen, sondern immer auch die von weiteren mindestens fünf Produktionen, die bachab gingen.

Hatte sich eine Firma aber einmal dazu entschieden, es mit einem Act zu versuchen, dann wurde durchaus investiert, wie der A&R-Mann Heinz-Gerd Lütticke (EMI) erklärt: „100.000 Mark kannst du ansetzen für Marketing und direkten Promotion-Aufwand. Direkte Promotion heißt zum Beispiel, dass ich mich auf die Straße schwinge, einmal durch Deutschland flitze, um die Gruppe in den Medien unterzubringen. Da entstehen 20.000 Mark Flug-, Telefon- und Bewirtungskosten. Dann kommt der Marketingaufwand: Anzeigen, Dekorierung in Schallplattengeschäften und so weiter. 100.000 Mark ist da eine durchschnittliche Summe. Manche internationalen Künstler verschlingen leicht das Doppelte oder Dreifache. Eine normale LP-Produktion kostet heute, wenn sie internationales Level hat, vom technischen Bereich her auch 100.000 Mark. Ein Studiotag kostet durchschnittlich 2000 Mark. Das ist dann kein ‚first class'-Studio, sondern ein durchschnittliches Studio. Wenn man die Arbeit gewissenhaft macht, sich vielleicht bei der Produktion vermischt und nach einer Woche Pause nochmal rangeht, dann ist man bei 60.000 Mark Produktionskosten nur für das Studio. Dazu kommen, je nachdem, wo man es macht, die Hotel- und Verpflegungskosten, die An- und Rückreise und der tägliche Transport zum Studio und zurück. Da muss man bei vier Musikern 250 Mark pro Tag ansetzen. Teuer ist das Bandmaterial: So ein Mastertape kostet um die 500 Mark, und da brauchst du schnell fünf oder sechs Stück, weil diese Bänder halt nicht 90 Minuten laufen wie eine Cassette, sondern viel weniger. Und nun haben wir noch nicht die Kosten für die Covergestaltung oder ein Special Mix der Platte für Diskotheken. 100.000 Mark ist da ein ganz normaler Preis."[7]

Auch wenn sich die Rockmusiker beklagten (und es in manchen Fällen heute noch tun): Sie erhielten in der Regel dieselbe Behandlung wie die meisten Schlagersänger. Diese Professionalität ist der Grund dafür, dass viele originale Krautrock-Alben noch heute im Secondhand-Handel zu finden sind, es ist aber auch der Grund, weshalb wir nicht allzu sehr auf „vergessene Meisterwerke" hoffen sollten, die noch bei irgendeiner Plattenfirma in der Schublade liegen. Dass sich eine gescheiterte Platte später als Meisterwerk entpuppt, passiert nicht oft.

Alternativen

In den 1960ern gab es in den USA eine Reihe von Jazzmusikern – Albert Ayler, Ornette Coleman, Bill Dixon, Milford Graves, Sun Ra, Archie Shepp, Cecil Taylor und einige mehr –, die ihre Musik unabhängig produzieren und veröffentlichen wollten. Mit Carla und Paul Bley, Don Cherry, Michael Mantler, Pharoah Sanders und dem Jazz Composers Orchestra gründeten sie den New Music Distribution Service, der das Diktat der großen Plattenfirmen durchbrechen sollte. Diese Gründung ging in die Musikgeschichte als die „Oktoberrevolution des Jazz" ein.

Ein bisschen von diesem Geist stand auch hinter der Gründung der Jazzlabels ECM (Edition of Contemporary Music) in München und FMP (Free Music Production) in West-Berlin. Nicht zufällig bereiteten beide Labels ihren Start im Jahr 1968 vor, und beide basierten auf dem Versuch, eine unabhängige Jazzproduktion in Deutschland zu ermöglichen. Der ECM-Gründer war Manfred Eicher, selbst Musiker; die erste ECM-Produktion war eine Platte von Mel Waldron, die nicht ohne Grund *Free At Last* betitelt war. ECM ist noch heute ein Independent-Label.[8] FMP wurde gestartet von den Musikern Peter Brötzmann, Peter Kowald, Alexander von Schlippenbach und dem Produzenten Jost Gebers. Die Firma musste im Jahr 2011 leider aufgeben.

1971 riefen vier Bands – TON STEINE SCHERBEN, EMBRYO, MISSUS BEASTLY und SPARIFANKAL – ein eigenes Label und einen Vertrieb namens April ins Leben, der kurze Zeit später in Schneeball umbenannt werden musste, weil die Frankfurter CBS den Namen bereits registriert hatte. Das Schneeball-Netzwerk wuchs, am Ende waren ein Dutzend Bands daran beteiligt. Mit ein bisschen Unterstützung vom linken Buchverlag Trikont in München (der sich nach dem italienischen Magazin *Trikontinentale* benannt hatte), organisierte Schneeball Herstellung, Verpackung und Vertrieb der Platten seiner Mitglieder. Im normalen Plattenhandel waren die Schneeball-Platten leider nur schwer zu bekommen. Sie wurden bei Konzerten verkauft oder mussten direkt bei den Bands bestellt werden, und nach dem Trikont-Vorbild wurden sie von den Schneeball-Bands direkt an linke Buchläden in ihrer jeweiligen Gegend geliefert. Es gab ungefähr 200 solcher Buchhandlungen in Westdeutschland und West-Berlin, die meisten davon in der Nähe von Universitäten und in studentischen Wohnvierteln. Diese Läden, ebenso auch Schneeball und Trikont, waren eindeutig Kinder des Jahres 1968. Etliche dieser Buchläden machten Teile ihrer Umsätze mit Raubdrucken von Büchern, die offiziell vergriffen waren, aber innerhalb der Studentenschaft als wichtige Diskussionsgrundlagen angesehen wurden.[9]

Eine Weile funktionierte das recht gut. Aber alle Teilnehmer mussten viel Zeit und Arbeit investieren, und ein größerer Markt war so nicht zu erreichen. TON STEINE SCHERBEN zum Beispiel verkauften auf diesem Weg um die 10.000 Exemplare ihres Albums *Keine Macht für Niemand*, aber das war auch bereits einer der Bestseller. Buchläden als Verkaufsstelle waren nur eine „zweitbeste Lösung“, eine wirkliche Alternative zum gut sortierten Plattenhandel waren sie nicht, und wenn sich einer Schneeball-Band die Chance eröffnete, einen regulären Vertrag mit einer der „normalen“ Plattenfirmen abzuschließen, dann machte sie davon meist Gebrauch (wie übrigens auch die Musiker des New Music Distribution Service, wenn ein Majorlabel mit einem lukrativen Angebot lockte). War eine Band dann weg, entstand eine Lücke im Vertriebssystem. Es war in ihrer jeweiligen Gegend plötzlich niemand mehr da, der bei Konzerten einen Verkaufsstand errichten oder die lokalen Buchhandlungen beliefern konnte.

Nach ein paar Jahren wurde das Projekt Schneeball dann aufgegeben. Die Grundidee hinterließ aber Spuren. Alternative Vertriebsfirmen wurden gegründet – Efa (Energie für alle) und später Indigo machten Gebrauch vom Know-how des Schneeball-Projektes. Heute existiert nur noch Trikont mit einem handverlesenen Repertoire (die Buchverlagsabteilung allerdings musste vor wenigen Jahren aufgegeben werden).

Das Ende der Preisbindung

In Deutschland wurden Schallplatten ebenso wie Bücher als kulturell wertvoll angesehen. Wie auf diesen lag auf Platten deshalb ein Mehrwertsteuersatz von 7 Prozent, während der Standardsatz sonst 11 Prozent betrug. Und Platten – undenkbar in den USA – unterlagen einer Preisbindung. Händler und Industrie waren nicht gewillt, über eine Veränderung auch nur zu reden. Dabei wusste jeder, der sich in der Branche ein bisschen auskannte, dass die Plattenpreise total überhöht waren. Schon im Jahr 1966 hatte der Bundesgerichtshof entschieden, die Preisbindung der Schallplatten sei illegal, aber Industrie und Handel setzten die Praktik einfach fort. Der Handel spielte mit, weil er von der Preisbindung ebenfalls profitierte. Üblicherweise blieb ein rundes Drittel des Verkaufspreises in der Kasse des Einzelhandels – leicht verdientes Geld.

Das änderte sich im Jahr 1971: In diesem Jahr gründete Frank-Michael Wiegand aus Hamburg eine Firma namens Govi Schallplatten, zunächst als Versandhandel, später auch mit eigenen Läden. Nach einer Weile besaß Govi 23 Geschäfte in ganz Westdeutschland und publizierte ein monatliches Merkheftchen namens „Govi Collector" (heute Sammlerstücke, die auf eBay verkauft werden). Govi war der erste Einzelhändler, der die ungeschriebene Preisbindung durchbrach. LPs kosteten dort zwischen 13,90 und maximal 18,90 Mark, Sonderangebote gingen manchmal herunter bis auf 9,90 Mark. Das war sensationell, verglichen mit den bis dahin normalen 22 Mark. Die Plattenfirmen waren natürlich nicht begeistert und reagierten zunächst mit einem Boykott, aber der dauerte nicht lange an. Govi fand Wege, Platten zu importieren. Cans *Landed* etwa fand man bei Govi zunächst als England-Import, die deutsche Version kam erst später. So hatte die Industrie die Wahl, zu liefern oder mögliche Einnahmen ins Ausland abwandern zu lassen. Mit knirschenden Zähnen entschied man sich für ersteres.

In Hamburg gab es drei Govi-Läden. Der in Eimsbüttel lag um die Ecke von meiner Wohnung, in einem ehemaligen Brötchenladen, in dem ich wer weiß wie oft schon unsere Frühstücksbrötchen gekauft hatte. Später ging ich auf dem Weg zum Arbeitsplatz und zurück zweimal täglich dort vorbei – beziehungsweise eben nicht immer vorbei, sondern hinein. Es dauerte nicht lange, bis ich die Verkäufer mit Namen kannte und sie mich. Irgendwann kannten sie auch meinen Geschmack gut genug, um so manch guten Tipp geben zu können.

Ein weiterer Grund dafür, dass Govi es schaffte, billiger zu sein als andere, lag darin, dass nicht alle Genres und Formate geführt wurden. Govi spezialisierte sich auf progressiven Rock, Pop und einen schmalen Ausschnitt aus dem Jazzbereich – Miles Davis oder John Coltrane fand man dort, Louis Armstrong nicht. Es gab keine deutschen Schlager, keine Klassik, keine Singles. Von Beginn an hatte Govi eine spezielle Liebe für Rock aus Deutschland. Wenn es eine neue Platte von CAN, CLUSTER oder KRAFTWERK gab, hatte Govi sie als erster, das Brain-Repertoire war fast vollständig im Laden – das war alles andere als selbstverständlich. Mehr noch: Die meisten Plattenläden oder -abteilungen hatten für „German Rock" ein spezielles Regal, als ob man diese Platten unter Quarantäne stellen musste. Govi gehörte zu den wenigen, die deutsche Bands gleichberechtigt ins normale A-bis-Z-Regal einsortierten. In gewisser Weise war das ein Statement.

Ich erinnere mich daran, dass bei Govi im Jahr 1974 ein Album namens *Ameurope* von Wolfgang Michels' Folkrock-Band PERCEWOOD'S ONAGRAM auftauchte. Das Cover zeigte ein flächendeckendes Hakenkreuz – wie man es von Hitlers Flagge kannte, nur gespiegelt. Irgendjemand hatte da wohl die Idee gehabt, das gute alte „Marketing durch kalkulierten Skandal" auszuprobieren, um eine erregte Debatte auszulösen und so das Album in die Medien zu lancieren. Eines schönen Morgens sah ich dann das Schaufenster der erwähnten Govi-Filiale dekoriert mit wohl einigen Dutzend dieser Plattenhüllen. Ich war – vorsichtig gesagt – irritiert. Als ich am Nachmittag auf dem Rückweg vom Job wieder dort vorbeiging, konnte ich es mir nicht verkneifen, den Verkäufer zu fragen, ob sie noch alle ihre Murmeln beieinander hätten. – Offenbar war ich nicht der Einzige, am darauffolgenden Nachmittag jedenfalls war das Fenster neu dekoriert.

Ich erzähle diese Story, weil das *Ameurope*-Cover nicht einfach nur ein heftiger Missgriff war, wie er auch anderswo schon vorgekommen war (man denke an die „Deutschland erwacht“-Betitelung von Festivals), sondern weil es ein schlechtes Omen war für das, was Wiegand plante: *Ameurope* war das erste Album, das auf dem brandneuen Govi-Label erschien. Mister Govi hatte nämlich entschieden, dem Beispiel Richard Bransons zu folgen und Govi zu einer Art deutschem Virgin auszubauen. Er musste aber schnell erkennen, dass Wolfgang Michels nicht Mike Oldfield war. *Ameurope* scheiterte, und sicher hatte das Cover seinen Anteil daran. Die Platte blieb Govis einzige Originalveröffentlichung. Es folgten noch ein paar German-Rock-Sampler in Zusammenarbeit mit Brain, aber das war's.

Zudem zeichnete sich mehr und mehr ab, dass sich die Läden nicht mehr trugen. Schlussendlich wurde die Firma im Jahr 1979 an WEA verkauft, das Erscheinungsbild mit dem Govi-Logo in knalligem Pink auf „New-Wave“-Optik getrimmt, aber es half nichts, die Firma ging in den Bankrott. Eines aber blieb: Die Ära der Plattenpreisbindung war beendet. Die wichtigste Weiterführung kam von Friedrich Wilhelm „Fritz“ Waffenschmidt, der in Köln ein Fotogeschäft namens Hansa-Foto führte. Im Jahr 1972 wurde daraus Saturn-Hansa mit einer gutsortierten Plattenabteilung und relativ niedrigen Preisen, und aus diesem Geschäft wurde eine Kette. Die Plattenfirmen hatten keine Chance mehr, zu ihrer alten Preispolitik zurückzukehren.

Für die deutsche Rockszene war noch wichtiger, dass Bruno Wendel und Günter Körber Rolf-Ulrich Kaisers Ohr-Label (mehr über dieses später) verlassen und mit der Deutschen Metronome das Label Brain Records gegründet hatten, wo sie als A&R-Leute arbeiteten. Irgendwann packte Günter Körber allerdings der Wunsch nach einem eigenen Unternehmen, und es war dann der Ex-Govi-Betreiber Frank-Michael Wiegand, der ihn mit den notwendigen finanziellen Mitteln ausstattete. So entstand im Jahr 1975 Sky Records. – Wiegand selbst wurde später Immobilienmakler und gehörte für zwei Legislaturperioden als Abgeordneter der Hamburgischen Bürgerschaft an.

STUDIOS UND PRODUZENTEN

In den 1960ern waren die meisten Produzenten In-House-Produzenten eines Major-Labels und arbeiteten für die Acts, die die A&R-Abteilung engagiert hatte. Meistens ging es um Schlager, und sie nutzten die Allzweckstudios, die zur Plattenfirma gehörten. Einer dieser Produzenten war Bert Kaempfert; er arbeitete für das Poplabel der Deutschen Grammophon Gesellschaft, Polydor (was eine Art Küchengriechisch für „viel Gold" ist). Im Jahr 1961 wies ihn einer der Polydor-Schlagersänger auf die BEATLES hin, die im Hamburger Top-Ten-Club als Backing-Band für den Polydor-Act Tony Sheridan spielten. Kaempfert mochte sie: „Die Polydor war nicht sehr interessiert an ihrem Sound. Ich redete mir bei der Firma den Mund fusselig, ich sagte zu ihnen: Das ist was Neues! Mal was anderes. Was Erfrischendes! Lassen Sie es uns versuchen!"[1] Gegen den Widerstand der Polydor-Oberen gelang es ihm schließlich, einige Aufnahmen mit den Musikern zu machen. Tony Sheridan hatte bereits einen bekannten Namen, und so vermarktete Polydor die Aufnahmen unter TONY SHERIDAN & THE BEAT BROTHERS, wie alle von Sheridans diversen Begleitbands hießen. Kaempfert: „Es war klar, dass sie enorm talentiert waren, aber niemand, auch nicht sie selbst, wusste, wie man dieses Talent nutzen könnte oder in welche Richtung es sie führen könnte."[2] Als dann Brian Epstein die Polydor darum bat, die BEATLES aus dem Vertrag zu entlassen, ließ das Label sie schlicht gehen. Und das war das.

Diese Anekdote erhellt blitzlichtartig, wie die Situation damals war. Für deutsche Acts sah es eher noch düsterer aus. Es gab bestenfalls eine Handvoll Produzenten, die erkannten, welches Potenzial es in Deutschland außer dem Schlagergesang noch gab, aber selbst sie wussten nicht genau, was diese Bands brauchten oder was man mit ihnen produzieren könnte, und häufig liefen sie in ihrer Firma gegen die Wand. „Wer soll das kaufen?", war wahrscheinlich die Frage, die sie sich selbst am häufigsten stellten.

Independent Producers

Was es damals noch nicht gab, war der *Independent Producer*, kurz auch *Indie* genannt. Das ist ein typischer Quereinsteigerjob; meist kommen die Indies aus der aktiven Musikszene. Sie sind nicht bei einer Plattenfirma angestellt, sie suchen Künstler auf eigene Faust (oder werden von Künstlern angesprochen) und produzieren mit ihnen Musik auf eigenes Risiko. Die Aufnahmen lizenzieren sie an Labels, manchmal betreiben sie auch selbst eine eigene kleine Plattenfirma (deren Produkte dann von einer der großen Plattenfirmen vertrieben werden). Häufig sind sie autodidaktische Tontechniker und besitzen ein eigenes Studio. Sie waren (und sind) die Talentscouts, die sich durch den Schuhkarton voller unverlangter Demos kämpfen, die sich jeden Monat bei ihnen ansammeln, sie laufen durch Clubs und Jugendzentren, um neue Acts zu hören, sie achten normalerweise auch auf Tipps von ihnen bekannten Musikern, und sie sind diejenigen, die neue Wege erforschen. In der Regel sind sie selbst Kinder der Musikszene, die sie im Auge behalten, deswegen haben sie ein Gefühl dafür, was dieses Publikum wohl hören möchte. Sie wissen, was die Musiker brauchen, und sie sind entweder selbst Studiobetreiber oder wissen, welche Studios und Toningenieure für ihre Produktionen infrage kommen.

Wovon leben Indies? Normalerweise werden sie mit einem Festhonorar bezahlt, pro Stunde oder pro Tag, oder mit einem prozentualen Anteil an dem von ihnen produzierten Werk. Konkrete Zahlen kann man nicht nennen, aber die Honorare bewegen sich zwischen 300 und 10.000 Euro pro Track, oder 20 bis 25 Prozent der Künstlertantiemen, oder 3 bis 5 Prozent vom Ladenpreis pro verkaufter Platte; analoge Werte gelten für Streamings bzw. Downloads. Es gibt keine geschriebenen Regeln. Das Jahr, in dem der Produzent die Platte offiziell freigibt, wird auf dem Label oder dem Cover mit ℗ gekennzeichnet.

Frauen sind noch immer seltene Erscheinungen in diesem Gewerbe. In Deutschland fallen einem Gille „Sternenmädchen“ Lettmann, Hildegard Schmidt, Annette Humpe, Hanne Haller, Kristina Bach, Vera Brandes, Gudrun Gut, Barbara Morgenstern, Marusha, Ulrike Haage, Anne de Wolff ein; sicherlich gibt es noch ein paar weitere, aber viele sind es nicht. Mit Ausnahme von Lettmann und Schmidt begannen sie alle erst in den 1980er-Jahren.

Oft wird gesagt, der erste europäische Independent Producer sei der britische Toningenieur Joe Meek gewesen. Aber das stimmt so nicht. Joe Meek lernte „on the job“ durch seine Arbeit mit dem Jazzproduzenten Denis Preston. Der arbeitete mit Jazzbands und frühen Skifflegruppen (Chris Barber, Mr. Acker Bilk,

Humphrey Lyttelton, Lonnie Donegan und anderen), produzierte auf eigenes Risiko Aufnahmen mit ihnen und lizenzierte diese an Major-Labels. Preston war auch der erste Independent-Produzent Europas, der ein eigenes Studio (das Lansdowne-Studio in London) und später ein eigenes Plattenlabel gleichen Namens gründete. Aber auch Preston hatte dieses Geschäftsmodell nicht erfunden, er kannte es aus den USA, wo es schon lange Zeit in Gebrauch war. Joe Meek lernte dieses System während seiner Zeit als Tonkutscher für Preston kennen und übernahm es um das Jahr 1960 für sich selbst. Mit seinem eigenen Label, Triumph Records, fiel er zwar auf die Nase, aber mit seiner Produktionsfirma RGM Sound wurde er in der Tat ein Pionier des Independent-Produktion in Europa (RGM steht für Meeks wirklichen Namen, Robert George Meek).

Die Idee, unabhängig zu produzieren und die Resultate dann zwecks Auswertung an etablierte Labels zu lizenzieren, klingt zunächst überzeugend, aber damals hatte sie gleich zwei Haken: Mit der Unterzeichnung des Lizenzdeals verlor der Produzent die Kontrolle über die Aufnahme. Er hatte keinen Einfluss mehr darauf, was das Label mit der Aufnahme machte und wie es sie vermarktete. Und zweitens waren die Indies in den 60er-Jahren alles andere als gern gesehen bei den Major-Labels. Diese hatten ihre In-House-Producer und A&R-Abteilungen und sahen keinen Grund, Hilfe von außen anzunehmen. Independent-Produktion funktionierte deshalb weitgehend nur durch Networking, durch persönliche Kontakte, und die mussten erstmal aufgebaut werden. Schwule Netzwerke erwiesen sich in diesem Geschäft als besonders effektiv. So war, um ein Beispiel zu nennen, das EMI-Vorstandsmitglied, Sir Joseph Lockwood, schwul. Das hätte er in seiner Position keinesfalls öffentlich bekannt werden lassen dürfen (Homosexualität stand in England bis zum Jahr 1967 unter Strafe und wurde von der Polizei aktiv verfolgt[3]), aber alle schwulen Musiker, Produzenten und Manager wussten das natürlich, und so wurde die EMI für sie zur ersten Anlaufadresse. Viele dieser Kontakte führten zu Plattenveröffentlichungen.[4]

Als die Musikszene um das Jahr 1966 herum komplexer wurde und neue, anspruchsvollere Musikrichtungen entstanden, merkten die alteingesessenen A&R-Leute dann doch, dass sie dazu keinen Bezug hatten. Von diesem Moment an waren die unabhängigen Produzenten willkommen, und von da an konnten die Indies den Majors auch Bedingungen und Mitspracherechte abringen, die bis dahin nicht durchsetzbar gewesen wären. Kein geringerer als Phil Spector formulierte die „Number One Independent Producer's Rule" für sich und andere: „Wenn du eine Gruppe findest, die du aufnehmen willst, dann lass sie nie einen direkten Vertrag mit einem Major-Label abschließen und arbeite nie in den Studios der Plattenfirmen. Wenn du dein eigenes Studio nutzt und die Masters an eine Plattenfirma lizenzierst, behältst du die Kontrolle und machst viel mehr Geld."[5]

In Deutschland mussten zunächst einige Grundlagen hergestellt werden. Um deutsche Rockmusik zu etablieren, brauchte es nicht nur Studios, sondern auch Produzenten und Toningenieure wie Conny Plank, Dieter Dierks, Rolf-Ulrich Kaiser. Aber die waren noch nicht im Spiel. Aber das heißt nicht, dass es keine gab: Im Jazz existierten sie.

MPS

Eine der berühmtesten Adressen für exzellente Jazzproduktionen in Deutschland war MPS. Der Name steht für „Musikproduktion Schwarzwald", die in Villingen-Schwenningen, einer Kleinstadt irgendwo auf halber Strecke zwischen Freiburg und dem Bodensee, zu finden war. Hans Georg Brunner-Schwer war Tonmeister und wohlhabender Sohn der Erbin der Elektronikfirma Saba, deren Technischer Geschäftsführer er später wurde; die Firma war bekannt für Radio- und Fernsehgeräte, auch wurde hier die erste Fernbedienung für Fernseher entwickelt. Mehr oder weniger als Hobby betrieb Brunner-Schwer ein Tonstudio; die resultierenden Jazz- und Schlager-Aufnahmen vertrieb er auf dem ebenfalls von ihm gegründeten Saba-Label. Er war ein Soundfreak und Bastler; eine seiner Ideen war, Mikrofone im Inneren eines Konzertflügels zu platzieren, was dem Hörer annähernd denselben Höreindruck gab wie dem Pianisten am Instrument. Im Jahr 1964 lud Brunner-Schwer den Jazzpianisten Oscar Peterson zu einer Aufnahmesession in seinem (Brunners) Wohnzimmer ein. Die dabei entstandenen Aufnahmen begeisterten den Musiker. Sie wurden im Jahr 1968 als *My Favorite Instrument* veröffentlicht; die Platte ist bis heute erhältlich.

Brunner-Schwer zog danach mit dem Studio auf den Dachboden eines Hinterhofhauses um, stattete es mit den besten damals verfügbaren Bandmaschinen, Mischpulten und Mikrofonen aus und erfand den Namen MPS. In Zusammenarbeit mit dem SWF-Jazzredakteur Joachim-Ernst Berendt als Produzent wurden Label und Studio zu Beinahe-Legenden. Das Studio sah internationale Künstler wie Charly Antolini, Kenny Clarke, John Coltrane, Miles Davis, Duke Ellington, Bill Evans, Ella Fitzgerald, Stephane Grappelli, Freddie Hubbard, Hans Koller, Jean-Luc Ponty, Baden Powell, George Shearing und viele mehr. Aber auch deutsche Top-Künstler nahmen hier auf, genannt seien

Eugen Cicero, Wolfgang Dauner, Friedrich Gulda, Peter Herbolzheimer, Volker Kriegel, Joachim Kühn, Rolf Kühn, Albert Mangelsdorff, das Dave Pike Set – die Liste ist endlos.

Alles in allem veröffentlichte MPS mehr als 500 Alben. Zunächst wurden die Platten von der Deutschen Grammophon hergestellt und vertrieben, die Qualität war erstklassig. In den frühen 1970ern übernahm BASF die Distribution; damit erreichte MPS nun auch den US-Markt. Die MPS-Plattenhüllen waren bekannt für ihr markantes Design, noch immer erkennt man MPS-Platten sofort.

Das MPS-Studio wurde im Jahr 1982 geschlossen. Ein Jahr später verkaufte Brunner-Schwer den MPS-Katalog an Philips. Viel Geld hat er mit dem Studio nie verdient – er liebte Jazz und wollte ihn so gut wie möglich präsentieren, und er konnte es sich leisten. Im Jahr 2004 kam Hans Georg Brunner-Schwer bei einem Autounfall ums Leben. Das Label wechselte seitdem einige Male den Besitzer, seit 2014 ist der Katalog im Besitz der Edel Company. Im Jahr 2011 wurde das Originalstudio in Villingen-Schwenningen zum „Kulturdenkmal von besonderer Bedeutung" gekürt. 2015 wurde es unter dem Namen HGBS-Studio (nach Brunner-Schwers Initialen) wiedereröffnet; es gilt nach wie vor als eines der besten Analog-Studios der Welt.

ECM

Auch ein anderer früher Independent-Produzent aus Deutschland ist im Jazz aktiv. Der schon erwähnte Manfred Eicher war Kontrabassist bei den Berliner Philharmonikern gewesen und hatte etwas Erfahrung als Assistent für die Deutsche Grammophon gesammelt, und mithilfe des lokalen Geschäftsmannes Karl Egger gründete er im Jahr 1969 in München seine „Edition of Contemporary Music", kurz: ECM. Mit einem Darlehen von 16.000 Mark und ohne konkrete Pläne, aber mit einer Vorstellung, wie die Platten klingen sollten, nahm er vier LPs auf (Mel Waldron Trio, Alfred Harth's Just Music, Paul Bley Trio und Marion Brown) und vertrieb sie per Mailorder, was, zu aller Erstaunen, zu Erfolgen in Japan führte. Das war der Start eines Labels, das bis heute zu Deutschlands renommiertesten gehört.

Zu den späteren Top-Acts gehören Gary Burton, Chick Corea, Wolfgang Dauner, Jack DeJohnette, Jan Garbarek, Jon Hassell, Keith Jarrett, Pat Metheny, Terje Rypdal und viele mehr. Sie etablierten eine Spielart des Jazz, die man auf „klassischen" Jazzlabels wie Impulse, Blue Note oder Verve nur bedingt finden würde. Es war Jazz, aber mit einem deutlich europäischen, oft „nordischen" Einschlag; manche nennen es auch „Kammermusik mit Improvisation". Manfred Eicher: „Wir veröffentlichen die Musik und die Künstler, die wir für wichtig halten, die wir mögen und bewundern. Wollte man so etwas wie einen Kern unserer Arbeit benennen, so käme dieser der kammermusikalischen Interaktion sehr nahe – aber auch das ist nicht die ganze Geschichte."[6] Die Zeitlosigkeit der ECM-Einspielungen ist frappierend. Der Kritiker (und MPS-Produzent) Joachim-Ernst Berendt hatte damit so seine Schwierigkeiten. Eicher: „In der Jazzkritik der siebziger Jahre war es eine Zeitlang Mode, sich vehement über jede Andeutung des Schönen zu mokieren. Joachim-Ernst Berendt etwa nahm in dieser Hinsicht kein Blatt vor den Mund, was allerdings nicht immer besonders viel Sinn ergab"[7] – als gäbe es im ECM-Katalog nicht auch kantigere Alben wie Wolfgang Dauners *Output* (1970) oder das *Paris Concert* von CIRCLE (1972). Dafür, dass man ihn den „Jazz-Papst" nannte, war Berendt ideologisch recht einseitig orientiert, aber das war einfach eine Modeerscheinung jener Jahre. Eicher: „Als Grundprinzip unserer Produktionen war Klarheit stets wichtiger als Schönheit. Oder, wie es Paul Valéry sagt: ‚Was gibt es Geheimnisvolleres als die Klarheit?'"[8]

Mit Dauerbrennern wie Keith Jarretts *Köln Concert* (1975), inzwischen die meistverkaufte Soloklaviereinspielung der Welt, oder den LPs der PAT METHENY GROUP im Programm ließen sich immer auch experimentelle Produktionen querfinanzieren; ECM vertreibt außerdem die Platten des amerikanischen Watt-Labels mit u.a. der CARLA BLEY BAND, und auch die enthalten oft alles andere als bequeme Klänge. Selbst sehr schräge Produktionen wie etwa *Escalator Over The Hill* (1971) von Carla Bley und Paul Haines oder die Elektronik-Jazz-Produktionen *Lask* (1982) und *Sucht + Ordnung* (1984) des Saxofonisten Ulrich P. Lask mit den Sängerinnen Maggie Nicols und Monika Linges, die schon fast in Richtung der amerikanischen No Wave gingen, konnten realisiert werden. (Schade, dass es die Lask-Platten nie auf eine CD geschafft haben. Sie fallen zwar zugegebenermaßen aus dem ECM-Rahmen, wären es aber wert.)

Im Jahr 1984 rief Eicher ein Sublabel namens ECM New Series ins Leben, das sich auf zeitgenössische (meist notierte) Klassik von Komponisten wie John Adams, György Kurtág, Meredith Monk, Arvo Pärt, Steve Reich und andere konzentrierte, wobei da auch Mischformen möglich waren. Der unglaubliche Mix etwa der mittelalterlichen Gesangskompositionen von Pérotin, Guillaume Dufay und anderen, vorgetragen vom HILLIARD ENSEMBLE, die Jan Garbarek improvisierend mit dem Saxofon kommentiert (*Officium*, 1994), gehört noch immer zu den Topsellern des Labels.

Bis heute hat ECM an die 2000 Platten zwischen klassischem und modernem Jazz und moderner Klassik veröffentlicht, die weitaus meisten davon produzierte Eicher selbst, wobei er immer seiner eigenen Nase folgte. Die Aufnahmequalität der ECM-Platten ist weltweit bekannt für kristallklaren, kompressionsfreien und räumlichen Klang. Eicher sagt zwar, es gebe keinen speziellen ECM-Sound, ich aber bilde mir ein, ihn doch zu hören. Und auch Eicher selbst weiß natürlich genau, weshalb er immer seinen jüngst verstorbenen Tonmeister Jan Erik Kongshaug mitbrachte, selbst in die USA: „Das ist zwar ein bisschen illegal, aber ich hole ihn immer, arbeite nie mit amerikanischen Toningenieuren. Die Musiker kennen Jan Erik, brauchen nicht lange herumzuprobieren, und die Identität des Sounds über all die Jahre hinweg gehört ja zu ECM."[9] Vielleicht ist ja „Sound" einfach das falsche Wort. Möglicherweise ist es eher eine synästhetische Qualität, die ursprünglich vielleicht nicht einmal beabsichtigt war, sich aber im Laufe der Jahre doch herauskristallisiert hat. Den ECM-typischen weiträumigen Hall etwa spielt Eicher den Musikern häufig bereits während der Aufnahme in ihre Kopfhörer, sodass sie ihn schon dann in ihr Spiel einbeziehen. Was allerdings nicht bedeutet, dass er den Musikern seine Vorstellungen aufzwingt: „Es gibt da keine Regeln. Ein Ralph Towner mit seiner zwölfsaitigen Gitarre ist anders aufzunehmen als Bill Connors, und Abercrombie soll ganz anders klingen als Pat Metheny. Das individuelle Klangspektrum des Musikers zu begreifen und für den Plattenhörer optimal umzusetzen, ist meine Arbeit. Das beginnt mit der optimalen Mikrofon-Positionierung, die ganz entscheidend für den klanglichen Eindruck eines Instruments ist, und endet für mich bei der Überspielung, bei der man leider zahllose Fehler machen kann."[10]

Zu Vinylzeiten ließ Eicher alle ECM-LPs unter den Bedingungen herstellen, die für Klassik-Platten galten. Unter anderem bedeutete das, dass jede einzelne Platte mindestens 30 Sekunden lang gepresst werden musste, um spätere Wellenschläge zu verhindern, und die Pressmatrize musste nach spätestens 800 bis 1000 Pressvorgängen ausgetauscht werden.

ECM entwickelte zudem schon früh einen sofort wiedererkennbaren Stil der Covergestaltung, angefangen mit den Grafiktalenten von Barbara Wojirsch und Dieter Rehm, auch die verwendeten Fotos sind handverlesen. Die Layouts, Typografien, Grafiken, Fotos der ECM-Hüllen waren gut genug, um Galerieausstellungen und Kunstbände zu füllen – ECM-Platten „know that ears have eyes"[11], wie die *New York Times* schrieb. Eicher weiß sich auch selbst durchaus für Fotos in Szene zu setzen, und unter Journalisten heißt es, dass eine Jacke, die man über Nacht im ECM-Büro vergisst, am nächsten Morgen schwarz oder dunkelblau geworden sein wird.

Eicher hat nie ein eigenes Studio besessen, aber er arbeitete stets in nur wenigen Studios und mit einer kleinen Zahl von Toningenieuren. Zunächst war dies meist das Tonstudio Bauer in Ludwigsburg mit dem Toningenieur Martin Wieland, später dann bevorzugt das Talent- beziehungsweise Rainbow-Studio in Oslo mit besagtem Jan Erik Kongshaug. Eicher kannte die Charakteristiken dieser Studios und die Toningenieure kannten die Charakteristiken Eichers.

ECM wird heute von Universal vertrieben, ist allerdings noch immer ein Independent-Label; Eicher hat seine Firma trotz etlicher Angebote nie verkauft. Und der Kontrabass hat noch immer seinen Platz in Eichers Büro.

Independent-Studios

In den 1960ern gab es nur wenige Independent-Labels in Deutschland (die meisten davon waren Budget-Labels), und die existierenden Studios waren nicht auf Rockmusik eingestellt. Sogar im Jahr 1967 gab es nur wenige Studios, die für Rockgruppen infrage kamen, und auch sie verdienten ihr täglich Brot mit Schlagerproduktionen. In der Regel gehörten diese Studios den Major-Labels, und die dort wirkenden Toningenieure hatten wenig Erfahrung darin, Rockmusik aufzunehmen. Wenn eine Rockgruppe dort ihr Equipment aufbaute, konnte es vorkommen, dass der Toningenieur sagte: „Okay, ihr seid vier Leute, also brauche ich vier Mikrofone." Wenn ihm die Band entgegnete, dies sei aber nicht die Methode, wie man eine Rockband aufnehme, musste man auf Antworten wie etwa diese gefasst sein: „Hört mal, ich hab meinen Beruf gelernt, und ich weiß, wie ich das machen muss. Da müsst ihr euch nun auch ein bisschen anpassen." Die Ergebnisse klangen dann danach.

Es gab auch ein paar freie Studios, die keiner Plattenfirma zugehörten, etwa das bereits erwähnte *Tonstudio Bauer* in Ludwigsburg, das *Bavaria-Studio* in München (Amon Düül II, Doldingers Passport oder Eberhard Schoener hatten dort aufgenommen) oder das *Studio Tonndorf* in Hamburg, in dem The Monks im Jahr 1966 ihr Album *Black Monk Time* einspielten, als eine der ersten Rockaufnahmen dort. Die beiden letzteren gehörten zu Filmateliers und waren ein bisschen flexibler, meist wurden sie aber dazu eingesetzt, um Werbefilme zu vertonen oder ausländische Filme und Serien deutsch zu synchronisieren. Einige wichtige freie Studios seien genannt:

Interessant für den deutschen Rock war das *Beatstudio*, auch *Electronic Beat Studio* genannt, das im Keller einer Schule in Berlin-Wilmersdorf untergebracht war. Betrieben wurde es von der Stadt Berlin, der Leiter war der Schweizer Komponist Thomas Kessler. Ursprünglich war das Studio der Proberaum von Lutz „Lüül“ Ulbrichs damaliger Band Agitation Free gewesen und wurde 1968 zum Studio ausgebaut, offen zur Nutzung für jeden und finanziert weitgehend vom Berliner Senat. Das Beatstudio wurde sehr wichtig für das, was wir heute als „Berliner Schule“ kennen: Tangerine Dream, Ash Ra Tempel, Klaus Schulze, Michael Hoenig und Manuel Göttsching wirkten hier, auch Guru Gurus Debutalbum *UFO* von 1970 wurde hier aufgenommen. Nachdem das Studio in ein Schulgebäude in Berlin-Halensee umgezogen war, nahmen dort unter anderem Klaus Lage, Morgenrot, Rammstein und Ideal auf. Im Jahr 1984 wurde der Studiobetrieb eingestellt. Im Dezember 2020 enthüllte der Berliner Elektronikmusiker Bernd Kistenmacher am ursprünglichen Wilmersdorfer Schulgebäude eine von ihm und dem Filmkomponisten Hans Zimmer initiierte Gedenktafel, die auf die Bedeutung des Studios für die elektronische Musik der Berliner Schule hinweist.[12]

Das sehr berühmte *Hansa-Studio „at the Wall“* spielt für deutsche Rockmusik der frühen 1970er-Jahre keine große Rolle. Die wichtigste Funktion, die es in dieser Hinsicht hatte, war der „Big Moog“, den Mick Jagger an Peter Meisel verkauft hatte. Allerdings wusste im Studio niemand so recht etwas mit der Kiste anzufangen, und so engagierte man Christopher Franke, von dem man vermutete, dass er es wisse. Das Hansa-Studio war hauptsächlich ein Schlagerstudio, eröffnet im Jahr 1964 in Berlin-Halensee von Will Meisel und seinen Söhnen Peter und Thomas. 1974 zog das Studio um in den „Meistersaal“, einen früheren Ballsaal in Berlin-Kreuzberg, in unmittelbarer Nähe zur Berliner Mauer, die dem Studio seinen Spitznamen gab. Die Meisel-Brüder hatten den Saal auch vorher schon gelegentlich wegen seiner hervorragenden Akustik als Aufnahmeraum genutzt. Seit dem Jahr 1998 wurde das Studio von Sven Meisel, Thomas Meisels Sohn, geleitet. Das Studio existiert nach wie vor, ist aber nicht mehr „at the Wall“ – die fiel ja 1989, aber der Name blieb hängen.

Kraftwerks *Kling Klang Studio*? Niemand außer den Meistern selbst hat dieses Studio in einem Hinterhof-Loft nahe Düsseldorfs Hauptbahnhof je genutzt. Seit Ralf Hütter im Jahr 2009 das Studio in einen Business-Park in Meerbusch verlegt hat, nutzte Florian Schneider die Räume noch eine Weile, gab sie dann aber auf. Die alten Räumlichkeiten mit dem verwitterten Schild „Elektro-Müller“ über der Einfahrt beherbergen heute eine Multimedia-Produktionsfirma und werden manchmal noch für Konzerte im Miniformat genutzt.

Das *Musicland-Studio* lag im 2. Kellergeschoss des Arabella-Hochhauses im Münchener Stadtteil Bogenhausen. Giorgio Moroder gründete das Studio im

Jahr 1974, irgendwo in einer der höheren Etagen wohnte er selbst. Mit seinem Toningenieur Reinhold Mack (der sich selbst meist schlicht „Mack“ nennt, wie die amerikanischen Trucks) wurde das Musicland berühmt genug, um Acts wie Elton John, LED ZEPPELIN, Meat Loaf, Rory Gallagher, QUEEN, DEEP PURPLE oder die ROLLING STONES anzulocken. Um unterschiedliche akustische Bedingungen herzustellen, nutzte Mack manchmal Räume außerhalb des Studios. Um beispielsweise den knalligen Schlagzeugsound in LED ZEPPELINS „When The Levee Breaks“ und „Kashmir“ zu erzeugen, platzierte er John Bonham mit seinem Schlagzeug auf einem Absatz im aus Beton gegossenen Treppenhaus. Zu den relativ wenigen deutschen Acts, die im Musicland aufnahmen, gehörten NEU!, BAP, Edo Zanki, die SCORPIONS, TAME & MAFFAY, und natürlich Moroder selbst. Wegen der Aufnahmen des letzteren denken viele, im Musicland existiere ein großer Moog-Synthesizer, aber den gab es dort nicht. Moroders Moog-Aufnahmen wurden weitgehend im Münchner Bavaria-Studio gemacht und im Musicland nur weiterbearbeitet. Mitte der 1980er-Jahre zog Moroder nach Los Angeles und das Musicland wurde von Mack weitergeführt. Aber das Vergnügen hielt nicht lange an: Nachdem die Stadt München eine neue U-Bahn-Linie durch Bogenhausen gebaut hatte, stellte sich heraus, dass der Tunnel so dicht am Studio vorbeigeführt worden war, dass die von der U-Bahn verursachten Vibrationen weitere Aufnahmen unmöglich machten. Das Arabella-Haus ist heute ein Hotel.

Das *Star-Studio* war in einer Stadtvilla im Hamburger Stadtteil Hoheluft untergebracht. Es gehörte dem Schlagerkomponisten, Texter, Produzenten und Musikverleger Ralf Arnie (*Ar*tur *Nie*derbremer), der mehr als 800 Schlager geschrieben hat; der bekannteste dürfte wohl „Tulpen aus Amsterdam“ von 1958 sein. In den 1970ern war er noch sehr aktiv in der Schlagerszene. Er erlaubte Conny Plank, das Studio nachts kostenlos zu benutzen; der Deal war, dass die dabei entstehende Musik in Arnies Musikverlag veröffentlicht werden musste. Das Studio war architektonisch ungewöhnlich, weil es ursprünglich ein Wohnhaus war: Regie- und Aufnahmeraum lagen in zwei verschiedenen Stockwerken, sodass es keine Sichtverbindung gab. KRAFTWERK, CLUSTER, JANE, TOMORROW'S GIFT, ASH RA TEMPEL und etliche Brain-Acts nahmen hier auf, auch wurden viele Aufnahmen aus dem Windrose-Dumont-Time-Studio hier abgemischt (z. B. die erste LP von NEU!). Die Villa wird heute nicht mehr als Studio genutzt.

Windrose-Dumont-Time war ein Studio in Hamburgs nicht sonderlich attraktivem Stadtteil Dulsberg, 15 Minuten vom Flughafen und nur wenige Minuten vom Hauptquartier des Brain-Labels entfernt. Es war Teil einer Produktionsfirma, die der TV-Reporter und US-Korrespondent Peter von Zahn im Jahr 1967 gegründet hatte. Von Zahn und seine damals noch schwarzweißen Fernsehreportagen der 1960er-Jahre („Reporter der Windrose") hatten einen enormen Anteil an dem, was wir Deutschen über Amerika und dessen unglaublichen „Way of Life" wussten. In den 1970ern wurde Windrose-Dumont-Time eines der führenden Studios für deutschen Rock, hier wurden fast 150 LPs des Genres produziert, viele davon mit Conny Plank am Pult. 1980 wurde das ursprüngliche Gebäude abgerissen und durch ein komplett neues ersetzt. Dessen Name ist *Chameleon Recording*.

Conny Plank, Dieter Dierks

Zwei der wichtigsten deutschen Studios waren nicht in Hamburg zu finden: Die Rede ist von *Connys Studio* in Wolperath, südöstlich von Köln, und von den *Dierks Studios* in Stommeln, nordwestlich von Köln, beides Gemeinden mit eher dörflichem Charakter. Diese beiden Studios sind untrennbar mit ihren Gründern verbunden, Konrad „Conny" Plank und Dieter Dierks. Beide rüttelten die Plattenindustrie auf jeweils ihre Weise wach, und ohne sie hätte die Rockmusik in Deutschland eine andere Richtung genommen. Ihre Arbeitsweisen allerdings waren sehr unterschiedlich.

Es ist schon interessant, dass beide ihre Studios auf dem Lande, aber doch in Großstadtnähe einrichteten. Dierks tat dies, weil er so den elterlichen Dachboden nutzen konnte, um ein kleines Studio einzurichten. Plank hingegen suchte einen Platz, an dem er ungestört und entspannt arbeiten konnte. Außerhalb der Städte war das Leben nicht nur billiger, Plank machte auch die Umgebung, das Bergische Land mit seinen Hügeln, Wäldern und Wiesen zum Teil der Atmosphäre, die er Musikern mit seinem Studio bot. Wer ein Tonstudio in einem kleinen Ort betrieb, musste auf schräge Blicke der Anwohner gefasst sein, auf der anderen Seite aber, wenn der Laden einmal lief, wurde das Studio zu einem wichtigen lokalen Wirtschaftsfaktor, und man bekam von offizieller Seite meist alle Unterstützung, die man brauchte.

Dierks, ebenso Plank, nahmen – wohl unabsichtlich – einen Trend voraus, der um das Jahr 1973 einsetzte: Hinaus aufs Land – und so manche Hippie-Kommune folgte dem Ruf. Auch das machte Standorte außerhalb der Großstadt für Studios attraktiv.

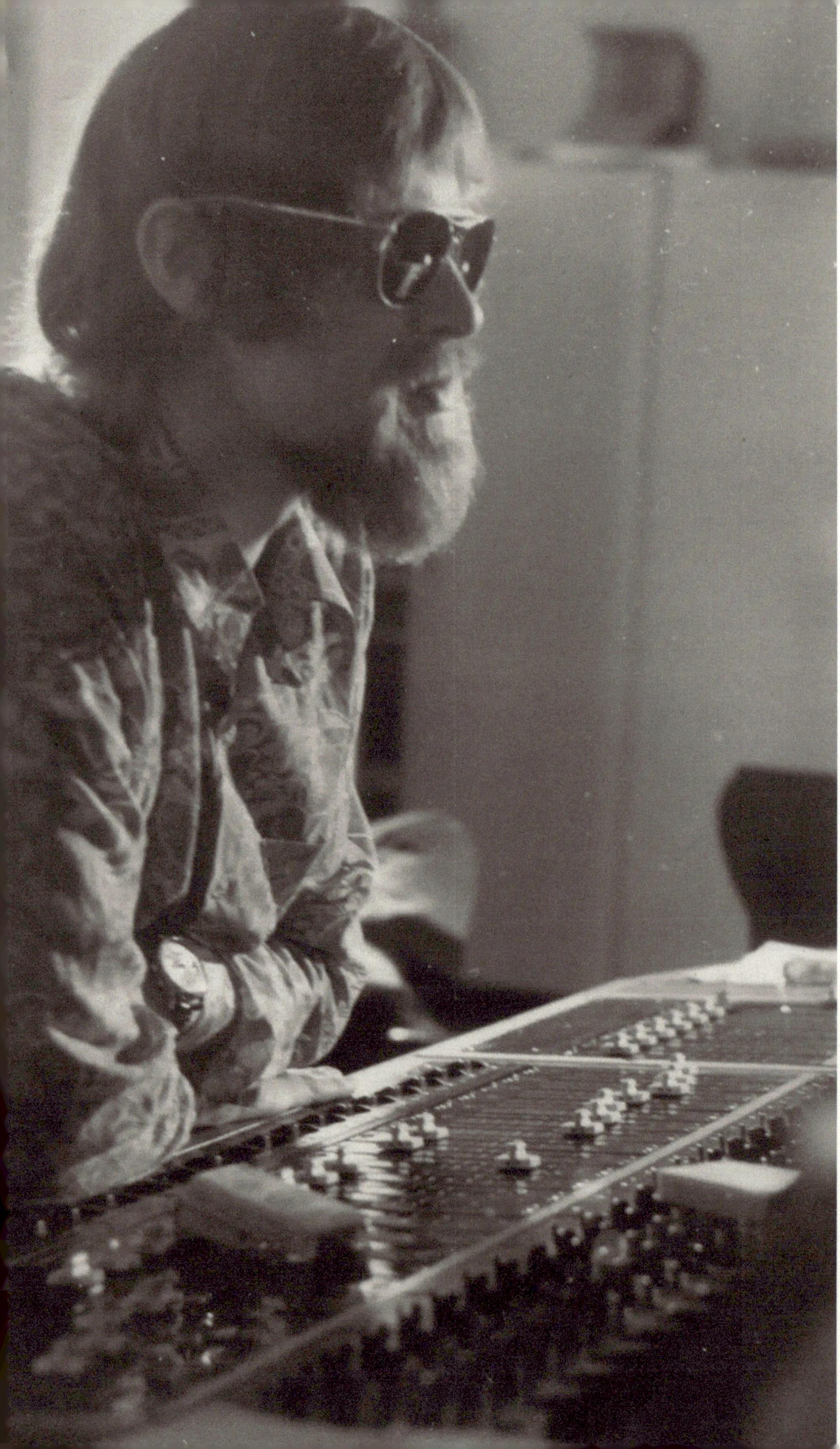

Conny Plank im Studio

Conny Plank begann als Starkstromelektriker und arbeitete später als Sendetechniker beim Saarländischen Rundfunk. Er gab den Job auf, weil er mit der Arbeitsatmosphäre einer öffentlich-rechtlichen Anstalt nicht warm wurde, und fand einen Job als Tonassistent im privaten Rhenus-Studio. Dort nahm er vor allem Dinge wie Coverversionen populärer Schlager für Billiglabels auf. „Ich hatte einen guten Techniklehrer, der mir vorgekutscht hat, wie es geht. Das war der Wolfgang Hirschmann, der so ein richtiges altes Toningenieur-Ass ist. Der richtig gut Sound machen kann. Der hatte schon mit Marlene Dietrich gearbeitet. Von dem habe ich sehr viel gelernt."[13]

Wikipedia und andere Quellen schreiben, Plank habe seine Karriere „als Soundmann für Marlene Dietrich" begonnen[14]. Das ist deutlich zu hoch gegriffen. Tatsächlich war er der Assistent von Hirschmann, als dieser die Übertragung einer Radiosendung mit Marlene Dietrich betreute. Mehr war da nicht. Man findet auch gelegentlich die Behauptung, Plank sei Tonassistent Karlheinz Stockhausens im Elektronischen Studio Köln gewesen. Auch das stimmt so nicht. Anlässlich des 200. Geburtstages Ludwig van Beethovens im Jahr 1970 kommissionierte der WDR das Rhenus-Studio mit der Produktion von *Kurzwellen mit Beethoven*, einer speziellen Variation von Stockhausens Klassiker *Kurzwellen* (1968). Der Toningenieur war Wolfgang Hirschmann; Plank war während der Produktion anwesend, allerdings nicht selbst involviert. Nach Aussage von Stockhausens Lebensgefährtin und Langzeitassistentin Kathinka Pasveer war Plank an keiner Stockhausen-Produktion beteiligt.[15]

Plank war Hobby-Jazzer – „als ich Boogie Woogie hörte, bin ich ausgeflippt."[16] Er wollte kein professioneller Musiker werden, aber er war musikalisch neugierig und offen für fast alles. Nicht unabhängig arbeiten zu können, frustrierte ihn zutiefst, und so begann er im Jahr 1969 als unabhängiger Musikproduzent und Toningenieur zu arbeiten.

Dieter Dierks ist der Sohn eines Dirigenten und wollte ursprünglich Opernregisseur werden. Er besuchte eine Schauspielschule und studierte Theaterwissenschaften. Daneben spielte er aus Spaß Bassgitarre in einer mehr-Schlager-als-Rock-Band namens Hush („Oh Darling"/„Schau mir in die Augen", 1969, mit dem späteren Bläck-Fööss-Sänger Tommy Engel) und machte erste Aufnahmeerfahrungen mit zwei Revox-Bandmaschinen auf dem Dachboden. Im Jahr 1969 arrangierten und betexteten Dierks und der Songschreiber Michael Schepior einen griechischen Song und nahmen ihn mit der Raspelstimme des Sängers J. Bastós auf: „Loop di Love". Das Stück wurde ein Discohit in den

Niederlanden und kam von dort nach Deutschland zurück. Im Sommer 1971 erreichte die Platte #30 der Singlecharts.

Im selben Jahr verließ Dierks den Dachboden und zog mit seinen Gerätschaften in ein neues Gebäude auf dem elterlichen Grundstück – das war das erste originale Dierks-Studio. Sein zweiter Schritt war, eine Art Hotel zu installieren, inklusive einer Küche, die von seiner Mutter betrieben wurde. Damit hatten die Musiker während ihrer manchmal mehrwöchigen Arbeit eine Bleibe in unmittelbarer Studionähe.

Ziemlich schnell wurde das Dierks-Studio zum Medienthema, wodurch der Produzent Rolf-Ulrich Kaiser von dessen Existenz hörte. Die meisten von Kaisers Ohr-, Pilz- und Kosmische-Kuriere-Veröffentlichungen wurden hier aufgenommen und gemischt: ANNEXUS QUAM, ASH RA TEMPEL, Jerry Berkers, BIRTH CONTROL, BRÖSELMASCHINE, EMBRYO, EMTIDI, FLOH DE COLOGNE, Sergius Golowin, GURU GURU, HOELDERLIN, Klaus Schulze, TANGERINE DREAM, WALLENSTEIN, Walter Wegmüller, WITTHÜSER & WESTRUPP sind nur ein paar Namen von vielen.

Aber auch Bands, die keine Kaiser-Acts waren, nahmen hier auf, etwa GILA, GROBSCHNITT, IHRE KINDER oder JERONIMO. Klaus Doldinger spielte hier mindestens vier PASSPORT-Platten ein; sein legendäres Album *Doldinger Jubilee Concert* (1974) aus der Rheinhalle Düsseldorf wurde hier gemischt (und bis heute frage ich mich, weshalb dieses fantastische Konzert nie vollständig veröffentlicht wurde). CAN mischten hier *Landed*, ihr erstes mit ihrer neuen 16-Spur-Maschine aufgenommenes Werk, weil ihr eigenes Studio fürs Abmischen noch nicht eingerichtet war.

Dierks startete ein eigenes Plattenlabel namens Venus Records, nahm ATLANTIS aus Hamburg, die Nachfolgeband von Inga Rumpfs FRUMPY, unter Vertrag und versuchte, die Band in den USA zu etablieren. Trotz einer erfolgreichen Tour blieben – wie bereits erwähnt – die Verkäufe dort unbefriedigend, eine Seltenheit in Dierks' Erfolgsstory. Andere Acts auf dem Label waren GALAXY, MYTHOS und PELL MELL; Anfang der 1990er wurde das Label eingestellt. Um seine Position bei Verhandlungen mit Plattenfirmen zu stärken, gründete Dierks eine Management- und Produktionsfirma namens Breeze Music, die nach wie vor aktiv ist.

Erfolgreicher als die Zusammenarbeit mit ATLANTIS war Dierks' Arbeit mit dem Produzenten Peter Hauke und den Hardrock-Acts, die dieser auf seinem Bacillus-Label veröffentlichte, insbesondere NEKTAR. Diese Zusammenarbeit, verbunden mit seinen früheren Einspielungen mit BIRTH CONTROL und

Jeronimo, verschaffte Dierks einen Ruf als Spezialist für Hard- und Heavy-Produktionen. RCA beauftragte ihn mit der Produktion von *In Trance* (1975) von den Scorpions, die er später für Breeze unter Vertrag nahm. Dieses Album markiert den Beginn einer erfolgreichen Langzeit-Zusammenarbeit; zwischen den Jahren 1975 und 1988 produzierte Dierks acht LPs der Band. Sie brachten Gold- und Platinplatten, und der Name Dieter Dierks wurde prominent, selbst in England und der anderen Seite des Atlantiks.

Der Hauptgrund für alle diese Erfolge war nicht nur, dass Dierks eine glückliche Hand in Geschäftsangelegenheiten hatte, sondern vor allem, dass er sein Toningenieurshandwerk einfach hervorragend beherrschte. Walter Westrupp etwa sagt dazu: „Wenn du dir anhörst, was wir tatsächlich gespielt haben, und dir dann die fertige Produktion anhörst, dann weißt du, dass es einen Grund hatte, wenn wir sagten: ‚Der hat Zauberhände.' Man konnte zu ihm sagen: ‚Lass diesen Klangteppich von rechts nach links wandern, und dann schick ihn senkrecht nach oben' – und er machte das. Es war einfach fantastisch. Ich konnte ein ‚Bling' auf meiner Ukulele spielen, und mit seiner Hilfe klang das dann, als ob ein ganzes Orchester ‚Bling' gemacht hätte."[17] – Auch Edgar Froese ist voll des Lobes: „Ich erinnere mich sehr gern an Dieter Dierks. Er gehörte zu den ersten Toningenieuren, die ihre gesamte Professionalität in diese alternativen Musikstile einbrachten. Er hat nie gesagt: ‚Okay, hier haben wir ein paar bekiffte Idioten, schön, ein einfacher Job, lass uns das hinter uns bringen und den Scheck einlösen.' Er war wirklich engagiert, er wollte *verstehen*. Ich rechne ihm hoch an, dass er das ganze Potenzial seiner innovativen Aufnahmetechniken in unsere Arbeit gesteckt hat."[18]

Im Jahr 1973 hatte Dierks das Studio bereits um drei kleinere Aufnahmeräume und einen Regieraum erweitert, alles im Keller unter dem Hotelkomplex, sodass nun mehrere Acts parallel im Studio arbeiten konnten. Dierks hielt seine Studios stets auf dem technisch bestmöglichen Stand. Er entwickelte selbst einige Hall- und Raumsimulationssysteme und konnte auch Quadro-Aufnahmen anbieten, als diese in den 1970ern in Mode kamen. Dies stieß besonders bei Rolf-Ulrich Kaiser auf Resonanz, der an neuester Technik immer interessiert war. Als Mitte der 1980er-Jahre das klassische Band-Konzept begann, ein wenig ins Hintertreffen zu geraten, eröffnete Dierks zwei weitere Studios mit Harddisc-Recording-Systemen – ideal für die aufkommende Techno- und Hip-Hop-Welle und ihren Einsatz von Sound-Samples.

Im Jahr 1974 startete Dierks ein mobiles 16-Spur-Studio – das Dierks Mobile –, das für Liveaufnahmen eingesetzt wurde. Der WDR nutzte das Mobilstudio für die „Rockpalast"-Nächte aus der Gruga-Halle in Essen. Alle Konzerte wurden auf 16 Spuren mitgeschnitten und konnten dadurch später optimal für Platten- oder CD-Veröffentlichungen abgemischt werden – besser, als das während der Live-Sendung möglich war. Zudem verschaffte das Mobilstudio Dierks Kontakte zu Fernsehstationen, die er später in den 1980ern nutzte, als er einen Ü-Wagen für Fernsehübertragungen und –aufzeichnungen in Betrieb nahm.

Heute braucht der gesamte Studiokomplex keinen Vergleich mit den Topadressen in New York oder Los Angeles zu scheuen. Dierks entwickelte außerdem die *Dual Disc*, eine doppelseitig bespielte Scheibe, die auf der einen Seite eine CD und auf der anderen eine DVD ist. Unter anderem haben die Talking Heads diese Möglichkeit bei der Wiederveröffentlichungen einiger ihrer Platten genutzt.

Als Dieter Dierks bereits sein eigenes Studio betrieb, war Conny Plank noch als freier Toningenieur für diverse Produzenten in verschiedenen Studios quer durch Deutschland unterwegs. Er hatte einige Demoaufnahmen von Organisation (Kraftwerks Vorläufer) gemacht, die 1969 zum Album *Tone Float* zusammengestellt wurden. Er produzierte dann auch das erste Kraftwerk-Album von 1970, dazu noch Gomorrha, Parzival, Virus, die beiden Kluster-LPs, und er war bekannt mit Michael Rother und Klaus Dinger. Das alles zusammen brachte seinen Namen ins Spiel.

Mindestens so wichtig war auch dies: Plank zog nach Hamburg in eine Wohngemeinschaft. Dort lebten der Comedian Otto Waalkes, dessen Manager Hans-Otto Mertens (der auch Konzertveranstalter war), Udo Lindenberg, Marius Müller-Westernhagen, der Pianist Gottfried Böttger, der Geiger Lorenz „Lonzo" Westphal und der humorige Radiomoderator und Schlagersänger Wilken F. „Willem" Dincklage (wirklicher Name Wilken F. Müller). Letzterer hatte fließend acht Sprachen an Bord, war zunächst Teeverkoster im Hamburger Hafen gewesen und wurde dann Spezialist für den Im- und Export mit Osteuropa. Er arbeitete auch gelegentlich für den Saarländischen Rundfunk; sein erster Radiobeitrag dort war ein Portrait der Gruppe Neu! – durch diese Connection lernte auch Plank die Musiker kennen. Die WG lebte in Winterhude, einem der besseren Stadtteile Hamburgs, in der früheren Villa des kanadischen Botschafters. „Villa Kunterbunt" war der Spitzname, so gewählt nach dem Haus von Astrid Lindgrens anarchischer Gestalt Pippi Langstrumpf – später wurde diese Villa der Nucleus der „Top Szene Hamburg" – ein eher peinliches Kapitel, auf das noch eingegangen wird.

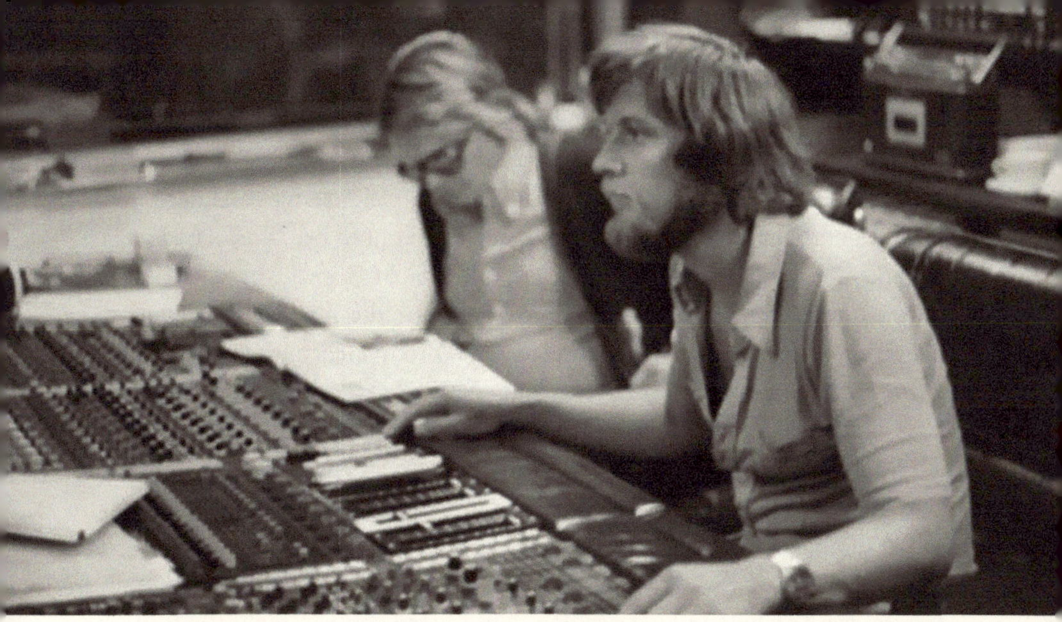

Dieter Dierks am Mischpult in seinem Studio in Stommeln

Conny Plank gründete zusammen mit Dincklage den Kraut-Musikverlag und die Aamok-Musikproduktion; letztere veröffentlichte unter anderem das grotesk zerbrüllte „Weihnachtslieder-Potpourri", 1973, der Vokalartist ist Plank persönlich[19]. Die beiden produzierten ansonsten alles Mögliche zwischen Volksmusik (Kastelruther Spatzen), Pop, Schlager, Comedy und Jazz. Dass es diese Firmen gab, hatte den gleichen Grund, aus dem Dieter Dierks Breeze Music gegründet hatte: Es gab ihm einen seriösen geschäftlichen Hintergrund und erleichterte Verhandlungen mit der Plattenindustrie. Daneben arbeitete Plank weiter als freier Toningenieur, hauptsächlich im Star- und im Windrose-Dumont-Time-Studio. In diesen Studios nahm er Ash Ra Tempel, Cluster, Guru Guru, Kraftwerk, Neu! und das Debutalbum der Scorpions (*Lonesome Crow*, 1972) auf. Diese Jobs festigten seinen Ruf als Toningenieur und erweiterten auch seine Verbindungen zur Plattenindustrie, die er später sehr gut zu nutzen verstand.

Glücklich war er mit dieser Situation allerdings nicht, und so kaufte er 1973 ein altes Bauernhaus in Wolperath bei Köln und baute das Anwesen nach seinen Vorstellungen aus; der frühere Schweinestall wurde zum Studio.

Der wesentliche Unterschied zwischen Dierks und Plank war, dass Dierks wusste, wie ein von den Musikern gewünschter Sound zu erzielen war, und er setzte um, was die Musiker wollten. Plank dagegen fand es wichtiger, die volle

Kontrolle über den gesamten Prozess zu behalten. Nicht, dass er sein Equipment nicht beherrschte; er stattete sein Mischpult sogar mit Joysticks aus, damit man mit einer Fingerspitze zwei Klangfaktoren gleichzeitig verändern konnte. Seine eigentliche Stärke lag aber woanders: Er konnte bei Musikern Fähigkeiten erkennen, von denen diese teilweise selbst nicht einmal wussten, dass sie sie besaßen, um dann eine Atmosphäre zu schaffen, die ihnen ermöglichte, diese Fähigkeit auszuspielen. In seinen eigenen Worten: „Ich tue im Grunde nichts weiter, als zu versuchen, Situationen guter Musik herzustellen. Ob das jetzt elektronische Musik ist oder Volksmusik, ist mir furchtbar egal. Ich sehe nicht in der Stilistik einer Musik ihre Kraft, sondern in ihrem Ausdruck. Ich würde auch eine Ländler-Band produzieren, tue es ja mit ZUPFGEIGENHANSEL."[20]

Während er mit Bands arbeitete, tat er weit mehr als einfach aufzunehmen, was sie spielten. Er klinkte sich in den gesamten Produktionsprozess ein und formte das Ergebnis mit – er schlug dem Gitarristen vor, nicht die Gibson zu nehmen, sondern es mal mit der Telecaster zu versuchen, er entwickelte Synthesizer-Sounds (etwa die Autogeräusche auf KRAFTWERKS „Autobahn"), er änderte Atmosphären, er setzte sich mit den Musikern hin und editierte Aufnahmen. Wenn die Band nicht mehr weiterwusste, ging er mit ihr im Wald spazieren; kurz: Er behielt die Gesamtübersicht, wie es die meisten Musiker nicht konnten. Das Studio hatte zwar kein eigenes Hotel, aber im Dorf gab es Übernachtungsmöglichkeiten, und auch in einem der Gebäude konnte man zur Not übernachten.

Anders als Dieter Dierks strebte Conny Plank nie nach einem „Empire". Er hatte sein Studio, und das war alles, was er wollte und brauchte, abgesehen von einem kleinen Mobilstudio. Er konnte ein durchaus kantiger Geselle sein. Wenn er den Eindruck hatte, mit einem Künstler nicht arbeiten zu können, dann wies er ihn ab, manchmal recht brüsk – und dabei machte er auch vor David Bowie oder U2 nicht Halt. Seine Preise waren moderat; ein Tag in Connys Studio kostete irgendetwas zwischen 600 und 1000 Mark (andere Studios nahmen 200 Mark pro Stunde oder mehr). Er half Bands bei Verhandlungen mit Plattenfirmen und hielt sie oft davon ab, in vertragliche Fallen zu tappen, er setzte auch ganze Label-Deals für sie aufs Gleis.

KRAFTWERK, besonders *Autobahn*, machten den Namen Conny Plank auch international bekannt. Plank produzierte DEVO, die EURYTHMICS, CLUSTER, Holger Czukay (der eine Zeitlang als Produktionsassistent im Studio arbeitete), DAF, ULTRAVOX, RHEINGOLD, Gianna Nannini, Brian Eno und IDEAL. Aber die Major-Labels konnten nie ganz sicher sein, was von ihm zu erwarten war: „Mein

Marktwert innerhalb dieser Systeme wurde zwar angehoben, aber immer noch gelte ich als durchaus unzuverlässige Persönlichkeit. Das finde ich sehr gut. Dadurch können sie keinen Einfluss auf mich nehmen. Das ist ein guter Zustand. Ich glaube, das ist überhaupt das Prinzip, aus diesem Dilemma rauszukommen: ein Feld um sich herum zu schaffen, das gesund ist. Vielleicht befruchtet das die Landschaft. ... Die Industrie ist lediglich ein Monster, das eben zu viel Geld verdient hat, um in Balance zu bleiben. Und deshalb rudern sie wie die Verrückten, fühlen sich nicht mehr der Musik, sondern der Wirtschaftlichkeit verantwortlich, und dann ist so ein Prozess pervertiert, dann ist er zu Ende."[21]

Während das Dierks-Imperium stetig wuchs, blieb Plank bewusst innerhalb seiner selbstgesteckten Grenzen: „Von Chris Blackwell stammt der Satz: Wir müssen schrumpfen, um gesund zu bleiben. Island [Blackwells Label] hatte mal einen wahnsinnigen Erfolg und wurde zum Wasserkopf, und Chris Blackwell war einer der wenigen in der Branche, die verstanden haben: Wir müssen kleiner werden, um zu funktionieren. So sehe ich das auch. Ich möchte mein Studio bestimmt nicht größer machen und nicht weiter ausbauen, um mehr Kapazitäten zu schaffen – das interessiert mich gar nicht. Ich möchte den Platz für die Leute, die da leben, interessanter gestalten. Bunt bleiben, nicht inhaltlich verharren, aber mit der Größe des Apparates in einem Gleichgewicht bleiben. Was mir Freiräume gibt, weiteren Wahnsinn zu betreiben."[22]

Da ein Exemplar jeder Goldenen Schallplatte traditionell an das produzierende Studio gegeben wird, empfing Conny Plank eine Menge Goldener Schallplatten. Die hängte er in die Studiotoilette – ein bisschen kindisch, mit allem Respekt.

Man kann unmöglich alle Lobeshymnen wiedergeben, mit denen Künstler aller Couleur Conny Plank überschüttet haben. Hans-Joachim Roedelius spricht für sie alle, wenn er sagt: „Conny war Freund und über die ihm eigene Tonmeisterkunst hinaus selbst Musiker, der sich bei den jeweiligen Produktionen mit Zuspielungen verschiedenster Art einbrachte und deshalb eigentlich als drittes Mitglied von CLUSTER fungierte, ohne dass diese Tatsache je öffentlichkeitswirksam publik gemacht worden ist. Ein idealer Produzent, visionär in Sachen angesagter Klangqualität und künstlerischen Contents, hat er sich immer strikt den Vorgaben wahrer Kunst verpflichtet gefühlt, niemals bei den Produktionen vordergründig auf deren mögliche Verkäuflichkeit geschielt, sondern ist immer seiner Sache als der most innovative Soundengineer und Mitmusikus, der er ja zeitlebens war, treu geblieben. Conny und Christa Fast, seine Lebensgefährtin, ein ideales Gespann an diesem Ort Wolperath, gelegen an einem alten

Wallfahrtsweg, einem Seitenweg des St.-Jacobs-Weges, quasi auch von dieser spirituellen Bedeutung her, bestens geeignet, um so begnadeten ‚Produzenten' wie Conny als Wirkungsort zu dienen … Eine Oase der Kreativität, deren Anziehungskraft allen zunutze kam, die je die Chance bekamen, dort mit ihm gemeinsam zu arbeiten."[23]

Zu Conny Planks Lebensvorstellung passt ein Satz des Künstlers Joseph Beuys: „Es ist vollkommen egal, in welchem Beruf man sich verschleißt, aber verschleißen muss man sich. Man muss sich zu Asche verbrennen. Sonst hat es gar keinen Zweck."[24]

Conny Plank verstarb im Dezember des Jahres 1987 im Alter von nur 47 Jahren. Christa Fast und ihr Sohn Stephan Plank betrieben das Studio weiter bis zu Christas Tod im Jahr 2006. Das Studio wurde 2009 abgerissen – wahrlich das Ende einer Ära.

KAISERS REICH

Bleiben wir noch ein bisschen bei den Produzenten. Die Geschichte der deutschen Plattenlabels Ohr, Pilz und Kosmische Kuriere – und natürlich ihrer Betreiber Rolf-Ulrich Kaiser und Gille Lettmann – ist ein interessantes Kapitel deutscher Medien-, Musik- und Zeitgeschichte. Noch immer tauchen diese Namen regelmäßig in Diskussionsforen auf.

„Im Moment verdiene ich 6000 Mark im Monat. Da können Sie sehen, was eine Idee von mir wert ist."[1] So sprach Rolf-Ulrich Kaiser 1968. Er hätte auf seine Freundin Gille Lettmann hören sollen: „Jeder macht sich seine eigene Realität."[2] Für diese These wurde sie selbst der beste Beweis.

Rolf-Ulrich Kaiser und Gille Lettmann waren wichtige Figuren in der deutschen Rockmusiklandschaft. Sie setzten ohne Rückhalt auf deutsche Rockmusik, als es sonst noch kaum jemand wagte, und nur wenige sind so gnadenlos nach unten durchgereicht worden wie sie. Von etlichen ihrer damaligen Nachbeter in der Musikpresse wurden sie eimerweise mit Häme übergossen, manchmal noch heute. Das ist sehr leicht, denn es besteht so gut wie kein Risiko mehr, dass Kaiser plötzlich wieder auftaucht und sich zur Wehr setzt.

Kaiser und Lettmann waren nicht die einzigen, die einen erheblichen Beitrag zur entstehenden deutschen Rockmusik geleistet haben. Aber damals, als deutsche „Beatgruppen" sich zu Rockbands wandelten, ihre Imitationsphase hinter sich ließen und einen eigenen Stil entwickelten, da war das nicht selbstverständlich. Kaisers und Lettmanns Bedeutung zeigt sich auch an den immer wiederkehrenden Fragen nach ihrem Verbleib. Über die Jahre schossen die Spekulationen wild ins Kraut. Manche wollen Kaiser auf der Frankfurter Buchmesse gesehen haben, andere sagen, er lebe auf der Straße und erbettle früh morgens Lebensmittel auf dem Kölner Großmarkt. Es wurde behauptet, Kaiser lebe in den USA als Promoter für Erich von Däniken. Und schon mindestens zweimal wurde er für tot erklärt.

All das ist Unsinn.

Essener Songtage

Rolf-Ulrich Kaiser, auch „RUK" genannt, wurde am 18. Juni 1943 in Buckow (Brandenburg) geboren. Aufgewachsen ist er in Osnabrück und Berlin. Später studierte er Germanistik, Literaturwissenschaft, Philosophie, Soziologie und Theaterwissenschaft in Köln.

Sein erster engerer Kontakt mit deutscher Musik, abgesehen vom Radio, war 1964 das erste der heute legendären Folkfestivals auf der Burg Waldeck im Hunsrück. Ein aktiver Teil der Rockszene wurde Kaiser im Jahr 1968, als es ihm gelang, der Essener Stadtkasse eine Garantiesumme von 300.000 Mark für die „Internationalen Essener Songtage" zu entlocken (der Betrag würde heute etwa einer halben Million Euro entsprechen). Kaiser pries das Event in aller Bescheidenheit an als „das größte Ding, das je in Europa gelaufen ist"[3]. Deutschlands erstes wirkliches Rockfestival war es immerhin. Geschäftsführer war Bernd Witthüser, Henryk M. Broder war für die Pressearbeit zuständig, der Grafiker Reinhard Hippen gestaltete das Programmheft – diese Namen werden wieder auftauchen. Aus Deutschland nahmen der Kabarettist Hanns Dieter Hüsch, der Politbarde Franz-Josef Degenhardt, der Liedermacher Hannes Wader, der Jazzer Peter Brötzmann, die Bands TANGERINE DREAM, AMON DÜÜL, GURU GURU, die CITY PREACHERS und FLOH DE COLOGNE teil; aus England und den USA kamen Julie Driscoll mit BRIAN AUGER & THE TRINITY, FAMILY, Alexis Korner, THE FUGS und THE MOTHERS OF INVENTION mit ihrem Boss Frank Zappa. Letzterer zeigte sich leicht irritiert: „Anscheinend kann sich das Publikum hier nicht entscheiden, ob es über Musik diskutieren oder Musik hören will." Die Mitglieder von AMON DÜÜL waren völlig zugedröhnt und spielten wie eine Bandschleife dasselbe Riff wieder und wieder; so mancher Festivalbesucher erinnert sich noch an die wiederholten Durchsagen: „AMON DÜÜL, hören Sie auf zu spielen, wir müssen die Bühne für die nächste Band umbauen!" Immerhin waren die DÜÜLS (und einige andere Bands) interessant genug, um von dem Berliner Musikproduzenten Peter Meisel, der unter den Besuchern war, unter Vertrag genommen zu werden. Mitten in dem ganzen Chaos lief Rolf-Ulrich Kaiser herum. Ihm erschien das alles wie ein riesiger Abenteuerspielplatz: „Ein Musikhappening, das, bewusstseinserweiternd und bewusstseinserweitert, psychedelisch, andere Erlebnisweisen erschließt und somit eher emotional das Erworbene und Gewohnte in Frage stellt", so sein leicht verschwurbeltes Statement. Dem organisatorischen Chaos, das er durch Unerfahrenheit und Unkenntnis selbst mit angerichtet hatte, versuchte er mit „unumstößlichen Anordnungen", Kraftsprüchen und einem Walkie-Talkie beizukommen: „Wir werden rabiat durchgreifen."

Nicht alle waren glücklich mit dem Festival. Die *Kölnische Rundschau* schrieb: „Die Revolution fand nicht statt. So etwa könnte man das Fazit der mit Spannung erwarteten Internationalen Essener Songtage ziehen, die vier Tage lang in rund 40 Veranstaltungen fast 40.000 Besucher in den ‚Ruhrpott' lockten. Songs und Sex, Rock und Schock, zum Teil glänzende Musik, zum Teil unverständliches Gestammel. Doch das Protestgeschrei der Interpreten kam beim Publikum nicht an. Das wollte sehen, aber nicht handeln. In große Diskussionen ließ es sich nicht ein. Die US-Band FUGS spielte zwar zünftigen Rock, wirkte aber im Übrigen nur ordinär. Genau wie das Kölner Kabarett FLOH DE COLOGNE. Die vielen Psychedelic-Shows ermüdeten die Fans ... Krawalle blieben erfreulicherweise aus."[4]

Das Festival endete mit einem Verlust von 80.000 Mark – damals keine Kleinigkeit, heute wären das etwa 145.000 Euro. Kaiser versuchte, den Verlust durch den Verkauf der Fernsehrechte zu minimieren, doch dabei spielte er verschiedene Sender so ungeschickt gegeneinander aus, dass nicht mehr als 4000 Mark dabei herauskamen. Der Redakteur Hendrik Wuermeling vom Bayerischen Rundfunk: „Herr Kaiser hätte eine viel höhere Summe erzielen können, wenn er früh genug und seriös verhandelt hätte."[5]

Panoptikum

Etwa zur selben Zeit putzte Kaiser unter dem Pseudonym „Fritz Baas" im evangelischen Pressedienst *Kirche und Rundfunk* pauschal sämtliche Jugendfunksendungen der ARD als „langweilig und penetrant" herunter. Gleichzeitig stellte er ein noch gar nicht gesendetes neues Jugendmagazin des WDR als „zeitgemäß" und „anspruchsvoll" dar und forderte vorab schon mal mehr Sendezeit. Die Sendung hieß „Panoptikum", bezeichnete sich selbst als „Radio-Collage", und wundersamerweise war Kaiser selbst als freier Mitarbeiter an ihrer Konzeption beteiligt. Einer seiner Mitstreiter war wiederum Henryk M. Broder (der später *Spiegel*-Autor wurde, heute für die *Welt* arbeitet und ein exzellenter Schreiber und begnadeter Polemiker geblieben ist).

Auf „Panoptikum" wird zurückzukommen sein, da diese Radioshow für Kaiser aus einem ganz anderen Grund wichtig wurde.

Diverse Bücher folgten. Kaiser konnte schreiben, er war bienenfleißig, und im Gegensatz zu anderen, die über ihre Ideen nur diskutierten, führte er seine wirklich aus. Seine nimmermüde Schreibmaschine war legendär, als Frühaufsteher saß er oft schon morgens um 5 am Schreibtisch und tippte. Unter diversen Pseudonymen belieferte er zeitweilig mehr als 60 Zeitungen, Magazine und Sendungen mit Manuskripten.

Manche seiner Bücher kamen seriös daher und erschienen in renommierten Verlagen wie Econ oder Kiepenheuer & Witsch, andere waren schon damals offensichtlich aus der Hüfte geschossen und erschienen bei „kinder der geburtstagspresse" (dezidiert kleingeschrieben). De facto hieß das: im Eigenverlag. Kaiser hatte dieses Unternehmen im Jahr 1968 gestartet. Dieser – gemäß lautstarker Eigenwerbung – „Super-Verlag des deutschen Underground" existierte immerhin einige Jahre, Kaiser verlegte dort nicht nur eigene Bücher, sondern auch zwei oder drei Werke anderer Autoren.

Zudem erschien dort ein von ihm als „Gegen-Zeitung" bezeichnetes Magazin namens *popopo* - eine „Zeitung für Pop & Politik & Pornografie, gemacht von Henryk M. Broder, Reinhard Hippen, Rolf-Ulrich Kaiser, Fred Viebahn". In einem seiner späteren Bücher pries Kaiser in den höchsten Tönen das „psychedelische Layout" dieses Blattes. Außerdem bot er per Mailorder einige US-Musikmagazine an, die anderswo in Deutschland kaum zu bekommen waren, vorrangig aber amerikanische Sexblättchen, die er für 25 Cent importierte und für 5,50 Mark verkaufte.

Heute noch lesenswert sind „Das Buch der neuen Popmusik" aus dem Jahr 1969 und „Rock-Zeit – Stars, Geschäft und Geschichte der neuen Popmusik" von 1972, beide ohne große Probleme antiquarisch zu finden. Ersteres Werk erlebte holländische, portugiesische, spanische und italienische Übersetzungen (seltsamerweise keine englische), das zweite existiert nur deutsch.

Nacheinander gelesen zeigen die beiden Bücher Kaisers Entwicklung erstaunlich präzise. Sein Talent, Sachverhalte in kurze, knackige Sätze zu verpacken und sie mit einprägsamen Schlagworten zu etikettieren, fällt sofort ins Auge. In „Rock-Zeit" liefert Kaiser zwar viel heiße Luft, willkürlich konstruierte Argumente und viele Flüchtigkeitsfehler (so heißt etwa Bob Dylans berühmtes Album bei ihm durchgehend „John Wesley Hardings"), immer wieder aber finden sich auch kluge, gelegentlich messerscharfe Analysen. Leider zieht er daraus zu oft überzogene Schlüsse, die weniger auf Erkenntnisvermittlung als auf den plakativen Knalleffekt zielen.

Kaiser scheint sich durchaus der Gefahr bewusst gewesen zu sein, dass er das, was er als Journalist kritisierte, in seiner Funktion als Musikproduzent selbst würde betreiben müssen - und indem er sie einfach offen zugibt, erklärt er diese Not zur Tugend: „Dieses Buch trägt in sich einen Widerspruch. So scheint es. Ich kritisiere darin scharf die zur Profitmusik verkommene Rockmusik; und ich identifiziere mich ungeschützt mit einem Teil dieser Rockmusik. ... Hier liegt ein Unterschied zum gewohnten Sachbuch, über den ich mir recht klar bin. Ich habe keine abstrakte, sogenannte objektive Abhandlung geschrieben, sondern die für mich gegenwärtig wichtigsten Aspekte jener Musik gesammelt, mit der ich eine Reihe von Jahren verbracht habe. Und ich meine, dass es gut ist, wenn der Leser dabei den Autor erkennt."[6] Und zeigt schon der Vergleich der ersten „Popmusik"-Auflage mit der erweiterten zweiten Auflage die zunehmende Affinität des Autors zu Haschisch und LSD, so gibt er in „Rock-Zeit" sogar offen „den Trip" als wesentliche Erfahrung für sein Musikverständnis an und sagt: „Es ist - so gelesen - ein persönliches und ein engagiertes Buch."[7] Wohl wahr. Und Kaiser lässt keine Gelegenheit aus, kräftig die Werbetrommel für die Acts seines eigenen Labels zu rühren.

Diese beiden Bücher liefern einen wesentlichen Schlüssel zum Verständnis des Gedankengebäudes, in dessen weitläufigen Korridoren und Treppenhäusern sich Kaiser in den folgenden Jahren verlaufen sollte.

Andere Bücher Kaisers, etwa „Underground? Pop? Nein! Gegenkultur!" von 1969 oder „Fabrikbewohner - Protokoll einer Kommune und 23 Trips" aus dem Jahr 1970, sind weniger wichtig, aber doch auch aufschlussreich. Beide Bücher sind mehrfarbig gedruckte Collagen aus Kurzessays, Gesprächsprotokollen, Interviews, Fotos und Zeichnungen, hergestellt in Zusammenarbeit mit Reinhard Hippen, und sie zeigen einige Marotten Kaisers. Eine davon ist sein ständiger Drang, Textebenen hierarchisch durchzunummerieren und damit Kernthesen zu suggerieren, wo meist keine sind. Zudem bezeichnet er die Kapitel stets als „Trips".

Auffälliger noch ist in beiden Büchern die ständige Nennung von Adressen. Kaiser ist fasziniert von dem Begriff „Gegenöffentlichkeit" - offenkundig hat er sich in seinem Soziologiestudium gründlich mit Jürgen Habermas' „Strukturwandel der Öffentlichkeit" (1962) befasst, damals ein Buch, das man gelesen haben musste, und nun wendet er Habermas' Thesen auf die von ihm selbst (Kaiser) beschriebene Szene an. Zu diesem Zweck portraitiert er in- und ausländische Wohngemeinschaften, alternative Kunst- und Arbeitsprojekte, Musiker, Theaterleute und andere Künstler - die von ihm so bezeichneten „neuen Leute" -, und er will es dem Leser ermöglichen, sich im Sinne seiner Idee von „Gegenöffentlichkeit" mit all diesen Projekten zu vernetzen (auch wenn es diesen Begriff damals noch nicht gab). Deswegen führt er - zum Teil seitenlang - deren Adressen und Telefonnummern auf. Dabei ist nachvollziehbar, dass Namen wie Allen Ginsberg, Andy Warhols Factory, der von Kaiser hochverehrte FUGS-Boss Tuli Kupferberg oder auch „Rechtsanwalt Schilli" (gemeint ist der von der damaligen Boulevardpresse wegen seiner Tätigkeit als Verteidiger einiger Baader-Meinhof-Terroristen gern zum „Linksanwalt" abgestempelte Otto Schily) aufgeführt sind. Man findet aber auch eine große Zahl völlig unbekannter Personen und kann nur raten, weshalb sie dort wohl stehen mögen. Und was in einer solchen Auflistung die New Yorker Privatanschrift und Telefonnummer der Sängerin Nico verloren hat, die sich nicht für fünf Pfennig für irgendwelche Gegenöffentlichkeiten interessiert haben dürfte, das wird für immer Kaisers Geheimnis bleiben. (Wen's interessiert: 134 E 16th St, aber sie wohnt dort nicht mehr.) Letzten Endes scheint das Sammeln von Adressen einfach eine private Obsession Kaisers gewesen zu sein; der Journalist Andreas Hub berichtet, Kaiser habe einen dicken Aktenordner mit tausenden von Adressen geführt.[8]

Kaiser sah die gesellschaftliche Zukunft im Aufbau international vernetzter alternativer Szenen. In der Praxis allerdings funktionierten diese Projekte, wenn überhaupt jemals, selten länger als ein oder zwei Jahre. Kaiser war damals keineswegs der Einzige, der hinter einer Illusion herlief. Die meisten wachten aus dieser Illusion irgendwann auf. Ob auch Kaiser aufwachte, ist schwer zu sagen. Publizistisch jedenfalls steuerte er seinen Dampfer weiter auf dem alten Kurs, seine nun folgende Karriere als Musikproduzent aber startete er unter dem Dach eines vollkommerziellen Firmenverbandes. Und trotz seines durchaus vorhandenen analytischen Scharfblicks machte er sich in den Folgejahren zum Marktschreier in Sachen bewusstseinsverändernde Drogen, ruinierte seine eigene Glaubwürdigkeit, die seiner Künstler und schließlich seine eigene Existenz.

Ohr

1970. Auftritt des zuvor bereits erwähnten Peter Meisel, damals 35 Jahre alt, Besitzer des Hansa-Labels und Musikproduzent und –verleger in Berlin. Er war Produzent unter anderem der Schlagerstars Conny Froboess, Manuela, Drafi Deutscher, Giorgio Moroder und anderen, aber er hatte auch bereits TANGERINE DREAM, AMON DÜÜL, XHOL CARAVAN und BIRTH CONTROL unter Vertrag genommen. Jetzt war er ein bisschen ratlos, was er mit diesen Bands anfangen sollte. In diesem Moment erschien Rolf-Ulrich Kaiser in Meisels Wirkungskreis, und er war genau das, was Meisel brauchte. Das Ergebnis war die Gründung der Ohr-Musikproduktion.

Diese Firma hatte ihren Sitz in Berlin-Wilmersdorf, im selben Gebäude wie Meisels andere Firmen. Der Slogan „Macht das Ohr auf" kam von Reinhard Hippen, der jetzt Ohrs Hausgrafiker war. Der Spruch war nicht ohne subtilen Humor: Er war eine Parodie des Slogans „Macht das Tor auf", den die West-Berliner Ausgabe der *Bild*-Zeitung damals von Stacheldraht umkränzt täglich auf Seite 1 präsentierte. *Bild* bezog den Slogan natürlich auf das Brandenburger Tor als Symbol für den versperrten Grenzübergang zwischen Ost- und West-Berlin. Hippen traf den Zeitgeist jener Jahre, weil Rockmusik als politisch eher links gesehen wurde und *Bild* eines der meistgeschmähten Feindbilder der studentischen Protestszene war. Kaiser und Hippen hatten ein sehr präzises Gespür dafür, wie sie die Ohr-Werbung auf diese Szene abstimmen konnten. (Reinhard Hippen veröffentlichte später etliche Bücher und Anthologien über die deutsche Kabarett-Szene und gründete in Mainz das Deutsche Kabarett-Archiv, dessen Leiter er bis 1989 blieb. Er verstarb im Jahr 2010.)

Im März 1970 ging Ohr mit drei LPs an den Start: *Fließbandbabys Beat-Show* von der Kölner Agitprop-Band Floh de Cologne (dies war bereits ihr sechstes Bühnenprogramm, aber ihr erstes mit Musik; ein Songzyklus, der zu steifer Musik in einem aufgesetzt lockeren Tonfall zwischen sexueller Revolution und Klassenkampf umherirrt), *Mandalas* von Limbus 4 aus Heidelberg, und *Lieder von Vampiren, Nonnen und Toten* von dem Liedermacher Bernd Witthüser aus Essen (Walter Westrupp war bereits dabei, aber die Platte lief noch nicht unter beider Namen). Im April folgte *Opal* der Münchner Band Embryo, im Juni kam die *Electronic Meditation* von Tangerine Dream aus Berlin, und schließlich *UFO* von Guru Guru aus dem Heidelberger Umland. Die drei letzteren Alben gelten heute weitherum als Klassiker – rohe, noch unpolierte Diamanten, denen man aber bereits anmerkte, welches Potenzial in den Bands steckte.

Auch mit einer Reihe von Singles wurde Deutschland beglückt: Die erste, „St. Pauli, du mein Loch zur Welt" von Floh de Cologne, der Titelsong zu einem unterirdischen St.-Pauli-Film namens *Das Loch zur Welt* (1970), verhallte ungehört und unverkauft; die erste, die zumindest eine Chance auf kommerziellen Erfolg hatte, war die vierte, „Hope" von Birth Control.

Einige der ersten Platten, unter ihnen *UFO* und *Electronic Meditation*, waren in Berlin im Beatstudio (manchmal auch Electronic Beat Studio genannt) des Schweizer Komponisten Thomas Kessler aufgenommen worden. Kaiser war aber schon bald in der Lage, Dieter Dierks und später auch Conny Plank als Tonkutscher für seine Produktionen anzuheuern. Die Aufnahmequalität und technische Kreativität vieler Kaiser-Produktionen sind noch heute bemerkenswert. Kaiser griff auch gern als einer der Ersten in der Luft liegende Trends auf. Etliche seiner Produktionen ließ er in SQ-Quadro pressen, einem Vierkanal-System, dessen Signale kompatibel mit normalen Stereoplatten waren. Durchgesetzt hat es sich allerdings nicht, ebenso wenig wie das konkurrierende CD-4-System, das vorrangig in Japan angewandt wurde.

Die Ohr-LPs kamen zumeist in aufwendigem Design daher, üblicherweise im Klappcover mit guter Grafik, häufig waren noch Gimmicks enthalten wie etwa ein in die Hülle geklemmter Luftballon, oder die herausziehbaren Innereien im Cover von Floh de Colognes zweitem Album *Profitgeier*, die Platte selbst kam in schrillem Day-Glo-Rosa daher.

Schon bald gehörte es zu Kaisers Strategie, eine steigende Zahl neuer Entdeckungen zu präsentieren. Dabei hatte er allerdings mit dem Problem zu kämpfen, dass die Zahl qualitativ akzeptabler deutscher Bands begrenzt war. Im Nullkommanichts hatte Kaiser rund 30 Acts an sein Label gebunden. Bands wie Tangerine Dream, Guru Guru, Popol Vuh und Ash Ra Tempel hätten ihren Weg wohl auch ohne Kaiser gefunden, aber von der Existenz vieler Bands, die eher aus der zweiten Reihe kamen – etwa Anima, Emtidi, Hoelderlin, Mythos, Wallenstein, Witthüser & Westrupp und einigen anderen –, würden wir ohne Kaiser wohl kaum je erfahren haben. Bald schon erklärte er rundheraus, „die besten deutschen Rockgruppen"[9] im Programm zu haben. Doch das war wohl eher eine Geschmacksfrage; mit Amon Düül II, Can, Cluster, Kraftwerk und später Neu! fehlten ihm einige der wichtigsten.

Für Amon Düül II wäre Ohr sicherlich keine schlechte Adresse gewesen, aber es ist nur schwer vorstellbar, dass Schwergewichte wie Can, Kraftwerk oder Neu! den Marketingzirkus mitgemacht hätten, den Kaiser nun aufs Gleis setzte. Sein Plattenausstoß wuchs in einem derartigen Maß an, dass die Deutsche Metronome (die Vertriebsfirma der Ohr-Platten) sich gezwungen sah, auf die Bremse zu treten.

Pilz

Kaisers und Meisels Antwort darauf war die Gründung des Pilz-Labels, das über einen anderen Vertriebskanal laufen sollte. Im Jahr 1971 fand sich dafür schließlich das Hamburger BASF-Label. Der Produktmanager Jürgen Schmeißer hatte dort ein Sublabel namens Mouse entwickelt und bereits einige Produktionen vorbereitet. Als dann aber die Anfrage von Kaiser und Meisel ins Haus flatterte, entschloss man sich dazu, das Mouse-Projekt fallenzulassen und stattdessen den Vertrieb von Pilz zu übernehmen. Die bereits fertiggestellten Mouse-Aufnahmen wurden auf das neue Label übertragen; der Vertrieb wurde von Ulrich Rützel betreut. (Rützel wurde im Jahr 1979 Mitgründer der Ars Electronica, des wohl wichtigsten europäischen Festivals für elektronische Kunst; im Jahr 1981 gründete er sein eigenes Label, Erdenklang.) Grundsätzlich war das Pilz-Label für eher Folkrock-orientierte Produktionen gedacht, während Ohr dem (psychedelischen) Rock gewidmet war. Aber das lief schon bald ziemlich durcheinander.

Kaiser hatte niemals ein Problem damit, dass mit Musik auch Geld verdient werden musste. Das aber sah seine Hauptzielgruppe durchaus anders. Viele Rockfans jener Zeit betrachteten sich selbst als „irgendwie links", und mehr noch taten dies die Musikkritiker in Musikmagazinen, den Feuilletons der Zeitungen und den Kultursendungen in Funk und Fernsehen. Wenn man heute eine Ausgabe etwa des ZDF-Kulturmagazins „Aspekte" aus den frühen 1970ern ansieht, dann verschlägt einem die dort gepflegte pseudo-linke Nörgeligkeit den Atem. Damals gehörte die aber zum guten Ton – jeder Hansel wollte als „kritisch" gelten. Der Musikkritiker Bernd Gockel beispielweise schloss eine Besprechung des Albums *Wolf City* von AMON DÜÜL II in der *Sounds* mit den Worten: „Es wäre verdammt schade, wenn man AMON DÜÜL II eines Tages in den Hitparaden wiederfinden würde."[10] Den Charts haftete ein maximaler Ekelfaktor an. Wenn es einer Band wirklich gelang, sich in einer Hitliste zu platzieren, wurde sie in den Augen ihrer Fans sofort unglaubwürdig, und unangenehmer noch: auch in den Augen der „progressiven" Journalisten. Für sie war die Band damit, wie man damals sagte, „wohl auf dem Kommerztrip" und konnte nicht mehr für voll genommen werden. Keiner begriff (oder wollte begreifen), dass Hitlisten einfach nur anzeigen, welche Platten sich im Moment gut verkaufen, und Kritiker (besonders jene mit Festgehalt) kapierten nicht, was Kommentare wie die genannten im Endeffekt anrichteten: In den Augen der Kritiker – und in der Folge auch in den Augen der Fans! – stand und fiel die Glaubwürdigkeit einer Band damit, dass sie mit ihrer Musik kein Geld verdiente. Wovon sie leben sollte? Wen kümmert's!

Derselbe Geist wurde sichtbar, als 1971 der WDR unter dem Titel „Pop & Co. – Die ‚andere' Musik zwischen Protest und Markt" eine Live-Gesprächsrunde ausstrahlte: Nikel Pallat, Manager der West-Berliner Politband TON STEINE SCHERBEN, griff Kaiser als Vasallen der Hochfinanz an, der gemeinsame

Sache mit den Kapitalisten mache. Kaiser wusste sich durchaus zu verteidigen: Sein Plattenlabel schreibe den Künstlern nicht vor, was sie zu tun oder zu lassen hätten, aber selbstverständlich könne Ohr kein Wohltätigkeitsverein sein. Pallat, der das Fernsehen als „Repressionsinstrument in dieser Massengesellschaft" sah, beendete die – wie er sie nannte – „scheißliberale" Diskussion damit, dass er eine unter seiner Jacke verborgene Axt hervorholte und versuchte, den Studiotisch zu zerschlagen. Der erwies sich allerdings als sehr widerstandsfähig, lediglich Aschenbecher gingen zu Bruch. Pallat sammelte dann einige Mikrofone ein („Die brauche ich für Leute im Jugendknast!") und verließ das Studio mit den Worten: „Jetzt können wir weiterdiskutieren!" Was genau er mit dieser Show zum Ausdruck bringen wollte, weiß er vermutlich heute noch nicht.

Interessanterweise mussten übrigens gerade TON STEINE SCHERBEN ihre diesbezügliche Lektion auf die harte Tour lernen: Ein Konzertausschnitt aus dem Jahr 1976 zeigt ihren genervten Sänger Rio Reiser, der versucht, dem Publikum beizubringen, dass auch eine Politband nicht immer nur Solidaritätsgigs ohne Bezahlung spielen kann, sondern ein Minimum an Einnahmen braucht, um über die Runden zu kommen. Das Publikum starrt ihn mit großen Augen an und fragt sich ganz offenkundig: „Wovon redet dieser Typ?"[11]

Wie man also sieht, war es besser, mit Meldungen über ökonomische Erfolge vorsichtig zu sein – sie konnten nach hinten losgehen. Wie auch immer – ihrem eigenen Statement zufolge hatten Kapitalist Meisel und sein Vasall Kaiser in ihren ersten zwei Geschäftsjahren rund eine Viertelmillion Alben verkauft. Das war nicht überwältigend, aber auch nicht schlecht – allerdings nur auf den ersten Blick. Warum? Angenommen, die Zahl als solche stimmte überhaupt (nachprüfen kann das heute niemand mehr), dann muss man in Rechnung stellen, dass sie sich auf nicht weniger als 18 Produktionen bezog. Dazu kommen die Produktions- und Studiokosten, die damals von den Plattenfirmen getragen wurden; dass eine Band eine fertige Eigenproduktion an ein Label lizenzierte, war noch die Ausnahme. Faktisch hieß das, dass es zwei oder drei Ohr-Bestseller gab, die für sich genommen profitabel gewesen wären, doch der mit ihnen erwirtschaftete Gewinn reichte nicht aus, um auch die Kosten jener Alben abzudecken, die als Flops endeten. Ohr hatte 250.000 Platten verkauft, aber der Gewinn, wenn es überhaupt einen gab, war niedrig, obwohl die Firma sogar ein paar Lizenzdeals mit ausländischen Plattenfirmen hatte landen können.

Ein Jahr später, Anfang des Jahres 1973, gab man bekannt, dass sich die jetzt rund 50 unter Kaisers Regie veröffentlichten Alben gut verkauften, besonders die sieben Scheiben mit der neuen elektronischen „kosmischen Musik". Genaue Zahlen wurden aber vorsichtshalber nicht mehr genannt.

Kaiser bezog jetzt mehr und mehr obskure und unausgegorene Produkte in sein Programm ein. Und er verwechselte offenkundig Umsatz und Gewinn miteinander. Er plante, den Marktanteil deutscher Bands von circa 0,5 Prozent auf mehr als 90 Prozent zu erhöhen – und das innerhalb nur weniger Monate! Um dieses völlig irreale Ziel zu erreichen, kompensierte er fehlende künstlerische Qualität mit zunehmend abgedrifteter Promotion und massiven Werbekampagnen.

Und irgendwie muss man es ihm lassen: Eine Zeitlang sah es zumindest nach außen so aus als würde das funktionieren. Es gab diese psychedelische und politisierte Szene, und Kaiser wusste dieser Käuferschicht ihre eigenen Luftschlösser zu verkaufen: *Schallplatten plus Image*. Er verkaufte keine Platten, sondern einen Lebensstil. Wahrscheinlich bereitete ihm das nicht mal Kopfschmerzen – er glaubte an seine Statements, und man darf nicht vergessen, dass viele ihn noch immer als seriösen Journalisten ansahen, dem man unterstellte, „Bescheid zu wissen". Er kannte den Slang seiner Zielgruppe, denn er gehörte selbst zu ihr. Es lief so gut, dass die Musikpresse nicht zögerte, seine Schlagworte und seinen Jargon zu übernehmen – man lese nur mal die Plattenbesprechungen jener Jahre in *Sounds*, *Musikexpress* oder der Schweizer *Pop*.

Kaiser impfte die Redaktionen, Journalisten und Medienleute mit einem zweiwöchentlich erscheinenden PR-Magazin namens *deutsche popszene*. Das enthielt in genau jenem Tonfall Hintergrundgeschichten über seine Künstler und den Zeitgeist im Allgemeinen. Für jedes neue Album erstellten Ohr und Pilz voluminöse Pressemappen und sandten sie an alle Magazine, Radiostationen und TV-Sender in Reichweite.

Zu Kaisers Promotion-Repertoire gehörte auch der immer wieder gern inszenierte „kalkulierte Skandal". Das beste Beispiel für diese altbekannte Strategie ist das Album *Operation* von BIRTH CONTROL, veröffentlicht im Jahr 1971. Dessen geschmackloses Cover, das keinerlei Bezug zum Inhalt des Albums aufwies, war ein „präzise und überlegt" in den „Karriereplan"[12] der Band einbezogenes Puzzleteil. Es zeigt ein gigantisches, Babys fressendes Insekt unter der segnenden Hand Papst Pauls VI, der im Jahr 1968 die umstrittene Enzyklika „Humanae Vitae – Über die Weitergabe menschlichen Lebens" veröffentlicht hatte. Diese Provokation mag heute schon fast hausbacken wirken, damals reichte sie aus, um katholische Priester gegen die vermeintliche „Porno-Gruppe" auf die Barrikaden zu treiben; in England weigerten sich die Arbeiterinnen eines Plattenvertriebs, die Platte zu versenden, in der Schweiz wurden Konzertplakate der Band verboten.

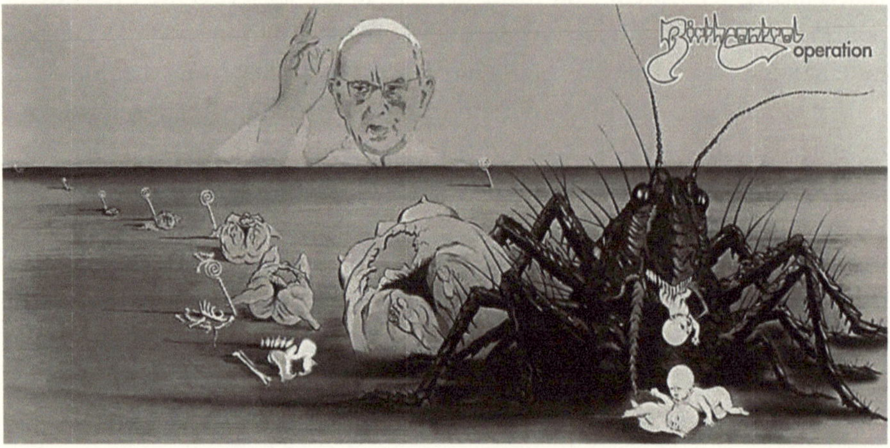

Ulrich Rützel: „Kaiser war enorm begabt, was PR und Marketing anging, und wir fanden das ganz toll, wie da einer eine vollkommen langweilige deutsche Musikindustrie gründlich entstaubte." Und Kaiser blieb bienenfleißig. Rützel: „Damals gab es ja noch keine Anrufbeantworter, und oft genug hat Kaiser mich nachts angerufen, weil er wieder eine neue Idee hatte. Anfangs habe ich gedacht: Das ist Rock'n'Roll, aber irgendwann will man ja auch wieder in Ruhe schlafen."

Irgendwann schließlich hatte Kaiser die PR-Schraube so weit angezogen, dass der Hansa-Marketingleiter Hans Blume sich dazu veranlasst sah, seinen Chef ins Gebet zu nehmen: „Als jemand, der mit beiden Beinen auf dem Boden steht, hatte ich ziemlich schnell den Verdacht, dass das nicht gutgeht. Und zu Meisel sagte ich: ‚Peter, du musst den bremsen!' Aber wenn man bei der Schallplatte war wie wir, dann wollte man ja auch immer Neues probieren. Und es hätte ja sein können ..."[13]

Gille

Meisel hätte überdies inzwischen nicht nur Kaiser allein bremsen müssen, sondern auch dessen Lebensgefährtin Gerlinde Lettmann, genannt „Gille", Textildesignerin aus Köln.

Im Frühjahr des Jahres 1968 fuhr der Düsseldorfer Journalist Hubert Maessen mit der Eisenbahn nach Köln zum WDR. Er hatte einen Koffer mit

LPs dabei, die er während der Fahrt durchblätterte. Ihm gegenüber im Abteil saß ein 18-jähriges Mädchen und sprach ihn auf die Platten an: Das war Gille. Für kurze Zeit wurde aus dieser Zufallsbegegnung eine kleine Liebesgeschichte. Maessen nahm Gille, die damals noch bei ihren Eltern wohnte, in den folgenden Wochen gelegentlich mit zu Redaktionssitzungen der Sendung „Panoptikum". Die Beziehung von Gille und Maessen endete einige Wochen später, aber es dauerte nicht lange, bis sich Gille einen neuen Freund geangelt hatte: den Mönch und berserkerhaften Schreiber Rolf-Ulrich Kaiser, der, man erinnere sich, als Freelancer zum Redaktionsteam gehörte. Es muss wohl die große Liebe gewesen sein, jedenfalls gab es die beiden von da an nur noch im Doppelpack.

Hubert Maessen beschreibt Gille Lettmann als „hellwach, selbstbewusst, zupackend, neugierig"[14]. Und war sie zunächst hauptsächlich nur Kaisers Freundin gewesen, so baute sie ihre Rolle innerhalb der Firma ab 1971 aus. Sie war eher noch schwerer zu bremsen als Kaiser; die beiden jagten sich ständig gegenseitig von einer Idee zur nächsten.

Leary

Ein weiteres Ereignis trat im Jahr 1972 ein – aus heutiger Sicht wohl der Anfang vom Ende des Kaiserreichs: Der amerikanische Psychologe, LSD-Trickster und gefeuerte Harvard-Lecturer Timothy Leary (der nie Professor war, auch wenn es ihm in deutschen Medien immer wieder zugeschrieben wird) war nach einer abenteuerlichen Flucht aus dem US-Gefängnis über Algier schließlich mit seiner Frau in einem luxuriösen Apartment im schweizerischen Villars-sur-Ollon – unweit des Genfer Sees – gelandet. Sein Gastgeber war der Waffenhändler Michel Hauchard, den Learys Teilzeittrabant Brian Barritt als „Goldfinger" zu bezeichnen pflegte.[15] Barritt hatte Leary in Algier kennengelernt und ihn darum gebeten, ein Vorwort für sein noch unveröffentlichtes Buch „Whispers" zu schreiben. Die Beziehung der beiden endete in den 1980er-Jahren unfreundlich: Leary „bezeichnete Barritt als den Schuldigen an seinem [Learys] Heroingebrauch" und nannte ihn einen „lying junkie".[16]

Ash Ra Tempels Bassgitarrist Hartmut Enke war der erste aus dem Kaiser-Zirkel, der direkten Kontakt zu Leary aufnahm. Ash Ra Tempel, zu der Zeit bestehend aus Manuel Göttsching, Klaus Schulze und Hartmut Enke, hatten gerade ihr zweites Album, *Schwingungen*, fertiggestellt und auf dem Cover einige Zeilen aus Allen Ginsbergs Gedicht „Howl" zitiert. Nun wollten sie Ginsberg gern auch persönlich kennenlernen und fragten Kaiser, ob er wohl den Kontakt herstellen könne. Kaiser, obwohl er natürlich Ginsbergs Adresse in seinem Ordner hatte, wusste nicht, wie er das anstellen sollte. Er hatte aber irgendwo gehört, dass Timothy Leary ein Freund Ginsbergs war und sich in der Schweiz aufhielt. Und so wurde Hartmut Enke in die Schweiz geschickt, um Leary ein Exemplar von *Schwingungen* zu überreichen – mit besten Empfehlungen von Ohr.

Leary und Barritt hatten natürlich noch nie von Ash Ra Tempel gehört, aber wie Barritt sich später erinnerte: „Es gefiel uns. Sie versuchten nicht, Popstars oder so etwas zu sein, sie hatten auch gar keine Popstar-Tradition. Sie waren eher wie eine Schar von Leuten, die gerne Musik machten ... Für uns klang das großartig, weil wir Pink Floyd nicht mehr hören mochten, und das ganze Zeugs, das aus den Staaten und aus England herüberkam, war ziemlich schwach im Vergleich zu dem Lebensstil, den wir draufhatten."[17] *Schwingungen* brachte Leary auf die Idee, mit der Band eine Platte zu machen, die auf einer von ihm entwickelten Theorie basieren sollte: einem „Mindmap-Modell ..., das klassifiziert, wozu der Geist im normalen und erweiterten Bewusstseinszustand in der Lage ist. Das war immer eine Theorie, die rätselhaft klang, wenn man sie der breiten Öffentlichkeit erklärte, aber wäre sie vielleicht leichter zu begreifen, wenn man sie musikalisch darstellt?"[18]

Hartmut Enke jedenfalls verstand die Idee. So liefen denn Ash Ra Tempel und der gesamte Ohr-Clan, inklusive Kaiser und Lettmann, in der Schweiz ein, und es kam, was wohl kommen musste: Gille fand in Leary ihren persönlichen Guru, und die Droge, die er propagierte, wurde für sie der Weg, den sie gehen wollte. Von nun an, wie Barritt es ausdrückte, versuchte Kaiser, den man vom LSD ohnehin nicht mehr überzeugen musste, für Gille das zu sein, was diese in Leary sah. Diese Konstellation, das wird man so sagen dürfen, markierte den Ausgangspunkt der persönlichen Talfahrt von Kaiser und Lettmann.

Noch in der Schweiz schleppten sie die Ash-Ra-Tempel-Musiker ins Sinus-Studio, ein professionelles Kellerstudio in der historischen Altstadt von Bern. Das dort eingespielte Album wurde schließlich als *Seven Up* veröffentlicht, so benannt nach Learys Lieblingsbrause. Die Texte stammten von Leary und Barritt, die Musiker waren Hartmut Enke an Synthesizer und Bass, Dieter Burmeister und Tommy Engel (später Bläck Fööss) an den Drums, Manuel Göttsching an Gitarre und Synthesizer, Mickie Duwe an der Flöte, Steve Schroyder am Synthesizer, dazu His Highness Timothy Leary himself an den Stimmbändern. Als Fan deutscher Bands war man an inkompetente Sänger ohnehin gewöhnt, und so fielen Learys Vokalbeiträge nicht weiter störend ins Gewicht. Es war der Klasse der Musiker und nicht

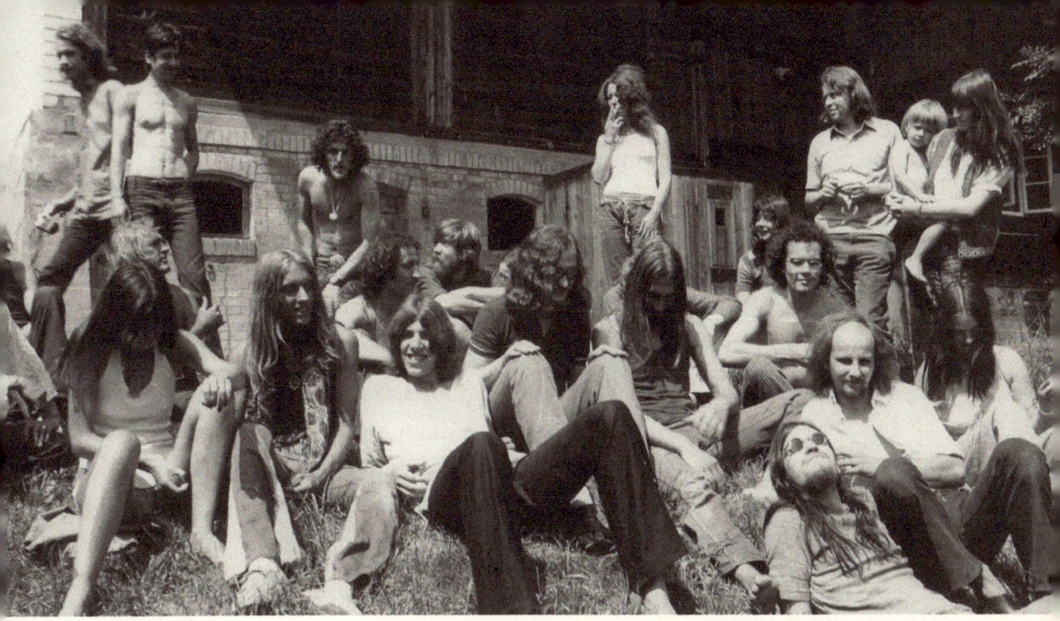

Mit Timothy Leary auf der Schweizer Alp in Rüschegg (1972)

zuletzt dem Toningenieur Dieter Dierks geschuldet, dass das Resultat erträglich ausfiel, ein musikalisch bemerkenswertes Album ist *Seven Up* gleichwohl nicht geworden.

In seiner Autobiografie („Flashbacks") übrigens erwähnt Timothy Leary nicht eine einzige seiner Kaiser-Episoden. Kein Wort, kein Name, nicht mal in einer Fußnote. Auch bei Learys Biograf Robert Greenfield kommt nichts davon vor, lediglich der Ohr-Künstler Sergius Golowin, der zu Learys Gastgebern in der Schweiz gehörte, wird kurz erwähnt. Die einzige Biografie, die den *Seven-Up*-Sessions ein paar Zeilen widmet, ist die von John Higgs verfasste.

Einige Abschiede

Wer genau hinschaute, konnte den bevorstehenden Zerfall bereits erahnen. Im Jahr 1972 quittierten, wie schon zuvor erwähnt, zwei von Kaisers wichtigsten Mitarbeitern ihren Job: Bruno Wendel und Günter Körber, die beide das Gefühl hatten, es gehe bergab. Sie wandten sich an die Deutsche Metronome, die Vertriebsfirma der Ohr-Platten, und entwickelten dort das Sublabel Brain Records. Schon nach kurzer Zeit wurde Brain zur Top-Adresse für deutsche Rockmusik – und zu Kaisers härtester Konkurrenz, denn Wendel und Körber nahmen auch einige der wichtigeren Ohr-Acts dorthin mit.

Im Mai 1973 beendete schließlich auch Peter Meisel die Zusammenarbeit mit Kaiser. Ihm war klargeworden, dass der Dampfer nun auf Kurs Eisberg gegangen war. Kaiser und Lettmann zahlten ihn mit einem Kredit von Gilles Mutter aus. (Meisel wanderte im Jahr 1984 in die USA aus und wurde dort Anteilseigner der Fastfood-Kette Wendy's. Nach dem Mauerfall kehrte er als Produzent zu Hansa zurück. Zu seinen Entdeckungen gehörten die Leipziger Vokalgruppe DIE PRINZEN und Lou Bega. Peter Meisel verstarb im Jahr 2010 in seiner Wahlheimat Pinehurst, North Carolina.)

Die Ohr & Pilz Musikproduktion, nun unter der Alleinherrschaft von Kaiser und Lettmann, zog ins Europa-Center um, einer Shopping Mall mit angeschlossenem Büroturm im Berliner Bezirk Charlottenburg. Kaisers alte Wohnung in Köln-Dellbrück wurde zur zweiten Firmenadresse.

Kosmische Kuriere

„Wir sind die Kosmischen Kuriere. Zuerst senden wir unsere Musik, später expandieren wir in eine schönere Welt"[19], so teilte man der Presse mit. Unter dem andauernden Einfluss Timothy Learys traf Kaiser und Lettmann nun zunehmend der kosmische Blitz. Sie riefen ein drittes Label ins Leben, das sie „Kosmische Kuriere" nannten, denn genau als solche fühlten sie sich. Das Logo erinnerte allerdings eher an ein Mitteilungsblatt der Landjugend. Drei Alben später änderten sie deshalb den Namen in „Kosmische Musik", vertrieben via Metronome (in Frankreich „Cosmic Music" im Barclay-Vertrieb), und veränderten auch den optischen Auftritt. Dass der Name geklaut war, wird ihnen kaum bewusst gewesen sein: *Cosmic Music* war der Titel eines Albums von Alice und John Coltrane aus dem Jahr 1968, aber an deren radikalen Klängen waren weder Kaiser noch Gille oder irgendjemand aus ihrem Zirkel ernsthaft interessiert.

Nicht, dass es auf Ohr oder Pilz keine Drogenbezüge gegeben hätte. Es gab sie reichlich, aber das war nicht nur Kaisers Privatmeise, es war Teil des Zeitgeistes. Deutlich wurde dies nicht nur an der Musik, sondern auch (und gerade) an der Werbung – suchen Sie mal einen „Afri-Cola"-Werbespot von Charles Wilp auf YouTube, dann haben Sie ein hervorragendes Beispiel. Psychedelische Grafikelemente und schmelzende Schrifttypen fanden sich überall, Ohr und Pilz waren da keine Ausnahmen.

Zunächst kamen die psychedelischen Botschaften als Grafik (man denke etwa an die Konzertposters aus der Bay Area), oder sie waren musikalisch verschlüsselt, oder sie nahmen, wie im Fall WITTHÜSER & WESTRUPP, deutliche

Anleihen bei Tolkiens „Lord of the Rings" auf, oft mit freundlich-absurdem Humor gewürzt. Mit den Kosmischen Kurieren steigerte sich das bis in die vierte Dimension. Kaiser und Lettmann sahen halluzinogene Drogen als Heilsbringer für sich und den Rest der Welt an. Der vormals spielerische Charakter ging darüber weitgehend verloren. Learys Gebrauchsanleitungen flossen zum Teil kaum modifiziert in Songs ein; als ein Beispiel sei ASH RA TEMPELS „Interplay Of Forces" vom Album *Starring Rosi* genannt.

LSD-Sessions?

Angeblich, so ist des Öfteren zu lesen, jubelten Kaiser und/oder Gille den Musikern im Studio gelegentlich LSD in Getränken unter. Klaus Schulze sagt in einem Interview sogar: „Teilweise *mussten* wir Drogen nehmen, um überhaupt da mitmachen zu dürfen bei den Monster-Sessions."[20] – Natürlich lässt sich das heute nicht mehr überprüfen, aber mit vorgehaltener Waffe gezwungen haben wird man ihn wohl nicht. Und spätestens, wenn man liest, wie Walter Westrupp in seiner Online-Autobiographie mit dem Begriff „Kaisers Kaffee" (damals auch Namensbestandteil einer Supermarktkette) herumalbert, wird klar, dass zumindest ein Teil der Musiker sehr wohl wusste, worum es ging.[21] Aber wohl eben doch nicht alle. Die Sängerin Bettina Müller-Hohls etwa, die an den Sessions zum erwähnten Album *Seven Up* mitwirkte, wusste nicht, was sie mit ihrem Erfrischungsgetränk zu sich nahm. Gille erkundigte sich später bei ihr, ob sie „gut durchgekommen" sei; dasselbe passierte auch dem Drummer Burmeister.[22] Klaus Schulze: „Rolf-Ulrich würde uns am liebsten immer high im Studio haben, aber auf einem Trip kann ich nicht improvisieren"[23] - denn wie schon WITTHÜSER & WESTRUPP wussten: „If you take LSD in your tea, you will feel it in your knee." Mehr als das ist glücklicherweise in den meisten Fällen nicht zurückgeblieben, aber „fest steht, dass aus dem inneren Kaiser-Kreis, einer Gruppe von einigen Dutzend Leuten, mindestens fünf in der Psychiatrie gelandet sind."[24]

Überdosis Promotion

Alle Ohr- und Pilz-Aktivitäten wurden nun unter dem neuen Dach „Kosmische Musik" zusammengefasst. Und war die Promotion von Ohr und Pilz schon nicht von Pappe gewesen, so entpuppte sich das, was die Kosmischen Kuriere nun vom Stapel ließen, als ein Promotion-Overkill, wie man ihn bis dahin in Deutschland noch nicht erlebt hatte und bis zur Neuen Deutschen Welle in den

1980ern auch nicht wieder erleben sollte. Da war von „akustischem LSD" die Rede, nichts ging mehr ohne Kosmos-Bezug, gewaltige Anzeigenkampagnen wurden in der Presse geschaltet, sprachlich zwischen infantil und weggetreten angesiedelte Pressemappen wurden versandt, die am Ende selbst bei gutwilligen Fans und Journalisten nur noch Kopfschütteln oder Schmunzeln auslösten. „Du bist eingeladen zu einem Flug durch deine Kindheit, in die Gefilde der Freude, zu den Zentren der Nerven, in das weiße Licht der Urkraft deines Lebens" hieß es zur obenerwähnten Leary-LP, geboten wurde eine „Führung durch die sieben Ebenen des Bewusstseins", die Weisheiten von „Magiern und Alchimisten, Philosophen und Psychologen" wurden zu Rate gezogen, und die Pressemappe zum Album *Lord Krishna von Goloka* von Sergius Golowin ließ wissen: „Krishna ist keine Legende aus Indien! Krishna bist Du! ... Hin zu der weißen Alm, wo Radha und Krishna ihre Liebe tanzen." (Golowin, Bibliothekar, Politiker und Buchautor, war Mitglied des Schweizer Bundesrates gewesen, auf seine Initiative hin setzte der Kanton Bern einige Minderheitenrechte der Didicoy in Kraft, ein Thema, auf das Golowin in zahlreichen Veröffentlichungen einging. Er war mit dem Dramatiker Friedrich Dürrenmatt und dem Künstler H.C. Artmann befreundet. Golowin verstarb im Jahr 2006.)

Ein großer Teil dieses PR-Unfugs stammte bereits nicht mehr aus Kaisers, sondern Gille Lettmanns Feder. Diese nahm nun zusehends das Heft in die Hand. Sie entwarf auch Kostüme, in die sie die Musiker zu stecken gedachte. Die hätten allerdings eher zu The Sweet, T. Rex, Gary Glitter oder dergleichen Glamrock-Acts aus Ilja Richters „Disco" gepasst. Zwar soll Kaiser dann in der Tat „in schönen neuen Kleidern, in Samt und Latex mit Silberpailletten und allerlei funkelndem Flitterkram"[25] herumgelaufen sein; seine Musiker aber sind in Klamotten dieser Art nicht gesehen worden. So blieben anscheinend Kaiser und Gille die einzigen Abnehmer ihrer Kreationen.

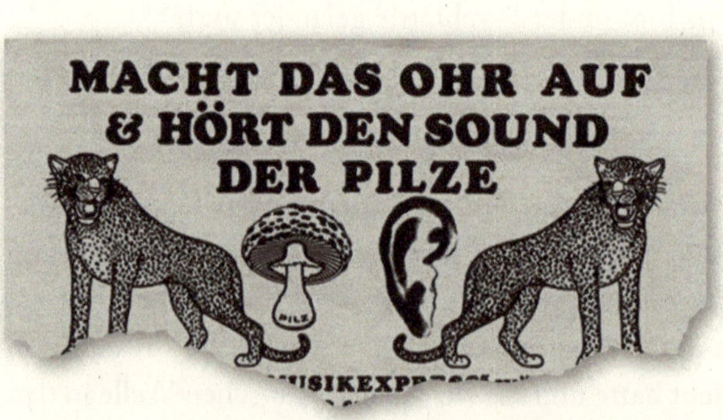

Ohr/Pilz-Anzeige (Sounds, Mai 1972)

Irgendwann um diesen Zeitpunkt herum transformierte sich Gille Lettmann in eine neue Persönlichkeit, die sie *Sternenmädchen* nannte: „Hallo, galactic people. Ich bin das Sternenmädchen. Ich wurde auf die Erde gepustet, um dir Freude zu bringen. Jetzt hast du eine der Schallplatten, die ich für dich produziert habe. Mach die Augen zu und fahr ab. Von einer Wolke grüßt Gille, Sternenmädchen."[26] Gille zeichnet hier noch mit ihrem Namen und bezeichnet sich als „*das* Sternenmädchen". Das änderte sich später.

Kaiser mietete einen Eisenbahnwaggon, ließ ihn bunt bemalen, setzte seine Künstler hinein und graste mit ihnen Lokalzeitungen in ganz Deutschland ab, und er ließ Journalisten per Bus zu Pressekonferenzen irgendwo in den Wald bringen, wo er ein Soundsystem und aufblasbare weiße Plastiksessel hatte aufstellen lassen. Zur Veröffentlichung von Walter Wegmüllers Album *Tarot* wurde sogar ein von diesem entworfenes Tarot-Kartenset gedruckt. Damit nahmen die Kosmischen Kuriere eine Modeerscheinung vorweg, die sich erst in den 1980ern richtig ausbreiten sollte; ich komme darauf zurück.

In den USA gelang Kaiser ein Knaller: Im *Rolling Stone* brachte er eine doppelseitige Anzeige unter, die wie ein redaktioneller Artikel über deutsche Rockmusik aussah – Werbeprofis nennen so etwas „native advertising". Und war schon das nicht von Pappe, so gelang es Kaiser doch, noch einen draufzusetzen. In einem seiner Presse-Rundschreiben las man: „Die Bibel der Rockkritiker hat den ‚German Rock' entdeckt. Die amerikanische Zeitschrift *Rolling Stone* mit Ausgaben in San Francisco und London und einer Auflage von 500.000 präsentiert in ihrer neuesten Ausgabe die neue deutsche Rockszene. Unter dem Titel ‚Deutsche Rockmusiker' porträtiert *Rolling Stone* in einer aufwendigen, zweiseitigen Foto-Story die sechs deutschen Gruppen Emtidi, Floh de Cologne, Hoelderlin, Mythos, Popol Vuh und Wallenstein. Damit hat die einflussreichste Rock-Zeitschrift der Welt den ‚Deutsch Rock' (*Melody Maker*) international endgültig salonfähig gemacht."[27] – Nennen wir das mal: Chuzpe.

Ein Teil dieser Werbeaktivitäten wurde über eine eigens dafür gegründete Firma abgewickelt: „Sternenmädchens Media Service GmbH" mit Sitz in Köln.

Sunshine-Verträge

Kaisers „Sunshine-Verträge" (so benannt nach der Straßenbezeichnung seines bevorzugten LSD-Präparats) waren eine bei den Musikern kontrovers diskutierte Angelegenheit: Die Verträge waren eine Methode, eine Band langfristig an das Label zu binden. Dazu muss man sich in Erinnerung rufen, dass zum damaligen Zeitpunkt jede Band ihr eigenes PA-System benötigte, das Lautsprechersystem also, mit dem bei Konzerten das Publikum beschallt wird. PA-Verleiher wie heute gab es damals in Deutschland noch nicht. Das bedeutete hohe Kosten für die Band, die sie investieren musste, um überhaupt Konzerte spielen zu können. Kaisers sonniges Angebot bestand nun darin, der Band Equipment im Wert von 40.000 Mark plus einer monatlichen Vorauszahlung in Höhe von 1000 Mark zur Verfügung zu stellen. Dafür verlangte er 25 Prozent aller Einnahmen, die die Band aus kreativer Arbeit erzielte. Für Normalsterbliche waren 40.000 Mark eine fast unerreichbar hohe Summe.

Kaiser hat diese Vertragsart nicht erfunden, andere Labels boten vergleichbare Bedingungen. Generell war daran auch nichts unfair; es war ein klarer Deal, auf den sich die Band einlassen konnte oder nicht, der Plattenvertrag hing normalerweise nicht davon ab. Akzeptierte die Band aber, dann stand sie bei der Plattenfirma in der Kreide, und das hieß: Sie konnte das Label nicht mehr ohne Weiteres verlassen, denn dann hätte sie die Anlage kaufen oder zurückgeben müssen. Das konnte sich kaum eine Band leisten, selbst TANGERINE DREAM nicht. So ist es nachvollziehbar, dass Edgar Froese damals in einem Brief an Kaiser schrieb: „Du nutzt einfach die Situation auf Kosten anderer aus. Sollte das Dein Prinzip der Freude sein, so verzichte ich gern darauf."[28]

Wenn allerdings der *Spiegel* schrieb, Kaiser habe die Musiker einer Band namens HIMMELFAHRT mit fünf Joints unter Drogen gesetzt, um ihnen die Unterschrift unter den Vertrag abzuluchsen[29], dann riecht es merkwürdig (und das kommt nicht von den Joints). Denn selbst wenn die Jungs die Joints tatsächlich geraucht haben sollten, so waren sie doch minderjährig[30], mithin hätten in jedem Fall die Eltern den Vertrag unterzeichnen müssen.

Viele Stories um Kaiser und Lettmann sind von solchen Halbwahrheiten umweht. Manche Musiker versuchten, sich damit interessant zu machen, anderen ging es eher darum, ihre eigene geschäftliche Unfähigkeit zu bemänteln. In diesem Zusammenhang ist interessant, dass Kaiser und Lettmann im direkten Umgang gar nicht so durchgeknallt wirkten, wie man vermuten könnte. Der in Portland, Oregon, ansässige Journalist Archie Patterson schildert in einer Würdigung Kaisers ein Interview, das ein Freund von ihm mit den beiden in ihrer durchaus bürgerlich eingerichteten Kölner Wohnung führte: „Er verbrachte den Nachmittag mit ihnen, und nach seiner Rückkehr sagte er mir, sie seien nett gewesen, fast reserviert, und keineswegs die abgedrifteten kosmischen Figuren, als die sie sich in der Öffentlichkeit inszenierten. Tatsächlich, so sagte er, seien sie sehr geradlinig und geschäftsmäßig gewesen, und ihre Wirklichkeit passte so gar nicht zu dem Mythos, den sie mit ihrer Promotion nahelegten."[31]

So mancher Act Kaisers will im Nachhinein immer schon dagegen gewesen sein. Doch das sind Schutzbehauptungen. Zwar gab es immer wieder einmal Reibereien über Verträge und Vertragsbedingungen, doch nur selten äußerte sich das in einer so direkten Form wie im Fall der Band Xhol, die ihr im März 1971 erschienenes Album *Hau-RUK* betitelte. Und letztlich spricht es eher für als gegen RUK, dass er diesen Titel nicht gestoppt hat.

Aber solches war die Ausnahme. Die meisten seiner Musikanten haben zumindest zeitweilig an diesen Hype geglaubt, sie haben ihn mitgemacht, und das bestimmt nicht mal ungern. Wer es nicht glaubt, greife zu Kaisers „Rock-Zeit" und lese dort deren eigene Statements nach. Und Wallenstein-Keyboarder Jürgen Dollase fand selbst Jahre später noch: „Kaiser hatte die Idee, Magier und spirituelle Lehrer in die Produktionen einzubeziehen, die Energie spenden sollten – und da war was dran."[32] (Dollase ist heute Restaurantkritiker der *FAZ*.) Das Kaiserreich hatte Züge einer großen Familie an sich: „Ich hatte Ratten in der Wohnung, aber im Studio, da fühlte ich mich geborgen", sagt der Wallenstein-Drummer Harald Großkopf. „Mutter Dierks kochte für uns, Rolf-Ulrich und Gille, ein paar Jahre älter als wir Musiker, waren eloquent und belesen. Während unsere Elterngeneration im Bewusstsein der 68er Zeit noch zur Nazigeneration gehörte, habe ich da alles aufgesogen, was sonst nur eine Familie hätte vermitteln können. Umso verstörter war ich in meiner kleinen Love-and-Peace-Hippiewelt, als später diese Geschichten mit den ganzen Prozessen losgingen."[33]

Prozesse

Für das Geschäftsjahr 1973 hatten RUK und Gille eine Finanzkalkulation aufgestellt, die an die sprichwörtliche „wundersame Geldvermehrung" erinnert: Sie erwarteten Einnahmen von rund 3,5 Millionen Mark, was einem Umsatzzuwachs von mehr als 600 Prozent gegenüber dem Vorjahr entsprochen hätte; 1,8 Millionen Mark sollten in neue Produktionen fließen.[34]

Zudem hatten sie Liz Elliot und Brian Barritt, die europäische Rest-Gefolgschaft des mittlerweile wieder inhaftierten Leary, dazu auserkoren, das Management einiger Gruppen zu übernehmen. Davon war nun Edgar Froese, vorsichtig gesagt, nicht begeistert: „Aus definitiven Erfahrungen wissen wir, in welch hochgradiger Form sie von der Spritze abhängig sind", so schrieb er in einem Brief an Kaiser. Und das war nicht alles: „Hinzu kommt, dass ich Deine Auslegung vom notwendigen Umgang mit Drogen nicht nachvollziehen kann."[35]

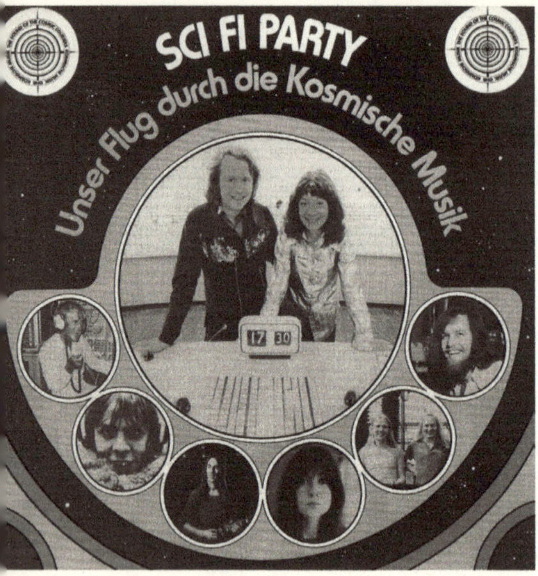

Rolf-Ulrich Kaiser und Gille Lettmann mit (von links) Timothy Leary, Klaus Schulze, Manuel Göttsching, Rosi Müller, Harald Großkopf & Jürgen Dollase und Dieter Dierks

Längst war ihm, ebenso wie Klaus Schulze, der exzessive PR-Zirkus zu bunt geworden, und beide hatten keine Lust mehr, ständig mit Aufforderungen zum Drogenkonsum gelöchert zu werden. Beide wollten das Label verlassen, aber selbstverständlich war Kaiser nicht willens, seine Topseller freiwillig gehen zu lassen, zumal er fürchtete, andere seiner Künstler könnten folgen.

Im Juli des Jahres 1973 zogen Froese und Schulze vor den Kadi. Mit Erfolg. Das Landgericht Berlin schrieb in seinem Urteilsspruch vom Mai 1974: „Es bedarf keiner näheren Darlegung, dass die großsprecherische Art [der Plattenfirma] in hohem Maße geeignet ist, die ihm [Kaiser] angeschlossenen Musiker bei einem nicht unerheblichen Teil der Fachkreise ... lächerlich zu machen."[36]

Froese versuchte anschließend in einem zweiten Prozess, ausstehende Tantiemen einzuklagen. Er musste durch alle Instanzen gehen, bis ihm schließlich vier Jahre später der Bundesgerichtshof Recht gab. Geld allerdings hat er nie gesehen – kein Wunder, denn das hatte immer nur in Kaisers und Lettmanns fiebriger Fantasie und ihren Geschäftsplänen existiert. Alles war Schall und Rauch gewesen. Nicht einmal ihren Anwalt konnten die beiden noch bezahlen.

Dabei war es wohl nicht einmal bewusster Betrug. Kaiser, so Jürgen Dollase, war am Ende einfach „seinen eigenen Wahn-Visionen auf den Leim"[37] gegangen.

Cosmic Jokers

1974. Kaiser und Lettmann holten zu einem neuen Coup aus – ihrem letzten, wie sich herausstellen sollte: Sie wählten diverse Tracks aus dem Labelrepertoire, ließen sie neu abmischen, fügten einige unveröffentlichte Ausschnitte aus Studiosessions hinzu (unter anderem mit Klaus Schulze, Wallenstein, Tangerine Dream, Jerry Berkers, Ash Ra Tempel, Witthüser & Westrupp und anderen) und bauten verhallte, echogeladene Kommentare und Zwischenrufe von Gille, Kaiser und Rosi Müller in den Mix ein. Aus diesem Material machten sie insgesamt fünf Alben und veröffentlichten sie unter dem Projektnamen Cosmic Jokers: „Das Zeitschiff Sternenmädchen schwebt durch die Galaxie der Freude. In den Klängen der Elektronik. In den Blitzen des Lichts. Hier entdeckst du die Science Fiction, den Planeten der Cosmic Jokers, den *Galactic Supermarket* und die *Sci Fi Party*. Das ist der neue Sound. Weltraum. Telepathie. Melodien. Freude."[38] Für das *Planeten-Sit-In* konnten sie sogar noch das *Hobby-Magazin* als Sponsor gewinnen.

Die beschworene Freude wollte sich allerdings nur bedingt einstellen. Die fünfte dieser Platten, *Gilles Zeitschiff* (Untertitel: *Sternenmädchen zu Besuch bei den Magiern, Vol. 1*), spiegelte eine Auseinandersetzung zwischen Kaiser & Lettmann und dem damals wichtigsten deutschen Popmagazin *Sounds* wider. Die Zeitschrift hatte in ihrer Ausgabe vom April 1973 einen Bericht über Timothy Learys Aufenthalt in der Schweiz veröffentlicht, der nicht dem entsprach, was Kaiser und Lettmann gern gelesen hätten. Gille veröffentlichte daraufhin eine Presseerklärung (sie bezeichnete sie als „offenen Brief"): „Timothy Leary ist vom CIA verfolgt. Die Zeitschrift mit dem bislang angeblich ‚progressiven' Image druckt drei Fotos von Timothy Leary, die aus CIA-Fotoarchiven stammen. Der CIA braucht *Sounds* nicht. Die Redakteure von *Sounds* aber durchschauen nicht, wie er arbeitet. … Sie drucken Hass statt Freude. … *Sounds* hat sich damit gegen Leary und das Prinzip der Freude entschieden. Für Angst, Horror und CIA. Wir prophezeien: Diese *Sounds* ist tot."[39]

Die Kosmischen Kuriere stoppten alle Anzeigenaufträge für *Sounds*. Damit bestraften sie allerdings nicht nur die Zeitschrift für ihren unbotmäßigen Artikel, sondern sie schnitten sich damit auch ins eigene Fleisch: Ohne *Sounds* erreichten sie einen großen Teil ihrer potenziellen Kunden nicht mehr.

Im Cover von *Gilles Zeitschiff* fanden sich unter der Überschrift „Mein Zeitschiff" folgende ebenso wirre wie atemlose Liner Notes:

> „Steig ein. Wir treffen Tim, den Science Fiction Kurier. Und mit ihm 30 Millionen junge Leute. Da greift der CIA ein. Tim wird verhaftet. Er flieht nach Algier. In die Schweiz. Nochmal Gefängnis. Freunde tauchen auf. Lord Krishna aus der Schweiz. Auch ein kosmischer Kurier. Hartmut, Rolf und ich besuchen Tim im Haus am See. Tim ist Freude. Tim macht die Platte. Seven Up. Seine erste Sci Fi-Rockplatte. I Am The Changer. Das ist Tims zweite Sci Fi-Platte. Die vier großen Abenteuer unseres Lebens. Hier. Auf der Erde. Und während wir fliegen, begegnet uns Cosmic Courier ‚Bon Chance' Brian Barritt. Er erzählt, warum er und Tim

> und viele andere kosmische Kuriere bei uns mitmachen. Wir fliegen nach Basel. Walter Wegmüller. The Cosmic Painter. Er hat mit uns das Tarot-Spiel gespielt. Ist Tim ein Magier? Mr. Tarot gibt uns die Antwort. Und schon sind wir in TIME. TIME ist die neue Dimension. In ihr schwingt kosmische Musik. TIME hat drei große Abenteuer. Sie lassen dich fliegen zur Queen of Sunshine. In TIME ist Liebe. Fliege in die Freude. – Gille."

Diese Plattenhülle war anscheinend auch das letzte Mal, dass die Namen „Gille" und „Sternenmädchen" parallel auftauchen. Angeblich, so klagten einige der Musiker später, hatten Kaiser und Lettmann sie über die COSMIC JOKERS-Alben nicht informiert und auch keine Erlaubnis zur Veröffentlichung des Sessionmaterials eingeholt. Diese Version wurde lange Zeit auch in der Literatur und im Web herumgereicht. Auch in diesem Fall wird sich die genaue Wahrheit heute nicht mehr in jedem Einzelfall feststellen lassen, aber der ASH-RA-TEMPEL-Gitarrist Manuel Göttsching zumindest widerspricht dieser Darstellung: „Natürlich wusste ich von diesen Veröffentlichungen, natürlich hatte ich vorher Verträge, und ich erhielt Tantiemen, sogar im Voraus. Das war sehr wenig Geld, aber das sollte kein Grund sein, solche Gerüchte zu verbreiten. Man kann dem Produzenten Rolf-Ulrich Kaiser vieles nachsagen, aber ich habe keinen Grund, zu behaupten, dass er mir gegenüber unkorrekt gewesen wäre."[40]

Take Your Headphones

Eine von Kaisers und Lettmanns letzten Aktivitäten, offenkundig bereits mit dem Mut der Verzweiflung durchgezogen, war eine Promotion-LP mit dem Titel *The Cosmic Couriers present: Take Your Headphones*, eröffnet und beendet mit der „Ode an die Freude", dem Schlusschor aus Beethovens *Neunter Sinfonie*. Präsentiert wurden Appetithäppchen verschiedener Acts. Kaiser und Lettmann kommentieren die Beispiele, nur leider ist ihr ohnehin schon konfuses Gerede noch zusätzlich mit Echo- und Halleffekten versehen und von elektronischen Geräuschen überlagert. Das alles klingt sehr unprofessionell und macht den Kommentar über weite Strecken unverständlich. Das Album hatte eine Auflage von 500 Stück, war in eine weiße Papphülle mit einem roten Siegel aus Wachs verpackt und auf dem Label und der Hülle mit einem Paginierstempel nummeriert, dazu gab es einen von beiden handunterzeichneten Brief. Mit diesen LPs wurden Radiostationen in den USA beglückt, wo man sie vermutlich als Kuriosität aufbewahrte oder auf der heißen Herdplatte in Frisbees verwandelte.[41]

Bruchlandung

Es war unübersehbar: Kaiser und Lettmann hatten ihre Musikproduktion in den Graben gefahren und sich selbst gleich mit. Längst schon hatten sie bei der Musikpresse den Spitznamen „komische Kuriere" weg. Der Musikjournalist Barry Graves schrieb über Kaiser, er habe „den Ruf seiner Bands durch eine Publicity, bei der Unseriosität fast ein Stilprinzip zu sein schien"[42], ruiniert.

Im Jahr 1975 war dann Feierabend. Die letzte Stufe ihres Raumschiffs war ausgebrannt, die Firmen gingen in Konkurs, die LP-Restbestände wurden stapelweise in Karstadt-Filialen auf dem Grabbeltisch verramscht – wenn die Erinnerung nicht trügt, für 5 Mark, weniger noch als man für eine Cut-Out-LP zu bezahlen hatte (zur Erinnerung: Der Ladenpreis einer regulären LP lag damals zwischen 14 und 19 Mark). Viele der heute zirkulierenden Original-LPs stammen aus diesem Abverkauf.

Der Absturz war kurz und der Aufprall hart. Zunächst flogen die kosmischen Kuriere aus ihrer Berliner Wohnung und dem Europa-Center, da sie die Miete schuldig blieben. Sie zogen sich daraufhin in ihre Kölner Wohnung zurück, aber auch dort konnten sie bald die Miete nicht mehr aufbringen und wurden zwangsgeräumt. Wie der Verleger Werner Pieper schreibt, kam es „schlussendlich [zu] einer Zwangsversteigerung der Habseligkeiten der beiden. [Der Journalist] Uwe Husslein fand in den 90ern einige Bücher aus Kaisers Bibliothek, u.a. einige mit sehr persönlichen Widmungen von Tim Leary, auf dem Kölner Flohmarkt."[43]

Rätsel

Damit begann in der Szene ein großes, bis heute anhaltendes Rätselraten über den weiteren Verbleib von Rolf-Ulrich Kaiser und Gille Lettmann, das alsbald – wie eingangs geschildert – bunte Blüten trieb.

Die Wahrheit ist eher grau: Bis ungefähr 1990 lebten die beiden in Frechen-Königsdorf bei Köln im Haus von Gilles Mutter. Wer dort anrief, hörte noch lange den alten Anrufbeantworter: Gilles spacig verhallte Stimme verwies auf eine längst abgeschaltete Telex-Nummer. Eine Nachricht konnte man nicht hinterlassen.

Die beiden zogen sich völlig aus der Öffentlichkeit zurück. Kaiser scheint das letzte Mal Ende der 1980er-Jahre selbst in Erscheinung getreten zu sein, als die hessische Plattenfirma Zyx Records das Programm von Ohr, Pilz und Kosmische Kuriere wiederveröffentlichte. Kaiser meldete sich dort, um seine Rechte als Produzent der Aufnahmen geltend zu machen, doch musste er sich von dem (1997 verstorbenen) Zyx-Chef Bernhard Mikulski darüber aufklären lassen, dass er keine Rechte an den Aufnahmen mehr besaß. Die meisten dieser Rechte liegen heute bei Dieter Dierks' Firma Breeze Music, die die Aufnahmen nach und nach remastered wieder zugänglich macht.

Rolf-Ulrich Kaiser schweigt seither. Er wurde nicht mehr öffentlich gesehen und reagiert auf keine Post. Ein Honorarscheck, den der WDR für die Wiederholung einer früheren Sendung Kaisers schickte, kam nicht zurück, wurde aber auch nie eingelöst.

Gille Lettmann akzeptiert ihren früheren Namen nicht mehr. Sie ist nicht mehr *das* Sternenmädchen, sondern Sternenmädchen ist ihr Name – ohne Artikel. Wer kein Freund ist, hat sich an die Anrede „Sehr geehrte Frau Sternenmädchen" zu halten. Als ich ihren Namen in einem englischsprachigen Blogpost als „Star Maiden" übersetzte, reagierte sie allergisch. Sternenmädchen, so ließ sie brieflich wissen, sei ein Name und könne folglich nicht übersetzt werden. Ihre frühere Identität Gille Lettmann bezeichnete sie als „diese Person".

Sternenmädchen scheint „über die Jahrzehnte fast völlig die Marotten, die Ideologie, die Sprache, ja, die Identität ihres Gefährten aufgesogen zu haben, den sie inzwischen nur noch ‚Meson Cristallis' nennt"[44]. Einziges Lebenszeichen: Seit mehr als 30 Jahren gibt Sternenmädchen, ihrem Briefkopf zufolge Philosophin, ein maschinegetipptes, fotokopiertes esoterisches Magazin namens *Sternenmädchens Planeten Schau* heraus, das sich vorrangig mit Fragen der Intelligenz und den Folgen der menschlichen Gier befasst. Man kann das Magazin nicht bestellen, sie legt den Empfängerkreis selbst fest – alte Freunde, Politiker, Wirtschaftsbosse.

Nach dem Tod von Mutter Lettmann im Jahr 1990 kamen die beiden, wie Walter Westrupp in seiner Online-Autobiografie schreibt, „in einer Mietwohnung in der Nähe einer großen deutschen Brauerei am Möhnesee"[45] unter. Bis zum Jahr 2003 ging das gut, dann stellten sie die Mietzahlung ein. Die Vermieterin wandte sich daraufhin an Westrupp (was darauf hindeutet, dass sie durchaus wusste, wer ihre Mieter waren), ob er den beiden nicht mal ins Gewissen reden könne. Das hat er versucht, gefruchtet hat es aber nichts, und so schaltete sie schließlich die zuständigen Behörden ein. Westrupps letzter Kontakt mit den beiden geht zurück auf das Jahr 2006.

Im selben Jahr hat der Verleger Werner Pieper für ein von ihm herausgegebenes Buch versucht, Kaiser ausfindig zu machen. Sein Bericht bestätigt nochmals, was auch Andreas Hub schon festgestellt hatte: „Es hat den Anschein, dass schriftliche Kontakte zur Welt … ausnahmslos vom Sternenmädchen stammen." Piepers Versuch, Kontakt zu Kaiser aufzunehmen, quittierte sie mit dem knappen Hinweis, Cristallis sei nicht über ihre Adresse erreichbar.

Finale

Cristallis und Sternenmädchen, die in einem früheren Leben, vor tausend Monden und wohl ebenso vielen Trips, einmal Rolf-Ulrich Kaiser und Gille Lettmann waren, leben heute in einer Kleinstadt am Rande des Sauerlandes in einer Einrichtung der katholischen Kirche. Sternenmädchens Briefe sind mit einer klassischen Kugelkopf-Maschine geschrieben. Gelegentlich besuchen sie ein öffentliches Computerterminal im Kurzentrum einer Nachbarstadt, um zu schauen, was es im Web Neues gibt.

Cristallis ist unsichtbar. Sternenmädchen kann nur über eine Postlageradresse erreicht werden; wer ihr schreiben will, muss eine Reihe von Regeln befolgen, anderenfalls wird man vergeblich auf eine Antwort warten. An Öffentlichkeit sind beide nicht interessiert. Sie möchten nicht gefunden werden und wünschen keinen Besuch. Das ist zu akzeptieren.

Unsere Welt ist nicht mehr die ihre. Oder möglicherweise auch umgekehrt.

TUNE IN, TURN ON

Gerade nach dem vorigen Kapitel muss man die Frage stellen: Wie war denn das nun wirklich mit dem Verhältnis zwischen Drogen und Musik?

Wo immer es um Kreativität geht, sind Alkohol und andere Drogen nicht weit. Und neu ist das nicht. Hector Berlioz' *Symphonie fantastique* von 1830 ist als zumindest drogeninspiriert bekannt. Walt Disneys Trickfilmzeichner in den 1930ern waren mit wenigen Ausnahmen Alkoholiker.[1] Der ständige Alkoholkonsum, das Rauchen und das Einwerfen von Pep Pills in US-Werbeagenturen waren so legendär, dass sie als Running Gag durch alle sieben Staffeln der Serie *Mad Men*[2] liefen, dankenswerterweise, ohne die Folgen zu beschönigen.

Alkohol war für die meisten Musiker die Standarddroge, wie auch für das Publikum – er war legal, einfach zu bekommen und kulturell akzeptiert. Musiker scheinen allerdings eine besondere Beziehung zum Alkohol zu pflegen. Bühnenangst, Lampenfieber und die Pflicht zur ständigen guten Laune bei jedem Konzert und jeder Studiosession mögen die Gründe dafür sein. Es ist kein Geheimnis, dass das ORCHESTER JAMES LAST stets eine gutsortierte mobile Bar hinter der Bühne hatte, zur freien Bedienung für die Crew und alle Musiker – bis dann schließlich das Orchester weitgehend aus Alkoholikern bestand und der Chef die Reha für alle organisierte. Liest man die Autobiografie von Miles Davis[3], stellt sich unweigerlich der Eindruck ein, dass Alkoholismus und Heroinsucht eine Art Zulassungszertifikat waren, um überhaupt mitspielen zu dürfen. Auch Sinfonieorchester und klassische Ensembles sind keine drogenfreien Zonen: Tranquilizer, Baldrian und Alkohol sind dort wohlbekannt. Der Druck, stets perfekt sein zu müssen, weil jeder noch so kleine Patzer morgen in der Konzertkritik auftaucht, trägt seinen Teil dazu bei.

Dieses Buch ist nicht der Ort, um den Einfluss von LSD und anderen bewusstseinsverändernden Substanzen auf Kreativität oder therapeutische Zwecke auszudiskutieren. Offensichtlich ist jedoch, dass LSD, Psilocybin oder Meskalin geistige Mauern zum Einsturz bringen können und dadurch zumindest daran beteiligt waren, eine Reihe von Musiken, Kunstrichtungen und Phänomenen der Populärkultur (etwa in der Werbung) hervorzubringen, die anders nicht entstanden wären. Corey Anderson Dansereau an der Stanford University geht noch einen Schritt weiter: Er schreibt, LSD sei eine der Wurzeln von Silicon Valley gewesen.[4] Damit könnte er richtig liegen.

Schon Opern und Operetten enthielten traditionell ein oder zwei Trinklieder. Der Schlager griff diese Tradition auf. Alkohol und Zigaretten waren immer ein Thema, meist in einer verharmlosenden, positiven Weise, besonders in den 1950er- und 1960er-Jahren, zu einer Zeit also, als Zigaretten in der Werbung als „bekömmlich" angeboten wurden[5] und Alkoholkonsum als Teil des modernen Lebensstils vermarktet wurde. Es gab kaum eine Unterhaltungsshow im Fernsehen, die ohne Tresen auskam, an dem immer ein paar Komparsen saßen, weil man diese Bar-Atmosphäre irgendwie für mondän hielt und glaubte, sie würde sich auf die Zuschauer übertragen. Aber nicht nur das Bürgertum besaß seine Schnapskultur. Es gab zum Beispiel eine niederländische Band namens Bots (nicht zu verwechseln mit der amerikanischen Punkband gleichen Namens), die ein Traditional bretonischer Herkunft („Son Ar Chistr", am bekanntesten gesungen von Alan Stivell) eingedeutscht hatte: „Sieben Tage lang" (1980) wurde eine Art Dauermarschlied, das bei Protesten gegen Atomkraftwerke, US-Pershing- und sowjetische SS-20-Raketen oder auf „Rock gegen Rechts"-Festivals von Lautsprecherwagen und PA-Boxen heruntergedonnert wurde, und das Volk stimmte ein: „Was wollen wir trinken, sieben Tage lang, was wollen wir trinken? So ein Durst! / Es wird genug für alle sein, wir trinken zusammen, roll das Fass mal rein! / Wir trinken zusammen, nicht allein!"[6] Die Bots waren so etwas wie die Heinos von links, und der Song eine echte Landplage.

Das Musical *Hair* machte Stoffe wie Haschisch und LSD zum Thema („Walking In Space"), Timothy Leary war ein Name, den man kannte, aber was der eigentlich genau machte, das verschwand unter den Meldungen der Klatschpresse. Diese war voll mit spukigen Drogenstorys, es gab „Reportagen" über wilde Drogenorgien irgendwo in Hippie-Amerika, der Fernsehreporter Dagobert Lindlau führte im „Weltspiegel" vor, wie man in Manhattan aus dem Auto heraus einen LSD-Trip kauft, der Schularzt besuchte jede Klasse und warnte dermaßen eindringlich vor Drogen, dass es uns schwer fiel, ernst zu bleiben – und trotzdem war der allgemeine Informationsstand nicht hoch. In vermutlich tausenden von Jugendzimmern zierte die Wand über dem Bett ein Kitschposter namens „Girl mit Joint“[7], das es für 5 Mark in jedem Kaufhaus gab; in den Trashmagazinen wurden C-Promis wie Uschi Obermeier mit gewaltigen Joints abgebildet.

In den frühen 1970ern wurde die Existenz von Haschisch bekannt genug, um von der Schlagerindustrie als Thema entdeckt zu werden – zunächst mit Blödelsongs. Kuno Dreysse (The Rivets, aus dem Kreis um die Rattles der Star-Club-Ära) kam unter dem Pseudonym Kuno & The Marihuana Brass mit einer plattsinnigen Single namens „Lass uns doch mal haschen“/„Marihuana Mantra“ heraus, die freundlicherweise völlig erfolglos blieb. Der erste wirkliche Hit in Deutschland, der Drogen thematisierte, entstand im Jahr 1972 unter der Regie – wieder einmal – des Produzenten Peter Meisel. Juliane Werding aus Essen, damals 16 Jahre alt, sang „Am Tag, als Conny Kramer starb“, eine Coverversion von „The Night They Drove Old Dixie Down“ von The Band; der deutsche Text stammte von dem Schlagerroutinier Hans-Ulrich Weigel. Dieser Song spiegelte exakt den allgemeinen Kenntnisstand über Drogen. Der Text folgte der Legende des Haschischs als Einstiegsdroge, das man aus Neugier ausprobiert, bis man dann schließlich an der tödlichen Nadel hängt. Das Ganze wurde mit einer Minimalportion an Gesellschaftskritik kombiniert (die 1968er wirkten da noch nach): „Doch aus den Joints, da wurden Trips / Es gab keinen Halt auf der schiefen Bahn / Die Leute fingen an zu reden / Aber keiner bot Conny Hilfe an“. Vermarktet wurde das Ganze als „auf einer wirklichen Geschichte beruhend“[8]. Der Song folgte dem Bauprinzip der Teenager-Todessongs, wie sie um das Jahr 1960 eine Weile in Mode waren, die meist in der flehentlichen Anrufung eines bzw. einer Verstorbenen endeten (man erinnere sich an „Teen Angel“ von Mark Dinning als ein Beispiel). Auf der Plattenhülle trug die Sängerin sichtbar das „No Drugs“-Medaillon, das von der christlichen Schweizer Nervensäge Kaplan Alfred Flury herausgegeben wurde, direkt verbunden mit dem Hinweis, dieses Ding sei für 5 Mark bei der *Bunten Illustrierten* zu beziehen. Der Song erreichte die #1 und stand für 20 Wochen in den Single-Charts, in der Schweiz erreichte die Platte #2 und blieb 14 Wochen lang in den Charts. Und wie so mancher der Teenager-Todessongs der frühen 1960er-Jahre wurde auch „Conny Kramer“ nach einer Weile zu einer Art Kultsong. Man kennt ihn noch heute, er läuft immer wieder einmal auf Oldie-Schlagerstationen, und Juliane Werding behielt den Song bis zum Ende ihrer Karriere im Repertoire. – Es blieb nicht das letzte Mal, dass sie zeitgeisttechnisch ins Schwarze traf.

Die Rockszene der 1970er hatte eine andere Art, mit dem Thema umzugehen. Spätestens mit dem Woodstock-Festival hatten psychedelische Drogen ihren Weg auch nach Deutschland gefunden. Nur wich die von den Medien angetriebene öffentliche Wahrnehmung von der Realität ab. Ein paar Bands im 1968er-Fahrwasser betonten ihren Drogengebrauch und machten ihn geradezu zu ihrem Geschäftsmodell, etwa GURU GURU, die keine Gelegenheit ausließen, ihren LSD-Gebrauch in die Welt zu posaunen. Letztlich aber, was immer die Literatur auch über den wilden Drogen- und insbesondere LSD-Konsum deutscher Rockbands schreiben mochte: Er war eher die Ausnahme als die Regel. Wenn er stattfand, verloren die Bands nach einer Weile meist den Faden, manchmal auf unkomische (psychiatrische) Weise, manchmal legte sich das Interesse nach einer Weile. Qualitativ-musikalisch waren die Drogeneinflüsse nur selten der Rede wert. Wirkliche LSD-Klassiker wie *After Bathing At Baxter's* (1969) der AIRPLANES oder GONGS *Flying Teapot*-Trilogie[9] (1973/74) hat keine deutsche Band hervorgebracht. Bei den meisten deutschen Bands war der behauptete Gebrauch von Halluzinogenen Bluff, erfunden, um die Musikpresse zu füttern und interessant auszusehen.

Man sollte annehmen, dass es jede Menge wissenschaftliche Studien zu diesem Thema geben müsste. Tatsächlich aber sind es recht wenige. Für die Zeiträume und Altersgruppen, die für dieses Buch von Belang sind, kann man sagen: In den späten 1950ern und Mitt-1960ern ging es meist um Speed – Pep Pills, Amphetamine, Produkte wie Captagon, Dexedrine oder Preludin, die damals freiverkäuflich in jeder Apotheke zu haben waren, die aber auch in der Nachbarschaft jedes Musikclubs angeboten wurden. Bis zum Jahr 1968 hatten nur 2 Prozent der jungen Leute zwischen 15 und 18 Jahren Erfahrungen mit weichen Drogen, was in Deutschland im wesentlichen Haschisch bedeutete. Es war relativ einfach zu bekommen und dazu erschwinglich. Gelegentlich zirkulierte auch Marihuana, besonders in der Umgebung amerikanischer Militärbasen, aber anders als in den USA spielte es keine große Rolle.

Im Jahr 1968 begann ein Aufschwung. Zwei Jahre später waren es immerhin schon 22 Prozent der jungen Leute zwischen 15 und 18, die Erfahrungen mit weichen Drogen angaben. In den meisten Fällen hieß das: Man hatte ein- oder zweimal einen Joint mitgeraucht, und dabei blieb es meist. Schon im Jahr 1972 war der Drogenkonsum wieder rückläufig; seit 1975 bewegt sich die Zahl konstant zwischen 14 und 18 Prozent.[10] Signifikant änderte sich dies erst wieder in den Mitt-1980ern mit der aufkommenden Techno-Welle, aber da ging es um andere Drogen.

Die Lücke zwischen Realität und Mediendarstellung hatte damit zu tun, dass LSD in Deutschland zwar existierte, mengenmäßig aber immer eher ein Mythos war. Es gab in Deutschland keine „Merry Pranksters“ (die übrigens auf einer Idee beruhten, die der Autor Ken Kesey Hermann Hesses Novelle „Morgenlandfahrt“ entnommen hatte), Bücher wie Tom Wolfes „Electric Kool-aid Acid Test“ waren nicht sehr verbreitet (den Doppelsinn des Begriffs „Acid Test“ hätte ohnehin kaum jemand verstanden, deshalb lief das Buch in Deutschland unter dem Titel „Unter Strom“), es gab keinen Owsley Stanley, hier gab es nur den armen Rolf-Ulrich Kaiser, sein Sternenmädchen und einige seiner ko(s)mischen Kuriere. Aber selbst in den USA der 1960er- und 1970er-Jahre war der Drogenkonsum begrenzt. Wenn man Berichte über die Hippiebewegung liest, Filme wie *Woodstock* sieht oder mit Festivalveteranen spricht, dann kann man leicht das Gefühl bekommen, die meisten jungen Amerikaner müssten damals ständig high gewesen sein, aber das ist fern der Realität. Ähnlich wie in Deutschland hatten auch in den USA rund drei Viertel der Menschen keine oder nur minimale Drogenerfahrungen und gingen dann zum Alkohol zurück. LSD und ähnliche Substanzen haben sie nie berührt. In den USA ist der Graskonsum heute deutlich höher als in den 1970ern.

Haschisch war zwar ein fester Bestandteil der deutschen Rockszene der späten 1960er- und 1970er-Jahre, aber was immer man darüber liest: Die Wahrheit ist, dass Alkohol zu allen Zeiten die Hauptdroge war und ist. Marius Müller-Westernhagen wusste das schon im Jahr 1978: „Johnny W.“ (das W steht für „Walker“) wurde einer seiner erfolgreichsten Songs.

ELEKTRONISCHE REVOLUTION

Eine Revolution war es wirklich. In den 1970ern wollten das allerdings viele nicht glauben. Edgar Froese erinnert sich: „Damals gingen die Leute nicht sehr freundlich mit dem um, was wir machten. In einem *Melody Maker*-Interview 1973 oder 1974 sagte ich: ‚In ungefähr zehn Jahren werden alle mit Synthesizern arbeiten.' Der Typ stoppte seinen Recorder, sagte: ‚You're an idiot' und ging raus. Der hielt uns anscheinend für Außerirdische und dachte, wir wollten ihn hochnehmen."[1] Kraftwerk machten ähnliche Erfahrungen: In den USA wurden sie als Novelty Act angesehen; ein Poll des US-Magazins *Cash Box* hatte keine passende Kategorie für sie und listete sie als „New Vocal Group".[2]

Wenn es aber irgendetwas gibt, für das deutsche Rockmusik weltweit bekannt ist, dann ist es seit den 1970er-Jahren der Einsatz elektronischer Instrumente, besonders der von Synthesizern. Das führt zu zwei Fragen: Was machte den Synthesizer brauchbarer als andere elektronische Instrumente vor ihm? Und warum wurde elektronische Rockmusik gerade in Deutschland zu einem eigenständigen Genre?

Spricht man mit nach 1990 geboren Menschen über „elektronische Musik", nehmen sie fast immer an, es sei von elektronischer Tanzmusik die Rede. Dass es elektronische Musik schon seit den 1920er-Jahren gibt, und was mit dem Begriff ursprünglich gemeint war, wissen sie häufig nicht mehr. Und auch, dass es einen Unterschied gibt zwischen *elektronischer Musik* und *elektro-akustischer Musik*. Der Unterschied liegt in der Erzeugung des verwendeten Klangmaterials. In der Musikwissenschaft spricht man nur dann von „elektronischer Musik", wenn die Klänge elektronisch *erzeugt* werden. Ein Instrument wie die (originale) Hammond-Orgel, etwa die berühmte B3, ist kein elektronisches, sondern ein elektro-akustisches Instrument, weil ihr Klang mit rotierenden Zahnrädern, also durch eine Mechanik erzeugt wird. Unter der Bezeichnung „elektro-akustisch" wird jede Art von Musik verstanden, die nicht-elektronisch erzeugte Klänge durch Effektgeräte oder Tonbandmanipulation verändert.

Frühe elektronische oder elektro-akustische Instrumente waren zum Beispiel *Telharmonium*, *Dynamophon*, *Sphärophon*, *Hammond-Orgel*, *Theremin*, *Clavioline*, *Ondioline*, *Ondes Martenot* und das *Mixturtrautonium* (ein Schwesterinstrument des Mixturtrautoniums war das *Subharchord*, das zwischen 1950 und den frühen 1960ern in wenigen Exemplaren in der damaligen DDR entstand, aber dann „aus musikpolitischen Gründen", was immer das sein mag, nicht mehr weiterentwickelt wurde). In den 1950ern und 1960ern entstanden eine Reihe von Studios für elektronische Musik, meist in Verbindung mit Universitäten oder Rundfunkanstalten: das „Elektronische Studio des WDR" in Köln, das „Studio for Electro-Instrumental Music" (STEIM) in Amsterdam, der „Radiophonic Workshop" der BBC, das „Siemens-Studio" in München, das „Heinrich-Strobel-Studio" beim SWF in Baden-Baden, das „Centre de Recherches et Formation Musicales de Wallonie" (heute „Centre Henri Pousseur") in Liège, Belgien, das „Center for Computer Research in Music and Acoustics" an der Stanford University, das „Institut de Recherce et Coordination Acoustique/Musique" (IRCAM) im Keller des Centre Pompidou in Paris (diese Einrichtung kann man getrost als ein Geschenk des französischen Staates an den Komponisten Pierre Boulez ansehen), und noch einige mehr. In den meisten Fällen begannen diese Studios mit Geräten aus der Mess- und Regeltechnik, die sie aktiv und mit großer Fantasie „missbrauchten", um sie auf ihre Brauchbarkeit für musikalische Zwecke zu untersuchen.

Stockhausen

Wenn das Gespräch auf elektronische Musik kommt, dann ist der Name Karlheinz Stockhausen nicht weit.

Viele Rockmusiker nennen ihn als Einfluss, allerdings beruht gerade bei diesen die Einschätzung nicht immer auf tatsächlicher Kenntnis seines Werkes. Miles Davis immerhin hatte sich wirklich mit ihm befasst: „Während ich mich von meinem Autounfall erholte, studierte ich Stockhausens musikalische Konzepte. Das brachte mich mehr und mehr zu der Vorstellung, Performances als einen Prozess zu sehen. Ich hatte immer in einer kreisförmigen Weise komponiert, und durch Stockhausen wurde mir klar, dass ich nicht ewig weiter von diesen acht Takten zu den nächsten acht Takten spielen wollte, weil ich Songs nie beende; sie gehen einfach weiter. ... Durch Stockhausen begriff ich Musik als einen Prozess des Wegnehmens und Hinzufügens."[3]

In der Krautrockszene, besonders der elektronischen, war es stets en vogue, Stockhausens Namen zu erwähnen. Tatsächlich aber ist sein Einfluss hier nicht so groß, wie man denken könnte. Das hat vor allem damit zu tun, dass Stockhausen seine Kompositionsarbeit schon lange vor dem Aufkommen des Synthesizers begann. Bevor er die elektronische Musik für sich entdeckte, hatte er bereits etliche Stücke für konventionelle Instrumente geschrieben. Erst dann transferierte er seine kompositorischen Ideen auf elektronische Klangquellen und Technologien – und das waren, wie erwähnt, zunächst Geräte aus der Mess- und Regeltechnik, die eigentlich nicht für musikalische Zwecke gedacht waren.

Was machte Stockhausen also zu einer wichtigen Figur? Sein Name war fast schon ein Markenzeichen, seine Ideen waren herausragend, seine Platten in den 1950er- und 1960er-Jahren erschienen bei der renommierten Deutschen Grammophon und wurden in aller Regel Bestseller. Seine Reputation umfasste das volle Spektrum zwischen „verrückt" und „genial". Seine Pionierarbeiten betrafen hauptsächlich drei Aspekte:

- den Gebrauch von Elektroakustik, Elektronik und Tonbandbearbeitung,
- die Positionierung und Bewegung von Klängen im Raum, inklusive der Probleme der Klangprojektion,
- und die Einbeziehung von nicht-musikalischen Ereignissen, etwa Projektionen, Schauspiel, Kostümen, Gesten, Landschaften, Kurzwellenklängen oder dem Sternenhimmel.

Gruppen (1955-1957) ist ein Werk für drei Orchestergruppen, die hufeisenförmig um die Zuhörer angeordnet sind. Elektroakustik kommt darin nicht vor (mit Ausnahme einer E-Gitarre), aber es macht die räumliche Positionierung von Klängen zum Teil der Komposition. Das war keine vollständig neue Idee; man denke etwa an Thomas Tallis (1505-1585) und seine Motette *Spem in alium* für acht Chorgruppen zu je fünf Stimmen, die in einem Kreis um die Zuhörer aufgestellt sind. Dadurch wird die Raumwirkung zum festen Bestandteil des Stücks. Man kennt auch Kompositionen, in denen Instrumente oder Chöre außerhalb der Bühne untergebracht sind (Fernorchester beziehungsweise Fernchor); Gustav Mahler machte in nicht weniger als fünf Sinfonien davon Gebrauch. Stockhausen war allerdings der erste, der ein Orchester in drei Gruppen aufteilte und diese um das Publikum herum platzierte – eine Gruppe vorn, eine seitlich links und eine seit-

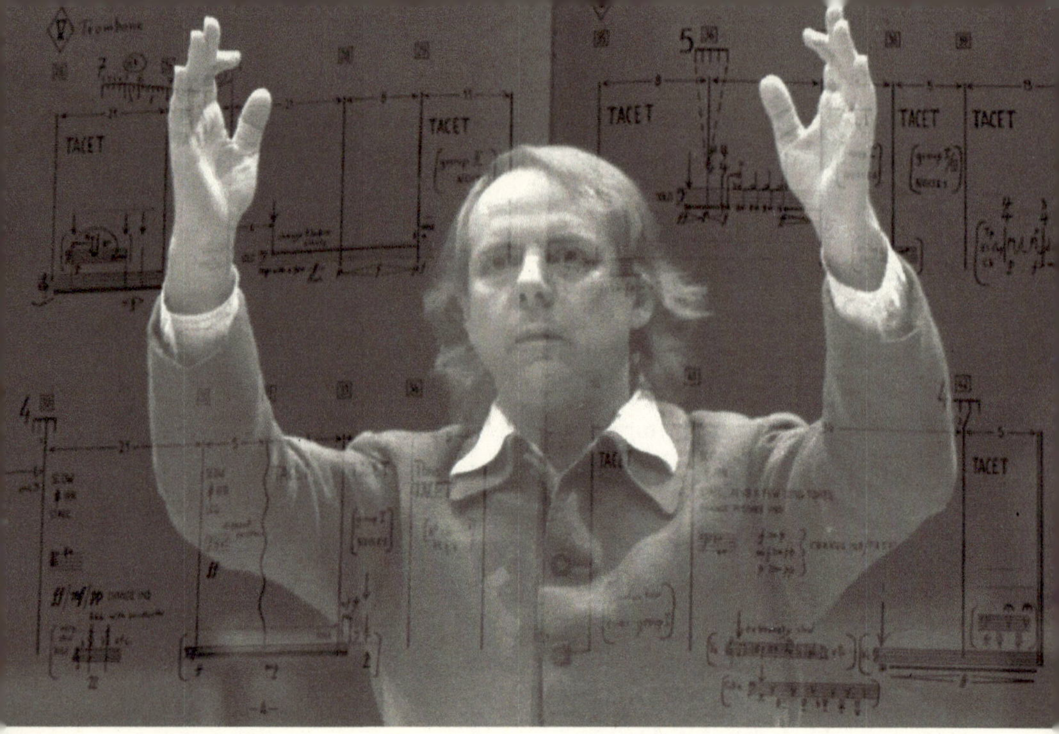

Karlheinz Stockhausen (Straßburg, 1980)

lich rechts. Das Ergebnis ist – auch heute noch – abenteuerlich. Wenn Sie die Gelegenheit haben, eine Aufführung von *Gruppen* zu besuchen, nutzen Sie sie. Es hat sich eingebürgert, dass das Stück zweimal gespielt wird, sodass die Zuhörer die Gelegenheit haben, den Platz zu wechseln. Keine Schallplatte vermag den räumlichen Eindruck einer solchen Aufführung ganz wiederzugeben.

Stockhausens Name ist untrennbar mit dem Studio für Elektronische Musik des WDR verbunden, das im Jahr 1951 unter der Leitung des WDR-Redakteurs Herbert Eimert entstand und zum Zentrum dessen wurde, was man heute als „Kölner Schule" kennt. Es war nicht, wie man vom Namen her vermuten könnte, ein großes, futuristisch anmutendes Studio mit dem neuesten Gerätepark; es war ein lausiger Raum ohne Klimaanlage im dritten oder vierten Kellergeschoss des Sendezentrums. Waren mehr als drei Personen im Studio, gab es keinen Platz mehr für Stühle, man saß dann auf Tongeneratoren oder anderen Geräten. Wenn dann noch alle rauchten (was damals der Normalfall war), konnte man die Luft mit dem Messer zerschneiden. Aber es war ein unglaublich kreativer Ort.

Zuerst arbeiteten hauptsächlich Techniker im Studio. Die sollten herausfinden, was mit den vorhandenen Gerätschaften „ging". Dann kamen Komponisten und Musikwissenschaftler dazu, etwa Karel Goeyvaerts, Gottfried Michael König, Giselher Klebe, Henri Pousseur, György Ligeti und andere. Aber so sehr sich diese auch bemühten, es war Stockhausens *Studie I* (1953), die als das erste ausschließlich elektronisch erzeugte Stück in die Musikgeschichte einging, in dem nicht nur Melodien vorkamen, sondern auch Klangfarben, die – das ist das Entscheidende – ebenfalls auf einem kompositorischen Prozess beruhten. Konsequenterweise erlebte das Stück seine Premiere nicht in einem Auditorium, sondern im Radio – spät nachts.

Im Jahr 1962, nachdem sich Eimert in den Ruhestand verabschiedet hatte, übernahm Stockhausen die Leitung des Studios.

Stockhausens berühmteste Komposition (und bei vielen Musikern wohl die einzige, die sie überhaupt von ihm kennen, weil sie relativ kurz und vor allem problemlos auf YouTube zu finden ist), wurde im Jahr 1955/56 im Studio für Elektronische Musik realisiert: *Gesang der Jünglinge im Feuerofen*, meist schlicht als *Gesang der Jünglinge* bekannt. Der biblische Text basiert auf einem Abschnitt aus dem Buch Daniel. Das Werk ist eine fünfkanalige Tonbandkomposition für elektronische Klänge und Knabensopran; der Sänger ist der damals 12-jährige Josef Protschka, der später ein Operntenor wurde. Elektronische Klänge und Stimme werden gemischt und kreuzmoduliert – so etwas hatte bis dahin niemand gehört. Für uns Heutige ist es wahrscheinlich kaum noch möglich, die Verblüffung des Publikums bei der Premiere angesichts der leeren Bühne und der ringsum platzierten Altec-Lautsprechertürme nachzuvollziehen. (Für niedrige Lautstärken ist Stockhausen nie bekannt gewesen und das Equipment hatte immer das beste auf dem Markt zu sein – und irgendwie gelang es ihm fast immer, das durchzusetzen.) Der Bibeltext ist zerlegt in Worte, Silben und Phoneme, die nur bruchstückhaft zu verstehen sind. Aber das ist nicht der entscheidende Teil; der Hauptpunkt ist der sich gegenseitig beeinflussende Einsatz elektronischer Klänge und menschlicher Stimme auf gleichberechtigter Ebene. Das hatte vorher noch niemand so gemacht.

Es folgte *Kontakte* (1958-1960), eine weitere elektronische Tonbandkomposition. Synthesizer sind auch hier noch nicht dabei, aber das Stück verwendet ausschließlich elektronische Klänge. (Für Live-Aufführungen gibt es eine *Kontakte*-Version für Tonband, Klavier und Schlagzeug, man findet sie auch auf Platten, aber ich gebe der rein elektronischen Version den Vorzug.) Stockhausen setzte Tonbänder und elektroakustische Geräte in einer Weise ein, die man so noch nicht gehört hatte und die mit keinem herkömmlichen Instrument zu machen gewesen wäre. Legendär ist der kurze Moment am Beginn der „Struktur 10", in der der Klang die Frequenzskala abwärts rutscht, tiefer und tiefer, bis er schließlich in einzeln hörbare Klicks zerfällt, die dann zum Rhythmus umdefiniert werden. *Kontakte* ist nach wie vor eines der wichtigsten Werke der elektronischen Musik und für den unvorbereiteten Hörer noch immer eine Herausforderung.

Stockhausens nach des Verfassers unmaßgeblicher Meinung eindrucksvollstes Werk ist *Hymnen* (1966/67), wiederum ein vierkanaliges Stück, in dem alle bis dahin gesammelten Erfahrungen Stockhausens mit den Mitteln des Elektronischen Studios zusammenfließen. Man hört konkrete und elektronische Klänge: Kurzwellensounds, Gesang, Sprache, Klänge aus dem Schallarchiv des WDR, Nationalhymnen – und das alles wird auf verschiedenste Weise bearbeitet. Die „Regionen III" und „IV" gehören zum Fesselndsten, was Stockhausen geschrieben hat. (Auch von *Hymnen* existieren Live-Versionen mit Orchester beziehungsweise Solisten, aber die reine Tonbandversion ist unübertroffen.)

Mit Sicherheit hatte Stockhausens hippieskes Erscheinungsbild in den 1970ern und danach – lange Haare, weiße Kleidung, seine bestickten mexikanischen Hemden (die er später in Deutschland nachnähen ließ), sein Zusammenleben mit zwei Frauen – einen großen Anteil an seiner Reputation unter Rockmusikern, sodass er ein Rollenmodell für so manchen wurde.

Stockhausen selbst war an Rockmusik nur bedingt interessiert. In einem seiner seltenen Interviews zu diesem Thema sagt er: „[Popmusik] bringt mich nie [in eine höhere Sphäre]. Die bestätigt mich in meiner vitalen Sphäre; und das auch nur dann, wenn der Verstand mit der Sprache eines solchen Stückes einverstanden ist – mit der rhythmischen und melodischen Sprache –, so dass ich nicht denke: ‚Ach, das sind alles Klischees, das ist Mist.' Der Verstand ist nämlich ständig aktiv und filtert das aus, was banal ist, weil ich so etwas nicht um mich herum haben will. So, wie ich nicht jedes Möbelstück akzeptiere, so akzeptiere ich auch in der Musik nicht jede Sache. Man stellt sich doch nicht jeden Schund hin (was *ich* als Schund bezeichne, ist natürlich sehr subjektiv). … Das ist der entscheidende Unterschied: ob Musik einen nach oben zieht, oder nicht."[4] Aber Stockhausen wusste sehr wohl zu differenzieren: „Man sollte nicht sagen, hier sei die ‚niedere' Popmusik und dort die andere, die schon deshalb höher sei, weil sie ‚neue Musik' ist. Innerhalb der ‚Popmusik' gibt es auch viele Grade – je nachdem, wer sie macht. Natürlich ist es von Bedeutung, ob man lauter süßliche Akkorde komponiert, oder harmonische Kombinationen, die *alle* Akkorde einbeziehen."[5]

Eine Ausnahme, die er akzeptierte, war CAN, weil Irmin Schmidt und Holger Czukay bei ihm studiert hatten – er hielt den Kontakt immer aufrecht. Er kannte auch KRAFTWERK, die stets die Wichtigkeit moderner elektronischer Instrumente hervorhoben – Ralf Hütter: „In 20 Jahren werden nach unserer Meinung kaum noch Gruppen mit Gitarren und Schlagzeugen auftreten. Für uns gehören diese Instrumente heute schon der Vergangenheit an."[6] Stockhausen kritisierte sie dafür, dass sie ihr Instrumentarium gar nicht wirklich ausnutzten – einen exzellenten Vocoder zu besitzen und diesen dann zu nichts anderem zu verwenden als für simple Roboterstimmen war für seinen Geschmack eine zu simple Idee von Modernität.[7] In Kalifornien traf er JEFFERSON AIRPLANE und GRATEFUL DEAD; er wusste, dass Phil Lesh Komposition und elektronische Musik bei Luciano Berio studiert hatte[8]: „Zum Teil sind ganz begabte Komponisten darunter, die sich in dieser [Rock-]Musik versuchen, weil das ihrem Lebensalter entspricht."[9]

In dem bereits mehrfach zitierten *Zeit*-Artikel[10], in dem Stockhausen einige deutsche Rockplatten kommentiert, erkennt man die Kriterien, die er auf Musik anwendet, recht deutlich, und sie haben wenig mit den Dimensionen zu tun, in denen Rockmusiker üblicherweise denken. Er hatte keine Probleme mit Rockmusik als solcher, er konnte aber grantig werden, wenn sie zu vorhersehbar war oder mit zu vielen Klischees und Standardformeln arbeitete: „Wenn Sie mit etwas historischem Abstand amerikanische Dixieland-Musik hören oder andere Jazzmusik aus den zwanziger Jahren, so wirkt diese heute raffinierter, kammermusikalischer, transparenter als das, was in der ‚Popmusik' in den letzten zehn Jahren entstanden ist. Letztere ist zwar vollgepfropft von Klangwirkungen der ‚neuen Musik', die aber so schmutzig und strukturell so primitiv sind, dass jeder Dixieland, jeder Boogie-Woogie in Melodik, Harmonik und Rhythmik interessanter wirkt. Überlegen Sie einmal, was das heute für primitive Melodien sind, die aus diatonischen Dreiton- oder Vierton-Motiven überhaupt nicht mehr herauskommen und diese unzähligemale wiederholen."[11] Und man möge nicht glauben, der Elfenbeinturm sei Stockhausens einziger Wohnort gewesen; er wusste, wovon er sprach: „Ich habe ja auch fünf Jahre meines Lebens fast jede Nacht Schlagermusik und Jazzmusik gespielt."[12]

Stockhausen hörte nie auf, Grenzen zu erkunden und hinter sich zu lassen, und darin ging er weiter, als es die wildeste Rockmusik je tat. Stockhausens *Mikrofonie I* aus dem Jahr 1964 etwa lässt die EINSTÜRZENDEN NEUBAUTEN blass aussehen. Es ist einleuchtend, dass das manchmal schiefging, auch setzte er teilweise alte Ideen ein, um damit neue auszuleuchten, aber offenkundig akzeptierte er kein „geht nicht". Das hatte einen Nebeneffekt: Er wurde immer wieder gefragt, warum denn seine Musik nicht wenigstens ein *bisschen* zugänglicher sein könnte. Aber für Stockhausen hatte kein Hörer das naturgegebene Recht, in diese musikalische Welt leicht eintauchen zu können. Gleichwohl sah er seine Musik nicht als „elitär" oder als nur für eine exklusive Hörerschicht geschrieben an. Wer sich über Quantenphysik informieren möchte, muss tief in das Gebiet eindringen, muss geistig auf Empfang schalten und eine Menge Arbeit investieren – und so sah Stockhausen auch seine Musik. Das heißt in der Tat oft, dass es geistige Arbeit bedeutet, sich Stockhausens Musik anzuhören. Ein Nebenbeihören ist da nicht möglich. Wer sich aber auf diese Musik einlässt, dessen musikalische Wahrnehmung wird nie mehr dieselbe sein wie zuvor.

Dies macht sicherlich deutlich, dass die immer wieder einmal gezogenen Vergleiche zwischen Rockmusik und den Werken Stockhausens meistens unsinnig sind. Auch wenn einige seiner Platten in Rockmusik-Plattenläden zu finden waren (Polydor veröffentlichte im Jahr 1973 sogar ein wunderschön gestaltetes Stockhausen-Doppelalbum namens *Greatest Hits*), so ist doch offensichtlich, dass Stockhausen in einer anderen Liga spielte.

Seien wir ehrlich: Die meisten Rock- und Pop-Fans waren und sind überhaupt nicht gewillt, sich auf eine Musik einzulassen, die zu hören unbequem ist und geistige Flexibilität einfordert – was völlig in Ordnung ist; niemand soll ja dazu gezwungen werden. Man mag Stockhausens Musik als bedeutungslos oder schlicht für Krach halten, aber man sollte doch erkennen können, dass seine Kompositionen sorgfältiger ausgetüftelt sind als die meisten Rockkompositionen. Um ihn nochmals selbst zu bemühen: „Popmusik berührt ihre Fans so wie Leute, die immer in derselben Gegend Ferien machen … Es soll nicht ganz dasselbe sein wie beim letzten Mal, aber auch nicht zu verschieden und erst recht nicht zu ungewohnt: das wäre ja viel zu anstrengend …"[13]

Sala

Es ist eine interessante Frage, weshalb die Komponisten der „Kölner Schule" so lange gezögert haben, statt mit Geräten der Mess- und Regeltechnik mit den elektronischen Musikinstrumenten zu arbeiten, die es schon gab. Ein Grund dafür könnte sein, dass diese Instrumente nicht die oft schon fast mathematische Präzision lieferten, die Stockhausen und seine Mitstreiter in Köln für ihre Kompositionen verlangten, aber klar beantwortet worden ist diese Frage nie.

Eines der interessantesten dieser vorhandenen Instrumente war das *Trautonium*, untrennbar mit dem Namen Oskar Sala verbunden. Der Trautoniumvirtuose, Komponist und Pionier der elektronischen Musik wurde 1910 in Greiz (Thüringen) geboren. Er wollte eigentlich Pianist werden, aber es kam anders. Er studierte Komposition bei Paul Hindemith, der ihn dem Ingenieur Friedrich Trautwein vorstellte. Dieser hatte im Jahr 1922 ein elektronisches Instrument entwickelt, das er Trautonium nannte. Das Besondere an diesem Instrument war nicht nur seine klangliche Vielfalt, sondern auch seine Spielweise: Anders als die Ondes Martenot oder die Hammond-Orgel besaß es keine Klaviatur. Stattdessen hatte es eine quergespannte Stahlsaite, die auf eine Stahlschiene niedergedrückt werden musste, ähnlich einer Geigensaite.

Sala war von diesem Instrument sofort fasziniert. Er bat Hindemith darum, ein Stück für dieses Instrument zu schreiben. Hindemith, selbst ein hervorragender Violinist, war ebenfalls sehr angetan von der Tatsache, dass dieses Instrument eine der Geige ähnliche Spielweise besaß, und so schrieb er *Sieben Stücke für drei Trautonien*. Sie wurden im Jahr 1930 in Berlin uraufgeführt; ein dreisätziges *Konzertstück für Trautonium in Begleitung des Streichorchesters* folgte im Jahr 1931.

Kommerziell war das Trautonium kein großer Erfolg, obwohl es verschiedene Varianten gab: das *Rundfunk-Trautonium*, diverse *Konzerttrautonien,* Telefunken stellte sogar ein *Volkstrautonium* für Hausmusiker her.

Sala blieb zeitlebens der einzige Musiker, der sich völlig dem Trautonium widmete. Er entwickelte es weiter, bis schließlich im Jahr 1950 das *Mixturtrautonium* in seinem Studio in Berlin-Charlottenburg stand. Es hatte zwei Manuale, konnte also zweistimmig gespielt werden, und es war ausgestattet mit Flüssigkeitswiderständen unter den Stahlschienen, die es anschlagdynamisch spielbar machten.

Sala stellte einen Filmschneidetisch neben sein Instrument und komponierte von da an hauptsächlich Filmmusik, meistens direkt zum Bild (genau so also, wie Irmin Schmidt es hasst). Dabei spezialisierte er sich auf Animationsfilme und diverse (oft preisgekrönte) Imagefilme von Industrieunternehmen; der wohl bekannteste war *Stahl: Thema mit Variationen* von 1960 für die Mannesmann AG. Dazu kamen Dokumentarfilme bis in die 1990er-Jahre; Salas letzte Filmmusik entstand für die siebenteilige MDR-Dokumentarserie *Das war die DDR* von 1993. Dazwischen spielte Sala auch gelegentlich Musiken für Theater, Hörspiele und Spielfilme ein, genannt sei der Edgar-Wallace-Krimi *Der Würger von Schloss Blackmoor* (1963, seine Musik dürfte das Beste an dem

Film gewesen sein). 1962 erschien Sala neben den Berliner Symphonikern und dem Botho-Lucas-Chor auf der beeindruckenden Doppel-LP *Heinrich Heine: Deutschland, ein Wintermärchen – eine poetische Reportage* mit der Musik von Hans-Martin Majewski; Herbert von Karajan heuerte ihn für die *Parsifal*-Glocken an. Salas berühmtestes Werk allerdings war eigentlich gar keine Musik: das schaurig-schöne Vogelgeschrei in Alfred Hitchcocks *Die Vögel* (The Birds, 1963) – im Kontext der Filmbilder wirken die elektronischen Vögel fast echter und unheimlicher als wirkliche Vögel es könnten. Insgesamt gehen ungefähr 300 Kompositionen auf Salas Konto, darunter auch einige freie Stücke, die es zu Plattenveröffentlichungen brachten und die er gelegentlich auch live aufführte.

Sala wurde nie so recht warm mit der Elektronischen Musik, wie sie Mitte der 1950er-Jahre aus Köln kam. Sie war für seinen Geschmack zu dogmatisch. Seine Stücke basierten in der Regel auf Improvisation, und das ging natürlich nicht zusammen mit der streng mathematisch orientierten Kompositionsweise der „Herren aus Köln", wie er sie mit leicht hochgezogenen Augenbrauen zu nennen pflegte. Diese Animosität beruhte auf Gegenseitigkeit. Und wenn Sala heute in Musiklexika erwähnt wird, dann meist als Instrumentalist und musikalische Randerscheinung. Sein Werk als Komponist und Pionier der elektronischen Musik wird selten zur Kenntnis genommen.

Während der 1960er-Jahre konnte Sala mit dieser Art öffentlicher Nichtbeachtung ganz passabel leben; er war mit Aufträgen hinlänglich ausgelastet. Das änderte sich mit dem Aufkommen des Moog-Synthesizers. Das Trautonium geriet mehr und mehr in Vergessenheit, und Sala mit ihm. Die 1970er-Jahre müssen für ihn und seine Frau eine harte Zeit gewesen sein, auf entsprechende Fragen wurde er sehr wortkarg. Aber er gab nie auf, sein täglicher Gang von seiner Wohnung zum Studio blieb Routine.

In den 1980ern wurden das Trautonium und Salas bemerkenswertes Werk wiederentdeckt – diesmal hauptsächlich von Popmusikern. Darin liegt eine gewisse Logik, denn – anders als andere „E-Musik"-Komponisten – hatte Sala nie Berührungsängste mit Unterhaltungsmusik; auf YouTube sind sogar einige Tanzmusik-Aufnahmen zu finden, an denen er mitgewirkt hat. Der Kraftwerk-Mitgründer Florian Schneider beschrieb ihn als denjenigen, der die elektronische Musik von der Avantgarde in die Popularmusik eingebracht habe.

Im Jahr 1987 wurde Sala für seine Filmmusiken mit dem „Filmband in Gold" ausgezeichnet; man kann dies als den „deutschen Oscar" ansehen (seit 1999 heißt die Auszeichnung „Lola", was mich immer an die gleichnamige Abwaschbürste denken lässt). In den Folgejahren veröffentlichte Ulrich Rützels Erdenklang-Label drei Sala-CDs, darunter die Hindemith-Kompositionen. Dadurch nahm ihn nun endlich auch die „seriöse" Kritik zur Kenntnis. Außerdem wurden einige neue Trautonien gebaut, zunächst unter Leitung eines Teams aus drei Professoren der Hochschule der Deutschen Bundespost in Berlin, später von einer Firma namens Trautoniks. Das Instrument ist nun mit modernen Bauteilen bestückt, und es gibt ein paar Musiker, die sich auf diese neuen Trautonien spezialisiert haben; der aktivste ist Peter Pichler.

Sich mit Sala zu unterhalten, hieß einen sehr lebendigen und eloquenten Mann zu erleben, der auch im hohen Alter noch spannend und mit verschmitztem Humor über seine Pionierzeit sprechen konnte, ohne darüber das aktuelle Datum zu vergessen. Oskar Sala verstarb 2002 mit 92 Jahren in seiner Charlottenburger Wohnung, drei Jahre nach seiner Frau. Es war eine große Freude, ihn persönlich kennengelernt zu haben.

Moog

Die elektronische Musik machte einen gewaltigen Sprung nach vorn, als der amerikanische Ingenieur Dr. Robert Arthur „Bob" Moog (seinen Nachnamen wollte er gesprochen haben wie in „Vogue") ein Instrument entwickelte, das als *Synthesizer* bekannt wurde. Das war mehr als einfach nur ein neues Instrument. Man kann ohne weiteres davon sprechen, dass Moog einen neuen sozialen Kontext für bestehende Technologien erfand. Das war zwar nicht seine Absicht gewesen, aber wie meistens, wenn eine neue Idee in der Welt und der Augenblick richtig ist, dann findet sie ihren eigenen Weg. Genau das ist Moogs Erfindung passiert.

Was ist damit gemeint, wenn hier „ein neuer sozialer Kontext für bestehende Technologien" ausgerufen wird? Es gab eine Reihe früherer Versuche, Synthesizer zu bauen – der RCA-Synthesizer ist zu nennen, der russische ANS, auch die Buchla-Synthesizer (eingesetzt von Morton Subotnick in *Silver Apples of the Moon* von 1967, von Douglas Leedy auf seinem Dreifach-Album *Entropical Paradise* von 1968, von Laurie Spiegel auf *The Expanding Universe* (1974-1976), und von Suzanne Ciani in ihren Werbemusiken zwischen 1969 und 1985, dokumentiert auf *Lixiviation* von 2012). Auf dem noch immer wegweisenden (einzigen) selbstbetitelten Album der Gruppe The United States of America aus dem Jahr 1967 ist ein Durrett-Synthesizer zu hören, der allerdings aus verschiedenen Einzelgeräten zusammengesetzt war. Alle diese Instrumente arbeiteten unterschiedlich und waren eher Spielzeuge für Techniker als Instrumente, mit denen sich Musiker beschäftigen mochten.

Wendy Carlos arbeitete als Toningenieurin im Gotham Records Studio und hatte elektronische Musik am Columbia-Princeton Music Center in New York City studiert. Bob Moog traf sie irgendwann in dieser Zeit auf der jährlichen Audio Engineering Show (AES). Carlos überblickte die musikalischen Aspekte, die Moog fehlten, und mit ihrer Hilfe modifizierte und veränderte Moog die von ihm entwickelten Geräte entlang der drei Elemente, die einen Klang bestimmen: Tonhöhe, Klangfarbe und Lautstärkeverlauf. Jedes dieser Elemente fand seine Entsprechung in einer Einheit des Synthesizers: Oszillator, Filter und Verstärker; für den Lautstärke- und Klangfarbenverlauf wurde ein Hüllkurvengenerator hinzugefügt. Diese Generatoren – das war Moogs eigentlicher Geniestreich – arbeiten alle nach demselben Prinzip: der Spannungssteuerung. Um das Ganze spielen zu können, entschied sich Moog für eine Klaviatur – was zwar einleuchtend erscheint, aber möglich wäre auch anderes, etwa Saiten wie beim Trautonium, ein Theremin, oder ein atemgesteuertes Gerät wie beim Lyricon.

Das ist ein Synthesizer – *sehr* „basic", zugegeben. Es ist eine Art elektronisches Kompaktstudio, aber sobald man einmal die Idee der Spannungssteuerung begriffen hat, könnte man damit schon arbeiten. Man kann dann weitere spannungsgesteuerte Einheiten hinzufügen, etwa einen Sequenzer, ein Pitchbending Wheel, oder einen Niederfrequenzgenerator (*Low Frequency Oscillator*, LFO), der einem Klang Vibrato und Tremolo hinzufügt – die Möglichkeiten sind zahlreich, und Moog kam sehr schnell auf immer neue Ideen.

Wendy Carlos übrigens wurde in Naturalien für ihre Mitarbeit bezahlt: mit Moog-Equipment. Mit diesem spielte sie dann ihre legendäre erste Platte ein, *Switched-on Bach*, veröffentlicht im Jahr 1968.

Die ersten Moogs hatten die erwähnten Einheiten in vier voneinander getrennten Chassis. Deswegen wurden sie „Modular-Synthesizer" genannt. Sie waren groß wie Kühlschränke und mussten mit Verbindungskabeln miteinander gekoppelt werden, was dem Instrument den Charme einer Telefonzentrale verlieh. Später, mit der Entwicklung der Mikroelektronik, konnte man die Einheiten deutlich verkleinern, im Gerät vorverdrahten und sie in ein kleineres Gehäuse einsetzen, das zudem über ein Dreieinhalb-Oktaven-Keyboard verfügte – so entstand im Jahr 1971 der *Minimoog*. Auch der war nicht billig, aber deutlich erschwinglicher: Er kostete rund 1500 Dollar, entsprechend etwa 5000 Mark – zum Vergleich: für einen VW-Käfer musste man damals etwa 6000 Mark hinblättern. Der Minimoog hatte nicht die völlige Flexibilität, die sein modularer Bruder bot, aber dafür war er relativ einfach zu handhaben, sogar auf der Bühne, und so wurde er um 1973 zum Standardinstrument der meisten Keyboarder; meistens in Kombination mit einer Hammond-B3, einem E-Piano und einem String-Keyboard.

Damit wird klar, weshalb zuvor die Rede von der Erfindung eines neuen sozialen Kontextes war: Anstelle von Musikwissenschaftlern und Technikern in ihren (meist universitären) elektronischen Studios waren jetzt Pop- und Rockmusiker diejenigen, an die sich das Angebot richtete, und die gingen mit einer ganz anderen Haltung an die neuen elektronischen Instrumente heran. Sie setzten sie auch ganz anders ein als ein Experimentalstudio dies je getan hätte. Während etwa Stockhausen die Forderung aufstellte, elektronische Klänge hätten „assoziationsfrei" zu sein, dürften also nicht an andere Instrumente oder Naturklänge erinnern, nutzten Rockmusiker den Synthesizer geradezu gegenteilig – die Minimoog-Imitationen von Schritten, Regenfällen oder Gewittern zählen nach Dutzenden. Und nicht nur das, diese Musiker sprachen auch einen anderen Hörerkreis an, der damit wiederum andere Erwartungen verband. Diesen Sachverhalt so zu sehen heißt tatsächlich, die Anwendung technischer Möglichkeiten als soziale Konstruktion zu interpretieren. Ein ähnliches Prinzip wurde übrigens auch schon in US-Werbekampagnen wiederholt angewandt, zum Beispiel 1970 für den VW-Bus oder 1984 für den ersten Macintosh-Computer.[14] Nicht die Produkte selbst waren in diesen Kampagnen die Botschaft, sondern das, was man mit dem Produkt anstellen konnte, wurde als Antwort auf einen sozialen Trend dargestellt – *das* war die Botschaft. Im Fall Macintosh, falls jemand sich noch an diese frühen Werbekampagnen erinnert, besaß die Werbung Züge einer religiösen Erweckungsbewegung.

Das größte praktische Problem, das Synthesizer hatten, war, dass sie sich nach einer Weile verstimmten, besonders in der Wärme des Scheinwerferlichts auf der Bühne; manchmal reichte dafür sogar schon die Körperwärme des Publikums selbst, die den Saal aufheizte. Ein anderes großes Problem war es, einen einmal gefundenen Sound ein zweites Mal zu konstruieren, denn er war nicht speicherbar. Das war eine wirkliche Pest für Livemusik, weil schon minimale Abweichungen von der ursprünglichen Einstellung der Regler zu großen Klangunterschieden führen konnten. (Das war kein spezielles Moog-Problem, die Instrumente anderer Hersteller waren in dieser Hinsicht nicht anders; es hatte einfach mit den damals vorhandenen elektronischen Bauteilen zu tun.)

Zugegeben, diese Erklärungen sind einfach gehalten, aber es soll hier niemand mit technischen Details gequält werden. Nur eine Sache sei klar und deutlich gesagt: Synthesizer spielen weder automatisch noch sind sie „künstlich" – jedenfalls nicht künstlicher als eine Geige oder eine Gitarre. Kein Musikinstrument wächst auf dem Acker, sondern sie alle sind Produkte einer Technologie. Ein analoger Synthesizer, wie er hier in Grundzügen beschrieben wurde, ist ein Musikinstrument, das ein breiteres Klangspektrum als jedes andere Instrument bietet. Aber – das ist der entscheidende Punkt – es tut nichts von allein, so wenig wie eine Trompete von allein spielt. Einen Synthesizer zu spielen, muss man *lernen* wie jedes andere Instrument auch, und das ist nicht in ein paar Tagen möglich. Viele Pop- oder Rockmusiker dachten sich: Großartig, das Ding hat eine Tastatur, dann muss das wohl eine Art „Super-Orgel" mit Multieffekt-Möglichkeiten sein. Sie alle, ausnahmslos, mussten erkennen, dass das so nicht funktioniert. Wer so an den Synthesizer herangeht, wird erleben, dass das Instrument mit ihm spielt, nicht umgekehrt. Es muss hier nicht speziell auf die unendlichen Ströme klanglicher Gülle hingewiesen werden, die wegen dieses Missverständnisses aus tausenden von Platten quollen und quellen.

Der Erste

Man kann heute nur noch schwer feststellen, wer genau „der erste" Rockmusiker oder „die erste" Gruppe war, bei dem oder der erstmals ein Modul-Moog zu hören war. Aber es passierte nicht in Deutschland. Mit ziemlicher Sicherheit geht diese Ehre an The Monkees und ihre LP *Pisces, Aquarius, Capricorn and Jones Ltd.* (1967). Eine andere frühe Rock-LP, die einen nicht spektakulären, aber relativ effektiven Einsatz eines Modul-Moogs aufweist, war *The Notorious Byrd Brothers* (1968) von The Byrds. Roger McGuinn hatte das Instrument auf dem Monterey Pop Festival entdeckt, auf dem Bob Moog mit einer Demonstrationsbude vertreten war. McGuinn fand das Instrument allerdings zu kompliziert, deswegen wird es auf der Byrds-Platte von Paul Beaver gespielt. Beaver war ein Pionier der elektronischen Musik, der auch schon auf dem erwähnten Monkees-Album ausgeholfen hatte. In beiden Fällen war der Synthesizer hier aber eher Beigabe, eine wirklich tragende Rolle hatte er nicht. Die hatte er bei *Cosmic Sounds* (1967) von The Zodiac („a celestial counterpoint with words and music – must be played in the dark", wie das Cover wissen ließ), bei dem Beaver mehr oder weniger der einzige Musiker war. Eher experimentell war eine Platte, die Beaver im Jahr 1968 zusammen mit Bernie Krause als Duo Beaver & Krause einspielte: *The Nonesuch Guide to Electronic Music*. Unterhaltsamer waren *Moog – The Electric Eclectics of Dick Hyman* (1969) oder *Switched-on Bacharach* (1972) von Christopher Scott. Hyman verstand den Synthesizer vorrangig als Quelle überraschender Sounds, während Scott mit den Kompositionen Burt Bacharachs etwa das machte, was

Wendy Carlos mit Werken Bachs gemacht hatte. Es funktioniert, aber nach einer Weile möchte man doch den Originalen den Vorzug geben.

Man sieht: Kaum, dass der Moog vorhanden war, da wurde er in den USA bereits in verschiedenen Musikgenres eingesetzt. In Deutschland sah die Sache noch ein bisschen anders aus.

Elektronik in Deutschland

Wer war der erste in Deutschland, der einen Synthesizer auf einer Platte einsetzte? Auch hier ist dies keine ganz eindeutig zu beantwortende Frage. Wenn man Wikipedia glauben will, dann passierte es in einem Schlager: „Arizona Man“, 1970 von Mary Roos gesungen (sie wurde schon zuvor im Kapitel über die Billiglabels erwähnt; sie sang dort unter einem Dutzend Pseudonymen seit den frühen 1960ern).[15] „Arizona Man“ war ihr bis heute größter Hit, der ihre Langzeitkarriere als Schlagersängerin ins Laufen brachte; die Single erreichte im Sommer 1970 die #9 und stand 18 Wochen lang in den Charts. Der Song wurde geschrieben und arrangiert von Giorgio Moroder, der ihn aus zwei seiner eigenen Singles zusammengesetzt hatte. Aber Wikipedia scheint falsch zu liegen. „Arizona Man“ in Mary Roos' Hitversion hatte eine für damalige Platten elektrisierend klingende Hookline, aber wenn mich meine Ohren nicht trügen, wird diese auf einem Stylophone in mehrfachem Overdubbing gespielt, ansonsten ist der Song getränkt in Wah-Wah- und Fuzz-Gitarren, Bass, Klavier, Bläsern, dramatischen Drums mit einem vorsichtigen Phasingeffekt und einer nett eingebauten DJ-Falle (der Song endet nicht dort, wo man es vermutet) – den von Wikipedia behaupteten Synthesizer höre ich aber nicht.

Die Blumen für die ersten Synthesizersounds in deutscher Popmusik gehen anderswo hin: In aller Wahrscheinlichkeit war es der James-Last-Keyboarder Günter Platzek, der auf der Internationalen Funkausstellung in Berlin im Jahr 1971 auf einem Konzert des ORCHESTERS JAMES LAST einen EMS Synthi 100 spielte.

Moogs waren nicht nur elend teuer, sondern in Deutschland auch keineswegs einfach zu bekommen. Einige Jahre lang gab es nur einen einzigen autorisierten Händler, das Studio Funk des Toningenieurs und Filmkomponisten Heinz Funk in Hamburg. Dort stand ein Vorführgerät, ein Moog III (auch „the Big Moog“ genannt), ein Modul-Synthesizer der zweiten Generation, bei dem die Module bereits in einem großen Gehäuse zusammengefasst waren. Ich hatte mich unter anderem auch im Studio Funk beworben und wurde eingeladen. Auf einem Rundgang durch das Studio erspähte ich dieses Instrument und verblüffte damit, dass ich wusste, was es ist. Heinz Funk ließ es sich daraufhin nicht nehmen, mir den Moog III persönlich zu demonstrieren, und mehr noch, er ließ mich darauf herumspielen. – Einige Jahre später zog das Studio, das hauptsächlich von Filmsynchronisation und Werbefilmvertonung lebte, in größere Räume um. Der Musiker Okko Bekker übernahm das Studio, und mit ihm den Moog. Seitdem heißt es Audiplex; in den 1980ern hat der Elektroniker Asmus Tietchens dort die meisten seiner Platten aufgenommen. Den Big Moog hat er allerdings kaum jemals eingesetzt. Das Instrument endete schlussendlich in einem Museum.

EMS

Sollte nicht auch das Studio für Elektronische Musik des WDR einen Moog besessen haben? – Man dachte dort darüber nach, entschied sich aber gegen einen Moog. Dies geschah auf den Rat Karlheinz Stockhausens hin, der einem EMS Synthi 100 den Vorzug gab. Dieser wurde im Jahr 1973 bestellt und im Folgejahr geliefert. Der Synthi 100 war eine Kombination aus drei VCS-3-Synthesizern mit einer Reihe zusätzlicher Features wie etwa Sequenzer und Vocoder; alles in allem wurden etwa 40 Exemplare gebaut. Der Grund, weshalb Stockhausen dieses Instrument bevorzugte, war nicht, dass der Moog zu kompliziert gewesen wäre, nur konnte der Synthi 100, anders als der einstimmige Moog, mit zwei Keyboards vierstimmig gespielt werden, und er bot außerdem die Möglichkeit, alternative Stimmungen einzusetzen. Stockhausens *Sirius* (1977) nutzt den Synthi 100 extensiv. Glücklich war er mit dem Instrument allerdings auch nicht: „Der Synthi 100 hat nie wirklich zufriedenstellend funktioniert; er ist fürchterlich instabil und die Filter sind sehr schlecht.“[16] – Irgendwas ist ja immer.

Andere Nutzer eines Synthi 100 waren Wolfgang Dauner, wie auf seinem Album *Changes* (1978) zu hören ist. Der Radiophonic Workshop der BBC hatte ebenfalls ein Exemplar; Delia Derbyshire nutzte dessen Klänge für das Titelthema der TV-Serie *Doctor Who* (1973).

Die kleine Version, der VCS-3, konnte auch eingesetzt werden, um den Klang externer Instrumente zu verändern; eine Möglichkeit, die der Minimoog nicht bot. Brian Eno nutzte den VCS-3 für solche Treatments, Sonja Kristinas Stimme auf *Phantasmagoria* (1972) von Curved Air wurde ebenfalls mit einem solchen Instrument verzerrt.

Und nun kehren wir noch einmal nach München zurück. Dort nämlich, nicht in Berlin, startete die Synthesizermusik in Deutschland.

SCHOENER, FRICKE, MORODER

Der Elektronik-Rock begann nicht in Berlin oder Düsseldorf. Der Startschuss fiel in München. Der erste Musiker in Deutschland, der einen modularen Moog besaß, war Eberhard Schoener.

Schoener

Es ist eine interessante Geschichte, wie dieses Instrument zu ihm kam.[1] Schoener war kein Freund der Elektronischen Musik, wie sie aus Köln zu hören war. Als klassisch ausgebildeter Komponist, Dirigent und Violinist sah er zwar deren Potenzial, aber er hielt sie für „reine Kopfmusiken, ohne Phänomenologie, ohne Spannungsbögen, ohne erkennbare Sinnlichkeit."[2] Wie für viele, die später zu Liebhabern elektronischer Musik wurden, kam der Kick für ihn, als er im Jahr 1969 *Switched-on Bach* im Radio hörte. Aber nicht das ganze Album fand seine Aufmerksamkeit, es war nur ein ganz bestimmtes Stück: der 2. Satz aus Bachs *Brandenburgischem Konzert Nr. 3*. Dieser Satz besteht aus nur wenigen Noten. Schoener: „Mich interessierte nicht diese Imitation. Mich interessierte nur im Dritten Brandenburgischen Konzert die Improvisation. Da [im 2. Satz] ist von Bach vorgeschrieben, zu improvisieren. Da hat Wendy Carlos damals eine für mich umwerfende neue elektrische Form entwickelt, mit einem Instrument, das ich nicht kannte, wo ich einfach sagte, das gibt's doch gar nicht. Ich erkannte plötzlich, dass wieder Spannung möglich war und dass das etwas sein könnte, was mich interessiert."[3]

Er fand heraus, dass das Instrument etwa 60.000 Mark kosten würde, ein Betrag, der für ihn komplett außer Reichweite lag. Es fand sich eine Lösung durch Zufall: Schoener hatte einem Freund, Ulf von Gienanth, dem Spross einer alten Adelsfamilie, von dem Moog erzählt. Dieser wiederum hatte seiner Mutter, Heidi von Gienanth, von Eberhards Begeisterung für den Synthesizer berichtet. Und so sagte sie eines Tages: „Wenn das so ist, Eberhard, dann geh doch zu diesem Mr. Moog. Ich leih' dir das Geld." Sie werde eine Stiftung ins Leben rufen, die ihm die Möglichkeit gebe, das Geld erst zurückzuzahlen, wenn kommerzielle Erfolge vorlägen.

Mit diesem unerwarteten Geld in der Tasche flogen Eberhard und seine Frau Stefanie (eine Journalistin der *Süddeutschen Zeitung*) nach New York, ohne zu wissen, wo dieser Mr. Moog zu finden wäre. In einem Laden für Rock'n'Roll-Zubehör fanden sie jemanden, der es wusste. Die beiden reisten dann nach Trumansburg, ein verschlafenes 1500-Seelen-Dorf inmitten der Finger Lakes in Upstate New York. Was sie dort vorfanden, war nicht die erwartete Fabrik, sondern das Wohnhaus der Moogs mit einem Werkstattanbau, in dem zwei Ingenieure Theremins zusammenbauten – und Synthesizer. Es gab keinen Laden, in dem man einen solchen hätte aussuchen und kaufen können. Diese frühen modularen Moog-Synthesizer waren Einzelanfertigungen. Man besprach mit Mr. Moog, welche Spezifikationen man haben wollte, er kalkulierte den Preis und man zahlte die Hälfte an. Mit diesem Geld kaufte Moog die Bauteile und ein halbes Jahr später konnte das Instrument abgeholt werden. So lief das – und Moog war damit voll ausgelastet.

Als Schoener an Moogs Tür klopfte, hörte er folglich: „Tut mir leid, ich kann Sie nur auf die Warteliste setzen. Seit *Switched-on Bach* will jetzt plötzlich jeder einen Synthesizer haben. Wenn wir Glück haben, kann ich Ihre Bestellung in zwei Jahren entgegennehmen. Kommen Sie dann gern wieder."

Aber die Schoeners blieben. Vielleicht hatte Eberhard eine Vorahnung, dass ihm der Zufall helfen würde. Stefanie und er jedenfalls ließen sich in einem Motel in der Nachbarschaft nieder, und irgendwie gelang es ihm, einen von Moogs Ingenieuren zu überreden, ihm zu erklären, wie so ein Synthesizer funktioniert. Eberhards Englisch war nicht das beste, deswegen liefen große Teile dieser Konversation in Gestalt von Zeichnungen ab – Wellenformen, Oszillatoren, Filter, Hüllkurvengeneratoren, Flussdiagramme und mehr.

Und dann, eine Woche später, lud ein Truck vier schwarze Kisten auf Moogs Hof ab. Schoener erspähte sie sofort. Es stellte sich heraus, dass dies John Lennons Synthesizer war, der zweite jemals hergestellte, sogar schon mit einer Sequenzereinheit. Lennon gab das Instrument zurück; es war ihm zu kompliziert, und er wollte die weitere technische Entwicklung abwarten. Schoener ging sofort dazwischen: „Packen Sie den gar nicht erst aus, ich nehme ihn, wie er ist." Es müssen wohl Schoeners Neugierde, Beharrlichkeit und Geduld gewesen sein, die Mr. Moog schließlich davon überzeugten, ihm John Lennons retourniertes Instrument zu verkaufen.

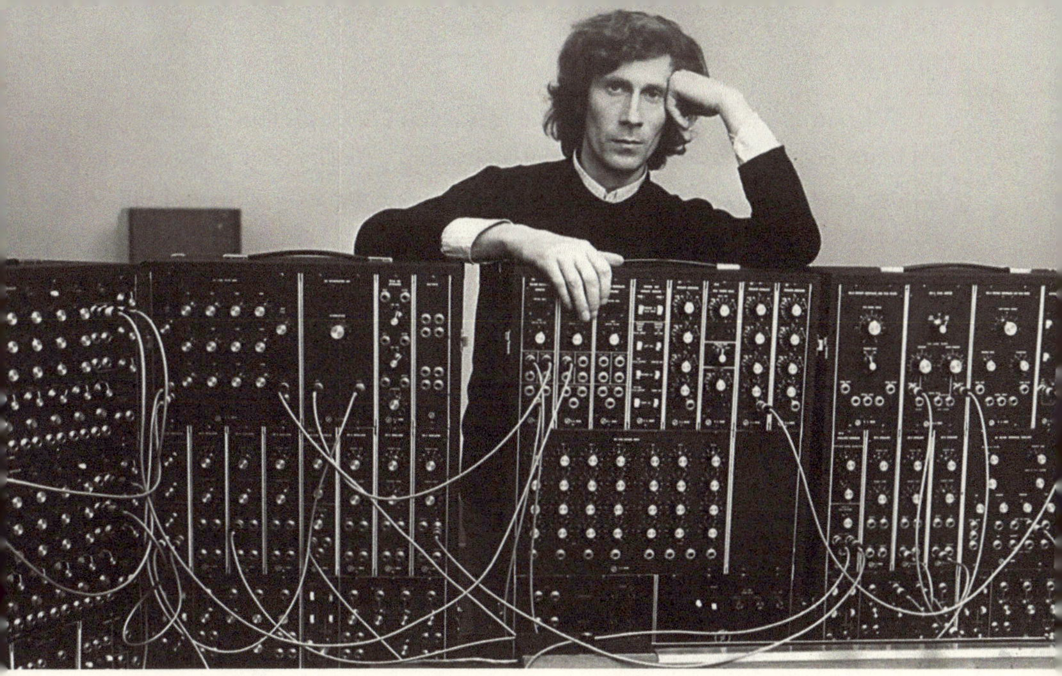

Eberhard Schoener und sein Moog

So kam der erste Moog-Synthesizer nach Deutschland. Es dauerte nicht lange, da klingelte ein Techniker namens Robert „Robby" Wedel an Schoeners Tür in Miesbach (einem kleinen Dorf im Alpenvorland, einige Kilometer südlich von München) und bat darum, einmal einen Blick auf dieses Wundergerät werfen zu dürfen. Das endete damit, dass Wedel Schoeners Assistent wurde – und vermutlich die einzige Person, die den Synthesizer technisch wirklich begriff. – Später arbeitete Wedel auch in einigen Münchner Studios mit Giorgio Moroder, Donna Summer, Siegfried Schwab, der Carla Bley Band, Popol Vuh und anderen.

Einige Monate später nahm Schoener den Auftrag an, in den Bavaria-Studios eine elektronische Abteilung einzurichten, und er nahm seinen Moog dorthin mit. Rund zehn Jahre lang blieb das Instrument in dem Studio, und damit hatten auch andere Musiker die Möglichkeit, es einzusetzen – einer davon war Giorgio Moroder. Im Jahr 1980 gründete Schoener ein eigenes Studio am Hang des Wendelsteins (man braucht eine Weile, bis man sich an die dünnere Luft dort oben gewöhnt hat). Dort landete dann auch der Moog, fast 40 Jahre lang, spielbar und gut im Futter. Im Herbst 2019 hat Schoener das Instrument schließlich dem Deutschen Museum in München übereignet, zusammen mit großen Teilen seines Archivs.

Was war mit den 60.000 Mark, die Heidi von Gienanth ihm geliehen hatte? Sie hatte sich den Synthesizer einmal angesehen, „Aha“ gesagt und nie wieder darüber gesprochen. Nach ihrem Tod fragte Schoener seinen Freund Ulf, was denn jetzt mit der Stiftung passiere und ob er das Geld nun zurückzahlen solle. Ulf hatte nie von der Stiftung gehört. Sie fanden heraus, dass es keine Stiftung gab. Es hatte nie eine gegeben. Heidi von Gienanth hatte ihr privates Geld in Eberhards Traum investiert. Die „Stiftung“ hatte sie erfunden, damit er nicht mit dem Gefühl herumlaufen musste, ihr persönlich eine so hohe Summe zu schulden.

Sage noch einer, es gäbe keine Märchen mehr.

Die erste Platte, die Schoener mit dem Moog aufnahm, war *Destruction of Harmony – The Living Sound of Synthesizer based on Bach & Vivaldi* (1971), eine Art experimentierfreudigere Erweiterung von *Switched-on Bach*.

Im Juni des Jahres 1971 verwendete Schoener eine Traglufthalle für eine kleine Reihe meditativer Moog-Konzerte. Sie gehörte dem Kunstsammler und Fotografen (und ja: Playboy) Gunter Sachs, der sie für eigene Ausstellungen verwendete. Mit seiner finanziellen Hilfe wurde die Halle mit etlichen Wasserbetten ausgestattet, sodass die Besucher im Liegen auf Monitore schauen konnten. Diese zeigten optische Rückkopplungseffekte des Künstlers Brian Wood. Die Straßengeräusche von draußen musste man sich wegdenken, ebenso auch die Geräusche des Gebläses, das die Halle stabil hielt. Zunächst kamen sechs Besucher, dann nur noch einer. Dieser eine allerdings war ein Kritiker, und er war beeindruckt. Seine Besprechung brachte schnell weitere Besucher; schließlich mussten mehrere Vorstellungen am Tag gegeben werden. Der Spaß endete zwangsweise nach fünf Tagen, nachdem am Morgen die Traglufthalle ebenso wie die Wasserbetten zerstochen worden waren; das Wasser überflutete die Straße so stark, dass die Feuerwehr umliegende Keller sichern musste. Auch im Jahr 1971 war die Welt bereits voller Klotzköpfe.

Ein weiteres Moog-Konzert gab Schoener während der Berliner Festwochen 1971 in der Nationalgalerie Berlin. 200 Zuschauer wurden erwartet. Am Nachmittag standen bereits 500 in der Schlange, und am Abend drängten 1000 Menschen in die Halle – was den Direktor extrem nervös machte, denn dort hingen Gemälde von Mark Rothko nicht nur an den Wänden, sondern auch frei von der Decke, die meisten von ihnen unbezahlbar. Aber Schoener beruhigte ihn, und er behielt recht. Seine kontemplativen Moog-Improvisationen in Verbindung mit diesen Gemälden entspannten und beruhigten das Publikum, und kein Schaden trat ein.

Man erhält einen Eindruck dessen, was Schoener ungefähr spielte, wenn man die erste Platte anhört, die er ausschließlich mit dem Moog eingespielt hat: *Meditation*, veröffentlicht auf dem Ariola-Label, produziert im Jahr 1973 auf einer 16-Spur-Maschine im Bavaria-Studio, abgemischt in SQ-Quadro und verpackt in einer schönen, nach zwei Seiten ausklappbaren Hülle, die ein wenig an einen Flügelaltar erinnert.

Es war immer Schoeners Stärke, Dinge zu kombinieren, von denen jeder zunächst gedacht hätte: Das passt nicht zusammen. Sein wichtigstes Werk in den 1970ern war mit Sicherheit *Bali-Agúng* aus dem Jahr 1975, aufgenommen in einer Hotellobby in Bali mit dem Big Moog, dem Drummer Pete York, dem Gitarristen Siegfried Schwab und den GAMELAN-ORCHESTERN DES PRINZEN AGÚNG RAKA VON SABA UND PINDA. Als Schoener nach Bali kam, hörte er sich diese Orchester nicht nur für ein paar Stunden an, sondern gleich für mehrere Tage, um ganz zu verstehen, was sie spielten, wie sie miteinander interagierten, und wie es ihm möglich sein würde, sich mit den Gamelanmusikern zu verständigen – denn die für Sinfonieorchester üblichen Schlagfiguren und Handgesten des Dirigenten kannten diese Musiker nicht. Nach Tagen näherte man sich einander an; Schoeners Bewegungen erinnern dabei an Tanz. Dafür sind die Gamelanmusiker völlig fasziniert von Pete Yorks Schlagzeugspiel. Diese gegenseitige Geduld und das Aufeinanderzugehen waren der Grund dafür, dass der Prinz letztlich seine Erlaubnis zu diesem Experiment erteilte. *Bali-Agúng* ist keine Platte, die Gamelan-Musik verpoppt für westliche Touristen genießbar machen will. Tatsächlich ist sie hartes Brot, auch heute noch. Die Aufnahme ist das Ergebnis zweier vollständig verschiedener Musikkulturen, die einander konzentriert zuhören und auf das, was sie hören, reagieren. Ein Abenteuer.[4]

Zu Schoeners späteren wichtigen Veröffentlichungen gehört *Trance-Formation* (1977), damals offiziell unter EBERHARD SCHOENER & THE SECRET SOCIETY erschienen. Die Platte ist zum Teil in der Pfarrkirche Lenggries aufgenommen; Moog, Mellotron, Klavier und Orgel spielt der Maestro selbst, ebenso dirigiert er sein ORCHESTER DER MÜNCHNER KAMMEROPER, es singen Mary Gregoriy und Mitglieder des TÖLZER KNABENCHORS, dazu erklingen Gregorianische Gesänge von Mönchen des nepalesischen Klosters Sama (lange bevor Michael Cretu den Charme dieses Gesangs in Kombination mit elektronischem Background für sein Projekt ENIGMA entdeckte). Weitere Sessionmusiker sind Andy Summers, Gitarre, Raimund Elleder, Keyboards, Nippy Noya, Percussion und Hans Peter Ströer, Bass (letzterer ist auch bekannt für interessante Filmmusiken). Folgealben waren *Flashback* und *Video Magic* (beide 1978). Auf letzterem findet sich der Track „Koan“ mit Schoener am Moog, Andy Summers an der Gitarre und Olaf Kübler am Saxofon. Diese zwölf Minuten gehören zum Substanziellsten, was der deutsche Elektronik-Rock der 1970er-Jahre hervorgebracht hat, und es bleibt ein ewiges Rätsel, weshalb es diese LP nie remastered auf eine CD geschafft hat.

Ich habe Schoener in den Jahren 1977 und 1978 mit den genannten Musikern im Hamburger CCH live erleben können (die Mönche und der Tölzer Knabenchor kamen natürlich vom Band). Beide Konzerte liefen ein wenig zäh an; die Kongresshallenatmosphäre des CCH erwies sich zum wiederholten Male auch hier als ungeeignet für Konzerte. Ich erinnere mich dennoch lebhaft an die Energie, mit der all diese Elemente über die Bühne kamen. In der 1977er-Show beeindruckte besonders der Einsatz verschiedener Düfte, die über die Klimaanlage in den Saal geblasen wurden. Da stand wohl ein bisschen der Komponist und Synästhetiker Aleksandr Skrjabin Pate, der diese Idee schon 1915 für seine sinfonische Dichtung *Prométhée – Le Poème du feu* gehabt hatte, leider ohne sie damals realisieren zu können. (Und das CCH hat etliche Tage gebraucht, um nach Schoeners Konzert wieder geruchsneutral zu werden.) Im Jahr 1978 gab es keine Düfte, dafür allerdings die Kombination aus Musik, Licht und computergesteuerten Dias, deren Motive, etwa ein kreisrundes Kirchenfenster, teils sehr effektvoll von Laser-Projektionen aufgegriffen wurden (letztere lieferte das Laserium aus Los Angeles). Zudem bewegte sich der Pantomime Andy Geer über die Bühne. Und das Konzert ermöglichte es, eine damals in Deutschland noch unbekannte Band kennenzulernen: The Police. Schoener arbeitete mit dem Gitarristen Andy Summers an der Vorbereitung der Show, als Summers zu ihm sagte: „Du brauchst einen guten Drummer. Ich kenne da jemanden …“ Dieser Jemand war natürlich Stewart Copeland, und der war, wie sich herausstellte, höchst interessiert an den Rhythmusstrukturen der Balinesischen Gamelan-Musik. Dann war es Copeland, der zu Schoener sagte: „Du brauchst einen guten Bassgitarristen …“, und der war Sting, natürlich. So gelangten The Police in den Zirkel um Schoener. Ihre Single „Roxanne“ war bereits auf dem Markt, aber da sie noch nicht richtig lief und die Musiker andererseits offen genug für Schoeners Ideen waren, wurden sie Teil der Show. Schoeners Angebot, auch das Vorprogramm zu übernehmen, ließen sie sich nicht entgehen.

Es ist immer noch bemerkenswert, dass Stings und The Polices Zusammenarbeit mit Eberhard Schoener bis heute weder in der offiziellen Bandbiografie von The Police noch in der offiziellen Sting-Biografie erwähnt wird.[5] Ihr Manager, Miles Copeland (Stewarts Bruder), blockierte die weiteren Kontakte zwischen der Band und Schoener. Es hätte nicht in das Bild gepasst, das Miles Copeland von der Band konstruierte, und mehr noch, es schien für ihn unvorstellbar zu sein, offenzulegen, dass ein deutscher Klassik-Musiker und Dirigent diese Band als erster entdeckt hatte. Miles Copeland fürchtete, ein Durchbruch der Band in den USA sei unmöglich, wenn die Münchner Episode als Teil der Bandgeschichte bekannt werden würde.[6] Sein Zutrauen zum Talent der Band scheint nicht überwältigend gewesen zu sein.

Fricke

Der Regisseur Werner Herzog sagt über Florian Fricke: „Wir arbeiteten eng zusammen, und oft habe ich ihm die Geschichte erzählt, die ich im Kopf hatte, bevor es ein geschriebenes Drehbuch gab. Wir sprachen nicht über Musik; wir sprachen stattdessen über die innere Dramatik der Story, oder über die Vision, die ich hatte. Er war zuerst mal Poet und dann erst Musiker, und sein Gefühl für die innere Struktur eines Filmstoffs war unfehlbar. Florian ist es immer gelungen, Musik zu erschaffen, die uns für immer einen Zugang zu ansonsten unzugänglichen Dimensionen erlaubt hat."[7] Michael Cretu (Enigma) macht's etwas kürzer: „Popol Vuh sind die größten Vorbilder, die ich je hatte und je haben werde."[8]

Starke Worte. Was also hat es mit Florian Fricke und der Gruppe Popol Vuh auf sich? Fricke war der zweite Musiker, der in Deutschland einen Moog-Synthesizer besaß. Der Sohn eines Opernsängers hatte als Teenager einige Klavierwettbewerbe gewonnen. Im Jahr 1969 gründete er Popol Vuh, hauptsächlich aber war er noch mit seinem Job als Musik- und Filmkritiker der *Süddeutschen Zeitung* befasst; er war Protegé des Kritiker-Doyens Joachim Kaiser. Florian Fricke und Eberhard Schoener waren unmittelbare Nachbarn in Miesbach. Sie waren nicht befreundet, kannten sich aber und wussten ungefähr, woran der jeweils andere gerade arbeitete. Als Fricke von Schoeners neuem Wunderinstrument hörte, war er platt: „Die Musik, die man mit dem Moog machen kann, umfasst schlechthin die Empfindungsmöglichkeiten des Menschen."[9] Frickes Frau, die Fotografin Bettina von Waldthausen, bat Schoener daraufhin, seine Kontakte zu Bob Moog spielen zu lassen, damit Fricke einen eigenen Moog bekäme.

Man schrieb das Jahr 1970, und Florian Fricke besaß nun den zweiten Moog in Deutschland, Seriennummer 1068, inklusive Sequenzer. Edgar Froese: „Fricke war begütert, von Hause aus, und konnte sich sein eigenes System leisten."[10] So kam es, dass die beiden Moogs keine 200 Meter voneinander entfernt ausgerechnet in einem bayerischen Gebirgsdorf standen. Da der Moog ohne Gebrauchsanleitung geliefert wurde, versuchten sowohl Schoener als auch Robby Wedel, Fricke die Grundbegriffe beizubringen. Kein leichter Job, denn Frickes Technikverständnis ging gegen Null. Schoener und Fricke haben sich auch nie an gemeinsamen Sessions versucht.

Popol Vuh war benannt nach dem heiligen Buch der guatemaltekischen K'iche'-Maya. Kurze Zeit später zogen Fricke, seine Frau und die damaligen Bandmitglieder in einen malerischen früheren Pfarrhof in Peterskirchen bei Wasserburg. Das Haus gehörte der Gräfin von Lehndorff. Ihre Tochter, das Fotomodell Veruschka von Lehndorff (bekannt durch ihre Mitwirkung an Michelangelo Antonionis Film *Blow Up*), war eine Freundin von Frickes Frau Bettina und außerdem die Freundin des Popol-Vuh-Perkussionisten Holger Trülzsch. Nicht zuletzt durch sie wurde das Haus zum Treffpunkt einiger Künstler und diverser Jet-Set-Sterne, die damals angesagt waren – Rainer Langhans, Rainer Werner Fassbinder, Hanna Schygulla (die auch eine Weile in dem Haus lebte), Warren Beatty, Jack Nicholson, Paul und Limpe Fuchs und andere. Man sieht das Haus und die Landschaft drumherum in einem Video namens „Improvisation 1971".[11]

Gerhard Augustin von Liberty hatte während seines US-Aufenthaltes einiges über den Moog gehört. Das gefiel ihm, und als er zurück in Deutschland war, wollte er sofort ein Album mit elektronischer Musik produzieren. Er erfuhr, dass es in Deutschland nur zwei Moogs gab, und kontaktierte Fricke.

Das Ergebnis war *Affenstunde* (1970). Der Titel stammt aus dem „Codex Florentinus", einer Sammlung aztekischer Sagen. Es war dies das erste Album von Popol Vuh, aufgenommen im Bavaria-Studio. Holger Trülzsch: „Die Idee von *Affenstunde* war, sich einen Marktplatz vorzustellen, auf dem sich die Menschen treffen, miteinander reden, musizieren und so weiter. ... Und [die Platte] war eigentlich ein durchschlagender Erfolg. Durch Veruschka haben wir sie John Lennon gegeben, der ganz begeistert war, Bob Dylan ebenfalls, und Avedon, der große Fotograf, hat das ein halbes Jahr jeden Tag gespielt in seinem Studio. In gewissen intellektuellen Kreisen war das eine tolle Sache."[12]

Karlheinz Stockhausen, befragt über *Affenstunde*, hatte eher gemischte Gefühle. Zu „Traum, Teil 4" schrieb er: „Japanisch-indonesische Atmosphäre durch pentatonisch steigende Melodie-Wiederholungen in C. Gefühlserinnerungen: Pulsieren im D-Zug nachts, fernes Boot in der Nacht. Viel Raum. Nicht interessant: Formeinteilung A – B – C / Klangfarben zu naturalistisch / Melodik-Harmonik ganz banal (voraussehbar), einmalige Wendung Dur-Moll. Interessant: sensible Lautstärkegestaltung (mehrere verschieden leise Grade)

/ steigende Melodiebewegungen mit Entwicklung zum Spitzenton hoch B / fahrende Nachtzeit-Geräusche."[13] Kritiker sahen *Affenstunde* als „eine mystische Reise durch eine gurgelnd-fließende, fremdartige Tonwelt"[14]; die *Sounds* griff den Synthesizer als Zentralthema auf: „Am meisten fällt an den beiden Stücken dieser LP (...) auf, wie einfach und klar Popol Vuhs Musik trotz all ihrer geräuschbezogenen Elektronik ist. ... Der Moog-Synthesizer mag als kaltes, allzu technisches Instrument verschrien sein, auf dieser Platte wird er zu einem ausdrucksstarken Instrument. ... [Für mich ist] die *Affenstunde* von Popol Vuh die bislang beste und am meisten befriedigende LP mit deutscher Popmusik."[15]

Affenstunde verkaufte 3000 Exemplare, war kommerziell also kein Erfolg. Zweifellos ist es ein interessantes Pionieralbum, mein Eindruck allerdings war und ist, dass wir es hier nicht so sehr mit wohlüberlegten Kompositionen, sondern eher mit einer Suche zu tun haben. Die Sounds, die Fricke mit dem Moog produziert, klingen durchgehend nach Zufallsfunden.

Dieser Eindruck bestätigt sich, sieht man den Auftritt Popol Vuhs im „Beat-Club" im April 1971, in dem sie eine konfuse Improvisation namens „Bettina"[16] spielen. Die drei Musiker sind hinter den elektronischen Bildeffekten fast unsichtbar, trotzdem kann man sehen, dass Fricke vor dem Moog steht wie ein Schüler, der an der Wandtafel eine Mathematikaufgabe lösen soll und nicht weiß, wie. Wie schon in der „Improvisation 1971" zeigt sich, dass Fricke zwar das Potenzial des Moogs richtig erkannt hatte, in der Praxis jedoch nicht wusste, wie es aus dem Instrument herauszuzaubern wäre.

Die zweite Plattenproduktion der Gruppe war *In den Gärten Pharaos*, aufgenommen in der Stiftskirche Baumburg mit der dort vorhandenen Orgel, dem Moog und diversen Perkussionsinstrumenten, veröffentlicht im Jahr 1972 auf Rolf-Ulrich Kaisers Pilz-Label. Das Stück „Vuh", die gesamte Seite 2 der Platte, ist ein machtvolles und noch immer intensives Improvisationswerk, aber der Hauptteil dieser Intensität kommt von der Orgel, nicht vom Synthesizer. Eine „irgendwie sakrale, ergriffene Musik"[17] nennt Fricke das, produziert „von einer Gruppe von Menschen, die Musik macht, keiner Musikgruppe"[18]. Dieses Statement zeigt indirekt bereits, dass Fricke sich nicht als Leiter einer Gruppe verstand, sondern als ein Individuum, das mit anderen unter einem Projektnamen arbeitet. Zweifelsohne sah er Popol Vuh als „sein" Projekt. Es lässt sich erahnen, dass das zu Schwierigkeiten führen würde.

Außer für Popol Vuh nutzte Fricke den Synthesizer auch für zwei andere wichtige Plattenprojekte, *Bury My Heart At Wounded Knee* (1973) von Gila und *Zeit* von Tangerine Dream. Edgar Froese erinnert sich: „Er hat völlig andere

Musik damit produziert, nicht sequenzer-orientiert, sondern eher Layers, Schichtungen, lange Melodien. Das hat uns natürlich interessiert, und es hat uns noch mehr interessiert, als wir dann sahen, was mit der ganzen Kiste möglich wäre."[19]

Während der Vorbereitung von Popol Vuhs Folgealbum *Hosianna Mantra* (1972) kehrte Fricke zurück zu seinem ursprünglichen Instrument, dem Klavier: „Im Zusammenhang mit christlich-religiöser Musik möchte ich den Synthesizer nicht verwenden."[20] Das klingt plausibel, ist aber wohl kaum der wirkliche Grund. Seine Entscheidung so darzustellen machte es ihm leichter, sich vom Synthesizer zu verabschieden, ohne sein Image als „Elektronik-Pionier" zu beschädigen. Fricke war hochgebildet und ein stets sehr sanft und spirituell bewegt aussehender Mensch, und weil er seinen Stücken schon durch die Titel religiöse oder doch wenigstens spirituelle Assoziationen mitgab, wurde er von vielen als ein tiefreligiöser Mensch angesehen. Das war Hirnfutter für die wachsende „alternative" und „New-Age"-Szene, in der die Musik Popol Vuhs sehr populär war. Tatsächlich war Fricke an diversen Religionen und Schöpfungsmythen interessiert, aber nach Aussagen seiner Frau Bettina von Waldthausen[21] war das ein hauptsächlich soziologisches Interesse. Fricke interessierte sich für die Funktionen und Konsequenzen, die Religionen, Riten und Glaubensfragen für die jeweiligen Gesellschaften hatten, in denen sie praktiziert wurden, selbst jedoch war er kein Anhänger einer Religion. Er wusste aber sehr gut, dass ihn seine Fans so sahen, und da er dieses erfolgreiche Image nicht ankratzen wollte, nutzte er genau dies als Argument, um den Synthesizer plausibel aus dem Spiel zu nehmen.

Der wahre Grund für seine Entscheidung war sehr viel einfacher: Fricke stand von jeher auf dem Kriegsfuß mit technischen Geräten, und der Synthesizer lieferte ihm nie das, was er wollte. Holger Trülzsch: „Florian hatte natürlich überhaupt keine Ahnung von dem Synthesizer. Das ging alles nur mit stöpseln."[22] Frickes musikalisches Denken basierte auf dem Klavier, das er in klassischer Manier beherrschte und oft mehr als fünf Stunden am Tag spielte. Er verkaufte den Synthesizer im Jahr 1975 an Klaus Schulze, wobei er fast noch im Keller den Sequenzer vergessen hätte, den er nie benutzte. Schulze war bereits aktiv im elektronischen Feld (Ash Ra Tempel, Tangerine Dream), aber es ist sicherlich nicht übertrieben zu sagen: Seinen künstlerischen Durchbruch verdankt er diesem Instrument.

Konsequenterweise begann Popol Vuhs künstlerisch wirklich interessante Phase erst, nachdem der Moog aus dem Weg geräumt war. Mit Daniel „Danny" Fichelscher, einem Rock- und Jazzgitarristen von Amon Düül II, den Fricke bei GILA kennengelernt hatte (wie auch den Gitarristen Conny Veit, der bei GURU GURU gespielt hatte), dem Perkussionisten Holger Trülzsch, den Sängerinnen Djong Yun (Tochter des renommierten koreanischen Komponisten Isang Yun) und Renate Knaup (von AMON DÜÜL II) sowie den Gästen Robert Eliscu (von Peter Michael Hamels Ensemble BETWEEN), Olaf Kübler und einigen anderen, entwickelte sich eine Musik, die bis heute einzigartig ist. Die geistige Verbindung zwischen den Musikern war eng. Fichelscher: „Ich war im Aufnahmeraum, und er war in einer Kabine mit Riesenfenstern. Man konnte sich nur über Kopfhörer hören. Wir beide haben uns während des Spiels total angeguckt. Wir haben uns miteinander in die Musik eingewoben, das war ein wunderschöner Austausch. Und das war für mich die Initialzündung, und ich denke, für ihn auch: Komm, wir machen noch was weiter."[23] Daraus wurde eine Art Liebe-Hass-Beziehung und die Essenz der POPOL-VUH-Musik. Über *Einsjäger und Siebenjäger* (1974, aufgenommen von Dieter Dierks und benannt nach zwei Charakteren aus dem Popol-Vuh-Buch) sagt Fichelscher: „Da ist diese Stimmung, da ist für mich dieses wunderbar schwebende, in der schönsten Weise miteinander friedliche Genießen, das ist da drin. Wunderbares Klavierspiel, eine wunderbare Arbeit von Conny, ganz zurückgenommen, sich ganz der Sache hingeben – das ist für mich eigentlich *die* POPOL-VUH-Schallplatte."[24] (Es könnte sein, dass sich hier ein kleiner Irrtum in Fichelschers Erinnerung eingeschlichen hat: Conny Veit spielt auf *Hosianna Mantra* (1972), *Seligpreisung* (1973) und (ungenannt) auf dem Soundtrack-Album *Aguirre – Der Zorn Gottes* (1975); auf *Einsjäger und Siebenjäger* ist er laut Cover nicht dabei. Genau weiß das allerdings heute wohl kaum noch jemand, und die Angaben auf den Plattenhüllen sind nicht immer vollständig – absichtlich oder nicht.)

Dass Werner Herzog sich von der Musik POPOL VUHS angezogen fühlte, überrascht nicht: „POPOL VUH ist ein Glücksfall für mich, weil immer etwas Verborgenes in den Bildern selbst, das ganz tief in der Dunkelheit unserer Seele liegt und schlummert, durch die Musik Florian Frickes sichtbar gemacht wurde, das heißt, die Bilder haben auf einmal eine ganz neue und einzigartige und merkwürdige Qualität bekommen. Die Musik hat etwas Rätselhaftes. Sie kann nämlich Qualitäten und Eigenschaften und Rhythmen in Bildern deutlich machen, vor allem im Kino deutlich machen, die sonst nie herüberkommen würden: Wenn ich zum Beispiel in *Aguirre* den Urwald gefilmt habe, dann ist der Urwald ja zunächst mal eine Landschaft. Durch die Musik von POPOL VUH wird diese Landschaft aber auf einmal etwas anderes. Sie wird sozusagen eine Qualität der Seele, eine menschliche Eigenschaft."[25]

So sanft und friedvoll er auf Fotos auszusehen pflegt: Florian Fricke war keineswegs ein pflegeleichter Zeitgenosse. Er lag ständig im Kampfmodus mit Geschäftsangelegenheiten und anderen Widrigkeiten. Bettina von Waldthausen: „Wenn Florian irgendwo bei einer Einladung war, konnte er entweder die ganze Gesellschaft vernichten, die gingen dann alle, oder sie waren alle angeregt. Da gehörte schon was dazu.“[26] Zu seinen Eigenschaften gehörte leider auch, den großen kreativen Anteil der anderen mitwirkenden Musiker an der Musik Popol Vuhs nicht anzuerkennen. Er hatte, wie Fichelscher sagt, „dogmatische, fürchterliche Ansprüche, erst ich, und dann das andere. Also sich immer zentral zu nehmen und zu sagen: Ohne mich bist du gar nichts. Also nie den anderen mal die Power leben lassen und dran teilnehmen lassen. So eine Art von Minderwertigkeit. … Diese Geschichten, die [Herzog] mit dem Kinski hatte, dieses Balancieren in dieser Power – das hatte ich mit dem Fricke genauso, natürlich unter anderen Voraussetzungen. Das war genau der gleiche Schmarrn, die gleiche Destruktion. Da kann ich dir Geschichten erzählen, die sind nicht mehr schön. Das haben ja Leute miterlebt. Das war ja katastrophal. Und auf der anderen Seite diese Wahnsinnsliebe, und oft genug haben wir uns heulend umarmt und verstanden, dass da was Schönes ist, Hervorragendes und Lebendiges. Und das ist ja glücklicherweise zum Teil auch zu hören.“[27]

Fricke reiste gern. Er besuchte Tibet zweimal und schoss dort zusammen mit seinem Freund und Langzeit-Mitmusiker Frank Fiedler die Bilder für den Film *Kailash – Throne of the Gods* (1995 erstmals veröffentlicht). Die Musik, die er für diesen Film schrieb, ist magisch, auch wenn Teile früherer Aufnahmen mitverwendet wurden.[28]

Im italienischen Molfetta präsentierten Fricke und Fiedler die *Messa di Orfeo* (1999), eine Multimedia-Performance und ein ebenfalls sehenswertes Werk; die dazugehörige Platte floppte leider.

Fricke war Kettenraucher, er war so gut wie immer bekifft, und wenn ausnahmsweise einmal nicht, dann war er alkoholisiert. Es war sein Wille, so zu leben, und er zog es durch – buchstäblich und mit aller Konsequenz. In seinen letzten Lebensjahren, nach seiner Scheidung von Bettina, lebte er ein isoliertes Leben in Miesbach. Renate Knaup: „Der hat sich die Wärme aus seiner Einsamkeit geholt und sie zu seiner Wärme gemacht, dass sie ihn stützt. Dieses ganze ‚Leistenmüssen‘ als Wunderkind und dieses ganze Außerirdische, was er da erleben musste, da hat er wohl angefangen, sich seine inspirierten spirituellen Häuser zu bauen und zu sagen: Okay, dann mach ich mich eben anders warm. Was ich ja gar nicht so schlecht finde. Also, er war ein wahnsinnig extremer Mensch, wahnsinnig extrem.“[29]

Gegen Ende seines Lebens nahm Frickes Alkoholkonsum in einer Weise zu, die man wohl als beabsichtigte Selbstzerstörung ansehen muss. Selbst gute Freunde wechselten nun die Straßenseite, wenn sie ihn sahen. Danny Fichelscher: „Ich habe ihn oft gesehen, wo du wirklich dachtest, da ist jetzt wirklich Phoenix in der Asche drin, sonst ist da nix mehr. Also er sah erschöpft aus, und nicht nur erschöpft, sondern er war traurig, zutiefst traurig."[30] – Renate Knaup: „Gerade in der späteren Zeit hatte ich auch Angst, ihn auf der Straße zu treffen, weil da dieser ganze Irrsinn wieder hochkam, dieses ganze Paket von Leben, von Traurigkeit. Der hat sich irgendwann aufgegeben, aber don't ask me why. Das weiß ich nicht. Ob's der Alkohol war, ob's was anderes war, was er mit sich ausgemacht hat, von dem wir gar nichts wissen – keine Ahnung. This was Eve of Destruction. Destruction pur war das."[31]

Florian Fricke verstarb im Dezember 2001 im Alter von gerade mal 57 Jahren. Bettina von Waldthausen: „Ich glaube einfach, dass das der richtige Zeitpunkt für ihn war. Ich weiß auch nicht, ob er so die Welt verstanden hätte, die Art und Weise, wo die jetzt hingeht. Ich denke, das war für ihn richtig so."[32]

Florian Fricke also ein Pionier der elektronischen Musik? Ja und nein. Als Besitzer des zweiten Moogs in Deutschland war er natürlich ein Pionier, und viele seiner Fans sehen ihn als solchen. Aber lag seine wirkliche Signifikanz nicht anderswo? Nicht alle seiner Musiken sind bemerkenswert; insbesondere seine späteren Werke sind häufig eher flach und Futter für kalifornische New-Age-Kommunen. Aber zahlreiche Werke seiner mittleren Phase ohne Elektronik – insbesondere die für die Herzog-Filme – gehören zum Stärksten und Eigenwilligsten, was die deutsche Rockmusikszene hervorgebracht hat, bis heute unübertroffen und konkurrenzlos. Für diese Werke wird man Florian Fricke und Popol Vuh in Erinnerung behalten.

Moroder

Der frühere Schlagersänger Giorgio Moroder aus Peter Meisels Werkstatt entdeckte sein späteres Markenzeichen in den Bavaria-Studios in München: „Der Komponist Eberhard Schoener hatte diesen Big Moog-Synthesizer. Er spielte mir eine Bassfigur vor, die mich an Musique concrète erinnerte. Mir gefiel das, aber ich wollte natürlich wissen, was mit diesem Moog sonst noch machen könnte. Synthesizer waren damals so groß wie Schränke und furchtbar kompliziert zu bedienen. Als ich ‚I Feel Love' mit Donna Summer geschrieben habe, wollte ich etwas machen, das die Zukunft sein könnte. Was repräsentiert die Zukunft besser als der Synthesizer?"[33]

Im Jahr 1972 nutzte Moroder diesen Moog für eine Produktion namens „Son Of My Father" mit der britischen Band Chicory Tip, geschrieben von ihm, Pete Bellotte und Michael Holm. Der Song erreichte die Charts. Ein zweiter Erfolg desselben Teams, wiederum mit markantem Moog-Einsatz, war „What's Your Name" (1972).

Durch Schoener kam Moroder zu einem seiner späteren „Signature Sounds": eine kurze, durch Stereo-Echo verdoppelte Sequenz; Schoener bezeichnete dies nach einer Fernsehwerbung als „Black & Decker-Effekt". Als Moroder Schoeners Assistenten Robby Wedel anheuerte, brachte dieser den Effekt mit. Schoener war überrascht, als er diesen Sound eines Tages in New York in Donna Summers „I Feel Love" hörte (das führte zu einer gerichtlichen Auseinandersetzung).

Moroder entwickelte eine Art Formel, die zwei Dinge miteinander verschmolz: seine Schlagererfahrungen und moderne Elektronik. Vom Beginn seiner Karriere an arbeitete Moroder mit Profis, die ihr Handwerk draufhatten – Peter Meisel, Pete Bellotte, Harold Faltermeyer, Keith Forsey, Kristian Schultze und Michael Holm sind einige davon. Michael Holm (wirklicher Name Lothar Bernhard Walter) bildete mit Moroder ein Duo namens Spinach, bevor er sich als Schlagersänger eine eigene Karriere aufbaute (1969 mit „Mendocino", einer Coverversion des Hits des Sir Douglas Quintets). Er war aber hinter den Kulissen auch schon zehn Jahre vorher aktiv als Texter, Komponist und Arrangeur. Internationalen Erfolg erzielte er mit Kristian Schultze als das New-Age-Projekt Cusco. – Moroder brachte sein Gefühl für interessante Klangfarben und einfache, ins Ohr gehende, oft fast kindliche Melodien ein und produzierte damit eine Atmosphäre, wie er sie wohl in New Yorks Diskotheken erlebt hatte. Im Ergebnis wurde daraus eine Blaupause für elektronischen Tanz-Pop; die lange Fassung von „I Feel Love" (1977) mit Donna Summer ist ein Klassiker des Genres. Aber auch einige von Moroders Filmmusiken sind hörenswert. „What A Feeling" mit Irene Cara (1983, aus dem Film *Flashdance*) ist ein Powersong, und etliche Teile der instrumentalen Musik, die Moroder für seine Aufbereitung des Fritz-Lang-Klassikers *Metropolis* (1984) schrieb, sind deutlich besser als ihr Ruf, der ihnen von einigen Kritikern zugeschrieben wurde. Moroder definierte einen elektronischen Pop-Stil, der international funktionierte, dabei aber immer mit München verbunden blieb, selbst noch, als Moroder längst in Los Angeles lebte.

Stile und Arbeiten der drei in diesem Kapitel portraitierten Musiker unterscheiden sich sehr voneinander. Wahrscheinlich ist das der Grund dafür, dass die Münchner Musikstile nicht zur Bildung einer „Schule" geführt haben, wie wir sie aus Berlin und Düsseldorf kennen. Um diese geht es im Folgenden.

BERLIN

Wenn man über deutsche elektronische Rock- oder Popmusik spricht (was zwei verschiedene Paar Schuhe sind, aber in dem Zusammenhang, um den es hier geht, spielt der Unterschied keine große Rolle), dann ist es nur eine Frage der Zeit, bis die Stichworte *Berliner Schule* und *Düsseldorfer Schule* fallen. Die Unterschiede zwischen beiden scheinen klar zu sein – aber bei genauerer Betrachtung zeigt sich, dass die Unterscheidung eine künstliche ist.

Tangerine Dream

Im Jahr 1973 kam ein dritter Modul-Moog nach Deutschland. Auch dieses Instrument gehörte zur ersten Generation; ein paar Sekunden lang sieht man es in David Cammells und Nicolas Roegs Film *Performance* (1970). Zu den Hauptdarstellern gehörte Mick Jagger, dessen Eigentum der Moog war. Er hatte damit ein paar Musikstücke für Kenneth Angers Kurzfilm *Invocation of My Demon Brother* (1969) aufgenommen. Aber ähnlich wie John Lennon war ihm der Synthesizer zu kompliziert; die Klänge, die man in *Performance* hört, hat deshalb wiederum Paul Beaver gespielt. Auf dem MIDEM Musikfestival 1972 verkaufte Jagger das Instrument an Peter Meisel, der es in sein Hansa-Studio in Berlin mitnahm. Das Team dort hatte zunächst die Absicht, den Moog für Schlagerproduktionen einzusetzen, merkte allerdings schon bald, dass diese Kiste kompliziert war, und ihr brauchbare Klänge zu entlocken, erforderte Kenntnisse, die man sich nicht auf die Schnelle aneignen konnte.

So fragten die Hansa-Leute den TANGERINE-DREAM-Drummer Christopher Franke (vorher bei AGITATION FREE), ob er behilflich sein könnte, denn sie wussten, dass er einen EMS-Synthesizer (das „Koffergerät") besaß und sich außerdem in Thomas Kesslers Beatstudio einige Kenntnisse angeeignet hatte. „Dadurch [durch den EMS] brachte ich das Virus in die Band, denn jetzt wollte jeder einen Synthesizer einsetzen. Die erste Platte, auf der solche abstrakten elektronischen Sounds im Vordergrund standen, war *Alpha Centauri*. Das war mein erstes Album mit Tangerine Dream."[1]

Frankes erster Kontakt mit einem Modul-Moog war wiederum durch Eberhard Schoener zustande gekommen, aus dessen Studio er einige Grundkenntnisse mitgenommen hatte. Der erste direkte Kontakt der Gruppe mit einem Moog entstand jedoch durch Florian Frickes Gastspiel auf *Zeit*, Tangerine Dream selbst besaß noch gar nicht viel Elektronik. Ihre ersten vier LPs, *Electronic Meditation*, *Alpha Centauri*, *Zeit* und *Atem*, waren weitgehend mit Gitarre, Farfisa- und Vox-Orgeln, Schlagzeug und so weiter eingespielt, ergänzt um ein paar „klassische" Mittel des Elektronischen Studios, die sie in Kesslers Beatstudio vorfanden (Oszillatoren, Filter).

Die Band hatte inzwischen Rolf-Ulrich Kaisers Ohr-Label verlassen und bei Richard Bransons aufstrebender Firma Virgin unterschrieben. Im Hansa-Studio hatte man mittlerweile beschlossen, den Moog zu verkaufen; für die dortigen Zwecke war er schlicht nutzlos. So konnte Franke im Jahr 1973 mithilfe einer Vorschusszahlung von Virgin Jaggers Moog für rund 15.000 Dollar übernehmen. Ein zweiter kam später dazu, den Tangerine Dream von den Moody Blues kauften.[2]

Für Tangerine Dream bedeutete das den Start eines neuen Kapitels. Virgin besaß ein eigenes Studio, The Manor in Shipton-on-Cherwell, Oxfordshire (es wurde im Jahr 1995 geschlossen). Dort konnte die Band arbeiten. Keiner der Musiker – zu dem Zeitpunkt das „klassische" Line-Up Edgar Froese, Chris Franke und Peter Baumann – hatte eine klare Idee, was man mit diesem Möbel nun anfangen sollte. So spielten sie mehr oder weniger damit herum und entdeckten dabei irgendwann, was man mit dem Sequenzer anfangen konnte. Tangerine Dream waren weder die ersten noch die einzigen, die einen Sequenzer einsetzten, aber die Gruppe tat es auf eine so eindrückliche Weise, dass er bald schon zur Grundlage ihrer Stücke und zum Markenzeichen der Band wurde. Edgar Froese: „Alles, was bis dato kommerziell auf dem Markt war in dieser Zeit, war eigentlich nur Wendy Carlos mit *Switched-on Bach*, einiges von Tomita und die ersten Anfänge, wo Keith Emerson damit herumspielte. Aber nichts von dem hatte das zur Grundlage, was wir damit anfingen, nämlich die reine Sequenzer-Arbeit damit zu machen."[3]

Das Resultat war *Phaedra*, veröffentlicht im Jahr 1974. Diese LP war eine Innovation im besten Wortsinn. *Phaedra* war kilometerweit entfernt von der Musik, die in den Elektronischen Studios von Köln, Baden-Baden oder Paris entstand; die Platte hatte das Aroma von Rockmusik, ohne im landläufigen Sinne welche zu sein. Bei den Fans des Prog-Rock galt Virgin als Qualitätssiegel, und so erregte das Album die Aufmerksamkeit von Rockfans, war aber gleichzeitig auch experimentell genug, um sie erheblich zu irritieren. Und es fand die Aufmerksamkeit von Hörern, die willens waren, der Band in unerforschte Gefilde zu folgen. So eine Platte hatte noch niemand zuvor gehört. Manche Kritiker waren nicht einmal sicher, ob denn dies überhaupt noch Rockmusik genannt werden dürfe. Chris Franke: „Niemand konnte vorhersehen oder hätte geglaubt, was dann passierte. Als Virgin *Phaedra* veröffentlichte, ging die Platte nach drei oder vier Wochen in die Top 20. Ein Jahr später erhielten wir eine goldene Schallplatte für diese instrumentale, 20 Minuten lange Musik ohne Gesang. All das passierte ohne Promotion und mit wenig Airplay. Musikpäpste wie John Peel sagten voraus, dies würde die Musik der Zukunft sein. Das löste eine Lawine aus. Mit so einem großen Erfolg hätten wir nie gerechnet. Ich fand das unglaublich. Wir waren zur richtigen Zeit am richtigen Platz."[4]

Ich selbst entdeckte TANGERINE DREAM im Jahr 1973, als das ZDF-Kulturmagazin „Aspekte" einen Bericht über deutsche Rockgruppen zeigte. Der war ziemlich verblasen, aber die darin angespielten Musiken waren interessant genug, um mich neugierig zu machen, und so fand ich dann am folgenden Tag im Govi-Laden um die Ecke das Album *Alpha Centauri* von 1971; das einzige, das sie an dem Tag dort hatten. Ich kaufte es blind, spielte es zu Hause und mochte es, besonders die Seite 1. Nach einer Weile verlor ich allerdings das Interesse. – Zwei Jahre später lief spätnachts im NDR eine Radiodoku über David Bowie (eine Serie von Heinz Rudolf Kunze), und weil zwischen dieser Sendung und den Nachrichten noch Zeit war, wurde die Seite 2 des TANGERINE-DREAM-Albums *Ricochet* (1975) gespielt – und die hatte mit der TANGERINE-DREAM-Musik, die ich bis dahin kannte, nichts mehr zu tun. Die traf mich mitten ins Herz. Einen Tag später hatte ich das Album, und mit dieser Erfahrung ging ich den Backkatalog von TANGERINE DREAM rückwärts durch. Es dauerte nicht lange, bis ich alle Platten der Band besaß, und ähnlich wie schon Ingeborg Schober ging es mir so, dass ich für die nächsten zwei oder drei Jahre kaum noch in der Lage war, mir „normale" Rockmusik anzuhören.

Auf der Bühne habe ich die Band erstmals im Jahr 1978 im Hamburger Audimax gesehen. Das war weniger überzeugend. TANGERINE DREAM hatten gerade *Cyclone* veröffentlicht, das Schlagzeug und Gesang enthielt. Manche halten dieses Album für eines ihrer besten, meine Tasse Tee war es eher nicht. Auch das Konzert hatte diese Besetzung, die Lautstärke war so erdbebenartig, dass das PA-System jämmerlich verzerrte, der Mix war schlecht ausbalanciert und matschig. In der zweiten Konzerthälfte gab dann auch noch die Lasershow, die vom LASERIUM, Los Angeles, mit einer 2000 Kilo schweren wassergekühlten Projektionsmaschine präsentiert wurde, den Geist auf und lieferte bestenfalls eine Ahnung dessen, was wohl eigentlich vorgesehen war.[5]

Ein Gerücht besagt, dass die Band Mick Jaggers Synthesizer um 1981 an den Ost-Berliner Musiker Reinhard Lakomy verkaufte. Edgar Froese stellt dazu ein paar Dinge richtig: „Das, was an Lakomy ging, das hatte nichts mit diesem Gerät zu tun, sondern wir hatten dann in den 70er Jahren noch andere modulare Moogs, wir hatten insgesamt vier Systeme. Das waren dann auch nur Teile von diesen vier Systemen, bei Lakomys Moog ist das auch nicht mehr der Original-Sequenzer. [Die Teile sind] ausgeschlachtet und verstreut. Ich habe immer noch ein System, aber das ist logischerweise überhaupt nicht mehr zu gebrauchen. Man darf nicht vergessen: das sind Oxydationsprozesse, da ist Metall, da sind Leiterbahnen. Das Material war eben auf dem Stand von 1970."[6] TANGERINE DREAMS vier modulare Moogs waren außerdem in Teilen von den Firmen PPG und Projekt Elektronik modifiziert worden. Reinhard Lakomy selbst sagte: „Den großen Moog habe ich so um 1981/82 gekauft. … Es kann sein, dass Teile wie der Sequenzer noch Originale sind, aber die Oszillatoren möglicherweise nicht mehr dem entsprechen, was die STONES damals gekauft haben."[7] Bezahlt hat Lakomy das Instrument mithilfe eines Kredites der GEMA. Wie der Moog dann über die Berliner Mauer nach Ost-Berlin gekommen ist, weiß niemand genau, außer dass es mit einem Ost-Berliner Barkas-Laster passiert ist, den die Grenzposten bei der Einreise nicht kontrollierten. Es ist dies eines jener auf ewig ungeklärten Geheimnisse deutsch-deutscher Beziehungen: Tatsächlich war es nicht ungewöhnlich, dass DDR-Bands Equipment und Instrumente von westdeutschen Kollegen erhielten, und ohne klandestine Hilfe der ostdeutschen Offiziellen wäre das kaum möglich gewesen. Die Grenzer jedenfalls wussten stets genau, welche Autos oder LKWs sie nicht kontrollieren durften. Ein anderer Weg war Diplomatengepäck. – Wie auch immer, die Spur der Überreste von Mick Jaggers Moog verliert sich in Lakomys Studio. Reinhard Lakomy verstarb im Jahr 2013; es ist nicht zu ergründen, ob das Instrument noch immer in seinem früheren Studio steht oder ob es verkauft worden ist.[8]

Nach *Stratosfear* (1976) verließ Peter Baumann die Band; offenkundig war dies „sein" Album, wie der Vergleich mit seiner ersten Soloplatte *Romance 76* zeigt. Ihm folgte der Kirchenorganist und Tontechniker Johannes Schmoelling. Er gehörte zu den wenigen, die in der Manteltasche mit einer Hand eine Zigarette drehen konnten, ein Kunststück, das mir nie gelungen ist. Dieses Line-Up blieb fast eine Dekade lang stabil und führte zu Klassikern wie *Tangram* (1980), *White Eagle* (1982) und *Poland (The Warsaw Concert)* (1984). Auch *Force Majeure* (1979) sollte hier erwähnt werden, das von Froese und Franke mit dem Gast-Drummer Klaus Krüger aufgenommen wurde. „Cloudburst Flight" von dieser LP enthält eines von Froeses beseeltesten Gitarrensoli (das interessanterweise mit halber Geschwindigkeit aufgenommen wurde – man hört das, wenn man es weiß). Nach ihrem – meiner Ansicht nach – letzten interessanten Album *Hyperborea* (1983) wagte sich die Band ein bisschen zu weit in den New-Age-Sumpf hinein, zudem verlor sie sich in einer zunehmend unübersichtlichen Menge von Filmmusiken. Hörenswerte Soundtracks sind *Sorcerer* (1977), *Thief* (1981) und *Wavelength* (1983), was allerdings nicht bedeutet, dass man die Filme unbedingt gesehen haben müsste. Aber Tangerine Dream machte mit Sicherheit gutes Geld mit diesen Aufträgen.

Irgendwann ist es der Gruppe auch gelungen, ihre Kompositionen von der GEMA als „E-Musik" (soll heißen: ernste Musik) einstufen zu lassen. Das ist ein Riesensprung; der ausgezahlte Tantiemensatz pro Aufführung ist etwa achtmal so hoch wie jener für „U-Musik" (unterhaltende Musik).[9]

Darüber begann sich mit zunehmender Geschwindigkeit das Personalkarussell zu drehen. Der einzig stabile Faktor blieb Edgar Froese, und wenn man sich seine Soloalben anhört und sie mit den Tangerine-Dream-Alben der jeweiligen Jahre vergleicht, dann wird erst richtig deutlich, wie stark er Herz und Seele der Gruppe war.

Weil Tangerine Dream stets versuchte, auf dem neuesten Stand der Technik zu bleiben, begann sich der Gruppensound in den 1980er-Jahren ebenso schnell zu verändern wie neue Synthesizermodelle auf den Markt geworfen wurden. Für eine Band wie diese mochte das in Ordnung sein (andernfalls, das liegt in der Natur ihres Instrumentariums und Konzeptes, würde sie irgendwann zu einem Musikinstrumentenmuseum geworden sein), aber sie verlor darüber den Überblick über sich selbst, und die Technik gewann zusehends die Oberhand über die Musik. Erst in den 2000er-Jahren fand die Band zu einem individuelleren Stil zurück, doch das liegt außerhalb des Zeitrahmens dieses Buches.

Synthesizermusik – eine deutsche Angelegenheit?

So interessant die Suche nach den Spuren alter Synthesizer auch sein mag, sie soll an dieser Stelle beendet werden. Im Jahr 1972, nach ihrem Umzug nach

Williamsville, New York, wurde Moogs Werkstatt zu einer Fabrik, und einen Synthesizer zu kaufen stellte kein Problem mehr dar, solange man über das nötige Kleingeld verfügte. Außerdem gab es nun den Minimoog und die meisten Bands waren nicht mehr auf ein Modulsystem angewiesen; der kleine Bruder lieferte alles, was sie brauchten.

Oder sollte man die Sache andersherum betrachten? Inwiefern definierte die Größe des Synthesizers das musikalische Ergebnis? Unter Elektronikfans, aber auch bei den etwas aufgeschlosseneren Musikjournalisten wurde diese Frage schon bald diskutiert.[10] Wer einen Modul-Moog (oder den Synthi 100) einsetzte, war durch die Konstruktion des Instruments dazu gezwungen, Klänge von Anfang bis Ende selbst zu konstruieren und zu formen. Nichts war vorprogrammiert, es gab nicht einmal Bedienungsanleitungen.

Klaus Schulze sagte zu diesem Problem: „Im ersten Stadium, wenn du den Synthi erst kennenlernst, kannst du sehr leicht dahin abrutschen, dass du alles gut findest, was der Synthi macht. Das sieht dann so aus: Du stellst irgendeine Sequenz ein, und das, was rauskommt, ist klanglich so schön, dass du voll ausflippst. Diesen Zustand gilt es sehr schnell zu überwinden, denn sonst gerät man leicht in eine permanente Situation, in der man, einfach gesagt, davon abhängig wird, dass der Synthi einem schöne Sachen vorspielt, also nicht du den Synthi kontrollierst, sondern der Synthi dich! Wenn man aber konsequent weiterarbeitet, wenn man wirklich rational versucht, den Synthi zu entdecken, dann überwindet man doch schließlich die Faszination des reinen Klanges, obwohl die Gefahr des ‚In-den-Sound-Versackens' immer noch gegeben ist."[11]

Klaus Schulze, auch wenn er die Stadt schon längst verlassen hat, definiert den Terminus „Berliner Schule" heute klarer als die meisten anderen, außer Tangerine Dream, deren Mitglied er zeitweilig selbst war. Ohne genau zu wissen, wo er landen würde, hat Schulze die Mühe auf sich genommen, den manchmal steinigen Weg zu gehen und herauszufinden, nicht, was er für die Elektronik tun könnte, sondern was die Elektronik für ihn tun könnte. Seine Anfänge als Schlagzeuger gaben ihm ein deutliches Rock-Feeling mit auf den Weg, und genau dieses Feeling sorgte dafür, dass seine Musik anders klang als die experimentellen Elektronikklänge akademischer Herkunft, aber auch anders als die von Tangerine Dream.

Der Minimoog ist intern vorverdrahtet. Das nimmt dem Musiker eine Menge Arbeit ab, schränkt allerdings auch die Vielfalt der Klanggestaltung ein. Natürlich gibt es immer noch jede Menge Möglichkeiten, den Klang zu verändern, aber aufgrund dieser Vereinfachung sahen ihn viele Musiker nicht mehr als „kompaktes elektronisches Studio", sondern einfach als ein weiteres Keyboard an. Der Preis für die Bequemlichkeit: Die Sounds wurden uniformer. Fast jeder Prog-Keyboarder kam damit um die Ecke. Das war aber das Gegenteil dessen, was der Synthesizer eigentlich sollte: neue und ungehörte Klänge zu produzieren.

Aufgrund des Erfolges des Minimoogs gingen nun auch andere Hersteller mit Synthesizern auf den Markt. Sie alle hatten ihre spezifischen Klangqualitäten. Der Moog allerdings besaß ein patentiertes Filterverfahren, er klang „fetter" als die Konkurrenten, besonders im Bassbereich, auch produzierte dieses System eine gewisse Ladung „Dreck" – und genau die empfinden wir Hörer als Wärme. Das hat der Minimoog anderen noch heute voraus. Zudem lässt sich beim Minimoog die Filterresonanz so weit hochziehen, dass das Filter selbst zum Klangerzeuger wird. Das Resultat sind interessante perkussive Sounds; gut hörbar etwa in KRAFTWERKS „Nummern" oder Herbie Hancocks „Rockit".

Die Ursprungsfrage ist noch nicht beantwortet: Wie kommt es, dass gerade deutsche Gruppen und Musiker einen elektronischen Rockmusik-Stil entwickelten, der zum „Export-Hit" wurde? Warum gibt es so wenig wirkliche Konkurrenz aus den klassischen Rockländern Großbritannien und USA?

Edgar Froese: „Der Anlass war ganz einfach: Unsere Unfähigkeit, mit der gleichen Intensität und vor allen Dingen mit dem gleichen musikalischen Feeling, bis hin zum Groove, bis hin zur Spieltechnik, das zu tun, was Amerikaner und Engländer schon seit Jahrzehnten getan haben. Ich denke mal, in aller Arroganz sagen zu können, das haben deutsche Musiker bis heute nicht gelernt. Zumindest, und das muss man dazu sagen, nicht im Ensemble. Ich kenne keine Band, die, sagen wir mal, so groovt, wie das in irgendeinem New Yorker Rockschuppen ganz normal ist. Weil einfach Hörgewohnheiten, Traditionen, aber auch der Fleiß, die viele Arbeit, die dahintersteht, hier eigentlich nicht so verbreitet sind. Also hat man sich dann, um eine Originalität überhaupt erst einmal entwickeln zu können, versucht, zu orientieren: Was will man selbst musikalisch, und auf welchem Feld bieten sich Möglichkeiten, das umzusetzen? Das war der Grundgedanke."[12]

Froese liegt hier bestimmt nicht falsch, aber er denkt vielleicht ein bisschen zu sehr auf der intellektuellen Seite. Die meisten Rockgruppen, die sich in den 1960ern zusammenfanden, dachten nicht so. Sie sahen sich als Gemeinschaft und versuchten, zu kopieren, was sie im Radio oder auf Platten gehört hatten. Sie gingen zum Star-Club und vergleichbaren Clubs, hörten dort englische und amerikanische Bands und versuchten, so zu spielen wie sie. Kaum jemand stellte sich damals die Frage: „Welches unbeackerte Feld gibt uns die Möglichkeit, ohne Konkurrenten loszulegen?“

Schon die deutschen Bands im Star-Club hatten mit dem Phänomen zu tun, dass sie ein wenig steif klangen, aber auch die Bands aus Liverpool oder Manchester hatten nicht den Groove an Bord, den Bands aus, sagen wir, New Orleans mit traumhafter Sicherheit beherrschen. Was auch gar kein Wunder ist, denn Liverpool oder Manchester liegen genauso weit von den Ufern des Mississippi entfernt wie Hamburg oder Berlin. Die Antwort ist mit ziemlicher Sicherheit: Tradition. „Groove“ oder „Swing“ sind musikalische Qualitäten, die man nicht wirklich definieren kann. Man muss von klein auf hören, was das ist. Da die meiste deutsche Musik nun einmal nicht groovt, hatten deutsche Musiker keine Möglichkeit, sich dieses Feeling anzueignen. Selbst wenn deutsche Jazzbands swingten, war das meist eher eine Art entspannter Foxtrott, und Bands, die tatsächlich so etwas wie Groove draufhaben, sind rar – ATLANTIS könnte einem einfallen, einige Aufnahmen Klaus Doldingers, HIGHWAY, LAKE, in Teilen manchmal RANDY PIE.

Das Problem ist übrigens gar nicht neu. Im Jahr 1927 orientierte sich Deutschlands berühmteste Boygroup, die COMEDIAN HARMONISTS, an den New Yorker REVELERS. Das war es, was sie machen wollten, und es kostete sie ein volles Jahr täglicher Probenarbeit, bis sie diesen entspannten, lockeren, sanft swingenden Gesangsstil ihrer amerikanischen Vorbilder so weit draufhatten, dass sie damit in Deutschland konkurrenzlos wurden. COMEDIAN-HARMONISTS-Bass Robert Biberti: „Diese [REVELERS-]Platten waren unsere Richtschnur. … Immer wieder haben wir die Platten auf unseren Proben gehört und waren oft sehr bedrückt, manchmal sogar verzweifelt, weil wir einfach wussten: das, was wir hier machen, ist noch himmelweit von dem entfernt, was auf diesen Platten zu hören ist.“ Und sein Kollege Harry Frommermann, 3. Tenor, der auch die Arrangements schrieb: „Jeder meiner Kollegen glaubte, mit voller Stimme ‚donnern‘ zu müssen und ordentlich Resonanz zu zeigen. Sie waren noch gewohnt, mit ihrer Stimme über ein Orchester hinweg ein Theater zu füllen. … Mühselig mussten wir die Tugend erlernen, Zurückhaltung zu üben, um hören zu können, was der Nebenmann sang. Aber bei alledem mussten wir natürlich sehr darauf achten, dass wir keine Kopie der REVELERS werden.“ (Man denke zurück an CAN und Irmin Schmidts Worte über das gegenseitige Zuhören!) Frommermann: „Dass eine große Arbeit vor uns lag, war uns schon vorher klar, aber wie ungeheuer sie wirklich sein würde, ahnten wir nicht, und ein paarmal waren wir nahe dran, aufzugeben.“[13]

Den deutschen Rockgruppen ging es nicht anders bei ihren Versuchen, „amerikanisch“ oder „englisch“ klingen zu wollen. Der Einfachheit halber gaben die meisten von ihnen dies allerdings schnell auf und akzeptierten die steif klingende Kopie – nachvollziehbar, denn sie wollten ja spielen und nicht endlos im Keller üben. Aber so hörte es sich dann meist auch an; die Rattles oder German Bonds waren schon Ausnahmen.

So gut wie alle deutschen Bands, die versuchten, amerikanisch zu klingen, fielen damit spätestens dann auf die Nase, wenn sie tatsächlich in den USA zu bestehen hatten. Und eigentlich ist das kein Wunder. Wer braucht denn Randy Pie oder Highway, wenn man Steely Dan im Land hat? Warum Atlantis, wenn im Club um die Ecke dreimal wöchentlich eine authentische Soulband spielt, die aus der Nachbarschaft kommt?

Aber es gab ein paar Dinge, die offenbar die amerikanischen Bands nicht in vollem Umfang auf der Rechnung hatten. Und eines davon war der Einsatz der Elektronik. Einige deutsche Musiker, die mit elektronischen Mitteln arbeiteten, ohne selbst so genau zu wissen, wohin sie damit wollten, trafen plötzlich auf eine Marktlücke. Sie lebten in Deutschland, ohne Mississippi-Delta weit und breit, und bastelten mit dem herum, was sie hatten, und weil auch die Instrumente neu waren, kam dabei etwas heraus, das noch niemand gemacht hatte. Das erregte nach einiger Zeit Aufmerksamkeit – zunächst nicht viel, aber genug, um den Musikern zu zeigen: Hier haben wir anscheinend etwas gefunden. Und so gingen sie den Weg weiter.

Es gab, wie erwähnt, auch amerikanische Bands, die mit Synthesizern arbeiteten. Der Unterschied zwischen diesen und Tangerine Dream, Klaus Schulze et cetera ist dies: Die amerikanischen Musiker *integrierten* den Moog und andere elektronische Instrumente in ihr existierendes Instrumentarium; sie sahen sie als Ergänzung an. Tangerine Dream & Co. dagegen warfen die meisten klassischen Rock-Instrumente über Bord und entwickelten eine Tonsprache, die (fast) vollständig auf den neuen elektronischen Mitteln *basierte*.

Interessanterweise übrigens war *Electronic Meditation* nicht einmal zur Veröffentlichung vorgesehen; die Bänder fielen Rolf-Ulrich Kaiser in die Hände, der sie sich anhörte und entschied: „Das muss veröffentlicht werden.“ Diese (und einige andere) Platten wurden zur Grundlage dessen, was wir heute als Berliner Schule kennen und was Tangerine Dream, Klaus Schulze, auch Mythos, Ash Ra Tempel und Manuel Göttsching essenziell darstellen. Hauptkennzeichen dieses Musikstils war und ist der Gebrauch kurzer tonaler Sequenzen, die oft durch mehrere Tonarten gejagt werden und eingebettet sind in harmonische und meist melodische Synthesizer- und Mellotron-Sounds. Aber auch endlos ausgedehnte liegende Akkorde (Pads) ohne Rhythmus (wir würden sie heute als „Drones" bezeichnen) und Augenblicke chaotischer Lärmeinwürfe sind Teil des Konzepts der Berliner Schule.

Warum ist das nicht in den USA passiert? Ein wesentlicher Grund waren die sehr konservativen amerikanischen Musikergewerkschaften. Synthesizer, aus ihrem Blickwinkel, waren Maschinen, die konventionelle Instrumente imitieren konnten, und die folglich von der Musikindustrie dazu genutzt werden würden, Musiker wegzurationalisieren. Synthesizer wurden als Krücken für Leute dargestellt, die kein richtiges Instrument spielen konnten und deswegen keine vollgültigen Musiker waren – kurz: Synthesizer waren kapitalistisches Teufelszeug, gegen das man angehen musste. Dass die Musik Klaus Schulzes oder Tangerine Dreams orchestral oder mit konventionellen Instrumenten überhaupt nicht darstellbar gewesen wäre, war nicht in die gewerkschaftlichen Köpfe zu kriegen.

Equipment und Live-Spiel

Karlheinz Stockhausen machte bezüglich des Equipments, mit dem er arbeitete, keine Kompromisse. Er musste es nie. Rockmusiker sind üblicherweise nicht in einer so glücklichen Lage. Einige allerdings waren es nach einer Weile sehr wohl und zeigten es auch. Klaus Schulze und Tangerine Dream machten ihr Equipment zum Teil ihres Images und ihrer Bühnenshows. Der altarähnliche Aufbau der Modul-Moogs, der Keyboards und des technischen Equipments mit den blinkenden Kontrolllichtern, das Ganze gespielt mit erdbebenartiger Lautstärke auf halbdunkler Bühne, die Musiker oft noch mit dem Rücken zum Publikum sitzend: das hinterließ einen überwältigenden Eindruck auf das (vorwiegend männliche) Publikum. Diese Überwältigungsästhetik war Absicht.

Die LP-Hüllen setzten die Überwältigung fort mit dem Abdruck ellenlanger Aufzählungen der angeblich verwendeten elektronischen Instrumente und Effektgeräte – so manchem Fan schienen solche Informationen wichtiger zu sein als die Musik selbst. Viele glaubten, die Qualität der Musik korreliere unmittelbar mit dem Equipment: Weil die Band die Instrumente X, Y und Z spielt, muss das ja großartige Musik sein. Das ist etwa so, als würde man das Können eines Sternekochs daran bemessen, welchen Herd und welche Töpfe er verwendet.

Eine Konsequenz daraus war die Idee mancher Elektroniker, die Bühne oder das Studio mit Gastmusikern zu teilen. Schulze tat dies mit dem Schlagzeuger Harald Großkopf, dem Gitarristen Manuel Göttsching, dem Keyboarder Rainer Bloss, dem Perkussionisten Michael Shrieve (von SANTANA), dem Cellisten Wolfgang Tiepold oder den Vokalisten Arthur Brown und Lisa Gerrard. Später ließ Schulze seinen Big Moog mit MIDI-Technologie ausstatten. Damit wurde das Instrument programmierbar und auch im Konzert handhabbar.

Trotzdem war der Big Moog irgendwann veraltet; die Bauteile sind nicht für die Ewigkeit, die Regler krachen, und spätestens dann wird das Spiel auf der Bühne zum Seiltanz. Im Jahr 2005 hat Schulze den Moog noch in Kooperation mit Pete Namlook (Peter Kuhlmann) für die *Dark Side Of The Moog*-Serie eingesetzt, dann wurde das Instrument per eBay an einen anonymen Interessenten verkauft. Dem Vernehmen nach wurde es wieder in seinen ursprünglichen technischen Zustand zurückgebaut und steht heute in der Schweiz.

Klaus Schulze ist wohl derjenige, der am dichtesten an seinen ursprünglichen Ideen geblieben ist, die schon bis zu ASH RA TEMPEL, COSMIC JOKERS und diversen anderen Kaiser-Produktionen zurückreichen. Er gehört heute zu denen, die am besten repräsentieren, was der Begriff Berliner Schule einmal bedeutet hat, auch wenn sich inzwischen eine zweite Generation von Musikern, etwa Mario Schönwälder oder Bernd Kistenmacher, hinzugesellt hat. Schulze entwickelte einen – seinen – Stil und blieb dabei. Er folgte seiner Intuition, ohne sich darum zu kümmern, was andere machten. Sein Einsatz analoger Sounds war exquisit. Später, mit dem Aufkommen digitaler Synthesizer, lief ihm nicht selten der Einsatz vorprogrammierter, oft langweiliger Preset-Sounds aus der Hand, mehr und mehr wurde auch die Anzahl der von ihm auf den Markt geworfenen Platten fragwürdig. Und auch die Platten selbst waren oft einfach zu lang. Aber egal, seine Alben *Timewind* (1975), *Moondawn* (1976) und *X.* (1978) sind Klassiker, *Mirage* (1977) sichert ihm einen ewigen Platz im Elektronik-Olymp, und mit *Silhouettes* (2018) gelang ihm ein spätes Highlight, das ohne weiteres mit seinen früheren Meisterwerken mithalten kann.

BY THIS RIVER: WESERBERGLAND

Nicht alles, was ursprünglich aus Berlin kam, blieb für immer „Berliner Schule". Um in der Rockmusik für „elektronische Musik" zu stehen, musste man nicht notwendigerweise einen Synthesizer besitzen. Für die meisten Musiker blieb der Synthesizer noch lange Zeit ein Traum, einfach aufgrund seines Preises. Stattdessen nutzte man billigere Instrumente und ersetzte die Technologie durch Fantasie. Auch eine Ausrüstung mit elektronischer Orgel (im Zweifel tat es eine Vox Continental), E-Piano, einem Cello, einer Gießkanne, einem Metallstab, leeren Waschpulvertrommeln, abgenommen mit einem Kontaktmikrofon und durch Echogeräte, Flanging- oder Phasingpedale gejagt, konnte schon sehr beeindruckend sein.

Human Being

Hans-Joachim Roedelius hatte Human Being im Jahr 1968 gegründet, ein loses Projekt mit Norbert Eisbrenner, Elke Lixfeld, Broderick Price, Beatrix Rief, Boris Schaak, Verena Schirz und Christoph Sievernich. Sie spielten frei improvisierten Lärm im West-Berliner Zodiak. Human Being verwendete eine Farfisa-Orgel, einige elektrische Gitarren, die niemand wirklich spielen konnte, Saxophon und jede Menge Perkussionsinstrumente, von Ölfässern bis zu diversen „found Objects", manchmal gemischt mit vorproduzierten Tonbändern. Roedelius: „Wir dudelten herum mit Rückkopplungen, Echogeräten, Tonbändern und Bandschleifen. Niemand von uns hatte eine akademische Ausbildung. … Wir kümmerten uns nicht sehr darum, was für Reaktionen wir erhielten."[1] Es war lang und laut, aber die Reaktionen des Publikums waren nicht völlig vernichtend. Für Human Being war es ein großer Spaß, auf diese Weise zu performen, und für das (meist bekiffte) Publikum war es ein interessantes Abenteuer. Wenn man sich allerdings Aufnahmen dieser Performances anhört, etwa das Album *Live at the Zodiak – Berlin 1968* (veröffentlicht im Jahr 2009), kommt man nur schwerlich an der Erkenntnis vorbei, dass das alles ziemlich ziellos war. Das traf allerdings auch auf die frühen Werke von TANGERINE DREAM oder ASH RA TEMPEL zu; der einzige, allerdings nicht zu unterschätzende Unterschied ist, dass diese Musiker auch vorher schon Rockmusik gespielt hatten und deswegen über einen bereits etwas reflektierteren Zugang zur Materie verfügten (Edgar Froese hatte bei THE ONES gespielt, Chris Franke bei AGITATION FREE, Klaus Schulze bei ASH RA TEMPEL und PSY FREE). Das soll nicht bedeuten, dass *Electronic Meditation* etwa Easy Listening gewesen wäre, aber spätestens ihr Follow-Up *Alpha Centauri* wies deutliche Spuren von Rock-Feeling auf, und das Doppelalbum *Zeit* war gekennzeichnet durch Ausdauer und die Fähigkeit, in längeren Strukturen zu denken. Ohne eine große Portion Geduld und ein hohes Maß an Disziplin hätte das nicht gelingen können. *Zeit* war keine im strengen Sinne „komponierte" Musik, aber die Gastmusiker Florian Fricke mit seinem Moog und der Cellist Joachim von Grumbkow besaßen einen klassischen Hintergrund, und den konnten sie nicht verbergen.

Kluster

HUMAN BEING war kein Projekt für die Ewigkeit. Gemeinsam mit dem Beuys-Studenten Conrad Schnitzler (der auch auf TANGERINE DREAMS erstem Album zu hören ist) und dem Schweizer Grafiker und Teilzeit-Kneipenwirt Dieter Moebius, startete Roedelius das Projekt KLUSTER. Im Prinzip setzten die drei fort, was HUMAN BEING begonnen hatte, nun allerdings bereits unter der sanft lenkenden Hand des Produzenten Conny Plank. Im Dezember des Jahres 1970 nahm Plank im Rhenus-Studio bei Köln mit ihnen eine quasi-live eingespielte Platte auf, die *Klopfzeichen* hieß, und es gelang ihm, sie an das Schwann-Label zu vermitteln, ein Label, das auf Pädagogik und moderne Kirchenmusik spezialisiert war. Um das Label zur Veröffentlichung zu bewegen, mussten sie allerdings eine Reihe kurzer Gedichte in die Musik einfügen, gesprochen von der Schauspielerin Christa Runge. Zwei Monate später folgte *Kluster zwei – Osterei*, eine Paraphrase auf einen Abzählvers. Das Schema war dasselbe, nur war diesmal der Schauspieler Manfred Paethe der Sprecher. Die Auflage beider LPs betrug jeweils 300 Stück; nichts also, was Geld in die Kasse gebracht hätte, und aufgrund der Gedichte ohnehin keine Ideallösung. Immerhin aber hatte KLUSTER nun zwei LPs im Gepäck. Die Tatsache, dass es sie auf Platte gab, machte es den Dreien etwas leichter, Live-Auftritte in Galerien, Museen, Jugendzentren und anderen Kultureinrichtungen zu ergattern.

Nach dem relativ erfolgreichen Erstling von Kraftwerk (1970) witterte man bei Philips einen Markt und verpflichtete weitere deutsche Acts. Einer davon war Cluster (Moebius und Roedelius hatten sich inzwischen von Conrad Schnitzler getrennt und die Umbesetzung durch die neue Schreibweise auch äußerlich sichtbar gemacht). Conny Plank nutzte seine Reputation und machte es möglich, das Album im Hamburger Star-Studio aufzunehmen. Dessen Besitzer, Ralf Arnie, bezahlten sie, wie bei ihm üblich, mit den Verlagsrechten der Musik (die vermutlich für einen Restaurantbesuch mit seiner Frau ausreichten, viel mehr kann dabei nicht herausgekommen sein).

Das Grundkonzept des selbstbetitelten ersten Cluster-Albums (das 1980 unter dem Titel *Cluster 71* auf dem Sky-Label wiederveröffentlicht wurde) war dasselbe wie zuvor: Herbe, improvisierte elektroakustische Landschaften, aber Schnitzlers Fehlen ist zu bemerken. Man kann hören, dass zwei sehr unterschiedliche, gleichwohl ähnlich denkende Seelen versuchten, eine Musik zu kreieren, in der sie sich beide wiederfinden konnten. Das Stück „15:34" nimmt bereits ein bisschen ein späteres Cluster-Meisterstück vorweg, „Im Süden" von *Cluster II*. Der Musikkritiker Rainer Blome schrieb in *Sounds*: „Es gibt im Moment nur zwei Gruppen in der Welt, die zeitgenössisch-elektronisches Material im Sinne der Neuen Popmusik verwenden: Popol Vuh aus München und Cluster aus Berlin. ... Diese Platte ist einer der wenigen gültigen Beweise dafür, dass Elektronik nicht nur intellektuell, sondern auch emotional entstehen kann. Etwas, das die im Bereich des Pop tätigen Musiker ihren Kollegen der zeitgenössischen Klassik voraushaben."[2] „Neue Popmusik" übrigens war ein Werbebegriff, den Rolf-Ulrich Kaiser erfunden hatte, abgeleitet natürlich von der „Neuen Musik" – ein Beleg dafür, wie weit Kaisers Einfluss in den Musikjournalismus hineinreichte.

Cluster II (1972) war ihre erste Platte für das soeben gegründete Brain-Label, und blieb – für eine Weile jedenfalls – das letzte Relikt ihres frühen Musikstils. *Cluster II*, wiederum von Conny Plank im Star-Studio produziert, wurde das fortgeschrittenste Album des Duos mit abstrakten, wirbelnden Klängen, ohne Synthesizer, aber manchmal bereits mit einem Schuss Humor und Leichtigkeit. Für meinen Geschmack ist dies der Höhepunkt der frühen Cluster-Karriere, andere jedoch betrachteten die LP als emotionslos und langweilig, so etwa Roedelius' Biograf Stephen Iliffe: „Eine inspirationsfreie Zone, nur für Komplettisten."[3] Winfried Trenkler schrieb in *Sounds*: „Dass Cluster nur aus zwei Leuten

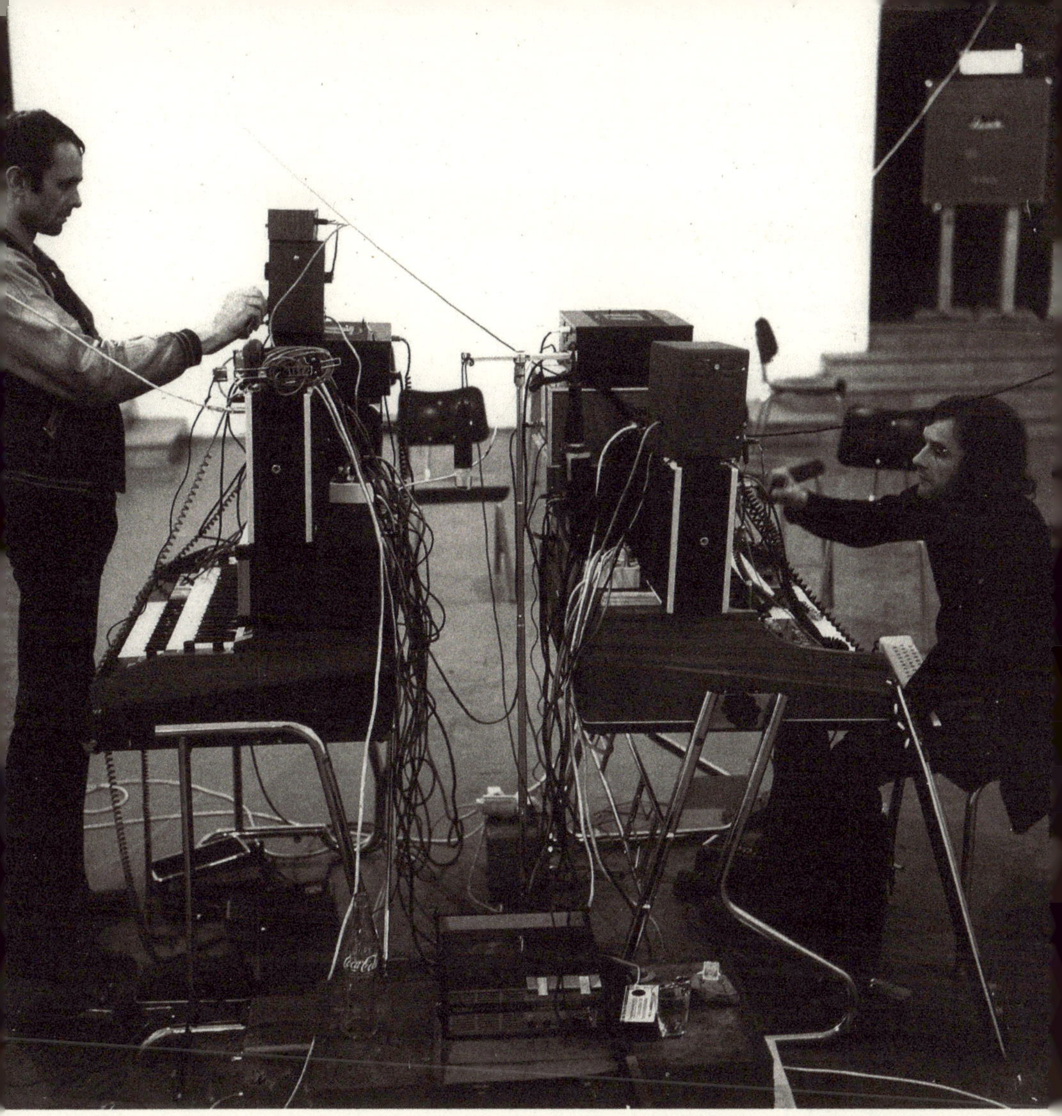

Cluster: Hans-Joachim Roedelius und Dieter Moebius

besteht, will man nicht glauben, wenn man ihre Musik hört. Erst, wenn man den Umfang der elektronischen Apparaturen wahrnimmt, wird's verständlich."[4] Eine interessante Perspektive, denn sie zeigt, dass auch Trenkler der zuvor erwähnten Vorstellung anhing, die Qualität der Musik stehe in direktem Zusammenhang mit der Quantität des elektronischen Equipments. – Tatsächlich war das CLUSTERsche Equipment zu diesem Zeitpunkt recht bescheiden. Anders ging es nicht. Sie hatten zwei simple Orgeln, eine Hawaiigitarre, ein Cello, einige Tongeneratoren, eine Reihe von Echolette- und Schaller-Effektpedalen und eine billige Echolette-Rhythmusmaschine der Kategorie „Klopfgeist". Später gönnten sie sich einen sehr einfachen Synthesizer namens „Davolisint", der im Jahr 1972 von der längst vergessenen italienischen Firma Davoli gebaut wurde.

Alter Weserhof

Cluster II ist früher Industrial (ein Genre, das damals noch gar nicht existierte), aber anders als seine Vorgänger besitzt dieses Album bereits Atmosphäre. „Im Süden" weist Spuren von Wärme auf und zeigt in die Richtung, in der es weitergehen sollte.

Für diese Veränderung gab es Gründe: Als sie *Cluster II* einspielten, lebten Roedelius und Moebius nicht mehr in Berlin. Wie CAN, FAUST und KRAFTWERK war ihnen klargeworden, dass sie das, was sie machen wollten, nicht ohne ein eigenes Studio würden realisieren können. CLUSTER war aufs Land gezogen, nach Niedersachsen in ein kleines Nest namens Forst (heute Teil der Gemeinde Holzminden-Bevern); die nächstgrößere Stadt, von der man gehört haben könnte, dürfte Göttingen sein. Ein Freund, ein Antikhändler, hatte ihnen ein Gehöft aus dem 16. Jahrhundert namens „Alter Weserhof" angeboten; ein großes Haus inmitten einer Gruppe kleinerer Häuser, ein bisschen außerhalb des Dorfes, umgeben von dichten Wäldern, mit Blick auf alte Burgen, auf Wiesen mit Pferden oder den landestypischen schwarzbunten Kühen darauf, unmittelbar in einer Biegung der Weser gelegen. Dörfer in dieser Gegend haben so anheimelnde Namen wie Gewissenruh oder Gottstreu, und etwa so sehen sie auch aus. Die Gegend ist Teil der „Deutschen Märchenstraße" – tatsächlich sind viele der Märchen der Gebrüder Grimm in dieser Gegend angesiedelt und wurden ursprünglich hier gesammelt; die Sababurg, um ein Beispiel zu nennen, soll das Schloss Dornröschens gewesen sein, die Rattenfängerstadt Hameln ist nah, auch Bodenwerder, die Heimat des Barons Münchhausen, liegt nur ein paar Kilometer entfernt. Das Gehöft muss die beiden musikalischen Geschichtenerzähler sofort fasziniert haben. „Das Gebäude war ein zweistöckiges, gemauertes Nebengebäude, das vormals als Getreide- und Bierspeicher verwendet wurde, zu anderen Zeiten auch als Gerichtsgebäude. Bauern, die ihren Zehnten nicht bezahlt hatten, wurden hier angeklagt und bestraft", erzählt Roedelius.[5]

Moebius und Roedelius nahmen das Angebot an, den Alten Weserhof für 99 Jahre für einen mehr oder weniger symbolischen Betrag zu mieten. Das bedeutete allerdings: Sie mussten das Gebäude grundrenovieren, denn es gab dort nichts – keine Heizung, kein fließendes Wasser, die Räume waren leer und so gut wie unbewohnbar. Sie mussten Berge von Arbeit hineinstecken, aber am Ende hat es sich gelohnt. Der einzige Faktor, der ihnen nicht zusagte, waren die beiden Atomkraftwerke in der Nähe, Grohnde und Würgassen. Roedelius konnte sich nie damit anfreunden; er fürchtete stets, die Radioaktivität könnte Schaden anrichten. In den Mitt-1970ern waren in Deutschland allerdings rund 30 Atomkraftwerke in Betrieb; egal, wo man sich aufhielt, irgendwo war immer eines in der Nähe. Roedelius hat deshalb nur bis zum Jahr 1978 im Alten Weserhof gelebt, dann verließ er Forst mit Frau und Tochter und übersiedelte nach Österreich. Dort war in einem Referendum entschieden worden, dass es innerhalb der Landesgrenzen kein Atomkraftwerk geben sollte (was natürlich die rings um Österreich gelegenen Atomkraftwerke nicht neutralisierte, aber man kann nicht alles haben). – Moebius, auch, wenn er später seinen Hauptwohnsitz nach Berlin zurückverlegte, behielt bis zu seinem Tod im Jahr 2015 eine Wohnung im Alten Weserhof.

Harmonia

Der Hof und die magische Umgebung des Weserberglandes hatten die Denkweise von Moebius und Roedelius verändert, und das zeigte sich in ihrer Musik. Hier, in diesem Hof, wurde daraus sozusagen ein Kuss zwischen Berlin und Düsseldorf. Ostern im Jahr 1973 nämlich war der Geist Düsseldorfs in Gestalt des Gitarristen Michael Rother nach Forst gekommen. Rother stammte ursprünglich aus Hamburg, war aber durch den Job seines Vaters, eines Lufthansa-Piloten, ziemlich herumgekommen. Unter anderem hatte er in München, in Wilmslow (bei Manchester) und in Karachi, Pakistan, gelebt. Mit Wolfgang Flür und Wolfgang Riechmann hatte er in Spirit Of Sound gespielt, war kurze Zeit Mitglied von Kraftwerk gewesen und – wichtigste Station – hatte mit Klaus Dinger das Projekt Neu! aus der Taufe gehoben. Dinger hatte die Idee, eine Art „Supergroup“ namens Europa zu gründen, in der außer Rother und ihm selbst noch sein Bruder Thomas und Hans Lampe spielen sollten, und für dieses Projekt wollte er auch gern die beiden Cluster-Musiker gewinnen. So erschienen denn also Rother und Dinger in Forst, um zu klären, was gemeinsam ginge. Wie sich herausstellte, ging nichts; Dinger versuchte sein Projekt in einer Weise durchzudrücken, die Moebius und Roedelius nicht akzeptieren konnten. Europa kam nicht zustande, Dinger reiste wieder ab, aber Rother verliebte sich in den Alten Weserhof, nahm einige leere Räume in Beschlag und begann sie zu renovieren. Spaßeshalber, und weil es nahelag, kam es dann auch zu ein paar Sessions mit Roedelius und Moebius. Die funktionierten so gut, dass daraus im Jahr 1973 HARMONIA wurde – ein Name, der eher an einen Gesangverein denken lässt, der Schubertlieder singt. Daher kam der Name auch tatsächlich: Eines Tages sahen sie irgendwo an einer Mauer das Konzertplakat eines Gesangvereins, der so hieß. Michael Rother: „Meine Kollegen von CLUSTER hatten sehr wenig Geld, deswegen waren wir froh, dass für HARMONIA zumindest die Vorschüsse ins Haus kamen. Wir haben auch Konzerte gemacht, aber es war sehr schwierig, davon zu überleben. Ich hatte Glück, dass die Plattenverkäufe von NEU! gerade noch so viel abwarfen, dass ich davon das defizitäre Projekt HARMONIA tragen konnte.“[6]

Die Hoffnung, dass mit dem Projekt vielleicht ein bisschen mehr kommerzieller Erfolg einhergehen möge, erfüllte sich nicht. HARMONIA blieb ein brotloses, gleichwohl hochinteressantes Unterfangen, das immerhin sogar die Aufmerksamkeit von Künstlern wie David Bowie und Brian Eno fand. Das erste HARMONIA-Album, *Musik von Harmonia*, im Jahr 1974 auf dem Brain-Label veröffentlicht, nahm das Trio zum Teil im Alten Weserhof, zum Teil aber auch live auf. Rother: „Wir waren so arm! Zusammen hatten wir drei Revox A-77, diese schönen Bandmaschinen, und ein sehr simples, nicht gut klingendes Mischpult von Echolette. Aber was großartig war: Wir hatten Zeit.“[7] – Das Resultat war bemerkenswert. Hermann Haring schrieb in *Sounds*: „Hypnotischer Rhythmus, meditative Klangströme, dazwischen Passagen voll innerer Spannung, Musik zum Zuhören, bei der man in die Vorstellungswelt der Musiker eindringen kann.“[8] Nur leider waren das gerade mal ein paar Zeilen in einer Sammelbesprechung, ganz zu schweigen davon, dass Haring von „Michael Roth“ und „zwei Cluster-Leuten“ spricht, ohne sie zu nennen, und er schließt daraus: „Stilistisch veränderten sie sich nicht.“[9] Man wüsste gern, wo der Mann seine Ohren hatte; wahrscheinlich saß er darauf. Diese Art von Nachlässigkeit (oder soll man sagen: Ignoranz?) war typisch für die Art und Weise, wie viele deutsche Rockproduktionen damals von der Musikpresse behandelt wurden. Haring blieb auch später bei seinem Urteil, als er Rothers Soloplatten als „schlaffen Glanz-Rock mit Parallelen zu RHEINGOLD“[10] bezeichnete.

In der Zwischenzeit hatten Roedelius und Moebius ein neues CLUSTER-Album eingespielt: *Zuckerzeit* (1974). Wenn die beiden je ein Pop-Album gemacht haben, dann ist es dieses. Das kesse Coverfoto und die sirupartige Schrift unterstrichen diesen Eindruck. Auch wenn der Name CLUSTER auf dem Cover steht: Tatsächlich hört man fünf Solostücke von Roedelius und fünf von Moebius, und wenn man sie miteinander vergleicht, bemerkt man sehr deutlich, wie unterschiedlich beider Musikverständnis war. Moebius spielte irritierende, oft sperrige Stücke und bewahrte CLUSTER damit vor einem zu hohen Saccharinanteil, während Roedelius sich hauptsächlich auf sanfte Melodien konzentrierte, die ständig Gefahr liefen, in Kitsch abzugleiten, hätte nicht Moebius Kontrapunkte gesetzt. Auf ihren späteren Soloplatten wurde das noch deutlicher. Mit „Rosa", dem Schlusstitel auf *Zuckerzeit*s Seite 1, begrüßte Roedelius seine Tochter, die auf dem Alten Weserhof vor dem Kamin das Licht der Welt erblickte. Man liest manchmal, Michael Rother sei der Produzent des Albums gewesen, aber das ist nicht der Fall. Er stellte lediglich seine Revox zur Verfügung. Die Tatsache, dass die Verlagsrechte auch hier wieder an Ralf Arnie gingen, deutet darauf hin, dass Conny Plank den *Zuckerzeit*-Aufnahmen im Star-Studio etwas Politur verliehen hatte. (Connys eigenes Studio existierte zu dieser Zeit noch nicht.)

Zuckerzeit erhielt so gut wie keine Rezensionen, lediglich *Sounds* erwähnte die Platte in einem Artikel als „ein kleines Meisterwerk der ironischen Synthesizer-Kunst".[11]

Das zweite HARMONIA-Album, genannt *Deluxe* (1975), wurde ebenfalls auf dem Alten Weserhof aufgenommen, diesmal allerdings war Conny Plank dabei, der eine 16-Spur-Maschine mitgebracht hatte. Das war ein deutlicher Sprung nach vorn. Rother: „Wir waren sehr glücklich, Conny in unseren Reihen zu haben. Ich bin nicht ganz sicher, wie lange er blieb. Vielleicht zwei Wochen? … Ein paar Wochen später waren wir in Connys Studio für die Abmischung und den Gesang. Den haben wir spontan gemacht. Roedelius, Moebius und ich waren unglaublich schüchtern auf der Bühne. Wir haben mit dem Rücken zum Publikum gespielt, weil wir die Leute nicht ansehen konnten, geschweige denn zu ihnen sprechen. Das ärgerte mich. Ich fand: Wir müssen diese Schüchternheit überwinden, diese Angst vor dem Publikum. Und ein Schritt wäre es, den Mund aufzumachen. … Wir setzten uns fünf Minuten hin und warfen ein paar Textzeilen aufs Papier und mischten sie durcheinander. Das war erfrischend und befreiend. Danach machten wir die ‚crazy'-Version, den Track ‚Monza', ein sehr dynamisches Ding, purer Spaß!"[12] Der Text erinnert von fern ein bisschen an KRAFTWERKS „Autobahn", aber das war wohl kaum beabsichtigt.

Auf *Deluxe* hatte HARMONIA einen Gastmusiker dabei: Mani Neumeier von GURU GURU spielt Schlagzeug auf drei Titeln, „Walky-Talky", „Gollum" und dem erwähnten „Monza (Rauf und runter)". Manis Spiel in letzterem Stück ist näher an Klaus Dinger als an GURU GURU, und ich würde ihn nicht erkannt haben. „Walky-Talky" ist ganz sicher eines ihrer stärksten Stücke überhaupt.

Deluxe ist ein zeitloses und einfach schönes Album, das mich durch viele Nächte begleitet hat. Die Musikpresse allerdings ignorierte es vollkommen, ebenso die Radiostationen, obwohl es sogar eine Single gab; gekürzte Edits von „Deluxe“ und „Monza“. Die Band nahm dazu noch einen speziellen Track für eine Radiostation auf. Rother: „‘Tiki-Taka‘ ist ein Beispiel dafür, wie wir 1975 im Studio gearbeitet haben; das ist der Track, den wir für den einzigen Rundfunkjournalisten aufgenommen haben, der gelegentlich deutsche Rockmusik spielte. Wir wurden von fast allen total ignoriert, aber er bot uns Sendezeit an. Er sagte: ‚Wenn ihr ein Stück für mich einspielt, sende ich das in meiner Show.‘“[13] – Das Stück erschien erstmals als Teil des HARMONIA-Boxsets auf Platte, das im Jahr 2015 veröffentlicht wurde. Der Journalist, von dem Rother spricht, kann nur Winfried Trenkler vom WDR gewesen sein. Er blieb mehr oder weniger der einzige, lediglich Ingeborg Schober spielte auch einen HARMONIA-Track in ihrer Show im Bayerischen Rundfunk. Leider erwies sich das ganze Projekt als finanzieller Reinfall; beide HARMONIA-Alben verkaufen innerhalb eines Jahres nicht mehr als jeweils etwa 1500 Stück.

Wenn HARMONIA in Clubs oder Jugendzentren auftrat, kamen manchmal 20 Leute, manchmal 50, manchmal auch nur drei. Ich sah die Band zweimal live, beide Male in der Hamburger Fabrik. Das erste Mal war durch Zufall jenes, bei dem Brian Eno anwesend war und später spontan mitspielte. Das klingt heute spektakulär, war es aber damals nicht. Eno kannte HARMONIA nicht, Winfried Trenkler ahnte aber, dass ihm die Band gefallen könnte. So nahm er Eno mit nach Hamburg, um ihn mit dem Trio bekanntzumachen. Ich erkannte Eno nicht. Für mich war Eno der langhaarige bunte Glitzervogel von ROXY MUSIC, aber hier saß ein schlicht schwarzgekleideter Mann mit Kurzhaarschnitt, erst später wies mich jemand darauf hin, wer er war. Im Jahr 1976 habe ich HARMONIA ein zweites Mal gesehen. Darüber habe ich 2015 einen Fünfminüter für den Deutschlandfunk geschrieben, der die Atmosphäre wiedergibt:

Im Fernsehen läuft an diesem Abend *Sie kamen von jenseits des Weltraums*. Im Kulturzentrum Fabrik in Hamburg-Altona spielt HARMONIA. Diese Band kommt nicht von jenseits des Weltraums, sondern aus dem Dörfchen Forst im Weserbergland, aber das ist für die meisten Hamburger so ziemlich dasselbe. Und auch, wenn der Name eher an einen volkstümlichen Gesangverein denken lässt: Die Musik von HARMONIA ist utopischer als der Film.

HARMONIA gehört zu jenen Bands, die vor ihren Auftritten nicht genau wissen, was sie spielen werden. Das kann zu endlosem Gedudel führen, es kann aber auch hypnotische Momente erzeugen, wie sie nur aus dem freien Zusammenspiel heraus entstehen können. An diesem Abend des Jahres 1976 funktioniert es.

Weil die Gestalt des alten Fabrikgebäudes es anbietet, spielt die Band auf zwei Ebenen. Links vor der Bühne Michael Rother mit seiner leopardenfellgemusterten Fender Mustang, die vormals dem KRAFTWERKer Florian Schneider gehört hat. Rechts Hans-Joachim Roedelius an seinem Elektronikturm. Oben auf der Bühne das Markenzeichen der Band, der Sonnenschirm mit den bunten Glühbirnchen. Unter dem Schirm Dieter Moebius, auch er gebietet über eine Elektronikburg. Und ein Schlagzeug steht auf der Bühne. Das kommt aber erst in der zweiten Hälfte des Abends zum Einsatz. *Deluxe*, die zweite LP der Band, ist gerade erschienen, und auf ihr trommelt als Gast GURU GURU-Schlagzeuger Mani Neumeier. Der kann an diesem Abend nicht dabeisein, Lutz Oldemeier nimmt seine Stelle ein. Oldemeier kommt eigentlich aus einer anderen musikalischen Ecke, von den Jazzrockern AERA und MISSUS BEASTLY, aber seine Spielweise fügt sich auch in die Musik von HARMONIA ein. Der Dämpfung wegen ist sein Schlagzeug mit weißen Tüchern abgedeckt. Ein alter Trick, den auch Ringo Starr schon draufhatte. HARMONIA nämlich spielt leise – so leise, dass das ungedämpfte Instrument unangenehm aus dem Klangbild herausfallen würde. Einzig im Schlussstück des regulären Teils zieht die Band ihre Lautstärke für ein paar Augenblicke kräftig an.

In der Zugabe spielt HARMONIA dann wieder etwas Leises: „Es war einmal“ vom CLUSTER-Album *Sowiesoso*. Wie immer zu fortgeschrittener Stunde in der Fabrik vermischen sich die Klänge der Musik zunehmend mit dem Klirren der auf dem Boden abgestellten Biergläser, die von umherwandernden Zuschauern umgestoßen werden.

Eine vom Publikum geforderte weitere Zugabe gibt es nicht, stattdessen ruft Roedelius zur allgemeinen Erheiterung in den Raum: „Macht ihr doch mal was!“ Aus den Hauslautsprechern tönt Lou Reeds *Transformer*, die Platte, die hier allabendlich signalisiert: Wir möchten jetzt Feierabend machen.

Es sind nicht viele Zuschauer da an diesem Abend, vielleicht 50 oder 60. Immerhin ein paar mehr als die legendären 16, die auf dem Album *Live 1974* das Publikum bilden[14]. Und auch, wenn ich mich nach den vier Jahrzehnten, die das alles jetzt her ist, an viele Details nicht mehr erinnern kann: Das Konzert als Ganzes ist mir bis heute im Gedächtnis geblieben. Es gibt nicht viele Konzerte, von denen ich das sagen könnte.[15]

Kommerziell, wie gesagt, war HARMONIA ein Fiasko. Das war einer der Gründe, weshalb das Projekt nicht fortgesetzt werden konnte. Ein zweiter Grund lag darin, dass Moebius und Roedelius ihr eigenes Projekt CLUSTER nicht aufgegeben hatten, und ihre Pläne waren nicht kompatibel mit Michael Rothers etwas kommerzielleren Ideen über HARMONIA. Roedelius: „Moebius und ich waren außerstande, uns den Bedingungen des Musikbusiness anzupassen, den Kotau vor dem, was man Erfolg nennt, zu machen, uns von Produzenten ins Konzept reden zu lassen."[16] Dadurch wurde HARMONIA zu einem toten Pferd.

CLUSTERS LP *Sowiesoso*, wiederum im Alten Weserhof aufgenommen und in Connys Studio gemischt, wurde im Jahr 1976 von Günter Körbers eben gegründetem Label Sky Records veröffentlicht, und sie ist CLUSTERS definitives Meisterwerk. Auf keinem anderen Album sind die beiden dichter beieinander, keines hat über die gesamte Spieldauer eine kohärentere Atmosphäre als dieses.

Im Jahr 1976, während eines Trips von Berlin nach Lausanne, schaute Brian Eno im Alten Weserhof vorbei, eigentlich nur, um Hallo zu sagen und zu schauen, was dort so lief – nach seiner Mitwirkung in Hamburg hatten sie ihn eingeladen. Aus dem kurzen Hereinschauen wurde ein Aufenthalt von elf Tagen. Es gab keine Pläne, eine Platte aufzunehmen oder live zu spielen, aber natürlich kam es zu Sessions. In einem Interview aus dem Jahr 2005 sagt Eno über diese Tage: „Es war eine schöne Zeit, dort zu arbeiten. Es war eine Art Luftblase in meiner Lebensgeschichte, zum Teil, weil es in einer so entlegenen Gegend war. Wir arbeiteten in der Nähe dieser mächtigen Flussbiegung. Der Song ‚By This River' von meinem Album *Before And After Science* ist eng mit diesem Platz verbunden. Wir wohnten in diesem sehr ruhigen alten Bauernhaus. Die Weser war dort ein sehr schneller, fast wilder Fluss. Mir kam er fast vor wie das Sinnbild der enorm schnell vergehenden Zeit. Damit verglichen wirkte das Leben in diesem alten Haus fast noch ruhiger! Die Musik, die da entstanden ist, hat etwas Magisches. Wie können wir *Etwas* aus *Nichts* machen? Das war die Hauptfrage. Wie ein Zauberkunststück. Wir hatten nur einfache Instrumente, ein einfaches Studio. Ich weiß gar nicht mehr, ob ich irgendwelches Equipment mitgebracht hatte. Wir haben das benutzt, was dort in dem Raum war, und das war nicht viel."[17]

Das Treffen führte zu allerlei Aufnahmen; die meisten davon nahm Eno mit. Zwei dieser Tracks erschienen später auf Roedelius' Album *Theaterworks* (1994). Nachdem Roedelius weitere Bänder in Enos Haus fand (der längst vergessen hatte, dass er sie besaß), spendierte er den inzwischen stark rauschenden Aufnahmen aus seiner eigenen Tasche eine Sonic-Solution-Behandlung und veröffentlichte neun der Stücke im Jahr 1977 als *Tracks And Traces* auf Sonys S3-Label. Das Projekt lief unter dem Namen Harmonia 76. Im Jahr 2009 ergänzte Michael Rother das Album für ein Re-Release auf Herbert Grönemeyers Grönland-Label um drei weitere Tracks aus seinem eigenen Archiv – verblüffend gut erhaltene Cassettenaufnahmen.

Da die Kollaboration zwischen Eno und Cluster gut funktioniert hatte, trafen sie sich einige weitere Male in Connys Studio. Die aus diesen Treffen resultierenden Aufnahmen erschienen auf zwei Platten: *Cluster & Eno* (1977) und *After The Heat* (1978), letztere ohne Erwähnung des Namens Cluster, sondern als Eno Moebius Roedelius. Auf beiden Platten war Holger Czukay als Gastmusiker dabei, und beide gehören ganz sicher zu ihren schönsten Kreationen, angefangen mit den wundervollen atmosphärischen Coverfotos und noch lange nicht endend mit ihrer sanft melancholischen Stimmung (wobei die zweite LP ein wenig zupackender ist). Die Platten erwiesen sich als Segen für die Musiker und auch für Sky Records: Zwar erreichte keine jemals irgendwelche Chartpositionen, aber sie entpuppten sich als Langläufer. Beide Platten erreichten sechsstellige Verkaufszahlen.[18] Roedelius und Moebius konnten von den Tantiemen jahrelang leben. Falls jemand einen Beleg dafür sucht, was der Name Brian Eno bewirken konnte, wenn er auf einem Plattencover auftauchte: Hier wäre einer.

Eine kleine Anekdote zu *Cluster & Eno* bleibt nachzutragen: Roedelius, Moebius und Eno hatten rund eine halbe Stunde Musik eingespielt, als Eno aufgrund anderer Verpflichtungen keine Zeit mehr hatte und abreisen musste. Eine halbe Stunde Musik war zu wenig für ein Album, aber unangenehmerweise war der Termin für den Schnitt der Masterdisc bereits festgelegt und ließ sich nicht verschieben. So erhielt der in Hamburg lebende Musiker Asmus Tietchens einen Notruf von Roedelius: Es musste ein weiteres Stück her und es musste schnell gehen. – Asmus Tietchens und Okko Bekker halfen aus. In Okkos Audiplex-Studio nahmen sie ein sechseinhalb Minuten langes Stück mit Gitarre, präpariertem Klavier und Sitar auf, das dann Teil des *Cluster & Eno*-Albums wurde – aber weder Cluster noch Eno sind darin zu hören. Der Titel ist „One" – man würde sich nicht wundern, wenn das „Eno" rückwärts wäre; es würde zu Tietchens' Humor passen. Und interessanterweise hob der Journalist Manfred Gillig in seiner *Sounds*-Besprechung genau dieses Stück hervor: „Die … schwermütigen Klavierakkorde mit den orientalisch gefärbten Sitar- und Perkussionsklängen beziehen da schon eher Stellung, erinnern eher an die miniaturischen Feinheiten in Enos Musik von *Another Green World* und zeigen auf, wie's weitergehen kann und sollte."[19]

Cluster hat weitere Platten veröffentlicht. Hörenswert sind sie alle, aber keine toppt *Sowiesoso*. Das Duo brach zweimal auseinander, gefolgt von Versöhnungen, aber am Ende ließen sich die Brüche nicht mehr kitten, und das Kapitel Cluster endete im Jahr 2010.

Das Label Bureau B veröffentlichte im Jahr 2017 zwei alte Live-Mitschnitte des Duos als *Konzerte 1972/1977*. Ersteres stammt aus der Fabrik in Hamburg, das andere ist vom Festival International de la Science Fiction 1977 in Metz, Frankreich. Hört man sich beide an, wird unmissverständlich klar, dass der elektronische Lärm der *Cluster II*-Ära auch im Jahr 1977 noch Teil ihrer Bühnenpräsenz war. Zwischen den beiden Mitschnitten gibt es praktisch keine stilistischen Unterschiede. Es hatte offenkundig keine Entwicklung stattgefunden – was für ein seltsames Rollback zu einem Zeitpunkt, da *Zuckerzeit*, *Sowiesoso*, die Zusammenarbeiten mit Eno und die Harmonia-Platten längst in den Läden waren. Sofort wird klar, weshalb Harmonia nicht fortgesetzt werden konnte. Was Rother zu dieser Zeit vorschwebte, war eine andere Liga; mit *diesen* Clusters hätte er das nicht verwirklichen können. Roedelius stellt es umgekehrt dar: „Michael war sehr auf sich beziehungsweise auf seine eigenen künstlerischen Vorstellungen bezogen, mit einer festen Meinung davon, wie etwas anzupacken und durchzuziehen sei, man weiß ja inzwischen, wie erfolgreich er damit war.“[20]

Alle diese erwähnten Platten gehören zu den wichtigsten Werken, die deutsche Rockmusiker produziert haben. Wer will da entscheiden, ob wir es eher mit „Berliner-“ oder eher „Düsseldorfer Schule“ zu tun haben? Wir sollten sie die „Schule der deutschen Märchenstraße“ nennen.

Solo

Es gibt Soloalben von Hans-Joachim Roedelius und solche, die er mit Gastmusikern aufgenommen hat. Nicht alle sind elektronisch. Roedelius hat bis heute über 100 Alben unter seinem Namen veröffentlicht. Da ist es schwer, einzelne herauszugreifen, aber *Durch die Wüste*, aufgenommen im Jahr 1976 und veröffentlicht 1978, sollte auf jeden Fall dabei sein.[21] Noch heute könnte man glatt auf die Idee kommen, der Titel „Regenmacher“ hätte Jasper van't Hof zu seinem Erfolgsalbum *Pili Pili* (1984) inspiriert.

Roedelius' *Selbstportraits I, II,* und *III*, die über mehrere Jahre hinweg im Alten Weserhof am offenen Fenster mit einfachsten Mitteln, meist einer simplen Orgel und einer vor sich hin tickenden Rhythmusmaschine entstanden, sind nach wie vor hörenswert. Die Alben erschienen in den Jahren 1979 und 1980.

Zu meinen Roedelius-Favoriten gehört *Jardin au fou* (1979), produziert und aufgenommen von Tangerine Dreams Peter Baumann in seinem Paragon-Studio in Berlin. Baumann war von dem französischen Label Barclay/Egg eine nette Geldsumme zugeflogen. Er sollte dafür drei Alben mit deutschen Elektronikmusikern produzieren. Eines davon wurde Asmus Tietchens' abenteuerlicher Erstling *Nachtstücke*, ein anderes war Conrad Schnitzlers *Con*; beide dürften die Barclay-Leute in graue Verzweiflung gestürzt haben. Das dritte Album sollte Roedelius beisteuern. Interessanterweise mag er selbst diese Platte nicht. Paragon war ein annähernd perfektes Studio mit einem erstklassigen Steinway und all den modernen Aufnahmemöglichkeiten, von denen man sonst nur träumen konnte, aber genau dadurch fühlte sich Roedelius blockiert. Ihm fehlte der Klang der Weser von draußen, die muhenden Kühe, quakenden Enten und schnaubenden Pferde. Er spielte Spur für Spur der 16-Spur-Maschine voll, aber weder er selbst noch Baumann waren von den Ergebnissen überzeugt. Schließlich gab Baumann auf und überließ die weitere Produktion seinem Assistenten Will Roper, der aus diesem Material das fertige Album mixte.[22] Was soll ich sagen: Für mich ist das eine wunderschöne Platte geworden. – Roedelius nahm die verbleibenden Aufnahmen mit nach Hause und beendete und mischte sie in einem Wiener Studio. Daraus wurde die LP *Lustwandel* (1981); auch sie ein mehr als nur respektables Werk. Auch das Cluster-Album *Großes Wasser* (1979) ist eine Paragon-Aufnahme; es wurde parallel zu den *Jardin*-Sessions aufgenommen. Es ist kein schlechtes Album, aber im Vergleich zu seinen Vorgängern merkt man schon, dass es nicht ganz durchgebraten ist. Die nicht gemochte Studioatmosphäre ist für den Hörer spürbar.

Es gibt mehr. Da wäre zum Beispiel das Mellotron-geladene *Geschenk des Augenblicks* von 1984, gespielt auf einem Mellotron, das Roedelius durch Zufall auf einem Dachboden fand. Die Platte verdankt ihre Existenz Enos Frau Anthea, die spontan entschied, es auf ihrem EG-Label zu veröffentlichen. Bemerkenswert sind auch die beiden *Sinfonia Contempora*-Alben von 1994 (*Von Zeit zu Zeit*, eine dichte Collage aus älteren Aufnahmen) und 1996 (*La Nordica*), die fast schon in Richtung Audio Art gehen.

In den späten 1980ern wandte sich Roedelius verstärkt dem Klavier zu. Er misstraute zunehmend elektronisch erzeugten Klängen; nachdem in einem Cluster-Konzert eine Zuschauerin das Bewusstsein verloren hatte, fürchtete er, die Klänge könnten gesundheitliche Probleme verursachen.[23] Mit Hilfe der österreichischen Alban-Berg-Stiftung hatte er ein koreanisches Klavier und ein wenig Studioequipment bekommen, sodass er auch zu Hause aufnehmen konnte. Das Resultat war *Piano Piano*, 1991 auf dem italienischen Label Materiali Sonori veröffentlicht. Allerdings hatte er bereits im Jahr 1985 live ein reines Klavieralbum eingespielt (*Roedelius Plays Piano – Bloomsbury Theater, London, July 28, 1985*), das jedoch erst im Jahr 2011 veröffentlicht wurde.

Hans-Joachim Roedelius ist heute 88 Jahre alt und nach wie vor musikalisch aktiv. Seit etwa dem Jahr 2000 wird deutlicher, dass ihm nun – nach einem wahrhaft abenteuerlichen Leben – allmählich die weltweite Anerkennung zuteil wird, die er seit Jahrzehnten verdient hätte. Dass er schlussendlich nicht nur in Hamburgs prestigeträchtiger Elbphilharmonie auftreten konnte, ist ein Zeichen dafür, ebenso sein im Jahr 2017 mit Arnold Kasar eingespieltes Album *Einfluss*, das auf dem „Yellow Label" der Deutschen Grammophon erschien. Und wer im April des Jahres 2021 Roedelius' ins Web gestreamtes Hauskonzert verfolgen konnte, weiß, dass weiter mit ihm zu rechnen ist.

Es gibt einige Platten von Dieter Moebius, die man kennen sollte, wenn man sich für deutsche Rockmusik interessiert; insbesondere wären dies *Tonspuren* (1983), *Rastakraut Pasta* (1980) von Moebius & Plank, und *Moebius & Tietchens* (2012) von ebendiesen.

Ein interessantes Projekt konnte Moebius leider nicht mehr vollenden: Er hatte die Einladung erhalten, eine Musik zu Fritz Langs Stummfilmklassiker *Metropolis* zu komponieren. Die sollte live zum Film aufgeführt werden. Leider sprach dann aber Freund Hein ein Machtwort. Einige Feinarbeiten wurden noch von Irene Moebius, Tim Story, Jon Leidecker und Jonas Förster hinzugefügt. Auf der Platte finden sich nun vier Tracks mit einer Dauer von jeweils etwa zehn Minuten, betitelt mit „Schicht", „Moloch", „Tiefenbahnen" und „Mittler"; wer den Film gesehen hat, weiß, für welche Szenen sie bestimmt waren. Die Backings sollten vom Laptop kommen, Moebius wollte live dazu spielen. Diverse Rhythmen vermischen sich zu einer Art Collage, auf diesem Klangteppich tanzen Metallklänge, Glöckchen und klingende Gläser, auch ein Sample aus *Cluster II* taucht kurz auf. Die vier Tracks geben eine Vorstellung davon, was Moebius wohl vorschwebte; ob daraus allerdings wirklich ein guter Soundtrack für *Metropolis* geworden wäre, ist schwer zu sagen, eher scheint es, als habe der Film als Anregung für die Musik gedient. Der Film stellt ja nicht nur utopische Architektur und Technologie in den Mittelpunkt, er besitzt auch eine starke romantische Seite. Die originale sinfonische Filmmusik von Gottfried Huppertz deckt beide Aspekte ab, Moebius' Musik tut dies eindeutig nicht. Aber das ist kein Fehler. Man höre *Musik für Metropolis* nicht als Filmmusik, sondern einfach als Moebius-Album. Er tut hier, was er immer am besten konnte: Er entwirft irritierende Klanglandschaften, in denen man aber nach einer Weile der Orientierung leben kann.

Ein bisschen außerhalb des Gartens liegt das Album *Lilienthal*, aufgenommen im Jahr 1976, veröffentlicht 1978. Es wird nicht von einer „Band" gespielt, es ist eher eine Art „Spin-off"-Produkt. Eigentlich sollte *Liliental* ein weiteres Moebius-Soloalbum werden, aber er lud Asmus Tietchens und Okko Bekker hinzu, und die sagten nicht Nein. Asmus Tietchens nennt die Platte „nicht wirklich wichtig", aber schließlich sei sie in Conny Planks Studio entstanden, „in dem wir eine Woche umsonst arbeiten konnten. 1976 war das ein großes Geschenk."[24] Zufällig waren im Studio auch der Bassgitarrist Hellmut Hattler und der Saxofonist Johannes „Alto" Pappert anwesend, die gerade an einer KRAAN-Produktion arbeiteten, und auch Conny Plank selbst griff zur Gitarre. So entstand dieses Album, mehr oder weniger ungeplant aus Sessionsituationen heraus. Moebius, Tietchens, Bekker und Plank sind auf allen Stücken zu hören, Hattler spielt auf Seite 1, Pappert auf Seite 2. Die Platte schaukelt zwischen Experiment und Unterhaltung und hört sich auf jeden Fall gut an, ist aber immer ein Insider-Tipp geblieben.

„Isi" vom Album *Neu!75* deutete bereits an, in welche Richtung Michael Rother gehen würde. Dieser hatte jetzt sein eigenes Studio im Alten Weserhof, und weil er ständigen Zoff mit Klaus Dinger hatte (oder Dinger mit ihm, wer weiß) bat er CANs Schlagzeuger Jaki Liebezeit, auf seiner ersten Soloplatte zu trommeln – vermutlich die beste Wahl, die er treffen konnte.

Nach einem Dreivierteljahr der Arbeit zu Hause und in Connys Studio erschien dann eine frische Brise von instrumentalen Gitarren-, Keyboard- und Schlagzeugsounds, mit denen so keiner gerechnet hatte. Als ich wie jeden Tag beim Govi-Laden vorbeiging, war gerade einer der Verkäufer dabei, Neuzugänge in die Regale zu sortieren. Als er mich durchs Fenster sah, winkte er mich rein und drückte mir mit den Worten: „Hier, das ist was für dich!" Michael Rothers erstes Soloalbum in die Hand. Und er hatte recht. *Flammende Herzen* war melodisch, klang hervorragend, easygoing, nicht zu intellektuell, aber nie simpel. Rothers grundlegende Idee war offenkundig gewesen, einen Gitarrenstil ohne Tonbiegungen und Vibrato zu entwickeln, der keinen Bezug zum Blues oder zur typischen Rockgitarre aufwies. Die Platte erschien im Jahr 1977 beim Sky-Label. Die Deutsche Austrophon, die die Platten von Sky vertrieb, orderte zunächst nur 150 Exemplare – einerseits lächerlich, andererseits verständlich, wenn man die Verkaufszahlen von Cluster und Harmonia kannte, und man musste zumindest die Hintergrundstorys von Kraftwerk und Neu! kennen, um den Namen Michael Rother überhaupt unterbringen zu können.

Die Kritik reagierte überwiegend enthusiastisch. Manfred Gillig schrieb in *Sounds*: „Diese *Flammenden Herzen* sind ein Schuss ins Schwarze, ein Ohrenschmaus! Abseits jeder teutonischen Ernsthaftigkeit und Verkrampftheit und unbekümmert von irgendwelchen Vorbildern oder allen Vergleichen, die sich in dieser Sparte Musik aufdrängen – siehe Eno, Cluster, Kraftwerk – hat der Michael Rother auf seiner Platte eine Musik hinbekommen, die nicht nur clever, nicht nur friedlich und relaxed, nicht nur melodisch und mellow, nicht nur elektronisch ist, sondern die auch elektrisiert, die zum Mitsummen animiert (...), die diesen heutzutage sehr seltenen Hauch von einfacher und schlichter Größe hat, aus dem Hits gemacht werden."[25] – Was für ein Satz. Aber selbst der *New Musical Express* entdeckte „eindringliche Körpermusik unüblicher Machart."[26]

Aber die Deutsche Austrophon schien Recht zu behalten, die Platte war ein Ladenhüter – bis schließlich Winfried Trenkler sie in seiner WDR-Show „Schwingungen" spielte. Danach hob das Album ab, alles in allem verkaufte es sich etwa 150.000 Mal[27] – eine Sensation für deutsche Rockverhältnisse ebenso wie für Sky Records, und plötzlich wurde Michael Rother ein „household name" selbst im erweiterten Rock-Zirkel.

Der Regisseur Walter Bockmayer nutze Musik und Albumtitel für seinen Low-Budget-Film *Flammende Herzen* (1977/78), eine romantische Tragikomödie über einen schüchternen bayerischen Junggesellen, der eine Reise nach New York City gewinnt, wo er in der Subway eine Blondine im Dirndl kennenlernt. Später, auf einer Oktoberfest-Imitation, gewinnen die beiden eine lebende Kuh, mit der sie dann durch die Straßen Manhattans wandern – zum Schlachthof.

Rothers nächste Alben, *Sterntaler* (1978, benannt nach einem Grimmschen Märchen) und *Katzenmusik* (1979), beide wiederum mit Jaki Liebezeit eingespielt, schlossen sich nahtlos an. Im *Sounds*-Poll 1978 wählten die Leser Rother zum „besten deutschen Musiker" und „besten Instrumentalisten"; *Sterntaler* wurde zum drittbesten Album des Jahres hochgestimmt.[28]

Das Follow-up *Fernwärme* brauchte drei Jahre, und der Erfolg der ersten drei Alben brachte Rother einen Vertrag mit Polydor ein. Aber diese Geschichte gehört bereits in die 1980er-Jahre.

KRAFTWERK

Vom Weserbergland und Michael Rother ist es nur ein Sprung nach Düsseldorf. Dort war und ist KRAFTWERK die Kirche im Dorf und einer der bekanntesten kulturellen Exportartikel; außer TANGERINE DREAM, Klaus Schulze, später den EINSTÜRZENDEN NEUBAUTEN und noch später RAMMSTEIN kann da kaum jemand mithalten. Klar, es gab auch deutsche Pop-Projekte wie BONEY M, SILVER CONVENTION oder MILLI VANILLI, die im Ausland kommerziell erfolgreich waren, musikalisch sind sie allerdings nichts, was hier zu diskutieren wäre (schon gar nicht im Düsseldorf-Kontext). Interessant ist aber, die *Wahrnehmung* von KRAFTWERK in Deutschland im Vergleich zum Ausland unter die Lupe zu nehmen.

Die Band startete im Jahr 1968, zunächst unter dem Namen ORGANISATION, nachdem sich Ralf Hütter und Florian Schneider-Esleben an der Akademie Remscheid kennengelernt hatten. Schneider kam von einer Band namens PISSOFF mit Eberhard Kranemann, Hütter spielte Orgel in verschiedenen Amateurbands, darunter THE PHANTOMS und die RAMBO ZAMBO BLUESBAND. Als ORGANISATION waren sie bereits Conny Plank aufgefallen, der „schon einiges Schönes" in ihren Demos gehört hatte und fand, sie seien es wert, daran weiterzuarbeiten. ORGANISATION war ein Quintett, bestehend aus Hütter, Schneider, Basil Hammoudi, Butch Hauff und Alfred Mönicks. Ihre Musik war ebenso wie ihre Bühnenpräsenz Krautrock pur, mit allem Drum und Dran. Plank nahm sie im Rhenus-Studio auf, und es gelang ihm, diese Aufnahmen, die eigentlich nur Demos waren, an RCA in England zu verkaufen. *Tone Float* (1970) erschien nie offiziell in Deutschland. Hütter und Schneider brauchten dieses Quintett, um zu merken, dass dies nicht das war, was sie eigentlich wollten – nur, was sie stattdessen wollten, das wussten sie selbst noch nicht genau.

Aber sie waren Teil der Düsseldorfer Kunstszene. Das hinterließ Spuren und öffnete Türen. Hütter: „Wir hatten Glück: Wir haben in einer Zeit angefangen aufzutreten, seit 1968, als es noch große Freiheiten gab. Wir konnten fünf Stunden lang spielen, ohne dass uns jemand Vorgaben gemacht hätte. Der Direktor des Kunstmuseums Mönchengladbach, Johannes Cladders, kam auch aus Krefeld wie ich. Er hat uns ganz spontan verpflichtet: ‚Da kommt ihr mal zu uns und spielt am nächsten Samstag zur Eröffnung der Joseph-Beuys-Ausstellung.' Wir konnten da wirklich machen, was wir wollten! … Wenn du abends auf der Ratinger Straße mit Beuys und seinem Team am Flipperautomaten oder Kicker spielst, kannst du am nächsten Tag nicht Schlagermusik machen."[1]

Das erste KRAFTWERK-Album unterschied sich von *Tone Float*. Und nicht nur das, es unterschied sich von so ziemlich allem, was andere Bands damals in Deutschland zuwege brachten. Hütter: „Wir haben unseren eigenen Weg gesucht, und auf diesem Weg sind wir geblieben."[2]

Wie schon CAN, FAUST, CLUSTER und einige andere kamen auch sie zu dem Schluss, dass sie ihr eigenes Studio brauchten. Ihr zunächst namenloses Studio, ein Loft in einem Geschäftshaus im Düsseldorfer Rotlichtbezirk, unweit vom Hauptbahnhof, wurde für die nächsten rund 40 Jahre ihr Hauptquartier, auch wenn sie ihre frühen Alben nicht dort aufnahmen. Sie verabschiedeten sich von den meisten klassischen Rock-Instrumenten. Florian Schneider spielte verschiedene Flöten, Violine, Tongeneratoren, eine achtsaitige Framus Lap-Steel-Gitarre (eine Art elektrische Hawaiigitarre) und einen frühen ARP-Odyssey-Synthesizer; er hatte sogar einmal als Flötist mit Olaf Kübler zusammen auf einer Platte von Klaus Doldinger gespielt (*El Condor Pasa – Paul Nero in South America* von PAUL NERO SOUNDS, 1970). Sein Vater, der Architekt Paul Schneider-Esleben, hätte seinen Filius lieber als Architekten gesehen, aber Florian wollte zur Musik. Ralf Hütter aus Krefeld, Sohn eines Textilunternehmers, studierte Architektur und meinte das – zu der Zeit jedenfalls – ernst. Er besaß eine Hammond L-100, eine Farfisa-Orgel und ein E-Piano (die letzteren besaß auch Irmin Schmidt). Im Jahr 1972 kaufte er sich in Hamburg einen Minimoog „bei Studio Funk, das war der einzige Händler in Deutschland, der ihn damals hatte. … Mein erster Synthesizer war monophon und kostete genauso viel wie mein grauer Volkswagen Standard, der Käfer von unserem Plattencover. Die Rechnung habe ich noch: 5500 D-Mark. Ich habe lange darauf gespart."[3] Einen großen Modul-Moog oder einen Synthi-100 hat KRAFTWERK, wie aus irgendwelchen Gründen alle Düsseldorfer Gruppen, nie besessen. Daraus, soweit man das verallgemeinern kann, resultierte ein guter Teil des Sounds, den Düsseldorfer Bands besaßen.

Hört man sich die frühen CLUSTER-Alben an und dann KRAFTWERK-Tracks wie „Stratovarius" oder „Megaherz" aus KRAFTWERKS Erstling, die gesamte Seite 2 des *Kraftwerk 2*-Albums, die man als „pre-industrial" bezeichnen kann, „Tongebirge" oder auch die Intro-Sektion der „Ananas Symphonie" von *Ralf & Florian*, merkt man, dass es da deutliche Parallelen gibt. Die werden allerdings nur selten wahrgenommen. Ebenso bemerkenswerte Parallelen hört man zwischen CLUSTERS „Sowiesoso" und „Es war einmal" vom *Sowiesoso*-Album und KRAFTWERKS „Heimatklänge" und „Tanzmusik" von *Ralf & Florian* sowie „Mitternacht" und „Morgenspaziergang" von der zweiten Seite der *Autobahn*-LP. Es sind nicht so sehr die Melodien, die sich ähneln, aber die Ideen, die hinter den jeweiligen Stücken stehen, sind vergleichbar. Anscheinend liefen Wellen zwischen Forst und Düsseldorf hin und her. Die Musiker kannten sich, Roedelius war eine Weile mit Florians Schwester Claudia befreundet; im Jahr 1971 traten beide Bands auch einmal bei einem gemeinsamen Konzert im Hamburger Audimax auf. Sie registrierten sehr genau, was die jeweils anderen taten, und so beeinflussten sie sich gegenseitig.

Nun füge man noch die Tatsache hinzu, dass Michael Rother nicht nur bei KRAFTWERK gewesen war, sondern auch schon vorher bei SPIRIT OF SOUND mit dem späteren KRAFTWERK-Perkussionisten Wolfgang Flür gespielt hatte (ein anderer Musiker, der aus dieser Band stammte, war Wolfgang Riechmann; mehr über ihn später). Für kurze Zeit saß Klaus Dinger am KRAFTWERK-Schlagzeug, bevor er mit Rother NEU! startete. Für etwa ein halbes Jahr waren Rother und Dinger sogar zwei Drittel des Trio-Lineups von KRAFTWERK, als Ralf Hütter die Band vorübergehend verlassen hatte. Zudem jammte KRAFTWERK in den frühen Jahren auch gelegentlich mit den Kölner CAN-Musikern, Jaki Liebezeit wiederum trommelte auf Rothers ersten vier Soloplatten. Man sieht: All diese Musiker waren irgendwie miteinander verbunden oder zumindest Teil des Biotops kreativer Leute, die sich kannten und beeinflussten.

Als das erste KRAFTWERK-Album im Jahr 1970 erschien, war ich 14, es war meine zweite LP, und ich kaufte sie, ohne sie vorher gehört zu haben. Schon immer hatte ich eine Vorliebe für Typografie und Grafik, und als ich dieses Plattencover mit dem rot-weißen Day-Glo-Pylon auf weißem Grund und der dazugehörigen Schablonenschrift, die aus der großen Stencil-Familie stammt, in einem Schaufenster erspähte, war klar, dass diese LP für mich bestimmt war. Mit dem Taschengeld, das man als 14-Jähriger hatte, war das nicht so einfach zu bewerkstelligen, aber zwei Wochen später hatte ich die Scheibe. Zu Hause besaß ich nur einen alten Telefunken-Plattenspieler, mono und mehr Säge als

Spieler, aber der war immerhin mit einem wunderbar klingenden alten Röhrenradio, einem Telefunken Concertino, verbunden. Schon beim ersten Hören verliebte ich mich unsterblich in den Orgelsound und den Phasingeffekt von „Ruckzuck“. Auch „Stratovarius“ war in Ordnung; später nutzte ich die Geräuschkulisse in der Mitte des Stücks für abenteuerliche Klangcollagen, die ich mit einem Mikrofon, einem metallenen Aschenbecher, einem Kurzwellenradio, zwei Cassettenrecordern und einem geliehenen Spulentonbandgerät fabrizierte. „Vom Himmel hoch“ war nicht so ganz meins, es war mir zu sehr mit der Faust aufs Auge gehauen, aber mir gefielen die Drums (Klaus Dinger spielte sie, auf den anderen Tracks hört man Andreas Hohmann). Mit „Megaherz“ wusste ich zunächst nichts anzufangen, aber seltsamerweise wurde gerade dieses Stück nach wiederholten Durchgängen mein spezieller Favorit. Die LP war exzellent aufgenommen, das fiel mir auf, sie hatte einen sanft rätselhaften Humor und strahlte eine Art „Technik-Romantik“ aus, wie ich sie nie gehört hatte. An seltsame, auch elektronische Musik war ich aus dem Radio gewöhnt („das neue werk“ hieß die Reihe im NDR, die ich selten ausließ), aber was man dort hörte, war *wirklich* ernst. Mit diesem Kraftwerk-Album begegnete mir zum ersten Mal eine experimentelle Musik, die irgendwie eine Verbindung zur Rockmusik hatte. Nach so etwas hatte ich offenbar gesucht, ohne es zu wissen.

Auch das schwarzweiße Foto der Fotokünstler Bernd und Hilla Becher auf der Innenseite des Klappcovers trug zu meiner Faszination bei. Natürlich hatte ich keine Vorstellung davon, wer die beiden waren, aber dieses Foto eines Transformators auf Schienen sah für diese Platte irgendwie „richtig“ aus. Wie ich viel später erfuhr, war das ein Foto, das die Bechers aussortiert hatten, weil es in keine der Typologien passte, in die sie ihre Fotoserien einzuordnen pflegten. Und weil in Düsseldorf jeder jeden kennt, hatte Hilla Becher es Ralf Hütter geschenkt.

Selbstverständlich musste ich meine Entdeckung allen Freunden und Schulkameraden vorspielen, und ich war komplett verblüfft, als ich merkte, dass etliche das Album *lustig* fanden. Mit aller Seriosität und Naivität, zu der 13- oder 14-Jährige in der Lage sind, hielten sie die Scheibe für eine Art Witzplatte. Kraftwerk – ein Novelty Act? Im Ernst? Ja, und darauf wird noch zurückzukommen sein.

Im Gegensatz zu den Reaktionen, die ich aus dem Freundeskreis bekam, erhielt Kraftwerks erste LP gute Kritiken in der Musikpresse. *Sounds*: „Kraftwerk verbindet die Raffinesse zeitgenössisch-elektronischer Musik mit der Dynamik der Rockmusik – eine gelungene Kombination von Intellekt und Emotion“, dazu kam noch ein spezielles Lob: „Toningenieur Conny Plank erweist sich hier erneut als einer der fähigsten in Deutschland."[4] Die LP verkaufte rund 60.000 Exemplare und erreichte #30 in den deutschen Albumcharts.

Es blieb die Frage, was das „Tubon" war, das Ralf Hütter laut Cover spielte. In irgendeinem Festivalbericht im Fernsehen war es dann durch Zufall sekundenlang zu sehen: eine einmanualige kleine Orgel, die man sich an einem Riemen über die Schulter hängte und mit einer Hand spielen konnte. Der Tonumfang entsprach dem der Bass-Pedale einer normalen Orgel, der Name war offenkundig von „Tuba" abgeleitet. Außer bei Kraftwerk habe ich dieses Instrument nur einmal gesehen: Die Berliner Klamaukband The Rainbows setzte es im Jahr 1966 titelgebend auf der B-Seite ihrer Single „Rotkarierte Petersilie" ein.

Im Jahr 1971, als Hütter die Band für ein halbes Jahr verlassen hatte, um sein Architekturstudium fortzusetzen (er beendete es nie), arbeiteten Florian Schneider, Michael Rother und Klaus Dinger als Trio weiter. Sie hatten unter anderem einen Auftritt im „Beat-Club", und wenn man sich diesen heute anschaut, ist offensichtlich, dass man eigentlich nicht Kraftwerk, sondern Neu! mit „Gastmusiker" Florian Schneider vor sich hat. Man bemerkt eine intuitive musikalische Verbindung zwischen Rother und Dinger, während Schneider ein bisschen „nebenher" zu spielen scheint. Offenkundig wussten die drei nicht, was sie mit dieser Konstellation anfangen sollten. Am 22. Mai 1971, dem Samstag, an dem diese „Beat-Club"-Folge ausgestrahlt wurde, hatte ich Glück, sie überhaupt sehen zu können, denn an genau diesem Tag zelebrierten meine Großeltern (richtig, die Wandervögel) ihre Goldene Hochzeit. Irgendwie konnte ich aber mit meinem Cousin eine halbe Stunde fernsehen, und der Zufall wollte, dass gerade in diesem Moment Kraftwerk auf dem Schirm war. Es war trotzdem hartes Brot, weil mein Cousin (Blues-Fan) mir die ganze Zeit erklärte, dass dies ja wohl keine wirkliche Musik sei.

Das Trio Rother/Dinger/Schneider nahm im Hamburger Star-Studio einige Musikstücke auf, die eigentlich das zweite Kraftwerk-Album werden sollten, aber es sprang offenbar kein Funke über. Bis heute ist dieses Material nirgendwo aufgetaucht. Darüber kam es zu Streitereien zwischen den Musikern, bis schließlich Rother und Dinger sich selbständig machten. Einige Wochen später kam Ralf Hütter zurück und schaltete mit Florian Schneider den Generator wieder an.

Das Amüsement meiner Schulfreunde hörte auf, als Ende des Jahres 1971 *Kraftwerk 2* erschien. Daran war nichts mehr lustig, außer vielleicht „Atem", das aber eher Kopfschütteln auslöste, ebenso die offenkundig verlangsamten Arpeggios in „Harmonika", das ich schon damals für einen Füller hielt, um auf eine akzeptable Albumlänge zu kommen. Die Atmosphäre der Platte war düster, der Pylon, diesmal in Day-Glo-Grün, sah irreal aus, ebenso die Fotos im Innencover. Ich war schwer enttäuscht, als ich das Album zum ersten Mal hörte. Ich hatte irgendetwas wie die Fortsetzung des ersten Albums erwartet, aber das hier war weit entfernt davon. Kein Schlagzeug, stattdessen tickte eine Rhythmusmaschine vor sich hin (wohl eine Maestro Rhythm King), auf Seite 2 wurde ausgiebig auf Gitarren und Bässen herumgeschrubbt, und außer Echogerät, Wah-Wah-Pedal und Verzerrungen war nicht mal Elektronik zu hören. Sofort schrieb ich eine Notiz fürs Schwarze Brett in der Schule; ich wollte das Album schnellstmöglich verkaufen. Aber aus Gründen, an die ich mich nicht mehr erinnere, hängte ich den Zettel nicht ans Brett. Vermutlich hatte mir eine innere Stimme über Nacht geraten, die Platte nicht wegzugeben – und sie behielt Recht, beim dritten oder vierten Hören begann die Scheibe in mir zu wachsen. Sie hat ihre Magie bis heute nicht völlig verloren (und noch jedesmal stolpere ich über den Fehler in „Kling Klang“ bei 10'20“ – jemand, vermutlich Conny, hatte dort eine Viertelnote zuviel weggeschnitten). *Kraftwerk 2* erreichte #36 der deutschen Albumcharts; der NDR spielte „Kling Klang“ sogar in der täglichen 25-Minuten-Sendung „Nach der Schule“.

Meine Freunde und ich waren sicher, dass das nächste Album wieder ein Jahr brauchen würde, *Kraftwerk 3* hieße und einen blauen oder gelben Pylon auf dem Cover hätte. Aber wir irrten uns. Bis zum nächsten Album dauerte es zwei Jahre, es hieß zu unserer Verblüffung *Ralf & Florian* (und das auch noch in Frakturschrift) und zeigte nur noch ein kleines Pylonfoto, diesmal wieder rot, die Konturen halb nachgezeichnet, wie ein Memento. Auf dem Frontcover fand sich ein flächenfüllendes Schwarzweißfoto der Namensgeber, auf dem die beiden aussahen wie Tanzschüler in Erwartung des Abtanzballes. Das ganze Cover wirkte seltsam unprofessionell. Dafür war die Rückseite umso interessanter. Hier sah man ein Panoramafoto ihres Studios (das damals noch eher Proberaum als wirkliches Aufnahmestudio war), inklusive Ralfs neuem Minimoog. Die Anordnung der Instrumente entsprach annähernd dem Bühnenaufbau der beiden zu der Zeit. Aus irgendwelchen Gründen verglichen Freunde und Mitschüler die LP oft mit Mike Oldfields *Tubular Bells*.

Ralf & Florian war ein wichtiger Schritt zu größerer Unabhängigkeit. Dieses Album war nicht im Star-Studio unter den üblichen Bedingungen aufgenommen, sondern Conny nutzte das Rhenus- und einige andere Studios; einige Teile waren auch tatsächlich im Kling-Klang-Studio (wie sie den Proberaum jetzt nannten) entstanden, im Kopfhörer erkennt man an der Akustik relativ leicht, welche das sind. Außerdem hatten Ralf und Florian einen eigenen Musikverlag gegründet – mit Connys Hilfe, wie man annehmen darf (er war ja selbst in Hamburg an einem Musikverlag beteiligt). KRAFTWERK gehörte zu den ersten Bands, die diesen Weg gingen.

Ralf Hütter machte recht effektvollen Gebrauch von seinem Minimoog, auch in Kombination mit Tonbandmanipulationen („Kristallo") und Klangeffekten, die auf das Konto von Conny Plank gehen könnten („Elektrisches Roulette", „Tongebirge"). Der lockeren „Tanzmusik" und einigen anderen KRAFTWERK-Musiken wird nachgesagt, sie seien vom Ballett der Staatsoper Stuttgart vertanzt worden.[5] Die Choreographen hätten dann knapp noch John Cranko oder, nach dessen tragischem Tod, Glen Tetley sein können, aber die Programmhefte des Hauses geben keine Hinweise darauf. „Ananas Symphonie" war das erste KRAFTWERK-Stück, in dem ein Vocoder zu hören ist. Die Worte „Ananas Symphonie" waren alles, wofür er eingesetzt wurde – nicht besonders einfallsreich, aber sie waren der Beginn von Florian Schneiders Liebe zu Sprachsynthese und künstlichen Stimmen, die später ein kraftwerksches Markenzeichen wurden.

Ralf & Florian erhielt gute Kritiken. Hans-Joachim Krüger schrieb in *Sounds*: „... Fast ein Hauch von Nostalgie in der neuerlichen Wahl der Titel (...), musikalisch dagegen ein doppelter Sprung nach vorn durch swingende, elektronische Überspitzung eben solcher wehmütiger Themen."[6] Das Album erreichte aber keine Chartpositionen.

Schon sehr früh hatten die KRAFTWERKer damit begonnen, sich als eine Art Multimedia-Projekt zu präsentieren. Bereits das warholeske Design der ersten beiden Alben deutete dies an, aber diesmal gingen sie darüber hinaus: Der ersten Auflage von *Ralf & Florian* war ein plakatgroßer Cartoon beigelegt, der die einzelnen Tracks visualisierte. Ärgerlicherweise war das Ganze so gelayoutet, dass man es nicht wie ein Poster an die Wand hängen konnte. (Da ich das aber unbedingt wollte, schnitt ich den Cartoon in zwei Teile. Die immerhin habe ich heute noch.) Der Künstler, der den Cartoon gemacht hatte, war Emil Schult, ein Beuys-Student von der Kunstakademie. Seine Beiträge wurden ein wichtiger Bestandteil von KRAFTWERKS visuellem Image, gelegentlich später war er auch Co-Texter und spielte auf der Bühne Gitarre.

Es ist sehr bedauerlich, dass KRAFTWERK bis zum heutigen Tage nicht gewillt ist, diese ersten drei Alben wiederzuveröffentlichen. Offenkundig möchte Ralf Hütter erst das *Autobahn*-Album von 1974 als den „eigentlichen" Beginn des Projektes verstanden wissen, und kommerziell mag er recht haben. Aber mein Bedauern soll nicht als Nostalgie missverstanden werden: Diese drei Platten sind einfach wichtige Meilensteine in der Geschichte der deutschen Rockmusik. Es ist kein qualitativer Grund zu erkennen, aus dem sie versteckt werden müssten, und es gibt auch keinen dramatischen Sprung zwischen den ersten drei und den folgenden beiden Alben. Die kontinuierliche Entwicklung von ihrem ersten Album bis zum fünften, *Radio-Aktivität*, ist klar erkennbar. *Autobahn*, besonders die Seite 2, und *Radio-Aktivität* haben eine weit engere Verbindung zu *Ralf & Florian* als zu, sagen wir, *Trans Europa Express* oder *Die Mensch-Maschine*. Ein wirklicher Sprung in der Evolution Kraftwerks zeigt sich erst zwischen *Radio-Aktivität* und *Trans Europa Express* (und selbst auf letzterem Album findet man mit „Franz Schubert" einen deutlichen Rückverweis auf die frühen Alben).

Autobahn

Autobahn (1974) wurde Kraftwerks vierter Streich; ihr letztes Album für Philips und ein Erfolg, auf den keiner gewettet hätte. Noch bei der Abmischung des *Autobahn*-Albums in Connys Studio rechneten die Beteiligten mit nichts Außergewöhnlichem, wie Conny Planks Assistent Hans Lampe sagt: „Beim Mischen dachte ich schon: ‚Okay, stimmiges Konzept, cooles Ding, Hut ab!' … Aber da lag jetzt nicht das Feeling in der Luft: ‚Oha, das ist ein historischer Moment! Was wir hier gerade mischen, ist ein Meilenstein der Musikgeschichte.'"[7] Ich bin mir da nicht ganz so sicher. Als sie den Titeltrack erstmals in ganzer Länge von 22'30" in Connys Studio hörten, ist ihnen vielleicht nicht klar gewesen, dass sie das elektronische *Sgt. Pepper* auf der Pfanne hatten, aber dass dies keine gewöhnliche Deutschrocknummer war, das *müssen* sie gemerkt haben.

Autobahn, man kann es nicht anders sagen, war und ist ein Geniestreich. Der Titeltrack füllt die gesamte Seite 1, auf Seite 2 findet man zwei Varianten einer Single, die sie im Dezember des Jahres 1973 veröffentlicht hatten, als der Komet Kohoutek am Himmel stand. Mit „Mitternacht" und „Morgenspaziergang" folgten zwei atmosphärische Stücke – insgesamt ein Gang durch Mutter Natur von der Abenddämmerung bis zum Sonnenaufgang. Das Album war nicht vollelektronisch, man hört auch Gitarre, Geige, Flöte und Klavier – das also, was das Album mit seinen Vorgängern verbindet. Der Sound des startenden Volkswagens am Beginn des Titelsongs stammt nicht, wie viele glauben, von Ralf Hütters eigenem Käfer, er kommt von einer Geräuschplatte mit diversen Autogeräuschen (*Geräusche in Stereo – Stereo Sound Effects* vom Europa-Label); man kann diesen VW-Start auch in diversen Hörspielcassetten von Europa hören; etwa in *Die drei ??? und der Teufelsberg*.

Autobahn wurde in Deutschland freundlich besprochen. „Eine durch elektronische Hilfsmittel skurril vertonte Autobahnfahrt, die mächtig abgeht … ein abwechslungsreicher, vor allen Dingen amüsanter Trip, der, besonders unter Kopfhörern, seine Wirkung hinterlässt“[8], schrieb Hans-Joachim Krüger in *Sounds*, und das US-Musikblatt *Cash Box* vermutete, dass Kraftwerk „eine signifikante Rolle in der progressiven Musik“ zufalle.[9]

Im Jahr 1975 geschah, womit kaum jemand gerechnet hatte: KRAFTWERK stieg in den USA in die Charts ein. KRAFTWERK waren zwar nicht die Ersten, denen das gelang, doch Titel aus deutscher Popmusikproduktion waren seltene Gäste in den *Billboard*-Charts. Damals war es bereits 14 Jahre her, dass zuletzt eine deutsche Produktion den Weg in die US-Top 40 gefunden hatte, und auch später blieb deren Zahl überschaubar.

Hits in den USA sind fast immer klar zu kategorisieren; sie funktionieren über die passgenaue Zugehörigkeit zu einem Musikgenre – Pop, Rock/AOR, Latin, R&B/Hip-Hop, Dance/Electronic, Country, Jazz, Classical etc. Es gibt auch scheinbar aus dem Rahmen fallende Stücke, Comedy, Novelty und so weiter. Sie werden im Falle eines Hits zwar Teil der normalen, auf den Verkaufszahlen beruhenden *Billboard*-Hot 100, aber auch sie sind ein eigenständiges Genre und werden entsprechend vermarktet – denn anders als zum Beispiel in Großbritannien vermittelt sich in den USA die Idee solcher Songs nur selten aus sich heraus, sondern der Witz muss sozusagen mit Ansage kommen. Songs wie „Eat It“ („Weird Al“ Yankovich) oder „Bridget the Midget (The Queen Of the Blues)” (Ray Stevens) werden bereits im Marketing als „komisch“ oder „special“ etikettiert oder sind Parodien bekannter Hits; ihre Interpreten sind entweder bereits einschlägig bekannt, oder der Song wird als „Überraschung“ von einem Interpreten geboten, der eigentlich für anderes bekannt ist („My Ding-A-Ling“ von Chuck Berry sei als Beispiel genannt).

Wie passt da jetzt KRAFTWERKS „Autobahn“ hinein? Das Stück fällt offenkundig aus allen genannten Genres heraus. Es kommt als Besonderheit noch hinzu, dass zunächst das Album in die Charts einstieg, und erst danach die Single. Normalerweise ist es umgekehrt.

Als die *Autobahn*-LP in den USA von der Philips-Tochter Vertigo veröffentlicht wurde, hat man die Aufmachung der deutschen Version weitgehend übernommen. Zu sehen war Emil Schults Covergemälde, das einerseits freundlich-nostalgisch wirkte, gleichzeitig aber von fern auch das Wirtschaftswunder-

Image Deutschlands und die schon erwähnte „Technik-Romantik" reflektierte. Lediglich die Schrift wurde vergrößert und verändert; die sachliche Futura des deutschen Covers wurde durch eine etwas blumigere Schrifttype ersetzt. Auf der Coverrückseite war der „Autobahn"-Text im Originaldeutsch und in englischer Übersetzung abgedruckt.

Große Erwartungen verband man mit der Veröffentlichung nicht. Zwar hatte Vertigo ein „progressives" Image und wurde von der Musikpresse ernst genommen, doch auch in dieses Genre passte *Autobahn* nicht wirklich hinein. Aber die Plattenfirma hatte nichts zu verlieren, die Lizenz für die Kraftwerk-Platten hatte die Firma bereits im Jahr 1971 für nur 2000 Dollar erworben[10] (5000 Mark gemäß Rocklexikon[11]), Kraftwerks Vertrag mit Philips lief mit diesem Album aus, man tat also das, was üblich war: Man warf Spaghetti gegen die Wand und wartete ab, ob etwas kleben bleiben würde.

Dass dann gerade die Langfassung zuerst zum Erfolg wurde, erklärt sich aus einer speziellen Gegebenheit des amerikanischen Rundfunksystems, die bereits an früherer Stelle beschrieben wurde: Es waren die College-Radios und experimentell orientierten UKW-Stationen, die das *Autobahn*-Album entdeckten und es wieder und wieder spielten, häufig mehrmals täglich. Durch diese Radioeinsätze avancierte das Album zunächst zum Geheimtipp, ging dann aber, wie man heute sagen würde, ohne viel Werbung „viral". Dabei war die LP zunächst keineswegs einfach zu beziehen, man fand sie hauptsächlich nur in spezialisierten Plattenläden in den größeren Städten oder per Mailorder. Der Plattenladen „um die Ecke" in Smalltown-Amerika würde nie auf die Idee gekommen sein, diese LP in den Bestand zu nehmen. Durch die Nachfrage von den Studentenzirkeln und den speziell interessierten UKW-Hörern reichten die Verkäufe aus, um *Autobahn* auf #5 der *Billboard*-Charts zu tragen.

Und sie reichten aus, um den amerikanischen Musikmanager Ira Blacker hellhörig werden zu lassen: Um „Autobahn" auch in die Singles-Charts zu bringen, kaufte er Hütter und Schneider bei einem Treffen in einem Hamburger Hotel das Bearbeitungsrecht ab – dem Vernehmen nach mit einer Plastiktüte voll Bargeld; er war sich anscheinend nicht ganz klar darüber, ob man in Deutschland schon Bankkonten kannte. Plank konnte bei dem Treffen nicht dabei sein, deshalb verhandelten Hütter und Schneider nicht lange, sondern nahmen das angebotene Geld. Zurück in Düsseldorf zahlten sie Plank mit 5000 Mark aus. Er war der Produzent gewesen, nun wurde er nur noch als „Engineer: Konrad Plank – Conny's Studio & mobile equipment" auf dem Cover genannt. Das enttäuschte ihn tief. Der frühe Kraftwerker Eberhard Kranemann sieht in dieser Angelegenheit eine „Sauerei, ... und das verüble ich Florian und Ralf bis heute. ... Conny hat das Geld leider angenommen. Hätte er nicht machen dürfen."[12] Michael Rother sieht die Sache ein bisschen unaufgeregter: „Für sein eigenes Studio benötigte Conny sehr viel Geld, das er nicht hatte, und ich glaube, dass ihm das Geld [die 5000 Mark] einfach angeboten wurde. Das war bestimmt eine große Verlockung. Dafür wurde er aus *Autobahn* rausgekauft, bevor es ein Erfolg war. Zu einem Deal gehören immer zwei Parteien, wie man an dieser Geschichte mehrfach sieht, und ob das ein schlechter Deal war, war zu dem Zeitpunkt gar nicht abzusehen. 5000 Mark waren eine Menge Geld."[13] – Vielleicht spielte es auch eine kleine Rolle, dass jeder Künstler im Verlauf seiner Karriere irgendwann an den Punkt gelangt, an dem er seinen Mentor – sinnbildlich gesprochen – erschlagen muss, um seinen eigenen Weg zu finden. Vielleicht ist es das, was hier passiert ist. Der wichtige Aspekt scheint mir in jedem Fall der von Rother eingeworfene Hinweis zu sein, dass dies passierte, *bevor* „Autobahn" in die Charts einstieg.

Die dann von 22'30" auf 3'27" heruntergekürzte Single passte zwar in keines der amerikanischen Popmusik-Genres, war aber höchst ungewöhnlich und gleichzeitig melodisch und erregte dadurch Aufmerksamkeit. Sie fand ihren Weg in die Charts quasi „aus Versehen". Sie wurde vom amerikanischen Autoradio-Publikum als origineller Novelty-Song wahrgenommen, ohne dass sie ein solcher sein wollte. Auch ein akustisches Missverständnis hat sicher zum Erfolg beigetragen: Die Zeile „Wir fahr'n, fahr'n, fahr'n auf der Autobahn" wurde von vielen Hörern als „fun, fun, fun on the autobahn" misshört, was auch von der Presse aufgegriffen und in Schlagzeilen wie „The Beach Boys from Germany" gegossen wurde, in Erinnerung an deren Hit "Fun, Fun, Fun" von 1964.[14] Es gelang der Platte, ohne nennenswerte PR den Namen Kraftwerk auf breiterer Ebene ins Bewusstsein der Hörer zu tragen. Die Single stieg bis auf #23 der *Billboard*-Charts. Damit war sie dann auch – anders als das Album – in jeder Mall problemlos zu bekommen: „Die Single, die aus einem 22-Minuten-Originaltrack zusammengeschnitten wurde, schaffte es in die Charts und erreichte sowohl FM-Avantgarde-Sponsorship als auch AM-Easy-Listening-Publikum in den USA, ein Crossover-Kunststück, das sonst nur Mike Oldfields *Tubular Bells* geschafft hat."[15]

Kraftwerk selbst verstärkte den Verkauf der Platten und den eigenen Bekanntheitsgrad, indem sie in den USA eine Konzerttournee begannen. Es war zufälliges, aber perfektes Timing, und nicht ohne Risiko. Die Hallen waren zunächst entsprechend klein, aber Kraftwerk scheute nicht davor zurück, durch die Provinz zu tingeln. Da die lokalen PA-Verleiher mit elektronischen Klängen noch kaum Erfahrung hatten, war KRAFTWERK schon nach wenigen Auftritten dafür berüchtigt, mit ihren Moog-Bässen PA-Lautsprechern den Garaus zu machen.

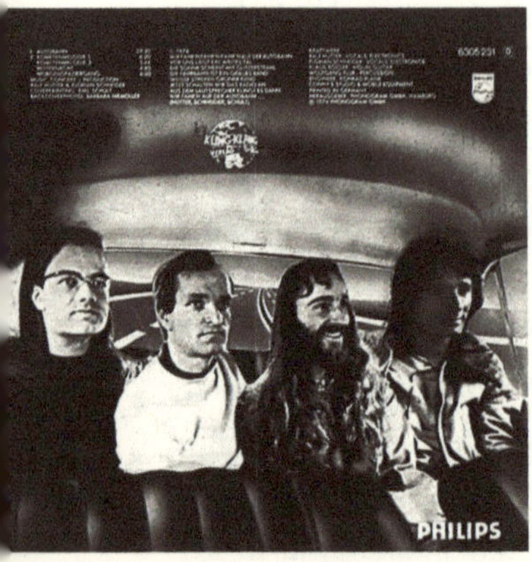

Kraftwerk: Autobahn, Deutsches LP-Backcover (1974)

Die Pressereaktionen auf die Tour bewegten sich meist zwischen Ratlosigkeit und freundlicher Neugierde. Zwei Beispiele aus den „Arts & Entertainment"-Sektionen lokaler Zeitungen mögen dies illustrieren: „Ein Blizzard verhinderte, dass KRAFTWERK Philadelphia erreichten, wo sie deshalb ihre Tour nicht beginnen konnten. KRAFTWERK ... ist eine der ersten deutschen Gruppen, die Kultstatus erreichten und einen deutlichen Eindruck auf dem Popmarkt hinterlassen." (*Bucks County Courier Times*, Levittown, Pennsylvania)[16]. – „Viele finden, dass *Autobahn*, zusammen mit seinem elektronischen Vorgänger, Mike Oldfields *Tubular Bells*, ein neues Zeitalter für kommerziellen elektronischen Rock ankündigt." (*The Advocate*, Newark, New Jersey)[17]. – Vergessen wir mal, dass *Tubular Bells* keineswegs ein elektronisches Album war, immerhin aber sah der Artikel in elektronischen Mitteln ein gewisses Zukunftspotenzial. Damit war der *Advocate* eine seltene Ausnahme. Andere Blätter verlegten sich auf Backstage-Klatsch wie den folgenden: „Auto-gebannt: KRAFTWERK, die deutsche Gruppe mit einem Hit, hat nach vier Dates ihren Opening Act GREENSLADE gefeuert, weil sie KRAFTWERK fortgesetzt beleidigten und ständig um mehr Zeit für ihren eigenen Auftritt bettelten. ... Wie uns GREENSLADE sagte: ‚... Wenn ich versuchte, mit einem von ihnen zu reden, lief er weg und schloss sich in der Garderobe ein.'" (*News Journal*, Mansfield, Ohio)[18].

Klatschmeldungen dieser Art sind natürlich ein klares Indiz dafür, dass die jeweiligen Redakteure mit KRAFTWERK keinerlei Vorstellung zu verbinden wussten. Allerdings war es auch eine merkwürdige Idee, KRAFTWERK mit der britischen Prog-Band GREENSLADE zusammenzuspannen, aber es hatte eben noch niemand eine konkrete Idee dessen, was KRAFTWERK abliefern würde. Und anders als in Deutschland, wo das Vorprogramm in der Regel auf Ungeduld des Publikums, oft sogar auf Buhrufe, gefasst sein muss, wird es vom US-Publikum durchweg mit freundlicher Aufmerksamkeit bedacht. Es gehört normalerweise auch zu den Usancen, dass der Haupt-Act sich im Laufe seines Auftritts kurz zu den Qualitäten des *Supporting Acts* äußert – unwahrscheinlich, dass die Kraftwerker diesem Brauch nachgekommen sind, was sie bei Greenslade nicht beliebter gemacht haben wird.

Noch während der laufenden Tournee wurden weitere Konzerte hinzugebucht. Insgesamt kam die Tournee auf 36 Stationen. Kraftwerk verstärkte sein ungewöhnliches Image noch zusätzlich, indem sich die Musiker vom Hippie-Erscheinungsbild, wie es noch auf dem Rückcover der LP zu sehen war,[19] verabschiedeten und stattdessen wie ein Streichquartett in Anzügen und mit relativ kurzen Haaren auf der Bühne erschienen und sich nur äußerst sparsam bewegten.

Die Nachricht, dass eine deutsche Band die US-Charts erreicht hatte, gab der Platte zu Hause deutlichen Auftrieb. Die Single stieg auf bis #9, das Album erreichte #7. Auch in Großbritannien erschien „Autobahn" jetzt als Single, interessanterweise in einer anderen Fassung als der amerikanischen; sie war kürzer, nur 3'05". Für die britische Veröffentlichung erhielt auch die LP ein neues Cover: Statt des Gemäldes von Emil Schult zeigte sie das europäische blaue „Autobahn"-Verkehrsschild.

Im Laufe der Jahre habe ich die Band sieben Mal auf der Bühne erlebt, das erste Mal in Hamburg 1971 oder 1972, ein Jahr später irgendwo im Weserbergland, das bis jetzt letzte Mal im Jahr 2014 in Chicago. Ich könnte nicht sagen, welches Konzert „das beste" war. Jedes von ihnen war speziell. Man darf nicht vergessen, dass man als Teenager, auch noch als Student, sehr intensiv auf Musik reagiert, wenn man etwas hört, das man so vorher noch nie gehört hat. Je älter man aber wird, desto größer werden die Vergleichsmöglichkeiten, und dadurch sind Platten und Konzerte dann nicht mehr ganz so elektrisierend. Bei den ersten beiden Konzerten war Kraftwerk zudem noch eine komplett andere Band, nicht vergleichbar mit den späteren Auftritten. Ich weiß heute nicht einmal mehr, wer jeweils dabei war – hätte ich damals gewusst, dass ich 50 Jahre später mal darüber schreiben würde, hätte ich mir Notizen gemacht, aber sorry, ich habe die Konzerte damals einfach genossen, ohne die geringste Ahnung zu haben, welchen enormen Einfluss diese Band zehn Jahre später einmal auf die internationale Popszene ausüben würde. Ich wette, dass auch die Bandmitglieder selbst zu diesem Zeitpunkt damit nicht gerechnet haben.

Kraftwerks Auftritt auf einem zweitägigen Hamburger Osterfestival im Jahr 1974 war denkwürdig. *Autobahn* war noch nicht erschienen, und Kraftwerk war der Headliner des ersten Festivaltages. Weil allerdings alle Bands, die vorher gespielt hatten, ihre Zeit durch Zugaben und unkalkuliert lange Umbaupausen überzogen hatten, konnte KRAFTWERK erst gegen etwa 22.30 Uhr beginnen. Der Bühnenaufbau entsprach etwa dem, was auf der Rückseite des *Ralf & Florian*-Albums zu sehen ist; besonders beeindruckend war der selbstgebaute Bass-Lautsprecher mit dem Horn, und außerdem stand ein Ding auf der Bühne, das sich als elektronisches Drumpad erwies, beklöppelt von Wolfgang Flür. Die Hälfte des Publikums war an der Band interessiert, die andere Hälfte erging sich in Buhrufen, Pfiffen und ständigen „Ruckzuck!"-Rufen. KRAFTWERK hatte etwa 25 Minuten gespielt, als plötzlich das Saallicht aufflammte und die Security-Männer damit begannen, das Publikum hinauszuscheuchen – die Halle hatte, wie sich herausstellte, um 23 Uhr leer zu sein. So standen wir dann vor einem Seitenausgang und hörten von draußen zu, wie KRAFTWERK für die Putzkolonne weiterspielte, bis die Türen geschlossen wurden.

Viele Kritiker und Fans nahmen der Gruppe ihren US-Erfolg übel – „Jetzt geht der Ausverkauf los. Jetzt wollen sie Big Business sein. Jetzt kann man sie nicht mehr ernstnehmen." Leider war dies eine verbreitete Sichtweise, nicht nur beim jungen Publikum, sondern auch unter neidischen Kollegen, und noch stärker war sie verbreitet unter den Feuilleton- und Kulturjournalisten, die sich für „progressiv" hielten. (Allerdings ist das, man muss es ehrlicherweise sagen, kein spezifisch deutsches Phänomen. Laurie Anderson musste in ihrem Kunstzirkel in New York durch eine ähnliche Tretmühle gehen, als die bis dahin nur als Privatpressung einer Galerie vorliegende „O Superman"-Single völlig unerwartet im Jahr 1981 ein Hit in England wurde und sich dadurch für sie die Chance eröffnete, einen Vertrag mit Warner Records abzuschließen. Viele ihrer Kollegen sahen das als Verrat an.) – Dazu kam dann noch KRAFTWERKS neues Image, ihr neuer Look – und dann spielten sie auch noch Synthesizer, Gottseibeiuns! Angesichts der sich in diesen Jahren entwickelnden latenten Technophobie in Deutschland kam das nicht überall gut an.

Als KRAFTWERK *Radio-Aktivität* veröffentlichte, wurde das noch deutlicher. Der Albumtitel und weite Teile der Texte sind ein Wortspiel mit den Begriffen „Radio" und „Aktivität" – deswegen ist ein Bindestrich im Titel, aber das richtig einzuordnen war offenkundig eine Überforderung für viele Journalistenhirne. Ich habe die Platte immer als eine Hommage an die Ätherwellen verstanden, an das gute alte Dampfradio, besonders an die Kurzwelle. Viele in Deutschland missverstanden das Album aber als ein Loblied auf Atomkraft, und da konnte die Antwort nur Ablehnung sein. Tatsächlich äußert sich *Radio-Aktivität* zu diesem Thema gar nicht, es traf nur durch die Wortwahl einen wunden Punkt. 1975 war der Zeitpunkt, zu dem in ganz Deutschland Bürgerinitiativen gegen Atomkraft entstanden, und es deuteten sich erste Anzeichen dessen an, was sich dann im Jahr 1980 in der Gründung der Grünen manifestierte. In solchem Umfeld ein Album namens *Radio-Aktivität* zu veröffentlichen, das konnte nicht wahr sein. Um die Sache noch zu verschlimmern, war die Musik auf der Platte nicht mal Easy Listening. Das zusammen reichte aus, um den *Sounds*-Kritiker Teja Schwaner an die Decke gehen zu lassen wie das HB-Männchen: „Die vielen Bürgerinitiativen gegen Atomkraftwerke mag das Grausen überkommen, wenn sie der verhaltenen Stimme lauschen müssten, die da singt: ‚Für dich und mich im All entsteht / Radioaktivität strahlt Wellen zum Empfangsgerät / Radioaktivität / Wenn's um unsere Zukunft geht.' … Mann, manchmal weiß man nicht, ob das System am Tonarm im Arsch ist oder ob wieder mal nur ein Geigerzähler ausflippt, weil das musikalische ‚Fall-Out' zu lebensgefährlich ist."[20] Und weil ein Kritiker immer hübsch kritisch zu sein hat, musste er auch noch erwähnen, dass „der Sinus-Sing-Sang" nun von „der Welt größtem Schallplattenkonzern", EMI, vertrieben werde[21] – als ob Philips ein Indie gewesen wäre. EMI, immerhin, hatte der Band ein Vanity-Label namens „Kling Klang Schallplatten" spendiert. Dass die Platte obendrein auch noch von der Programmzeitschrift *HörZu* gesponsert worden war, ist dem Kritiker glücklicherweise wohl entgangen. Ich zumindest frage mich bis heute, weshalb *Sounds* das Album einem Kritiker zur Besprechung gab, der sich sonst mit LYNYRD SKYNYRD oder Bruce Springsteen beschäftigte; der Verriss war garantiert. Aber genau das war wohl die Absicht.

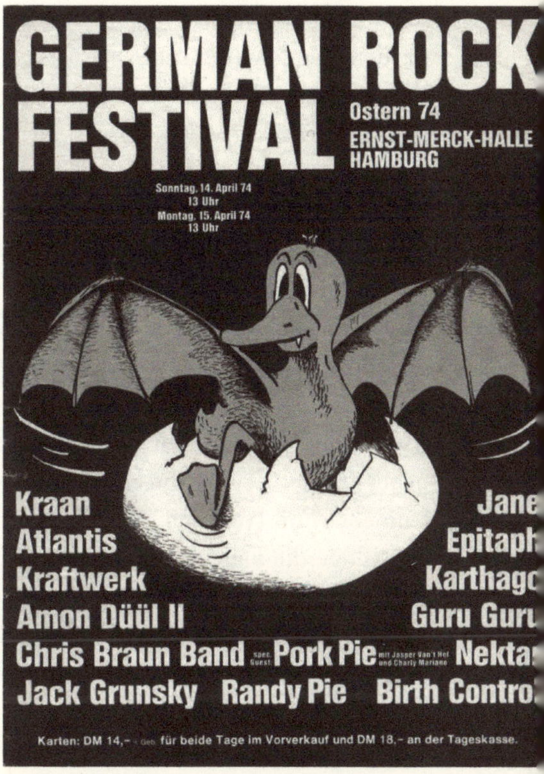

Auch über das Plattencover gab es Beschwerden. Der Volksempfänger war natürlich eine Propaganda-Erfindung der Nazis gewesen; nicht umsonst hieß die Kiste im Volksmund „Goebbelsschnauze“. Das Radio war billig, jeder konnte sich eines leisten, aber es war auch bewusst unempfindlich. Im Prinzip konnte man damit nur den relativ nahen Ortssender hören, der Empfänger war so gebaut, dass es schwierig war, ausländische Stationen zu hören. Karl Bartos hatte eines dieser Geräte auf einem Flohmarkt gefunden und dachte, es sei vielleicht als Coverbild geeignet. Am Ende verwendeten sie allerdings nur die Rückseite des Gerätes, für die Vorderseite des Covers wurde ein gezeichneter Volksempfänger verwendet, weil das Original ein Hakenkreuz auf dem Gehäuse zierte.

Es ist den KRAFTWERKERN nicht entgangen, dass sie unbeabsichtigt in ein schiefes Licht geraten waren. Die Platte konnten sie nicht mehr ändern, aber als sie den Song während ihrer 1981er-Welttournee präsentierten, hatten sie das Wort „Stop“ vor die Radio-Aktivität gesetzt und sangen jetzt von „Strahlentod und Mutation“. Der dem Song später noch ergänzend vorangestellte gesprochene Text, ab 1991 dann auch auf Platte zu hören, verwies zurück auf eine Zeit, in der die Gegnerschaft zur Atomenergie als fast selbstverständlich angesehen wurde: Auch wenn darin in ärgerlicher Weise miteinander kaum vergleichbare nukleare Gefahrenpotenziale in einen Topf geworfen wurden, war die Absicht zu merken, den unter den Fans vermuteten Konsens aufzugreifen und damit auf der „richtigen Seite“ zu stehen – was auch funktionierte.

Mit dem 1977er-Album *Trans Europa Express* verpasste sich KRAFTWERK ein neues Image: Es war ihr erstes Album mit ausschließlich elektronischem Instrumentarium (von den Metallplatten in „Metall auf Metall“ abgesehen), und es spaltete die Fangemeinde weiter. Man wurde jetzt „die-hard“-Fan oder ging von Bord.

Mit dem 1978er-Produkt *Die Mensch-Maschine* geriet KRAFTWERK dann bereits in den Sog der Neuen Deutschen Welle.

DÜSSELDORF

„So wie Memphis für den Rock'n'Roll gilt Düsseldorf als Mekka der elektronischen Musik",[1] schreibt Rüdiger Esch in seiner „oral history" „Electri_City" aus dem Jahr 2014. Das ist nicht falsch, aber ein wenig zu pauschal. Tatsächlich ist es eine bestimmte Ausprägung elektronischer Musik, die in Düsseldorf beheimatet ist. Es brauchte aber jemanden wie Conny Plank, der die vielen halbgaren Ideen, die in Düsseldorf umherschwirrten, in verkaufbare Platten verwandeln konnte.[2] Liest man Rüdiger Eschs Zeitzeugeninterviews, fallen zwei Dinge besonders auf:

Erstens, Düsseldorf war ein relativ geschlossener Zirkel, recht klein, erhebliche Teile davon lassen sich rund um die Kunstakademie und ihr Umfeld lokalisieren. Zu diesem Umfeld gehörte zum Beispiel das Creamcheese, eine Kneipe und Galerie, die von den Künstlern Günther Uecker, Ferdinand Kriwet und dem Filmemacher Lutz Mommartz gestaltet wurde. Ab 1975 existierte auch der Ratinger Hof, der heute als der Geburtsort des deutschen Punks angesehen wird.

Zweitens: Noch heute kreisen Bands um KRAFTWERK, arbeiten sich an KRAFTWERK ab, versuchen, in KRAFTWERKS Fahrwasser zu segeln, versuchen, *nicht* in KRAFTWERKS Fahrwasser zu segeln, machen KRAFTWERK nieder, ziehen sie ins Lächerliche oder preisen sie in den Himmel. Und bis heute wird KRAFTWERK in Düsseldorf als „our very own" angesehen und bildet den Maßstab, an dem man sich misst und von anderen gemessen wird – und das, obwohl die Band spätestens seit *Trans Europa Express* ganz sicher in einer anderen Liga spielt und sich letzthin mehr oder weniger in ihr eigenes Denkmal verwandelt hat. Gleichwohl hat Düsseldorf noch weitere Projekte hervorgebracht, die originell und einflussreich waren. Und wenn KRAFTWERK die Kirche im Dorf war, dann war Klaus Dinger zumindest das Sub-Zentrum der Düsseldorfer Szene.

NEU!

Nachdem sie KRAFTWERK verlassen hatten, konnten Rother und Dinger mit Hilfe von Conny Planks Verbindungen das Windrose-Dumont-Time-Studio während der Nachtstunden für wenig Geld benutzen. Für die Aufnahmen ihres ersten Albums benötigten sie nicht mehr als vier Nächte. Ein paar Nächte später wurden die dann im Star-Studio gemischt, und der Deal war wie immer: Der Studiobesitzer Ralf Arnie erhielt die Verlagsrechte. *Neu!*, das selbstbetitelte Resultat, veröffentlicht im Jahr 1972, war in einer Weise neu, dass man es zeitlos nennen muss – auch heute noch. Und es war ein weiteres Album, das ich kaufte, ohne es gehört zu haben – ich vertraute darauf, dass KRAFTWERK-Leute involviert waren, und das Cover gab den finalen Ausschlag.

Das *Neu!*-Album klingt komplexer als es tatsächlich ist (was nicht negativ gemeint ist). Hört man es mit Kopfhörern, enthüllt es seine Simplizität recht schnell, ebenso aber auch die Vielfalt der Ideen, die hineingesteckt wurden. *Neu!* ist elektronische Musik ohne Synthesizer oder andere Elektronik, aber Conny Plank nutzt sehr clever alle Möglichkeiten, die das Mischpult bietet, um Sounds zu verändern. Klaus Dinger spielte Schlagzeug, teilweise geloopt, sodass er eine zweite Schicht darüberspielen konnte. Außerdem hört man ihn an der Gitarre und einem Instrument, das als „Japanbanjo" gekennzeichnet ist. Tatsächlich ist es kein Banjo, sondern eine Taishōgoto, auch Nagoya Harp genannt (deutlicher in HARMONIAS „Walky-Talky" zu hören). Michael Rother spielt eine Gibson Les Paul, eine modifizierte alte Gitarre, die er „Dehgitarre" nennt, Bassgitarre und Kontrabass. Er verwendet eine Fuzz-Box, die für ihn angefertigt worden war, allerdings war dem Techniker, der sie gebaut hatte, ein Fehler unterlaufen. Daher kommt der eigentlich interessante Klang, und als Rother vor einigen Jahren einen Nachbau dieses Gerätes bestellte, bestand er darauf, dass der Fehler mit eingebaut werden solle. Daneben werden einige Echo- und Wah-Wah-Pedale verwendet, aber das ist schon so gut wie alles, was Eingang in das Album fand. Selten nur hört man mehr als drei Klangquellen gleichzeitig. Der NEU!-Sound beruht wesentlich auf Dingers unverwechselbarem Schlagzeugspiel (wie er selbst kann ich den Begriff „Motorik" nicht ausstehen) und Rothers Umgang mit Rückkopplungen und dem eBow. Kombiniert wird das Ganze mit kleinen Schnipseln aus Geräuschaufnahmen, die Dinger gemacht hatte; etwa die Publikumsgeräusche und die Presslufthämmer in „Negativland". (Nach diesem Titel übrigens hat sich im Jahr 1979 eine amerikanische Gruppe von Audio-Art-Künstlern benannt, die noch immer aktiv ist.) In „Im Glück" hört man eine

Aufnahme, die Dinger mit seiner damaligen Freundin in Norwegen bei einer Bootstour gemacht hatte; das Wassermotiv taucht dann am Ende der Plattenseite nochmals auf. Alles dies wird von Conny Plank am Mischpult geregelt, der auch Geschwindigkeitsänderungen, manuell produziertes Tonband-Phasing und rückwärts laufende Zuspielungen einfügte. Rother: „Er verstand, wo wir hinwollten, was wir im Sinn hatten, unsere Absichten; er griff die schon sehr früh auf, und mit seiner Erfahrung am Mischpult ordnete er die Sounds. Klaus und ich wären nicht in der Lage gewesen, diesen geordneten Sound herzustellen. Das war Connys Anteil. Wir steuerten die Grundideen bei, die Botschaft der Musik und der individuellen Stücke, aber wenn du dir zum Beispiel einen Track wie ‚Hallogallo' anhörst, da ist es mir bis heute ein Rätsel, wie Conny die guten Teile meines Gitarrenspiels und die weniger guten im Kopf behalten konnte, und das über eine Spanne von zehn Minuten. Es gab kein computergestütztes Mixen; wir drei standen nebeneinander, er war der Hauptoperator, und wir halfen mit, wenn mehr als zwei Hände gebraucht wurden. Aber diese Dinge im Kopf zu behalten, die Klangfarben meiner Gitarre, wir nannten sie ‚clouds' – die kurzen Melodien, vorwärts und rückwärts – und das alles zu organisieren, das war ein ganz erstaunlicher Beitrag. Ohne Conny Plank wäre das Ergebnis sehr anders und vermutlich nicht halb so gut ausgefallen, also er war schon ein ganz wichtiger Charakter im Gesamtbild. … Klaus war so ein Typ, ziemlich dickköpfig, und um ehrlich zu sein, ich glaube, er kompensierte so seine mangelnden technischen Fähigkeiten am Schlagzeug. Wenn man ihn mit einem begabten Schlagzeuger wie Jaki Liebezeit vergleicht, der verstorben und nicht mehr bei uns ist, dann war Jaki eine Naturbegabung. Klaus war eine starke Persönlichkeit und investierte eine Menge Energie und Hingabe in sein Schlagzeugspiel, das war das, was er tun konnte. Er spielte so, wie er spielte, und mir gefiel das, es machte es mir leicht, Farben und Layers auf dieser starken Basis hinzuzufügen, wenn die Gelegenheit bestand, Overdubs zu machen. Als wir versucht haben, 1972 live als Duo zu spielen, sind wir total gescheitert, weil es wirklich nur wir zwei waren, und es gab nicht genügend Schichtungen in der Musik – nur ein Schlagzeug und eine Gitarre, damit sind wir nicht weit gekommen. Aber mit Conny am Pult, da darf man nie vergessen, seinen Anteil zu benennen."[3]

Die Erstpressung des *Neu!*-Albums hatte eine exzellente Klangqualität und endete mit dem verhallten Klang von Wasser, der in die geschlossene Lead-out-Rille hineingepresst war, wodurch die Platte nie endete, wenn man einen Plattenspieler ohne Abschaltautomatik besaß. Spätere Ausgaben (auch die erste offizielle CD von 2001) verwendeten anscheinend eine Kopie zweiter Generation vom Masterband, die ein wenig dumpfer klingt, auch ist der Schluss ausgeblendet.

Neu! wurde von der Musikpresse weitgehend ignoriert, *Sounds* erwähnte die Platte nicht einmal. Die Verkäufe waren mäßig. Klaus Dinger: „Es ist ziemlich realistisch, wenn ich sage 30.000 in den ersten zwei Jahren. Keine Ahnung, was die Platte später verkauft hat."[4] Dingers eigenwilliges Coverkonzept ist ebenfalls bemerkenswert. Die tageslichtleuchtende Handschrift stammte zwar von einem Freund, aber es war Dingers Entscheidung, sie zu verwenden, und ganz sicher hatte das Cover einen Einfluss auf den Verkaufserfolg. Rother hätte gern einen etwas weniger aggressiven Namen verwendet, aber Dinger setzte ihn durch: „Es war ein Protest gegen die Konsumgesellschaft, aber auch gegen die ‚Kollegen' aus der Krautrockszene, die einen total anderen Geschmack oder ein anderes Styling hatten, wenn überhaupt. Ich wusste gut Bescheid über Warhol, Pop Art, zeitgenössische Kunst, mein Denken war immer visuell. Außerdem habe ich in der Zeit in einer Kommune gelebt, und um die Räume zu bekommen, in denen wir gelebt haben, haben wir eine Werbeagentur gegründet, die hauptsächlich auf dem Papier bestand. Die meisten Leute, mit denen ich lebte, versuchten in die Werbung einzusteigen, und deswegen war dieses ‚neu' ständig um mich."[5]

Obwohl Neu!, wie Dinger sagte, „reiner Synthetik [war], der voraussichtlich nur in Studios und auf Schallplatten, kaum aber live existieren wird, weil wir dann das Konzept ändern müssten"[6], spielten sie sechs Testkonzerte mit Gastmusikern, darunter Eberhard Kranemann. Die Performances erwiesen sich als gute Show, besonders, als sich Dinger an einem zerbrochenen Becken seines Schlagzeugs verletzte und blutete, aber letztlich waren die Konzerte unbefriedigend. (Das spätere Album *Neu! 72 Live in Düsseldorf*, das im Jahr 1996 auf dem japanischen Captain-Trip-Label erschien, ist in Wahrheit ein Cassettenrecorder-Mitschnitt aus dem Proberaum und, mit allem Respekt, fürchterlich. Dass Dinger sich genötigt sah, diese Aufnahmen zu veröffentlichen, sagt einiges über seine Situation in den 1990ern aus.)

Klaus Dinger war im Umgang nicht immer pflegeleicht, anders als der ruhige und besonnene Michael Rother. Ein Grund dafür, so erklärt Rother, könnten Drogen gewesen sein: „Mit Drogen war ich immer sehr vorsichtig. Um mich herum gab es natürlich welche. Klaus Dinger schrieb mal auf seiner eigenen Website, er sei stolz auf seine mehr als 1000 LSD-Trips. Ich bin nicht sicher, ob die Zahl korrekt ist, aber ganz sicher hatten sie Auswirkungen auf sein Verhalten und seine Ansichten. Er geriet mit jedem in Schwierigkeiten, weil er … wie soll man es nennen: alle vor den Kopf stieß. Klar, Pot und dergleichen, das war kein großes Ding. Zur Feier des Tages habe ich da manchmal mitgemacht, aber es ist nie zur Gewohnheit geworden."[7]

Die beiden hatten eine musikalische Verbindung, Freunde waren sie nie. Dinger: „Eine ganz heiße Kiste waren die internen Spannungen bei uns. Ralf und Florian hatten ihre Probleme auf sehr gute Art überwunden. Die haben irgendwann kapiert: ‚Wir müssen das zusammen machen, gegeneinander bringt das nichts.' Bei Michael und mir ist das aber irgendwie an diesem Kontrapunkt stehengeblieben. ... Wir waren unheimlich gegensätzlich, und es war sehr schwierig, uns irgendwie in eine, sagen wir mal, konstruktive Situation zu bringen."[8] Im Studio waren die beiden jedoch in der Lage, ihre Konflikte in kreative Energie umzusetzen – nicht zuletzt dürfte auch hier wieder Conny Plank eine Rolle als Mediator gespielt haben. Dies zusammen ist das Geheimnis hinter dem gesamten NEU!-Projekt. In jeder anderen Hinsicht war es den beiden anscheinend nie möglich, auf einen Nenner zu kommen, nicht einmal, wenn es mögliche Wiederveröffentlichungen ihrer Platten betraf.

Neu! wurde in Deutschland Anfang des Jahres 1972 als vierte Veröffentlichung des Brain-Labels gestartet. Einige Wochen später erschien die Platte mit anderem Cover und ausführlichen Liner Notes in England auf United Artists. Ein Jahr danach erschien *Neu!* in Spanien auf dem Movieplay-Label, parallel mit *Neu! 2*. In den USA erschien das Album auf Billingsgate, 1975 in Italien auf United Artists, 1977 folgte eine Veröffentlichung auf Brain Japan. *Neu!* war wirklich neu – „Musik für Kopf + Hose", wie das schwer lesbare Innencover sagt. Die Platte war ein Schock für viele – eine Instrumentalplatte mit Gesang, den man kaum so nennen möchte, ohne Texte, ohne Modell und ohne Vorgänger. Selbst die extrem simple Covergrafik war anders als alles, was man vorher gesehen hatte – um, wie Dinger sagte, „irgendwie aus dem Schaufenstermatsch der Schallplattengeschäfte herauszuragen"[9]. Viel besser hätte es auch Andy Warhol nicht machen können.

Aber die Plattenkäufer, und mehr noch die Kritiker, wussten nicht, wo sie dieses Album einsortieren sollten. Mancher Kritiker war irritiert und reagierte ärgerlich; ein Effekt, der Dinger auch bei seinen späteren Soloalben stets begleitete. Der Rundfunk spielte die Platte so gut wie nicht. Es gab zwar einige wenige Moderatoren, denen man ein solches Album zugetraut hätte, aber es blieb Theorie. Auch die Länge der Stücke war ein Problem. So lief die Promotion für *Neu!* fast ausschließlich in auflageschwachen Fanblättchen und von Mund zu Mund.

Weil NEU! eine Single brauchte, um die Chancen auf Airplay wenigstens ein bisschen zu erhöhen, gelang es Conny Plank, ein paar Stunden Aufnahmezeit in Giorgio Moroders frisch eröffnetem Musicland-Studio in München zu ergattern – nicht ganz ohne Eigeninteresse, denn er wusste, dass man dort über eines der ersten Neve-Mischpulte verfügte, und er war unglaublich neugierig darauf, es auszuprobieren. Rother: „Es gab keine frische Luft und kein Tageslicht … Klaus war ein Powerschlagzeuger. Er konnte es keine drei Minuten dort aushalten, weil nicht genug Luft da war."[10] Immerhin, es gelang ihnen irgendwie, „Neuschnee" und „Super" einzuspielen. Die Single erschien im Sommer des Jahres 1972, ein Jahr später wurde „Neuschnee" der Opener eines gut kompilierten Samplers namens *German Rock Scene* mit Jane, Guru Guru, Lava, Thirsty Moon, Kollektiv, Embryo, Novalis, Sperrmüll, Curly Curve und Emergency, zu haben exklusiv in den Govi-Läden; der Preis, wenn mich meine Erinnerung nicht trügt, war 5,90 Mark.

Es folgte *Neu! 2*. Im Grunde ging es dort weiter, wo die erste geendet hatte. Aufgenommen wurde die Platte wiederum im Windrose-Dumont-Time-Studio, nur hatten die beiden diesmal den größten Teil des Vorschusses von Brain in Instrumente und Equipment gesteckt, und so ging ihnen das Geld aus, nachdem sie gerade mal die Seite 1 aufgenommen hatten. Wegen der bescheidenen Verkaufszahlen des ersten Albums war man bei Brain nicht bereit, mehr Geld herauszurücken. Dinger: „Wir hatten noch ein paar Stunden am Nachmittag übrig. … Da fand ich, es wäre eine gute Idee, diese Single zu nehmen, die wir für viel Geld mit Conny gemacht hatten, … und sie zu entsorgen, oder sie dreckiger zu machen, damit herumzuspielen, sie zu zerkratzen, sie auf verschiedenen Geschwindigkeiten zu spielen, 33, 45, 78, und Michael hatte außerdem einen kaputten Cassettenrecorder, und dann war die Seite 2 fertig."[11] Manchmal führen Notsituationen zu den besten Einfällen – das hatte noch keiner gemacht, nicht einmal Faust auf ihrem Debutalbum. Günter Körber, damals A&R-Mann bei Brain: „Von Plattenfirmenseite waren wir, gelinde gesagt, etwas irritiert, als für das zweite Album dann einfach Bänder rückwärts gespielt wurden oder die Tracks sich nur in der Abspielgeschwindigkeit unterschieden, bloß weil einem nichts mehr einfiel. Das kam schon als ziemliche Frechheit daher."[12] Manchmal findet man Beschreibungen wie „Scratchen" oder „Remixen" für das, was hier gemacht worden ist. Eher träfe es „arbeiten mit ‚found objects'", wie dies schon die Dada- und Fluxus-Bewegungen getan hatten. Wenn man an die italienischen Futuristen und ihre *Intonarumori*, Lärmmaschinen, denkt, die zwischen 1910 und 1930 entstanden sind, oder auch Nam June Paiks interaktive Skulptur *Schallplatten-Schaschlik* (1963), dann fällt schon auf, dass Neu! hier durchaus nicht ohne Vorläufer waren. So gesehen stand *Neu! 2* in einer guten Tradition, allerdings werden sie das kaum im Kopf gehabt haben. Die Kritiker grummelten in jedem Fall. Hermann Haring schrieb in *Sounds*: „Monotone rhythmische Muster engen den Spielraum der Melodieinstrumente dermaßen weit ein, dass sich beim Zuhörer Langeweile fast zwangsläufig einstellen muss. Daran ändern auch die eingestreuten Geräuschexperimente nichts mehr. Die beiden NEU!-Musiker Michael Rother und Klaus Dinger sind in einer Sackgasse gelandet, in der ihr handwerkliches Können langsam aber sicher verkümmert."[13]

Klaus Dinger: „1974 haben wir *Neu! 75* aufgenommen, als Conny Hamburg verlassen hatte und in die Nähe von Köln gezogen war. ... Er fing dort auf sehr niedrigem Level an. Das war im Dezember 1974. Das war ein sehr hartes Jahr, 1974. Michael entschloss sich 1973, Düsseldorf zu verlassen und aufs Land zu ziehen, wo er noch heute lebt. Zu der Zeit wollte er mit den beiden CLUSTER-Leuten arbeiten, woraus seine Gruppe HARMONIA wurde. ... Ich brachte Hans Lampe und meinen Bruder Thomas in die Aufnahme, aber keinem gefiel das, weil es zu der Zeit einfach nicht notwendig war. Wir hätten die dritte NEU!-LP genauso aufnehmen können wie die Vorgänger. Während der zweiten NEU!-LP war Hans Lampe Connys Assistent in Hamburg. Er zog mit Conny aufs Land, um Connys Studio aufzubauen. Er war frustriert, weil er gerne ein Musiker gewesen wäre. Ich dachte, wir könnten das versuchen, und dasselbe mit meinem Bruder. Der hatte nichts – Schule nicht beendet, nichts beendet. Aber zu der Zeit war meine Erfahrung: Alles geht. Was ich mache, kann jeder machen. Aber aus heutiger Sicht war das anscheinend nicht der Fall, denn es hängt doch von deinem Charakter und Talent ab, und wieviel Zeit du investieren willst. Die beiden spielen Schlagzeug auf der zweiten Seite der dritten NEU!-LP."[14]

Neu! 75 ist das erste Album der Gruppe, auf dem Keyboards vorkommen, und sie sind melodisch – „Isi" ist klar ein Vorausblick auf Michael Rothers spätere Soloarbeiten. Aber es steckt auch eine Menge Aggressivität und Zorn in der Platte, „Hero" ist ein regelrecht wütendes Stück. Die Platte hat auch einige atmosphärische Momente, die Melancholie und Sehnsucht ausstrahlen – großartig. Der Kritiker „Jogi" (Jörg Gülden) fand in *Sounds*, *Neu! 75* sei die „ausgereifteste von allen drei Platten. ... So richtig wohltuend für den Hasch-Lasch-Kopf, so einfach und doch so diffizil, eben ‚sirr, sirr, schwirr, schwirr, humpa, humpa', nicht von komisch-kosmischen, sondern von und für (angetörnte) wie Dich und MICH (und Klaus Dinger)."[15]

Die Verkaufszahlen der NEU!-Alben waren besser als jene von HARMONIA, aber dennoch nicht wirklich überzeugend. Über die Jahre allerdings, ähnlich wie bei *Velvet Underground & Nico*, wurde insbesondere das erste Album ein Insider-

Tipp, und heute wird es von Fans, Kritikern und Musikern als eines der einflussreichsten Alben für die Bereiche Industrial, Noise, Punk und experimentellem Rock überhaupt angesehen; ein zeitloses Meisterwerk, weltweit hoch im Kurs.

Klaus Dinger, post-Neu!

Als Brain im Jahr 1981 in kleiner Auflage eine Reissue von *Neu!* veröffentlichte, baten mehrere Labels (darunter Mute Records, das auch CANS Spoon-Label vertrieb) um die Lizenz, die drei NEU!-Alben wiederveröffentlichen zu dürfen. Aber immer witterte Dinger Verschwörungen. Er schrieb von einem „Fake-Release von Teldec“[16], fühlte sich von der Industrie boykottiert[17] und suchte die Ursache seiner Schwierigkeiten bis hinauf zum Bundespräsidenten: „This is not a free country, Herr Bundespräsident!“[18] Dazu stellte er absurde Bedingungen. Er vertraute nicht einmal Conny Plank: „In den 70ern irgendwann hatte ich den Eindruck, dass Conny uns ein bisschen betrog. Ich meine, er war bestimmt sehr wichtig für KRAFTWERK, sicher auch für NEU!, aber er konnte einigen Eindringlingen nicht widerstehen, die aus England kamen, um herauszufinden, was so lief. [Eingeschobene Frage des Interviewers: Er verriet denen deine Ideen?] Ja, irgend so etwas …“[19] Mehr noch, Dinger grub halbgare Aufnahmen aus der Schublade aus und lizenzierte sie als *Neu! 4* an das japanische Captain-Trip-Label – sehr zu Rothers Verärgerung, um es vorsichtig auszudrücken.

Klaus Dinger gehörte zu jener Sorte von Künstlern, die ihre gesamte Energie in ihr Werk stecken, ohne Rücksicht auf mögliche Konsequenzen. Als ihm irgendwann das Geld ausging, lebte er ein halbes Jahr von Haferflocken und Milch. Rüdiger Eschs Buch zeigt eines ganz klar, dass Klaus Dinger ein sehr wesentlicher Bestandteil der Düsseldorfer Szene war. Schwer zu sagen allerdings, ob er sich selbst so sah, ob er seine Projekte überhaupt als Teil der Szene begriff (obwohl die Stadt in seinen Texten immer wieder vorkam), aber „Hero“, sein hochemotionaler Beitrag zu *Neu! 75*, machte ihn dazu, ob beabsichtigt oder nicht. Deswegen (aber nicht nur deswegen) ist es interessant, seiner weiteren Karriere nachzuspüren.

Da er kein kompletter Szeneneuling war, bot ihm Teldec einen Vertrag über drei LPs an. Die erste, die Dinger lieferte, war *Düsseldorf* von seinem NEU!-Nachfolger LA DÜSSELDORF, produziert und aufgenommen im Jahr 1976 von Conny Plank. Um das zweite Album, *Viva*, zu produzieren, das im Jahr 1978 erschien, investierte Dinger 200.000 geliehene Mark in ein eigenes Studio. Um während dieser Zeit über die Runden zu kommen, jobbte die ganze Band auf einer Baustelle. Das zahlte sich wenigstens ein bisschen aus: *Viva* brachte der Gruppe einen regionalen Hit und einiges Airplay mit der Single-Auskopplung „Rheinita". Mit diesem vom Himmel fallenden Manna konnte Dinger seine Schulden abtragen.

Dann aber liefen die Dinge aus dem Ruder. Dinger ließ verlauten, er habe von der EMI „a million offer" erhalten. Was ihm diese Idee eingab, weiß niemand genau; ein schriftliches Angebot gibt es nicht, aber Dinger behauptete, er habe es „auf Video"[20]. Unabhängig davon war noch eine Platte für die Teldec zu produzieren, und angeblich offerierte ihm diese Firma nun 600.000 Mark für die Verlängerung des Vertrages.[21] Angesichts der realen Verkaufszahlen wäre dies ein so hohes Angebot, dass es kaum glaubhaft ist. Aber wie hoch auch immer das Angebot gewesen sein mag, Dinger, angesichts des erwarteten Millionensegens von der EMI, lehnte ab. Im Jahr 1980 lieferte er der Teldec das dritte La-Düsseldorf-Album, *Individuellos*. Unglücklicherweise erwies es sich als Ladenhüter. Dinger selbst gab zu: „Die haben wir in den Sand gesetzt."[22] Diese Einschätzung ist ein bisschen überstürzt; sie hatten die Platte einfach nur zu Tode gemischt. Eine remasterte und erweiterte Wiederveröffentlichung auf einer CD des Captain-Trip-Labels von 1997 zeigt, dass das Album durchaus seine Momente hat; ein Meisterwerk ist es allerdings auch dann nicht.

Nun war EMI, was immer ihr Angebot gewesen sein mochte, nicht mehr interessiert, und die Teldec reduzierte ihr Angebot auf weitaus realistischere 100.000 Mark für drei LPs und eine 12-Inch-Single. Der Erfolg von *Viva* und der generell steigende Ruf der Düsseldorfer Musikszene, dazu die hohe Miete, die er für seine Studioräume zu zahlen hatte, veranlassten Dinger, der schon wieder tief in den roten Zahlen steckte, dazu, sein Studio in die Provinz Zeeland in den Niederlanden zu verlegen, nicht sehr weit entfernt von Düsseldorf. Da waren die 100.000 Mark von Teldec schnell ausgegeben: 60.000 Mark kostete die Gebäuderenovierung, 40.000 Mark investierte Dinger in feinstes Oberheim-Equipment, das er sich, schlicht gesagt, aufschwatzen ließ. Dieser Deal brach ihm fast den Hals, denn für das geplante vierte La-Düsseldorf-Album war kein Geld mehr übrig, und zu allem Überfluss brach Dinger auch noch Streitereien mit Drummer Hans Lampe vom Zaun. Das Ende vom Lied: La Düsseldorf musste begraben werden; Dinger hatte alles verloren und stand mit leeren Händen da.

Statt *La Düsseldorf IV* entstand dann *Néondian*, veröffentlicht unter Dingers eigenem Namen im Jahr 1985; der Titel ist eine Zusammenziehung von „Neon" und „Indian". Conny Plank, Horst Bork (damals Teldecs A&R-Boss, später Manager des österreichischen aufgehenden Sterns Falco), René Tinner vom CAN-Studio, den Gastmusikern Jaki Liebezeit, Bodo Staiger (von RHEINGOLD) und Raoul Walton (von ANYONE'S DAUGHTER) reichten helfende Hände, aber es half nichts, die Platte war von A bis Z ein Desaster. Verzweifelte Texte voller Bitterkeit ließen selbst gutwillige Hörer kopfschüttelnd zurück, der Mix war pappig, und das war noch nicht einmal alles. Dingers größter Fehlschluss dürfte der Einsatz seiner neuen Oberheim-Drummaschine gewesen sein: Er hatte übersehen, dass seine Fans ihn am Schlagzeug hören wollten, eine von ihm programmierte Maschine interessierte sie nicht.

Und weil ein Unglück selten allein kommt, verhedderte sich Dinger nun auch noch in ernsthaften Auseinandersetzungen mit Rother über potenzielle Wiederveröffentlichungen der drei NEU!-Alben.

All das zeigt, wie dringend ein Charakter wie Conny Plank gebraucht wurde. Conny konnte mit Querköpfen wie Dinger umgehen, er wusste, wie Deals mit Plattenfirmen aussehen sollten, und er wusste, wie man das Düsseldorfer Chaos in Vinyl umwandeln konnte. Er produzierte Acts wie DAF, KFc, RHEINGOLD, DIE MONOPOLS, Arno Steffen und etliche mehr, und er tat es oft genug, ohne nach Profit zu fragen. Er konnte das, weil er auch Acts produzierte und aufnahm, die mehr Geld im Genick hatten – ULTRAVOX, DEVO, EURYTHMICS, Gianna Nannini, IDEAL, um einige zu nennen. Umso energischer möchte man den Kopf schütteln, wenn Dinger ebendies gegen Conny auslegt: „Letztlich war er einfach ein normales Studio, wo jeder Idiot hingehen und aufnehmen konnte.“[23]

All diese Konflikte machten es jahrelang unmöglich, nach 1981 die drei NEU!-Alben offiziell wieder erhältlich zu machen. Die LPs waren aus den Läden verschwunden und gerieten nach und nach in Vergessenheit. Zehn Jahre später, als neue Hörerschichten die alten LPs im Gebrauchtplattenhandel entdeckten, nutzten Crown und Germanofon, beides illegale Counterfeit-Labels, die Gelegenheit, die Nachfrage mit billig produzierten, mäßig klingenden (weil von LPs überspielten) CDs für sich zu nutzen. Irgendwie gelang es ihnen sogar, diese illegalen CDs in offizielle Verkaufskanäle zu schleusen, sodass man sie selbst in seriösen Plattenläden fand (wie übrigens auch die ersten drei KRAFTWERK-LPs und manches mehr). Dingers wütende Attacken gegen diese Produkte liefen ins Leere.

Letztlich brauchte es jemanden wie Herbert Grönemeyer, um offizielle Re-Releases zu ermöglichen. Grönemeyer (mehr über ihn später) hatte sich in diese Platten verliebt und bot an, sie auf seinem eigenen Grönland-Label zu veröffentlichen. Aber selbst ihn kostete dies Jahre des Fragens, Anbietens, Verhandelns,

Nachfragens, Bittens, Schmusens, bis es ihm schließlich Ende der 1990er-Jahre gelang, eine Art Waffenstillstand zwischen Dinger und Rother herbeizuführen. Was Dinger wohl überzeugte, war die Tatsache, dass Grönemeyer selbst Musiker war und über ein eigenes Label verfügte.

29 Jahre nach der Erstveröffentlichung von *Neu!* kam dann 2001 die erste offizielle Wiederveröffentlichung in die Läden – in Europa, England, USA und Japan auf dem Grönland-Label, anderswo durch einige Lizenznehmer. Große kommerzielle Erfolge wurden die Platten auch jetzt nicht, aber für Grönemeyer war das Projekt ohnehin „Labour of Love". Diesmal fielen die Pressereaktionen viel freundlicher aus, der inzwischen entstandene „Kult"-Faktor machte sich bemerkbar. Aber die Promotionaktivitäten liefen trotz allem nicht so, wie sie sollten – Dinger und Rother hatten sich schon wieder zerstritten, und diesmal konnte selbst Grönemeyer den Konflikt nicht beilegen. Die Platten landeten bald auf den Wühltischen (inzwischen sind auch sie gesuchte Exemplare!). Immerhin konnte Michael Rother die Gelegenheit nutzen, um wieder verstärkt mit einigen Gastmusikern (Hans Lampe, Franz Bargmann) auf die Bühne zu gehen.

Klaus Dingers Projekte nach NEU! und LA DÜSSELDORF waren DIE ENGEL DES HERRN (1992, eine von Dinger exzellent produzierte und von ihm selbst per Post vertriebene CD), LA!NEU? und – wie erwähnt – NÉONDIAN. Daneben gründete er ein eigenes Label (Dingerland) und produzierte die Band LILAC ANGELS (die sich nach einem Track von *Neu! 2* benannt hatte), die allerdings floppte und ihm 50.000 Mark Schulden einbrachte.[24]

Als Klaus Dinger im März 2008 im Alter von 62 Jahren unerwartet verstarb, endeten NEU! und alle anderen Projekte für immer. Das letzte Projekt, an dem er arbeitete, hieß *Japandorf*, erst im Jahr 2013 von Dingers Freundin Miki Yui veröffentlicht. Eine Platte, die zeigt, zu welchen Höhenflügen Dinger immer noch in der Lage war, wenn er in der richtigen Stimmung war.

Was von ihm bleibt, ist ein Stapel Platten, die zu den ungewöhnlichsten gehören, die der deutsche Rock hervorgebracht hat – oft kopiert, nie erreicht.

Mehr Düsseldorf

Wolfgang Riechmann – „Wölfi", wie Freunde und Familie ihn nannten – machte im Jahr 1978 eine überwiegend elektronische Soloplatte namens *Wunderbar*. Sky-Chef Günter Körber sagte dazu: „Für Sky und im Hamburger Star-Studio hat Wölfi dann seine Soloplatte aufgenommen, sein Vermächtnis. Mit dieser Platte gelang ihm der Spagat zwischen der Berliner und der Düsseldorfer Elektronikszene: Er vereinte die Sphärenklänge der Berliner Schule um TANGERINE DREAM und Klaus Schulze mit dem Minimalismus seiner Düsseldorfer Kollegen von KRAFTWERK und NEU!."[25] Das Album hat die Tendenz, seine drei oder vier Basisideen in die Länge zu ziehen, aber Riechmann kompensierte dies mit seinem guten Ohr für Klangfarben, Atmosphären und dem wohlüberlegten Einsatz konventioneller Instrumente (das auf dem Cover erwähnte „Röhrophon-Studio" etwa ist ein Vibraphon). Mit Sicherheit hätten wir von Wölfi noch manch Interessantes gehört, wäre es ihm vergönnt gewesen, es einzuspielen: Am 21. August 1978, kurz vor der Veröffentlichung von *Wunderbar*, geriet er in der Düsseldorfer Altstadt ohne sein Zutun in einen Streit zweier alkoholisierter Zuhälter und wurde von einem der beiden erstochen. *Wunderbar* hat bis jetzt drei Wiederveröffentlichungen erlebt (1985, 1991 und 2009; letztere Version ist dem Ohrenschein nach komplett neu gemischt worden, leider nicht zu ihrem Vorteil). Die stimmungsvollen, blau-dekadenten Coverfotos stammen von Michael Rothers damaliger Freundin, der Fotografin Ann Weitz.

Wolfgang Riechmann war auch beteiligt am zweiten Album der Gruppe STREETMARK, *Eileen* (1977) – Prog mit freundlichen Grüßen an KRAFTWERK- und NEU!-Rhythmik, die Hans Schweiß (der auch auf *Wunderbar* spielt) am Schlagzeug einbrachte. STREETMARK, ursprünglich von Conny Plank produziert, litt allerdings an häufigem Personalwechsel. Im Jahr 1979 hatte das verbliebene Trio einen lokalen Hit mit „Lovers", aber 1981 löste sich die Gruppe auf.

STREETMARKS Keyboarderin Dorothea Raukes nahm im Anschluss an das Ende der Gruppe unter dem Bühnennamen DEUTSCHE WERTARBEIT ein Soloalbum auf, das auf Sky erschien. Die Ähnlichkeit mit *Wunderbar* ist nicht zu überhören, und es ist klar ein „Düsseldorf"-Album, aber auch „Berlin" klingt gelegentlich an. „Intercity Rheingold" ist das wohl beste Stück des Albums: „Die Idee kam mir im Zug. Ich schaute aus dem Fenster und begann zu assoziieren. Der Hörer sollte sich wie auf einem Luftpolster fühlen",[26] sagt Dorothea Raukes dazu. Das Album ist nett anzuhören, beim zweiten Hören fällt aber dann doch auf, dass die Ideen ziemlich dünn sind. Alle Tracks sind exklusiv auf Korg-Instrumenten gespielt, der Name sollte auf der Hülle stehen, sie hatte kein Problem damit.[27] Ein bisschen klingt die ganze Platte nach dem, was sie ist: Endorsement. Raukes' damaliger Mann, Bernd Schreiber, hatte gerade ein Buch über Synthesizer und Peripherieinstrumente geschrieben, und so kam der Sponsorenvertrag zustande. In dem Buch schrieb er zwar, es solle kein Werbebuch für Korg-Instrumente sein[28], aber Instrumente anderer Hersteller werden darin nicht erwähnt.

Der schon mehrfach erwähnte Journalist Winfried Trenkler spielte einige Tracks der *Deutschen Wertarbeit* im WDR, und das Album verkaufte sich nicht schlecht. Aber ein Hit war es nicht, und weil sich Raukes nicht hinter einem Wall von Keyboards verbergen wollte, kam es nie zu Liveauftritten. So trocknete das Projekt nach einer Weile aus. Im Jahr 1981 gab Dorothea Raukes ihre Musikkarriere auf und ging zurück in ihren früheren Job als Justizangestellte. Sie lebt heute im Ruhestand in einem kleinen Dorf im Westerwald und leitet in ihrer Freizeit einen Knabenchor. Im Jahr 2010 erhielt *Deutsche Wertarbeit* eine Vinyl-Wiederveröffentlichung in den USA – der Inhaber des kleinen Independent-Labels Medical Records in Seattle, Washington, hatte irgendwo ein altes Exemplar der Platte gefunden und sich in sie verliebt. Im Jahr 2013 folgte ein weiterer Re-Release auf CD von Bureau B. (wie schon *Wunderbar* ist auch diese Version neu gemischt, und auch hier ist fraglich, ob man der Platte damit einen Gefallen getan hat). Raukes, wie sie sagt, denkt über eine Fortsetzung des Projektes nach[29], aber dieser Plan ist bis heute nicht über das Statement hinausgewachsen. – Der Terminus „Deutsche Wertarbeit" übrigens, den manche als Slogan der Nazis missinterpretieren, stammt in Wahrheit aus dem Jahr 1907 und ist eine Erfindung des „Werkbundes", einer Gruppe von Künstlern, Designern und Architekten, ein bisschen dem Bauhaus vergleichbar.

Ein weiterer Link zwischen verschiedenen Düsseldorfer Projekten, darunter Kraftwerk und auch Neu!, war der Multiinstrumentalist Eberhard Kranemann. Leider spielt er fast ausschließlich auf Platten, die freiwillig keiner mehr hören möchte, und in neueren Interviews mit ihm erlebt man manchmal eine Mischung aus leiser Verbitterung und beginnender Altersweisheit: „Wenn man älter wird, merkt man, dass vieles auch Zufall ist. Ich war zufällig zur richtigen Zeit am richtigen Ort. Das habe ich damals gar nicht so empfunden. Für mich war es realistisch und nicht so historisch, wie es heute wohl klingen mag. Das war einfach mein Leben, das war das, was ich gerade gemacht habe. … Und hinterher merkst du: ‚Scheiße, diese vier, fünf Jahre, das war's eigentlich, das war echt der Hammer.' Man bewertet das im Nachhinein anders."[30] – Eine Erkenntnis, der wir vermutlich alle zustimmen können.

Düsseldorf kommt wieder mit der Neuen Deutschen Welle.

HAMBURG

Hamburgs Musikszene, verglichen mit Berlin oder Düsseldorf, war nicht unwichtig, aber immer ein bisschen unauffälliger. Trotzdem zog sie zeitweilig Kritik bis zum Hass auf sich.

Eine alte Redewendung besagt: Wenn es in London zu regnen beginnt, dann spannen die Hamburger ihre Schirme auf. Hamburg ist in der Tat „very british". Zwischen London und Hamburg schwingen Wellen ähnlicher Wellenlänge. Die Freie und Hansestadt Hamburg ist Deutschlands zweitgrößte Stadt und besitzt einen der wichtigsten europäischen Häfen, und so war sie immer ein wichtiger Ort für Handel und Kommerz. Hamburgs Kaufleute werden üblicherweise „Pfeffersäcke" genannt, weil Tee, Kaffee und Gewürze bedeutende Handelszweige waren; man kann den Begriff aber auch als „Geldsäcke" deuten. Sie standen und stehen allgemein auf der eher konservativen Seite und sind traditionsbewusst, nichtsdestotrotz denken sie meist kosmopolitisch. Hamburg verfügte immer über weltweite Verbindungen; vor der deutschen Einheit im Jahr 1989 gab es nirgendwo in Europa so viele Botschaften und Konsulate wie hier (auch heute sind es noch um die 100). Weil Hafen und Handel wichtige Lebensadern waren, war Hamburg ein meist weltoffenes Pflaster, Ausländer von überallher waren ein normaler Anblick, und das hinterließ Spuren. (Natürlich hatte das auch eine dunkle Seite: Der Hamburger Hafen war eine der wichtigsten Verbindungen zwischen Deutschland und seinen Kolonien in Übersee.) – Die Hamburger Pfeffersäcke folgten der alten Tradition: Der intelligentere Sohn übernahm die Firma, der weniger intelligente wurde nach Göttingen zum Jurastudium geschickt. Töchter heirateten ohnehin, im Idealfall den intelligenteren Sohn eines Geschäftsfreundes. Hamburg leistete sich auch erst ab dem Jahr 1919 eine eigene Universität, vorher hielt man eine Handelsakademie für ausreichend. Typisch hamburgisch ist wiederum, dass weder die Uni selbst noch eine ihrer Fakultäten nach Personen benannt sind. Hamburger lieben farbenfrohe Kleidung, vorausgesetzt, sie ist grau oder dunkelblau. Wenn sie *geborene* Hamburger sind (das heißt: Hamburger in der mindestens dritten Generation, andernfalls wären sie lediglich *gebürtig*), dann nehmen sie keine Orden an und gehen vor niemandem in die Knie, außer vor der Domina ihres Vertrauens oder *vielleicht* vor der Queen, weil letztere immerhin in London sitzt. Hamburger sind nicht abergläubisch, aber weil man ja nie wissen kann, wird kein neues Geschäft am Montag eröffnet, und auch einen neuen Job tritt man hier keinesfalls an einem Montag an. Und sollten Sie einmal in Hamburg spazieren gehen: Die weißen Tauben, die überall herumfliegen, sind Möwen.

Als die Hochschule für Musik und Theater im Jahr 1972 beschloss, den weltberühmten Komponisten György Ligeti als Professor zu verpflichten, ließ man ihn dies inoffiziell wissen. Ligeti stimmte zu – und dann passierte nichts. Als sich Ligeti nach etlichen Monaten des Wartens nach dem Stand der Dinge erkundigte, war die Antwort: „Wir warten noch auf Ihre Bewerbung." Das ist Hamburg in Reinkultur.

Nimmt man das alles zusammen, dann ist es nicht schwer, darauf zu kommen, dass „kommerziell" in Hamburg nie ein Schimpfwort war. Das spiegelt sich in der Kunst- und Musikszene wider. Hamburgs Pfeffersäcke hatten und haben nie ein Problem mit Experimenten aller Art, nur sollten sie sich bitteschön auszahlen, sonst überlässt man sie lieber anderen. Das ist der Grund dafür, dass es experimentelle Szenen von Relevanz hier nie gab. Das änderte sich ein wenig in den 1980er Jahren, aber während der 1960er oder 1970er wäre Hamburg für Künstler wie Albert Mangelsdorff, Peter Brötzmann oder auch TANGERINE DREAM kein guter Platz gewesen. Hier war man stattdessen stolz auf James Last, Bert Kaempfert, Peter Herbolzheimer, Achim Reichel oder Les Humphries, das war modern genug. Dabei gab es durchaus exzellente Musiker in der Stadt. Die jazzorientierten waren meist Angestellte der NDR-BIGBAND oder eines der anderen Ensembles des Senders, die rockorientierten fand man in Bands wie den CITY PREACHERS (mit denen fing alles an), FRUMPY, ATLANTIS, HIGHWAY, LAKE, RANDY PIE, NOVALIS, RATTLES, WONDERLAND, LES HUMPHRIES SINGERS, LUCIFER'S FRIEND oder, später, UDO LINDENBERGS PANIKORCHESTER. Und zwischen allen, wie noch deutlich werden wird, gab es Querverbindungen. In einer Art „Sub-Szene" waren etliche dieser Musiker auch involviert in Mainstream-Country wie etwa TRUCK STOP oder in (zum Teil grausliche) Schlagerprojekte; ich erwähnte bereits den Schlager-Comedian „Willem" Wilken F. Dincklage als Geschäftspartner von Conny Plank. Es gab auch eine Klamaukband namens Torfrock (*Rata-Ta-Zong*, 1978, von Conny Plank live aufgenommen), aus der später das entnervende Schlagerduo Klaus & Klaus („An der Nordseeküste") hervorging – handwerklich alles gut gemacht, aber musikalisch bescheiden.

Ein vom NDR initiiertes „New Jazz Festival" erlebte nur eine einzige Ausgabe im Sommer des Jahres 1975. Diese allerdings ist mir unvergesslich geblieben, denn dort, in der knallvollen Fabrik, hörte ich erstmals den norwegischen Gitarristen Terje Rypdal, dessen Doppel-LP *Odyssey* gerade auf ECM erschienen war und noch als Geheimtipp galt – daraus wurde eine lebenslange Liebe. Und es blieb ein ewiges Rätsel, weshalb das Festival trotz guter Besucherzahlen nie fortgesetzt wurde, aber auch das ist Hamburg. Immerhin aber gab es seit 1958 den „NDR-Jazzworkshop", ursprünglich aufgrund einer Idee des Komponisten Rolf Liebermann gegründet und geleitet von Hans Koller; seit 1965 war Michael Naura der verantwortliche Redakteur. Der „Jazzworkshop" bedeutete öffentliche Konzerte im Studio 10, dem größten Sendesaal des NDR (einer alten, profanierten Synagoge; zu Ehren des Komponisten heute „Rolf-Liebermann-Studio" genannt), die vor einem zumeist eingeschworenen Publikum stattfanden. Für viele Künstler bedeutete der Auftritt im „Jazzworkshop" den Beginn ihrer Karriere in Deutschland, so etwa für Al Jarreau oder die Pat Metheny Group.

Die Hamburger Musiker kümmern sich in der Regel nicht sehr um das, was anderswo passiert. Sie haben die Tendenz, so perfekt wie möglich zu sein, machen aber nicht viel Wind darum. Wenn Sie einem Hamburger Musiker erzählen, wie sehr Sie sein Spiel lieben, wird seine Antwort sich ungefähr in der Größenordnung von „Gott ja, man bemüht sich" bewegen. Bands wie Randy Pie, Highway oder Lake wären in Düsseldorf wohl kaum entstanden; umgekehrt wären Projekte wie Neu! oder Ash Ra Tempel in Hamburg nur schwer vorstellbar – auch wenn ihre Platten in Hamburger Studios aufgenommen wurden. Die Hamburger Musiker „machen ihr Ding" und verlassen dafür die Stadt nur selten. Nur eine Handvoll Musiker lebt und arbeitet in Hamburg und ist gleichzeitig in den Szenen anderer Städte aktiv – Beispiele wären Jens Fischer (der mit Tri Atma, Cyklus, Real Ax Band, Falco und anderen spielte) oder Achim Gieseler (der mit Cyklus, Aera, Tri Atma und anderen arbeitete, selbst auch als Jakino's 7th World aktiv war und den man auch in der Münchner Szene um Eberhard Schoener gut kennt). Michael Rother stammt eigentlich aus Hamburg, aber seine Karriere begann in Düsseldorf. Der Violinist, Multi-

Instrumentalist und Komponist Gerd Bessler lebte und arbeitete in Hamburg; im Funk kannte man ihn zwar für Theater- und Hörspielmusiken, seine Hauptjobs kamen aber nicht aus Hamburg, sondern vom Wiener Burgtheater und dem Grazer Schauspielhaus. Am Hamburger Thalia-Theater arbeitete er mit Schwergewichten wie Lou Reed, Tom Waits, Philip Glass, Laurie Anderson und William S. Burroughs und war beteiligt an der Musik zu Robert Wilsons spektakulärem Bühnenprojekt *The Black Rider*. Fragt man aber in Hamburg jemanden, wer Gerd Bessler war, wird man in weitgehend ratlose Gesichter blicken. Johannes Brahms, wenn es er wüsste, würde seufzend mit dem Kopf nicken. Auch er kannte seine Hamburger bereits.

Der einzige relevante Hamburger Künstler, der sich radikal, kompromisslos und ohne Einbezug kommerzieller Überlegungen mit Elektronik und Studioexperimenten beschäftigt, ist Asmus Tietchens, dessen Karriere allerdings erst in den 1980er-Jahren begann. Bis dahin arbeitete er im Brotjob als Werbetexter. (Rother und Tietchens übrigens sind gute Freunde; gelegentlich, wenn man die richtige Kneipe kennt, kann man sie beim Billard treffen).

Hamburg war auch Heimat einiger Neue-Deutsche-Welle-Pioniere, aber damit sind wir bereits in den 1980ern und in einem späteren Kapitel.

Udo Lindenberg

Udo Lindenberg aus Gronau spielte Oldtime-Jazz, seit er 11 Jahre alt war. Nach einer Kellnerlehre reiste er als Musiker durch Frankreich und durch nordafrikanische US-Militärclubs. Eine Weile studierte er in Münster Musik, heuerte bei Klaus Doldinger als Schlagzeuger an und giggte als Sessionmusiker. Im Jahr 1968 gelangte er per Anhalter nach Hamburg und wurde Mitglied der City Preachers, einer folk-orientierten Band, in der auch Inga Rumpf, Dagmar Krause, John O'Brien-Docker, Jean-Jacques Kravetz oder die Schlager-Chanson-Sängerin Alexandra starteten. Lindenberg gründete nach dem Ende seiner City-Preachers-Zeit Free Orbit mit Peter Herbolzheimer, ihr einziges Album (*Free Jazz Goes Underground*) erschien im Jahr 1970 auf dem MPS-Label.

Im Jahr 1971 veröffentlichte Lindenberg eine Solo-LP namens *Lindenberg*. Sie war kein Vollflop und brachte ihn auf die Idee, einige der englischen Texte einzudeutschen. Das war ein abenteuerlicher Einfall; die Kombination von Rockmusik und deutscher Sprache wurde allgemein als unmöglich angesehen. Bands wie Embryo, Ihre Kinder, Drosselbart, Meistersinger und einige Politbands hatten zwar bereits deutsche Texte gemacht, aber mit allem Respekt für ihre Pionierarbeiten: Meist klangen die Ergebnisse steif, holprig, oft weinerlich. Es gab auch die Liedermacher, für die deutsche Texte immer selbstverständlich waren: Reinhard Mey, Hannes Wader, Franz-Josef Degenhardt, Dieter Süverkrüp, manche auch mit einem eher Folk-orientierten Konzept wie Knut Kiesewetter, WITTHÜSER & WESTRUPP, oder die frühen HOELDERLIN; andere kamen aus der Kabarett- oder Cabaret-Tradition des Höheren Blödsinns, etwa Ulrich Roski, SCHOBERT & BLACK oder INSTERBURG & Co. Aber das alles stammte aus der amerikanischen Singer-Songwriter-Tradition, in der die Texte dominierten, Rockmusik war das nicht. (Einige Freunde aus der ehemaligen DDR werden jetzt sicher sagen, dass die ersten Rockbands mit deutschen Texten in Ostdeutschland entstanden, was auch stimmt, aber wie bereits im Eingangskapitel gesagt: Pop- und Rockmusik der DDR wären ein eigenständiges Buch, und ich bin nicht derjenige, der es schreiben könnte.)

Aber jetzt kam Udo Lindenberg. Der erste Rockmusiker mit deutschen Texten war er nicht, aber er war der erste, der einen erträglichen und authentischen Weg fand, die deutsche Sprache in Rockklänge zu integrieren. Das Ergebnis war *Daumen im Wind* (1972), produziert von Lindenberg selbst, aufgenommen und co-produziert von Thomas Kukuck im Star-Studio, mit Musikern aus der ersten Reihe: Jonny Müller (Mundharmonika), Michael Naura (E-Piano), Helmut Franke (Gitarre), wiederum Peter Herbolzheimer (Posaune) und andere; Kukuck fügte einige nette O-Töne und Studiotricks hinzu, etwa rückwärts laufende Bänder oder Phasing auf Gesangsstimmen. Teilweise nutzte Lindenberg Songs seines ersten Albums, nun aber mit deutschem Text. „Daumen im Wind" und „Good Life City" waren gut gebaute Rockballaden mit einem leicht melancholischen Touch, „Meer der Träume", das von Naura co-komponierte „Biochemon", „In den dunklen tiefen Gängen der Vergangenheit" und „Die Kinder deiner Kinder" waren sanft fließende Songs mit einem angedeuteten philosophischen Hintergrund („Glaub nur nicht, was du tust, das wäre folgenschwer / Die Kinder deiner Kinder kennen deinen Namen schon nicht mehr"). „Alkoholmädchen" war ein deprimierender Rausschmeißer, der Kneipenlärm als Hintergrund nutzt – und recht clever eine andere Platte Lindenbergs als scheinbare Jukebox. Lindenberg über das Album: „Ne richtige Valiumplatte. Zu der Zeit habe ich meditiert und so seltsame Sachen wie Yoga gemacht. Ich hab mich dann in den Zustand der Versenkung versetzt und hab gesungen."[1] Aber es gab auch einen richtigen Rocker auf der Platte. Dieses Stück definierte Lindenbergs Stil und war sein erster kleinerer Hit: „Hoch im Norden". In Ich-Form gesungen, war dies ein Lied über die Sehnsucht nach „weit weg", dieses Gefühl, dass es überall auf der Welt besser wäre als da, wo man ist. Ein Lied, in dem der Sänger beklagt, dass man auf der Nordseeinsel, auf der er geboren ist, nur Schipper oder Bauer werden kann und ganz allmählich auf den Seehund kommen wird, und so nimmt er mit 16 den nächstbesten Zug nach Süden – und da sitzt er nun unter der brennenden Sonne, schwitzt sich halbtot, und es wächst in ihm das Gefühl heran, dass die Nordseedünen vielleicht doch nicht so schlecht waren.

„Hoch im Norden“ hatte bereits einiges von dem, was später Lindenbergs Markenzeichen wurde: Schnoddrige deutsche Texte, die keiner für möglich gehalten hätte, versetzt mit einem bisschen persönlicher Erfahrung, trockenem Humor und einem Augenzwinkern. Dazu kam Lindenbergs schartige Stimme, der gitarrenorientierte Mainstream-Rock, gespielt von erstklassigen Leuten, der gewürzt war mit einigen exotischen Klängen wie Akkordeon, Banjo oder Kastagnetten. Der Song war radiokompatibel, aber nicht Schlager und nicht Easy Listening. Der Musikjournalist Werner Burkhardt begann die Liner Notes mit dem Satz: „Es geht also doch.“

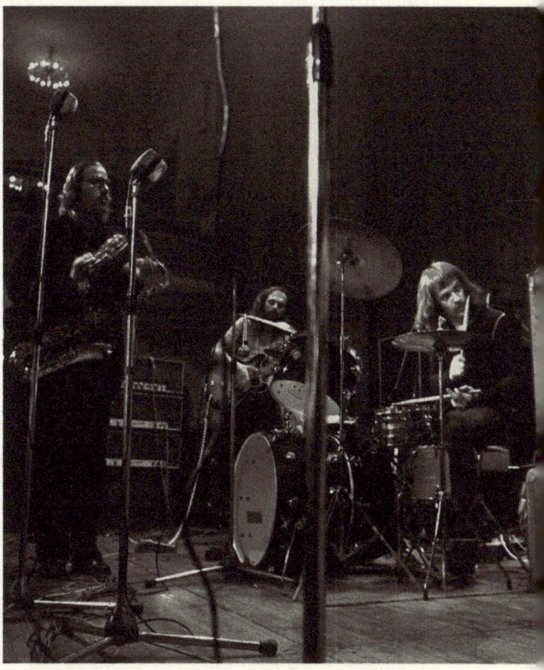

Udo Lindenberg (Schlagzeug) mit Olaf Kübler (Saxophon) und Paul Vincent (Gitarre), als Teil von Klaus Doldingers Passport (1971) © Manfred Rinderspacher

Daumen im Wind wurde kein großer kommerzieller Erfolg, machte aber den Namen Udo Lindenberg einem breiteren Publikum bekannt. Lindenberg lebte in der schon früher erwähnten „Villa Kunterbunt“ zusammen mit wichtigen Musikern, Schauspielern, Rundfunkleuten, A&R-Managern, Promotern und Journalisten (man erinnere sich: auch Conny Plank lebte hier), folglich kannte Lindenberg sie alle, und sie alle kannten Lindenberg. Dass er ein guter Drummer war, musste er nicht beweisen – er hatte bei Doldinger gespielt, das war Beweis genug.

„Hoch im Norden“ enthielt die Zeilen „Keine Panik auf der Titanic / Jetzt trinken wir erstmal einen Rum mit Tee“, aus denen sich der Name von Lindenbergs Band ergab: das Panikorchester, mit Musikern wie Karl Allaut, Gottfried Böttger, Steffi Stephan und Carola Kretschmer. Das erste Album unter dem Namen Udo Lindenberg & das Panikorchester war *Alles klar auf der Andrea Doria* (1973); es führte Lindenberg zu bundesweiter Popularität.

Das Eröffnungskonzert dieser neuen Band fand in der Hamburger Musikhalle (heute Laeiszhalle) mit diversen Gastmusikern und dem neuen Drummer Peter „Backi" Backhausen statt. Im Vorprogramm spielte Bruno's Salon Band, die mit großer Wahrscheinlichkeit auch die Dixielandband ist, die man im Titelsong des Albums hört. Ich erinnere mich an das Konzert als pures Vergnügen. Musikalisch war es gut ausbalanciert, es endete in einer Session, in der auch Lindenberg selbst sich wieder ans Schlagzeug setzte. Alle in der Band wussten, dass sie etwas Neues erfunden hatten und freuten sich darüber, dass es funktionierte.

Das tat es, weil Udo Lindenberg verdammt clever war. Um zu erreichen, dass diese Art von Rock mit deutschen Texten bekannt und allgemein akzeptiert wurde, hatte er sie alle einbezogen: die Rockmusiker, Gottfried Böttger, Lonzo Westphal, Peter Hesslein (Lucifer's Friend, Orchester James Last), Jean-Jacques Kravetz (Frumpy), die Jazzprofis aus der NDR-Bigband, den Naura, Hamburgs Oldtime-Jazz-Amateure, und er hielt dieses Konzept auch auf den drei folgenden Alben durch. Auf *Ball Pompös* (1974) erschien Inga Rumpf, ebenso der Komiker Otto Waalkes. Aus München kamen Keith Forsey und Olaf Kübler (aus Lindenbergs alter Doldinger-Connection), und Charles Bronsons deutsche Synchronstimme Michael Chevalier sprach einige Zeilen in einem Dialogsketch. Lindenberg gelang es, Konzertagenten, Journalisten und eine echte Motorradgang („MC Mephisto's Mob") als Back-up-Chor zu gewinnen, er schaffte es sogar, dass Marlene Dietrich per Telefon ein paar Worte beisteuerte. Und so dauerte es nicht lange, bis Udo Lindenberg „die" Stimme der Hamburger Szene geworden war.

Einmal gepflanzt, wuchs der Baum in die Höhe. Im Jahr 1978 konnte Lindenberg den Theaterregisseur Peter Zadek dafür gewinnen, das neue Album *Dröhnland-Symphonie* für die Tourneebühne zu inszenieren – das waren 16 Abende mit einer jeweils dreistündigen Show. Eric Burdon war dabei, ebenso Inga Rumpf, Ulla Meinecke und Freya Wippich (letztere kam von den Gruppen Odin und Rudolf Rock & Die Schocker und bildete ein Schlagerduo mit ihrem Ehemann Bernd Wippich). Der Wiener Pantomime Sami Molcho übernahm die Choreografie, um die 50 Komparsen in Pinguin- und anderen Kostümen waren ebenfalls Teil der Show. Die Produktion kostete 70.000 Mark pro Abend, für die damalige Zeit ein enorm hoher Betrag. Der Konzertveranstalter Fritz Rau trug das Risiko, Lindenberg kam ihm allerdings entgegen, indem er anbot, die Hälfte eines eventuell eintretenden Verlustes selbst zu tragen.[2] Aber es funktionierte.

Ein kleines Problem für Lindenberg tat sich auf, als Olaf Kübler ihn des Plagiats bezichtigte. Teile der Lindenbergschen Texte beruhten auf Sprüchen und Schnacks, die er von Kübler gehört hatte. Ein Richter legte den Streitwert auf 500.000 Mark fest. Immerhin wurde daraus keine persönliche Angelegenheit; eines schönen Abends vor der Tür des Onkel Pö (Hamburgs berühmtestem Jazzclub) einigten sich die beiden, und die Anwälte klärten die Sache dann außergerichtlich.[3]

Udo Lindenberg ist nach wie vor aktiv. Seine Haare scheinen inzwischen in seinen obligatorischen Schlapphut eingeklebt zu sein, er ist Mitinhaber des bekannten Hamburger Atlantic-Hotels an der Alster, in dem er auch wohnt. Im Jahr 1989 erhielt er das Bundesverdienstkreuz am Bande für seine Aktivitäten, die Verbindung zwischen den beiden deutschen Staaten aufrechtzuerhalten. Das war ihm tatsächlich immer ein Anliegen gewesen. Im Jahr 1983 machte er eine Coverversion von Glenn Millers „Chattanooga Choo Choo“, betitelt „Sonderzug nach Pankow“, dem Ost-Berliner Stadtteil, in dem etliche der DDR-Häuptlinge lebten. Der Song richtete an den damaligen DDR-Staatschef Erich Honecker die Frage, weshalb die DDR ihm, Lindenberg, nicht erlaube, für seine Fans in Ost-Berlin zu spielen. Daraus folgte ein Geschenktausch zwischen Honecker und Lindenberg – Lindenberg schenkte Honecker eine Lederjacke, Honecker revanchierte sich mit einer Schalmei für Lindenberg (ein traditionelles Blasinstrument, das in den 1920er-Jahren in den Blaskapellen der Arbeiterbewegung sehr verbreitet war). Wichtiger noch: Honecker gab Lindenberg die Erlaubnis, ein Fernsehkonzert im Palast der Republik zu spielen. Dieses fand dann vor ausgewählt linientreuem FDJ[4]-Publikum statt, eine für das Jahr 1984 geplante DDR-Tournee wurde jedoch ohne Angabe von Gründen abgesagt. Dafür konnte Lindenberg im Jahr 1985 ein Konzert in Moskau geben. Lindenbergs ständige Frustration über die deutsche Teilung ist insofern erwähnenswert, als er diesen Punkt schon auf dem *Andrea-Doria*-Album in einen Song gefasst hatte: „Wir wollen doch einfach nur zusammen sein“ war eine entwaffnend unkitschige Ballade über die unmögliche Liebesgeschichte zwischen einem Jungen aus Westdeutschland und einem Mädchen aus Ost-Berlin, die sich zufällig auf dem Alexanderplatz begegnen. Im Jahr 1973, als dieser Song erschien, ging ein solcher Text komplett gegen den Zeitgeist – Bundeskanzler Willy Brandts Ostpolitik hatte die Beziehungen zwischen den beiden Deutschlands zwar ein wenig entspannt, aber es bestand keinerlei Aussicht auf eine mögliche Wiedervereinigung innerhalb unserer Lebenszeit. Schon die bloße Erwähnung einer solchen Idee klang lächerlich; so mancher fand sie regelrecht reaktionär. Aber die Zeit gab Lindenberg recht.

Hörenswert sind noch immer Udo Lindenbergs Alben von *Daumen im Wind* bis zu *Votan Wahnwitz*, danach wurde sein Stil mehr und mehr zur Masche. Im Jahr 2011 wurden etliche seiner Songs Teil eines Musicals namens *Hinterm Horizont*. Von Zeit zu Zeit gelangen ihm auch schöne Einzelsongs – erwähnt sei „Gegen die Strömung" (1981, eine Coverversion von „Against The Wind" von Bob Seger & The Silver Bullet Band) und „Horizont" (1987, mit Backup-Gesang von Nena).

Top Szene Hamburg

Lindenbergs Song „Alles klar auf der Andrea Doria" enthielt die Zeilen „Bei Onkel Pö spielt 'ne Rentnerband seit 20 Jahren Dixieland / 'n Groupie ha'm die auch, die heißt Rosa oder so / und die tanzt auf'm Tisch wie'n Go-Go-Go-Girl". (Der Song brachte Lindenberg lebenslanges Freibier im Pö ein, was allerdings faktisch scheiterte, da das Pö im Jahr 1985 seine Pforten für immer schloss – das Wohnhaus, in dessen Erdgeschoss es lag, geriet durch die Vibrationen der Musik zunehmend in Gefahr). Es war nicht Lindenbergs Schuld, aber dieser Song führte zu einer der peinlichsten Verirrungen, die der Hamburger Plattenindustrie je eingefallen sind: der Proklamation der „Top Szene Hamburg".

Im Jahr 1974 pflanzten die obengenannten Zeilen dem schon erwähnten „Willem" Wilken F. Dincklage und einigen A&R-Leuten die Idee in den Kopf, einen Antwortsong zu dem Lied zu produzieren. So wurde dann die Rentnerband ins Leben gerufen, ebenso die Figur „Rosa". Dieses Konstrukt erzielte einen bundesweiten Hit mit dem Song „Hamburger Deern", einer Coverversion von „Liverpool Lou" des irischen Singer-Songwriters Dominic Behan von 1964 („Deern" ist plattdeutsch und bedeutet „Mädchen" oder „junge Frau"). Der deutsche Text kam von Willem, die Band hinter dem Projekt bestand aus dem Schlagersänger Peter Petrel, Gottfried Böttger, Lonzo Westphal, den üblichen Verdächtigen von Leinemann und der Schauspielerin Ingrid Unverdorben, die ein paar Zeilen als „Rosa" zu sprechen hatte. Die Nummer im gemütlichen Dreivierteltakt entsprach natürlich nicht im entferntesten Rock oder Jazz, sondern war purer Schlager. Die Plattenfirma verkaufte die Story als „die wahre Geschichte, wie Peter Petrel seine Frau kennengelernt hat". „Hamburger Deern" fand sich in jeder Kneipen-Jukebox, wurde wochenlang konstant im Radio gespielt, inklusive der PR-Story (Willem war auch Radiomoderator und wusste sehr gut, wie er Songs, an denen er beteiligt war, unterbringen konnte), im Dezember des Jahres 1974 zog der Song in die Charts ein und blieb dort 16 Wochen lang.

Man müsste auf diese Platte nicht weiter eingehen, wäre sie nicht der Anfang dessen gewesen, was dann als „Hamburger Szene" durch die Landschaft geisterte. Ausgebrütet hat dies jemand bei Polydor, dort tauchte der Begriff zuerst auf. Dann kam Teldec und machte „Top Szene Hamburg" gezielt zu einem Markenzeichen. Alles, was musikalisch aus Hamburg stammte, erhielt jetzt einen Aufkleber:

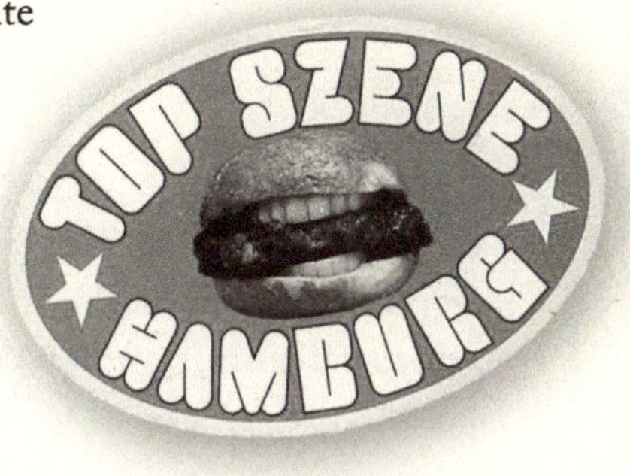

Teldec Promotion-Sticker (1975)

Stupide Sampler mit den üblichen Verdächtigen wurden auf den Markt gedrückt – mit Lindenberg, Böttger, dem jungen Marius Müller-Westernhagen, Truck Stop, Schulzke's Skandaltrupp, Torfrock, diversen Hamburger Oldtime-Jazzbands und natürlich Willem unter diversen Pseudonymen. Selbst Acts, die überhaupt nichts mit Hamburg zu tun hatten, wurden eingemeindet; etwa Bill Brooker's Jug Band aus den Niederlanden, sie musste sich als „Bill Brooker's Juxband" verramschen lassen, nur weil ihr Name an den Hamburger Stadtteil Billbrook erinnerte.

Man könnte dies schlicht unter „Schlager und Firlefanz" abbuchen, wären nicht auch die seriösen Acts wie Frumpy, Atlantis, Lucifer's Friend, Randy Pie, Les Humphries Singers und andere unter dem Label „Hamburger Szene" verkauft worden, und dies nach einer Weile so penetrant, dass es anfing, ihr Image ernsthaft zu beschädigen. Die Musiker selbst fanden es nicht mehr lustig, unter dem „Hamburg"-Label gehandelt zu werden, die Kollegen in anderen Gegenden Deutschlands begannen zusehends, den Kopf zu schütteln über diese Art des Promotion-Overkills, und am Ende reagierten selbst die Konzertgänger und Plattenkäufer allergisch, wenn sie nur das Wort „Hamburg" hörten. Das Ganze war ein Ausverkauf, der an Rolf-Ulrich Kaiser erinnert, nur steckte, anders als bei ihm, in Hamburg wirklich Geld dahinter. Glücklicherweise faserte der Hype nach etwa zwei Jahren aus, aber wie das so ist: Der Schaden war erstmal angerichtet. Die „Top Szene Hamburg" belastete die Hamburger Musiker noch jahrelang.

WEGE INS PARADIES: AGITPROP

Eine von Rolf-Ulrich Kaisers ersten Bands war FLOH DE COLOGNE, eine Agitprop-Band aus Köln. Die 1970er waren die Hochphase politischer Rockgruppen; der Begriff „Agitprop“ setzt sich zusammen aus „Agitation“ und „Propaganda“.

Kabarett

Deutschland besitzt eine Kabarett-Tradition seit 1900, und die Agitprop-Bands sind zumindest lose mit ihr verbunden. Kabarett bedeutet auf die Bühne gestellte politische oder sozialkritische Satire mit Szenen, Sketchen, Songs, Blackouts. Kabarett geht auf das Pariser Cabaret zurück, sollte jedoch nicht mit diesem verwechselt werden. Kabarett, mit K und Doppel-T, nimmt einige der Mittel des Cabarets auf, existiert so aber nur in den deutschsprachigen Ländern. Kabarett funktioniert gut in Fernsehen oder Radio, gehört aber eigentlich und ursprünglich in Kellertheater, Bars, Clubs und kleine Hallen, denn es lebt vom direkten Kontakt mit dem Publikum. Kabarett verwendet Sketche, Mono-, Dia-, Tria- und sonstige -loge, Songs und Gedichte und wurde meistens von Ensembles präsentiert. Diese Art von Kabarett war sehr populär während der Weimarer Republik, bis die Nazis das unbotmäßige Treiben stoppten. Die besten Jahre des Kabaretts nach 1945 waren sicherlich die 1950er- und 1960er-Jahre, als Gruppen wie die MÜNCHNER LACH- UND SCHIESSGESELLSCHAFT (eine freundliche Veralberung der „Wach- und Schließgesellschaft“, einer damals bekannten Security-Firma), das DÜSSELDORFER KOM(M)ÖDCHEN oder die West-Berliner STACHELSCHWEINE die Stars sowohl auf ihren eigenen Bühnen, auf Tourneen und auf der Mattscheibe waren. Die MÜNCHNER LACH- UND SCHIESSGESELLSCHAFT, stets deutlich sozialdemokratisch geprägt, hatte von 1963 bis 1971 eine jährliche Live-Sendung am Silvesterabend namens „Schimpf vor 12", die regelmäßig zum bundesweiten Aufreger wurde. Ab der zweiten Hälfte der 1970er verloren diese klassischen Kabarettgruppen zunehmend ihr Publikum; in den 1980ern, verbunden mit dem aufkommenden kommerziellen Fernsehen, änderte sich der Publikumsgeschmack, statt der Gruppen eroberten jetzt Solokabarettisten, deutlich unpolitischere Humorshows und Stand-up-Comedians die Bildschirme.

Das Jahr 1968 bereitete den Boden für die Verschmelzung von Kabarett und Rockmusik. Die bis heute bekanntesten Beispiele dafür sind FLOH DE COLOGNE und TON STEINE SCHERBEN.

Floh de Cologne

FLOH DE COLOGNE aus, man ahnt es, Köln wurde im Jahr 1966 als Studentenkabarett gegründet; nach einigen Personalwechseln bildeten Hansi Frank (Drums), Dieter Klemm (Percussion, Vocals), Markus Schmidt (Gitarre, Bass, Orgel), Dick Städtler (Gitarre, Bass, Orgel), Theo König (Saxophon, Harmonika, Klarinette, Vocals) und Gerd Wollschon (Texte, nur selten auf der Bühne, wenn, dann Percussion). Die FLÖHE, wie sie meist kurz genannt wurden, waren sowohl ein Abkömmling der Studentenbewegung und ihrer Organisationen als auch der APO; später traten sie der moskautreuen Deutschen Kommunistischen Partei (DKP) bei.

Als sie im Jahr 1968 auf den „Essener Songtagen" THE FUGS, die EDGAR BROUGHTON BAND und Frank Zappas MOTHERS OF INVENTION sahen, beschlossen die FLÖHE, ihre Shows ebenfalls mit Musik zu verstärken. Markus Schmidt: „Unsere musikalischen Vorbilder sind die MOTHERS OF INVENTION; von der Show her gesehen eher die FUGS, die ich für politischer und showbewusster halte."[1] Es fällt schwer, ernst zu bleiben, wenn man dann hört, wie die FLÖHE tatsächlich klangen. Sie griffen ein paar Standard-Akkorde und grundlegende Riffs auf, ihre Kompositionen waren aus zumeist kurzatmigen Bauteilen und holprigen Rhythmen zusammengesetzt und verloren sich in endlosen Wiederholungen und sinnlosen Steigerungen. Die instrumentalen Fähigkeiten der Gruppe reichten mit Mühe für den Hausgebrauch, der Gesang war bestenfalls erträglich, selten überzeugend. Immerhin machten FLOH DE COLOGNE auf der Bühne aber durchaus effektiv Gebrauch von Multimedia-Elementen wie Film, Dias oder O-Ton-Zuspielungen.

Im Jahr 1969 schlossen die Flöhe einen Vertrag mit Rolf-Ulrich Kaisers Ohr-Label; sie waren einer seiner ersten Acts überhaupt. *Fließbandbabys Beat-Show* (1970), die erste LP, war bereits ihre sechste „Agitationsrevue", wie sie ihre Programme nannten, und die erste, die man als eine Rock-Show bezeichnen konnte. Die Musik war zäh und erinnerte von fern an den orgeldominierten Sound der Doors, ohne auch nur auf Sichtweite in deren Nähe zu gelangen, die Texte waren durchdrungen von Hubert Bacias Buch „Themen zur Sexualität" und Karl Marx' „Lohnarbeit und Kapital", die beide auf der Innenseite des Covers als „Grundlektüre" vorgeschlagen wurden. Die gesamte Show kommt in einer aufgesetzt „coolen" Sprache daher und mäandert zwischen Klassenkampf, sexueller Befreiung, politischen Kalauern, marxistischer Theorie und Küchenpsychologie und fällt dabei nicht selten in ein peinlich-primitives Vokabular – wie ein 50-jähriger Lehrer, der zu sprechen versucht, was er für den Slang seiner 15-jährigen Schüler hält. Zudem offenbart diese Platte (wie alle frühen Floh-Platten) ein vorsintflutliches Frauenbild.

Profitgeier kam ein Jahr später, zum Teil live aufgenommen und als „Rockoper" angekündigt (Rockopern waren nach dem Erfolg von *Tommy* von The Who gerade das angesagte Ding), gepresst in Day-Glo-Pink und verpackt in einer Gimmick-Hülle mit dem Bild eines gerupften Geiers, dessen Innereien man herausziehen konnte. Das Hauptthema der „Oper" war die Welt der Lehrlinge (heute „Auszubildende" genannt), manchmal mit treffenden Beobachtungen wie etwa „He, hallo Stift!" („Stift", falls man das heute nicht mehr kennt, war eine damals gebräuchliche Bezeichnung für den Lehrling). Bis in die 1970er-Jahre hinein wurden besonders in Handwerksbetrieben, Autowerkstätten, Baufirmen und anderen kleinen Klitschen die Lehrlinge nach dem alten Motto „Lehrjahre sind keine Herrenjahre" weniger ausgebildet denn als Bierholer, Werkstattfeger, billige Arbeitskraft und Blitzableiter ausgenutzt, und das musste sich dringend ändern. Insofern war das Anliegen von *Profitgeier* nicht unberechtigt, aber leider wurde es auch hier wieder vermischt mit unfassbar platten Klassenkampffantasien, billigen Witzen und einem Unternehmerbild, das aus der Frühzeit der industriellen Revolution zu stammen schien. Unterlegt war das Ganze mit grausam schlechter Musik. Die LP verkaufte rund 20.000 Exemplare.[2]

Es ist mir immer ein Rätsel geblieben, weshalb Floh de Cologne (aber nicht nur sie) ein dermaßen überholtes Bild des Unternehmers als zigarrenqualmenden, fetten Typen mit schwarzem Anzug und Bowler darstellten, anstatt das zu kritisieren, was an modernen Unternehme(r)n tatsächlich kritikwürdig war – und das wäre nicht wenig gewesen. Aber diese alten Kamellen waren offenbar bequemer zu predigen, weil man dafür nicht differenzieren musste.

Diese Einschränkung galt auch für FLOH DE COLOGNES zwei beste Platten ihrer Ohr-Jahre: *Lucky Streik*, live aufgenommen 1972, und *Geyer-Symphonie in Rock-Dur* (1973), beide von Dieter Dierks produziert. Diese Shows kamen ein bisschen intelligenter daher als ihre Vorgänger, und in zahllosen Liveauftritten hatten die FLÖHE auch ihren Umgang mit den Instrumenten verbessert.

Das Doppelalbum *Lucky Streik* (1973) war als „Rock-Jazz-Rakete" untertitelt, enthielt von Jazz allerdings nicht einmal Spurenelemente. In simplen Rock-Strukturen schildert die Show „eine Stunde im Leben des Karl Arsch", einem 22-jährigen Schlosser, während eines Streiks in dem Industrieunternehmen, in dem er arbeitet. Einige seiner Kollegen werden en passant vorgestellt, eine Art Newsticker bildet das Leitmotiv, und die Show ist angeschärft mit einigen satirischen und sozialkritischen Songs („Schön ist ein Jugendtraum" ist einer der besseren). Auch *Lucky Streik* versteht sich als Werbeshow für die SDAJ und beschreibt die DDR als das Paradies auf Erden für alle Werktätigen, ist dabei aber konkreter und unterhaltsamer als die Vorgänger. „Wenn es brennt" beschreibt treffend einige Marotten der manchmal arg bedächtigen SPD; „Der Löwenthaler" veralberte den Fernsehjournalisten Gerhard Löwenthal, der in seiner Sendung „ZDF-Magazin" von 1969 bis 1987 immer wieder über Menschenrechtsverletzungen in der DDR berichtete: „Die Milch wird sauer, das Bier wird schal / im Fernsehn spricht der Löwenthal" sangen die FLÖHE und erklärten dessen Sendung in biergartenseligem Dreivierteltakt zum Horrorkabinett der kapitalistischen Lügenpropaganda. Zum Schmunzeln war das schon, auch ich nehme mich da nicht aus – als dann allerdings nach dem Mauerfall und dem Ende der DDR unabweisbar wurde, dass der Löwenthal über weite Strecken recht gehabt hatte, war Schluss mit lustig. Hört man den Song heute, ist er nur noch polemische Propaganda; so satirisch wie ein nasser Knallfrosch. Das Finale von *Lucky Streik* läuft dann wieder wie bei den früheren Shows: als eine Serie deklamatorischer Songs über eine sozialistische Zukunft ohne Angst und Not, denn „für die Zukunft seh'n wir rot"; dies alles kombiniert mit der gehämmerten unmittelbaren Aufforderung, der SDAJ und der Gewerkschaft beizutreten.[3]

Die *Geyer-Symphonie* (1974) war eine andere Hausnummer. Die Grundidee war großartig: FLOH DE COLOGNE nutzen die originalen Aufnahmen der Nachrufe, die in Erinnerung an Friedrich Flick auf dessen Trauerfeier von Flicks alten Kumpanen, den Industriellen Hermann Josef Abs, Fritz Berg, Konrad Kaletsch, Hans-Günther Sohl und dem früheren Wirtschaftsminister und Bundeskanzler Ludwig Erhard gehalten wurden. Diese Collage ergibt ein durchaus erhellendes Portrait. Flick gehörte zu jener Sorte von Unternehmern, die ich weiter vorn im

Buch erwähnt habe: Rüstungsindustrieller, Bergbau- und Stahlbaron, der schon früh in die Nazipartei eingetreten war und beste Profite mit der deutschen Wiederbewaffnung machte – und natürlich mit dem Krieg selbst: „Das Kriegsende brachte den schwersten Rückschlag für den Mann und sein Werk", wie einer der Redner in unbeabsichtigter Klarheit in seinem Nachruf sagt. Flick profitierte zudem von Arisierungen und der Beschäftigung von Zwangsarbeitern. Im Dezember des Jahres 1947 wurde er in den Nürnberger Prozessen als Kriegsverbrecher zu sieben Jahren Haft verurteilt. Die musste er nicht absitzen, schon im Jahr 1950 wurde er begnadigt. Er fasste sehr schnell wieder Fuß und wurde neuerlich zu einem von Deutschlands führenden Stahlindustriellen. Bald war er der größte Aktionär von Daimler-Benz und besaß noch etliche weitere Beteiligungen. An der Börse hatte er den Spitznamen „der Geier" – daher bezog diese Show ihren Titel.

Das waren schon gute Gründe für ein satirisches Portrait, und es traf bestimmt keinen Falschen. Leider aber trübten die Flöhe die gute Idee unnötig durch handwerkliches Unvermögen, auch Dieter Dierks' Produktion rettete die Show nicht wirklich. Wie schon auf früheren Alben bremsen auch hier zu viele ziellose musikalische Füllsel die Show. Selbst der Höhepunkt der *Geyer-Symphonie*, eine gallebittere Collage aus Zitaten der Trauerredner, Kriegsgeräuschen, Militärmärschen, Naziliedern und realen sowie parodierten Wochenschauschnipseln, zerfällt nach kurzer Zeit in Kalauer und klamottige Späßchen. Gleichwohl: Die *Geyer-Symphonie* ist noch immer hörenswert.

Musikalisch kamen die Flöhe einen großen Schritt voran, als der ausgebildete Musiker und Komponist Vridolin Enxing in die Band einstieg. Für ihre nächste Show, *Mumien* (1974), über den chilenischen Putsch des Jahres 1973, arbeiteten sie mit dem Komponisten Hans-Werner Henze zusammen, später auch mit dem argentinischen Enfant terrible Mauricio Kagel. Diese Zusammenarbeiten hinterließen Spuren. Mit *Mumien* war die Band zum DKP-nahen Label Pläne gewechselt. Mit ihrem Programm *Tilt* (1975), nun von Conny Plank aufgenommen, präsentierten sie ihre musikalisch wohl attraktivste Show. Ideologisch allerdings blieben sie ihrer Linie unerschütterlich treu.

Es sei fairerweise konzediert, dass ihre Bühnenshows ein ganzes Stück besser funktionierten als ihre Platten. Die Routine von hunderten Auftritten zahlte sich irgendwann einfach aus. Allerdings darf man nicht vergessen, dass der größte Teil des Publikums immer aus jungen DKP- und SDAJ-Mitgliedern bestand, und die würden selbst die Darbietungen des Duracell-Hasen mit Ovationen gefeiert haben, käme der aus der DDR.

Außer ihrer Arbeit für Platte und Bühne lieferten die FLÖHE Musik für eine Reihe von Hörspielen und Fernsehfilmen; offensichtlich hatten sie Freunde beim WDR. Von 1978 bis 1980 gab es im WDR-Fernsehen eine monatliche 15-minütige Satireshow namens „Dreizack", zu der FLOH DE COLOGNE Sketche und Musik lieferten. „Dreizack" war ein regionales Magazin, das nur in Nordrhein-Westfalen lief. Nach nur drei Jahren war Schluss, aber die Beiträge der FLÖHE zu dieser Sendung sind der Grund dafür, dass FLOH DE COLOGNE heute in den Medien eine der bestdokumentierten deutschen Gruppen ist. Darin wiederum liegt der Grund dafür, dass FLOH DE COLOGNE in der Rockgeschichtsschreibung heute oft als wichtiger angesehen werden als sie in Wirklichkeit waren. Tatsächlich war es immer ihr größtes Problem, dass sie kaum ein Publikum außerhalb des Gewerkschaftsjugend-, SDAJ- und DKP-Zirkels erreichten.

FLOH DE COLOGNE produzierten eine Reihe weiterer Shows und Platten, aber in den späten 1970er- und frühen 1980er-Jahren veränderte sich die politische Landschaft Deutschlands, und FLOH DE COLOGNE, die unbeirrbar zu ihrer orthodoxen DDR-Linie standen, gerieten mehr und mehr ins Abseits. Im Jahr 1983, nachdem sie rund 3000 Konzerte gespielt und etwa 400.000 Platten verkauft hatten, schaltete die Gruppe schließlich die Verstärker aus und löschte das Licht.

FLOH DE COLOGNE sind nicht vollständig vergessen. Einige getreue Anhänger in Krautrock-Foren im Web nennen sie eine „Legende". Über Geschmack kann man nicht streiten, aber mein Fazit wäre ein wenig anders: FLOH DE COLOGNE wird für das erinnert werden, was sie in die deutsche Kabarettszene der 1970er Jahre eingebracht haben. Als Rockmusiker haben sie keine eigenständigen Spuren hinterlassen, einfach deshalb, weil Musik für sie nie mehr war als ein Mittel zum Zweck.

Ton Steine Scherben

Eine weitere politische Band wird nach wie vor oft genannt und von vielen verehrt: TON STEINE SCHERBEN aus West-Berlin. Im Jahr 1966 lebten der Gitarrist R.P.S. Lanrue (Ralph Peter Steitz) und der Sänger/Texter Rio Reiser (Ralph Christian Moebius, 1950-1996; sein Pseudonym geht auf eine Romanfigur zurück) im hessischen Rodgau und hatten dort eine Band namens BEAT KINGS (manchmal auch BEATKINKS geschrieben); später gründeten sie DE GALAXIS. Im Jahr 1967 zogen die beiden nach West-Berlin, wo sie in einem Theaterprojekt den Bassgitarristen Kai Sichtermann und den Trommler Wolfgang Seidel trafen. Dies war die erste Besetzung von Ton Steine Scherben. Für den Namen gibt es zwei mögliche Erklärungen: Die eine verweist auf den Troja-Entdecker Heinrich Schliemann, der gesagt hatte: „Alles, was ich fand, waren Ton, Steine und Scherben"; die andere Erklärung ist ein Spiel mit dem Namen der Gewerkschaft Bau, Steine, Erden. Man suche sich aus, was besser gefällt.

Ton Steine Scherben, kurz auch „die Scherben" oder, noch kürzer, TSS genannt, waren im Wesentlichen ein Produkt der Studentenbewegung und der Kreuzberger Hausbesetzerszene. Letztere war sehr aktiv. Der West-Berliner Senat hatte die Absicht, eine große Zahl alter Mietskasernen abzureißen, die sich in einem inakzeptablen Zustand befanden, um sie durch neue Wohnblöcke mit Mietwohnungen zu ersetzen. Weil es aber sehr wahrscheinlich war, dass die alten Kreuzberger Mieter dann die Mieten nicht mehr würden bezahlen können, wurden die Häuser besetzt, um sie vor der Abrissbirne zu schützen – am Ende waren es um die 160. Der Senat gab schließlich nach und ließ große Teile der alten Bausubstanz sanieren (was wiederum zu Protesten führte, denn es war nicht möglich, die Wohnungen zu modernisieren und gleichzeitig die Mieten auf ihrem früheren Level zu halten – es recht zu machen jedermann ist eine Kunst, die niemand kann, wie meine Oma zu sagen pflegte).

Ton Steine Scherben wurde in gewisser Weise die PR-Abteilung der Hausbesetzerszene. Ihre Musik war ungehobelt, unpoliert und sehr einfach gestrickt. Ohne viel Gefühl für Rhythmus oder Timing bellte Rio Reiser seine Texte raus; schon da waren seine Alkoholprobleme unüberhörbar. Die Art, wie die Band die bösen Kapitalisten darstellte, war ebenso ausgeleiert wie bei den Flöhen, im Gegensatz zu deren Texten allerdings waren die Scherben-Texte undogmatisch und durch einen unbedingten Freiheitswillen gekennzeichnet – unglücklicherweise jedoch, ohne sich im Geringsten um die Freiheit anderer zu scheren. Es war die alte Mentalität des „wir" gegen „sie". Zudem waren sich die Scherben auf zumindest ihren ersten beiden Alben nicht klar über ihr Verhältnis zur Gewalt gegen Sachen und Personen, wie schon ihr erster Untergrund-Hit zeigt: „Macht kaputt, was euch kaputtmacht" (1970) – sie meinten das, was sie sagten, und der Slogan wurde eine Art Straßenhit bei vielen Protestmärschen und Hausbesetzungen. Kreuzberg und seine Bewohner waren ideale Biotope dafür.

Manchmal überschritten ihre Texte die Grenze zum Lächerlichen. In „Mensch Meier" von ihrem zweiten Album *Keine Macht für Niemand* (1972) bauen sie ein Feindbild auf, das bestenfalls zum Kopfschütteln taugt: Die Scherben riefen darin zum massenhaften Schwarzfahren auf und stellten dabei die Fahrkartenkontrolleure der Berliner Verkehrsgesellschaft dar, als seien sie die Inkarnation des Klassenfeindes. Konnte man darüber noch schmunzeln, so waren die unverhohlenen Gewaltfantasien in „Paul Panzers Blues“ ernster – wem fallen da nicht die Entführungen und Morde der „Bewegung 2. Juni“ und der „RAF“ ein? Mit Sicherheit hatten die SCHERBEN das nicht im Sinn, aber es sind Äpfel vom selben Baum.

Texte dieser Art und die ständige Präsenz der Gruppe bei allen möglichen Protestveranstaltungen führten dazu, dass die Band immer wieder Besuch von der Polizei erhielt, wenn irgendwelche Personen gesucht wurden. Und Nikel Pallat, der Manager der SCHERBEN, sagt: „Unser Telefon wurde permanent abgehört. Das war teilweise sehr lustig, weil wir die Telefonrechnung nicht mehr zu bezahlen brauchten. Es war ihnen wichtiger, dass wir abgehört wurden, als dass wir die Telefonrechnung bezahlten.“[4] Das ist in typischer Weise vom heutigen Computerzeitalter auf damalige Verhältnisse zurückgedacht. Tatsächlich waren damals automatische Abbuchungen vom Konto zwar schon möglich, aber noch nicht selbstverständlich; normalerweise lief man mit dem Überweisungsformular zum Postamt und zahlte am Schalter. Bezahlte man die Telefonrechnung nicht, wurde das Telefon nicht sofort abgeschaltet, sondern der nicht bezahlte Betrag erschien als Übertrag auf der nächsten Rechnung – und das konnte monatelang so gehen, irgendwann dann begleitet von Mahnungen. Mehr dürfte auch hier nicht dahinter gewesen sein. Die SCHERBEN hatten sicherlich eine Menge Besucher und Kontakte zu vielen Leuten, und der eine oder andere mag tatsächlich von Interesse für die Polizei gewesen sein – ich will das nicht bestreiten. Trotzdem scheint hier das gleiche Phänomen zu greifen wie in einem früheren Kapitel geschildert: Zu glauben, das Telefon werde abgehört oder die Post geöffnet, war damals nicht ganz unüblich. Man kam sich dann gleich viel gefährlicher vor.

Auf der anderen Seite gab es SCHERBEN-Songs, die vollgepackt waren mit direkter, unmittelbarer Emotion, etwa „Komm, schlaf bei mir“ oder „Schritt für Schritt ins Paradies“. Diese Kombination von stahlharten Straßenkampfsongs einerseits und Liedern, aus denen die Sehnsucht nach Geborgenheit geradezu hervorbrach, erinnert an ein Graffito, das man an etlichen Häuserwänden Berlins und anderer Städte fand: „Gefühl + Härte“. Mir fällt dazu erneut Klaus Manns früher zitierte Charakterisierung der Jugendbewegung ein. Liest man dieses Graffito, das ich mehr als einmal auch auf Transparenten bei Demonstrationen gesehen habe, gegen den Strich, dann könnte einem auffallen, dass das ein wesentliches Bauprinzip totalitärer Regimes ist – nennen wir es dann einmal

„Sentimentalität und Brutalität". TON STEINE SCHERBEN waren eine Band, die tief in der Deutschen Romantik verwurzelt war, gerade in ihrer Radikalität und Kompromisslosigkeit.

Es ist klar, dass ein Slogan wie „Keine Macht für Niemand" die Band von der Studentenbewegung wegführte. Die Anführer der Studentenbewegung strebten politische Macht an; ein Gesellschaftssystem, das Machtausübung per se ablehnt, konnte nicht in ihrem Interesse sein. Man ahnt hier bereits Konflikte, die in der linken Szene in den 1980er-Jahren offen ausbrachen.

Im Jahr 1972 verließ Wolfgang Seidel die SCHERBEN. Unter dem Pseudonym Sequenza wandte er sich elektronischer Musik zu und arbeitete mit Conrad Schnitzler, ERUPTION und Alfred 23 Harth (kurz auch A23H) zusammen.

Der wilde Romantizismus von TON STEINE SCHERBEN wurde noch deutlicher erkennbar, als sich die Gruppe im Jahr 1975 aus Berlin abmeldete und in ein Bauernhaus in Fresenhagen zog; einem kleinen Dorf, das heute zur Gemeinde Stadum gehört und im nordwestlichen Teil Schleswig-Holsteins liegt, nicht weit entfernt von der Nordsee. Sie waren es leid geworden, ständig als die Unterhaltungsabteilung für Demonstrationen und Hausbesetzungen gebucht zu werden, wobei obendrein von ihnen erwartet wurde, für lau zu spielen. Nikel Pallat: „Das gab manchmal richtig Zoff, wenn man nach einem Gig nicht einmal das Essen bezahlt bekam, geschweige denn eine Gage."[5] Eines von fünf Konzerten, schätzt Pallat, schloss die Band mit einem Minus ab.

Um ihre erste Single („Macht kaputt, was euch kaputtmacht") zu vertreiben, setzten die SCHERBEN jene Verkäufer ein, die nachts durch die Kneipen zogen und dort Raubdrucke von Büchern anboten. Und sie gründeten ein eigenes Plattenlabel, die David Volksmund Produktion. Die Platten wurden per Postversand und auf Konzerten verkauft; wenn die Band auf Tour war, besuchte sie Plattenläden und linke Buchhandlungen. Pallat: „Die kauften dann unsere Platten und bestellten nach, wenn sie weg waren. So kam ein recht gutes Vertriebsnetz zusammen. Allerdings verkauften wir auch bei den Auftritten immer viele Platten, und das machte es überhaupt erst möglich, wenn wir von einer Tour nach Berlin zurückgekommen sind, weiterleben zu können."[6] Verkaufszahlen sind wie immer schwer zu bekommen, aber *Keine Macht für Niemand* verkaufte sich innerhalb des ersten halben Jahres rund 10.000 Mal[7] – nicht schlecht für diesen Vertriebsweg, zumal *Sounds* und andere Musikmagazine sich wenig um sie kümmerten. Im Jahr 1976 wurden TON STEINE SCHERBEN Gründungsmitglieder des selbstorganisierten Independent-Labels April, das sich später Schneeball nannte.

Mit ihrem neuen Landwohnsitz gingen die politischen Bezüge ihrer Musik zurück, sie steckten mehr Sorgfalt in die Musik, die Texte wurden poetischer. Es folgten Alben mit der Theatergruppe ROTE RÜBE, unter ihrem eigenen Namen veröffentlichte TSS *Wenn die Nacht am tiefsten* (1975), *IV* (1981) und *Scherben* (1983). Teile der Texte waren nun mithilfe des Tarots geschrieben – damit lagen sie voll in einem aufkommenden Trend, auf den ich noch eingehen werde. *Wenn die Nacht am tiefsten* wird von vielen als das beste SCHERBEN-Album überhaupt angesehen; „Land in Sicht" zumindest ist ein großartiger Song, Rio singt sich die Seele aus dem Leib, und mit Sicherheit wäre ihnen dieser Text nicht in Berlin eingefallen.

Rio Reiser hat nie verheimlicht, schwul zu sein, machte aber kein Schaulaufen daraus. Die Band unterstützte jedoch die wachsende Schwulenbewegung: 1977 kooperierte TON STEINE SCHERBEN mit der Hamburger schwulen Theatergruppe BRÜHWARM; das Resultat war das Album *Mannstoll*, gefolgt von *Entartet!* (beide 1979). (BRÜHWARM-Mitglied Corny Littmann übrigens war derjenige, der im Jahr 1988 das Schmidt-Theater in Hamburgs Rotlichtbezirk St. Pauli gründete und damit das Revival der zu diesem Zeitpunkt ziemlich abgetakelten Reeperbahn einleitete.)

Im Jahr 1982 heuerten die SCHERBEN Claudia Roth als neue Managerin an, aber das half nicht mehr viel. Obwohl man das relativ dunkle Album *IV* durchaus als eine Art Gruß an die frühe Neue Deutsche Welle sehen konnte, war ihre Zeit abgelaufen. Im Jahr 1985 gaben TON STEINE SCHERBEN mit 200.000 Mark Schulden im Gepäck auf.

Rio Reiser solo

Der Sänger und Texter Rio Reiser startete im Jahr 1986 eine Solokarriere mit dem Album *Rio I.* auf dem CBS-Label. Produziert wurde die Platte von Annette Humpe und Udo Arndt. Annette kam von IDEAL, Udo hatte eine Schlagerband namens UDO ARNDT & DIE SAFEBREAKERS mit einer Single: „Patsy Girl"/„Hey Girl" (1966). Aus den SAFEBREAKERS wurde ORANGE SURPRISE, die wiederum zu OS MUNDI wurden. Arndt wurde später Produzent unter anderem von NENA und SPLIFF. Auf *Rio I.* wurde Rio Reiser von illustren Musikern unterstützt, etwa von Curt Cress, FM Einheit und Peter Weihe.

Mit Annette Humpe entwickelte Reiser eine Mischung aus Pop und Schlager, die ein Erfolg mittlerer Größenordnung wurde; das Album erreichte #26 in den Charts – vermutlich war es ein bisschen zu rotzig, um die Fans des Mainstream-Pops zu erreichen, aber hoch genug in den Charts, um die alten Scherben-Fans sich von ihm abwenden zu lassen – wie es in Deutschland nicht ungewöhnlich ist, sahen letztere ihn als Verräter, der seine und ihre früheren Ideale für ein Linsengericht verramschte. Einige Singleauskopplungen aus dem Album waren das freche, allerdings auch heftig kalauernde „König von Deutschland“, „Alles Lüge“ (nicht zu verwechseln mit dem Lacrimosa-Titel von 1993), das Liebeslied „Für immer und dich“ und das melancholische “Junimond“. In den beiden letztgenannten Songs präsentiert sich Rio im besten Licht, aber keine der Scheiben erreichte Chartpositionen. „Junimond“ wird allerdings noch immer von Zeit zu Zeit auf Oldie-Radiostationen gespielt. Im Jahr 1986 verwendeten die Grünen „Alles Lüge“ als Wahlkampfsong. Fünf weitere LPs folgten bis zu Reisers frühem Tod mit 46 im Jahr 1996, aber mit keinem konnte er den Erfolg seines ersten Soloalbums wiederholen.

Rios Brüder Peter und Gert übergaben den Nachlass des Sängers dem Deutschen Literaturarchiv in Marbach – Texte, Handschriften, Tonbänder und so weiter. Im Jahr 2019 entschied die Stadt Berlin, den Heinrichplatz in Kreuzberg in Rio-Reiser-Platz umzubenennen (was wiederum zu Protesten einiger Anwohner führte, wir sind ja schließlich in Berlin).

Die Platten von Ton Steine Scherben, ebenso Rio Reisers Soloplatten, hatten ihre Zeit, aber sie haben ihr Verfallsdatum hörbar überschritten. Es fällt mir zwar immer noch leicht, mich an meine Empfindungen und Gedanken zurückzuerinnern, die diese Alben in mir mal ausgelöst haben, aber sie sind nicht gut gealtert. Viele sehen sie zwar als historische Marksteine, in gewisser Weise sind sie das auch, aber man lasse sich nicht von seiner eigenen Nostalgie täuschen.

Oktober

Oktober aus Hamburg war die musikalisch wohl am weitesten fortgeschrittene Band im politischen Zirkel. Sie existierte von 1975 bis circa 1980, ideologisch sympathisierte sie mit dem Kommunistischen Bund (KB). Das wichtigste ihrer drei Alben war *1871 – Die Pariser Commune* (1977), ein Doppelalbum, das auf dem kleinen Hamburger Independent-Label Antagon erschien. Musikalisch oszillierte die Band zwischen Gruppen wie Genesis und Grobschnitt, auf der Bühne arbeiteten sie mit Diaprojektionen und dem prog-typischen Trockeneisnebel. Einige der *1871*-Texte hatte Oktober von ihren österreichischen Labelkollegen Schmetterlinge übernommen.

Die beiden anderen LPs von Oktober waren *Uhrsprung*, ein Wortspiel, das wohl so etwas wie eine Mischung aus „Beginn" und „Zeitsprung" meinte; es erschien im Jahr 1976 auf dem Trikont-Label. Ihr drittes und letztes Album hieß *Himmel auf Erden*, veröffentlicht im Jahr 1979 auf dem Kölner Eigelstein-Label. Danach fiel die Band auseinander; ihr Boss Karl-Heinz „Kalla" Wefel gründete eine New-Wave-Band namens Clinch, von der nie jemand hörte, heute lebt er als lokaler Kabarettist in Osnabrück.

Schmetterlinge

Die Schmetterlinge waren ein Ensemble aus Wien. Da sie aber ein ständiger Bestandteil der deutschen Polit-Rock-Szene waren, insbesondere in der Anti-Atomkraft-Bewegung, ergibt es Sinn, sie hier zu nennen. Die Band wurde im Jahr 1969 gegründet und bestand aus vollprofessionellen Musikern mit einem ungewöhnlich weiten Spektrum an Stilen. Die Schmetterlinge ließen sich als Back-up-Gruppe für Schlagerproduktionen anheuern, machten auch selbst Schlager sowie Platten für Kinder. Rock'n'Roll hatten sie ebenso drauf wie Chansons, Folklore oder Vokalharmonien im Stil etwa der Manhattan Transfer (na ja, vielleicht nicht *ganz* so gut wie die), und sie präsentierten dies mit theatralen oder kabarettistischen Elementen.

Ihre profundeste Produktion, die *Proletenpassion*, im Jahr 1977 als 3-LP-Set veröffentlicht, war ein szenisches Oratorium in „Geschichte von unten" – eine pädagogische Welle, die sich zum Ziel gesetzt hatte, Geschichte aus der Sicht der Beherrschten zu zeigen, nachdem sie bis dahin meist aus der Sicht der jeweils Herrschenden dargestellt wurde. Auf diesen Zug sprangen damals auch Museen, Schulen und die Bildungsprogramme des Fernsehens auf. In fünf Akten analysierte die *Proletenpassion* die Bauernkriege, die bürgerliche Revolution, die Pariser Commune, den Faschismus, die Oktoberrevolution und die Gegenwart – immer aus der Perspektive der beherrschten Klassen, nur leider nicht immer mit der geschichtlichen Präzision, die die Gruppe für sich in Anspruch nahm: „Da wurde in keiner Phase der Arbeit dilettiert, sondern nach der Überzeugung gehandelt, dass nur konsequenter Professionalismus zur angestrebten Wirksamkeit verhelfen kann. Auf ausführliche wissenschaftliche Quellenforschung folgte ein Erarbeitungsprozess, während dem das jeweils Entstandene von allen Mitgliedern des Teams analysiert, kritisiert und damit nicht selten auch grundsätzlich verändert wurde."[8] Leider wurde trotz dieser behaupteten Bemühungen sehr wohl dilettiert, und das nicht zu knapp. Vom Revolutionskitsch, der einem die Schuhe auszieht („Wie ihre roten Wangen glühn / beim Barrikadenbauen / die bisher schönsten Frauen / die Frauen der Commune"[9]), bis hin zu historisch widerlegten Mythen der Oktoberrevolution („Jetzt nehmen wir ihre letzte Bastion / und wir stürmen in einem Karree. / Keinen Pardon für die Reaktion / wir haben die Ämter und Bahnhöfe schon / wir stürmen das Winterpalais"[10]) wird kaum eine Klassenkampflegende ausgelassen. Die Musik dazu allerdings ist stets adäquat; die SCHMETTERLINGE waren darin exzellent. Einer der eindrucksvollsten Songs der *Proletenpassion* ist ihre Adaption von Heinrich Heines wütendem Gedicht „Die schlesischen Weber". – Technisch hört man den sechs Seiten der LP-Box an, dass sie von verschiedenen Personen produziert und/oder abgemischt worden sind. Ein eindrucksvolles Werk ist das Ganze trotzdem.

Die Sängerin und Flötistin Beatrix Neundlinger hatte bereits im Jahr 1972 „Eurovision Song Contest"-Luft geschnuppert, als sie mit ihrer Gruppe MILESTONES (in der auch spätere SCHMETTERLINGE mit von der Partie waren) mit „Falter im Wind" Platz 5 erreichte. Im Jahr 1977 vertraten dann die SCHMETTERLINGE Österreich beim ESC mit einer Schlagerparodie namens „Boom Boom Boomerang". Den Text hatte der Wiener Kabarettist Lukas Resetarits geschrieben (Bruder des SCHMETTERLINGE-Sängers Willi Resetarits) – und sie trafen den Ton so präzise, dass sie auf dem vorletzten Platz landeten. Das war schon fast ein Kompliment, wenngleich es immer etwas latent Erheiterndes an sich hat, wenn Profis, die aus der Musik ihren Lebensunterhalt beziehen, in ihren Songs kritisieren, dass mit Platten Geld verdient wird.

Mit dem Album *Herbstreise* präsentierten die SCHMETTERLINGE im Jahr 1979 eine Handvoll *Lieder zur Lage* – eine leicht gedämpfte Kollektion von Songs über verschiedene Themen, die in den späten 1970ern auf der Tagesordnung standen (das folgenden Kapitel wird dazu konkreter werden). Einer der Songs, „Hände über Hönnepel" über den Kampf der Anwohner gegen einen Schnellen Brüter in Kalkar am Rhein, war vorher bereits Teil einer Solidaritätsplatte gewesen, die von einer lokalen Bürgerinitiative herausgegeben worden war: *Bauer Maas – Lieder gegen Atomenergie* (1977). Es gab zu jener Zeit keinen Atomreaktor, der ohne heftigen, manchmal gewaltsamen, Bürgerprotest ans Netz gegangen wäre. Meistens führten diese Proteste nicht zum Erfolg. Der Schnelle Brüter war die Ausnahme von der Regel: Er wurde im Jahr 1983 fertiggestellt, ging aber nie ans Netz. Es war dies der größte Erfolg der Anti-Atomkraft-Bewegung bis dahin.

Zusammen mit OKTOBER und einigen anderen Künstlern beteiligten sich die SCHMETTERLINGE an einem Album namens *Alle Türen offen*, aufgenommen in ihrem eigenen Schmettersound-Studio und veröffentlicht im Jahr 1978. Die LP war dem Dichter und Schriftsteller Peter-Paul Zahl gewidmet, der nach einem juristisch umstrittenen Prozess wegen Doppelmordes einsaß.

Ihre für mein Gefühl verdienstvollste Platte veröffentlichten die SCHMETTERLINGE im Jahr 1981: *Verdrängte Jahre*, eine Kollektion von Songs des damals bereits so gut wie vergessenen Wiener Kabarettautors Jura Soyfer. Da er Jude war, hatte er nach dem Anschluss Österreichs versucht, auf Skiern in die Schweiz zu flüchten, was misslang. Soyfer starb im KZ Buchenwald. Die Aufbereitung seiner Songs zeigt noch einmal das breite stilistische Spektrum der SCHMETTERLINGE.

Die SCHMETTERLINGE winkten zum Abschied mit einem Doppelalbum namens *Die letzte Welt*, veröffentlicht im Jahr 1982. Sie arbeiteten danach unter anderem als Kindertheatergruppe, ihre Mitglieder tauchten auch an verschieden anderen Stellen wieder auf. Am bekanntesten dürfte Willi Resetarits mit seiner Kunstfigur „Dr. Kurt Ostbahn" geworden sein. Als Sänger lieferte Willi einige hervorragende Adaptionen bekannter Rock-Hits im Wiener Dialekt. Der Name seiner Band entstand in einer Radioshow, als der Texter Günter Brödl vom Moderator gefragt wurde, wie eine Band wie SOUTHSIDE JOHNNY & THE ASBURY JUKES wohl auf Wienerisch heißen würde. Brödls spontane Antwort: OSTBAHN-KURTI & DIE CHEFPARTIE.

Und ein paar weitere

FRANZ K. aus Witten wurde im Jahr 1969 als Bluesrockband gegründet. Ihr Album *Sensemann* von 1972 war eine der frühesten Rock-Platten in deutscher Sprache; der Titel ist mit dem Fahrzeug der Gruppe, einem alten Leichenwagen, verbunden. Sie machten etliche Alben, oft über lokale Themen wie Zechenschließungen, aber auch über Kriegsdienstverweigerung oder die Dritte Welt. Davon konnten FRANZ K. eine Weile leben, aber größere Erfolge blieben aus, sodass sie in den 1980ern schließlich den Schlagerproduzenten und -sänger Peter Orloff darum baten, sich ihrer anzunehmen. Das tat er, und das Resultat waren Platten, die in jedem Bierzelt glatt hätten durchgehen können. Mick Hannes und Walter Gerke von FRANZ K. wurden schließlich Songschreiber für den Schlagersänger Ibo (in dessen Liveband übrigens spielten Alex Schwers aus der Punkband HASS, desgleichen Gregor Kerkmann von KREIDLER).

Auch Alcatraz, Checkpoint Charlie, Eulenspygel, Flying Lesbians, Ihre Kinder, Komkol, Lied des Teufels, Schneewittchen, Schroeder Roadshow, Sparifankal, Volks-Musik sind Bands, die zumindest in Teilen als politisch motiviert angesehen werden können. Einige andere Projekte, wie etwa Die Conrads, Dadazuzu, Druckknöpfe, Interpol, Panther (gegründet von Klaus Schulz, der Ton Steine Scherbens Album *Keine Macht für Niemand* produzierte), Sogenanntes Linksradikales Blasorchester, Teller Bunte Knete, Vorschlaghammer oder die Skiffleband Peter, Paul & Barmbek waren, wenn überhaupt, von ausschließlich lokaler Bedeutung. Politisch hatten sie alle die Tendenz, den bereits Bekehrten zu predigen, und sie erreichten nie ein großes Publikum. Natürlich gab es einige Liedermacher, die das politische Feld bedienten, aber sie waren ohnehin stärker textorientiert. Franz-Josef Degenhardt sei genannt, Sonny Hennig, Walter Mossmann, Klaus der Geiger, Hannes Wader, Konstantin Wecker und weitere.

Lokomotive Kreuzberg / Nina Hagen Band

Eine Band mit untypisch verlaufender Karriere war Lokomotive Kreuzberg aus Berlin-Kreuzberg, ideologisch in DKP-Nähe anzusiedeln. Sie bestand aus exzellenten Musikern und brachte unterstützt von Floh de Cologne zwischen 1972 und 1975 fünf LPs auf dem Pläne-Label unter.

Das eigentlich Interessante aber passierte erst 1978: Da nämlich verwandelte sich die Lok in die Nina Hagen Band. Nina Hagen war eine phänomenale Sängerin – jedenfalls stimmlich; textlich nicht unbedingt immer. Sie verließ die DDR (oder hatte sie zu verlassen), nachdem sie einen Protest gegen die Ausweisung ihres Ziehvaters Wolf Biermann unterzeichnet hatte und lebte nun in West-Berlin. In gewisser Weise hätte dieser Schritt vielleicht ohnehin kommen müssen; Nina war das Bilderbuchbeispiel eines Paradiesvogels, und ihr Talent wäre in der straff durchorganisierten Musiklandschaft der DDR langfristig vertrocknet – ihr alberner Schlager „Du hast den Farbfilm vergessen“ (1974) mit der Band Automobil weist deutlich die Richtung, in die sie dort wohl gedrängt worden wäre. In West-Berlin kam sie nun mit den Musikern der Lok Kreuzberg zusammen, und es entstand das erste, selbstbetitelte Album der Nina Hagen Band (1978), auf dem zum Teil noch Material aus Ninas DDR-Zeit verwertet wurde („Rangehn“). Es kletterte auf #11 der deutschen und #24 der österreichischen Albumcharts, die erste Auskopplung „TV-Glotzer“ (eine Coverversion des Tubes-Titels „White Punks on Dope“ von 1975) erreichte allerdings keine Chartplatzierung. Danach kam es zu Streitereien zwischen der Band und der Sängerin, und das zweite Album, *Unbehagen* (1980), wurde aufgenommen, ohne dass man sich persönlich über den Weg lief. Die Platte erreichte #2 in Deutschland und #9 in Österreich. Nach Ninas Weggang wandelte sich die Band zu SPLIFF. Unter diesem Namen hatte die Gruppe einige Hits, am bekanntesten sind wohl „Carbonara" und „Heut Nacht", beide aus dem Jahr 1982.

Nina Hagens weitere Karriere glich zunehmend einer Achterbahnfahrt. Sie schwadronierte in Talkshows und Interviews über (wohl LSD-induzierte) UFO-Sichtungen, gab Masturbationstipps, präsentierte sich zunehmend religiös und wurde letztlich zur Pop-Soubrette, leider einer unfreiwilligen – was, im Lichte ihres Talents, ein Jammer ist, aber so laufen die Dinge manchmal. Mit Giorgio Moroders Hilfe hatte sie im Jahr 1983 einen kleinen Hit mit einer elektronisch clever arrangierten Version von Zarah Leanders alter Durchhaltenummer „Ich weiß, es wird einmal ein Wunder gescheh'n" von 1942. Im Herbst des Jahres 2003 zeigte Nina Hagen noch einmal ihr Format als Gastsängerin auf dem RAMMSTEIN-Cover „Seemann" der finnischen Cello-Hardrocker APOCALYPTICA, aber es gab keinen Nachfolger.

SPLIFF, nach einer Reihe perfekt produzierter Alben, löste sich schließlich auf und drei ihrer Mitglieder gründeten FROON. Eine Bekannte von mir meinte damals knochentrocken: „Das wird nix. Da haut schon der Name nicht hin." Sie behielt recht. FROONS einziges Album (1988) endete im Nirgendwo. Interessant ist es allerdings aus einem anderen Grund, der wieder zum Politrock zurückführt: Die Single-Auskopplung „Bobby Mugabe" war eine Lobeshymne auf den Präsidenten von Zimbabwe und hinterließ alsbald einen unguten Geschmack. Natürlich konnten die Musiker zum Zeitpunkt der Aufnahme nicht voraussehen, dass Mugabe sich zu einer der übelsten Gestalten auf dem afrikanischen Kontinent wandeln würde, aber man hätte es erahnen können. FROON waren auch nicht die einzigen, die in diese Falle tappten. Auch Robert Wyatt ist das passiert; sein Song „The Wind of Change", den er im Jahr 1985 mit den SWAPO SINGERS aufnahm, zeigt ebenfalls, welche Gefahr man mit Lobhudeleien dieser Art eingeht: Eigentlich immer nach ein paar Jahren verwandeln sich Revolutionshelden in genau jene Gewaltherrscher, gegen die sie eigentlich mal angetreten waren. Es scheint ein Naturgesetz zu sein, dass die Nachfolgestaaten von Regimes, die mit Gewalt niedergeschlagen wurden, auch ihrerseits nur mit Gewalt aufrechterhalten werden können.

Etliche Jazzmusiker der 1960er und 1970er waren politisch denkende Personen und hatten keine Probleme damit, ihre Meinung klar zu äußern. Allerdings blieb diese dann meist eher im kleinen Kreis. Kombinationen aus Kabarett und Jazz waren eine seltene Angelegenheit. Einer machte aber den Schritt, mit Jazzmusikern zu arbeiten: Der Kabarettist, Autor, Liedermacher und Radiomoderator Hanns Dieter Hüsch spielte die LP *Typisch Hüsch* ein. Mit Jazzern aus der ersten Reihe – Peter Baumeister, Gerd Dudek, Pierre Favre, George Gruntz, Volker Kriegel, Günter Lenz und Eberhard Weber – war dies eine Mischung aus Liedern, gesprochenem Wort, freien musikalischen Kontrapunkten, Gedichten und improvisierter Musik. Philosophische Fragen wechselten sich ab mit Themen wie Vietnam, Kriegsdienstverweigerung, Folter, Fragen an die Väter, das Leben als Minderheit, Alleswisser, die Bedeutung von Solidarität, Kirche, selbst Umweltverschmutzung war bereits ein Thema. *Typisch Hüsch* ist noch heute ein reinigender Regen für den Kopf.

Die Platte bescherte Hüsch allerdings eine Menge Ärger, und er erlebte das nicht zum ersten Mal – das war in der Tat *typisch* für ihn. Hüsch war nie jemand, der mit der Masse lief. Viele seiner Kollegen und das (weitgehend studentische) Publikum sahen das Album als „nicht links genug" an, sie warfen ihm vor, er kratze an den ideologischen Grundfesten der Studentenbewegung, und überhaupt hätte er ein ganz anderes Album machen müssen. All dies war nichts Neues für Hüsch. Er war seit 1946 Kabarettist, sowohl solo als auch mit einer Gruppe namens ARCHE NOVA, und er verfügte über ausreichend Routine, um mit Publikumsreaktionen umgehen zu können. Im Jahr 1968 auf der Burg Waldeck kam es allerdings deutlich heftiger: Dort wurde er nach nur zwei Songs von der Bühne gebuht. Das Publikum wollte beinharte Agitation, nicht Humor, Ironie und gelegentliche Selbstzweifel: „Ich musste ja dann mein ‚Konzert' abbrechen, mich auf ein Stühlchen setzen und Rede und Antwort stehen, und jeder kleine Politkacker wollte von mir wissen, warum ich immer so unterhaltend sei und mein poetisches Vermögen nicht mehr in den Dienst von Fortschritt und Aufklärung stelle, und ich sei ja doch mehr ein spätbürgerlicher Formalist und kein revolutionärer Volkstribun."[11] Franz-Josef Degenhardts Lied „Zwischentöne sind bloß Krampf im Klassenkampf" kam da besser an, aber das konnte nie Hüschs Motto sein.

Nach *Typisch Hüsch* verließ Hüsch das Pläne-Label, seine Familie und Deutschland – einesteils wegen der Angriffe auf ihn, die sich in der Folge auch in anderen Städten fortgesetzt hatten, zum anderen aber auch, weil er sich in die Schweizer Schauspielerin Silvia Jost verliebt hatte. Ein daraus resultierendes gemeinsames Programm der beiden hieß *Faux Pas de Deux* (1974), aus dem Hüschs traumhaft-verträumtes „Abendlied"[12] stammt. Er griff dieses Stück auch in späteren Programmen immer wieder einmal auf. In St. Gallen schrieb Hüsch sein wohl komplexestes, surrealstes, verstörendstes, bitterstes und gleichzeitig poetischstes Bühnenprogramm, *Enthauptungen*, das nach seiner Uraufführung in Basel im Jahr 1971 als Doppel-LP auf dem Intercord-Label erschien. Der Titel kann auf die Art und Weise bezogen werden, wie sich Hüsch in Deutschland behandelt fühlte, ebenso aber auch als das abstrakte Gegenteil von *Be*hauptungen – vielleicht steckt ein bisschen Zen darin.

Drei Jahre später kehrte Hüsch nach Mainz zu seiner Frau und seiner Tochter zurück, die ihn wieder aufnahmen. Dass sein Verhalten den beiden gegenüber kein Heldenstück gewesen war, hat er in seiner Autobiografie und so manchem Text verarbeitet.[13]

Für sein erstes Bühnenprogramm nach der Rückkehr spielte ihm die Hamburger Jazzrockband ALTONA einige Backings ein. Sie sind auf dem resultierenden Doppelalbum zu hören (*Nachtvorstellung*, 1975, in nicht sehr geglücktem Kunstkopf-Stereo im Deutschen Schauspielhaus in Hamburg mitgeschnitten).

Hüsch spielte für den Rest seines Lebens hauptsächlich Soloprogramme, oft an bis zu 200 Abenden im Jahr. Obwohl er ein durchaus passabler Pianist war, wurde eine kleine Philicorda-Orgel zu seinem Markenzeichen („Mein Bühnenbild", wie er zu sagen pflegte). Dieses Instrument konnte er nicht nur für Klangakzente und liegende Akkorde einsetzen, es diente ihm auch als Tisch für seine Manuskriptblätter, von denen er seine Texte locker abzulesen pflegte. Am Ende besaß er fünf dieser Orgeln, die strategisch über Deutschland verteilt waren.

Hüschs Platteneinspielungen gingen von Wortplatten ohne Publikum über Livemitschnitte bis hin zu einer von Kai Rautenberg arrangierten Bigband-Platte (*Abendlieder*, 1976), die es leider nie auf eine CD geschafft hat. Dabei blieb er dem Jazz immer treu, auch die Philicorda-Klangakzente und -Akkorde sind meist alterierte Jazzakkorde.

Hüsch konnte in seinen Bühnenprogrammen witzig, verrückt, versponnen, manchmal albern, aber auch philosophisch, satirisch und politisch sein, wobei Politiker mit Namensnennung eine seltene Erscheinung waren („Mein Kabarett ist mir zu schade dafür."[14]). Hüsch hatte einen messerscharfen Blick für die Kleinigkeiten des Alltags, aber nie wurde Brüllkomik daraus. Er besaß Charisma; er erschien auf der Bühne und hatte den Saal. Er konnte die Zuschauer mit erlesenem Quatsch zum Lachen bringen, sie mit einer einzigen Wendung, mit einer einzigen Zeile plötzlich zu Tränen rühren und sie im nächsten Augenblick wieder auffangen. Der *Spiegel* schrieb über ihn: „Hüschs Genius, sein Ansehen und Erfolg beim Publikum bestand darin, dass er von Beginn an seinen Texten eine besondere, auf Gefühl bezogene Rhythmik und eine intensive, teils spontane Interaktion gab, also all die Elemente, welche man auch in der Jazzmusik spürt. Er grenzte sich und sein Werk damit schon früh von anderen Kabarettisten ab und konnte diesen eigenen Stil in der Folge weiterentwickeln.“[15]

Musik spielte in Hüschs Programmen immer eine tragende Rolle. Seine Kollegin Ingeburg Kanstein gab ihm eines schönen Tages den Tipp, sich einmal die Musik Steve Reichs anzuhören. Die faszinierte ihn derartig, dass er Reichs Musikstrukturen buchstäblich zu komplexen Minimal-Texten verarbeitete, die eine ähnliche Wirkung wie die Musik hatten; besonders deutlich etwa in „Hagenbuch und seine Freunde“ von 1981[16]. Der erste dieser „Hagenbuch“-Texte war entstanden, während im Hintergrund Steve Reichs „Six Pianos“ lief, und irgendwie übertrug sich der Aufbau dieses Stücks auf den Text. Für die ohne Publikum im Studio eingespielte LP *Hagenbuch hat jetzt zugegeben* (1978) gab er Konstantin Wecker den Auftrag, sieben Reich nachempfundene Klaviermusiken zu schreiben, die als Brücke zwischen den Geschichten dienen. Zwischen 1979 und 1983 ging Hüsch mit „Hagenbuch“ und der Lars Reichow Bigband auf Tournee. „Insoweit Hüsch Kabarettist ist, mag es nicht überraschen, dass er auch mit der Musik operiert, ohne die Kabarett ja nicht denkbar ist. … Aber was noch interessanter ist: Er geht über die bekannten Formen hinaus, erweitert sie, sprengt sie bis in die Bereiche des Experiments mit Klängen der Moderne und Techniken der Collage“[17], schreibt der Konzertbeobachter Gerd Lisken über diese Auftritte. In den heutigen Kabarettsendungen im Fernsehen wird man Beiträge wie die von Hüsch nicht mehr finden.

Den Lungenkrebs hatte Hüsch gerade überstanden, da erwischte ihn im November 2001 ein Schlaganfall, von dem er sich nicht mehr erholte. Hanns Dieter Hüsch, „der Mann, der den Jazz in Worte fasste“[18], verstarb im Jahr 2005. Sein Platz ist verwaist und wird es wohl bleiben.

GANZ EGAL

Die sich verändernde Atmosphäre der 1970er-Jahre hatte in der Musikszene Spuren hinterlassen. Nach einem kurzen Einbruch in den späten 1960ern erlebte der Schlager in den 1970ern eine erneute Boomphase. Politisch und wirtschaftlich wurden die Zeiten allmählich ungemütlicher, gelegentlich waren schon leichte Schockwellen zu spüren, und das bedeutete, dass die Popmusik diese sowohl aufzugreifen als auch zu absorbieren hatte. Aber anders als in den Schlagern der 1950er- und 1960er-Jahre waren jetzt nicht mehr unerreichbare Phantasieparadiese in der Südsee das Thema. Solche Texte hatten keinen Bezug mehr zur Wirklichkeit der 1970er-Jahre.

Viele Schlager riefen nun einfach zum Partymachen auf. Typische Beispiele waren etwa „Tanze Samba mit mir" (1977) mit Tony Holiday, „Sieben Fässer Wein" (1977) mit Roland Kaiser, die Coverversion eines karibischen Traditionals, oder „Ein bisschen Spaß muss sein" (1972) mit Roberto Blanco – schlichte Mitklatschlieder ohne Hintergrund oder tiefere Bedeutung. Kontrastierend zu diesen bedeutungslosen Partysongs entstand aber auch ein anderer (interessanterer) Schlagerstil. Der fußte auf einem bisschen Sozialkritik (aber nie zu viel davon) und „Slice of Life", wie man in der Werbung sagt. Udo Jürgens aus Österreich war einer der ersten Sänger, die dieses Feld zu beackern begannen. Er war ein guter Songschreiber und Pianist, arbeitete mit exzellenten Textern zusammen (Michael Kunze, Wolfgang Hofer, dem Satiriker Eckart Hachfeld und anderen), und für eine Weile wurde er der führende Repräsentant dieser neuen Schlagerwelle mit Songs wie „Griechischer Wein" (1974) über die erste Generation der sogenannten „Gastarbeiter" und ihre Heimwehprobleme, „Ein ehrenwertes Haus“ (1975) über die muffigen Moralvorstellungen in einem Mietshaus, oder „Tante Emma“ (1976) über einen kleinen Laden, der einem Supermarkt weichen muss. Mit dem Song „Lieb Vaterland“ (1971), in dem Jürgens diverse soziale Probleme benennt, die gelöst werden müssten, aber nicht wurden, hatte er wütende Reaktionen sowohl in der Öffentlichkeit wie auch in den Medien ausgelöst – teils über die Probleme, teils aber auch über die Frage, ob ein Schlagersänger überhaupt eine Meinung haben – und diese dann auch noch singen dürfe.

„Im Wagen vor mir“ (1977) war ein anderer „Slice of Life“-Schlager, geschrieben und präsentiert von Henry Valentino & Uschi alias Schlagerkomponist Hans Blum und die Sängerin Ursula Peysang. Anders als die Jürgens-Schlager jedoch enthielt dieser Song keine Sozialkritik, sondern beschrieb einfach eine Situation. Er, ein grauhaariger älterer Herr am Lenkrad seines großen Autos, fährt hinter einer recht langsam fahrenden „Ente“ her, in der eine junge Frau unterwegs ist. Er hat heute einfach einmal keine Eile und tagträumt mit Raspelstimme vor sich hin, ob die Frau wohl gerade zum Rendezvous unterwegs ist oder nach Hause fährt, ob sie wohl denselben Sender hört wie er, und wie es wohl wäre, säße sie neben ihm. Wir allerdings, die Hörer, erleben die Situation auch aus der Sicht der Frau, die sich zunehmend beunruhigt fragt, was dieser Verfolger von ihr will – beobachtet er sie, ist er die Polizei, ist er ein Kidnapper, oder warum sonst überholt er nicht einfach? Schließlich verlässt sie genervt die Autobahn, um sich hinter irgendwelchen Hecken zu verstecken und ärgert sich, weil sie nun zu spät nach Hause kommen wird. Er dagegen fährt mit einem imaginären Bye-bye weiter. Auch er wird in zwei Stunden zu Hause sein und die Frau in der „Ente“ nie wiedersehen. Der Song stand 33 Wochen lang in den Charts, die höchste Position war #8. Kein Nummer-Eins-Hit, aber dennoch ist „Im Wagen vor mir“ einer der markantesten Schlagererfolge der 1970er-Jahre – Autos und das Autofahren waren immer eine deutsche Obsession. Das fing nicht erst mit Kraftwerks „Autobahn“ an. Hans Blum war ein alter Hase, er kannte jeden Kniff. Im Jahr 1959 war sein erster Hit eine deutsche Coverversion des Coasters-Hits „Charlie Brown“, er sang in Stereo alle Stimmen selbst. Als Mitgründer und –sänger des Hansen-Quartetts (auch bekannt als Hansen Girls & Boys) sang er Backup auf etlichen Dutzend Polydor-Platten der 1960er-Jahre. In den 1970ern erfand er die Figur Henry Valentino, was ihm einige Hits einbrachte, und unter seinem wirklichen Namen schrieb er eine große Zahl von Hits für Schlagerstars wie Alexandra, Graham Bonney, Howard Carpendale, Katja Ebstein, Séverine und viele mehr.

Neue Liebe

Liebesaffären, Flirts und so weiter sind immer ein zentrales Schlagerthema gewesen. In den 1970ern musste der Schlager die Liebe nicht mehr aus dem Regen herbeiphantasieren, sondern auch hier stammten die Plots nun direkt aus dem Alltag. Und die Liebe musste auch nicht mehr lebenslang halten. „Eine neue Liebe ist wie ein neues Leben“ schmetterte im Jahr 1972 Jürgen Marcus mit Operettenstimme und Anklängen an Motown-Rhythmus, der Song wurde einer der großen Erfolge der Ära (27 Wochen in den Charts, höchste Position #2). Ein anderer Song war Marianne Rosenbergs mit Phillysound aufgeschäumter Song „Er gehört zu mir“ (1975), erinnerlich durch die Zeilen „Er gehört zu mir / wie mein Name an der Tür / und ich weiß, er bleibt hier.“ Die höchste Chartposition war #7 (20 Wochen in den Charts), aber der Song ist aus einem anderen Grund bemerkenswert: Er wurde im Laufe der Zeit zur heimlichen Hymne der Schwulengemeinde.

Er, sie, es

Dies führt zu einem interessanten Folgephänomen der 1968er-Bewegung: In den 1950ern und 1960ern ließen die Schlagertexte keinen Zweifel daran, dass Liebesgeschichten zwischen Mann und Frau stattfanden, potenzielle Geliebte wurden mit „sie“ oder „er“ oder durch Namensnennung klar gekennzeichnet. In den 1970ern änderte sich das.

Im Prinzip war das die Wiederentdeckung eines alten Spiels. Schon in den 1920ern gab es kesse Schlager, die die genaue Art der Beziehung offen ließen. Einer der berühmtesten Songs dieser Art war das Couplet „Wenn die beste Freundin mit der besten Freundin“ (1928), geschrieben von Mischa Spoliansky und Marcellus Schiffer, gesungen von Margo Lion und Marlene Dietrich. Was genau zwischen den Charakteren des Songs passiert, bleibt immer offen – sind die beiden einfach beste Freundinnen auf einer Einkaufstour, oder sind sie ein Paar? Der Text erwähnt auch Ehemann und „Hausfreund“, lässt dabei aber offen, ob letzterer männlich oder nicht doch weiblich ist, und stellt ein wunderbares Durcheinander her, wer mit wem ein Verhältnis hat.

Mit der aufkommenden Nazi-Ära wurden solche Texte als „dem deutschen Wesen nicht zuträglich“ angesehen. Mischa Spoliansky hatte im Jahr 1920 unter dem Pseudonym Arno Billing „Das lila Lied“ geschrieben und es Magnus Hirschfeld gewidmet; es wurde zur ersten Hymne der Berliner Schwulenszene.

Er tat sicherlich gut daran, sich nach England abzusetzen. Marcellus Schiffer hatte sich bereits im Jahr 1932 das Leben genommen, allerdings nicht aus politischen Gründen.

Freche Songs wie dieser wären in den konservativen 1950er- und 1960er-Jahren gescheitert. Die Schlager jener Jahre waren frei von Sex, und nur sehr weit hergeholte Paraphrasen waren zulässig. Ein verspannter Song wie „Tanze mit mir in den Morgen", im Jahr 1961 von Gerhard Wendland vorgetragen, signalisierte das höchste der zugelassenen Gefühle: klarmachen, worum es geht, ohne es auszusprechen. In den 1960ern war der Wohnraum noch knapp, große Familien lebten in kleinen Wohnungen, Kinder schliefen mit im Elternschlafzimmer; unter diesen Bedingungen war Sex eine schwierige Angelegenheit. Womit wir wieder bei dem Grund dafür sind, dass so viele Schlager damals von Fantasieplätzen und fiktionalen Orten handelten, wo „Dinge möglich" waren. Schlager griffen eben die Wunschträume vieler auf.

Aber, wie gesagt, in den 1970ern drehte sich der Wind. Im Jahr 1971 sendete der WDR nach endlosen Debatten einen vom Sender co-produzierten Film mit dem langen, aber präzisen Titel *Nicht der Homosexuelle ist pervers, sondern die Situation, in der er lebt*; eine Kreuzung aus Dokumentation und Spielfilm. Der Regisseur Rosa von Praunheim kommentierte: „Der Film war geprägt von Wut und Frust, die sich in meinem bisherigen schwulen Leben in Berlin aufgestaut hatten. Ich war davon überzeugt, dass wir nicht immer nur passiv auf die Nettigkeit der Gesellschaft warten könnten, damit sich für uns etwas zum Vorteil verändert. … Unser Film sollte provozieren, Schwule und Hetis aus ihrer Ruhe und ins Gespräch bringen. Wir wollten auf keinen Fall einen Film, der die Schwulen glorifiziert oder bemitleidet. Uns war es wichtig, die beschissene Situation der Schwulen schonungslos aufzudecken."[1] Die Fernsehausstrahlung wurde der erwartete Skandal, der Bayerische Rundfunk blendete sich aus, und der Film triggerte erste Schwulenproteste.

Im Fahrwasser dieses Films, aber auch aufgrund der in den Spät-1960ern generell einsetzenden sexuellen Liberalisierung, konnten nun auch Schlagertexte deutlicher werden – aber nicht *zu* deutlich. Häufig griff man daher auf den Dreh zurück, die Texte geschlechtsneutral zu halten. Sie beinhalteten keine Namen mehr, eine Geschlechtszuschreibung der Personen fand nicht mehr statt, nur noch von „du" war die Rede, sodass alle m/w/d sich gemeint fühlen konnten. Den meisten Hörern fiel das nicht einmal auf, aber die, die es anging, bemerkten es sehr wohl.

Seit 1969 war Homosexualität offiziell nicht mehr strafbar, wenn die Beteiligten mindestens 21 Jahre alt waren. Das hieß aber nicht, dass sie deswegen sofort weitherum sozial akzeptiert wurde. Die Polizei hielt nach wie vor Schwulenbars, Parks und andere Treffpunkte bis hin zu öffentlichen Toiletten unter Beobachtung und registrierte Schwule in „rosa Listen", was immer sie damit auch wollte. Diese Praktiken gehören erst seit 1994 endgültig der Vergangenheit an, jedenfalls offiziell. In Schlagertexten wurde queere Liebe zu diesem Zeitpunkt manchmal erwähnt, aber man musste einige Schlüsselbegriffe und Phrasen kennen, um das zu bemerken. Auf Seiten der Hörer war die Naivität noch sehr groß; so mancher bekam selbst in dem Song „Y.M.C.A." (1978) mit den Village People nicht wirklich mit, wovon der handelte. Der erste Schlager, der offen eine homosexuelle Beziehung beschrieb, war „Mike und sein Freund" (1977) mit dem Sänger Bernd Clüver, eine Coverversion des Rubettes-Songs „Under The Roof". Die Platte erreichte #44 der Charts, ins Fernsehen wurde Clüver damit nicht eingeladen. Stattdessen musste er in Interviews der Öffentlichkeit wieder und wieder versichern, der Song handle nicht von ihm selbst. Liedermacher, deren Zielgruppe nicht das unmittelbare Schlagerpublikum war, konnten mit der Homosexualität etwas freier umgehen – „Thorbeckeplatz" (1979) des holländischen Sängers Robert Long sei als Beispiel genannt.

Das alles klingt aus heutiger Sicht schon recht merkwürdig – umso mehr, wenn man mal eine Liste schwuler oder lesbischer Sängerinnen, Sänger, Texter, Komponisten und Produzenten aufstellen würde. Es wäre eine lange Liste. In der deutschen Rockmusik kam das Thema eher selten vor (allerdings kann man das über Sex generell sagen). Udo Lindenberg gehörte zu den ersten, die lesbische oder schwule Liebe thematisierten („Ganz egal", 1973). Auf dem Album *Auf freiem Fuß!* (1977) von Ulli Hundt & Schroeder Roadshow findet man einen Song namens „Ich bin so schwul (Strichjungenwalzer)", der allerdings so „underground" und jenseits aller Radiogeschmacksgrenzen war, dass die Platte nur auf dem eigenen Label der Band erscheinen konnte. Rio Reiser von Ton Steine Scherben war offen schwul, machte dies aber kaum einmal zum Thema seiner Songs; ebenfalls offen schwul waren Heiner Pudelkow von Interzone und Curly Curve, oder Jürgen Zeltinger von der Zeltinger Band. Aber sie blieben Ausnahmen.

Die Flying Lesbians, im Jahr 1974 in West-Berlin gegründet, sahen sich als „Stimme der autonomen Frauenbewegung". Tatsächlich waren sie die Werbeabteilung der Lesbengemeinde, ich hätte sie auch bereits im „Agitprop"-Kapitel erwähnen können. In gewisser Weise waren sie überfällig: Männliche Homosexuelle wurden zumindest zur Kenntnis genommen, lesbische Frauen durften ihren Sternen danken, wenn sie überhaupt für voll genommen wurden. Während etwa der Film *Nicht der Homosexuelle ist pervers* einigen Wirbel auslöste, hinterließ der Fernsehfilm *Anna und Edith* (1975, Regie: Gerrit Neuhaus) über eine lesbische Liebesgeschichte überhaupt keine Spuren, und das war durchaus typisch. Die Flying Lesbians spielten ziemlich harten Rock und entstanden durch Zufall, als zwei Tage vor einem Frauenfestival an der Technischen Universität in West-Berlin eine Band aus England absagte und schnell ersetzt werden musste. Mit der Hilfe von Ton Steine Scherben und Os Mundi gelang das. Die Flying Lesbians waren in Teilen Profis. Deren selbstbetiteltes Album (1975) erschien mit einer Labrys, auch Doppel- oder Amazonenaxt genannt, auf dem Cover und wurde nicht von einem Label, sondern dem Magazin *Frauenoffensive* über Buchhandlungen vertrieben. Der (garantiert männliche) *Sounds*-Kritiker goss in einer anonymen Sammelbesprechung gleich eimerweise Häme aus: „…wirklich der größte Scheiß, der mir seit langem untergekommen ist … All die lobenswerten Intentionen die die sieben Frauen gewiss gehabt haben und haben, gehen voll den Bach runter. Und dann noch dieser überzogene Anspruch. Auf dem Cover steht: Dies (die Platte) ist ein wichtiger Bestandteil von ‚Frauenkultur'. – Da haben die kulturlosen, heterosexuellen Weiblein in der Redaktion aber schallend gelacht, und die Männlein waren schier sprachlos …"[2] Gut, die LP war nicht wirklich ein Kabinettstückchen musikantischer Kunstfertigkeit, aber sie passte durchaus in die Zeit, in der sie gemacht wurde, und Bands wie Ton Steine Scherben waren handwerklich keinen Deut besser. In seiner Ungehobeltheit könnte es durchaus ein heilender Schock für so manche *Sounds*- und andere Machos gewesen sein. Die Platte verkaufte rund 17.000 Exemplare; gar nicht schlecht für die Art der Distribution. Es blieb ihr einziges Album, die Flying Lesbians trennten sich im Jahr 1977.

Die Art und Weise, wie die Beziehungen zwischen den Geschlechtern in Rockmusik und Schlagern dargestellt wurden, änderte sich drastisch in den 1990er-Jahren. Da nämlich entdeckte die Plattenindustrie Schwule und Lesben als eigenständigen Markt; Atlantic Records rief sogar ein „Gay Marketing Department" ins Leben. Gelegentlich führte dies zu seltsamen Kompilationen, für die der Zielgruppe wegen beispielsweise Franz Schubert für schwul erklärt wurde. Tatsächlich weiß die Musikforschung darüber genau nichts. Ein weiterer Impuls war die aufkommende Techno-Musik und die damit verbundenen Effekte, etwa die jährliche Love Parade, die einerseits sehr viel direkter körperorientiert war als die Musikszenen früherer Dekaden, aber gleichzeitig auch gender-neutraler.

MUSIK IM FERNSEHEN

Im Radio war es schon schwer genug, deutsche Rockmusik unterzubringen. Noch schwerer allerdings war es im Fernsehen. In den Wirtschaftswunderjahren gab es dort zwar etliche Plattformen für traditionelle Musik, Volksmusik, auch Schlager, auch der Jazz hatte ein oder zwei gut versteckte Programmfenster, etwa am Sonntagvormittag in der „ZDF-Matinee" (eine Programmfläche, in der erstaunlich viel möglich war; ich erinnere mich an avantgardistische Tanztheaterperformances, aber auch an einen kompletten Liveauftritt des Mahavishnu Orchestra), aber im allgemeinen sah es für die Rockmusik zappenduster aus. Einige Sender hatten „Talentshows", aber die waren in erster Linie gedacht für Nachwuchs-Schlagersterne und aufstrebende Liedermacher (der Begriff setzte sich in Deutschland als Äquivalent für die Singer-Songwriter der USA durch). Leser meines Alters werden sich an den äppelwoiseligen „Blauen Bock" erinnern, mit Operettenliedern, leichter Klassik und krachlederner Volksmusik, garniert mit dünnen Kalauern des Moderationsduos. Es gab sehr stark regional orientierte Spezialsendungen, etwa das „Bairische Bilder- und Notenbüchl", das sich um echte Volksmusik kümmerte (mein Vater ließ keine Ausgabe aus und brachte mich an den Rand des Wahnsinns damit). Meist aber war Musik im Fernsehen Beigabe zu regionalen Magazinen. „Die aktuelle Schaubude" etwa, die ab 1957 im NDR-Fernsehen lief, kam anfangs am Samstagabend zwischen 19 und 20 Uhr live aus einem Autohaus in der Hamburger Innenstadt, üblicherweise mit einer kleinen Zahl von Zuschauern drinnen und hunderten von Zuschauern draußen, die sich die Nasen an den Schaufensterscheiben plattdrückten. Mit dem Start des Farbfernsehens im Jahr 1969 zog die „Schaubude" dann um in ein TV-Studio. Die Sendung war eine Adaption amerikanischer Frühstücksfernsehshows, präsentiert von einem Moderatorenpaar. Für Interviews mit (Lokal-)Politikern und andere ernsthafte Berichterstattung war der männliche

Part zuständig, die Modetipps und den Klatsch über Film- und sonstige Stars und Sternchen hatte seine Kollegin zu übernehmen. Dazwischen gab es Auftritte von Bands und Musikern, und die machten die Sendung für uns Kinder in den 1960ern zum Pflichtprogramm. Die Performances umfassten ein Spektrum zwischen Schlagersänger Ronny („Kleine Annabell"), gerade in Hamburg gastierenden Operettensängern und aktuellen Chart-Toppern wie der britischen Spencer Davis Group („Keep On Running") oder dem Sänger Barry Ryan („Eloise"), ausnahmslos zum Playback in zumeist billig aussehenden Kulissen präsentiert. Ich erinnere mich an einen Auftritt von John Mayall & His Bluesbreakers, schätzungsweise im Jahr 1968 oder 1969. Die Jungs waren damals sehr langhaarig und wurden konsequenterweise in einer Kulisse präsentiert, die sie aussehen ließ wie in einer Urwaldlichtung kauernde Neandertaler. Als der Song ausgeklungen war, fragte die Moderatorin (ein früheres Mannequin) einige der Zuschauer im Publikum, wie sie denn diese Frisuren fanden. Es war todpeinlich, und ich wage mir nicht vorzustellen, welchen Eindruck Mayall und seine Mannen von Deutschland mit nach Hause genommen haben.

Ein ernstzunehmendes regelmäßiges Forum für neue Entwicklungen in der deutschen Musik gab es im Deutschen Fernsehen nicht. Das änderte sich erstmals mit der folgenden Erfindung:

Beat-Club

Die kleinste der ARD-Anstalten, Radio Bremen, war immer eine der kreativeren gewesen. Michael „Mike" Leckebusch, Theaterspezialist und Fan eher traditioneller Jazzklänge, war dort Redakteur und zuständig für Klassik-Sendungen. Ihm wurde die Aufgabe übertragen, eine Sendung für junge Zuschauer zu entwickeln. Da er sich nicht wirklich kompetent für diese Aufgabe fühlte, spannte er mit Gerhard „Gerd" Augustin zusammen, einem DJ in der Discothek Twen Club, in der Leckebusch gelegentlich abhing. Augustin hatte zwei Jahre in den USA gelebt und war besonders kompetent in den Feldern Soul und Britpop. Leckebusch wurde sein wissbegieriger Schüler.

Als Vorbild für ihre geplante Show dienten die amerikanische Sendung „American Bandstand", die britische „Ready Steady Go" und einige andere Shows aus dem Ausland. Sie legten fest, dass die Sendung live gesendet werden sollte, die Bands und Sänger jedoch sollten zum Playback mimen, weil die sonst erforderliche Tontechnik zu aufwendig für einen Auftritt von zweieinhalb Minuten sein würde.

Als Co-Moderatorin heuerten sie Ursula „Uschi" Nerke an, damals 21. Sie hatte kurz vorher einen Tanzwettbewerb gewonnen, woraufhin der Schlagerproduzent Hans Hee sie unter seine Fittiche nahm. Unter dem Namen Karina hatte Uschi ihr Glück als Schlagersängerin versucht („Ein kleiner Traum"/„Hier ist mein Platz", 1964 auf Telefunken veröffentlicht), außerdem hatte Hee sie zu einigen TV-Tests geschickt. Später studierte sie Architektur und wurde Bauingenieurin. Über die Musik, die sie präsentieren sollte, wusste sie nicht wirklich viel, da sie ihre Skripte jedoch nicht selbst schrieb, fiel das kaum auf. Während ihrer gesamten Fernsehkarriere klangen ihre Moderationen abgelesen (was sie wohl auch waren).

Die Show wurde am 25. September 1965, einem Sonnabendnachmittag, als „Beat-Club" aus der Taufe gehoben. Sie lief eine Dreiviertelstunde lang bundesweit im Ersten. 150 tanzende junge Leute aus Augustins Disco und einige Freunde dienten als Studiokulisse. Moderiert wurde das Ganze von Augustin und Nerke und eingeleitet von einer Warnung, gesprochen von dem späteren „Tagesschau"-Sprecher Wilhelm Wieben: „Guten Tag, liebe Beatfreunde, nun ist es endlich soweit. In wenigen Sekunden beginnt die erste Show im deutschen Fernsehen, die nur für euch gemacht ist. Sie aber, meine Damen und Herren, die Beatmusik vielleicht nicht mögen, bitten wir um Ihr Verständnis. Es ist eine Livesendung mit jungen Leuten für junge Leute. Und nun geht's los."[1] Das tat es dann mit der Bremer Band The Yankees, die den Reigen mit „Halbstark" eröffnete. Weitere Gäste in der ersten Ausgabe waren The Liverbirds aus Liverpool (wir kennen sie aus dem Star-Club-Kapitel), John O'Hara & The Playboys, und es gab drei Go-Go-Girls, die mehr oder weniger gekonnt umherhüpften und irgendwann eine Art Kultstatus einnahmen. Daneben wurden im „Beat-Club" auch kurze Filmschnipsel mit bekannten Künstlern gezeigt – das war tatsächlich neu, denn im Allgemeinen wurde von Bands und Sängern persönliches Erscheinen verlangt. Der „Beat-Club" war auch die erste Show im deutschen Fernsehen, in der Jingles eingesetzt wurden. Die Titelmusik war zunächst „Rinky Dink" von Sounds Incorporated, später ausgetauscht gegen „A Touch Of Velvet, A Sting Of Brass" mit Mood Mosaic feat. The Ladybirds. Dieser letztgenannte Song wurde legendär – jeder kannte ihn, aber niemand wusste um Titel oder Band. (Das Backup-Sängerinnen-Duo Ladybirds ist auf rund 40 Platten zu hören, unter anderem auf Jimi Hendrix' „Hey Joe"; der Produzent Joe Meek schickte sie als Lea & Chess, The Sharades und Flip & The Dateliners ins Rennen).

Radio Bremen hatte zunächst Probleme damit, bedeutendere Acts in die Show zu holen, insbesondere solche aus den USA, denn niemand dort konnte sich vorstellen, dass im exotischen Deutschland eine solche Show tatsächlich existieren könnte. Das änderte sich allerdings nach einer Weile, und der Grund dafür war niemand anderer als unser Freund Manfred Weissleder, der seine früheren Star-Club-Verbindungen jetzt dem „Beat-Club" zur Verfügung stellte. Im Dezember des Jahres 1965 war man sogar in der Lage, Sonny & Cher in die Show zu holen, die damals mit „I Got You Babe" einen weltweiten Hit hatten. Auch wurde der deutsche Plattenmarkt zunehmend interessant für ausländische Acts, und der „Beat-Club" war das Eingangstor zu diesem Markt. Von den Small Faces über Chris Andrews bis zu The Who kamen sie alle. Aus Deutschland sah man regelmäßig The Lords, The German Bonds, The Remo Four oder The Rattles. Deutsche Schlager waren tabu, und Leckebusch stellte eine Bedingung: Jeder Song, der im „Beat-Club" lief, hatte eine Deutschlandpremiere zu sein.

Gerd Augustin verließ den „Beat-Club" nach nur acht Sendungen, er wurde später Co-Chef des in München ansässigen Liberty-Labels. Stets behauptete er, Leckebusch habe ihn aus fadenscheinigen Gründen aus der Sendung geboxt.[2] Sein Nachfolger wurde Dave Lee Travis, ein DJ des Piratensenders Radio Caroline, und auf ihn folgten weitere. Der bekannteste von ihnen war Dave Dee (David John Harman) von Dave Dee, Dozy, Beaky, Mick & Tich.

Nach einer Weile verließ der „Beat-Club" das kleine Studio von Radio Bremen und zog in ein leerstehendes Lagerhaus in Garlstedt bei Osterholz-Scharmbeck. Das Gebäude gehörte Leckebusch. Er war nun unabhängiger Produzent der Show und lizenzierte sie für gutes Geld an seinen früheren Arbeitgeber – heute eine verbreitete Praxis, damals fast anrüchig.

Die Reaktionen der erwachsenen Zuschauer auf den „Beat-Club" waren extrem und gingen in beide Richtungen. Bis heute sehe ich, wenn es mir überhaupt gelang, die Sendung einzuschalten, meinen Vater auf dem Sofa sitzen, wie er sich so lange kopfschüttelnd über diese „Höhlenmenschen" und die Art und Weise, wie sie mit „ihren teuren Instrumenten" umgingen, ausließ, bis ich aufgab und das Wohnzimmer verließ. Damit dürfte er die Mehrheitseinstellung der Zuschauer repräsentiert haben. Die aggressiven Reaktionen, die bei Radio Bremen von Kritikern und Zuschauern eingingen, sind heute Legende. Mike Leckebusch fuhr aber gnadenlos damit fort, die Fernsehgemeinde zu verunsichern: Mehr und mehr setzte er die neuesten Gerätschaften zur Bildmanipulation ein, und es gab kaum einen psychedelischen Effekt, den er ausließ: Zerlaufende Gesichter, optische Echos und Rückkopplungen, schnelle Wechsel zwischen positivem und negativem Bild, harte Kontraste, ständige Zooms und

Veränderungen der Kameraperspektiven, seltsame Bild-in-Bild-Crossfadings – und das alles wurde nochmal ins Quadrat gesetzt, als 1969 Deutschland das Farbfernsehen einführte.

Es sollte erwähnt werden, dass Leckebusch nicht der einzige war, der solche Bildmanipulationen ins deutsche Fernsehen brachte. Es gab auch einen niederländischen Regisseur namens Bob Rooyens, der dies ebenfalls tat, bevorzugt im ZDF. Bei ihm waren die Effekte allerdings weniger knallig, dafür aber setzte er sie in „normalen" Schlagersendungen ein und löste bei deren Zuschauern nicht weniger Kopfschütteln und böse Briefe aus. Aber es gab keinen Weg zurück. Die Fernsehästhetik, allen voran in der Werbung, folgte den neuen technischen Möglichkeiten. Ein solcher Effekt stellt sich immer ein: Gib den Machern ein neues Spielzeug, und sie werden es so lange zu Tode reiten, bis das nächste neue Spielzeug auf dem Markt ist.

Im selben Jahr, 1969, änderte der „Beat-Club" sein Konzept radikal: Das Studiopublikum und die Go-Go-Girls wurden nach Hause geschickt, die Doppelmoderationen eingestellt, Uschi Nerke moderierte nun allein, manchmal unterstützt von Schrifteinblendungen. Die Sendung wurde auf 60 Minuten ausgedehnt, es traten nie mehr als zwei oder drei Bands auf, und sie spielten tatsächlich live. Gelegentlich rastete Leckebusch mit seinen Bildeffekten derartig aus, dass nichts mehr zu erkennen war und manchmal streikten die Kameraleute, wenn eine Band gar zu laut war. Teil der Studiodekoration war eine Backline aus Verstärkern der Firma Orange. Das war natürlich Product Placement und insofern im deutschen Fernsehen nicht erlaubt, aber da Leckebusch eine Privatfirma war und nicht das offizielle Radio Bremen, blieb das ohne Konsequenzen.

Am „Beat-Club" ließ sich sicher einiges aussetzen, aber er wurde Deutschlands wichtigste Plattform für Bands wie ATOMIC ROOSTER, BLACK SABBATH, CARAVAN, CURVED AIR, DEEP PURPLE, JETHRO TULL, SANTANA, SOFT MACHINE und viele mehr. Auch deutsche Bands aus dem Krautrock-Zirkel fanden hier statt, die Auftritte von CAN, FRUMPY oder KRAFTWERK sind leicht auf DVD oder in YouTube zu finden. Die „Beat-Club"-Ära endete im Dezember 1972 nach 84 Episoden, als zusehends offensichtlich wurde, dass sich das Konzept totgelaufen hatte.

Die Namen dieser Bands machen schon deutlich, dass sich in Deutschland nun doch einiges änderte. Neue Sendeformate waren entwickelt worden, die für Bands wichtig wurden. Hier die wichtigsten:

Musikladen

Er war der Nachfolger des „Beat-Clubs", produziert vom selben Team im selben Studio mit der selben Titelmusik - die Handschrift der ganzen Sendung war die altbekannte. Uschi Nerke hatte nun wieder einen Co-Moderator (Manfred Sexauer vom Saarländischen Rundfunk), Go-Go-Girls und Publikum wurden zurückgebracht, und die Show lief nun mit dem Untertitel „TV Discotheque International". Präsentiert wurde jetzt alles, was die Charts hergaben.

Der „Musikladen" war die erste Show, die Promotional Videos (in Deutschland *Videoclips* genannt) aus den USA oder aus England ins deutsche Fernsehen brachte. Das war tatsächlich neu, und es wurde wahrgenommen. Dass „Fade to Grey" mit Midge Ures damaliger Gruppe VISAGE die #1 der deutschen Charts erreichte, verdankte sie dem Clip, der im „Musikladen" gezeigt wurde. Dieser Erfolg wiederum hatte den Effekt, dass sich New Wave und New Romantic auf deutschen Fernsehschirmen etablieren konnten. Acts wie BLONDIE, die NEW YORK DOLLS oder SPANDAU BALLET erschienen im „Musikladen" zuerst.

Zudem gab es von Zeit zu Zeit „Musikladen Specials", die 45 Minuten lang einen einzigen Act präsentierten. Davon gab es insgesamt 59, die wichtigsten waren sicherlich jene mit THE POLICE, ROXY MUSIC und ABBA; letzteres Special wurde x-mal wiederholt und weltweit lizenziert. – Der „Musikladen" wechselte seine Moderatoren einige Male, Uschi Nerke ging im Jahr 1979 (aber sie ist noch immer radio-aktiv, daneben führt sie ein Restaurant); die Show wurde im Jahr 1982 nach insgesamt 90 Folgen eingestellt.

Disco

Von 1966 bis 1970 zeigte das ZDF die heute weitgehend vergessene Show „4-3-2-1 Hot and Sweet", moderiert von der Sängerin Suzanne Doucet (die als Schlagersängerin aktiv war, aber auch zur Gruppe ZWEISTEIN gehörte) und dem Schauspieler Ilja Richter. Prinzipiell sollte die Show internationale Stars präsentieren, aber so recht hob sie nie ab. Musikalisch war sie nicht von Belang, der interessanteste Aspekt war wohl Suzannes für deutsche Fernsehschirme ungewöhnlicher Kurzhaarschnitt. Das ZDF verabschiedete sich von ihr, als auffiel, dass sie eine vergleichbare Show auch im Schweizer Fernsehen machte – die ZDF-Oberen waren in dieser Hinsicht dünnhäutig. Insgesamt gab es 23 Episoden. Suzanne Doucet lebt heute in Kalifornien als Produzentin von New-Age-Musik. Ilja Richter wurde an die Nachfolgeshow namens „Disco" weitergereicht.

Er erschien dort stets mit Anzug und Krawatte und agierte wie ein Schauspieler, der einen Showmaster zu spielen hat. Eine Dreiviertelstunde lang präsentierte „Disco" eine konturlose Kollektion von allem, was gerade zu haben war: Schlager, Pop, Volkstümliches, Country, Liedermacher und (später) Neue Deutsche Welle. Eine Bühne im landläufigen Sinn existierte nicht, das Publikum war malerisch auf dem Boden oder auf niedrigen Podesten drapiert, die Künstler mimten umgeben von ihren Fans zum Playback. Zweimal in jeder Ausgabe wurden vorproduzierte Sketche eingespielt, ein Stilmix aus Fünfziger-Jahre-Komödien und Zwanziger-Jahre-Piano-Chansons, präsentiert von Ilja Richter selbst, manchmal mit Unterstützung von seiner Schwester Janina oder Promis aller Kategorien. Geschrieben wurden diese Sketche von Ilja und seiner Mutter. Niemals, wirklich niemals, ist mir jemand begegnet, der diese Filmchen sehen wollte oder sie lustig gefunden hätte. Das alles vor Teenager-Publikum, das munter vor sich hin- beziehungsweise mit der Musik mitklatschte und alles liebte, was geboten wurde.

Alles in allem hatte „Disco" 133 Folgen und wurde bis November des Jahres 1982 ausgestrahlt. Es war schwer zu ertragen, aber wir waren nicht verwöhnt.

Ein echter Lichtblick war dagegen „Bios Bahnhof", moderiert (und produziert) von Alfred „Bio" Biolek. Diese Show wurde live aus einem alten Straßenbahndepot in Frechen bei Köln gesendet. Die Hausband war PETER HERBOLZHEIMER RHYTHM COMBINATION & BRASS, und das Konzept der Show war einmalig: *Alles* war möglich, von Volksmusik bis zu Stockhausen, von Nam June Paiks Videoskulpturen bis zu Mauricio Kagels Multimedia-Kompositionen, von Reinhild Hoffmanns eigenwilliger Tanzperformance „Couch" bis zu den FOLIES PARISIENNES. Manchmal spannte Biolek zwei Künstler zusammen, die sonst nie miteinander zu tun hatten, etwa Angelo Branduardi und Esther Ofarim, oder Udo Lindenberg und Nana Mouskouri. Da das Depot einen Bahnsteig mit noch funktionierendem Gleisanschluss hatte, fuhren die Künstler manchmal in historischen Eisenbahnwaggons vor. Alfred Biolek wirkte immer ein wenig wie der Onkel, der auf dem Kindergeburtstag die Spiele organisiert, aber als Produzent der Show hatte er seine Prinzipien und wusste sie auch durchzusetzen. Alles in der Show hatte live zu passieren, Biolek ließ keine Ausnahme zu. Der „Bahnhof" brachte Künstler wie Kate Bush, Laurie Anderson, Klaus Nomi oder Sting erstmals ins deutsche Fernsehen, und so manche Performance in der Sendung wurde am folgenden Morgen zum heißen Diskussionsthema in Büros und auf Schulhöfen. „Bios Bahnhof" hatte 23 jeweils neunzigminütige Folgen und lief von 1978 bis 1982.

Rockpalast

Die mit Sicherheit wichtigste Musikshow im Deutschen Farbfernsehen war der von 1974 bis 1986 produzierte „Rockpalast", erfunden von WDR-Redakteur Peter Rüchel und durchgewinkt vom damaligen Fernsehdirektor Werner Höfer. Diese heute legendären Rocknächte im Fernsehen liefen zweimal jährlich und brachten im Regelfall jeweils sonnabends ab circa 23 Uhr drei volle Konzerte, live und open end aus der Gruga-Halle in Essen, bis am Morgen die ersten Vögel zu singen begannen. Die „Rockpalast"-Nächte wurden über die Eurovision in ganz Europa übertragen, im Fernsehen in mono (es gab damals noch keinen Stereoton im Fernsehen), aber – das war der eigentliche Clou – simultan wurde (zumindest in Deutschland, Österreich und der Schweiz) der Ton auch in Hi-Fi-Stereo im Radio übertragen. (Unvergessen allerdings auch der im Sendegebiet des NDR stets pünktlich um 00:10 Uhr in die Radioübertragung hineinfunkende Seewetterbericht, verlesen in Zeitlupe zum Mitschreiben und mit Grabesstimme: „Skagen. Oooost-Nordooost vier. Regen. Leuchtturm Kiel. Nord-Nordooost drei. Nebel." – und so weiter, ungefähr zehn Minuten lang. Irgendwann hatte der NDR ein Einsehen und verschob diese Zumutung auf die Mittelwelle.) Der „Rockpalast" brachte uns Acts wie Willy DeVille, Rory Gallagher, Grateful Dead, Van Morrison, Mother's Finest, Joe Jackson, Little Steven (Bruce Springsteen, Rüchels ewiger Wunschtraum, blieb unerfüllt), The Police, Patti Smith, Spirit, Roger McGuinn's Thunderbyrd, The Who, Johnny Winter, ZZ Top und viele andere, per Satellit war sogar Prince dabei. Jugendzentren organisierten „Rockpalast"-Partys, und mit Sicherheit waren in Europas Haushalten zehntausende von Cassettenrecordern in Betrieb.

Als der „Rockpalast" erfunden wurde, war das Konzept so neu, dass oft die Managements der angefragten Bands nicht reagierten, weil sie nicht glaubten, dass es so etwas überhaupt geben könnte – stundenlange Livekonzerte im Fernsehen waren in den USA und England undenkbar. Aber es sprach sich herum, und so manche Band nutzte schließlich den „Rockpalast" als Sprungbrett – so etwa ZZ Top, die in den Staaten bereits ein Stadion-Act waren, die in Europa aber kein Mensch kannte. Am Morgen nach ihrem Auftritt in der „Rockpalast"-Nacht am 20. März 1980 waren sie auch in Europa berühmt.[3]

Ergänzend zu den Nächten zeichnete der „Rockpalast" auch „kleinere" Konzerte auf, üblicherweise in Clubs oder mittelgroßen Hallen. Diese wurden dann zu 45-Minuten-Sendungen zusammengeschnitten. Da gab es dann etwa die Steve Hillage Band oder Graham Parker & The Rumour, aber gerade diese etwas kleinformatigeren Ausgaben waren auch ein Podium für deutsche Bands. GROBSCHNITT oder GURU GURU seien als Beispiele genannt – deutsche Bands im Fernsehen waren noch immer eine ziemliche Sensation.

Mit dem „Rockpalast" im alten Gewand ging es im Jahr 1986 zu Ende; das Konzept hatte seinen Zenit überschritten. Der letzte Act, wenn ich es richtig im Kopf habe, waren KID CREOLE & THE COCONUTS. Eigentlich stellten die eine sehr gut gemachte Show auf die Bühne, aber das Publikum wusste sie nicht unterzubringen. Man muss dazu wissen, dass die Besucher in aller Regel die Eintrittskarten gekauft hatten, lange bevor der WDR bekanntgeben konnte, wer überhaupt spielen würde. Das hatte jahrelang funktioniert, dann aber gingen Managements und Künstleragenturen dazu über, verstärkt sogenannte „Package Deals" anzubieten. Der Redaktion wurde gesagt: Ihr bekommt den Act A nur, wenn ihr auch den Act B nehmt. Das konnte sich die Redaktion nicht dauerhaft gefallen lassen.

Im Jahr 1995 wurde der „Rockpalast" reanimiert, nun aber, weil sich die Musikszene verändert hatte, mit neuem Konzept: Die Show wurde mit bereits existierenden Rockfestivals verbunden, etwa Burg-Herzberg, Bizarre oder den Loreley Open Airs. Die Acts blieben bemerkenswert, genannt seien PJ Harvey, PORTISHEAD und David Bowie.

Das ZDF zeigte von 1978 bis 1982 eine regelmäßige 45-Minuten-Show namens „Rockpop", an deren Moderator ich mich nicht einmal mehr erinnern kann; immerhin aber hatte dort KRAFTWERK mit „Die Roboter" Premiere. Das war exzellent gemacht und kursiert noch heute auf YouTube. Zudem reagierte das ZDF auf den „Rockpalast" mit „Rockpop in Concert" mit vollständigen Konzerten, aufgezeichnet meist in der Dortmunder Westfalenhalle. Zum Moderatorenteam gehörte neben Thomas Gottschalk auch Ingeborg Schober.

Einige kleinere Sendungen wären noch zu nennen, die zum Teil am Nachmittag oder auch in einem der Dritten Programme liefen. In einer Show namens „Phonzeit" etwa waren einmal AMON DÜÜL II mit einer wilden Liveversion von „La Krautoma" zu hören; in der (ebenfalls kurzlebigen) „Szene" sah man eine aufgesetzt verrückte Performance von LA DÜSSELDORF, die dort ihren Hit „Rheinita" playbackten, in derselben Ausgabe hatte auch das japanische YELLOW MAGIC ORCHESTRA seinen einzigen Auftritt im deutschen Buntfernsehen – und hatte mich sofort am Haken.

Eine wirklich fundamentale Änderung in der Fernsehpräsentation von Musik kam mit der Gründung von MTV im Jahr 1981. Dazu aber später mehr.

SIEBZIGER MÜESLI

Es bleibt noch manches zu sagen über die Siebziger. Seien Sie gewarnt: Dies wird ein Kapitel mit Haferflocken und Rosinen, aber auch mit ganzen Nüssen.

Bewusstseinsindustrie

Wer sagt, die 1968er-Ära sei wesentlich vom Sozialistischen Deutschen Studentenbund (SDS) geprägt, steht auf der sicheren Seite. Wer aber meint, viele dieser Proteststudierenden müssten große Rockmusikfans gewesen sein, der irrt. Viele nämlich waren Fans der *Kritischen Theorie* – und damit gegen Rockmusik, einfach deshalb, weil Rockmusik populär war. Man war überzeugt, es gebe eine „Kulturindustrie", von der diese Musik hergestellt werde, um das Volk ruhig zu halten und es dadurch besser beherrschbar zu machen. Die Botschafter der Kritischen Theorie, Theodor W. Adorno, Max Horkheimer und Herbert Marcuse, behaupteten das Vorhandensein einer solchen Industrie. In seinen Hauptwerken, „Dialektik der Aufklärung" (1947, mit Horkheimer) und „Philosophie der Neuen Musik" (1949), bestritt Adorno zwar nicht, dass auch Unterhaltungsmusik eine gewisse Qualität besitzen könne. Da jedoch die Arbeit der Künstler (Komponisten, Autoren, Musiker) ökonomischer und industrieller Logik unterworfen sei, könne sich das emanzipatorische Potenzial, das der Kunst eigentlich eigen sei, nicht entfalten. Auf diese Weise stabilisiere die Kunst die gegenwärtigen gesellschaftlichen Machtverhältnisse. Sobald ein Musiker traditionellen Strukturen folge (etwa Intro – Strophe – Refrain und so weiter), sei er bereits auf einem falschen Weg, weil er Regeln einhalte, die ihm von der Kulturindustrie auferlegt worden seien; was er spiele, nehme seine Form nicht aus der Logik des musikalischen Materials, das er verwende. Für Adorno rief jedes einzelne Musikstück nach seiner eigenen, individuellen Form und Struktur, und wenn der Musiker diesem Ruf nicht folge, sei das Stück fremdbestimmt.

Adorno postulierte daher konsequenterweise als idealen Hörer einen Experten für Musiktheorie, denn nur mit solchem Expertenwissen sei man in der Lage, eine Komposition zu durchschauen und ihre Bedeutung voll zu erfassen.[1]

Es ist offensichtlich, dass weder die Pop-/Rockmusik noch ihre Hörer solchen Regeln folgen. Es ist geradezu die *Idee* von Popmusik und Schlagern, Strukturen zu verwenden, die dem Hörer bereits vertraut sind.

Der Autor Hans-Magnus Enzensberger ging im Jahr 1970 noch deutlich über Adornos und Horkheimers Theorie hinaus, indem er die Medien zu einem Teil einer „Bewusstseins-Industrie" erklärte. Im „Baukasten zu einer Theorie der Medien" schreibt er: „In der heutigen Gestalt dienen Apparate wie das Fernsehen oder der Film … nicht der Kommunikation, sondern ihrer Verhinderung. Sie lassen keine Wechselwirkung zwischen Sender und Empfänger zu: technisch gesprochen, reduzieren sie den feedback auf das systemtheoretisch mögliche Minimum."[2] Gleichzeitig orientiert sich Enzensberger aber an Bertolt Brechts „Radiotheorie" aus dem Jahr 1930: „Die elektronische Technik kennt keinen prinzipiellen Gegensatz von Sender und Empfänger. Jedes Transistorradio ist, von seinem Bauprinzip her, zugleich ein potentieller Sender."[3] Von fern hört man da bereits die Idee des Internets anklingen, in dem jeder Nutzer Sender und Empfänger gleichzeitig sein kann. Nur leider: „Ein unmanipuliertes Schreiben, Filmen und Senden gibt es nicht. Die Frage ist daher nicht, ob die Medien manipuliert werden oder nicht, sondern wer sie manipuliert. … Nur eine freie sozialistische Gesellschaft wird sie produktiv machen können."[4]

Spätestens an dieser Stelle konnten sich viele Studenten leicht einklinken. In einem Fernsehportrait der Gruppe CAN wusste auch Irmin Schmidt sehr genau, welches Vokabular, welche Referenzen und welche kritischen Anmerkungen über die manipulativen Medien gefragt waren,[5] gleiches gilt auch für TANGERINE DREAMS Edgar Froese.[6] Beide, Froese wie Schmidt, versuchten, sich vor der Kamera als Durchblicker darzustellen, die die Funktionsweise der Medien durchschaut haben.

Tatsächlich war und ist Rockmusik, wie in den 1950er- und 1960er-Jahre-Kapiteln dieses Buches beschrieben, natürlich ein Teil jugendlichen Lebensstils, und das beinhaltet auch die Mediennutzung Jugendlicher. Nur sollte man hellhörig werden, wenn Rockmusik als „Musik der Revolte" oder ähnliches bezeichnet wird. Die Rockmusik wurde gehört und als „wild" empfunden, als „unsere Sprache", mit der man sich von der langweiligen Erwachsenenwelt abgrenzen konnte – aber „politisch" im Sinne von „revolutionär" war sie nicht, und so wurde sie auch kaum gehört. Eine Nummer wie „Street Fighting Man" von den ROL-

LING STONES war *inhaltlich* immer weit weg von der Wirklichkeit ihrer Hörer. Die wirklich tragfähigen gesellschaftlichen Entwicklungen fanden und finden anderswo statt.

Um die Jahre 1968 bis 1970 gab es keinen Musikstil, der typisch für eine bestimmte Szene war.[7] Zappa war *schon* ebenso angesagt wie *noch* Buddy Holly. In den frühen 1970ern bildeten sich verschiedene Szenen heraus, und mit ihnen entstanden unterschiedliche Musikstile. Konsequenterweise gab es von da an unterschiedliche Wege für eine Band, um bekannt zu werden – oder zu scheitern. So kam es, dass die 1970er-Jahre *die* Ära dessen wurde, was wir heute als „Krautrock" zusammenfassen, was aber in Wirklichkeit ein sehr buntes Gemisch war.

Die Blütezeit des Krautrocks

Kulturell ist wieder einmal schwer zu entscheiden, wo das eine Jahrzehnt endete und das andere begann. Das war auch schon zehn Jahre vorher so, als die erste Hälfte der 1960er-Jahre noch mehr oder weniger die Schlussjahre der 1950er bildeten.

Deutsche Rockmusik war in den 1970ern zwar noch lange nicht „Musik für alle", aber so exotisch wie in den 1960ern war sie nicht mehr. Man gewöhnte sich allmählich an den Gedanken, dass es auch in Deutschland möglich war, Musik zu produzieren, die weder Schlager noch knochenharte Avantgarde war. Das gab den Bands mehr Selbstvertrauen und Spielraum, und um 1974 hatten sich auch die Arbeitsbedingungen und die Infrastruktur so weit verbessert, dass man einigermaßen professionell damit umgehen konnte. In der deutschen Musikpresse klangen Beiträge über deutsche Rockmusik allerdings häufig immer noch wie Berichte über einen Dackel mit zwei Köpfen. Viele Journalisten konnten noch immer nicht fassen, dass es so etwas wie Rock in Deutschland überhaupt gab; es existierte ein unausgesprochenes Axiom, demzufolge interessante Rockmusik nur aus England oder Amerika kommen konnte. Obendrein hörten manche Kritiker einfach nicht damit auf, erfolgreiche deutsche Rockmusik, *wenn* es sie denn einmal gab, in den Keller zu schreiben. ELOY, TANGERINE DREAM oder auch die SCORPIONS waren bevorzugte Ziele. Schaut man hinter die Kulissen, wird man oft feststellen, dass etliche dieser Kritiker mit eigenen Bands gescheitert waren und darüber nicht hinwegkamen. Man kennt das: „Warum die, warum nicht ich?" Aus reiner Enttäuschung über das eigene Nichterreichte wurden dann volle Breitseiten auf diejenigen gefeuert, die etwas erreicht hatten. Andere

Kritiker waren zu konservativ oder auch schlicht zu faul, sich mit anderer Leute Kreativität zu beschäftigen. Und natürlich ist es eine große Versuchung für jeden Kritiker und Redakteur, sich seiner Macht zu vergewissern, indem er den Daumen hebt oder senkt. Man erinnere sich, was in zurückliegenden Kapiteln über die Verwendung von Pseudonymen, erfundenen Bandnamen und die Budgetproduktion zu lesen war: In Wirklichkeit war die deutsche Rock- und Schlagerszene ziemlich klein, jeder kannte jeden, und jeder wusste, wer welche Leichen im Keller hatte, also maskierte man sich.

Ein noch unangenehmeres Phänomen waren Zeitungs- und Illustriertenjournalisten von außerhalb des Musikfeldes. Denn bei diesen kam zum Zynismus noch Ahnungslosigkeit. Wenn sie über eine Pressekonferenz mit, sagen wir, Tangerine Dream anlässlich eines neuen Albums oder einer Tournee zu berichten hatten, dann war die intelligenteste Frage, die ihnen einfiel, ob denn in so einem Synthesizer auch eine Kaffeemaschine eingebaut sei. Weder interessierte sie das Instrument, noch, dass es ein Musikfeld eröffnete, das über Tageshits wie „Popcorn" hinausging. Das Kapitel Musikjournalismus war deprimierend und hatte nur wenige helle Flecken.

Zu diesen hellen Erscheinungen gehörten die RIAS-Redakteure Olaf Leitner und Walter Bachauer. Im November 1973 organisierten sie ein Rockfestival mit Guru Guru, Karthago, Kraan, Randy Pie und Tangerine Dream, das in der Deutschlandhalle Berlin über die Bühne ging. Es war das erste Mal, dass eine Radiostation ein solches Festival veranstaltete und sendete. Dem folgten dann andere, etwa der WDR mit dem „Nachtkonzert", der Südwestfunk zeichnete von ihm veranstaltete Studiosessions auf, auch ein Konzert des Hessischen Rundfunks mit Kraftwerk aus dem Jahr 1974 ist leicht im Web zu finden.

Diese Radio-Aktivitäten waren ein Signal und hatten Folgen: Im Jahr 1974, zum ersten Mal, akzeptierten deutsche Konzertveranstalter deutsche Rockgruppen. Natürlich gab es auch da wieder einige Reibungsverluste, aber im Prinzip wurden Tourneen nun vernünftiger und professioneller organisiert (meistens wenigstens), und den Künstlern standen größere Hallen zur Verfügung – zwar noch nicht die ganz großen, aber eine Band durfte nun hoffen, vor 15 Seelen in Jugendzentren zu spielen werde nicht ihr ewiges Schicksal bleiben. Auch Plattenfirmen entwickelten zunehmendes Interesse an deutschen Bands, und von Zeit zu Zeit opferten selbst die Rundfunk- und Fernsehanstalten einige Minuten für deutsche Rockmusik.

Das war ein wichtiger Schritt, denn er bedeutete, dass die Bands jetzt die Chance hatten, sich weiterzuentwickeln. Sie konnten sich spezialisieren und sich daranmachen, ihre noch klobigen Ideen zu polieren. Und so war es eine Frage der Zeit, bis die deutsche Szene sich in diverse Sub-Szenen aufzuteilen begann. Was umgekehrt wiederum bedeutete: Die Rockszene als Ganzes begann auseinanderzufallen. Bands pflasterten sich ihren eigenen Weg, und weil es keine Vorbilder gab, waren sie frei in ihrer Entscheidungsfindung. Letzteres wurde leicht zu einer Scheinfreiheit, denn es ist schwer, die Wurzeln zu vergessen, mit denen man aufgewachsen ist. Deshalb klang der deutsche Rock häufig so, als versuche eine Band, absichtlich nicht so zu klingen wie die Vorbilder, denen sie offenkundig doch folgte. In jedem Fall hieß das für Bands, aus ihrer Nische herauszutreten und sich einer breiteren Öffentlichkeit zu stellen. Das ging nur in Zusammenarbeit mit den Medien.

Deutscher Rock in Film und Fernsehen

Die Beziehung zwischen deutschen Rockmusikern und den Medien in den späten 1960ern und frühen 1970ern war „auf Armeslänge". Gelegentlich gab es kurze Reportagen über deutschen Rock oder Bandportraits in etablierten TV-Sendungen wie „Titel, Thesen, Temperamente" oder „Aspekte", aber das war dann auch schon alles. Diese Beziehung erhielt in den Mitt-1970ern einen deutlichen Aufschwung. Da nämlich begannen die ersten Absolventen der Universitäten allmählich ihre Redakteurskarrieren in den Rundfunk- und Fernsehanstalten, und auch zwischen den Absolventen von Filmhochschulen und den Fernsehredaktionen bauten sich erste Beziehungen auf. Bands und Musiker begannen, Filmmusiken zu schreiben und/oder zu spielen – Wolfgang Dauner, Eberhard Schoener, Irmin Schmidt/Can, Peter Hesslein, Klaus Doldinger, Florian Fricke/Popol Vuh, Improved Sound Limited und andere ergatterten Filmmusikaufträge. Oft waren die Kontakte bereits während des Studiums entstanden. Damit öffneten sich Türen, sowohl für die Musiker, sich bekannt zu machen, als auch für die Öffentlichkeit, die Musiker zu bemerken.

Als *Thema* allerdings kam Rockmusik in fiktionalen Filmen damals noch kaum vor, und wenn, dann als Konfliktstoff. In der ZDF-Produktion *Notwehr* (1976; Regie: Hartmut Griesmayr) lebt eine Rockgruppe in einem Dorf in einem alten Gasthaus und wird von den Dorfbewohnern – wie könnte es anders sein – mit Misstrauen beobachtet. Dann geschieht im Dorf ein Mord, und man nimmt an, dass die Musiker darin verwickelt sind (was sie natürlich – ebenfalls kaum überraschend – nicht sind). Die Band, im Film „Die Rattenfänger" genannt, wird von Guru Guru gespielt, mit Mani Neumeier in einer Hauptrolle (neben immerhin Günter Lamprecht, den man zum Beispiel aus dem Fassbinder-Dreiteiler *Welt am Draht* kannte). Die anderen Bandmitglieder waren Jürgen „Jogi" Karpenkiel, Sepp Jandrisits und Roland Schaeffer. Letzterer kannte den Drehbuchautor Bernd Schroeder, und so kam die Band zu der Rolle. Neumeier: „Leider durften wir nicht GURU GURU heißen, da der Name Werbung für die Band gewesen wäre"[8] – verbotene Schleichwerbung, um präzise zu sein. Der Film wurde in Langenthal im Odenwald gedreht, wo GURU GURU lebten. Der Film lief im Jahr 1977 im ZDF und kam mit einem sehr pädagogischen Zeigefinger daher, außerdem zeigte er, dass es sinnvoll sein kann, die Schauspielerei den Schauspielern zu überlassen. Immerhin aber konnten die GURUS einige ihrer Stücke im Film unterbringen, und obwohl es kein Soundtrack-Album gab, kurbelte der Film die Plattenverkäufe an. Neumeier: „Nachdem der Film ausgestrahlt wurde, waren wir zehnmal so berühmt wie am vorherigen Tag. Jeder kannte uns aus dem Fernsehen. Selbst ein Polizist, der uns angehalten hatte, sagte: ‚Sie habe ich doch gestern im Fernsehen gesehen.' Es ist unglaublich, dass man mit einem einzigen Fernsehauftritt bekannter wird als mit 500 herkömmlichen Auftritten. Das finde ich schon ein bisschen befremdlich, aber es hat uns damals viel genützt."[9] Um dieses Phänomen ganz nachzuvollziehen, muss man sich wieder einmal vergegenwärtigen, dass es vor 1984 in Deutschland nur drei öffentlich-rechtliche Fernsehprogramme gab, keine kommerzielle Konkurrenz, und so waren Zuschauerzahlen von 15 oder 20 Millionen keine Seltenheit – Zahlen, die heute kaum noch zu erzielen sind. Heute würde ein solches Filmprojekt mit einer gecasteten Band arbeiten und das Soundtrack-Album wäre von Anfang an Teil der Produktionsplanung.

Ein umgekehrtes Beispiel war eine Fernsehserie aus dem Jahr 1976 namens *Goldener Sonntag*, eine WDR-Produktion. Wenn die lief, durfte mich niemand stören. *Goldener Sonntag* war eine experimentelle Familienserie, die am Sonntagvormittag um 11:15 Uhr gesendet wurde – was auch die Zeit war, zu der die jeweiligen Folgen spielten: Eine Familie in ihrem Wohnzimmer, der Küche oder der Essecke am Sonntagvormittag zwischen Frühstück und Mittagessen; man redete, lachte, klatschte oder stritt über Familienangelegenheiten, Beziehungsstress, aber auch die Arbeitswelt, die Universität, die Schule oder tagespolitische Fragen. Hanns Dieter Hüsch spielte den Vater, Ingeburg Kanstein die Mutter, es gab einen Sohn und zwei Töchter im Teenageralter, gelegentlich kamen Gäste dazu, etwa die türkische Freundin des Sohnes. Alle Spieler agierten unter ihrem wirklichen Vornamen, die Drehbücher hatten keine Dialoge, sie gaben lediglich Situationen und Themen vor, über die zu improvisieren war. Das Anfangsritual jeder Folge war, dass einer der Darsteller das Wohnzimmer betrat und den Fernseher einschaltete. Dort lief eine fiktive Show namens „Sonntagswecker". Die startete stets mit Jazzrock vom Feinsten. In der Serie hatte die Bigband, die man da sah, keinen Namen, sie war aber vorher Teil einer realen Sendereihe namens „11½" gewesen, existierte also wirklich. Die treibende Kraft hinter der Band waren Wolfgang Dauner und Volker Kriegel, und diese beiden waren es auch, die das Projekt dann aus dem Fernsehen ins wirkliche Leben überführten: So entstand das UNITED JAZZ + ROCK ENSEMBLE. Dauner und Kriegel hatten die Band mehr oder weniger spontan aus der Situation heraus zusammengestellt; das Fernsehen wurde als Sprungbrett genutzt, weil sich die Chance bot.

Goldener Sonntag existierte von 1976 bis 1978 in zwei Staffeln und bestand – unvorstellbar in der heutigen Binge-Watching-Ära – aus nicht mehr als 18 Episoden, die im Monatsabstand liefen. Als Co-Autor war an der zweiten Staffel Gerd Wollschon beteiligt, einer der Köpfe hinter der Politband FLOH DE COLOGNE. (Wie schon zuvor angedeutet: Die FLÖHE hatten Freunde beim WDR.) Heute würde man ein solches Serienprojekt von vornherein strategisch als Gesamtpaket planen, inklusive der Hitsingle – und ihm dadurch genau jene Spontanität nehmen, die es eigentlich überhaupt erst interessant gemacht hat.

Szenen

Die entstandene Diversität in der Musik führte zu einer Vielzahl von Musikgenres und -subgenres, und die konnte man in den Medien nicht mehr einfach pauschal zusammenfassen. Die schon existierenden Genres entwickelten sich weiter, so etwa die psychedelische, die progressive, die Hard & Heavy-, die „Rock in deutscher Sprache"-, die Elektronik-Szene. Es bildeten sich aber auch neue, die vorher kaum denkbar gewesen wären – ein paar seien hier genannt:

So entstand innerhalb kurzer Zeit etwa eine Folk- oder Folkrock-Szene mit Bands wie OUGENWEIDE, FIEDEL MICHEL, ELSTER SILBERFLUG, BRÖSELMASCHINE, FRAUNHOFER SAITENMUSIK, WUNDERWALD, auch WITTHÜSER & WESTRUPP und Achim Reichel (mit *Dat Shanty Alb'm*) kann man dazurechnen – das war Musik, die sich deutlich von der Liedermacher-Folklore unterschied, wie sie noch in den 1960ern auf der Burg Waldeck zu hören gewesen war. Folklore wurde eher misstrauisch beäugt, weil sie sich noch nicht von den „Oh, du schöner Westerwald"-Schäden erholt hatte, die ihr von den Naziherrschern zugefügt worden waren. Nun aber, im neuen Gewand und mit neuen Themen, war Folklore wieder machbar.

Ein besonders stark vertretener Zweig war der Jazzrock- oder Fusion-Bereich, der deutschen Musikern offenkundig besonders lag. In wohl kaum einem anderen Genre fand man eine solche Anzahl von Bands mit teils wirklich virtuosen Musikern. Doldinger, AERA, GÄA, OUT OF FOCUS seien genannt, aber auch Musiker wie Mani Neumeier, Jaki Liebezeit kamen ja ursprünglich aus der Jazz-Ecke und transportierten diesen in den Rock hinein. Kennzeichen dieser vielen Jazzrock- und Fusionbands war allerdings oft ihre Austauschbarkeit, die technische Virtuosität stand vielfach zu sehr im Vordergrund.

Eine echte Neuentwicklung entstand im Fahrwasser des Plattenprojekts *Jazz Meets India* (1967) des IRÈNE SCHWEIZER TRIOS mit Manfred Schoof, Barney Wilenand und dem DEWAN MOTIHAR TRIO. Eine spannende „Weltmusik"-Szene etablierte sich, indem sie Elemente nichtenglischer und nichtamerikanischer Teile der Welt absorbierte und verarbeitete. Zu nennen wären hier EMBRYO, AGITATION FREE, das DAVE PIKE SET mit Volker Kriegels Sitarspiel, Okko Bekkers *Sitar & Electronic* (1971), später DIE DISSIDENTEN, aber auch eine Band wie YATHA SIDHRA gehört dazu.

Seesselberg

Ein spezielles Phänomen im deutschen Rock waren Bands, die sich in irgendeiner Weise als „experimentell" verstanden. HUMAN BEING, KLUSTER, CLUSTER, CAN, frühe TANGERINE DREAM, NEU! et cetera sind zu nennen, auch Querverbindungen zwischen Jazz und Rock gab es, etwa durch Wolfgang Dauner.

Zu den radikaleren Musikern dieses Genres gehörten Eckhardt und Wolf-Jürgen Seesselberg aus Hamburg. Sie machten Musik, die der CLUSTER-Musik jener Zeit durchaus ähnlich war, aber anders als diese spielten sie bereits mit wirklichen Synthesizern. Diese hatte Eckhardt selbst gebaut; Wolf-Jürgen war bereits in den 1960ern in elektronische Theatermusik am Deutschen Schauspielhaus involviert gewesen. Ähnlich wie CLUSTER spielten SEESSELBERG in Galerien und Kunstmuseen; ihre Musik war weitgehend auf reine Klangstrukturen aufgebaut. Man kann das auch „Berliner Schule" nennen, nur kamen sie nicht von dort. Auf ihrer einzigen LP *Synthetik 1* (1973, einer Eigenveröffentlichung mit einer Auflage von 1000 Stück, heute ein durchaus begehrtes Sammlerstück) hört sich das relativ abwechslungsreich an, aber ich hatte die Gelegenheit, die beiden in der Fabrik auch live zu sehen, und auf der Bühne war das Ganze dann doch eher ermüdend. Die Seesselbergs verfügten über kein erkennbares kompositorisches Konzept, sie saßen vor ihren Instrumenten und bewegten Schalter und Regler, aber nach einer halben Stunde wurde deutlich, dass sie selbst nicht zu wissen schienen, weshalb. SEESSELBERG blieb ein Randphänomen.

Faust

Anders stellte sich die Sache dar mit FAUST, die sich im Jahr 1971 in Hamburg gegründet hatten. Sie gingen experimentell mit am weitesten – ob das dann musikalisch auch immer sinnvoll war, ist eine Frage, über die die Meinungen bis heute weit auseinandergehen. Sicher ist, dass FAUST dem sehr nahe kamen, was im Ausland von deutschen Musikern erwartet wurde: Experiment, Chaos, freies Flottieren.

Interessanterweise war die Band zunächst ein Promotion-Act. Der *Zeit*-Journalist Uwe Nettelbeck, der FAUST bis zum Jahr 1975 als Produzent betreute, hatte es irgendwie geschafft, diese Band, die in einem alten Schulgebäude im Dörfchen Wümme (einem winzigen Ortsteil der Gemeinde Wistedt in der Nähe von Buchholz in der Nordheide) lebte, der Polydor als „Supergroup von morgen" zu verkaufen. Das Label griff daraufhin tief ins Säckel, stellte einen Toningenieur und eine sechsstellige Summe für Studioequipment zur Verfügung und stattete die Musiker für mindestens ein Jahr mit finanziellen Mitteln aus, sodass sie nicht auf Einkünfte aus Nebenjobs angewiesen waren – und das alles, ohne dass man bis dahin einen einzigen Ton von der Band gehört hatte. Paradiesische Zustände für die Musiker, sollte man meinen.

Die experimentierten denn auch freudig vor sich hin, ziellos, frei von Verpflichtungen und in perfekter Isolation, denn man wollte sich keinesfalls von außen beeinflussen lassen. Keyboarder Hans Joachim Irmler: „In den Anfängen von FAUST waren wir sehr von Sounds, Geräuschen und Lärm fasziniert, zum einen, um sie zu bearbeiten, zu verfremden, zum anderen, um sie in ihrem Naturzustand einzusetzen, indem wir etwa einen Lastwagen durch einen Song fahren ließen."[10] Rock-Klischees sollten auf jeden Fall vermieden werden. Irmler: „Die Bearbeitung von Klängen war deshalb interessant, weil es eine Befreiung von all dem war, was einem an musikalischer Erziehung eingetrichtert worden war. Ich habe mich immer gegen dieses Bildungsdiktat gewehrt. ... In Wümme habe ich oft nachts, wenn niemand im Studio war, Experimente gemacht. Das Mechanische faszinierte mich, das Zwingende, Maschinenhafte, das sich endlos Wiederholende. Wir haben viel mit Tonbandschleifen gearbeitet, oft extremen Schleifen, die über Mikrofonständer durch mehrere Räume des Studios liefen."[11]

Das war nun nicht übermäßig originell, Soft Machine hatten so etwas sogar schon live auf der Bühne gemacht, und ältere auf Bandschleifen basierende Werke wie *Come Out* (1966) von Steve Reich gingen über Faust weit hinaus. Es kam hinzu, dass wegen der Vollversorgung der Gruppe kein Arbeitsdruck entstand und die Musiker sich zunehmend lieber die Sonne auf den Pelz brennen ließen. Selbst Irmler erkannte: „Mensch, wir kriegen ja gar nichts auf die Reihe."[12]

Nettelbeck kündigte an: „Man wird auch live von uns hören. Das gibt dann einen ganz großen Knall."[13] In ihrem ersten Konzert in der Hamburger Musikhalle bekam die Band allerdings ihr Equipment nicht in den Griff. Keiner weiß, ob das der angekündigte Knall war; unfreiwillig unterhaltsam immerhin könnte der Abend gewesen sein.

Das erste, selbstbetitelte, Album von Faust erschien im Jahr 1971. Musikalisch war es holprig und richtungslos, berühmt hingegen wurde die Gestaltung: die LP in transparentes Vinyl gepresst, auf dem ebenfalls transparenten Cover das Röntgenbild einer Faust. Die drei Tracks hatten sinnlose Titel, dazu gab es auf einem Einlegeblatt eine verquaste Kurzgeschichte von Nettelbeck himself. Kurz, das ganze Produkt schrie lautstark: Ich bin Kunst! – Der *New Musical Express* nahm das bierernst: „Das Element des Rocks ist in der Arbeit der Gruppe weder entscheidend noch vorherrschend. Faust spielen Musik mit Instrumenten, die durch den Rock entdeckt wurden. Die Folge dessen, was Faust machen, entwickelt sich zur bedeutendsten grundlegenden Revolution des Rock der letzten zehn Jahre."[14] Das Revolutiönchen des Rocks verkaufte sich nicht einmal ganz schlecht, Nettelbecks Promotion in bester Kaiser-Tradition tat das Ihre dazu; ein wirklicher Erfolg war die Platte aber nicht. Polydor verabschiedete sich nach dem zweiten Album (*So Far*, 1972) von der Gruppe, da auch dieses hinter den Erwartungen zurückblieb. *Sounds* verriss das Album glashart: „Alle Bemühungen von Michael Leckebusch und Uwe Nettelbeck sind umsonst gewesen: Faust sind nicht die Supergruppe geworden, die sie werden sollten. Nach einem miesen Debutalbum sowie viel Protektion von Seiten ihrer ‚Mäzene' und ihrer Plattenfirma besaßen sie erstaunlicherweise noch Mut genug, eine zweite, kaum weniger miese LP zu produzieren. Die Platte … verwendet mit Vorliebe fremde Ideen (besonders von Zappa, siehe ‚I've Got My Car And My TV') und endet mit einem Aufatmen (von Seiten des Hörers, versteht sich)."[15] Das Album war von vornherein nur nach England ausgeliefert worden, die Faust-Musiker zogen aus der Trennung von Polydor die Konsequenz, selbst nach England zu ziehen, wo sie einen Vertrag mit Virgin abschlossen. Es gelang ihnen dort ein Promotion-Coup, indem ihr Album *The Faust Tapes* (1973) mit Archivmaterial aus Wümme für 48 Pence verkauft wurde, damals etwa 3 Mark entsprechend. Das Album verkaufte sich über 100.000 Mal. Das war mehr als jede andere deutsche Band in Großbritannien abgesetzt hatte, und FAUST landete damit auf #9 der Albumcharts. Zum Normalpreis ließ sich dieser Erfolg aber nicht wiederholen. Das Label versuchte, für *Faust IV* (1973) die Band in eine kommerziellere Richtung zu drängen, aber da das nicht gelang, beendete Virgin die Zusammenarbeit.

Bis in die 1980er-Jahre hinein war von FAUST nichts mehr zu hören, dann erschien die Band mit alten und neuen Einspielungen auf Chris Cutlers Spezialitätenlabel Recommended Records. Nicht zuletzt deshalb dürfte sie heute als Kult gehandelt werden; die Band existiert noch, und alle ihre Platten sind nach wie vor erhältlich. Gleichwohl blieb ihr tatsächlicher Einfluss auf die deutsche oder internationale Rockszene, verglichen mit den experimentellen Kollegen CLUSTER oder NEU!, überschaubar. Bis heute stehen die frühen FAUST-Alben aber im Ausland für das Klischeebild des „Krautrocks“ – auch das immerhin ist eine Art Kunststück.

Solo

Ein anderes Phänomen dieser Jahre war die Idee etlicher Bandmusiker, sich an Solowerken zu versuchen; etwa Edgar Froese, ebenso sein Bandkollege Peter Baumann von TANGERINE DREAM, Lutz Rahn von NOVALIS, Jean-Jacques Kravetz von FRUMPY, Manuel Göttsching von ASH RA TEMPEL, Eroc von GROBSCHNITT, Holger Czukay von CAN, Inga Rumpf von FRUMPY und ATLANTIS (mit einem herzhaft missglückten Soloalbum namens *Second-Hand Mädchen*, 1975), um nur einige zu nennen.

Die zunehmend komplexer werdende Studiotechnik mit 8- oder 16-Spur-Aufnahmen machte es diesen Musikern relativ leicht, alle möglichen Instrumente selbst zu spielen. Ein neues Phänomen war das gleichwohl nicht: Der Amerikaner Les Paul und seine Frau Mary Ford hatten sehr komplexe Sandwich-Aufnahmen schon in den 1950er-Jahren gemacht, später in den 1960ern baute ihnen die Firma Ampex eine Multitrack-Bandmaschine, mit der sie ihren Stil noch verfeinern konnten. In Deutschland hatten Caterina Valente, der Organist Klaus Wunderlich, die Schlagersänger Hans Blum, Peter Kraus oder der Billiglabel-Artist Tim Olaf (als SOLM-BROTHERS) mit solchen Techniken Soloaufnahmen gemacht. In den USA hatte Stevie Wonder mit Multitracking und Overdubs experimentiert. Aber nur wenigen Hörern war dies bewusst, deswegen konnte Virgin es als große Sensation verkaufen, dass Mike Oldfield auf *Tubular Bells* zehn verschiedene Instrumente selbst gespielt hatte. Der weltweite Erfolg der *Bells* zeigte, dass dieses Solokonzept funktionieren konnte. Achim Reichel, Lutz Rahn, Eroc, Manuel Göttsching und andere griffen die Idee auf.

Solo aufnehmen zu können hatte eine Konsequenz: Platten waren nicht mehr länger die Wiedergabe einer Session, sondern sie wurden zu einem eigenständigen Medium. Im Studio konnte man Dinge konstruieren, die so nie in Wirklichkeit gespielt worden waren und die live auf der Bühne nicht reproduziert werden konnten. Holger Czukays Aufnahmen mit den integrierten Radioschnipseln sind ein Beispiel dafür. Prinzipiell waren solche Studiotricks (nennen wir sie einmal so) nicht mehr neu, aber in deutschen Rockstudios waren sie nicht die Regel. Weil aber die Fans erwarteten, dass das, was sie von der Platte kannten, auch im Konzert gespielt werden würde, blieb dann oft nichts anderes übrig, als auf der Bühne mit Zuspielungen vom Tonband zu arbeiten.

Gut informierte Fans im Publikum wussten das und verstanden die Notwendigkeit. Andere empfanden solche Zuspielungen als Betrug. In manchen Fällen sogar zu Recht: Dann nämlich, wenn das gesamte Konzert vom Band kam. Das gab's, es sei persönlich verbürgt.

Hinaus aufs Land

Ein Phänomen zog sich durch die frühen und mittleren 1970er-Jahre: der generelle Trend, die Städte zu verlassen und aufs Land zu ziehen. Ton Steine Scherben waren Vorreiter, als sie ins nordfriesische Fresenhagen zogen, aber das Virus steckte viele an. Cluster und Michael Rother zogen, wie erwähnt, in ein Bauernhaus aus dem 16. Jahrhundert an der Weser. Guru Guru lebten in dem Dörfchen Langenthal bei Heidelberg in einem alten Gasthaus namens „Zur Krone". Die Musiker von Faust ließen sich, wie erwähnt, in einem leerstehenden Schulgebäude in Wümme nieder. Die Band Nektar lebte in einem Bauernhaus in Seeheim-Jugenheim nahe Heidelberg. Klaus Schulze zog von West-Berlin in die Nähe von Celle. Die Kraan-Musiker und ihre Lieben bezogen einen Gutshof namens Wintrup bei Steinheim im Teutoburger Wald – im Prinzip eine einsame Gegend, nur einmal im Jahr nicht. Dann nämlich pilgern jede Menge Alt- und Junghippies, Esoteriker aller Couleur, Druidenlehrlinge, Neu-Heiden, und leider auch Nationalisten und Neonazis zu den Externsteinen, einer Sandsteinformation mit mythischem Hintergrund, um dort die Sommersonnenwende zu feiern.

Nicht nur Bands, viele folgten dem Ruf in die Dörfer, zumindest für eine Weile, bis man merkte, dass der Supermarkt um die Ecke doch seine Vorteile hat, der Weg ins Büro täglich im Autobahnstau stockt, die Kinder die Fahrt mit dem Schulbus nicht übermäßig unterhaltsam finden, die Gülle im Sommer auf den Feldern tagelang ein naturfrisches Aroma verströmt, der Fernsehempfang schlecht ist, das Kino in der nächstgelegenen Kleinstadt meist nur *Schulmädchen-Report*-Filme zeigt und auch kulturell nicht allabendlich der Papst im Kettenhemd boxt. Das musste man aushalten können.

Aber auch für die, die nicht auf dem Land leben konnten, tat sich etwas. In der Großstadt kamen Wohngemeinschaften in Mode; man lebte zusammen, baute sein eigenes Gras an und ließ die schlechte Welt an der Türschwelle zurück.

Alternativbewegung

Sowohl das Landleben als auch die Wohngemeinschaften bildeten den Spielplatz für das, was man heute „die Alternativbewegung" nennt, eines der prägenden Etiketten der deutschen Siebziger, musikalisch ebenso wie soziologisch.

Es lässt sich nicht exakt sagen, wann diese Alternativbewegung entstand. Der Politikwissenschaftler Wolfgang Kraushaar sieht die Grundidee bereits als US-Import aus Abbie Hoffmans „Woodstock Nation" von 1969 an: „[Hoffman] hatte die Vorstellung, man könne die Vergemeinschaftungserfahrung von Woodstock auf das ganze Land ausdehnen und die Unmittelbarkeit des kollektiven Gefühlszustandes auf Dauer stellen. So wollte er die Vereinigten Staaten insgesamt umkrempeln. Dieses Modell, das in den USA eine Zeitlang in der Diskussion war, hatte auch in Deutschland seine Anhänger. Man hoffte zum Beispiel, dass die Kommunen sich ausbreiten würden … und schließlich die gesamte Gesellschaft erfassen könnten. … Die Bewegung versicherte sich permanent ihrer eigenen Bedeutsamkeit, und sie bekam auch durch die mediale Aufmerksamkeit ständig zurückgespiegelt, wie umwälzend das alles war. Letztlich ging es um die Utopien des gelebten Augenblicks, um Gefühle der Entgrenzung, einer anderen Sexualität und so weiter. ‚Kommune' bezeichnete keine separate Utopie, sondern das Heranwachsen einer großen, aber nicht abstrakten, sondern ganz konkreten Gegengesellschaft, die sich Stück für Stück realisiert."[16]

Das klingt abstrakter als es tatsächlich war. Das Jahr 1968 *hatte* Spuren hinterlassen. In Deutschland begann die Generation der „Babyboomer" etwas später als in den USA, weil im zerstörten Deutschland vor dem Babyboom noch die Generation der „Kriegs"- und „Nachkriegs"-Kinder kam. Deshalb dauerte es bis in die frühen 1970er-Jahre, bis die dann folgenden Babyboomer alt genug waren, um darüber nachzudenken, wie sie leben wollten. Teile dieser Generation wollten anders leben als ihre spießigen Eltern, und anders als frühere Generationen waren sie (vielfach durch Erbschaft) auch in der Lage, das zu tun. Das war der wichtige Impuls.

Außer einem Leben in städtischen Wohngemeinschaften oder in Landkommunen brachte die Alternativbewegung auch äußerliche Kennzeichen mit sich. Dazu gehörten braune Teekannen und Stövchen, Teacups ohne Henkel, man hatte mindestens zehn verschiedene Büchsen mit aromatisiertem Tee auf dem Küchenregal stehen, in der Spüle stapelte sich das ungespülte Geschirr, man hatte frühen Feminismus, Räucherstäbchen, Kerzen, selbstgedrehte Zigaretten, Lavalampen, den unvermeidlichen Flokati auf dem Boden, darin die ebenso unvermeidlichen durch umkippende Räucherstäbchen entstandenen Brandflecken. In jeder alternativen Wohngemeinschaft fand man im Bücherregal J.R.R. Tolkiens „Der Herr der Ringe" (die dreibändige grüne Ausgabe mit dem Cover von Heinz Edelmann), Einband an Einband mit Michael Endes „Momo" und „Die unendliche Geschichte" – die letzteren meist in der Raubdruck-Version, weil man ja, wie ich mehr als einmal hörte, „für solche bürgerliche Kulturscheiße kein Geld ausgeben" wolle – lesen wollte man sie aber doch. Jedes Haus der Jugend wandelte sich jetzt zum „Kommunikationszentrum" und besaß eine sogenannte „Teestube" mit gedimmtem Licht, Tee, den man viel zu lange hatte ziehen lassen, und – selbstverständlich – Teacups ohne Henkel. Auf jedem Tisch stand eine leere Weinflasche mit einer Tropfkerze, und im Hintergrund lief leise Ravi Shankar.

Verbunden mit diesen äußerlichen Zeichen waren auch einige innere Veränderungen zu bemerken, und die waren etwas ernster. Eine davon war, dass die Menschen verstärkt in politischen Dimensionen zu denken begannen, wie es sich etwa in der aufkommenden Bürgerinitiativbewegung zeigte. Während allerdings die Aktivisten der 1968er-Organisationen noch gepredigt hatten, „auch das Private ist öffentlich", was in so mancher Kommune zum Aushängen aller Türen geführt hatte, so agierte die Alternativbewegung gerade umgekehrt. Sie bestand darauf, dass Veränderungen nur individuell gedeihen konnten. So zogen sich die Alternativbewegten zunehmend ins Privatleben und in kleine Gruppen zurück.

Für Konzertveranstalter wurde das zum unkalkulierbaren Risiko. Das alternative Publikum nutzte nur selten den Vorverkauf, es entschied spontan am

Nachmittag, ob man abends eine in der Gegend gastierende Band mit einem Besuch beehren wollte. Wenn ja, dann wurden die Karten an der Abendkasse gekauft. Besonders West-Berlin war bei Veranstaltern dafür berüchtigt; selbst große Acts konnten dort in einer Pleite enden.

Ougenweide

Ougenweide aus Hamburg war eine erfolgreiche Band, die bis zu einem gewissen Grad den Weg der Alternativbewegung (ich habe sie nicht vergessen) widerspiegelt.

Ougenweide (= Augenweide) nahmen ihren Namen aus einem Gedicht von Neidhart von Reuental, geschrieben um das Jahr 1230. Die Gruppe entstand im Jahr 1970 und war Deutschlands wohl beeindruckendste Folkrock-Band. Sie erfand für das, was sie machten, den Begriff „Minne-Rock". („Minne" ist mittelhochdeutsch und stand wahrscheinlich für „Gedenken" oder „höfische Liebe", aber genau weiß das heute niemand mehr – auch Linguisten und Historiker sind nicht immer in der Lage, die Bedeutung solch alter Begriffe zu rekonstruieren, wenn sie einmal verlorengegangen ist.) Man könnte die Gruppe auch als Vorreiter dessen anführen, was heute als „Mittelalter-Rock" gehandelt wird, auch wenn die Verbindung eher lose ist – die heutigen Mittelalterbands stammen aus der Gothic-Szene, kennen Ougenweide aber durchaus.

Wir kannten damals Folkrock-Bands aus England wie Fairport Convention oder Steeleye Span, aber für Deutschland war das Konzept von Ougenweide neu. Wie schon erwähnt, wurde die Verwendung von Folklore in Deutschland weitherum als problematisch angesehen; ein Überbleibsel aus der Nazi-Ära, selbst wenn die Musik, um die es ging, schon viel älter war. Ougenweide integrierte historische Instrumente wie Laute, Oud, Zither, Flöten, Drehleier, ein indisches Harmonium, Krummhorn und manche mehr in ihren Rock-Instrumentenpark. Olaf Casalich und, ab dem zweiten Album, Minne Graw (sie heißt wirklich so) hatten markante Stimmen, die wie angegossen zur Musik passten, gerade, weil sie keine typischen „Rockstimmen" waren.

Auf ihrem ersten, selbstbetitelten Album von 1973 verwendeten sie originale Texte der Minnesänger Neidhart von Reuental und Walther von der Vogelweide in mittelhochdeutscher Sprache. „Nieman kann mit gerten kindes zuht beherten" ist ein palindromisches Gedicht Walthers, entstanden um 1200, das etwa „Mit der Gerte kann niemand Kinder erziehen" bedeutet. Auf späteren Alben entdeckten sie die „Merseburger Zaubersprüche" oder den Zauberspruch

„Contra Uermes“, ein Gesang, um Pferde zu entwurmen (er soll auch bei Katzen und Hunden funktionieren, Ihren Liebsten singen Sie ihn aber besser nicht vor). Eine LP, eine Auftragsproduktion des Tübinger Landestheaters, widmeten sie *Eulenspiegel* (1976), dem um 1300 geborenen Vaganten Till oder Tyll Eulenspiegel, der für seinen oft grausamen Humor bekannt war. Ob Bettler, Bauern, Gelehrte, Könige oder kirchliche Würdenträger – er führte sie alle vor. Ougenweide nutzte Gedichte aus den berühmten „Carmina Burana“ („Lieder aus Benediktbeuern“), womit hier das Manuskript aus dem 13. Jahrhundert gemeint ist, nicht zu verwechseln mit Carl Orffs Kantatenzyklus gleichen Namens von 1935/36. Die Gruppe schrieb aber auch eigene Texte, die ein verblüffendes Gespür für die Atmosphäre dieser lange vergessenen Zeiten zeigten, etwa „Kommt, ihr Jungfern, helft mir klagen“ oder „Im Badehaus“. Für das Album *Ousflug* (1979) ließ Ougenweide nicht nur zarte Hinweise auf die überfällige Frauenemanzipation hören, sondern verwendete auch Texte eines sozialdemokratischen Liederbuches aus den 1920er-Jahren („Denunziantenlied“); im Jahr 1978 spielte die Gruppe etliche Lieder für die TV-Dokumentationsreihe „Dokumente deutschen Daseins“ ein, die unter dem Titel *Frÿheit* als LP erschienen. Zu hören waren Texte von Georg Herwegh, Ferdinand Freiligrath oder Theodor Körner aus Deutschlands „Sturm und Drang“-Ära um das Jahr 1750, die die Deutsche Romantik einleitete. Ganz ohne Kritik blieb das Ganze nicht. Die *Süddeutsche Zeitung* etwa schrieb über die Gruppe: „Beseelt vom Schönklang reproduzieren sie allen Sang zu glatt und edel, künde er auch von Mordbrennen und Landverheeren.“[17] Irgendwas ist ja immer.

Aber dann, um 1979, änderte sich etwas. Ougenweide-Mitglied Jürgen Isenbart: „Früher haben wir immer wieder das Mittelalter zur Sprache kommen lassen. Heute möchten wir uns zur eigenen Aussage bekennen. Es ist für uns wichtig, persönliche Bewegungen und Eindrücke wiederzugeben.“[18] Die Gruppe hatte das Gefühl, ihre Musik sei nicht mehr zeitgemäß und wollte aktuelle Trends einbeziehen. Ihr Produzent Achim Reichel erlebte das so: „Das kennt man ja auch aus eigener Erfahrung, dass eine Gruppe merkt: ‚Studio – aha, so läuft das, so mache ich mich verständlich, so kann ich einem Toningenieur vermitteln, wo wir hinwollen‘, dass da so eine Sorte von Emanzipation stattfindet. Die Band denkt: ‚Jetzt sind wir doch wer, jetzt haben wir auch eigene Erfahrungen, jetzt wollen wir auch mehr Selbständigkeit.‘ Und das ging einher mit: ‚Wir haben uns einen Moog gekauft …‘ Da merkte ich: Da kommt jetzt so eine Gegenwelle. … Damals hat man gedacht: So langsam werden die Kinder erwachsen und gehen jetzt ihrer eigenen Wege.“[19]

Worauf hat dieser gewünschte Stilwechsel beruht? Es war, davon bin ich überzeugt, nicht nur die Erfahrung als Band, es war die Veränderung der alternativen Szene. OUGENWEIDE war (wieder) exakt im Mittelpunkt eines Trends. Der Politikwissenschaftler Wolfgang Kraushaar: „Irgendwann musste einfach anerkannt werden, dass sich das Modell einer quasi organischen Gesellschaftsveränderung nicht durchhalten lässt. … Meiner Meinung nach ist es ein schleichender Abnutzungsprozess gewesen, der sich nicht mit einem speziellen Datum verbinden lässt. In der zweiten Hälfte der 1970er Jahre haben sich auf jeden Fall bereits Ermüdungserscheinungen gezeigt, selbst wenn sich gleichzeitig noch einmal ein gewisser Aufschwung ereignete. Da verschränkten sich die Zäsur des sogenannten Deutschen Herbstes und die Impulse des Tunix-Treffens von 1978.“[20]

Tunix

Der Name Tunix („tu nichts") geht natürlich zurück auf die populären „Asterix"-Comics. Tunix, auch wenn es heute weitgehend vergessen ist, war tatsächlich ein wichtiger Impulsgeber. Das „Treffen in Tunix“ war eine Art Kongress, der im Januar des Jahres 1978 in den Räumen der Technischen Universität in West-Berlin stattfand und von diversen Gruppen und Initiativen organisiert worden war, die sich von den Moskau- oder Mao-orientierten linken Gruppen verabschiedet hatten. Es kamen rund 15.000 Teilnehmer zu der Veranstaltung.

Oft wird Tunix als der sozusagen „offizielle“ Start der Alternativbewegung gesehen. In Wirklichkeit war Tunix jedoch bereits ihr Höhepunkt; die alternativen Bewegungen in den Universitätsstädten West-Berlin, Münster, Konstanz und Frankfurt kochten bereits seit mindestens 1973 oder 1974, sie waren nur noch nicht in irgendeiner Form organisiert.

Auch wenn der Name ironisch in die Gegenrichtung zu weisen scheint, entstand durch Tunix eine Verbindung zwischen den diversen Wunschfantasien der Alternativbewegung und dem „wirklichen Leben da draußen“. Eine ganze Reihe von Projekten wurde hier aufs Gleis gesetzt, die in alternative Geschäftsmodelle mündeten, es wurden selbstverwaltete Unternehmen gegründet, und man suchte nach Wegen, diese mit Kapital zu versorgen. Dies führte im Jahr 1984 schließlich zur Gründung der kooperativ geführten „Ökobank“ mit Sitz in Frankfurt. Wenn man sich vergegenwärtigt, dass wohl die meisten Tunix-Teilnehmer es noch mit Mackie Messers alter Frage: „Was ist ein Einbruch in eine Bank gegen die Gründung einer Bank?“[21] aus Brechts *Dreigroschenoper* hielten, dann kann man sich ungefähr ausrechnen, was für ein gigantischer Schritt das war. Verschiedene andere Netzwerke und alternative

Institutionen schlossen sich an. In gewisser Weise war es das, was Rolf-Ulrich Kaiser in seinen Büchern vorhergesagt hatte. Kraushaar dazu: „[Tunix] war durchaus mit einer gewissen Aufbruchsstimmung verbunden, zugleich aber auch ein Zeichen für Abnutzungserscheinungen. Man hatte sich von dem Anspruch verabschiedet, die gesamte Gesellschaft umgestalten zu wollen."[22] Irgendwo hinter den Kulissen mag da als Vorbild auch Stewart Brands „Whole Earth Catalog"[23] mit seinen diversen Auflagen seit 1968 herumgegeistert sein, der als erster Versuch angesehen werden kann, in den USA alle Arten von alternativen Projekten miteinander zu vernetzen.

Die Nachwirkungen von Tunix zeigten sich in der Gründung von Bürgerinitiativen gegen Umweltverschmutzung und Atomkraft und schlugen sich am Ende auch in der Gründung der Grünen Partei nieder. Tunix war allerdings auch der Auslöser für etliche „New Age"-Projekte, sich schleichend in normale, gewinnorientierte Unternehmen zu verwandeln, ebenso war es der Beginn der „undogmatischen Linken" und der Sponti-Szene, die aus Gruppen bestand, die sich gelegenheitsorientiert zusammenschlossen. Auch Erscheinungen wie der militante „Schwarze Block" haben hier ihre Wurzeln, auch wenn es ihnen selbst heute vielleicht gar nicht mehr bewusst ist.

In den frühen 1980ern, als die Alternativbewegung langsam ausfaserte, machten etliche der verbliebenen deutschen Hippies, die sich der Bewegung nun zurechneten, schnell noch einen lukrativen Haschischdeal, eröffneten mit dem Geld einen Fahrrad- oder Bioladen im Stadtviertel, wurden sesshaft und fühlten sich noch immer sehr alternativ. Die amerikanischen Hippies machten das prinzipiell nicht anders, nur starteten sie keinen Bioladen, sondern eine Bioladen*kette*. Und Silicon Valley. So weit reichte Tunix dann doch nicht.

Zurück zu OUGENWEIDE. Deren Geschichte ging weiter. All diese Bewegungen hatten Spuren in der Band hinterlassen. Das Ergebnis war das im Jahr 1980 erschienene Album *Ja-Markt*. Lyrik aus dem Mittelalter gab es auf der Platte nicht mehr, der Eröffnungstitel „Ich bin ein Folkfreak" zeigte stattdessen das desillusionierte Selbstportrait einer Band, die offenkundig von all diesen großen und optimistischen Ideen infiziert war und nun die Paranoia und die Diskrepanzen durchlebte, die die 1970er *auch* geprägt hatten. Andere Songs der LP nahmen einige „New Age"-Trends hoch oder reflektierten auf die politische Situation insgesamt. *Ja-Markt* war ein Versuch der Bandmitglieder, mit dem Schleuderkurs der Alternativbewegung klarzukommen, in der sie tief verwurzelt waren. Die Verkaufszahlen bestätigten, dass die Fans mit diesem neuen Konzept nicht glücklich waren, aber sie gaben die Band nicht gleich auf. Als diese dann allerdings im Jahr 1981 mit dem Folgealbum *Noch aber ist*

April dieses Konzept verstärkte und noch resignierter wirkte, verließen viele Fans das Gebäude. Das war einfach nicht mehr das, was man von OUGENWEIDE hören wollte.

Die Band selbst endete in Streitereien über die nächsten Schritte, sie geriet finanziell ins Trudeln und löste sich im Jahr 1983 schließlich auf. Es dauerte Jahre, bis sie in der Lage war, ihre fast völlig vom Markt verschwundenen Platten wiederzuveröffentlichen. Die wiederum haben nichts von ihrem Reiz verloren. OUGENWEIDE spiegelte deutlicher als andere einen Grundwiderspruch der Alternativszene wider: Der „alternative" Teil funktionierte nur, wenn er in ein kommerziell tragfähiges Konzept eingebaut war – wenn dies aber funktionierte, war es nicht mehr alternativ.

Diskotheken

In den späten 1970ern ging bei vielen Fans der Trend dahin, privat zu bleiben und sich Konzertbesuche dreimal zu überlegen. Die Sängerin Joy Fleming (JOY & THE HIT KIDS, JOY UNLIMITED): „Wir haben in alten Scheunen gespielt, verrückt aber live, haben uns aus den Socken gerockt, aber plötzlich, peu à peu, waren die Diskotheken da. Aber das ist Konservenmusik! Die Leute gingen mehr und mehr dort hin, für Livemusik hatten sie kein Gehör mehr. Was blieb mir also nach der Livemusik-Ära übrig? Ich musste durch die Diskotheken tingeln, weil es immer weniger Live-Gigs gab."[24]

Musik von Platten hieß auch: Es gab Veränderungen in Sound und Stil. Nicht alle Musiker waren glücklich darüber, denn das Live-Geschäft ging entweder zurück, oder sie mussten in Diskotheken spielen. Letzteres hieß: Kleckerweise Live-Slots, oft zum Halbplayback, abwechselnd mit DJ-Sets. Unter solchen Umständen ist es für eine Band unmöglich, eine Dramaturgie für eine Live-Show zu entwickeln.

Die zunehmende Bedeutung von Platten führte auch zu einem zunehmenden Einfluss von Produzenten. Joy Fleming hatte daran erheblich zu knabbern, wie ihr verbittert klingendes Statement noch Jahre später zeigt: „Immer hieß das: Du darfst dieses nicht singen, du darfst jenes nicht singen. Du darfst dies nicht tragen, du darfst jenes nicht tragen. Und wenn im Studio die Aufnahmen gemacht wurden, dann mussten sie einem Plattenboss vorgespielt werden, einem dieser Nadelstreifentypen, mit Schlips, sehr distinguiert, und die erklärten einem dann: ‚Das ist uns zu modern', oder ‚So gefällt uns das nicht', oder was weiß ich – immer hatten sie tausend Dinge zu bemängeln."[25]

Es war die verbliebene Mehrheit der „nicht-alternativen" Menschen, die die jetzt aufblühende Diskothekenszene erkundete, statt Konzerte zu besuchen.

Der Tanzfilm *Saturday Night Fever* erschien im Jahr 1977 in den Kinos und bestimmte große Teile der Agenda. Den Film fand man großartig oder zum Erbrechen, dazwischen gab es nichts. Das Resultat war allerdings in jedem Fall, dass die Live-Einnahmen zurückgingen, und dadurch gewannen die Plattenverkäufe an Gewicht. Aber um jetzt im Plattenmarkt einen Blumentopf zu gewinnen, musste die angebotene Musik dancefloorkompatibel sein. Damit konnte man die meisten deutschen Rockmusiker nun allerdings dreimal um die Stadtmauern jagen; für sie war „Disco“ ein Schimpfwort. Etliche Rockdrummer hatten (sorry, es muss gesagt werden) nie ein gutes Gefühl für Timing oder Groove, so mancher war kaum in der Lage, das Tempo zu halten oder einen einfachen 4/4-Rhythmus zu spielen, ohne zu schleppen. Solange sie mit ihrer Band ihre Musik spielten, fiel das meist nicht zu sehr auf, aber im Studio war das etwas anderes. Wenn dort ein gerader, präziser Rhythmus gefordert war, konnte es passieren, dass der Produzent nach zwei Stunden des vergeblichen Getrommels sagte: „Das ist doch Zeitverschwendung, lass uns die Drums mal nacheinander aufnehmen. Spiel jetzt zuerst mal die Bassdrum durch, dann nehmen wir die Snaredrum dazu auf, und dann die Hi-Hat.“ Das Ganze natürlich zum Click-Track im Kopfhörer. Man kann das idiotisch finden, aber nicht selten war das der einzige Weg, um eine Aufnahmesession zu Ende zu bringen, ohne den Etat und den Zeitrahmen zu sprengen. In einem „Making of“ über BLONDIES „Heart Of Glass“ sieht man die gleiche Praxis: Nach einer Weile wird klar, dass es Clem Burke, der nun bestimmt nicht der schlechteste Drummer ist, nicht gelingt, präzise genug zur Rhythmusmaschine zu spielen – ohnehin ein Alptraum für Schlagzeuger.[26] So wurde es in den Studios auch gängige Praxis, Bass- und Snaredrum zu einer Bandschleife zu kleben. Und es ist auch einer der Gründe, weshalb es Anfang der 1980er eine große Erleichterung für Produzenten und Toningenieure war, dass Drumcomputer Einzug in die Musikproduktion hielten.

Womit wir uns deutlich den 1980er-Jahren nähern. Wie sah es denn in Deutschland eigentlich mit der aufkommenden Punk-Bewegung aus? Nun ja, man hatte schon gehört, dass da in London irgendetwas im Gange war. Aber bis es zu einer Reaktion kam, dauerte es noch eine Weile. Trotzdem war, als im Jahr 1977 die SEX PISTOLS mit ihrem Album *Never Mind The Bollocks Here's The Sex Pistols* auf dem Markt erschienen, die Überraschung nicht so groß, wie man vielleicht vermuten könnte. Aber der Countdown zum Ende der Dekade hatte begonnen.

EISZEIT

Auch der Übergang von den 1970ern zu den 1980ern war kein abrupter Sprung. Die Prog-Bands der 1970er verschwanden nicht plötzlich am Silvesterabend des Jahres 1979. Ihr Sound hatte ein bisschen Staub angesetzt, manche sahen sie bereits als Dinosaurier. Auf der anderen Seite war 1977 die Sex-Pistols-LP *Never Mind The Bollocks Here's The Sex Pistols* erschienen, und mit ihr waren auch in Deutschland die Punk-Revolution und die 1980er ausgebrochen. – Oder?

Ein bisschen komplexer war es dann doch. Die meisten Medienmenschen (aber nur wenige Fans) wussten, wer der Kopf hinter dem Projekt Sex Pistols war: Malcolm McLaren hatte immer schon einen sechsten Sinn für kommende Änderungen gehabt. In den 1970ern betrieb er mit Vivienne Westwood eine Boutique in Londons King's Road, später in New York managte er die New York Dolls und designte ihre Kostüme. Zurück in London übernahm er das Management einer Band namens The Strand, verpasste ihnen den neuen Namen Sex Pistols und nahm ihre Karriere in die Hand. Von seiner Seite aus war das ein vollkommerzielles und durchdachtes Projekt, das in erster Linie auf dem alten Prinzip des kalkulierten Skandals aufbaute, um den Namen unter die Leute zu bringen. Diese Aufgabe erfüllte ein provokanter Auftritt in einer ITV-Sendung mit ihrer ersten Single, „Anarchy In The UK". Die EMI, ihr Label, schmiss die Sex Pistols nach diesem Auftritt (fast möchte man sagen: wunschgemäß) raus und lieferte ihnen damit erstklassige Publicity. Assistenz kam noch von anderer Seite: Als der *New Musical Express* einen Leser-Poll durchführte und darin nach „der größten Hoffnung für 1977" fragte, entschieden sich die Leser mehrheitlich für Brand X. Der Chefredakteur jedoch setzte die Sex Pistols auf den Spitzenplatz.[1] Das flog natürlich auf, und wieder war die Band in einen willkommenen Skandal verwickelt. McLaren lizenzierte die nächste Single der

Sex Pistols, „God Save The Queen“, an A&M Records. Als dann die Polizei die Release-Party stürmte, zeigte auch dieses Label der Band die Tür und vernichtete (angeblich) die bereits gepressten Platten. Das war erneut erstklassige Publicity und machte die Band attraktiv genug für – ausgerechnet – das Hippie-Label Virgin. Die Single landete auf #2 der Charts, das Album folgte. Die „Punk-Revolution“ war also bestenfalls ein Revolutiönchen.

Malcolm McLaren stellte seine feine Trend-Antenne im Jahr 1983 mit seinem Soloalbum *Duck Rock* nochmals unter Beweis.

In Deutschland fanden der Musikproduzent Axel Klopprogge und der Fernsehregisseur Eckehard „Ecki“ Ziedrich aus Frankfurt, dass das, was in England funktioniert hatte, auch in Deutschland möglich sein müsste. Sie engagierten erfahrene Musiker aus der Band Tiger B. Smith, die sich im Jahr 1975 getrennt hatte, verpassten ihnen Pseudonyme, nannten sie Strassenjungs und veröffentlichten ein Debutalbum namens *Dauerlutscher* (1977) auf dem etablierten CBS-Label. Die Band war offenkundig nicht weit entfernt von dem, was wir heute ein Casting-Projekt nennen würden; die Idee war, ein Punk-Projekt zu simulieren, um einen Fuß in eine eventuell entstehende neue Jugendszene hineinzubekommen. Es hat in diesem Fall nicht funktioniert; die Strassenjungs waren kein großer Erfolg. Hans Keller schrieb in *Sounds*: „Harmloser, durchschnittlicher Rock ohne Eigenart. Eine verbreitete, alte Krankheit des Deutsch-Rocks, von der leider auch die Vertreter des neuesten Trends offenbar nicht verschont bleiben.“[2]

Hans Keller war nicht wirklich eine wichtige Figur der Szene, aber dennoch eine interessante: In den 1970ern war er Layouter bei *Sounds*. Als er in den späten 1970ern beschloss, ein Punk zu werden, wurde er von den „klassischen“ Redakteuren des Blattes zwar belächelt, aber sie räumten doch ein wenig Platz für seine Besprechungen einiger Punk-Platten frei. Sein früher Schreibstil war voller Phrasen, von denen er dachte, Punks würden sie verwenden.

Die alteingesessenen *Sounds*-Leute fanden das eher albern, aber nach einer Weile merkten sie doch, dass eine neue Welle anrauschte, die sie nicht würden totschreiben können. Zudem kamen einige neue Leute zur *Sounds*, die über die New Wave wohlinformiert waren, weil sie selbst zur Szene gehörten. Der wichtigste von ihnen war Diedrich Diederichsen. Er spielte in einer Band mit dem Namen Nachdenkliche Wehrpflichtige (über den sie vermutlich länger nachgedacht hatten als über ihre Musik). Wirklich wichtig war auch sie nicht, aber es spielten dort FM Einheit, Frieder Butzmann, Timo Blunck und Bettina

Köster, und damit war sie zumindest eine Art Keimzelle. Sie veröffentlichte im Jahr 1980 auf dem Hamburger Zickzack-Label eine EP mit dem Titel *Politik für junge Leute*, der ein bisschen das öffentlich-rechtliche Radio hochnahm – es gab solche Sendungen, und sie waren schwer erträglich. In einige Bandprojekte mischten sich nun auch Elemente der amerikanischen „No Wave“, wie sie die SWANS, SONIC YOUTH, MATERIAL, SUICIDE, Lydia Lunch und einige mehr entwickelt hatten. Timo Blunck gründete PALAIS SCHAUMBURG (benannt nach dem Bonner Bundeskanzleramt), eine Art Gegenstück zu DER PLAN aus Düsseldorf und eine der beiden wichtigen Hamburger Gruppen, die mitdefinierten, was dann die *Neue Deutsche Welle* (NDW) wurde (die andere war ABWÄRTS).

Auch Hans Keller übrigens spielte in einer Band, GEISTERFAHRER aus Hamburg, er spielte Geige, Synthesizer und Bass. Nachdem ihre erste EP noch auf Zickzack erschienen war, schloss die Gruppe einen Vertrag mit dem Label Konkurrenz ab, das ein Sublabel von Philips war. Damit waren die GEISTERFAHRER die erste NDW-Band, die auf einem Major-Label erschien. Das Album hieß *Schatten voraus* (1980); der Sound wurde von trockenem Schlagzeug, dem Korg MS-20 und wackeligem, effektgeladenem Gesang dominiert. Mit etwas Fantasie könnte man in der Platte einen Vorläufer des späteren Goth oder der Dark Wave sehen.

Das Etikett „Neue Deutsche Welle“ war schnell appliziert. Dieser Terminus stammte aus einer Anzeige für das erste Album von DEUTSCH-AMERIKANISCHE FREUNDSCHAFT (DAF), die der West-Berliner Plattenhändler Burkhard Seiler (alias Der Zensor) in der *Sounds* platziert hatte. Der Hamburger Musikjournalist Alfred Hilsberg griff diese Phrase auf und packte sie in die Überschrift eines Artikels: „Neue Deutsche Welle – Aus grauer Städte Mauern“. Hilsberg hatte im Jahr 1980 das erwähnte Label Zickzack gestartet und veröffentlichte dort eine Reihe von Bands und Projekten, die sich alsbald einen Namen in der NDW-Szene machten: ABWÄRTS, ANDREAS DORAU & DIE MARINAS, EINSTÜRZENDE NEUBAUTEN, FREIWILLIGE SELBSTKONTROLLE, Andy Giorbino, KOSMONAUTENTRAUM, DIE KRUPPS, PALAIS SCHAUMBURG, DIE RADIERER, SPRUNG AUS DEN WOLKEN, DIE TÖDLICHE DORIS, THE WIRTSCHAFTSWUNDER, XMAL DEUTSCHLAND, DIE ZIMMERMÄNNER und einige mehr.

Die meisten und bemerkenswertesten NDW-Acts hatte Düsseldorf zu bieten. Viele der Namen, auch solche, die eher dem Punk-Umfeld zuzurechnen waren, kennt man noch heute, genannt seien DER PLAN, DEUTSCH-AMERIKANISCHE FREUNDSCHAFT (DAF), MITTAGSPAUSE, ROTZKOTZ, DIE KRUPPS, DIE TOTEN HOSEN. Moritz Reichelt (alias Moritz Rrr oder auch Moritz R®), der selbst Mitglied von Der Plan war, hatte diese Bands auf seinem einflussreichen lokalen Indie-Label Ata Tak (zu lesen als „Art Attack“) versammelt. Die Single „Ein Jahr (Es geht voran)“ der Fehlfarben kletterte im April 1982 bis auf die #22 der Charts; 20 Jahre später fuhr das dazugehörige Album *Monarchie und Alltag* (1980) eine goldene Schallplatte ein.

Düsseldorf war ein Spielplatz, auf dem jeder jeden kannte. Die Szene hatte einen Brennpunkt im Ratinger Hof, und es ist sicher nicht überzogen, diese ehemalige Allerweltskneipe als eine der wichtigsten Keimzellen der Düsseldorfer Szene zu betiteln – und damit der NDW überhaupt. Der Ratinger Hof wurde Gegenstand eines Dokumentarfilms[3] und mindestens eines Buches[4]. Wer als NDW-Band etwas werden wollte, musste dort gespielt und sich mit den (manchmal sehr zupackenden) Reaktionen des Publikums auseinandergesetzt haben. In gewisser Weise war der Hof mit dem Star-Club 20 Jahre vorher vergleichbar: Dort akzeptiert worden zu sein, öffnete Türen. Und natürlich hörten alle Bands, die dort auftraten, einander zu und lernten (oder klauten) voneinander.

Eine neue Synthesizer-Generation

Es gab eine Voraussetzung für das Entstehen dieser Bands, und das war eine technische.

Leider habe ich als Kind nie systematisch ein Musikinstrument erlernt, was ich bis heute bedaure. Es wurde in meiner Familie nie auch nur in Erwägung gezogen, dass der Junge an sowas vielleicht interessiert sein könnte. Eine Zeitlang trommelte ich später in einer Band mit zwei Mitschülern, konnte dies dann aber aus verschiedenen Gründen nicht fortsetzen, unter anderem, weil ich von der Schule flog.

Dass ich an elektronischer Musik generell interessiert war, und speziell an Synthesizern, wird nicht verborgen geblieben sein. Nur waren diese bis dahin unerschwinglich. Jetzt aber, um das Jahr 1980 herum, wurden sie plötzlich bezahlbar, besonders jene von japanischen Herstellern. Für die nächsten 15 Jahre wurde ich zum begeisterten Keyboarder. Das Instrumentarium wuchs, dazu kam auch Recording-Equipment, denn auch das wurde deutlich günstiger.

Ich war nicht der Einzige. Dass die Musikelektronik innerhalb relativ kurzer Zeit in der geschilderten Weise zwar nicht „billig“, aber auch für Normalsterbliche erschwinglich wurde, hatte erhebliche Konsequenzen, denn nun eröffnete sich den Amateurmusikern eine komplett neue Welt, und der entscheidende

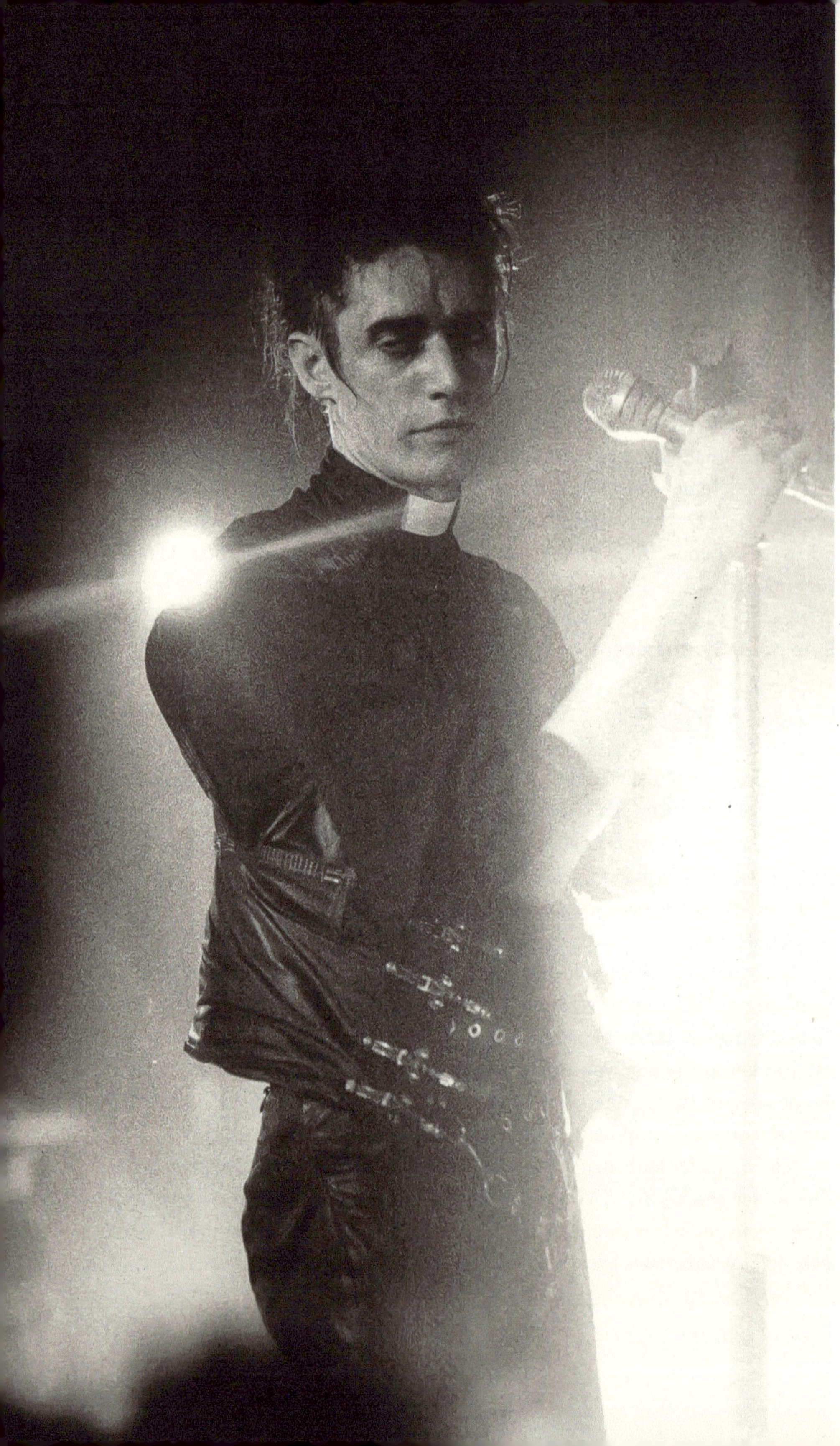

Blixa Bargeld, Sänger von Einstürzende Neubauten (London, 19. August 1983)

Punkt war: Sie gingen mit der Elektronik anders und sehr viel respektloser um als die Vorväter Schoener, Schulze, TANGERINE DREAM und Co.

Die erste Hälfte der 1980er-Jahre wurde zur goldenen Zeit der Hersteller elektronischer Instrumente. Neue Synthesizermodelle trafen fast monatlich in den Läden ein. Die wichtigen Entwicklungsschritte waren polyphone Synthesizer, die mehrstimmig spielbar waren, das anschlagdynamische Keyboard, die Möglichkeit, selbstentwickelte Sounds zu speichern, und schließlich der MIDI-Standard, mit dessen Hilfe man Synthezizer untereinander verbinden konnte; wenig später, nachdem Geräte wie der erste Macintosh oder der Atari 1040ST auf dem Markt waren, ließen sich auch Computer in solche Set-ups einbeziehen. Die blühenden Special-Interest-Magazine für Musikelektronik (damals waren dies hauptsächlich *Keys* und *Keyboards, Homerecording und Computer*) spielten dabei eine wichtige Rolle. Sie brachten Interviews mit Profimusikern, Messereportagen und so weiter, vor allem aber Testberichte. Diese waren natürlich – wie immer bei Magazinen dieser Art – ein Eiertanz, denn die Magazine lebten von den Anzeigen der Hersteller, deren Instrumente sie testeten.

Ohne diese Entwicklungen hätte es die NDW so nicht gegeben. Woran man sieht, dass technischer Fortschritt und Rockmusik sich in einem ständigen Austauschprozess befinden.

Die meisten Stücke, die von NDW-Bands kamen, waren kurz, simpel und laut. Die Musiker hatten selten „golden voices" und waren keine Virtuosen auf ihren Instrumenten. Aber darauf kam es nicht an. West-Berlins EINSTÜRZENDE NEUBAUTEN setzten kaum mal Musikinstrumente ein, sondern arbeiteten mit allen Arten von Werkzeugen, Schrott und Baustellenfundstücken. Eine unvergessliche TV-Reportage zeigte die Band in ihrem „Proberaum", einem klaustrophobisch niedrigen Hohlraum im Inneren einer Autobahnbrücke – wäre das allerdings Fake fürs Fernsehen gewesen, man wäre nicht überrascht. Später konnten sich die NEUBAUTEN dann zunehmend als Kunstprojekt inszenieren, etwa im Jahr 1986, als Peter Zadek sie für seine Inszenierung des Stücks *Andi* ans Deutsche Schauspielhaus in Hamburg holte. Dass sie ihr Quantum an Hungerjahren hinter sich hatten, machte sie erst richtig glaubwürdig. Auch Blixas Mitwirkung bei NICK CAVE & THE BAD SEEDS trug dazu bei.

Auch wenn Düsseldorf stärker durch die Mechanismen der NDW gekennzeichnet zu sein scheint als andere Städte, so war die NDW doch kein spezifisch Düsseldorfer Phänomen. Die meisten NDW-Gruppen blieben dennoch immer eine lokale Erscheinung. Es waren nicht mehr als fünf oder vielleicht sechs Bands, die es zu Bekanntheit außerhalb ihrer jeweiligen Städte gebracht haben.

Sehr deutlich werden die Parallelen, wenn man die Strukturen der deutschen Punk-Szenen in den verschiedenen Städten mit dem Dokumentarfilm *Debt Begins at 20* von 1980 vergleicht, der die lokale Punk- und New-Wave-Szene von Pittsburgh, Pennsylvania, portraitiert.[5] Der Film zeigt augen- und ohrenfällig, dass Punk eine Reaktion auf bestimmte Lebensbedingungen war, wie sie in den 1980ern typisch für viele Industriestädte der Welt waren. Wer glaubt, die deutschen Bands hätten eine Sonderstellung eingenommen, irrt.

Punks, Popper und die Generation Golf

Teil der New Wave war in Deutschland die „Popper"-Bewegung, worunter junge Leute zu verstehen waren, die asymmetrische Haarschnitte, Karottenjeans und teure Klamotten von Marken wie Burberry, Diesel, Fiorucci oder Lacoste trugen, Kaschmir bevorzugt. Dazu gehörten international klingende Zigarettenmarken wie Dunhill, Kent oder JPS. Popper handelten betont konservativ, apolitisch und gutgelaunt. Dadurch wurden sie zu einem gefundenen Fressen für die Punks, und das führte immer wieder einmal zu Schlägereien vor Kneipen und Clubs. Die Popper-Bewegung hatte ihren Ausgangspunkt in Hamburg (erstaunt Sie das?) und breitete sich in den Metropolen als Teil dessen aus, was später „Generation Golf" genannt wurde – Leute also, die ihre Jugend in den 1970ern und 1980er erlebt hatten und das Äquivalent zur amerikanischen „Generation X" bildeten. (Lassen wir mal außen vor, dass die Definition bestimmter „Generationen", denen Eigenschaften und Verhaltensweisen zugeschrieben werden, schon immer ein ausgemachter Unsinn war, aber die Medien lieben Etiketten.) Der Terminus „Generation Golf" stammt aus dem Buch gleichen Namens von Florian Illies und wurde zu einer gleichsam feststehenden Bezeichnung. Diese Generation der zwischen 1965 und 1975 Geborenen wuchs mit dem VW Golf auf, dem nachgesagt wurde, ökonomisch und ökologisch vernünftig zu sein und der schon deshalb dazu verurteilt war, ein gigantischer Erfolg zu werden. Und so kam es dann auch. Jeder fuhr entweder selbst einen Golf oder kannte jemanden, der einen besaß. Musikalisch steuerte die Generation Golf Bands wie PROPAGANDA, ALPHAVILLE und ein paar andere bei; irgendetwas zwischen Elektronik und New Wave. Es war kein Dauertrend, aber die NDW umfing ihn.

Ähnlich wie die Punk-Bewegung entstand auch die NDW aus einem Überdruss. Sie war eine Reaktion auf die zunehmend bombastischen Stadion-Acts und Prog-Bands. Auch die drogenbefeuerten Exkursionen durch ferne Galaxien waren fade geworden, ein Virtuose auf seinem Instrument zu sein, war nicht der Punkt, um den es ging. Die Musik hatte kurz, laut, energisch und manchmal pathetisch zu sein, dabei kam sie nicht selten mit einer selbstmitleidigen „Es ist eh alles sinnlos"-Attitüde daher. Die Sprache hatte deutsch zu sein, und die schrille, destruktive Aggressivität vieler Nummern ist noch immer bemerkenswert, insbesondere der Kasernenhofton mancher Sänger. Vieles davon spiegelte eine depressive gesellschaftliche, aber auch persönliche Grundstimmung wider, die teils echt, teils aber auch aufgesetzt war, dabei allerdings immer ohne Kampfaufrufe oder die Empfehlung bestimmter radikaler politischer Positionen auskam. Nicht einmal Carambolage, eine in Fresenhagen von Leuten aus dem Ton Steine Scherben-Umfeld gegründete Band, rief nach einer besseren Welt oder lehnte sich gegen Klassenfeinde auf, wie das noch ihre Eltern getan hatten.

Ausverkauf

Selbstverständlich zogen die ersten Erfolge der NDW Nachahmungstäter an, und nachdem „Fred vom Jupiter" versehentlich ein Hit geworden war, hob sie als kommerzielles Phänomen ab.

Diese Single erschien im Jahr 1981 als eine, mit Verlaub, leicht bekloppte Schlagerparodie, veröffentlicht unter dem Namen Die Doraus & Die Marinas, erfunden und produziert von Andreas Dorau aus Hamburg mit einer Handvoll Mitschülerinnen. Die Produktion verwendete einen Synthesizer, einen Sequenzer und eine billige Rhythmusmaschine, das Ganze wurde im Studio der Geisterfahrer aufgenommen, mehr oder weniger also unter Homerecording-Bedingungen. Als die Platte auf dem Ata-Tak-Label erschien, sah sicher niemand voraus, was passieren würde: Im Frühjahr des Jahres 1982 kletterte der Song auf #21 und blieb 18 Wochen lang in den Charts. In Österreich erreichte der Song #13, und um die Nachfrage bedienen zu können, lizenzierte Ata Tak den Song an das Major-Label Teldec.

Diese Produktion und dieser Erfolg waren nicht nur möglich, weil der Prog-Rock ein alter Hut war, der eine Antwort benötigte, sondern auch, weil Synthesizer und Homerecording-Equipment erschwinglich geworden waren, und die Klangästhetik, die von diesem Equipment ausging, wurde von einer breiten Öffentlichkeit akzeptiert, weil sie frisch und neu klang.

Und das hatte Konsequenzen. Die Plattenindustrie merkte plötzlich: Diese seltsame NDW hat ja Potenzial. Und so sprangen alle Plattenfirmen auf den anfahrenden Zug auf. Das Ergebnis war die wohl größte Hype-Kampagne seit der „Top Szene Hamburg". Der vorerwähnte Axel Klopprogge (der STRASSENJUNGS-Produzent) startete das kommerzielle NDW-Bein mit den Songs „Ich will Spaß" und „Kleine Taschenlampe, brenn" mit den Sängern Markus (voller Name Markus Mörl) und Nena. Beide, Sänger und Songs, waren Teil des Spielfilms *Gib Gas, ich will Spaß* von 1983; in England lief der Film unter dem Titel *Hangin' Out*. Der wurde ein moderater Erfolg, und sein Regisseur Wolfgang Büld tat kund: „Der breite Durchbruch deutschsprachiger Popmusik machte eine Kombination von Spielfilm mit Musik möglich, eine Situation, auf die man in Deutschland lange warten musste."[6] Der Film war eine direkte Fortsetzung der infantilen Schlagerkomödien der 1950er- und 1960er-Jahre, und die Frage, ob darauf wirklich irgendjemand gewartet hat, wird zulässig sein. Eine moralinsaure Schlagergurke wie „Verliebt, verlobt, verheiratet" jedenfalls hätte bruchlos auch in diesen Film gepasst, und Nena und Markus wären passende Protagonisten dafür gewesen.

Seit ihrem ersten Hit „Nur geträumt" (1982) war Nena ein bekannter Name, die Naivität, Sentimentalität und der schlichte Witz des Films, die mit Nenas Ausstrahlung wie angemessen zusammenpassten, öffneten ihr die Türen, und mit ihr der gesamten NDW – wohlverstanden: der NDW, wie sie *jetzt* war. Dutzende von Bands, Sängern und Projekten wurden in die Umlaufbahn geschossen, alle mit dem Etikett „NDW". Nenas „99 Luftballons" erreichte als „99 Red Balloons" sogar die #1 in England und #2 in den USA und verkaufte sich mehr als 2 Millionen Mal. Und wie man es schon bei der „Top Szene Hamburg" erlebt hatte, waren die meisten dieser Acts „One Hit Wonders", manche wurden sogar der NDW einverleibt, ohne wirklich dort hinzugehören, wie etwa der freundlich-ironische Sommerschlager „Bruttosozialprodukt" der Gruppe GEIER STURZFLUG (1983, #1 in Deutschland, Österreich und Schweiz) oder der pseudo-ökologische Tränendrüsendrücker „Karl der Käfer" von GÄNSEHAUT, einem Bandprojekt von Redakteuren des Magazins *Keyboards, Homerecording und Computer*, inklusive dessen Chefredakteur Gerald Dellmann, der einmal der Keyboarder der Band SATIN WHALE gewesen war. Der Song erreichte #17.

Die Neue Deutsche Welle war am Ende genau dort gelandet, wo dieses Buch angefangen hat: beim Schlager.

Ideal, Annette Humpe

Nur wenige Projekte hatten mehr Substanz. IDEAL muss hier genannt werden. Sie spielten in West-Berlin im Vorprogramm von BARCLAY JAMES HARVEST vor 150.000 Zuschauern und waren für ein paar Sekunden auch in der „Tagesschau" zu sehen. Ihr selbstbetiteltes Debutalbum war ein wenig hölzern von Klaus Schulzes Musikverleger Klaus D. Müller (alias kdm) produziert und auf Schulzes IC-Label veröffentlicht worden. (Klaus Schulzes Stück „Weird Caravan" vom Album *Dig It* basiert auf einer Schleife, die aus IDEALs Song „Telephon" stammt.) Die LP stand ein Jahr in den Charts, die höchste Position war #3, sie erreichte Goldstatus für 250.000 verkaufte Exemplare und wurde damit die erste Goldene für ein Independent-Label. IDEAL bestand aus vollprofessionellen Musikern, deren instrumentale Kompetenz von vielen unterschätzt wurde. Bassist Ernst Deuker und Gitarrist/Sänger Frank Jürgen „Eff Jott" Krüger von den X-PECTORS spielten bretthart, der Drummer Hans-Joachim Behrendt hatte bei VOLKER KRIEGELS MILD MANIAC ORCHESTRA und dem RELEASE MUSIC ORCHESTRA gespielt, und die Patterns, die er zu IDEAL beisteuerte, waren oft deutlich komplizierter als sie im Kontext klangen. Die Hauptperson war aber die Sängerin und Keyboarderin Annette Humpe. Ihre Texte waren clever und kamen auf den Punkt. Manche Songs waren hart an der Grenze zum Schlager, kamen aber mit einem Augenzwinkern daher, das man schon fast als subversiv verstehen konnte. Annettes Gesang war energisch, manchmal mit einem etwas zu dramatisch gerollten R, auf der Bühne erinnerte ihre Spielweise auf der Yamaha Electone an Schreibmaschineschreiben (tatsächlich hatte sie sechs Semester Klavier und Komposition studiert). Meist erschien sie mit Kapitänsmütze auf der Bühne, aber auch ohne diesen Deckel wäre klar gewesen, dass man hier nicht „eine Band mit Sängerin" vor sich hatte, sondern dass das *ihre* Band war. Bestimmt war es auch ihre Idee, die Band mit einer Hymne auf ihre Stadt zu starten: „Berlin", ein noch heute wohlbekannter Song, der die Atmosphäre Kreuzbergs in den 1980ern mit seinen hippen Clubs und Kneipen in Erinnerung ruft.

Conny Plank produzierte das zweite IDEAL-Album, *Der Ernst des Lebens* (1981), ihr bestes Album, von Conny ein bisschen zu sehr auf „Proberaum-Sound" hin gemischt. Es folgte *Bi Nuu* (1982), ein Nonsens-Titel, produziert von Gareth Jones und gemischt im Hansa-Studio.

IDEAL gelang das Kunststück, kommerziell zu den stärksten Acts der 1980er-Jahre in Deutschland zu gehören und dennoch die ursprüngliche Substanz der NDW zu repräsentieren. Und die Band war clever genug, um sich im März des Jahres 1983 im Zenit ihrer Karriere aufzulösen: Sie hätte einen Auftritt in der „ZDF-Hitparade" absolvieren sollen, schickte stattdessen jedoch eine Erklärung, die Dieter Thomas Heck in der Sendung zitierte: Die Band habe sich soeben getrennt, wie dies von Anfang an geplant gewesen sei. – Man ist geneigt, das sogar zu glauben. Annette Humpe gehört bis heute zu den wichtigsten Produzentinnen und Texterinnen im Lande.

Annette Humpe war auch in einen anderen NDW-Smash-Hit involviert, in diesem Fall als Back-up-Sängerin: Mit vollem Titel hieß das Stück „Da Da Da Ich lieb dich nicht Du liebst mich nicht Aha Aha Aha" (1981) von Trio aus dem niedersächsischen Großenkneten bei Oldenburg. In seiner Simplizität kann man das Stück nicht anders bezeichnen als einen Geniestreich. Der Produzent war kein geringerer als Klaus Voormann. Der Gitarrist war Gert „Kralle" Krawinkel, der vorher in den Country-Folk-Bands Cravinkel und Emsland Hillbillies gespielt hatte, später tauchte er bei Marius Müller-Westernhagen wieder auf. Der Drummer Peter Behrens hatte als Clown gearbeitet, mit Silberbart gespielt und starb schließlich als Schwerstalkoholiker. Trios Sänger Stephan Remmler war Lehrer und Musikdozent, unter dem Pseudonym Rex Carter aber auch schon als Schlagersänger unterwegs gewesen: „I Know It's Over"/„Now I'm Leaving Home" (1971 bei Philips veröffentlicht) war die erste Single; die Backing-Band war niemand Geringeres als Frumpy. Das Follow-up, „Ich liebe die Sonne"/„Melanie" war von Manfred Oberdörffer geschrieben worden; man erinnert sich an ihn als den Schlagersänger Tony und seine Band The Tonics. Nach dem Ende von Trio widmete sich Remmler wieder dem Schlager. „Alles hat ein Ende, nur die Wurst hat zwei" erschien im Jahr 1986 und wurde ein Karnevalshit. Passt scho, würde man in Bayern sagen.

Klaus Nomi

Klaus Nomis wirklicher Name war Klaus Sperber, das Pseudonym „Nomi" war ein Anagramm von „Omni", einem Datenübertragungsmodus für Synthesizer und Musikelektronik. Als ausgebildeter klassischer Countertenor zog er 1973 nach New York, da er kein Engagement an einem deutschen Opernhaus fand. Dort startete er seine Karriere mit ein bisschen Hilfe von David Bowie, der ihn für einen Auftritt in „Saturday Night Live" als Backup-Sänger anheuerte.

Nomi machte schwarzweißes Kabuki-Makeup zu seinem Markenzeichen, trug kubistische Kostüme und bewegte sich auf der Bühne in einer Weise, die er von deutschen Expressionisten der 1920er-Jahre übernommen hatte. Er schrieb

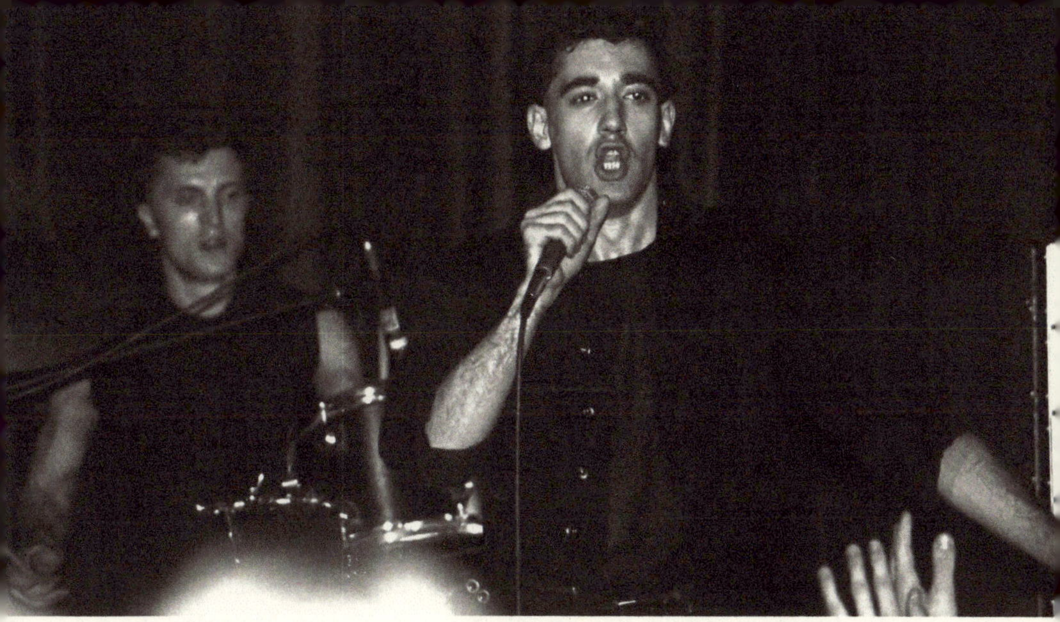

DAF: Robert Görl und Gabi Delgado-López (1981)

einige Songs („Keys of Life", „Nomi Song"), in denen er mit Dada-Elementen und einem bis ins Komische überzogenen deutschen Akzent arbeitete. Sein bekanntestes Lied aber wurde die Arie „Oh What Power Art Thou (Cold Song)" aus Henry Purcells Oper *King Arthur*.

Um das Jahr 1981 wurde Nomi als HIV-positiv diagnostiziert, damals noch eine vorurteilsbehaftete und kaum erforschte Krankheit. Ein Auftritt in der „Klassik-Rock-Nacht 1982"[7] im Bayerischen Fernsehen mit vollem Orchester unter der Leitung von Eberhard Schoener zeigt Nomi bereits sichtlich geschwächt. Dieser berührende „Cold Song" wurde sein letzter Bühnenauftritt, und es ist anzunehmen, dass er das bereits ahnte. Klaus Nomi verstarb im Jahr 1983 im Alter von nur 39 Jahren. Andrew Horns Dokumentation *The Nomi Song* von 2004 fasst seine kurze Karriere sehr sehenswert zusammen.

DAF

Schon wiederholt war in diesem Buch die Rede von kalkulierten Skandalen, und da darf die Deutsch Amerikanische Freundschaft (DAF) nicht fehlen. Hier nämlich hat die Methode einmal mehr funktioniert, um Medienaufmerksamkeit zu erregen. Gabi Delgado-López und der Schlagzeuger Robert Görl, nun als Duo, reduzierten den Sound der Band zu einem Skelett aus kurzen

Sequenzer-Patterns und Schlagzeug und setzten dieses als Backing für Gabis durchweg in einem knurrenden Kommandoton vorgetragene, oft reichlich verschwitze Vokalismen ein.

Das Album *Alles ist gut*, im Jahr 1981 nicht mehr auf Ata Tak, sondern auf Virgin veröffentlicht, war von Conny Plank produziert und aufgenommen. Von ihm stammte unter anderem die Idee, den Klang der ausklingenden Becken nach etwa einer Sekunde mit einem Noise-Gate hart abzuschneiden – ein schlagender Effekt, den man auf späteren Remasters leider weggelassen hat.

Vermutlich hätten nicht allzu viele Leute außerhalb Düsseldorfs das Album überhaupt wahrgenommen, hätte DAF nicht den Song „Der Mussolini" als Single ausgekoppelt. Dessen Text fordert die Hörer dazu auf, den Jesus Christus, den Adolf Hitler, den Mussolini und den Kommunismus zu tanzen – barer Unsinn, von Gabi mit geschwollenen Erklärungen über Autoritäten unterfüttert,[8] aber der Zweck war erfüllt: Radiomoderatoren, Zeitungen, Magazine, die Kirche und etliche Politiker rasteten wie gewünscht über die Frage aus, ob man Jesus im selben Atemzug wie Adolf Hitler oder Mussolini nennen und diese dadurch banalisieren dürfe. Was passieren sollte, passierte: *Alles ist gut* kletterte auf die #15 der deutschen und #16 der österreichischen Albumcharts.

DAF nutzen das Aufmerksamkeitsfenster und gingen mit ihrem Erfolg auf Tour. Da sie auf der Bühne nicht mit Synthesizern und Sequenzern arbeiten wollten, stapelten sie um die 20 Cassettenrecorder aufeinander, jeder davon enthielt einen Backing-Track. Robert Görl trommelte dazu live.

Alles ist gut ist einer jener NDW-Solitäre, die tatsächlich etwas auf den Weg gebracht haben, das es so vorher nicht gab, auch kann man das Album als Vorläufer des späteren Industrials oder der EBM sehen. „Als wär's das letzte Mal", „Der Räuber und der Prinz" und „Alles ist gut" haben nichts von ihrem Charme eingebüßt. Aber das Konzept funktionierte nur einen Sommer lang und nur für dieses Album. Spätere LPs der beiden lassen keine Weiterentwicklung mehr erkennen.

Und die Etablierten?

Selbstverständlich gab es etablierte Musiker, die alle Trends ignorierten und auf ihrem einmal eingeschlagenen Weg weitergingen.

Cluster fielen im Jahr 1981 nach der Veröffentlichung ihres Albums *Curiosum* aus persönlichen Gründen auseinander. Die beiden kamen erst Mitte der 1990er-Jahre als Duo zurück, aber es war nicht mehr das, was es gewesen war.

Klaus Schulze integrierte einen Crumar GDS (General Development System) in sein Equipment, der die erste Kombination von Synthesizer und Computer war. Ein großer Erfolg war dieser Kiste nicht beschieden. Außer Klaus Schulze setzten ihn nur Wendy Carlos und Chris Franke ein; nach meinem Kenntnisstand sind nicht mehr als zehn dieser Geräte gebaut worden. Klaus Schulze spielt den GDS auf dem Album *Dig It* (1980) und brachte damit einen wahrnehmbar anderen, digitaleren Sound in seine Musik, stilistisch allerdings blieb er im Wesentlichen beim Gewohnten.

Tangerine Dream wandten sich zunehmend der Filmmusikproduktion zu und warfen ein Album nach dem anderen auf den Markt, leider für durchweg zweit- und drittrangige Filme. Im Jahr 1982 gelang ihnen ein Hit in Deutschland: „Das Mädchen auf der Treppe“ war die Titelmusik zu dem gleichnamigen Schimanski-*Tatort* und erreichte #13 der Charts. Das Stück war ein Remix des Titeltracks ihres Albums *White Eagle*.

Eberhard Schoener wurde ein weiteres Mal zum Pionier, diesmal im Gebrauch von Sound-Samples. Sein Album *Spurensicherung* (1983) basierte auf einer interessanten Grundidee: Auf einen Titel mit Gesang folgte jeweils ein Instrumentalstück, das mit Samples einen Rückbezug zu dem Text herstellte. Die Klangquellen waren verschieden klingende Steine, ein mexikanischer Markt, der Gesang der Mönche aus dem Kloster Sama in Tibet, und andere. Trotz der Mitwirkung der Sängerin Hazel O'Connor, des Sängers und Keyboarders George Kochbek (der hier fast wie Sting klingt) und des Schauspielers Rolf Zacher war das Album recht spröde und mehr technisch als musikalisch interessant; es wurde auch nie als CD veröffentlicht und ist heute ziemlich vergessen.

Anders dagegen dessen Nachfolger: *Sky Music/Mountain Music* (1984) war eine Soloplatte Schoeners. Das Album basierte auf einem Multimedia-Live-Event am Tegernsee unweit von Schoeners Wohnort. Musiker spielten auf einer Bühne in der Mitte des Sees, auf den Berghängen um den See waren Lautsprecher platziert, dazu gab es eine Lasershow und Drachenflieger mit speziell bemalten, beleuchteten Drachen. Über dem See wurden hunderte von Brieftauben freigelassen, jede von ihnen trug eine kleine Flöte, die durch den Flugwind einen schwirrenden Klang erzeugten. Schoener hatte diese Flöten in Bali gefunden. – Später wurde das Konzert in Teilen im Studio nachgestellt. Weil es keine Möglichkeit gab, die Tauben in der Luft aufzunehmen, wurden die Flöten an Holzstäben befestigt und in den Windkanal von BMW gestellt. Die resultierende Klangwolke wurde in den Fairlight gefüttert und mit Oberheim- und Moog-Klängen ergänzt. So entstand die „Sky Music“. Die „Mountain Music“, der zweite Track des Albums, basiert auf modifiziertem Vogelgesang, kombiniert mit elektronischen Sounds.

Die 1970er und 1980er waren auch Michael Rothers erfolgreichste und produktivste Zeit. Nach seinen ersten drei Soloalben hatte er Sky Records verlassen; *Fernwärme* (1982) und die folgenden drei LPs (*Lust*, 1983; *Süßherz und Tiefenschärfe*, 1985; *Traumreisen*, 1987) erschienen auf Deutschlands noch immer größtem Label Polydor. Rother hat es stets vermieden, sich zu verschulden, und so war es der Polydor-Deal, der ihm ermöglichte, sich einen Fairlight zuzulegen. Zum ersten Mal ist das Instrument auf *Lust* zu hören, das Eröffnungsstück, „Palmengarten", wurde auch als Single veröffentlicht. Polydor versuchte, Rother als „Deutschlands Antwort auf Jean-Michel Jarre" aufzubauen, sie brachte ihn in dem Fernseh-Klatschmagazin „Bitte umblättern" unter und schickten ihn durch die Vormittagsmagazine der Radiosender. Aber Rothers Musik, so leicht sie manchmal zu sein scheint, war keine Musik für die Massen, es gab auch keine Konzerte anzukündigen, und die ausgewählten TV- und Radiosendungen waren nicht das richtige Umfeld, mit dem man Menschen erreichen konnte, die sich für seine Musik wirklich interessierten. Rothers Alben stiegen nicht plötzlich in die Charts ein, sondern waren Langläufer, und so recht schien niemand zu wissen, wer eigentlich sein Publikum war. Die Single „Glitzerglanz" vom *Süßherz*-Album wurde jahrelang im NDR als Zwischenmusik verwendet, ein Charterfolg wurde sie trotzdem nie.

Außerhalb Deutschlands war Rother eher unbekannt. Dass er in HARMONIA und NEU! gespielt hatte, war keine große Hilfe. In den USA gab es seine Platten nur als Import. Und so war es dann wohl unvermeidlich, dass die Polydor nach *Traumreisen* ihre Option nicht mehr wahrnahm. Auf der anderen Seite war Rother in Deutschland zu bekannt, um für kleine Independent-Labels erschwinglich zu sein. Und so war dann fast zehn Jahre lang außer ein paar Filmmusiken nichts Neues aus dem Hause Rother zu hören.

Selbst KRAFTWERK wurden nun ohne viel Federlesens der NDW zugeschlagen. Im Jahr 1981, nach der Veröffentlichung ihres Albums *Computerwelt*, befand sich die Band auf dem Höhepunkt ihrer Kreativität und ihres Enthusiasmus'. Als sie auf ihrer Welttournee in Hamburgs altehrwürdiger Musikhalle Station machten, waren sie schlicht umwerfend. Der Sound war großartig, das retrofuturistische Bühnendesign erinnerte an den Kommandostand des „schnellen Raumkreuzers Orion" aus der Fernsehserie *Raumpatrouille*, das Spiel mit Vorhang, Licht, Videoscreens und den Neonnamen zielte ganz offensichtlich auf eine Überwältigungsästhetik, funktionierte aber wunderbar und hinterließ ein glückliches Publikum. Wenn man an Ralf Hütters Tanzbewegungen denkt, die stark an jemanden erinnerten, der mit der Sense den Rasen mäht, dann ist auch die Verbindung zur NDW nicht komplett abwegig. Man tanzte damals so. (Die Bühnenausschnitte in KRAFTWERKS Video „The Model" übrigens stammen aus dem Hamburger Auftritt.)

Japan

In den frühen und mittleren 1980ern gab es in Deutschland ein bemerkenswertes Austauschphänomen: Teile der deutschen (Pop-)Kultur wurden in Japan populär – nicht als Massenbewegung, aber deutlich wahrnehmbar. Das YELLOW MAGIC ORCHESTRA gab einigen seiner Stücke deutsche Titel. „Neue Tanz", grammatikalisch schief, aber eindeutig deutsch, eröffnete ihr Album *Technodelic* (1981), YMOs Ryuichi Sakamoto betitelte eines seiner Solostücke „Das Neue Japanische Elektronische Volkslied", die von YMOs Haruomi Hosono produzierte Sängerin Miharu Koshi präsentierte auf ihrer LP *Boy Soprano* (1985) Popversionen von „Ave Maria" und Goethes „Heideröslein", beide komponiert von Franz Schubert. Das elektronische Ambient-Duo INOYAMA LAND präsentierte „Shüffer" (womit wohl „Schiffe" gemeint war), „Wässer" und „Meine Reflexion" auf dem Album *Danzindan-Pojidon* (1983). Gleichzeitig stiegen deutsche Federkernmatratzen zur Pflichtausstattung japanischer Hipsterwohnungen auf.

Umgekehrt entdeckten Deutschlands Späthippies und Follower der Alternativszene, auch Hipster und Leute, die sich für die Avantgarde hielten, nun plötzlich Japan. Jede Wohngemeinschaft, die etwas auf sich hielt, hatte Futons auf dem Boden, japanisches Elektronik-Design war en vogue, keine WG, aber auch kein Konferenzraum einer Werbeagentur war ohne Sony-Fernseher, und Teezeremonien, Meditation, Haikus, japanische Filme und Zen-Buddhismus waren Stichworte, auf die man häufig stieß – nicht, dass das immer alle verstanden hätten, aber es war exotisch und interessant, mindestens so wie die teuren Kimonos, die man nun in den hippen Boutiquen kaufen konnte.

Diese Mode bestand ungefähr zwei oder drei Jahre, dann geriet sie allmählich in Vergessenheit. Mit einer Ausnahme: Noch heute ist Japan einer der wichtigsten Märkte für Krautrock und deutsche Elektronikmusik. Jemand wie Roedelius macht große Teile seiner Umsätze dort, die Platten Klaus Dingers liefen zeitweise ausschließlich über ein japanisches Label, das Brain-Label verfügte sogar über eine Dependance in Tokyo. Holger Czukay vermutet als Grund: „Japaner haben immer noch ein ausgesprochenes Gefühl für etwas, was wirklich mit Liebe zum Detail ausgearbeitet ist. Dem entspricht meine Musik.“[9] Das ist die Wertschätzung einer Form von Originalität, für die in Deutschland selbst der Sinn verloren gegangen ist.

Schlagerrock – Rockschlager

Neben der NDW existierten auch „normale“ Rockgruppen weiter. Eine davon wurde bereits erwähnt, BAP aus Köln, gegründet im Jahr 1976; der Name leitet sich von „Papa“ ab, ist aber kein Kölsch, sondern Unkeler Platt, dem Ort, aus dem die Familie des BAP-Sängers Wolfgang Niedecken stammt. Eigentlich müsste es „Bapp“ heißen, aber da das auf der Bassdrum nicht gut aussah, entschied man sich für BAP. Die Band spielt pflegeleichten Mainstream-Rock, lose orientiert an den Rolling Stones, den Kinks, Bob Dylan oder auch Bruce Springsteen – jene Art Rock, die üblicherweise als „ehrlich“ bezeichnet wird. Niedeckens relativ gehaltvolle Texte sind konsequent in kölscher Mundart gehalten, was schon auf einen starken Lokalbezug der Gruppe hindeutet. Manche Texte machten das besonders deutlich, etwa das „Stollwerck-Leed“ über ein besetztes Fabrikgebäude, manchmal kamen die Texte mit klarer politischer Kante daher, etwa „Kristallnaach“, „Südstadt verzäll nix“, „Ahl Männer, aalglatt“ oder „Stellt üch vüür“ (eine Coverversion von John Lennons „Imagine“). Einige Songs veralberten die Alternativszene („Wellenreiter“, „Müsli Män“), behandelten persönliche Dinge zwischen Niedecken und seinem Bapp („Verdamp lang her“, wohl ihr bekanntester Song) oder erzählten einfach Liebesgeschichten („Do kanns zaubere“). BAP war zunächst ein lokaler Act, ihre Platten erschienen auf dem Kölner Indie-Label Eigelstein (das wiederum nach einem Kölner Stadtteil benannt ist); im Jahr 1981 wechselten sie zum EMI-Sublabel Musikant mit der LP *Für usszeschnigge* (zum Ausschneiden). Damit begann ihr bundesweiter Aufstieg.

Den großen bundesweiten Push erhielt die Band im Jahr 1982, als sie auf einem Open-Air-Festival auf der Loreley-Bühne mit traumhaftem Ausblick auf den Rhein spielte und der „Rockpalast“ das Konzert im Fernsehen übertrug.

BAP ist bis heute enorm erfolgreich, was verblüffend ist, da die Band mit ständigen Personalwechseln zu tun hatte (ohne, dass das ihren Sound allerdings sehr verändert hätte), und mehr noch, weil der kölsche Slang, in dem alle Songs präsentiert werden, außerhalb der Kölner Region nicht einfach zu verstehen ist. Aber es funktioniert; bis jetzt hat BAP mit nicht weniger als 25 veröffentlichten Alben elfmal die #1 der Charts erreicht.

BAP hatte eine Pionierfunktion für die Entwicklung einer seltsamen Kreuzung von Elementen. Sie selbst war eindeutig eine Rockgruppe, aber sie öffnete die Tür für etwas, das es bis dahin so nicht gab: Songs in deutscher Sprache mit nicht selten ambitionierten Texten, die nicht mehr Schlager waren, keine Liedermacher-Musik, aber noch kein Rock. Dass so etwas möglich war, hatte sich bereits in den 1970ern mit österreichischen Musikern wie Wolfgang Ambros, Georg Danzer, Ludwig Hirsch oder Rainhard Fendrich angedeutet, aber einen Durchbruch erlebte diese Musikrichtung erst in den 1980ern, als anscheinend die Zeit reif dafür war. Nach der überdrehten NDW erwarteten die Menschen offenkundig seriösere Klänge.

Marius Müller-Westernhagen aus Düsseldorf, Schauspieler und Sänger, gehörte zu den ersten Protagonisten in diesem Misch-Genre. In den 1960ern war er Mitglied einer Band namens Harakiri Whoom mit dem späteren Rheingold-Gründer Bodo Staiger. Mir fiel sein Name erstmals in dem Film *Supermarkt* (1974) von Roland Klick auf, in dem er unter dem Pseudonym Marius West den Titelsong sang. Dessen Musik wurde von Peter Hesslein (Lucifer's Friend) geschrieben, und irgendwie war auch Udo Lindenberg involviert. Klick hatte schon vorher mit Rockmusikern zusammengearbeitet; so hatte er Can mit dem Soundtrack zu *Deadlock* (1970) beauftragt.

Auch Müller-Westernhagens erstes Album, *Das erste Mal* (1975), wurde weitgehend von Hesslein geschrieben und produziert, die meisten beteiligten Musiker waren Rockmusiker. Trotzdem sträubt sich etwas in mir dagegen, Titel wie „Marion aus Pinneberg“ oder „Wir waren noch Kinder“ als Rocksongs zu bezeichnen. Aber sie waren eben auch keine Schlager. MMW, wie er kurz genannt wurde, behielt dieses Konzept im Prinzip bei, schärfte allerdings seine Texte an, oft bis zur Polemik oder der reinen Provokation. Sein Erfolg in der Roadmovie-Komödie *Theo gegen den Rest der Welt* (1980; MMW erhielt für seine Darstellung den Ernst-Lubitsch-Preis) war dabei ganz sicher von Nutzen, bestätigte aber einen Eindruck, den ich von Anfang an hatte: einen Schauspieler zu sehen, der einen Rocksänger spielt. Seine Platten haben mich nie angesprochen. Aber es war immer Müller-Westernhagens Geschäftsmodell, zu polarisieren. Und das beherrscht er wirklich.

Der erfolgreichste Musiker dieser Richtung, Herbert Grönemeyer, wurde schon im Zusammenhang mit seinem Grönland-Label erwähnt. Er startete seine Sängerkarriere in den 1980ern. Zunächst war er Schauspieler, international wurde er bestens bekannt als „Kriegskorrespondent Leutnant Werner“ in Wolfgang Petersens Film *Das Boot* (1981). Musiker war er aber bereits vorher:

Schon in den 1970ern wirkte er als Korrepetitor am Schauspielhaus Bochum und am Württembergischen Staatstheater Stuttgart, er arbeitete auch mit der Choreographin Pina Bausch zusammen. Im Jahr 1983 wurde sein nervtötender Song „Currywurst“ zu einer Art Kohlenpott-Hymne, zum ersten Mal zeigte sich Grönemeyers charakteristischer Stil zwischen nervösem, die Silben hervorstoßendem Singen und Grölen. Im Gegensatz zu den meisten anderen deutschen Sängern können seine Texte humorvoll sein. Eine seltene Erscheinung im deutschen Rock.

Grönemeyers ganz große Karriere startete im Jahr 1984 mit dem Album *4630 Bochum*, das elf goldene Schallplatten brachte und 142 Wochen in den Album-Charts stand. (Diesen Rekord stellte erst Helene Fischer ein: Ihr Album *Farbenspiel* von 2013 hielt sich 247 Wochen in den Charts.) Es folgten etliche weitere LPs und Tourneen; *Mensch* von 2002 gilt mit mehr als 3 Millionen Exemplaren als bestverkauftes Album aller Zeiten in Deutschland.

DUNKLE WOLKEN UND FLIMMERNDE BILDER

Im Jahr 1983 hatte Deutschland einen hochemotionalen Bundestagswahlkampf durchzustehen – Stichworte: NATO-Doppelbeschluss, die Arbeitslosigkeit stieg auf über 2 Millionen, es gab fortgesetzte Konflikte über kontroverse Methoden zur Terrorbekämpfung. Die Freien Demokraten hatten die Koalition mit der SPD beendet, und nun, nach einer trickreichen Auslegung des parlamentarischen Regelwerkes, folgten Neuwahlen. Eine CDU/FDP-Koalition erreichte eine Mehrheit und Helmut Kohl wurde Bundeskanzler. Das Schlagwort von der „Wende" machte die Runde. Comedians machten sich bis zur Ermüdung über Kohl lustig, der Karikaturist Hans Traxler erfand den Spitznamen „Birne" – doch ernsthaft: Niemand hätte zu diesem Zeitpunkt erwartet, dass Kohl sich 16 Jahre lang im Amt halten würde. Mit 5,6 Prozent der Wählerstimmen zogen erstmals auch die Grünen ins Parlament ein, und sofort sahen etliche Auguren den Untergang des Abendlandes vor der Tür stehen.

Der blieb natürlich aus. Aber die sozialdemokratische Aufbruchsstimmung, die weite Teile der 1970er-Jahre geprägt hatte, die löste sich in Luft auf. Deutschland zog sich auf Nummer Sicher zurück und wurde konservativ wie in den 1960er-Jahren – nur war der Unterschied, dass der Konservatismus damals auf Erfolgen beruhte, auf Wirtschaftswachstum und Optimismus, während die 1980er-Jahre mit Depression und ökonomischer Unsicherheit begannen und den Wunsch aufkommen ließen, bloß kein Risiko einzugehen und ansonsten von der Rückkehr des Wirtschaftswunders zu träumen. Das blieb allerdings ein Traum.

Während der 1950er- und 1960er-Jahre war es normal gewesen, das Alltagsleben eines Durchschnittsbürgers als den erstrebenswerten Standard zu sehen. Wer das Ziel erreicht hatte, einen passablen Job, eine Familie, ein Auto und idealerweise ein Haus mit Garten und Jägerzaun zu besitzen, der hatte in seinem Leben alles richtig gemacht. „Mainstream" zu sein war das, was man wollte. Selbst die Studentenbewegung war ja eine kollektive Idee gewesen, Individualismus oder gar Liberalismus gehörte nicht zu ihren Zielen. Nun aber, in den 1980ern, wurde das Durchschnittsleben zu einer nicht mehr erstrebenswerten Angelegenheit; im Gegenteil, man wollte sich von der Masse abheben. Individuelle Erfüllung rückte in den Vordergrund, der Mainstream war nicht länger en vogue. Die Kleidung, die man trug, die Bücher, die man las, die Musik, die man hörte, die Filme, die man sah, idealerweise der Job, den man hatte: Das waren nun die Faktoren, an denen man seine Individualität nicht nur festmachte, sondern mit denen man sie demonstrierte.

In den 1980ern wurde AIDS ein Thema. Weiter das Konzept der freien Liebe zu leben wie in den Spätsechzigern und Siebzigern, konnte plötzlich lebensbedrohend sein. Das veränderte nach einer Phase der Verdrängung nicht nur das persönliche Verhalten, sondern die gesamte Atmosphäre. Eine der gemeinsten Karikaturen jener Jahre war diese: Jemand (das Geschlecht spielt keine Rolle) steht morgens aus dem zerwühlten Bett auf, der Lover der Nacht ist verschwunden, aber auf dem Badezimmerspiegel steht mit Lippenstift geschrieben: „Willkommen im Club."

Die Kunst, wie immer, griff das Thema auf, direkt und indirekt. Plötzlich war der Tod ein Thema in der Musik, im Film und in der bildenden Kunst. Ein Album wie Diamanda Galás' *The Divine Punishment* von 1986 wäre zehn Jahre früher kaum vorstellbar gewesen. In den 1960ern und 1970ern war Freund Hein selten mal ein Thema. Jetzt plötzlich wusste man: Er steht neben dir. Die Grundstimmung wurde eisig. Selbst in der Gestaltung der Kneipen und Clubs zeigte sich das – strenge Sachlichkeit löste den Sperrmüll-Look ab und helle Leuchtstoffröhren die Tropfkerzen. In Hamburg wurde allen Ernstes ein Café in den Räumen einer früheren Schlachterei eröffnet – weiß gekachelt, mit den originalen Fleischerhaken noch an den Wänden.

Angetrieben von der ökonomischen Situation, steigenden Umweltproblemen, Atomkraftwerken, AIDS und dem Rüstungswettlauf zwischen Ost und West, machte sich ein Hauch von Selbstmitleid, Fatalismus und Zynismus bemerkbar und wurde zu einer Masche, die die offene Atmosphäre der 1970er eintrübte. Fragen der sozialen Solidarität, die in den 1970ern wichtig gewesen waren, wurden plötzlich als überflüssig und überholt angesehen, als „von gestern". Pessimismus war angesagt, „No Future" wurde das Label der Dekade. Selbst der Schlagersänger Peter Maffay suhlte sich in einem dystopischen Kitsch-Szenario: „Eiszeit" hieß sein Song, der im Jahr 1982 in die Charts einzog.

Waves, meine Lightshowgruppe, war beerdigt. Wir hatten die gleiche Erfahrung gemacht, die auch die meisten Rockgruppen irgendwann machen: Wir waren drei Leute, und wir gingen in unterschiedliche Richtungen. Die Chemie stimmte nicht mehr. Der eine war ein begabter Projektionist und Bastler, aber sein kreativer Input wurde immer geringer, der zweite sah seine Hauptaufgabe darin, während der Shows bekifft zu sein. Nicht, dass ich das nie gewesen wäre, aber wenn das zur Hauptsache bei jedem Auftritt wird, dann ist der Wurm im Gebälk. Ich konnte Unprofessionalität nie ausstehen, und so schlichen sich zunehmend missgelaunte, eigentlich unnötige Auseinandersetzungen über Peanuts ein. Zudem hatten wir alle drei das Gefühl, dass eine Lightshow, wie wir sie machten, ein Relikt einer abgehakten Ära war. Und damit, zumindest, hatten wir recht.

Sound Sampling

Das *Sound Sampling* war neben dem Preisverfall der Synthesizer die zweite wichtige Neuentwicklung der 1980er-Jahre. Sampling bedeutet, kurze Ausschnitte aus einem beliebigen Klang elektronisch zu speichern und ihn in einer organisierten Form wiederzugeben. Zunächst kam diese Idee auf, weil man den künstlichen Klang der Rhythmusmaschinen gegen real klingende Schlagzeugklänge austauschen wollte. Erstmals wurde ein solches Verfahren auf dem Album *Gaucho* (1980) von Steely Dan praktiziert. Das verwendete Gerät trug den Namen „Wendel", war von dem Toningenieur Roger Nichols entwickelt worden und verfügte über fast endlose Speicherkapazität, wodurch es extrem teuer wurde. Es klang fantastisch, kam aber für den kommerziellen Markt nicht infrage.

Die *Linn Drum* wurde der erste Drumcomputer, der absolut nicht billig war, dessen Preis von rund 5000 Dollar sich am Markt aber erzielen ließ. Mir fiel das Gerät erstmals in Falcos Hit „Der Kommissar" (1982) auf. Es dauerte nicht lange, bis diese Maschine die kommerziellen Pop-Produktionen buchstäblich dominierte; insbesondere der „Hand Clapping"-Sound wurde schnell zu einer Landplage.

Wenn man Trommelklänge sampeln kann, dann geht das auch mit anderen Klängen – je mehr Speicherplatz vorhanden ist, desto besser. Die Entwicklung der Chips machte das möglich. Und irgendwann konnte man dann Klänge in einem Computer speichern, und sie mit einer Klaviatur spielen – es konnte der Klang einer Kirchenorgel sein, ebenso gut aber auch der einer quietschenden Tür oder eines trompetenden Elefanten. Die Klänge ließen sich am Bildschirm auch verändern.

Der erste Sound Sampler kam aus Australien, war von Peter Vogel und Kim Ryrie entwickelt worden, und hieß *Fairlight CMI* (letzteres steht für „Computer Music Instrument"). Gleichzeitig war das Instrument auch ein recht komplexer Synthesizer. Die Basisversion kostete ungefähr 25.000 Dollar. Um allerdings wirklich sinnvoll damit arbeiten zu können, waren einige Zusatzmodule erforderlich, und man landete dann – je nachdem, was man wollte – irgendwo zwischen 40.000 und 100.000 Dollar. Kate Bush, Peter Gabriel, YELLO, ART OF NOISE und ein paar andere wurden die ersten bekannten Nutzer, die sich die Kiste mit ihrem typischen, leicht „gehaucht" klingenden Sound zulegten (der kam von der relativ niedrigen 8-Bit-Samplingrate). Etliche Klänge wurden mitgeliefert; ein spezieller Sound, der „Orchestra Hit" hieß, wurde alsbald auf hunderten von Platten überstrapaziert. (Sie kennen ihn. Garantiert.)

Dem Erfolg des Fairlights folgte schon bald das *Synclavier* der US-Firma New England Digital. Ursprünglich sollte das ein reiner Synthesizer werden, wurde aber um das Jahr 1982 zum Sampler erweitert. Das Synclavier war noch ein bisschen teurer als der Fairlight, klang aber dafür auch eine Kleinigkeit besser. Zu den ersten Besitzern gehörten Laurie Anderson, Lyle Mays, KRAFTWERK, DEPECHE MODE, Benny Andersson von ABBA und Harold Faltermeyer. Auch die Neue-Deutsche-Welle-Band TRIO oder die Schlagerproduzentin, Sängerin und Toningenieurin Hanne Haller bauten das Instrument in ihre Produktionen ein. Selbst die Stars der volkstümlichen Musik, das ORIGINAL NAABTAL DUO (Superhit: „Patrona Bavariae", 1988), produzierten ihre Aufnahmen mit Drumcomputern und dem Synclavier, während sie im Fernsehen stets in knielangen Lederhosen erschienen und so taten, als spielten sie Schlagzeug und Akkordeon.

Die erste Platte, die vollständig mit dem Fairlight hergestellt wurde und ausschließlich Naturklänge verwendete, war die „computerakustische Klangsinfonie *Erdenklang*", eingespielt von den Österreichern Hubert Bognermayr und Harald Zuschrader (beide bekannt von EELA CRAIG). Der Produzent war Ulrich Rützel, die Premiere fand auf der Ars Electronica im Jahr 1982 in Linz statt. *Erdenklang* erreichte zwar nie die Popularität von *Switched-on Bach*, aber der Einfluss des Werkes auf Musiker dürfte ebenso groß gewesen sein; jeder Keyboarder kannte das Werk.

Da die Preise der frühen Sampler ebenso extrem hoch waren wie die der ersten Moog-Modelle, sollte man annehmen, dass deren Entwicklung ähnlich ablaufen würde. Aber es gab einen Unterschied: Der „Big Moog" war hochinteressant gewesen, aber wenn man keinen hatte, dann hatte man eben keinen. Es gab damals keine existenzielle Notwendigkeit, einen zu besitzen. Mit dem Sampling lief die Sache anders: Es hatte einen *sofortigen* Einfluss auf den Sound der aktuellen Popmusikproduktion. Gesampelte Sounds wurden ein „Muss", sie wurden erwartet. Das hieß: Keyboarder waren gezwungen, sich einen Sampler zuzulegen, um dem Trend folgen zu können.

Low-Tech

Wenn man solche Materialschlachten nicht gewinnen kann, was kann man als Musiker dann tun? Dann ist es die beste Idee, nicht nach den Sternen zu greifen, sondern schlicht mit dem Equipment zu arbeiten, das man hat, selbst wenn es nicht die neuesten und teuersten Instrumente sind. Es gibt viele Platten, die belegen, dass das funktionieren kann. Selbst CLUSTER, die ewig unter finanziellem Druck standen und nie die Möglichkeit hatten, sich einen Minimoog oder andere Instrumente dieser Preisklasse zuzulegen, arbeiteten auf ihrem Album *Curiosum* (1981) mit einem simplen Korg MS-20, der damals etwa 1300 Mark kostete – und die Ergebnisse sind keineswegs trivial. Das Duo TYNDALL machte zumindest zwei Alben mit relativ preisgünstigem Roland-Equipment (*Sonnenlicht* und *Traumland*, 1980 und 1981). Aber um mit solchem Instrumentarium zu befriedigenden Ergebnissen zu kommen, bedurfte es einiger Vorstellungskraft, Geduld und einer Grundausstattung an Recording-Equipment. Das war alles machbar, aber man musste akzeptieren können, dass Klaus Schulze oder TANGERINE DREAM nicht der Maßstab sein konnten.

Man konnte aber stattdessen den billigen Sound als genau das einsetzen, was er war: als billigen Sound, nur musste er einigermaßen originell und ungewöhnlich sein. Dann konnte man ihn zum Markenzeichen machen. Und genau das ist, wie geschildert, wirklich passiert. Eine Band wie etwa GRAUZONE aus Zürich brauchte nicht viel mehr als einen MS-20, den dazu passenden Sequenzer, der auch nicht die Welt kostete, eine Rhythmusmaschine, und dann noch ein bisschen Gitarre und Saxofon – und die Single „Eisbär" (1981) wurde ein Neue-Deutsche-Welle-Hit und ist noch heute bekannt. Der billige Sound des Synthesizers und der Rhythmusmaschine waren perfekt für das Stück.

Technologie hatte und hat Konsequenzen für die Art und Weise, wie Musik produziert wird, ebenso aber auch für die Art und Weise, wie wir Musik hören. Das wiederum hat Auswirkungen auf die Weise, wie Musiker und Produzenten sich Musik ausdenken. Beides beeinflusst sich gegenseitig. Die Technik schreitet voran, und wie meist, so ist es die Kunst, die als erste ausprobiert, was damit möglich ist.

Digitalisierung

Zwei Dinge mit für die Medieninfrastruktur weitreichenden Folgen geschahen in den 1980ern. Eines davon war, dass die Aufnahme und Reproduktion von

Musik digitalisiert wurde. Die *Compact Disc* (CD) erreichte den Markt. Zunächst war Konsens unter Musikfans, die CD würde das Ende der meisten deutschen Rockplatten bedeuten. Neue Produktionen würden nur noch auf CD veröffentlicht werden, die alten LPs würden abverkauft werden und aussterben, und mit ihnen dann auch die Musik, die darauf zu hören war. Aber wir hatten die Plattenindustrie unterschätzt. Tatsächlich passierte nach einer Weile sogar das Gegenteil. Einige Plattenfirmen veröffentlichten testweise einige Highlights aus ihrem Back-Katalog auf CD, und es geschah etwas, mit dem zunächst keiner gerechnet hatte: Viele Musikfans begannen, ihre alten Platten durch CDs zu ersetzen.

Dies führte zu einem Vinyl-Boom in Second-Hand-Plattenläden, und dadurch, dass diese Scheiben nun plötzlich in großen Mengen zur Verfügung standen, wurde das Krautrock-Segment für Sammler interessant – und das ist es bis heute geblieben. Aus dieser Zeit stammt der Krautrock-Vinylboom, der bis heute anhält, inzwischen allerdings von Neuveröffentlichungen alter Platten auf Vinyl flankiert wird.

Music Television

Und zweitens: Gab es bis dahin in den Fernsehprogrammen einzelne Musiksendungen, so änderte sich dies nun durch ein Ereignis, das die Musiklandschaft der 1980er und aller weiteren Jahre auf den Kopf stellen sollte wie keines vorher. Im August 1981 startete die Mediengruppe Viacom im New Yorker Kabelnetz mit „Video Killed the Radio Star" von den BUGGLES den Sender MTV (Music Television). Damit gab es plötzlich keine „Musiksendungen" mehr, sondern Musik wurde zum vollen Programm.

Nicht, dass es vorher keine Promotion-Filmchen für Musikstücke gab. Tatsächlich gehen solche Filme unter der Bezeichnung „Soundies", verbunden mit dem Markennamen „Scopitone", bis in die 1920er-Jahre zurück. Nun jedoch kam MTV mit einem Rund-um-die-Uhr-Programm voller Musikvideos daher, und das veränderte die Musikwelt vollständig. MTV spielte nicht nur einfach ein Video nach dem anderen ab, sondern der Sender kreierte eine komplett neue Umgebung für alles, was unter der Flagge „Pop" segelte.

Interessanterweise kam dieser Impuls ursprünglich gar nicht von MTV, sondern aus einer Ecke, in der man solches nicht vermuten würde: aus Brasilien und seinem Fernsehnetz Rede Globo. „Die Tatsache, dass Globo im täglichen Leben der Brasilianer eine wichtige Rolle spielt, ihre Programme von bis zu 100 Prozent der Fernsehzuschauer gesehen werden, Gesprächsthemen und prägender Teil der

Massenkultur sind, bedeutet dennoch nicht, dass Globo beliebt ist. Zwischen dem Erfolg des Programms und dem Image Globos in der Öffentlichkeit klafft eine Lücke"[1], schreibt der Autor und Art Director Aaron Koenig in einer Studie. Dieses Kunststück gelang dem Sender mit einem Design, das bereits als solches so attraktiv war, dass es die Zuschauer an den Bildschirm band. Globos Chefdesigner, der aus Wuppertal stammende Hans Donner, den es nach Rio verschlagen hatte, war ein Pionier in allen Arten der Bildelektronik und des computergenerierten Designs. Er verpasste dem Sender ein alle Aspekte der Programmpräsentation umfassendes Erscheinungsbild, das Anfang der 1980er-Jahre schlicht das modernste der Welt gewesen sein dürfte. Ob es auch immer das beste war, ist eine andere Frage, es war da auch einiges an Chauvinismus und Machismo im Spiel, aber was Donner entwarf, war auf jeden Fall so attraktiv, dass die Globo-Oberen ihm stets die neuesten technischen Spielzeuge zur Verfügung stellten.

Und genau auf dieser Idee setzte MTV auf. Es sollte nicht nur einfach „Musik gespielt" werden, sondern auch der Rahmen, in dem sie präsentiert wurde, wurde maßgeschneidert, um eine zusätzliche Attraktivität zu erreichen. Der Unterschied zwischen Musik und Moderation wurde praktisch aufgehoben.

Damit waren die Promotion-Methoden der Plattenindustrie plötzlich buchstäblich von gestern. Auf einmal brauchte man MTV sogar, um etablierte Acts am Leben zu erhalten, und nicht alle dieser Acts (ebenso wenig die Labels und Produzenten) hatten eine Idee, wie sie diese Herausforderung meistern sollten. Und mehr noch, plötzlich spielte MTV die Schlüsselrolle in der Etablierung neuer Bands und Projekte.

Nach dem Start von MTV konnte man eine Platte nicht mehr in die Charts hieven, ohne dass ein Video vorhanden war. Das bedeutete: Man benötigte jetzt Acts, die in der Lage waren, vor einer Kamera zu agieren und zudem willens, sich in einer visuell attraktiven Weise darzustellen, idealerweise so, dass ein hoher Wiedererkennungswert gegeben war. Einigen Musikern gefiel diese Idee. Andere mochten sie nicht. Am Ende aber hatten alle keine andere Möglichkeit – sie wurden nicht gefragt. Um MTV kam man nicht mehr herum.

Musikfernsehen in Deutschland

Einerseits lief noch der „Rockpalast", aber die Herausforderung durch MTV musste beantwortet werden. Am Beginn der Musikvideo-Ära waren Musikvideos auf einheimischen Bildschirmen selten zu sehen. In Deutschland wurden sie „Videoclips" genannt, in den USA war man direkter, dort bezeichnete man sie als das, was sie waren: „Promotional Videos“. Größere Plattenläden spielten sie manchmal. Aber es gab nach wie vor kein kommerzielles Fernsehen in Deutschland, und die Öffentlich-Rechtlichen erwarteten normalerweise, dass die Künstler persönlich im Studio erschienen, um ihren Song zum Playback zu mimen. In Sendungen wie dem „Musikladen“ wurden Videos manchmal gezeigt, stets als etwas „ganz Besonderes“ und „das Neueste aus Amerika“ angesagt. Das erste Video, das ich dort sah, war, wenn mich die Erinnerung nicht verlassen hat, BLONDIES „The Tide Is High“ von 1982. Die Videos wurden bald recht populär, und die ARD startete im Jahr 1983 eine wöchentliche, einstündige Video-Musikshow namens „Formel Eins“. Die war chartorientiert, wurde sehr beliebt und lief mit verschiedenen Moderatoren bis 1990.

Im Jahr 1981 beschloss der Deutsche Bundestag nach heißen Debatten, kommerzielle Radio- und Fernsehsender zuzulassen. 1984 wurde in Ludwigshafen mit 1200 Haushalten das erste Kabelpilotprojekt ins Leben gerufen. Dazu gehörte auch ein erster kommerzieller Fernsehsender namens PKS, der sich im Jahr 1985 in Sat.1 umbenannte. Nachdem dieses Kabelpilotprojekt einmal stand, folgten ähnliche in anderen Städten. Ein Jahr später (und stets gegen den verbitterten Widerstand der Grünen) war Kabelfernsehen so gut wie überall in Deutschland zu empfangen.[2] Das Monopol der Öffentlich-Rechtlichen war geknackt, Deutschland hatte nun kommerzielles Fernsehen, und das machte sich bald bemerkbar. MTV, das man bis dahin nur per Satellit hatte empfangen können, war nun in allen Kabelnetzen verfügbar. Es wurde das Vorbild für Musicbox, einen Musikkanal, der im Jahr 1984 ohne große Konzernhilfen startete. Einige junge Journalisten sahen hier ihre Chance; sie präsentierten das Programm relativ kompetent und mit journalistischem Hintergrund. Und Musicbox zeigte nicht nur die Videos, die von der Industrie geliefert wurden, sondern sie produzierten mit deutschen Acts auch selbst welche. Diese Videos waren recht einfach gestrickt, sie durften nicht viel kosten und fehlende Technik wurde durch Fantasie ersetzt. Aber sie waren ein Signal, das letztlich auch den deutschen Plattenfirmen die Erkenntnis eingab, dass sie selbst mit Video-Aktivitäten beginnen mussten. Von diesem Zeitpunkt an war es normal, dass deutsche Acts zu ihren Singles auch Videos machten, auch wenn die nur selten mit den amerikanischen mithalten konnten.

Leider geriet Musicbox zunehmend ins finanzielle Trudeln. Nach nur vier Jahren musste ein Partner ins Boot geholt werden: Silvio Berlusconi aus Italien. Er taufte den Sender um in Tele 5, und die Musiksendungen wurden mehr und mehr an den Rand gedrängt.

Das öffentlich-rechtliche ZDF traute sich. Im Jahr 1984 startete man den ZDF-Musikkanal, der per Kabel und Satellit zu empfangen war. In gewisser

Weise war das eine Reaktion auf Musicbox und MTV, inhaltlich aber anders angelegt. Man zeigte hauptsächlich Musikshows aus dem Archiv des Senders, darunter auch Wiederholungen der Sendungen „RockPop" und „RockPop in Concert". Der Sender blieb neun Jahre bestehen, dann wurde er zum deutschen Drittel von 3sat.

Im August des Jahres 1987 hob MTV eine europäische Zweigstelle aus der Taufe: MTV-Europe. Zunächst saß dieser Sender in Amsterdam, später bezog er anderthalb Etagen eines Fabrikgebäudes in Londons hippem Stadtteil Camden. MTV-Europe agierte vom ersten Moment an ebenso professionell wie der Muttersender, die Moderatoren (Video-Jockeys, VJs) kamen aus verschiedenen Ländern Europas, die Programmsprache war Englisch, und die Shows waren englandzentriert. Ich habe damals das Programm von MTV-Europe wirklich genossen, insbesondere in den 1990ern, als von Zeit zu Zeit weit nach Mitternacht experimentelle Elektronik und dergleichen neumodisches Zeug gesendet wurde. Sogar Klaus Schulze war irgendwann einmal dort zu sehen, und neben FUTURE SOUND OF LONDON und den anderen damals angesagten Acts fiel er nicht mal aus dem Rahmen.

Viva

Es dauerte nicht weniger als sechs Jahre, bis es in Deutschland eine direkte Antwort auf MTV-Europe gab. Die lautete Viva und startete 1993 in Köln; die Gründer waren eine Tour de Force der Industrie: Sony, Polygram, EMI und eine Reihe privater Medienfirmen und –personen hatten sich zusammengetan. Darunter war Me Myself & Eye, eine Firma, die von früheren Musicbox-Mitarbeitern gegründet worden war, und auch die österreichische Video- und TV-Produktionsfirma DoRo von Rudi Dolezal und Hannes Rossacher war dabei.

Aber schon gegen Ende der 1980er-Jahre faserte die Zeit der interessanten Musikvideos im Mainstreambereich allmählich aus. Natürlich mussten auch weiter Musikvideos produziert werden, aber der Neuheitswert war weg, was blieb, war Routine. Und das sah man.

MTV-Europe grub sich sein eigenes Grab, als es im Juni des Jahres 1995 beschloss, ein Pay-TV-Kanal zu werden. Viva verhob sich mit einem zweiten Kanal namens Viva 2 und wurde bald zu einer exzessiven und nervtötenden Plattform für Klingeltonwerbung. Vivas Geschäftsführer, Dieter Gorny, verließ den Sender und endete schließlich als Vorstandsvorsitzender des Bundesverbandes Musikindustrie (bis 2017). Wie das Leben halt so spielt.

SCHWARZE ROMANTIK UND STARKE GEFÜHLE

Von Annette Humpe war schon die Rede, auch von den FLYING LESBIANS, aber sie repräsentieren nicht das, wovon dieses Kapitel handelt. In Verbindung mit der Alternativbewegung hielt eine soziale Bewegung Einzug in die Musikszene und wurde in den 1980er-Jahren deutlich sichtbar. Aber wie die Pop- und Schlagerszene nun einmal arbeitet, wurde diese Bewegung sehr bald vom Kommerz und der zunehmend in Mode kommenden Esoterik gekidnappt.

Seit den späten 1970ern wuchs in Deutschland die Frauenbewegung. Sie resultierte zum Teil aus der 1968er-Bewegung, denn die war eine weitgehend männlich geprägte Veranstaltung gewesen und hatte die Situation der Frauen kaum verändert. Darauf musste eine Antwort gegeben werden. Ein anderer Teil der Bewegung drehte sich um den Paragrafen 218 (Verbot des Schwangerschaftsabbruchs), und es gab noch allerlei andere Themenfelder, die dringend abgestaubt werden mussten. Noch in den späten 1960ern durften verheiratete Frauen ohne die Genehmigung ihres Ehemannes weder ein Bankkonto eröffnen noch den Führerschein machen oder einen Job annehmen. Von den unterschiedlichen Löhnen, ungleichen Bildungs- und Karrierechancen nicht zu reden. Es war eine Menge zu tun.

In den 1980ern war diese Frauenbewegung zwar noch immer im Wachstum begriffen, gleichzeitig war sie aber bereits etabliert genug, um einige kommerzielle Nebeneffekte zu haben. Eine davon waren Wagenladungen von Romanen, die unter Labels wie „Neue Frau" in die Buchläden kamen; die bekanntesten Autorinnen waren damals Hera Lind, Amelie Fried, Gaby Hauptmann und Eva Heller. Mit wirklichem Feminismus und emanzipatorischen Gedanken hatte diese Literatur nicht viel am Hut, es handelte sich im Wesentlichen um altbackene, pseudo-emanzipatorische Beziehungsgeschichten, dies aber in einem modernen Ton. Diese Bücher überfluteten den Markt und verkauften sich zu Hunderttausenden.

Gleichzeitig entwickelte sich ein Hang zu hoher Emotionalität. Wie immer dauerte es nicht lange, bis die Schlagerszene entdeckte, dass sich da ein Markt auftat. Nun waren Schlager schon immer auf Liebesgeschichten spezialisiert, aber jetzt griff der Schlager die Themen aus der genannten Art von Literatur auf, nahm dabei allerdings deren humoristische Seite zugunsten eines hohen Pathosgehaltes zurück. Es rollte eine Welle hochemotionaler (um nicht zu sagen: gefühlsduseliger) Texte über „erwachsene" Themen an. Es gab drei Sängerinnen, die dieses Feld besonders markant abgrasten, jede von ihnen repräsentierte einen bestimmten Aspekt. Nur in einem Punkt waren sie vereint: Sie wussten, in welcher Tasche die Käuferinnen ihr Portemonnaie aufbewahrten.

Starke Gefühle

Gitte Hænning, die mit 17 einen Cowboy als Mann wollte, startete den Trend, indem sie mit einem neuen Image ihre flachliegende Karriere reanimierte. Sie brachte Songs über scheiternde Beziehungen, die Trauer über ebendiese, das Durchstarten danach, Frauenpower, ein selbstbestimmtes Leben nach eigenen Vorstellungen auch dann, wenn frau die 40 überschritten hat.

Das erste Zeichen dafür sandte sie im Jahr 1981 in Gestalt der Single „Etwas ist geschehen (Es ist nie zu spät)", einer Coverversion von Gene Pitneys High-Drama-Song „Something's Gotten Hold of My Heart" (1967), der deutsche Text stammte (wieder mal) von Michael Kunze. Das „nie" in dem Song zerdehnte Gitte zum dramatischen Höhepunkt wie einen Sirenenton über nicht weniger als vier volle Takte, bis die Fensterscheiben vibrierten. Die höchste Chartposition war zwar nur #28, aber Gitte Hænning hatte mit dem Lied ihr neues Zielpublikum gefunden, und das bediente sie konsequent weiter: „Ich bin stark", „Ich will alles", oder „Gib mich frei" hießen ihre Songs, präsentiert mit pathetischen Arrangements, dramatischen Melodien und einer insistierenden Stimme, die immer halb nach Hilferufen einer Ertrinkenden klang. Es wurden Verkaufs- wie auch Airplay-Hits.

Die Veröffentlichung dieser Platten wurde sehr effektiv begleitet mit Meldungen in den bunten Magazinen über die Karriereschwierigkeiten als Frau, den Zwang, als Frau immer besonders stark sein zu müssen, ihre scheiternden Beziehungen als Frau und weitere Dramen als Frau. Das dazu passende Album hieß *Ungeschminkt* – natürlich, denn es sollte ja nach einer rückhaltlosen Beichte als Frau klingen.

Es funktionierte. Irgendwann kopierte jede zweite Sozialkundelehrerin um die 40 Gittes Fransenhaarschnitt und nahm ihre Songs für bare Münze, als seien sie wirklich ungeschminkte Beichten, und vor allem: Sie fühlten sich verstanden, als Frau. Und das ist exakt der Punkt, an dem der Schlager immer am wirkungsvollsten ist: Menschen dort abzuholen, nicht wo sie stehen, sondern *wo sie sich selbst sehen.*

Tatsächlich hat Gitte keinen dieser Songs selbst geschrieben, und ihr tatsächliches Beziehungsleben blieb dort, wo es hingehört: im Privaten. Aber das Material, das sie präsentierte, passte perfekt in den Zeitgeist, maßgeschneidert für eine Frauenbewegung, die von der Industrie vor allem anderen als Markt gesehen wurde. Man konnte fast das Gefühl haben, Adorno hätte doch recht gehabt.

Ina Deter aus Köln traf diese Linie ebenfalls, aber ihr Weg zur Popularität war ein anderer, er bewegte sich zwischen NDW und Rock, und ihr textliches Konzept war weniger persönlich, dafür aber angriffslustiger. Ursprünglich stammte sie aus Berlin, zog aber mit ihrem damaligen Arbeitgeber, einer Werbeagentur, nach Köln. Sie startete dort zunächst als Liedermacherin und hatte einen kleinen Hit mit dem Song „Wenn du so bist wie dein Lachen“ (1976), den sie mit glockenheller Kopfstimme und gewaltig gurgelndem Rachen-R präsentierte. Der Song fiel in den Vorrunden zum Eurovision Song Contest durch.

In den Folgejahren näherte sich Ina Deter dem Zirkel um das Magazin *Emma* und radikalisierte nicht nur ihre eigene Weltsicht, sondern auch ihre Texte, ihren Gesangsstil und ihre Musik. Mit der Hilfe des Produzenten und Bassgitarristen Hans-Georg „Micki“ Meuser und des Gitarristen Manni Holländer (beide aus der NDW-Band Nervous Germans) stellte sie eine Band zusammen und veröffentlichte schließlich im Jahr 1983 das Album *Neue Männer braucht das Land.* Das hatte durchaus Power. Das waren keine Schlager und keine Liedermachermusik, allerdings konnte man leicht das Gefühl haben, achtmal hintereinander denselben Song zu hören. Die Lieder kamen in energischem Ton daher und wetterten gegen Männer, aber sie taten das auf eine seltsam inoffensive, pseudo-radikale Weise, die auch von den Leserinnen der „Neue Frau“-Romane akzeptiert werden konnte – und von Männern, die diese Platte als ideales Geschenk für ihre Liebste sahen.

Das Jahr 1983 war die hohe Zeit der lila Latzhosen und Halstücher, die Frauenbewegung war in einer Phase der Orientierung und der Suche nach klareren Zielen, radikal einerseits, gleichzeitig aber auch oft unverbindlich. *Neue Männer braucht das Land* spiegelte das. Das Album wurde Ina Deters größter Erfolg, die Single erreichte #22 der Charts, das Album erreichte #13. Eine Tournee mit nicht weniger als 180 Konzerten folgte; Inas Markenzeichen wurde ihre pinkfarben lackierte E-Gitarre (heute ein Ausstellungsstück im Rock'n'Pop-Museum in Gronau). Ina Deter wurde im Jahr 1984 für eine TV-Dokumentationsreihe namens „Frauen unter Strom" portraitiert, und die Zeile „Neue Männer braucht das Land" ging in den Alltag ein, zumindest in den der Universitäten.

Schwer zu sagen im Übrigen, ob es Zufall oder Cleverness war, die Zeile „Ich sprüh's auf jede Wand" in den Text einzubauen: Graffiti waren in Deutschland zum Alltagsphänomen geworden – den einen zur Freude, den anderen zum Ärgernis. Die Kids hatten die New Yorker Graffiti-Szene entdeckt, die in Keith Haring ihren Helden hatte und zusammen mit dem aufkommenden Breakdance ein Top-Thema in den Zeitgeistmagazinen und Fernsehberichten geworden war. Selbst das NDW-Elektronikprojekt RHEINGOLD hatte einen Song über Graffiti auf seinem Debutalbum, und so traf Inas Zeile ins Schwarze.

Ina Deter konnte ihren Erfolg nicht wiederholen. Was immer sie tat, es wurde am Erfolg der „Neuen Männer" gemessen. Zwei Folgealben funktionierten noch akzeptabel, aber der Trend ging abwärts. Im Jahr 1993 zog sie sich aus dem Rockgeschäft zurück.

In den 1970ern hatte der „klassische" deutsche Schlager einen Höhepunkt erlebt. Als er sich dann plötzlich mit der NDW messen musste, verlor er deutlich an Marktanteilen und musste neue Fans finden. Aber das Schlagergenre, das sollte inzwischen deutlich geworden sein, ist äußerst flexibel, und so peilten die Macher neue Abnehmer aus dem Reservoire der Alternativbewegung an. Diese wiederum war selbst auf der Suche nach neuen Sensationen – die Bioläden waren inzwischen zu einem Ding der Vergangenheit geworden, biodynamische Lebensmittel fand man nun in den Supermarktketten, aus dem Fahrrad war ein hervorragend ausgestattetes Stadtfahrzeug geworden, die Terminzeitschriften in den Städten wandelten sich zu Zeitgeistmagazinen, kommerzielle Sender verbreiteten ein neues Radiogefühl, in den WGs fand man erste Computer, Apple trommelte seine Gemeinde in Fernsehwerbespots zusammen. Eine gewisse Beliebigkeit breitete sich aus, daraus entstanden viele Trends, die meisten davon blieben kurzlebig und hinterließen keine Spuren.

Ein Aspekt fasste jedoch Fuß. Er bediente sich im Fahrwasser von Dark Wave und Independent Music, etwa JOY DIVISION, THE CURE, BAUHAUS et cetera, knüpfte hierzulande aber sehr viel stärker als die englischen und amerikanischen Vorbilder an die nach wie vor immer latent vorhandene Verbundenheit mit der Deutschen Romantik an; sie wurde in diesem Buch bereits ein paarmal erwähnt. Die Gothic-Szene in Deutschland wuchs, es bürgerte sich der Begriff „Schwarze Szene" für sie ein. Nun hatte diese Szene selbst nichts mit Schlagern zu tun, dazu war sie viel zu eigenständig, und sie war auch nicht groß. Dafür aber war sie für Außenstehende rätselhaft und optisch faszinierend und wurde schnell zu einem Medienthema. Man sah sie als exotisch, morbid, todessüchtig, Friedhöfe schändend, Schwarze Messen zelebrierend, den Teufel verehrend, rechtsradikal und BDSM-verbunden. Das war kompletter Unsinn. Sehr wohl allerdings beschäftigte man sich in dieser Szene mit der Schwarzen Romantik. Man las Edgar Allen Poe oder E.T.A. Hoffmann, man liebte Gemälde Caspar David Friedrichs, man sah Filme wie Fritz Langs *Der müde Tod* (1921) oder F.W. Murnaus *Nosferatu* (1922), man versammelte sich in gotischen Kirchen und lauschte dort Renaissance-Kompositionen wie John Dowlands „In darknesse let mee dwell", man befasste sich mit morbiden und irrationalen Themen, Pendeln, Tarot, Schwarzer Magie – teils ernsthaft, teils just for fun.

Einige Bauteile dieser Szene fielen der Modeindustrie in die Hände, die wie die Schlagerproduktion stets auf der Suche nach neuen Reizen war, und so zogen nach einer Weile einige dieser schwarzen Elemente in den Alltag von Lieschen Müller und Otto Normalverbraucher ein - allerdings plattgedrückt auf den plakativen Effekt. Spurenelemente der Gothic-Szene fanden sich plötzlich bis hinein in den Quelle-Katalog. Mittelaltermärkte wurden eine Attraktion für die ganze Familie. Und es entstand eine seltsame Verknüpfung auch mit Aspekten, die aus der „New Age"-Bewegung stammten: Astrologie, Wahrsagerei, „alternative" Heilmethoden vom Granderwasser bis zu Schüsslersalzen, Homöopathie, Übersinnliches aller Art, Geistheilung, Hexerei, Telepathie, außerirdische Besucher – all das waren Themen, auf die man plötzlich überall stieß. Friseursalons boten zu horrenden Preisen Haarschnitte unter dem Licht des Vollmonds an, in Blumenläden konnte man Drahtpyramiden kaufen, unter denen Pflanzen besser wachsen sollten, selbst die guten alten Wünschelrutengänger kamen zu neuen Ehren. Themen wie Schutzengel, Tarot, Kabbala, Mondkalender, keltische Symbole wurden im Smalltalk auf Partys abgehandelt. Extrem simplifizierte Versionen fernöstlicher Religionen wurden gegen hohe Eintrittspreise in Kursen und Vorträgen von Leuten angeboten, die in ihren früheren Leben Fleckentferner auf Marktplätzen verkauft hatten. Binsenweisheiten des Dalai Lama, die der vermutlich nie gesagt hat, wurden in Taschenkalendern verramscht wie anno dunnemals „Mit Goethe durch das Jahr". Schwarz- oder hennarot gefärbte Haare wurden ebenso Mode wie enorme Mengen von Kajal, meist in Verbindung mit schwarzen Klamotten – bei manchen Menschen sah das faszinierend aus, in den meisten Fällen war man jedoch eher geneigt, zu kondolieren. Irgendwann tauchte in den Supermärkten sogar schwarzes, extra teures Waschpulver für schwarze Kleidungsstücke auf, das allerdings nicht anders wusch als das normale. Aber wenn man das merkte, hatte man es ja bereits gekauft.

Und das alles entdeckte selbstverständlich auch die Schlagerindustrie, immer auf der Suche nach neuen Trends und gleichzeitig immer einer ihrer Promoter. Eine der Hauptprotagonistinnen, absichtlich oder nicht, traf (der Kalauer ist beabsichtigt) ins Schwarze: unsere schon früher erwähnte Freundin Juliane Werding aus Essen.

Nach ihrem „Conny Kramer"-Hit hatte Juliane Werding einigen Erfolg mit einer gruseligen Coverversion der Rolling-Stones-Nummer „Angie", und einer Reihe von harmlosen, pseudo-feministischen Liedchen wie „Wenn du denkst, du denkst, dann denkst du nur, du denkst" (1975) oder Binsen wie „Man muss das Leben eben nehmen, wie das Leben eben ist" (1976), geschrieben meist von Gunter Gabriel, Deutschlands Johnny Cash für Anfänger. Das passte ins „Neue Frau"-Schema. Daneben jobbte Juliane Werding in einer Public-Relations-Agentur, später nahm sie eine Ausbildung zur Heilpraktikerin auf – das war ein perfekter Hintergrund für die nun angepeilte Hörerschicht.

Sie tauschte ihr musikalisches Team aus. Sie arbeitete nun mit Michael Kunze zusammen, den wir bereits im Zusammenhang mit Udo Jürgens, Gitte Hænning und Silver Convention kennen, mit dem Komponisten und Arrangeur Harald Steinhauser, auch er ein alter Hase im Schlagergeschäft, und dem Gitarristen und Produzenten Mats Björklund, der schon mit den Spotnicks, Boney M, Amanda Lear, Demis Roussos, Mandrake, Silver Convention, Joe Dassin und vielen anderen gearbeitet hatte. Auch Drafi Deutscher und Michael Cretu waren in einige Stücke involviert. Die Backing-Musiker waren vom Feinsten, Studiocracks aus München und Hamburg wie zum Beispiel Curt Cress, Hermann Weindorf, Frank Loef waren ebenso dabei wie Ex-Mitglieder der Rattles.

Im Jahr 1984, im idealen Moment, schoss Juliane Werding ihren neuen Stil mit „Nacht voll Schatten“ in die Umlaufbahn, einer Coverversion von Mike Oldfields „Moonlight Shadow“, das ein Hit in Deutschland, Österreich und der Schweiz gewesen war. Der düstere Song über ein nächtliches Duell definierte die Atmosphäre ihrer nun folgenden Serie von Alben: *Ohne Angst* (1984), *Sehnsucht ist unheilbar* (1986), *Jenseits der Nacht* (1987), *Tarot* (1988), *Zeit für Engel* (1990) und *Zeit, nach Avalon zu gehen* (1991) – sprechende Titel. Die Texte waren durchweg tiefschwarz: Wir irren durch ein undurchdringliches Labyrinth der Trauer, spielen schicksalhafte Würfelspiele, wir werden an das geheime Tarot gebunden („Tarot"), eine Frau mit „einem Gesicht, dem man nicht entrinnt", ruft in ihrem schwarzgestrichenen Zimmer nach dem Licht, das da kommen soll („Es wird Zeit"), und wir sichten ein außerirdisches Raumschiff („Ihr seid nicht allein"): Die ganze Kollektion esoterischer Stichworte ist in diesen Songs präsent. Oft fühlt man sich in die Schauerfilme von Jack Arnold aus den 1950er-Jahren hineinversetzt: Ein wolkenverhangener Vollmond, Gewitter, Regen auf der Windschutzscheibe, ein Kreuz auf dem Asphalt, eine unsichtbare Kraft senkt sich auf das Auto herab, und für die Beifahrerin kommt „jede Hilfe zu spät“ („Nebelmond“, eine aufgemöbelte Version von Goethes „Erlkönig“). Eine Frau tötet ihren Liebhaber, der sich von ihr trennen will, denn „Herzen, die brennen, erschreckt kein Verbot / Starke Gefühle besiegt nur der Tod“. Die Sängerin geht im Mondlicht mit einem Mann am Strand spazieren, aber nur sie hinterlässt Spuren im Sand („Spur des Mondlichts"), jeden Abend steht eine gewisse Susann am Ufer und spricht mit unsichtbaren Menschen, die bei einem Schiffsunglück umgekommen sind – aber sie mag beruhigt sein, denn „Was ruht in tiefen Meeren / Wird einmal wiederkehren / Deine schwere Zeit ist bald vorbei“ („Stimmen im Wind").

Viele dieser Songs kommen mit einem offenen Ende, die Hörer werden ohne Lösung ins Fadeout geschickt, manche Songs sind bewusst unlogisch. Immer sind sie simpel, melodisch einfach und maßgeschneidert für Julianes stets leicht klagende Schlagerstimme, perfekt im Plastikpop-Stil der 1980er-Jahre arrangiert, dabei immer einmal wieder versehen mit nahtlos eingefügten Zwischenspielen, Dire Straits-Gitarren und anderen, oft durchaus virtuosen, Instrumentalsoli. All dies ist humorfrei und ohne jede Spur von Ironie (das war bei den von Gunter Gabriel geschriebenen Songs noch zumindest manchmal anders) – punktgenau zugeschnitten auf eine vorwiegend weibliche Klientel, die auf diese hohe Dosis Zeitgeist gewartet hatte, und interessanterweise kennen selbst Menschen, die von sich behaupten, nie Schlager zu hören, doch einige dieser Songs.

Juliane Werding wurde eine der erfolgreichsten Schlagersängerinnen der 1980er-Jahre, wurde laufend in den Radioprogrammen gespielt, tauchte etliche Male in der „ZDF-Hitparade“ und anderen Musikshows auf, gewann zahlreiche Preise und goldene Schallplatten und machte etliche Tourneen. In den 1990ern übernahmen Udo Arndt und der Keyboarder Reinhold Heil (Spliff, Nina Hagen Band) die Produktion mehrerer Alben, aber der Reiz der 1980er-Platten war nicht mehr da. Das Themenspektrum war abgegrast. Im Jahr 2009 beendete Juliane ihre Karriere.

So vermischten sich Szenen. Während früher die Jugendszenen von der Erwachsenenwelt abgelehnt wurden, so wurden sie nun plötzlich in Teilen sogar adaptiert, Kleidung ebenso wie Vokabular. Man liegt sicher nicht falsch, wenn man in dieser Zeit der 1980er-Jahre den Beginn der seither um sich greifenden Infantilisierung der Erwachsenengesellschaft sieht. Wenn die reale Welt immer komplexer wird, dann müssen die Erklärungsmuster immer einfacher werden, und Magie und Aberglaube waren seit je Teile dieser Muster. Gerade heute erleben wir das wieder.

DIE MÄR VOM EINFLUSS

Auch wenn die meisten deutschen Gruppen im Ausland unbekannt sind, wird ihnen dennoch gern nachgesagt, sie seien „einflussreich“ gewesen oder seien es noch. Eine weitere Variante besteht aus heute aktiven englischen oder amerikanischen Bands, die sich auf Krautrock-Acts beziehen. Was ist davon zu halten?

In Großbritannien existiert unter Fans wie auch unter Musikern ein kleiner, aber aktiver Zirkel von Krautrock-Verehrern. Der BBC-DJ John Peel sorgte dafür, dass deutsche Gruppen bekannt und goutiert wurden. David Bowie oder Iggy Pop beriefen sich auf deutsche Musiker; Human League, Orchestral Manoeuvres In The Dark oder die frühen Ultravox hatten deutschen Bands ganz sicher ihr Ohr geliehen, auch in Post-Punk-Bands wie The Fall, Joy Division oder Public Image Ltd. sind Spuren deutscher Bands unüberhörbar.

Der Zugang zu den USA ist für deutsche Musik deutlich schwieriger, denn hier gibt es diese Fan-Zirkel so nicht, und Musiker haben eine andere Herangehensweise an ihren Job. In Deutschland wird es sofort als relativ sensationell angesehen, wenn ein deutscher Act den Sprung in die US-Charts schafft. Oft passiert es ja nicht. Wir haben gesehen, dass eine deutsche Gruppe im Prinzip nur dann eine Chance hat, in den USA wahrgenommen zu werden, wenn sie etwas anderes bietet als die dort einheimischen Bands und Musiker. Aber „wahrgenommen“ zu werden bedeutet noch nicht, „einflussreich“ zu sein.

Der US-*Rolling Stone* führte im Jahr 2015 unter den „50 best Prog Rock Albums of All Time" vier deutsche Alben auf: *Illusions on a Double Dimple* von Triumvirat (1974), *Yeti* von Amon Düül II (1970), *Phaedra* von Tangerine Dream (1974) und *Future Days* von Can (1973).[1] Letztere ist die einzige deutsche Platte, die es in die Top 10 geschafft hat, eingerahmt von *Thick As a Brick* von Jethro Tull und *The Lamb Lies Down on Broadway* von Genesis. Vier von fünfzig – in Anbetracht der Konkurrenten hätte es schlimmer kommen können.

Aber hat die deutsche Musik, die man im Ausland kennt, dort Spuren hinterlassen? Eine Band, der man das in Deutschland immer nachsagt, ist Kraftwerk. Schauen wir uns das mal genauer an.

Kraftwerk als Impulsgeber

Kraftwerk hat sich in den USA ein Kernpublikum aufgebaut, das weiß, wen es vor sich hat. Die Gruppe füllt dort Säle, einige reisende Hardcore-Langzeitfans lassen keine Show aus. Man sieht im Publikum heute drei Generationen. Fragt man aber einen über 50-jährigen „John Doe" nach „Autobahn", dann muss man ihm das Stück schon vorspielen, damit er sich erinnert. Und *wenn* er sich erinnert, dann hat er das Stück 1975 meist als Späßchen aufgefasst. Damals, im Jahr 1975, wäre in Amerika kaum jemand auf die Idee gekommen, in der Musik Kraftwerks den Beginn eines Musikgenres zu sehen, zumal es Elektropop auch schon vorher gab – man denke an „Popcorn" (1972) von den Popcorn Makers (dahinter steckte Gershon Kingsley, der das Stück geschrieben hatte) oder die selbstbetitelte Single von Dan The Banjo Man (1973; Phil Cordell war dessen wirklicher Name). Was Kraftwerk vor „Autobahn" gemacht hat, weiß hier schlicht niemand; die Platten gab es nicht.

Und selbst die wenigen Menschen, die Kraftwerk noch kennen, verbinden meist nur zwei Faktoren mit der Band. In erster Linie ist dies *maschinenhafte Rhythmik*. Die ist inzwischen in der weitgehend elektronischen Popmusikproduktion zum Normalfall geworden. Das könnte man in der Tat als Einfluss ansehen, doch der fand eher hinter den Kulissen der Musikproduktion statt. Vor dreieinhalb Jahrzehnten immerhin war es diese Rhythmik, die den Superstar Michael Jackson auf den Plan rief. Karl Bartos: „Michael Jackson rief uns ungefähr 1985/86, also während der *Electric Café*-Periode, an. Er wollte von uns die Genehmigung einholen, dass er den Multi-Track von *Die Mensch-Maschine* benutzen durfte …"[2] Wäre es dazu wirklich gekommen, dann hätte sich das Interesse an Kraftwerk in den USA schlagartig potenziert und ein Echo bis weit in den Mainstream ausgelöst. Dies allerdings hätte unvermeidlich auch das Image der Gruppe selbst infrage gestellt: In den USA wäre es von Jackson vollständig aufgesogen worden, in Deutschland und Europa hätte man der Band ihren kommerziellen Ausverkauf vorgehalten. Das war den Kraftwerkern mit Sicherheit klar. Ob dem Anruf irgendwelche wirklichen Aktivitäten gefolgt sind, und wenn ja, wie diese Zusammenarbeit dann hätte aussehen sollen, bleibt daher ungeklärt.

Mit Sicherheit kann man sagen, dass weder Michael Jackson noch sein Produzent Quincy Jones auf Kraftwerk angewiesen waren, um harte Maschinenrhythmen zu entwickeln – Titel wie „Bad", „Beat It" oder „Billy Jean" weisen perfekt ausgefeilte Rhythmustracks auf, die noch dazu durch clevere Bass-Patterns mit einem Groove gesegnet sind, den man bei Kraftwerk bei allem guten Willen nicht findet. Und kaum ein amerikanischer Hörer würde sagen: Diesen Rhythmus hat Kraftwerk erfunden. Dass die Kraftwerker das auch selbst wussten, lässt sich daran ablesen, dass sie ihre relative Popularität im Soul-/Dance-/Black Music-Bereich nach „Trans Europa Express" nutzten, um für die Abmischung ihres Folgealbums *Die Mensch-Maschine* den Produzenten Norman Whitfield anzuheuern, der in den 1960er-Jahren für das Motown-Label gearbeitet hatte.

Die Jackson-Episode wirft die generelle Frage auf, wie weit es überhaupt des Einflusses von außen bedurfte, um die Techno-, House- und Hip-Hop-Szene der USA, insbesondere der Detroit-Szene, anzuheizen. Bekannt ist Kraftwerk dort durchaus, und musikalische Parallelen gibt es ganz sicher. Und doch erscheint fraglich, ob Kraftwerk wirklich als Inspirationsquelle zur Entwicklung dieser Musikstile benötigt wurde. Ich erlaube mir, das zu bezweifeln – was den Einsatz von Kraftwerk-Samples in Detroiter Platten im Sinne eines anerkennenden Schulterklopfens nicht ausschließt. Tatsächlich aber haben Miles Davis' Alben *On The Corner* (1972) oder *Big Fun* (1974) ungleich stärker auf die House-, Techno- und Hip-Hop-Szenen eingewirkt als irgendein Album Kraftwerks, selbst wenn es die aktuell aktiven Musiker vielleicht gar nicht mehr wissen.

Wenn heute im deutschen Fernsehen oder Musikmagazinen amerikanische DJs, Rapper, Hip-Hopper, Techno-Produzenten und so weiter nach ihren musikalischen Einflüssen gefragt werden, dann fällt zwar mit großer Wahrscheinlichkeit auch der Name Kraftwerk, begleitet meist von einem bestätigend-ehrfürchtigen Nicken des Interviewers. Das wird man doch nun aber wirklich Einfluss nennen dürfen – oder etwa nicht? Auch hier gilt: eher nicht. Der Name fällt in Wahrheit meist einfach deshalb, weil die Befragten wissen, dass dessen Nennung erwartet wird. In vergleichbaren Interviews für US-Medien, wenn keine europäischen Journalisten dabei sind, wird Kraftwerk in der Regel nicht genannt. Selbst in der ausführlichen Hip-Hop-Episode (Folge 6) der PBS-Dokuserie *Soundbreaking* (2016) wurde Kraftwerk nur kurz und beiläufig als Trigger für Afrika Bambaataas „Planet Rock" erwähnt.[3]

Die heutigen Popkonsumenten haben die „Computer Love"-Melodielinie meist zuerst bei Coldplay gehört und gehen davon aus, dass Kraftwerk sie sich ausgeliehen hat; „Trans Europa Express" wird heute eher mit Bambaataas „Planet Rock" assoziiert (soweit *der* den heutigen US-Teenagern überhaupt noch bekannt ist – auch diese Platte ist inzwischen vier Jahrzehnte alt, zudem hat Bambaataas Ruf letzthin gelitten[4]). Und selbst, wenn es damals einen Einfluss Kraftwerks gab: Wie lange ist das her? Einen Einfluss Kraftwerks auf welche Szene auch immer zu behaupten, ist selbst zu einem Akt der Nostalgie geworden, und *gerade* die Tatsache, dass Kraftwerk fleißig gesampelt wird, ist der Beweis dafür.

Kraftwerk hat sein Alleinstellungsmerkmal spätestens verloren, als in den 1980ern und 1990ern immer mehr Elektroniker die Popszene betraten – Aphex Twin, Erasure, Eurythmics, Future Sound Of London, LFO, Gary Numan, Pet Shop Boys, Soft Cell, Yazoo, das Yellow Magic Orchestra, um nur einige von ihnen zu nennen. Die Kraftwerker konnten nun allerdings umgekehrt nicht ignorieren, was diese – fraglos von ihnen beeinflussten – Künstler und Produzenten machten, und sie reagierten darauf, indem sie ihrerseits deren Einspielungen als Referenz annahmen.[5] Die Väter begannen sozusagen, ihre Kinder zu kopieren. Nur hatten inzwischen bereits die Enkel die Regie übernommen, und dadurch verlieren sich frühere Einflüsse zusehends.

In Facebook-Foren über Kraftwerk, gerade auch den US-dominierten, wird die Band zunehmend zum Objekt von Parodien, Karikaturen und anderen Arten mehr oder minder gehaltvollen Humors. Interessant ist dabei, dass Kraftwerk mehr als mit allem anderen noch immer mit den roten Hemden und schwarzen Krawatten sowie den mechanischen „Robotern" der 1980er-Jahre zusammengedacht wird. Die Bandmitglieder tragen diese Klamotten seit vielen Jahren nicht mehr, aber *sie* sind das Image, das hängengeblieben ist. Ich habe Kraftwerk zuletzt im Jahr 2014 in Chicago gesehen, und noch immer wurde das Erscheinen der beweglichen Kleiderständer mit ihren in der Luft herumstochernden Armen vom Publikum heftig bejubelt, obwohl die Band diese Routine schon seit ihrer 1990er-Tour durchspielt. (Die Vorgänger der Roboter tauchten 1981 auf der Bühne auf, da allerdings waren es noch unbewegliche Schaufensterpuppen.) Man sollte eigentlich annehmen, dass dieser wieder und wieder vorgeführte und inzwischen überraschungsfreie Bühneneffekt sich irgendwann abgenutzt haben müsste, aber das scheint nicht der Fall zu sein.

Es ist offenkundig, dass Ralf Hütter die acht Alben von *Autobahn* (1974) bis *Tour de France Soundtracks* (2003) als die definitiven ansieht. Das Image der

Band ist heute um die Zahl Acht herumgebaut – das Konzept lässt keinen Platz für eine Nummer Neun. Die Konzerte bieten alles, was man von KRAFTWERK erwartet: kristallklare Visuals, Retrofuturismus, die leicht unterkühlte Präsentation, der immer auch ein bisschen Augenzwinkern innewohnt. Eine KRAFTWERK-Show ist heute mehr Performance-Art als Konzert. Eine Weile faszinieren noch die 3-D-Effekte, wenn Zahlen durch den Raum zu fliegen scheinen oder ein Raumschiff in der Halle zur Landung ansetzt, aber auch sie sind keine Sensation mehr. In den Kinos haben die Zuschauer gemerkt, dass 3-D keinen schlechten Film rettet, die Kinobetreiber – zumindest in den USA – haben gemerkt, dass 3-D nicht „the next big thing" geworden ist, und die Fernsehgerätehersteller haben registriert, dass kaum Nachfrage nach 3-D-tauglichen Fernsehgeräten besteht. So ist bei KRAFTWERK der 3-D-Effekt bereits zum Retrofuturismus geworden – und die Gruppe zu ihrem eigenen mobilen Museum.

Und andere?

Wenn KRAFTWERK also einen *Einfluss* auf die Popszene hatte, dann liegt er inzwischen in der Vergangenheit, allerdings nimmt das nichts weg von der Strahlkraft ihrer eigenen Alben. Immerhin ist ihr Einfluss in Spurenelementen in der heutigen Musik noch feststellbar, auf eine ähnliche Weise, wie beispielsweise Manuel Göttschings Album *E2-E4* (1984) einen nachvollziehbaren, vielleicht sogar stilbildenden Einfluss auf die Techno- und Trance-Szene ausgeübt hat, oder CAN auf SONIC YOUTH.

Aber gibt es in der amerikanischen Popmusik Einflüsse von Gruppen wie NEU!, POPOL VUH oder AMON DÜÜL II? Auch hier: Eher nicht. Denn deren Werk ist singulär, es wird als solches von manchen auch sehr wohl geschätzt, nur: Direkte Nachfolger gefunden oder gar eine „Schule" begründet hat in den USA keine dieser Gruppen.

CAN wird zwar auch immer wieder gern als Referenz aufgerufen, aber deren Drummer Jaki Liebezeit hat in irgendwo in einem Interview exakt benannt, wo der Denkfehler liegt: Etliche Bands versuchen zwar, den *Sound* von CAN zu adaptieren, tun das aber wie jede x-beliebige Rockgruppe, indem sie ihre Stücke komponieren und dann so lange einüben, bis sie sie an Bord haben – nur lag die wirkliche Herkunft des CAN-Sounds in der ganz anders gestrickten, intuitiven Arbeitsweise der Gruppe. Und die ist nicht imitierbar, weil sie unmittelbar an die Persönlichkeiten in der Band gebunden war. Der direkte Einfluss von CAN bleibt also mehr oder weniger bei SONIC YOUTH. Immerhin. Aber üppig ist das nicht gerade.

Aber ist nicht in Wahrheit ohnehin die Singularität das, was wirklich zählt? Die Werke Andy Warhols sind deshalb bedeutend, weil sie dies *aus sich heraus* sind, aufgrund ihrer eigenen künstlerischen Kraft. Wenn sich andere darauf beziehen, ist das wie die KRAFTWERK-Samples in der Detroiter Techno-Musik: ein freundliches Schulterklopfen. Es ist nicht die Aufgabe eines Künstlers, anderen etwas vorzuturnen. Michael Ende hat einmal festgestellt: „Alles, was veröffentlicht, ausgestellt oder einem Publikum vorgeführt wird, *gilt*!"[6] Wenn andere sich davon zu eigenen Werken angeregt fühlen, ist das schön, aber es kann nicht der Maßstab dafür sein, ob das ursprüngliche Werk gültig ist oder nicht.

Natürlich baut jeder Künstler auf Dingen auf, die andere vor ihm gemacht haben. In diesem Sinne könnte man sagen, Techno, Eurodance und so weiter seien auf der Basis von Blaupausen entstanden, die KRAFTWERK, Giorgio Moroder oder der Munich Sound geliefert haben. Andere elektronische Musik der 1980er und 1990er wie Industrial, Trance, Noise und mehr – all die Ambient- und Drone-Musik heutiger Laptop-Musiker, kann man mit einiger Fantasie auf TANGERINE DREAMS *Zeit*, Edgar Froeses *Epsilon In Malaysian Pale* oder Eberhard Schoeners *Meditation* zurückführen. Aber das ist es dann.

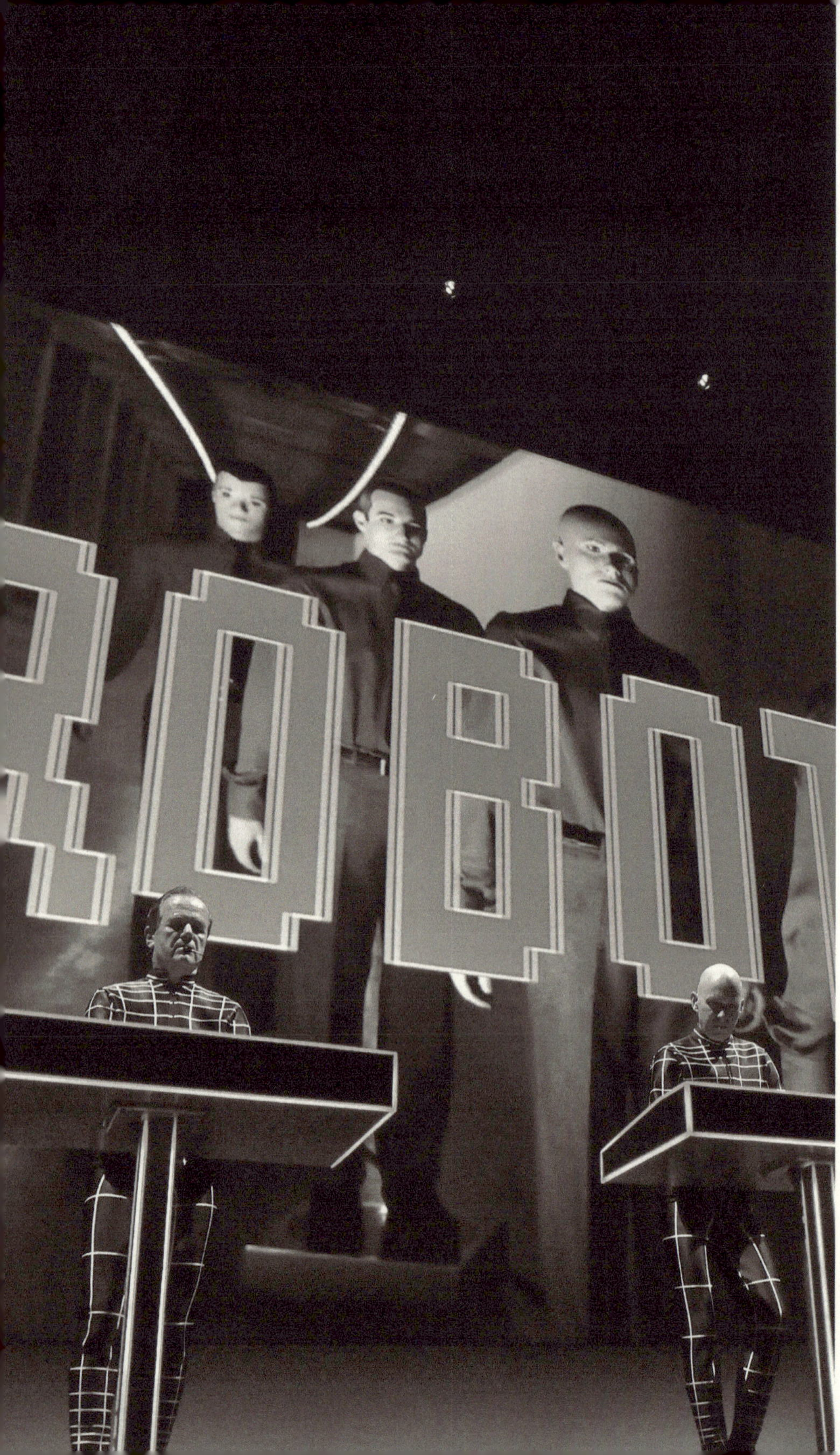

Kraftwerk 3D-Konzert „The Mix" (Tokio, 15. Mai 2013)

OUTRO

Am 9. November 1989 sah ich rein zufällig live im DDR-Fernsehen die Pressekonferenz, auf der der Informationssekretär der DDR, Günter Schabowski, den legendären Satz sprach: „Das tritt nach meiner Kenntnis ... ist das sofort, unverzüglich." Mich traf der Blitz: „*Was* hat der gerade gesagt?"

An diesem Abend eröffnete Hanns Joachim Friedrichs die „Tagesthemen" mit den Worten: „Im Umgang mit Superlativen ist Vorsicht geboten, sie nutzen sich leicht ab. Heute darf man einen riskieren: Dieser 9. November ist ein historischer Tag. Die DDR hat mitgeteilt, dass ihre Grenzen ab sofort für jedermann geöffnet sind. Die Tore der Mauer stehen weit offen."

Seit diesem 9. November hat sich in Deutschland vieles grundlegend verändert. Nicht nur politisch, sondern auch die Musik schlug neue, zum Teil radikal andere Wege ein.

Noch im Jahr 1989 fand in Berlin die erste Love Parade statt, damals noch als „politische Demonstration" angemeldet. Techno griff um sich, aus kleinen Techno-Clubs wie dem Tresor in Berlin (im Tresorraum eines ehemaligen Kaufhauses) entstanden Großveranstaltungen wie die „Mayday", auch sie zunächst in Berlin, später in Köln. Elektronische Musik entwickelte ein Spielbein in der elektronischen Tanzmusik. Inzwischen ist eine Generation herangewachsen, die unter dem Begriff „elektronische Musik" ganz automatisch Tanzmusik versteht.

Der „klassische" deutsche Schlager starb in den 1990ern aus, seine Überreste verbanden sich mit – ja, tatsächlich: dem Techno. Neue und auch Remakes uralter Schlagergurken kamen jetzt im stampfenden Technogewand daher.

Im Jahr 1991 fand das erste Wave-Gotik-Treffen in Leipzig statt. Ein Vorläufer in Potsdam war 1988 noch von der DDR-Polizei unterbunden worden, heute gehört das Festival zum offiziellen Kulturprogramm der Stadt Leipzig. Und irgendwann ging selbst diese Szene in den Schlager ein.

Der richtige Zeitpunkt, dieses Buch mit ein paar abschließenden Überlegungen zu beenden.

Kult, Ikonen, Legenden

Sie kennen das Phänomen: Irgendetwas in Ihrer Wohnung haben Sie seit Jahren nicht mehr benutzt, aber Sie denken, zum Wegwerfen sei es zu schade. Also nimmt man das Ding und bringt es auf den Dachboden oder in den Keller. Aber sobald es dort ist, ist es so gut wie weggeworfen. Irgendwo im Hinterkopf weiß man, dass man es nie wieder hervorholen wird.

So ähnlich ist es auch hier. Wenn ein Musiker (Maler, Autor, Regisseur ...) als „Kult", „Ikone" oder „Legende" bezeichnet wird, dann weiß man: Das Talent ist anerkannt, er ist eine Institution, er muss nichts mehr beweisen, und man beginnt, ihm Preise für sein Lebenswerk zu verleihen. Das allerdings signalisiert indirekt, dass von ihm keine Überraschungen mehr erwartet werden. Er ist eine freundliche Erinnerung an vergangene Zeiten, und das soll er gefälligst auch bleiben. Von Zeit zu Zeit, zu runden Geburtstagen oder Todesjahren, werden diese Künstler dann kurz nochmal aufs Podest gehoben, um danach umso sicherer wieder in die längst eingetretene Bedeutungslosigkeit zurückgeworfen zu werden.

Wie ist es heute möglich, da die Todesmeldungen aus Deutschlands Rock- und Popszene eine zunehmend alltägliche Erscheinung werden und es kaum noch Entdeckungen verborgener Schätze zu feiern gibt, den Kult (insbesondere den um den Krautrock) aufrecht zu erhalten und wenigstens manchmal sogar zu einer profitablen Sache zu machen? Und woher kommt es, dass zweit- und drittklassiges Material immer wieder zum Thema in den einschlägigen Foren wird, das alle paar Tage jemand wieder postet?

Die Antwort sind *Fangemeinden* und *Sammler*. Sie sind diejenigen, die nach verborgenen Schätzen graben. Nur sind sie oft auch diejenigen, denen es gar nicht um den Inhalt (= die Musik) geht, sondern um äußerliche Merkmale. Ihre Maßstäbe lauten in erster Linie: *Seltenheit* und *Vollständigkeit*.

Mit Sicherheit kennen Sie solche Sammler oder sind selbst einer von ihnen. Ihre Welt besteht aus „limited Editions", „Runout Numbers", ins Deadwax gravierten Wörtern oder Sätzen, handsignierten Exemplaren oder kaum erkennbaren Unterschieden im Labeldruck verschiedener Auflagen. Andere Fans streben danach, möglichst alle ausländischen Pressungen einer Platte zu besitzen. Sie sind selig, wenn sie irgendwo eine ultra-rare bolivianische Pressung von Kraftwerks „Showroom Dummies" auftreiben können, und sie investieren viel Zeit und Geld, um ein Exemplar von TANGERINE DREAMS *Ricochet* in klarem Vinyl zu finden, selbst dann, wenn sie wissen, dass die Pressung keine offizielle ist. Diese Sammler könnten im Grunde ebenso gut Teddybären aus den 1950ern oder Swatch-Uhren aus den 1980ern sammeln.

Das ist der Mechanismus, der zweit- und drittklassige Ware nach „Kult" aussehen lässt.[1] Oft übersteigt die Freude an der Jagd die Kritikfähigkeit und die Vernunft. Solche Sammler sind eine interessante Zielgruppe für Plattenfirmen, deswegen werden sie von diesen bestens versorgt. Nicht von allen Labels, aber von jenen, die daran interessiert sind, die Nachfrage nach diesen alten, einem bestimmten Genre zugeschriebenen Platten lebendig zu halten – legal, weil sie die Verwertungsrechte an den Aufnahmen besitzen, oder illegal, weil sie sie nicht besitzen. Labels wie Spalax, Zyx, Bureau B, Longhair, Soul Jazz, Garden of Delights und – teilweise zumindest – Grönland sind darauf spezialisiert, bestimmte Krautrock-Produktionen lieferbar zu halten oder wieder lieferbar zu machen. Da wir hier über keinen großen Markt sprechen, ist es für diese Labels häufig nicht einfach, die richtige Balance zwischen Geschäft und Liebe zur Sache zu finden. Im Zeitalter der Onlinestores, Second-Hand-Läden, Bootlegger, Counterfeits, YouTube, Streaming-Services und aller Arten illegaler Download-Portale ist es schwierig geworden, noch zu kalkulieren, wie viele Exemplare eines Albums realistischerweise absetzbar sein mögen.

Die Arbeit solcher Labels kann musikhistorisch sehr verdienstvoll sein. Viele Rock- oder Jazzplatten wären ohne sie nicht mehr zu finden, und oft sind sie auch diejenigen, die längst verloren geglaubte Schätzchen wiederentdecken und klangrestaurieren. Manchmal steigen selbst größere Labels in den Keller, durchforsten ihr Archiv und veröffentlichen die Funde in der Originalaufmachung. So mancher Künstler hat die Rechte an seinen alten Aufnahmen für wenig Geld zurückgekauft, als niemand sonst sie wollte, und nutzt sie heute wieder selbst. Wie schon Holger Czukay zu seinen Kollegen sagte: „Eines Tages werden diese Aufnahmen eure Rente sein."

Was aber, wenn Vorräte und Qualität zu Ende gehen? Dann ist der Moment gekommen, in dem die Plattenfirmen ein paar Marketingtricks aus dem Ärmel zaubern müssen, um auch noch das Material aus den unteren Schubladen interessant aussehen zu lassen. Man sucht dann systematisch nach speziellen Zielgruppen und bedient sie gezielt. Mythen und Legenden um eine Band herumzustricken ist eine gängige Methode, aus den Aufnahmen längst vergessener Bands und Künstler noch etwas Geld herauszuwringen, besonders, wenn sie schon damals, zur Zeit ihrer Erstveröffentlichung, kaum jemanden interessiert haben.

Ein Mythos um eine Band kann zum Beispiel entstehen, wenn jemand in einem Kreis plattensammelnder Freunde mit einem Fundstück anrückt, von dem alle wissen, dass es selten ist – etwa von EJWUUSL WESSAHQQAN, GÄA, GEBÄRVÄTERLI, KALACAKRA, MORGENSCHEIN und einigen anderen. (Es versteht sich von selbst, dass in einem solchen Sammlerkreis rockgeschichtlich immer die Platten besonders wichtig sind, die man als einziger besitzt.) Medien wie Facebook oder themenbezogene Diskussionsforen sind der richtige Lautsprecher, um Leute zu erreichen, die einerseits sachverständig, gleichzeitig aber auch zu beeindrucken sind. Denn oft ist es gar nicht die Musik, die wichtig ist, sondern das, was der alte Adorno als „Inszenierungswert" bezeichnet hat: Die Musik oder Band als solche ist zweitrangig, das Entscheidende ist der Respekt, der einem von seinem sozialen Umfeld entgegengebracht wird, wenn man sich als Kenner dieser Musik oder Band darstellt.

Ein Mythos kann auch entstehen, wenn nach einer Spanne von vielen Jahren die Meinung über ein Produkt wechselt. Als etwa in den 1970er-Jahren die Platten von CLUSTER oder HARMONIA veröffentlicht wurden, hat kaum jemand sie zur Kenntnis genommen. Heute werden diese Platten als herausragende Blaupausen des Krautrock-Phänomens angesehen. Dadurch werden sie nun für Sammler interessant, insbesondere für solche, die sich mehr für die Seltenheit der Originalpressung als für die Musik interessieren. Oder um es auf den Punkt zu bringen: Dass diese Platten damals erfolglos waren, trägt heute zu ihrer Wertschätzung bei.

Man kann, um einen Mythos aufzubauen, auch zu ganz brachialen „Fakten" greifen, die man einer Band oder einem Künstler anhängt – je absurder, desto besser, und je länger zurückliegend, desto weniger überprüfbar. Eine Band oder ihre noch lebenden Mitglieder können so etwas selbst starten, aber auch Plattenfirmen und Management. Im Falle deutscher Rockmusik funktioniert dies besonders in England recht gut, weil man als Deutscher den englischen Journalisten jede Menge Bullshit erzählen kann – sie kaufen einem das ab, weil sie denken: Das sagt ein Deutscher, also muss das ernst gemeint sein. CAN waren, wie beschrieben, clever darin, Informationen über „übernatürliche Phänomene" in ihrer Gegenwart zu streuen, andere Bands versäumten niemals, der Presse und den Fans zu erzählen, dass sie ihre Konzerte stets auf Acid gespielt hätten. In Magazinen fand man Stories über die angeblichen Sexabenteuer auf Tour und die zertrümmerten Hotelzimmer. In der Realität hat nie ein Geist die Studiouhr angehalten, die Musiker rauchten den einen oder anderen Joint (wie auch das Publikum), im Hotel stellten sie den Fernseher zu laut und klauten wie jeder Tourist die Aschenbecher, und das war alles. Der Rest war erfunden. Fans lieben diese Art von Klatsch.

In den Redaktionsbüros der Teenager-Popgazetten reichte der Chefredakteur nicht selten Fotos einer Band herum und sagte: „Denkt euch mal eine nette Geschichte dazu aus." Wenn es keine Story gab, dann erfand man eine, häufig mit der (unausgesprochenen) Zustimmung des Künstlers oder Promis. Die zirkulieren dann heute noch. Auch die Boulevardpresse kennt diese Methoden. Wer allerdings *Bild* als seinen Fahrstuhl nach oben benutzt, darf sich nicht beklagen, wenn *Bild* dann auch auf dem Weg nach unten wieder dabei ist.

Auch der Tod eines Künstlers kann für die Plattenfirma eine lukrative Angelegenheit sein, wenn sie sich mit einem Box-Set oder einem „Best of"-Album finalisieren lässt. Im Falle des Todes bietet sich auch an, einige Labelmates ein Tribute-Album einspielen zu lassen. Nicht umsonst werden Produkte dieser Art hausintern gern auch als „Goldener Schuss" bezeichnet.

Seit einiger Zeit sind luxuriöse Box-Sets in Mode. Sie sind ein sehr effektiver Weg, um das eingeschlafene Interesse an einem Act zu reaktivieren. Ich weiß nicht, wie es Ihnen damit geht, aber so sorgfältig solche Sets auch zusammengestellt sein mögen, für mich haben sie oft einen Nachgeschmack von Friedhof. Ein Box-Set zieht einen Schlussstrich. Zudem hört man sich den Inhalt solcher Boxen meist nur ein- oder zweimal an und blättert durch das mit vielen (meist banalen) Fotos aufgeblasene Booklet, und dann landet das ganze Ding im Regal und wird nie wieder berührt. Häufig weicht die Titelreihenfolge von den Originalalben ab oder es fehlen einzelne Stücke, und wenn man sich für den betreffenden Künstler wirklich interessiert, wird man immer die Originale bevorzugen. Oft enthalten solche Sets auch bis dahin unveröffentlichtes Material – dafür würde man sich ja sogar interessieren, aber will man deshalb wirklich den ganzen Rest, den man schon hat, nochmals mitkaufen? Die Firmen wissen genau, dass es Fans gibt, die einfach alles haben müssen, und auf deren Kreditkarte wird hier abgezielt. Manche Plattenfirmen spitzen so etwas sogar noch zu, indem sie genau dieses unveröffentlichte Material ein halbes Jahr später gesondert nochmals veröffentlichen, dann aber verbunden mit einer Liveaufnahme, die wiederum nicht im Box-Set dabei war.

Sehr populär seit einer Weile sind Wiederveröffentlichungen auf Vinyl. Die ewige Debatte zwischen Analog und Digital soll hier nicht geführt werden, sicher ist aber, dass ein LP-Cover grafisch und haptisch ansprechender ist als jedes CD-Booklet. Dennoch wird der Vinylmarkt meist grotesk überschätzt. Im Jahr 2020 wurden 71,5 Prozent der Musikumsätze mit Digitalmedien gemacht; der Umsatzanteil der Vinylplatte betrug 5,5 Prozent.[2] Egal also, was die Musikpresse uns einreden möchte, wir sprechen hier von einem Nischenmarkt für Fans und Spezialisten.

Ein paar Kleinigkeiten über Vinyl-Reissues sollte auch der Vinylfan wissen: Wenn man sich die Original-LPs aus den 1960er- oder 1970er-Jahren anhört, wird man feststellen, dass sie oft ein wenig matt, höhenarm und muffig klingen und unseren heutigen Hör-Standards nicht mehr entsprechen. Damals, als die Platten neu waren, war das der Stand der Dinge, aber heute haben wir andere Vorstellungen. Wenn diese Platten also heute auf Vinyl wiederveröffentlicht werden, dann heißt das: Sie müssen remastered werden, und weil die alten Original-Mastertapes (so überhaupt noch auffindbar) oft in keinem guten Zustand mehr sind, werden sie zunächst auf ein digitales Medium umkopiert. Diese Version ist dann der Ausgangspunkt für weitere Schönheitsbehandlungen. Kleinere Störungen wie Dropouts, hörbare Klebestellen und so weiter werden entfernt und das unvermeidliche Bandrauschen ein wenig zurückgedrängt, man muss dabei allerdings aufpassen, dass man die entsprechenden Frequenzen nicht aus den Instrumental- oder Gesangsstimmen mitentfernt. Indem man einzelne Frequenzbänder anhebt, hellt man die Aufnahme klanglich so auf, dass sie unseren heutigen Vorstellungen eher entspricht. Wenn man sich heute sorgfältig remasterte Aufnahmen anhört, wundert man sich manchmal, was in diesen alten Mastertapes gesteckt hat und fragt sich, wohin es damals während des Produktionsprozesses der Platte verschwunden sein mag. Es gibt Labels wie das amerikanische Sundazed Music und Toningenieure wie etwa Bob Ludwig, die sich auf Restaurierungsarbeiten spezialisiert haben und wissen, wie man diese Qualität wieder hervorzaubert, ohne die Aufnahme als solche zu verfälschen. Remasters solcher Güteklasse herzustellen ist allerdings eine Heidenarbeit und kostet daher viel Geld. Deswegen, aber nicht nur deswegen, ist vieles, was heute als „remastered" daherkommt, einfach nur im Bass- und Höhenbereich aufgepumpt und wird komprimiert, damit man auf einer Vinylpressung eine höhere Gesamtlautstärke erreichen kann (Stichwort: *Loudness War*). Und da die gewünschte höhere Lautstärke und Basspräsenz eine stärkere Rillenauslenkung zur Folge hat, wird dann das, was früher auf einer LP war, nun auf zwei verteilt. Dazu werden dann in den meisten Fällen noch pro Platte 180 Gramm Vinyl verwendet. Da hat man dann zwar dicke, schwere, massive Platten in der Hand, technisch ist das aber eine sinnlose Angelegenheit. Eine Platte, die 100 oder 120 Gramm wiegt, bietet die gleiche Tonqualität.

Ein beliebtes Spiel sind auch die „limited Editions" auf farbigem Vinyl, als Picture Disc, als Shape Disc, nummeriert, signiert, oder auf eine besondere Weise verpackt. Künstliche Verknappung des Angebots ist dabei einer der ältesten Tricks des Kaufmannsgewerbes, und man wundert sich manchmal, wie zuverlässig er immer noch funktioniert. Die „limitierte" Anzahl korreliert normalerweise ziemlich genau mit der ohnehin erwarteten Absatzzahl, und wenn die Limitierung noch dazu in die Tausende geht, wird das Produkt nicht einmal zu einer wirklichen Rarität. Aber die individuelle Nummer gibt dem Produkt den Anschein von Einmaligkeit.

Es mag albern klingen, aber wir, die wir heute leben, sind die ersten Generationen, die ernsthaft über ökologische Zusammenhänge nachdenken. Was soll mit den Millionen von Vinylscheiben in Zukunft geschehen? Es sind Erdölprodukte, und sei es in 100 Jahren, sei es in 500 Jahren: Irgendwann, da sollten wir uns nichts vormachen, werden sie auf einer Müllhalde landen. Dort werden sie in trauter Eintracht mit tausenden Tonnen alter Autoreifen korrodieren und sich in das Öl zurückverwandeln, aus dem sie hergestellt worden sind. Nur leider – Entropiegesetz – wird dieses Zerfallsprodukt dann qualitativ kaum mehr verwendbar sein und im Boden versickern.

Outtakes und Bonustracks

Wo kommen eigentlich die Stücke her, die auf wiederveröffentlichten Alben als Bonustrack enthalten sind? Da muss man zwischen unveröffentlichten Stücken (auch „Outtakes" genannt) und „Alternate Takes" unterscheiden. Letztere können hochinteressant sein, das hängt ganz von der Musikalität der Band ab. Man kennt und schätzt solche Aufnahmen als Bonus bei Jazzklassikern, denn oft enthalten sie unterschiedliche Improvisationsteile, oder sie zeigen, wie sich die Musiker einem Stück auf verschiedene Weisen genähert haben. Bei Rockgruppen *kann* das so sein, ist es aber meist nicht, da sie nur selten im Sinne spontanen Komponierens improvisieren, sondern einfach versuchen, das auswendiggelernte Stück fehlerfrei einzuspielen.

Und die unveröffentlichten Stücke? Dazu muss man wissen, dass so gut wie immer mehr Stücke produziert werden, als auf dem fertigen Album zu finden sind. Hört man auf der LP zehn Stücke, so kann man davon ausgehen, dass mindestens 15 produziert worden sind, und dies immer in jeweils drei oder vier Takes. Erst dann, wenn das alles im Kasten ist, wird entschieden, welche Stücke in welchen Versionen auf das Album kommen. Der Rest verschwindet in der Schublade und liegt dort unter Umständen jahrzehntelang. Das aber heißt: Man hat damals Gründe gehabt, diese Stücke nicht auf die Öffentlichkeit loszulassen, und bei so mancher Wiederveröffentlichung würde man sich wünschen, man hätte es dabei belassen.

Mit der Strömung

Ein Album auf einem der verschiedenen Streamingdienste zu hören ist eine andere Erfahrung als dasselbe Album auf einem physischen Tonträger. Dies hat zwei Aspekte: Zum einen gibt es kein Zeitlimit mehr, wie es die LP mit ihren zweimal 20 Minuten oder die CD mit ihren 79 Minuten hatte. Auch Geld ist kaum noch ein Limit, denn für 10 Euro oder Dollar im Monat kann man anhören, was man will (sofern es im Angebot ist) und solange man will. Der Erfolg eines Musikstücks drückt sich deshalb nur noch sehr bedingt in Verkaufszahlen aus. Einer GfK-Musikmarktprognose von 2020 zufolge wird die Plattenindustrie (welch' nostalgischer Name!) im Jahr 2023 nur noch 14,5 Prozent ihrer Umsätze mit physischen Tonträgern machen; 84 Prozent mit Streaming, Downloads werden mit 1,5 Prozent praktisch keine Rolle mehr spielen.[3]

Die Firmen reagieren inzwischen darauf schon länger, zunehmend nun aber auch die Musiker. Die Standardroutine alternierender Aktivitäten, die sich in den 1990er-Jahren herausgebildet hatte, funktioniert nicht mehr. Alle zwei Jahre wurde damals ein neues Album produziert, in den jeweils dazwischen liegenden Jahren wurde das jeweilige Album promotet und der Act ging auf Tour. Wenn aber heute, da sich Popkarrieren häufig nur noch nach Monaten bemessen, ein Künstler nach zwei Jahren ein neues Album vorlegt, dann wird das bereits als „Comeback" gesehen. Damit also die Öffentlichkeit den Act nicht vergisst, ist man dazu übergegangen, pro Jahr eine oder zwei EPs zu veröffentlichen. Diese werden unterstützt durch Remixe, Neuveröffentlichungen des jeweils letzten Albums mit zwei oder drei zusätzlichen Tracks, Wiederveröffentlichungen früherer Alben als Box-Sets mit Zusatzmaterialien, Live-Versionen, Dub-Versionen, neuen Edits, „lost Versions", Alternate Takes, und was immer man sich sonst vorstellen kann. Das einzige Ziel dabei ist, den Act bekannt zu halten. Anne Haffmanns vom Indie-Label Domino Records sagt: „Man muss die Zeit füllen, um Aufmerksamkeit für seine eigene Brand als Künstler zu generieren. Sonst geht man einfach unter."[4]

Die Streaming-Anbieter zahlen volle Tantiemen erst, wenn ein Titel mindestens 30 Sekunden lang gehört worden ist. Bricht der Hörer den Song vorher ab, bleiben den Musikern und Komponisten nur Bruchteile der ohnehin schon lächerlichen Cent-Beträge, mit denen sie abgespeist werden (da muss dringend etwas passieren). Eine steigende Zahl besonders der jungen Hörer hat inzwischen die Gewohnheit entwickelt, ein Stück nicht mehr durchzuhören, sondern im Takt weniger Sekunden von einem Track zum nächsten zu switchen (weil ja anders als bei einer LP oder CD der Stream nie endet). Mehr und mehr aktuelle Hits sind deswegen in erster Linie darauf angelegt, den Hörer länger als 30 Sekunden bei der Stange zu halten. Ob er dann weiter dranbleibt, ist nicht mehr wichtig. Man merkt es nicht zuletzt daran, dass immer mehr Songs sich nach dem Refrain einfach nur noch zu Tode wiederholen.

Das bedeutet nicht weniger, als dass eine technische Gegebenheit (nämlich Streaming) Hör- und Musiknutzungsgewohnheiten verändert, und diese veränderten Gewohnheiten wiederum verändern die Musikproduktion. Komponisten, Produzenten und Texter denken bereits in der Entstehungsphase eines Musiktitels in dem 30-Sekunden-Schema.

Und wie viele Menschen haben überhaupt noch die Geduld dazu, sich ein 20 Minuten langes Werk anzuhören, ohne zwischendurch ihre WhatsApp-Nachrichten zu checken? Wie viele können sich eine ganze Bruckner- oder Mahler-Sinfonie anhören und merken, dass es sich bei einer Sinfonie nicht einfach um vier aufeinander folgende Musikstücke handelt, sondern dass sich die Sätze aufeinander beziehen?

Was hören wir, wenn wir hören?

Seit den 1990ern gewinnt die Vergangenheit laufend an Bedeutung. 2015 war in den USA dann das Jahr, in dem sich erstmals Musik aus den Jahren 1960 bis 1980 besser verkauft hat als die aktuellen Veröffentlichungen.[5] Die Käufer kommen aus Altersgruppen, die mit Rockmusik groß geworden sind und ein Alter erreicht haben, in dem viele lieber in die Vergangenheit zurück- als in die aktuellen Veröffentlichungen hineinhorchen. In Amerika hat zwar die alte Rock-Schule der Marke „Stairway to Heaven" noch immer ihren Platz im Radio; noch immer läuft alle elf Minuten „Hotel California" von den Eagles auf irgendeinem der 4300 Radiosender. Viele davon sind allerdings auf Oldies spezialisiert, und langsam, aber sicher stirbt ihnen die Hörerschaft weg. Der Sound des Neokapitalismus ist Hip-Hop (und dafür gibt es gute Gründe), und je jünger die Hörer, desto weniger hören sie Radio. Aber sie hören Musik, nur die Distributionswege sind andere.

Was hören wir, wenn wir die alten Platten hervorkramen, seien es unsere eigenen oder die unserer Eltern? Wir können uns stoned im Schneidersitz (wenn wir den noch schaffen) auf einem Flokati vor einen Dual-Plattenspieler setzen und einem Röhrenverstärker und großen Lautsprecherboxen lauschen, die eine Original-LP oder eine 180-Gramm-Wiederveröffentlichung zu Gehör bringen.

Dazu könnten wir das Klappcover im Licht einer Tropfkerze studieren, während auf dem Tisch ein Räucherstäbchen qualmt und die Teekanne auf dem Stövchen singt. Aber eines können wir nicht: die Musik so hören, wie sie in den 1960ern oder 1970ern gehört wurde. Wir können eine Zeitreise simulieren, aber wir können sie nicht wirklich machen. Wir können unsere Erfahrungen und unsere Sozialisation nicht ausklammern, und wir können nicht gegen unsere eigenen Hör-Erfahrungen hören. Es mag dieselbe Platte sein, aber für junge Hörer heute sendet sie eine andere Botschaft aus als für die Hörer damals, als sie neu war.

Was also sehen wir, wenn wir die alten Fotos der Musiker von damals sehen, und was hören wir, wenn wir ihre 40- oder 50 Jahre alten Aufnahmen hören? Das, was sie damals produziert haben, ist unter anderen Rahmenbedingungen entstanden, und das ist nicht nur technisch gemeint. Die älteren Hörer erleben eine Art Jugendzeit-Flashback (selbst dann, wenn sie selbstkritisch genug sind, um zu bemerken, dass die alten Platten in der Erinnerung besser klingen als in der heutigen Realität). Jüngere Hörer dagegen hören einen Teil der Jugend ihrer Eltern oder Großeltern, aber sie hören ihn ohne deren Erfahrungshintergrund.

Und doch steckt eine Botschaft in vielen dieser alten Platten. Es mag vielleicht nicht mehr die originale Botschaft sein, aber dennoch ist es eine gültige. Wäre das anders, würden wir uns heute keine klassische Musik mehr anhören. Wir tun es aber, und die Herren Brahms oder Mahler sprechen noch immer zu uns, wenn wir ihnen die Gelegenheit dazu geben.

Retrotopie

Ein letzter Aspekt: Den deutschen Rockgruppen, besonders denen der Krautrock-Ära, wird seit jeher ein Etikett angeheftet, das sich inzwischen sogar in Buchtiteln und wissenschaftlichen Abhandlungen wiederfindet: *Zukunft*.

Sie kennen Filme oder Fernsehserien aus den 1960er- und 1970er-Jahren, in denen Zukunftsvisionen zelebriert werden: Da gibt es Computer (in den 1960ern meist „Elektronengehirn“ genannt), fliegende Autos, Funktelefone, Raumstationen, eine Weltherrschaft weniger Konzerne, eine scheckliche Umweltverschmutzung, und was immer man sich sonst noch vorstellen möchte. Auffallend ist aber häufig in solchen Filmen, dass diese Errungenschaften, ebenso die Dystopien, nur quantitativ, aber nicht qualitativ vorausgedacht sind. Computer können fantastische Dinge, aber sie nehmen noch immer drei Stockwerke ein, haben tausend Hebel und werden mit Lochkarten gefüttert. Die Aktienbörsen des Jahres 3000 werden noch immer von wild gestikulierenden und schreienden Maklern bevölkert. Und wenn uns die

Aliens mit ihren Raumschiffen angreifen, dann waren sie zwar intelligent genug, um mithilfe künstlich errichteter Wurmlöcher hunderte von Lichtjahren zurückzulegen, lassen sich dann aber mit einem simplen Computervirus außer Gefecht setzen, weil sie anscheinend mit irdischen Betriebssystemen arbeiten.

Der polnische Soziologe Zygmunt Bauman beschrieb dieses Phänomen. Er nannte es *Retrotopie*. Er meinte den Begriff politisch, aber er passt auch hier: Gruppen wie KRAFTWERK, TANGERINE DREAM, CLUSTER und andere besonders aus dem elektronischen Bereich galten als zukunftsorientiert und stellen sich auch immer noch selbst so dar. Sie beliefern uns mit Visionen, die sich zwar wie Zukunft anfühlen, die aber nie Realität werden können, weil sie auf Ideen und Konzepten beruhen, die schon in der Vergangenheit überholt waren.

In diese Abteilung gehören auch jene Bands, die heute mit frühen elektronischen Instrumenten arbeiten. Natürlich hat es einen gewissen Schauwert, ein Theremin auf die Bühne zu stellen. Die Töne, die man dem Ding dann entlockt, klingen meist schräg, weil es schwer zu beherrschen ist, aber darum geht es gar nicht. Das Instrument wird eingesetzt, weil damit halbironisch auf eine Zeit verwiesen wird, die früher einmal als die Zukunft gesehen wurde.

Die sozialen Medien über den deutschen Rock der 1970er, die Facebook-Gruppen und so weiter, agieren oft schon wie Newsgroups, die zu Dokumentationszentren ihrer eigenen Überflüssigkeit werden. Die Musik, die dort verhandelt wird, kann als lebendige Musik nie mehr zurückkommen, und sie kann sich auch nicht erneuern. Das ist den Foristen aber egal, weil sich die Foren per definitionem innerhalb selbstgesteckter Grenzen bewegen, die nicht überschritten werden dürfen. Wagt es jemand, gibt es postwendend eine Maulschelle vom Admin. So werden die Themen, über die palavert wird, mehr und mehr zu Dauerschleifen, die immer wieder dieselben Fragen, Antworten und Videos an die Oberfläche spülen, wobei sich die Diskussionsbeiträge zunehmend auf „Great!“ oder „Masterpiece!" beschränken.

So wird das, was die Bands geliefert haben, zunehmend aus dem ursprünglichen Kontext gerissen. Diese *Dekontextualisierung* stört aber niemanden, weil es am Stammtisch noch immer gemütlich ist. Und Neulinge, die zum Forum stoßen, wissen kaum noch, was eigentlich einmal die Wurzeln dessen waren, was in den Threads erscheint. Sie diskutieren dann sozusagen auf einem Fundament, das für sie die Wirklichkeit ist, obwohl es bereits eine Metaebene ist.

Aber im Digitalzeitalter lebt es sich auf der Metaebene nicht schlecht. Und dies umso mehr, wenn man nicht merkt, dass die Utopie in Wirklichkeit eine Retrotopie ist.

ANMERKUNGEN

INTRO

1 Cp. Sailer 2016
2 Lundberg 1977
3 New Musical Express, 6. September 1975
4 Brand 2009, S. 21
5 Zit. n. Morawietz 2006

TRÜMMERJAHRE

1 Zit. n. Stubbs 2014
2 Zit. n. Spiegel 50/2009
3 Zit. n. Pertou 2015
4 Vgl. Prieberg 2000, S. 242ff
5 Vgl. Storjohann 1993, S. 108
6 In der HJ waren Jungen zwischen 10 und 18 Jahren organisiert, für Mädchen gab es den BDM (Bund Deutscher Mädchen). Die Mitgliedschaft war zwingend, die NSDAP (Nationalsozialistische Deutsche Arbeiterpartei) kontrollierte auf diese Weise 98 Prozent der Jugendlichen. Üblicherweise trafen sich diese Gruppen zweimal wöchentlich. Eltern, die ihre Kinder daran nicht teilnehmen lassen wollten, hatten unangenehme Konsequenzen zu erwarten.
7 Vg. Storjohann 1993, S. 119f
8 Zit. n. Spiegel 12/1963
9 Gerade im aktuellen Diskurs erleben wir wieder, dass der Antisemitismus noch immer vorhanden ist – noch tritt er nur selten direkt auf, aber wer die Augen und Ohren offen hält, kann in den Medien (auch und gerade den sogenannten seriösen) beobachten, wie sich die Grenzen dessen verschieben, was gerade noch gesagt werden kann.
10 Sloterdijk 2014, S. 182
11 Vgl. Whalley 2009
12 Zit. n. Dallach 2015
13 Text von Kurt Feltz
14 Text wiederum von Kurt Feltz
15 Im deutschen Fernsehen liefen 30 Folgen als Vater ist der Beste, außerdem gab es einzelne Episoden als illustrierte Bücher. Dass der Vater der Serie, die wie viele amerikanische Soaps ursprünglich im Radio startete, im wirklichen Leben Alkoholiker war, wäre dem Filmvater nie passiert.
16 Text von Hans Bradtke
17 Text von Wolfgang Neukirchner, der unter etlichen Pseudonymen sehr aktiv war.
18 Deutscher Text von Ernst Bader. Der Song war eine Coverversion von „The Carnival Is Over" (das wiederum die Coverversion eines russischen Traditionals namens „Stenka Rasin" war).
19 Aus dem Film Die Gitarre und das Meer, Text von Aldo Pinelli
20 Text von Dolf Bokler; eine Coverversion des Songs „Only The Heartaches" aus der Küche Joe Meeks.
21 Text wiederum von Kurt Feltz
22 Text von Walter Rothenburg
23 Text von Fini Busch
24 Geschrieben von Norbert Schultze (Musik) und Hans Leip (Text)
25 Völker 2010, S. 206
26 Original von Gilbert Bécaud, deutscher Text von Ernst Bader – er hatte immer einen speziellen Sinn für Drama.
27 Text von Peter Ström
28 Vgl. Grotum 1994
29 Vgl. Werthmann 1958. Eberhard Werthmann war ein Insider: Als „Donald Wolf" („Gold in der Sierra") war er einige Jahre als Schlagersänger unterwegs. Mit dieser Dissertation wurde er von der Karl-Franzens-Universität, Graz, zum Doktor der politischen Wissenschaften promoviert. Er arbeitete eine Zeitlang als Wirtschaftsjournalist und wurde dann Unternehmer.
30 Das Bremer Label Bear Family Records veröffentlichte 2015 eine reizvolle Kompilation von 25 solcher Coverversionen auf CD, betitelt … und dann kam Bill Haley.
31 Zit. n. Bremer 2009
32 Text von Kurt Feltz, wieder mal.

TELSTAR UND DIE KLEINE BIMMELBAHN

1 Text von Erich Storz. Unter dem Titel „The Little Train" schaffte es das Stück sogar auf die #52 in den US-Charts.
2 Joe Meek ist ein komplett anderes, gleichwohl hochinteressantes Thema, und wenn Sie mehr über ihn erfahren wollen, sind Sie eingeladen, meine joemeekpage.info zu besuchen.
3 Was nicht unbedingt deren Schuld war, denn es war und ist üblich, dass nur die Hauptdarsteller die vollständigen Drehbücher kennen. Die Nebendarsteller erhalten in aller Regel nur die Szenen, in denen sie selbst vorkommen. Es ist dann Aufgabe der Regie, sie so zu instruieren, dass ihr Spiel in den Film passt. Dies unterbleibt leider oft, weil gerade beim Seriendreh die Zeit dafür fehlt.
4 https://www.youtube.com/watch?v=gAVMJ6SlmSQ
5 https://www.youtube.com/watch?v=3t2yv8Hg3oI
6 Heimat: Eine deutsche Chronik (11 Filme, 1984); Die zweite Heimat: Chronik einer Jugend (13 Filme, 1992); Heimat 3: Chronik einer Zeitenwende (6 Filme, 2004) – alles in allem 52 Stunden Film, geschrieben und inszeniert von Edgar Reitz. Nach wie vor ein Highlight deutscher Filmproduktion.
7 Vgl. Bauermeister 2011, S. 22ff
8 Text wiederum von Dramakönig Ernst Bader, der auch schon den Text zu „Am Tag, als der Regen kam" geschrieben hatte.
9 Vgl. Baag 2006
10 Vgl. Dash 1964
11 Aus der Show Geyer-Symphonie (1974)
12 1966: 7,4 Prozent in Bayern, 7,9 Prozent in Hessen; 1967: 8,8 Prozent in Bremen, 7,0 Prozent in Niedersachsen;

1968: 9,8 Prozent in Baden-Württemberg.

13 Daraus wurde die Gesellschaft für Konsumforschung (GfK) mit Sitz in Nürnberg, in der Marktforschung heute die Nummer 4 weltweit.

14 Text von Ronny Hein

15 Vgl. Stenke 2018

16 Prabel 2015 ist ein ziemlich harsches Beispiel.

17 Die SA, „Sturmabteilung", war ein paramilitärischer Flügel der Nazipartei und vorrangig mit der Aufgabe betraut, Angehörige politisch oppositioneller Verbände wie etwa des Rotfrontkämpferbundes zu verprügeln, ihre Treffen aufzumischen und die Versammlungen der NSDAP vor ihnen zu schützen. Die SA trat äußerst brutal bei Straßenkämpfen in Erscheinung, zettelte sie auch selbst an, und spielte so eine keineswegs kleine Rolle für den Aufstieg der Partei.

18 „Und sie werden nicht mehr frei ihr ganzes Leben": Aus Adolf Hitlers "Reichenbacher Rede" 1938. https://www.youtube.com/watch?v=JbtgQM0uP8s

19 Vgl. Tucholsky 2001, Bd. 10, S. 282

20 Vgl. Giordano 1987

21 Vgl. Mitscherlich 1967

22 Hierzu immer noch zu empfehlen: Welzer/Moller/Tschuggnall 2002, insbesondere der Abschnitt „Weil man überhaupt nichts von wusste", S. 156-161

23 Vgl. Ziok 2010

24 Vgl. Wikipedia (Verschickungskinder)

25 Cabaret, USA 1972, Regie: Bob Fosse, mit Liza Minnelli, Michael York, Helmut Griem, Joel Grey, Fritz Wepper und anderen. Der Film basiert auf dem Broadway-Musical gleichen Namens mit den Songs von John Kander und Fred Ebb (1966), das auf das Bühnenstück I Am a Camera (1951) von John Van Druten zurückgeht, das wiederum auf den Romanen „Mr. Norris Changes Trains" (1935) und „Goodbye To Berlin" (1939) von Christopher Isherwood beruht. Einer meiner ewigen Lieblingsfilme.

26 https://www.youtube.com/watch?v=SDuHXTG3uyY – In der deutschen Synchronfassung heißt der Song nicht ganz so gelungen „Der morgige Tag ist mein".

27 https://www.youtube.com/watch?v=NzYSSovi9Yc

28 Vgl. Weber 2015, S. 94

29 Zit. n. Fuchs-Gamböck, n.d.

MUSIKMEDIEN I

1 Vgl. Rundfunkstaatsvertrag, § 11.

2 Vgl. Bailey 2006

3 Vgl. Haus Mödrath 2020

4 Vgl. Berendt/Huesmann 1991. Das Buch erschien ursprünglich 1953 und hat seitdem immer wieder neue, erweiterte Auflagen erlebt.

5 Vgl. Weber 2015, S. 94

6 Vgl. Berendt 1983

7 Vgl. Werthmann 1958, S. 19

8 Vgl. Frith 2004, S. 120

9 Vgl. Rudorf 1979, S. 199

10 Vgl. Matheja 2007, S. 11

11 Vgl. Loch 2010, S. 32

12 Vgl. Rudorf 1979, S. 199

13 Vgl. SDW o.J. (abgerufen Mai 2015)

14 Vgl. Murphy 2014, S. 230

15 Vgl. Musikmarkt 2013

16 Vgl. Statista 2015

17 Vgl. Frankfurter Rundschau, 20. September 1968

18 Vgl. Czarnecky/Siebert 2009, auch Loichinger 2010

19 Vgl. Kübler/Augustin 1996, Kapitel 1

STAR-CLUB

1 Günter Zint, per Email

2 Zit. n. Beckmann/Martens 1980, S. 147ff

3 Vgl. Fascher/Flesch 2007, S. 191f

4 Vgl. Flür 1999, Fotostrecke "Beathovens im Ostseebad Dahme, 1965"

5 Loch 2010, S. 36ff

6 Vgl. Loch 2010, S. 36ff

7 Vgl. Krüger 2010, S. 293 (Foto)

8 Zit. n. Lange 2012

9 Vgl. Wikipedia (Salambo)

10 Vgl. Zint 1987, S. 115ff

WIRTSCHAFTSWUNDER-BEAT

1 Text von dem sehr produktiven Günter Loose

2 Zit. n. Spittler 2015

3 Zit. n. Spittler 2015

4 Zit. n. Graves/Schmidt-Joos/Halbscheffel 1998, S. 755

5 Vgl. Graves/Schmidt-Joos/Halbscheffel 1998, S. 755

6 Um Ihnen das Scrollen zu ersparen: https://www.youtube.com/watch?v=XCsxoITs7oM

7 Vgl. Last/Macho 2006, S. 261

8 Vgl. Last/Macho 2006, S. 67f

9 Last/Macho 206, S. 261

10 Vgl. Temme 2014

11 Hesslein und Horns, zit. n. Morawietz 2006

12 Vgl. Rahn 2021

DIE IRREFÜHRENDE MAGIE DES JAHRES 1968

1 Hans Blüher, deutscher Schriftsteller und Philosoph, gehörte zu den Mitbegründern des Wandervogels.

2 Mann 1942, S. 100

3 Vgl. Jobs 2017

4 Vgl. Gabler 2006, S. 517

5 Auf deutsch: Unser Freund das Atom. https://www.youtube.com/watch?v=QRzl1wHc43I

6 McLuhan 1968, im Original Understanding Media, erschienen 1964

7 Brand 1968

8 Packard 1958, im Original The Hidden Persuaders, erschienen 1957

9 „Mad Men", so genannt, weil die meisten Werbeagenturen der USA in der New Yorker Madison Avenue saßen. Auf die TV-Serie gleichen Namens

muss ich sicher nicht extra hinweisen.

10 In der Columbo-Folge Double Exposure (1973) wendet ein in der Werbung tätiger Motivationspsychologe „subliminale Botschaften" an, um einen Mord begehen zu können, während er scheinbar vor Zeugen einen Film kommentiert. Und natürlich überführt ihn Columbo am Ende mit einem ebensolchen Trick.
11 Vgl. Reetze 1992, S. 256ff
12 Vgl. Mann 1932, S. 221ff
13 Vgl. Bitkow 1967
14 Zit. n. Legath 1979, S. 35
15 Vgl. Shapiro 2018
16 Vgl. Mansnerus 1996
17 Vgl. Wikipedia (Radio)
18 Dazu kommen rund 800 Sender, die zum NPR-Network (National Public Radio) gehören. Für die Verbreitung von Musik spielen sie keine praktische Rolle. Sie beziehen Mittel von staatlichen Stellen, privaten Sponsoren und aus Merchandising-Verkäufen sowie aus Spenden der Hörerschaft. Eine der BBC oder dem deutschen öffentlich-rechtlichen Rundfunksystem vergleichbare Sendergemeinschaft ist dies aber nicht.
19 Die Mittelwellennutzung hat sich in den letzten Jahren zugunsten von Talkradio, erzieherischen Wortsendungen oder religiösen Programmen verschoben, während die Musiksender heute verstärkt Satellitenfunk und Internet nutzen.
20 Eine Coverversion ("Deutsche Originalaufnahme") von Scott McKenzies Hit „San Francisco"; der deutsche Texter wird auf dem Label nicht genannt, wahrscheinlich aber Kurt Hertha.
21 Musik und Text: Buchholz/Forester
22 Text: Bill Ramsey
23 Das ist noch heute so. Wer einmal die Erstsemester an der Universität gesehen hat, wie sie leicht orientierungslos durch Pittsburgh irren, weiß das.
24 Vgl. Didion 2008, S. 84-128
25 Zit. n. Tamarkin 2003, S. 154
26 Vgl. History, 9. August 1969
27 Text von Fritz Rotter
28 Vgl. Morawietz 2006
29 Text: Hans Bradtke
30 Vgl. Wikipedia (Kurras).
31 Zit. n. Iliffe 2003, S. 23
32 Zit. n. Aust 1985, S. 69f
33 Vgl. Aust 1985, S. 70
34 Zit. n. Spiegel 19/1968
35 Reinders und Fritsch 1995

MÜNCHENER KRAWALLE

1 Artaud, 1896-1948, war ein französischer Dramatiker, Regisseur, Schauspieler, Dichter der Ekstase und Morphinist. Man hatte ihn zur öffentlichen Gefahr erklärt und wiederholt in die Psychiatrie eingewiesen, wo er mit Elektroschocks, Quecksilber, Wismut und anderen ungesunden Dingen „behandelt" worden war. Zwei Jahre nach seiner Entlassung aus der Psychiatrie starb er an Krebs.
2 Vgl. Stefanie Schoener 2010, S. 66f
3 Vgl. Stefanie Schoener 2010, S. 69
4 Zit. n. Schober 1979, S. 25
5 Zit. n. Stefanie Schoener 2010, S. 70
6 Zit. n. Stefanie Schoener 2010, S. 70
7 Zit. n. Schober 1979, S. 25
8 Zit. n. Schober 1979, S. 25
9 Zit. n. Stefanie Schoener 2010, S. 70
10 Zit. n. Mervis 2016
11 Zit. n. Legath 1979, S. 72
12 Zit. n. Schober 1979, S. 28
13 Novalis 1798, zit. n. Novalis 1995, S. 501
14 Zit. n. Reinartz 2019
15 Zit. n. Staub
16 Zit. n. Reinartz 2019
17 Zit. n. Knöfel 2021
18 Zit. n. Reinartz 2019
19 Zit. n. Reinartz 2019
20 Zit. n. Reinartz 2019
21 Falls jemand sich wundert, woher ich das als 12-Jähriger wusste: Plattenfirmen und -labels haben mich schon damals interessiert, weshalb auch immer. Die Eltern eines anderen Mitschülers hatten eine Musikalienhandlung und waren Abonnenten des Musikmarkt, eines Branchenblatts, das ich las, wann immer ich die Gelegenheit hatte. Außerdem hatten meine Eltern einen Motorradfreund, der im Brotjob Direktionsfahrer der Plattenfirma Teldec war, deren Geschäftsgebäude zwei Minuten entfernt von uns um die Ecke lag. Auch er wusste vieles zu berichten, und ich war ein dankbarer Abnehmer dafür.
22 Alle Electric Rock-Zitate: Freynik 1970

ENGEL DES CHAOS: AMON DÜÜL II

1 Schober 1979, S. 43
2 Zit. n. Schober 1979, S. 57
3 Loch 2010, S. 78
4 Vgl. Kübler/Augustin 1996, S. 72
5 Kübler/Augustin 1996, S. 73
6 Zit. n. Schober 1979, S. 57f
7 Loch 2010, S. 78f
8 In: Mießgang 1997
9 Kübler/Augustin 1996, S. 73
10 Schober 1979, S. 52
11 Zit. n. Schober 1979, S. 61
12 Zit. n. Schober 1979, S. 59
13 Zit. n. Mineur 2003
14 Zit. n. Mineur 2003
15 Zit. n. Schober 1979. S. 64
16 Zit. n. Schober 1979, S. 63
17 Zit. n. Schober 1979, S. 30
18 In: Kölner Stadtanzeiger, 1. Juli 1972, zit. n. Schober 1979, S. 157f
19 Zit. n. Schober 1979, S. 152
20 Zit. n. Schober 1979, S. 152
21 Zit. n. Schober 1979, S. 161
22 Zit. n. Schober 1979, S. 161
23 Vgl. Schober 1979, S. 56
24 Zit. n. Schober 1979, S. 213

DIE GEISTER VERWIRREN: CAN

1 Zit. n. Granini 1977, S. 4
2 Vgl. Warner 2015, S. 91ff
3 Zit. n. Kumpf 2010
4 Zit. n. Ehnert/Kinsler 1984, S. 55

5 Zit. n. Zahn 2006, S. 37f
6 Stockhausen, Bd. 3, 1971, S. 200
7 Zit. n. Morawietz 2006
8 Vgl. Mießgang 1997
9 Zit. n. Kumpf 2010
10 Zit. n. Schmidt/Kampmann 1998, S. 384
11 Zit. n. Schmidt/Kampmann 1998, S, 382
12 Vgl. Ehnert/Kinsler 1984, S. 56
13 Zit. n. Ehnert/Kinsler 1984, S. 56
14 Vgl. Bussy 1989, S. 139
15 Zit. n. Ehnert/Kinsler 1986, S. 56
16 Die Sendung hieß höchstwahrscheinlich "Musik extra 3", WDR 1977
17 Vgl. Balzer 2017
18 Zit. n. Schmidt/Kampmann 1998, S. 390
19 Weitere Varianten finden sich in Zahn 2006, S. 34
20 Zit. n. Schmidt/Kampmann 1998, S. 388
21 Zit. n. Schmidt/Kampmann 1998, S. 390
22 Zit. n. Grissemann 2013
23 Zit. n. Ehnert/Kinsler 1984, S. 373
24 Loch 2010, S. 81
25 Loch 2010, S. 81
26 Zit. n. Schmidt/Kampmann 1998, S. 380
27 Vgl. Lippegaus 2017
28 Zit. n. Schmidt/Kampmann 1998, S. 388
29 Zit. n. Zahn 2006, S. 35
30 In: Corso, Deutschlandfunk, 29. Mai 2012
31 https://www.youtube.com/watch?v=OWua6ddsEb4
32 Zit. n. Dallach 2016
33 Granini 1977, S. 8
34 Granini 1977, S. 8
35 Vgl. Luhmann 1987, S. 60ff
36 Zit. n. Ehnert/Kinsler 1984, S. 56
37 Vgl. Legath 1979, S. 227
38 Lassen Sie uns nicht darüber streiten, wer „der erste" war. Robin Gibb nutzte eine Rhythmusmaschine als Ersatzdrums schon 1969 in „Saved By The Bell". Sly & The Family Stone verwendete eine Rhythmusmaschine (eine Maestro Rhythm King) in „There's A Riot Goin' On" (1971); das war ein bisschen innovativer, aber auch da ist die Hauptaufgabe, das Schlagzeug zu ersetzen. Das gleiche Gerät tauchte 1972 bei Kraftwerk auf („Klingklang").
39 Zit. n. Kitching 2015
40 Zit. Haring 1984, S. 244
41 Cp. Lippegaus 1984
42 Zit. n. Haring 1984, S. 243 u. 246
43 Zit. n. Schneider 1986, S. 161
44 Zit. n. Wagner 2019, S. 64

DIE ZUKUNFT RUFT

45 Sloterdijk 2021, S. 151
1 https://www.youtube.com/watch?v=4k3Od-WzZY1c&list=PL2AsxsuUYg8DQgoDW7u2Bj6O2N-hJaBVw
2 Kraushaar 2017, taz
3 Meinhof 1970
4 Vgl. Kraushaar 2017, NZZ
5 Vgl. Kraushaar 2017, NZZ
6 Deutschland im Herbst, Deutschland 1978, Episodenfilm von 11 Regisseuren, darunter Rainer Werner Fassbinder, Alexander Kluge, Edgar Reitz, Volker Schlöndorff. Teils fiktional, teils mit dokumentarischem Material.
7 Der Baader Meinhof Komplex, Deutschland 2008, Regie: Uli Edel, Drehbuch: Bernd Eichinger nach dem gleichnamigen Buch von Stefan Aust (1985 erstmals erschienen, seitdem mit jeder Auflage erweitert).
8 Komposition: Ennio Morricone, gesungen und getextet von Joan Baez
9 Kraushaar 2017, taz
10 Zit. n. Spiegel 35/2017, Titelseite
11 Vgl. Aust 2021, S. 125
12 Lachenmann 2002, S. 31f
13 Lachenmann 2002, S. 31
14 Sehenswert der Dokumentarfilm The Wrecking Crew, USA 2008, Regie: Danny Tedesco. https://www.wreckingcrewfilm.com/
15 Vgl. Rau 2005, S. 27f
16 In einem Fachblatt-Interview, zit. n. Simmeth 2016, S. 166
17 Kraushaar 2016, S. 50
18 Vgl. Olivier 1976, S. 11
19 Zit. n. Haring 1984, S. 55
20 Vgl. Jerry Garcia, zit. n. Jackson/Gans 2016, S. 185
21 Vgl. Fehmarn 1970
22 Aus einem Nazi-Liederbuch: "Heil Hitler Dir", geschrieben von Bruno Schestak, 1937.
23 Vgl. Diederichsen 2014, S. 40ff
24 Zit. n. Morawietz 2006
25 Zit. n. Olivier 1976, S. 11
26 Vgl. Haring 1984, S. 116
27 Vgl. Ehnert 1975, S. 147
28 Vgl. Bartos 2017, S. 369-371
29 Vgl. Musik Express 4/1977, Brain-Festival
30 Vgl. Morawietz 2006
31 Zit. n. Lippegaus 1987, S. 286
32 Zit. n. Jackson/Gans 2015, S. 247
33 Vgl. Froese 2017, S. 69f und 330
34 Zit. n. Morawietz 2006
35 Vgl. Murphy 2014, S. 279
36 Vgl. Froese 2017, S. 331
37 Vgl. Schober 1979, S. 194

MUSIKMEDIEN II

1 Vgl. Rudorf 1979, S. 199
2 Vgl. Pop Aktuell, o.J.
3 Die Zahl ist eine konservative Schätzung, basierend auf den Einträgen in Ehnert 1979 und eigener Recherche. Es ist heute nicht mehr möglich, die genaue Zahl der Acts mit Plattenvertrag herauszufinden, aber 250 dürfte in etwa hinkommen.
4 Vgl. chartsurfer.de
5 Vgl. Rock & Folk, o.J.
6 Zit. n. Haring 1984, S. 246
7 Zit. n. Haring 1984, S. 252f
8 Vgl. Enwezor 2012, S. 81-91
9 Vgl. Kahlefendt 2016

STUDIOS UND PRODUZENTEN

1 Zit. n. Boettcher2002, S. 104
2 Zit. n. Hentschel 2004
3 Wer einen Eindruck gewinnen möchte, wie das in der Praxis

aussah, sei auf den Film Prick Up Your Ears (1987, Regie: Stephen Frears) hingewiesen. Es ist gruselig. Auch der erwähnte Produzent Joe Meek machte diesbezüglich unangenehme Erfahrungen.
4 Vgl. Napier-Bell 2002, S. 35ff
5 Zit. n. Murphy 2014, S. 137
6 Zit. n. Linke 2019
7 Zit. n. Linke 2019
8 Zit. n. Linke 2019
9 Zit. n. Burkhardt 2002, S. 172
10 Zit. n. Schöler 1981, S. 212f
11 Jennings 2012
12 Vgl. Bezirksamt Charlottenburg-Wilmersdorf 2020
13 Zit. n. Haring 1984, S. 227
14 Vgl. Wikipedia (Conny Plank)
15 Per Messenger
16 Zit. n. Haring 1984, S. 227
17 Zit. n. Morawietz 2006
18 Zit. n. Morawietz 2006
19 https://www.youtube.com/watch?v=ZwDXpjJ_gc8
20 Zit. n. Haring 1984, S. 223
21 Zit. n. Haring 1984, S. 228f
22 Zit. n. Haring 1984, S. 229
23 Roedelius 2016, S. 218ff
24 Zit. n. Stichtag 23. Januar 1986

KAISERS REICH

1 Zit. n. Spiegel 41/1968
2 Zit. n. Morawietz 2006
3 Zit. n. Spiegel 41/1968
4 Zit. n. Schober 1979, S. 39
5 Zit. n. Spiegel 41/1968
6 Kaiser 1972, S. 367
7 Kaiser 1972, S. 367
8 Vgl. Hub 1997
9 Zit. n. Hub 1997
10 Zit. n. Legath 1979, S. 408
11 Vgl. Morawietz 2006
12 Vgl. Spiegel 43/1971
13 Zit. n. Hub 1997
14 per Email
15 Vgl. Higgs 2006, S. 145f
16 Greenfield 2006, S. 437
17 Zit. n. Higgs 2006, S. 162
18 Zit. n. Higgs 2006, S. 162
19 Presseerklärung, o.J.
20 Zit. n. Hub 1997
21 Vgl. Westrupp o.J.
22 Vgl. Spiegel 40/1973
23 Zit. n. Spiegel 40/1973
24 Hub 1997
25 Spiegel 40/1973
26 Pressemitteilung o.J.
27 Pressemitteilung o.J.
28 Zit. n. Spiegel 40/1973
29 Vgl. Spiegel 40/1973
30 Vgl. Pieper 2007, S. 54
31 Patterson 2011 (nicht mehr online)
32 Zit. n. Hub 1997
33 Zit. n. Hub 1997
34 Vgl. Hub 1997
35 Zit. n. Spiegel 40/1973
36 Zit. n. Hub 1997
37 Zit. n. Hub 1997
38 Pressemitteilung o.J.
39 Pressemitteilung o.J. (Dass es die CIA heißen müsste, sei am Rande vermerkt.)
40 Zit. n. Hub 1997
41 Das Ding wird heute für sehr viel Geld im Internet gehandelt. Wenn Sie ein Exemplar mit beigefügtem Poster erwischen, dann haben Sie es mit einer Fälschung zu tun.
42 Zit. n. Spiegel 40/1973
43 Pieper 2007
44 Hub 1997
45 Westrupp o.J.

TUNE IN, TURN ON

1 Vgl. Gabler 2006, S. 239f
2 Mad Men, USA 2007-2015, 92 Folgen.
3 Vgl. Davis 1990, passim
4 Vgl. Anderson Dansereau 2020
5 Vgl. Overstolz vom Rhein
6 Deutscher Text von Günter Wallraff und dem nicht unumstrittenen Liedermacher Diether Dehm (Lerryn).
7 Vgl. Psychedelic Pictures
8 Vgl. Werding 2018
9 Vgl. Allen 2009, passim
10 Vgl. Reuband 1994, S. 71f

ELEKTRONISCHE REVOLUTION

1 Froese, in einem Faksimile eines Magazin-Interviews von 1997; Originalquelle nicht bekannt.
2 Vgl. Ehnert/Kinsler 1984, S. 197
3 Davis 1990, S. 329
4 Zit. n. Stockhausen 1978, S. 504
5 Zit. n. Stockhausen 1978, S. 504
6 Zit. n. Ehnert/Kinsler 1984, S. 197
7 Falls es Sie interessiert, was Stockhausen selbst mit einem Vocoder machte, hören Sie sich die Tonszenen 4 und 5 vom Freitag aus LICHT aus dem Jahr 1996 an.
8 Vgl. Jackson/Gans 2015, S. 14
9 Zit. n. Stockhausen 1978, S. 505
10 Mießgang 1997
11 Zit. n. Stockhausen 1978, S. 505
12 Zit. n. Stockhausen 1978, S. 505
13 Zit. n. Stockhausen 1978, S. 505
14 Vgl. Betschon 2015
15 Vgl. Wikipedia (Giorgio Moroder)
16 Zit. n. Maconie 2000, S. 133

SCHOENER, FRICKE, MORODER

1 Vgl. Schoener 2010, S. 74ff, außerdem nicht speziell gekennzeichnete Teile des Kapitels per E-Mail.
2 Zit. n. Haring 1984, S. 235
3 Zit. n. Haring 1984, S. 235
4 Die Reissue des Albums von 2010 auf dem MiG-Label ist remastered und enthält eine DVD mit einem 45-minütigen „Making of", das seinerzeit der Bayerische Rundfunk hergestellt hatte.)
5 Vgl. Police 2019 und Sting 2020
6 Vgl. Schoener 2010, S. 131
7 Zit. n. Cronin 2014, S. 302
8 Zit. n. SPK 2004
9 Zit. n. Ehnert/Kinsler 1984, S. 300
10 Zit. n. Miersch 1/2007
11 https://www.youtube.com/watch?v=DON-CogKcfk
12 Zit. n. Freistil 2010
13 In: Mießgang 1997
14 Pop o.J., zit.n. Ehnert/Kinsler 1984, S. 300
15 Zit. n. Legath 1979, S. 183. Die ungenannte Kritikerin dürfte Ingeborg Schober gewesen sein.
16 https://www.youtube.com/watch?v=W6RUstmzDic
17 Zit. n. Ehnert/Kinsler 1984, S. 300
18 Zit. n. Legath 1979, S. 294

19 Zit. n. Miersch 1/2007
20 Zit. n. Ehnert/Kinsler 1984, S. 300
21 Vgl. Freistil 2010
22 Zit. n. Freistil 2010
23 Zit. n. Freistil 2010
24 Zit. n. Freistil 2010
25 Zit. n. Freistil 2010
26 Zit. n. Freistil 2010
27 Zit. n. Freistil 2010
28 Bevor man sich den Film anschaut, sei empfohlen, nachzulesen (etwa in Wikipedia), was der Mount Kailash ist, welche Bedeutung er für den tibetischen Buddhismus und Hinduismus hat und weshalb er nur umrundet, aber nicht bestiegen werden darf. Der Film erklärt diese Sachverhalte nicht, aber man versteht ihn besser, wenn man sie kennt.
29 Zit. n. Freistil 2010
30 Zit. n. Freistil 2010
31 Zit. n. Freistil 2010
32 Zit. n. Freistil 2010
33 Zit. n. Geisenhanslüke 2014

BERLIN

1 Zit. n. Kestrel o.J.
2 Vgl. Miersch 1/2007
3 Zit. n. Miersch 1/2007
4 Zit. n. Kestrel o.J.
5 Ein von der Band klanglich nachbereiteter Publikumsmitschnitt dieses Konzerts ist offiziell erhältlich in der 7-CD-Box The Bootleg Box Set, Vol. 2. Aber auch er klingt bescheiden.
6 Zit. n. Miersch 1/2007
7 Zit. n. Miersch 1/2007
8 Miersch per Email.
9 Diese seit je umstrittene Praxis sollte bereits im Jahr 2003 beendet werden, der Beschluss des GEMA-Aufsichtsrates wurde aber bis heute nicht umgesetzt; vgl. Wikipedia (E und U)
10 Vgl. Behrendsen/Rüsenberg 1978
11 Zit. n. Frank 1976, S. 16
12 Zit. n. Miersch 1/2007
13 Frommermann und Biberti zit. n. Fechner 1988, S. 167f

BY THIS RIVER: WESERBERGLAND

1 Zit. n. Iliffe 2003, S. 24
2 Zit. n. Legath 1979, S. 205
3 Iliffe 2003, S. 93
4 Zit. n. Legath 1979, S. 336
5 Zit. n. Iliffe 2003, S. 40
6 Zit. n. Esch 2014, S. 108
7 Zit. n. Crane 2015
8 Zit. n. Legath 1979, S. 737
9 Zit. n. Legath 1079, S. 737
10 Haring 1984, S. 122
11 Zit. n. Ehnert/Kinsler 1984, S. 70
12 Zit. n. Crane 2015
13 Zit. n. Crane 2015
14 Live 1974 wurde 2007 veröffentlicht.
15 Reetze 2015
16 Roedelius 2016, S. 162
17 Zit. n. Engelbrecht 2017
18 Vgl. Dotzauer 2015
19 Zit. n. Legath 1979, S. 1533
20 Zit. n. Esch 2014, S. 105
21 Obwohl Durch die Wüste eine Stereoaufnahme ist, ist die auf Sky erschienene CD-Version mono – vermutlich aus Versehen. Die Sky-LP-Version jedenfalls ist stereo, ebenso die später auf Bureau B wiederveröffentlichte CD.
22 Vgl. Roedelius 2016, S. 220-222
23 Vgl. Roedelius 2018
24 Zit. n. Jürgens 2006, S. 125
25 Zit. n. Legath 1979, S. 1498
26 Zit. n. Ehnert/Kinsler 1984, S. 322
27 Vgl. Ingenhoff 2015
28 Vgl. Ehnert/Kinsler 1984, S. 323

KRAFTWERK

1 Zit. n. Amend 2017
2 Zit. n. Amend 2017
3 Zit. n. Amend 2017
4 Anonym, zit. n. Legath 1979, S. 184
5 Vgl. Ehnert/Kinsler 1984, S. 196
6 Zit. n. Legath 1979, S. 684
7 Zit. n. Esch 2014, S. 98
8 Zit. n. Legath 1979, S. 864
9 Zit. n. Ehnert/Kinsler 1984, S. 196
10 Vgl. Logan/Woffinden 1976, S. 133
11 Vgl. Graves/Schmidt-Joos/Halbscheffel 1998, S. 506
12 Zit. n. Esch 2014, S. 99f
13 Zit. n. Esch 2014, S. 100
14 Vgl. Wolfgang Seidel, in: Esch 2014, S. 126
15 Logan/Woffinden 1976, S. 133
16 Bucks County Courier Times
17 The Advocate
18 News Journal
19 Die Single erschien in den USA in einem neutralen Firmenlochcover.
20 Zit. n. Legath 1979, S. 1144
21 Zit. n. Legath 1979, S. 1144

DÜSSELDORF

1 Vgl. Esch 2014, Backcover
2 Vgl. Esch 2014, passim
3 Zit. n. Klotschkow 2017
4 Zit. n. Dinger 2012
5 Zit. n. Wikipedia (Dinger)
6 Zit. n. Ehnert/Kinsler 1984, S. 272
7 Zit. n. Holden/Rother 2015
8 Zit. n. Esch 2014, S. 84
9 Zit. n. Ehnert/Kinsler 1984, S. 272
10 Zit. n. Crane 2015, S. 30
11 Zit. n. Dinger 2012
12 Zit. n. Esch 2014, S. 83
13 Zit. n. Legath 1979, S. 594
14 Dinger 2012
15 Zit. n. Legath 1979, S. 963f
16 Dinger 1999
17 Vgl. Dinger 1999
18 Dinger 1999
19 Dinger 2012
20 Vgl. Dinger 2012
21 Vgl. Dinger 2012
22 Zit. n. Ehnert 1979, S. 208
23 Dinger 2012
24 Vgl. Dinger 2012
25 Zit. n. Esch 2014, S. 199
26 Zit. n. Holstein 2014
27 Vgl. Holstein 2014
28 Vgl. Schreiber 1980, S. 98
29 Vgl. Holstein 2014
30 Zit. n. Esch 20014, S. 411f

HAMBURG

1 Zit. n. Ehnert 1975, S. 131
2 Vgl. Rau 2005, S. 157
3 Vgl. Kübler/Augustin 1996; S. 168ff und 178f

4 FDJ = Freie Deutsche Jugend, die Jugendorganisation der SED.

WEGE INS PARADIES: AGITPROP

1 Zit. n. Haring 1984, S. 68
2 Vgl. Wagner 2013, S. 52
3 Als Mitglied der Gewerkschaftsjugend hatte man unweigerlich auch mit der SDAJ zu tun. Und bevor es jemand ausgräbt, sei offengelegt, dass auch ich im ersten Lehrjahr mit 17 diesem Verein beigetreten bin. Dass ich dort nicht wirklich hingehörte, wurde mir bald klar. Mit den dann folgenden Versuchen, meinen Rausschmiss zu provozieren, bin ich allerdings gescheitert – die SDAJ warf niemanden raus, solange der seinen Beitrag zahlte, man wurde nur zunehmend geschnitten. Während meiner Zivildienstzeit bin ich dann ausgetreten. Eine lehrreiche Erfahrung war es allemal.
4 Zit. n. Wagner 2013, S. 49
5 Zit. n. Wagner 2013, S. 50f
6 Zit. n. Wagner 2013, S. 51
7 Vgl. Wagner 2013, S. 51
8 Unger 1976, S. VII
9 Unger 1976, S. 39
10 Unger 1976, S. 52
11 Hüsch 1990, S. 286
12 https://www.youtube.com/watch?v=GRJNlR9V8T4
13 Vgl. Hüsch 1990, S. 305ff
14 Hüsch 1985, S. 8
15 Spiegel, 19. Mai 2008
16 Vgl. Hüsch 1981
17 Zit. n. Spiegel, 19. Mai 2008
18 Spiegel, 19. Mai 2008

GANZ EGAL

1 Praunheim
2 Zit. n. Legath 1979, S. 1223

MUSIK IM FERNSEHEN

1 https://www.youtube.com/watch?v=VMzoVYcJHyQ
2 Vgl. Augustin 2008
3 Und falls jemand sich darüber wundert, dass dieses Konzert, das den Durchbruch von ZZ Top in Europa einleitete, in dem (ansonsten sehenswerten) Portraitfilm ZZ Top: That Little Ol' Band From Texas (USA 2019) mit keiner Silbe erwähnt wird: In amerikanischen Dokus über amerikanische Acts wird auf Erfolge außerhalb der Staaten praktisch nie eingegangen.

SIEBZIGER MÜESLI

1 Vgl. Adorno 1962, S. 13-34
2 Enzensberger 1970, S. 160
3 Enzensberger 1970, S. 160
4 Enzensberger 1970, S. 166
5 Vgl. Schmidt, im ZDF 1971
6 Vgl. Froeses Anmerkungen in Kraesze 1976
7 Vgl. Kraushaar 2016, S. 54f
8 Neumeier 2007
9 Neumeier 2007
10 Zit. n. Wagner 2013, S. 118
11 Zit. n. Wagner 2013, S. 118
12 Zit. n. Wagner 2013, S. 117
13 Zit. n. Ehnert/Kinsler 1984, S. 109
14 Zit. n. Ehnert/Kinsler 1984, S. 109
15 Zit. n. Legath 1979, S. 431f
16 Kraushaar 2016, S. 64f
17 Zit. n. Ehnert/Kinsler 1984, S. 286
18 Zit. n. Ehnert/Kinsler 1984, S. 287
19 Zit. n. Jahn o.J.
20 Zit. n. Kraushaar 2016, S. 66
21 Brecht 1968, S. 94
22 Zit. n. Kraushaar 2016, S. 66f
23 Vgl. Brand 1968
24 Zit. n. Morawietz 2006
25 Zit. n. Morawietz 2006
26 Vgl. Blondie o.J.

EISZEIT

1 Vgl. Jekal 2018
2 Zit. n. Legath 1979, S. 1533
3 Vgl. Schwabe 2016
4 Vgl. Zeigermann 2010
5 Debt Begins at 20, USA 1980, Regie: Stephanie Beroes. Doku mit eingefügten Spielszenen. Der Film läuft in einer Black Box im Carnegie Museum of Art in Pittsburgh, taucht aber auch auf YouTube immer wieder einmal auf. Mehr Info siehe Awesh 2017.
6 Zit. n. Hobsch 1998, S. 208
7 https://www.youtube.com/watch?v=TnkVgKzKPt8
8 Vgl. Schober 1981
9 Zit. n. Haring 1984, S. 245

DUNKLE WOLKEN UND FLIMMERNDE BILDER

1 Koenig 1992, S. 31
2 Dass man dabei auf Kupferkabel statt auf Glasfaser setzte, rächt sich heute.

DIE MÄR VOM EINFLUSS

1 Vgl. Rolling Stone 6/2015
2 Zit. n. Bussy 1993, S. 180
3 Vgl. Reetze 2016
4 Vgl. Jacobs u.a. 2016. Bambaataa bestreitet die Tat.
5 Vgl. Bartos 2017, S. 479
6 Ende 1994, S. 119

OUTRO

1 Vgl. Reynolds 2011, S. 102f
2 BVMI 2020, S. 6
3 Vgl. BVMI 2020, S. 13
4 Zit. n. Plodroch 2019
5 Vgl. Schwesig 2016

QUELLEN

Einige der für die englische Erstausgabe dieses Buches verwendeten Interviewzitate stehen inzwischen nicht mehr online zur Verfügung, sie mussten deshalb aus dem Englischen ins Deutsche zurückübersetzt werden. Das kann zu Abweichungen im Wortlaut geführt haben. Einige der im Folgenden aufgeführten Bücher sind Kindle-Versionen. Deren Seitenzahlen können daher von der gedruckten Version abweichen.

Adorno, Theodor W.: Einleitung in die Musiksoziologie. Frankfurt 1962, Ausgabe 1975

The Advocate, Newark, 16. Juni 1975, S. 21

Ahwesh, Peggy: Bored in Pittsburgh – The Obscure Film That Immortalized 1980s Punk. In: Carnegie Museum of Art, https://blog.cmoa.org/2017/01/bored-in-pittsburgh-the-obscure-film-that-immortalized-1980s-punk/

Allen, Daevid: Gong Dreaming 2 – The Histories & Mysteries of Gong from 1969-1975. London 2009

Amend, Christoph: Wenn Roboter reisen. In: *Zeit Magazin* 21/2017, S. 15-23

Anderson Dansereau, Corey: Wie Millionen untereinander kommunizierende Menschen sich in ein millionenäugiges Monster verwandeln. In: Neue Zürcher Zeitung, 11. März 2020. https://www.nzz.ch/feuilleton/silicon-valley-seine-anfaenge-haben-auch-mit-lsd-zu-tun-ld.1543857

Augustin, Gerd: Als das Fernsehen rocken lernte. In: *Der Spiegel*, 23. Januar 2008. http://www.spiegel.de/einestages/beat-club-a-950035.html

Aust, Stefan: Der Baader-Meinhof-Komplex. Hamburg 1985

Aust, Stefan: Zeitreise – Die Autobiografie. München 2021

Baag, Robert: Das Erbe von „Fremde Heere Ost". Deutschlandfunk, Köln, 4. April 2006

Bailey, Alan: Radio Luxembourg. 208 – It Was Great! An Affectionate Anecdotal Journey Between 1958 and 1975. UK 2006

Balzer, Jens: Zum Tod von Holger Czukay – Unser unermüdlichster musikalischer Erneuerer. In: *Rolling Stone*, 6. September 2017. https://www.rollingstone.de/zum-tod-von-holger-czukay-unser-unermuedlichster-musikalischer-erneuerer-1341641/

Bartos, Karl: Der Klang der Maschine – Autobiografie. Köln 2017

Bauermeister, Mary: Ich hänge im Triolengitter – Mein Leben mit Karlheinz Stockhausen. München 2011

Beckmann, Dieter und Martens, Klaus: Star-Club. Reinbek 1980; zitiert nach: Rockarchiv o.J., http://www.rockarchiv.infopartisan.net/starclub/sc08.html

Behrendsen, Peter und Rüsenberg, Michael: Der Synthesizer – Je größer der Apparat … In: Rock Session 2, S. 136-154. Reinbek 1978

Berendt, Joachim-Ernst: Nada Brahma – Die Welt ist Klang. Frankfurt 1983

Berendt, Joachim-Ernst und Huesmann, Günther: Das Jazzbuch – Von New Orleans bis in die achtziger Jahre. Erstauflage 1953, mir vorliegende Ausgabe: Frankfurt 1991

Betschon, Stefan: Think small – Wie der Käfer nach Amerika kam. In: *Neue Zürcher Zeitung*, 22. November 2015

Bezirksamt Charlottenburg-Wilmersdorf: Hans Zimmer stiftet Gedenktafel für das Electronic Beat Studio in Wilmersdorf. 26. November 2020, https://www.berlin.de/ba-charlottenburg-wilmersdorf/aktuelles/pressemitteilungen/2020/pressemitteilung.1022660.php

Bitkow, Werner: LSD in Deutschland – Rendezvous mit dem Irrsinn. In: Hobby 4/1967, S. 16-23

Blondie: Heart Of Glass - Making of documentary. Dailymotion o.J.: https://www.dailymotion.com/video/x2xv9vd

Boettcher, Marc: Stranger in the Night – Die Bert Kaempfert Story. Hamburg 2002

Brand, Stewart: Whole Earth Catalog. Menlo Park, CA, 1968

Brand, Stewart: Whole Earth Discipline - An Ecopragmatist Manifesto. New York 2009

Brecht, Bertolt: Die Dreigroschenoper. Frankfurt 1968

Bremer, Ulrike: Legenden – Rex Gildo. Dokumentarfilm, Hessischer Rundfunk, Frankfurt 2009

Bucks County Courier Times, 25. Mai 1975, S. C14

Burkhardt, Werner: Klänge, Zeiten, Musikanten – Ein halbes Jahrhundert Jazz, Blues und Rock. Waakirchen 2002

Bussy, Pascal and Hall, Andy: The Can Book. Harrow, Middx. 1989

Bussy, Pascal: Kraftwerk – Man, Machine and Music. Wembley, Middx. 1993

BVMI 2020: Bundesverband Musikindustrie (Hg.): Musikindustrie 2020 in Zahlen. Berlin 2021

Chartsurfer.de: http://www.chartsurfer.de/musik/album-charts-deutschland/jahrescharts/alben-1977-2x1.html; http://www.chartsurfer.de/musik/single-charts-deutschland/jahrescharts/hits-1977-2x3.html

Corso. Deutschlandfunk, Köln, 29. Mai 2012

Crane, Alan: Interview with Michael Rother. In: *Tape Op*, Nov./Dez. 2015, S. 28-31

Cronin, Paul: Werner Herzog – A Guide for the Perplexed. Conversations with Paul Cronin. New York 2014

Czarnecky, Axel und Siebert, Daniel: Roll Over Hanau – Eine Stadt, die Amerikaner und ihre Musik. Dokumentarfilm. Deutschland 2009

Czukay, Holger und Schmidt, Irmin im Interview. WDR-TV, Köln 1977. https://www.youtube.com/watch?v=c2kzNcw-9Eg

Dallach, Christoph: Dada dada dada. Interview mit Giorgio Moroder. In: *Die Zeit* 14/2015

Dallach, Christoph: Solowerk von Irmin Schmidt – Blaupausen für Bowie. In: *Der Spiegel*, 6. Februar 2016. http://www.spiegel.de/kultur/musik/irmin-schmidt-can-electro-violet-rezension-a-1075646.html

Dash 1964: Werbeslogan. slogans.de, https://bit.ly/3ebCRbw

Davis, Miles (mit Troupe, Quincy): Miles – The Autobio-

graphy. New York 1990
Der Spiegel: s. *Spiegel*
Didion, Joan: Slouching Towards Bethlehem. New York 2008 (Erstausgabe 1968)
Diederichsen, Diedrich: Über Pop-Musik. Köln 2014
Dinger, Klaus: *Blue* by La!Neu? – Liner Notes, Captain Trip Records 1999
Dinger, Klaus: Ihr könnt mich mal am Arsch lecken. Düsseldorf 2012 (Buch ohne Seitenpaginierung)
Dotzauer, Gregor: Lasst 1000 Klangschleifen kreisen. In: *Tagesspiegel*, 21. Juli 2015
DW: s. Deutsche Welle
Ehnert, Günter: Rock in Deutschland. Hamburg 1975
Ehnert, Günter: Rock in Deutschland. 2. Auflage, Hamburg 1979
Ehnert, Günter und Kinsler, Detlev: Rock in Deutschland. 3. Auflage, Hamburg 1984
Ende, Michael: Zettelkasten – Skizzen und Notizen. Stuttgart und Wien 1994
Engelbrecht, Michael: An invitation for summer (last call), comment #2. In: http://manafonistas.de/2017/05/19/four-decades-ago-cluster-harmonia-eno-in-der-deutschen-provinz-ein-road-movie-fuer-freigeister/#comments
Enwezor, Okwui (ed.): ECM – Eine kulturelle Archäologie. Ausstellungskatalog, München 2012
Enzensberger, Hans Magnus: Baukasten zu einer Theorie der Medien. In: Kursbuch 20, S. 159-186. Frankfurt 1970
Esch, Rüdiger: Electri_City – Elektronische Musik aus Düsseldorf. Berlin 2014
Fascher, Horst mit Flesch, Oliver: Let The Good Times Roll! – Der Star-Club-Gründer erzählt. München 2007
Fechner, Eberhard: Die Comedian Harmonists – Sechs Lebensläufe. Weinheim 1988
Fehmarn 1970: www.fehmarnfestival1970.com
Flür, Wolfgang: Ich war ein Roboter. St. Andrä-Wördern 1999
Frank, Merlin W.: Interview mit Klaus Schulze. In: *Fachblatt* 44, November 1976, S. 16-18
Frankfurter Rundschau, 20. September 1968: Razzia im „Heidi Loves You"-Shop
Freistil 2010: Miesbach, der Moog und die Mayas. Radiofeature von Florian Secundus Fricke (nicht verwandt mit dem Musiker), Bayrischer Rundfunk, München 2010
Freynik, Karlheinz: *Electric Rock* Liner Notes. Liberty/S*R International 1970
Frith, Simon: Popular Music – Music And Society. London 2004
Froese, Edgar: Tangerine Dream – Force Majeur. Die Autobiografie. Berlin 2017
Fuchs-Gamböck, Michael: Weg mit dem Staub vom ollen Adolf H. – Drei Fragen an Mani Neumeier. Faksimile; Quelle und Datum unbekannt
Gabler, Neal: Walt Disney – The Triumph of the American Imagination. New York 2006
Geisenhanslüke, Ralph: Giorgio Moroder – „Damals habe ich begriffen, dass man in der Musik alles darf". In: *ZeitMagazin* 33/2014
Giordano, Ralph: Die zweite Schuld oder Von der Last, Deutscher zu sein. Hamburg 1987
Granini, Pierre: Es ist gefährlich, die Geister zu verwirren – Das magische Weltbild der Can. In: Rock Session 1, S. 3-9. Reinbek 1977
Graves, Barry und Schmidt-Joos, Siegfried und Halbscheffel, Bernward: Das neue Rock-Lexikon. Reinbek 1998
Greenfield, Robert: Timothy Leary – A Biography. Orlando, FL, 2006
Grissemann, Stefan: Can-Mastermind Irmin Schmidt – Es gab nur Streit, die ganze Zeit. In: *Profil*, 11. Dezember 2013. http://www.profil.at/gesellschaft/can-mastermind-irmin-schmidt-es-streit-zeit-370553
Grotum, Thomas: Die Halbstarken – Zur Geschichte einer Jugendkultur der 50er Jahre. Frankfurt 1994
Haring, Hermann: Rock aus Deutschland/West – Von den Rattles bis Nena: Zwei Jahrzehnte Heimatklang. Reinbek 1984
Haus Mödrath: WDR nimmt das Angebot von Haus Mödrath nicht an. Presseerklärung, 10. Januar 2020. http://www.haus-moedrath.de/de/studio.html
Hentschel, Joachim: The Beatles feat. Tony Sheridan; CD-Booklet, Polydor 06024982132-3; Hamburg 2004
Higgs, John: I Have My Life Surrounded – The Life of Timothy Leary. Fort Lee, NJ, 2006
History: August 09 – This Day in History: Charles Manson cult kills five people. https://www.history.com/this-day-in-history/manson-cult-kills-five-people
Holden, James und Rother, Michael: Encounters. In: Red Bull Music Academy Daily; 15. Juli 2015. http://daily.redbullmusicacademy.com/2015/07/encounters-james-holden-michael-rother
Holstein, Philipp: Neue deutsche Wertarbeit. In: *RP-Online*, November 12, 2014. http://www.rp-online.de/nrw/staedte/duesseldorf/kultur/neue-deutsche-wertarbeit-aid-1.4663323
Hub, Andreas: Das Kraut der frühen Jahre. In: *Rolling Stone*, April 1997, S. 42-46
Hüsch, Hanns Dieter: Das neue Programm. (Manuskript ohne Seitenpaginierung, Mainz 1981)
Hüsch, Hanns Dieter: Und sie bewegt mich doch! (Programmheft, Mainz 1985)
Hüsch, Hanns Dieter: Du kommst auch drin vor – Gedanken eines fahrenden Poeten. München 1990
Iliffe, Stephen: Painting With Sound – The Life and Music of Hans-Joachim Roedelius. London 2003
Ingenhoff, Sebastian: Die anlassfreie Rezension #2. In: *Spex*, 7. Juli 2015
Jackson, Blair und Gans, David: This Is All A Dream We Dreamed – An Oral History Of The Grateful Dead. New York 2015
Jacobs, Shayna u.a.: Exclusive … In: https://www.nydailynews.com/news/national/afrika-bambaataa-

sex-abuse-accuser-ronald-savage-speaks-article-1.2594599 New York 2016

Jahn, Lothar: Eine fruchtbare, freudvolle Zusammenarbeit – Achim Reichel über seine Zusammenarbeit mit Ougenweide. In: http://www.minnesang.com/Interviews/Interview-Achim-Reichel-und-Ougenweide.html

Jekal, Jan: Keine bleichen Männer mehr. In: *Die Tageszeitung*, 9. März 2018. http://www.taz.de/!5490564/

Jennings, Dana: CDs know that Ears have Eyes. In: Art & Design, *New York Times*, 26. Dezember 2012

Jobs, Richard Ivan: Backpack Ambassadors – How Youth Travel Integrated Europe. Chicago und London 2017

Jürgens, Kai U. (Hg.): Monographie Asmus Tietchens. Erweiterte Neuausgabe, Kiel 2006

Kahlefendt, Nils: Totgesagte leben länger – Linker Buchhandel in der Bundesrepublik. Deutschlandradio Kultur, Berlin 2016

Kaiser, Rolf-Ulrich: Rock-Zeit – Stars, Geschäft und Geschichte der neuen Popmusik. Düsseldorf 1972

Kestrel, Elana: Christopher Franke – Impressions of a Sonic Painter. In: http://christopherfranke.com/interview.html

Kitching, Sean: The Spirit Is The Thing – Irmin Schmidt's Favorite Records. In: *The Quietus*, 4. Dezember 2015. http://thequietus.com/articles/19386-irmin-schmidt-can-favourite-records-interview?page=3

Klotschkow, Paul: Michael Rother Interview. In: *LeftLion*, 12. April 2017. https://www.leftlion.co.uk/read/2017/april/michael-rother-interview

Knoefel, Ulrike: „Ich hielt ihn für links, das war wohl das größte Missverständnis“ – Debatte über den Jahrhundertkünstler Joseph Beuys. Interview mit Hans Peter Riegel. In: *Der Spiegel*, 12. Mai 2021. https://www.spiegel.de/kultur/joseph-beuys-hoert-auf-mit-dem-scheinheiligen-getue-a-1017581c-8f67-4ff2-a00c-94e82d0db8d6

Koenig, Aaron: Globos bunte Kleider – Einsichten ins Fernsehdesign am Fallbeispiel Hans Donner/TV Globo Brasilien. München 1992

Kraesze, Wolfgang: Signale aus der Schwäbischen Straße. Dokumentarfilm, Sender Freies Berlin, Berlin 1976

Kraushaar, Wolfgang: Good Vibrations – Ein Gespräch mit Wolfgang Kraushaar. In: *Mittelweg 36, Zeitschrift des Hamburger Instituts für Sozialforschung*, 4-5/2016, S. 50-80

Kraushaar, Wolfgang: Mythos und Wahrheit. In: *Die Tageszeitung*, 2. September 2017. https://www.taz.de/!5442455/

Kraushaar, Wolfgang: Deutscher Herbst – Eine Republik im Ausnahmezustand. In: *Neue Zürcher Zeitung*, 5. September 2017. https://www.nzz.ch/feuilleton/deutscher-herbst-eine-republik-im-ausnahmezustand-ld.1314349

Kübler, Olaf und Augustin, Gert: Klartext/Voll daneben. Pfaffenhofen 1996

Kumpf, Hans: Neugierig ein ganzes Leben lang – Irmin Schmidt. In: *JazzPages*, 3. Dezember 2010. https://jazzpages.de/irmin-schmidt-im-gespraech-mit-hans-kumpf-101203/

Lachenmann, Helmut: Sounds are Natural Phenomena – Excerpt from an interview with Klaus Zehelein and Hans Thomalla. In: *Das Mädchen mit den Schwefelhölzern*, CD-Booklet. Kairos Produktion 2002

Lake, Steve und Griffiths, Paul (Hg.): Horizons Touched – The Music of ECM. London 2007

Last, James mit Macho, Thomas: Mein Leben – Die Autobiografie. München 2006

Leary, Timothy: Flashbacks – A Personal and Cultural History of an Era. New York, NY, 1997

Legath, Jürgen (Hg.): *Sounds*: Platten 66-77 – 1827 Kritiken. Hamburg/Frankfurt 1979

Lesh, Phil: Searching for the Sound – My Life with the Grateful Dead. New York/Boston 2006

Linke, Hans-Jürgen: Label ECM – Dimensionen der Freiheit. In: *Frankfurter Rundschau*, 14. November 2019. https://www.fr.de/kultur/musik/label-ecmdimensionen-freiheit-13220678.html

Lippegaus, Karl: Die Stille im Kopf – Interviews und Notizen über Musik. Zürich 1987

Lippegaus, Karl: Holger Czukay – Der liebe Onkel von Boy George. In: *Spex*, Köln 1984 (genaue Ausgabe nicht bekannt)

Lippegaus, Karl: Radionacht Can. Deutschlandfunk, 1. Mai 2017

Loch, Siggi: Plattenboss aus Leidenschaft. Hamburg 2010

Logan, Nick und Woffinden, Bob: The Illustrated Encyclopedia of Rock. New York 1976

Luhmann, Niklas: Soziale Systeme – Grundriss einer allgemeinen Theorie. Frankfurt 1987

Lundberg, Camilla: Taktfast stöveltramp. In: *Expressen*, Stockholm, 23. März 1977. Übersetzung: Andréas Hagström

Maconie, Robin: Stockhausen on Music – Lectures and Interviews, compiled by Robin Maconie. London 1989 (Reprint 2000)

Mann, Klaus: Treffpunkt im Unendlichen. Erstausgabe 1932. Reinbek 1981

Mann, Klaus: Der Wendepunkt – Ein Lebensbericht. Erstausgabe als "The Turning Point", 1942. Reinbek 1981

Mansnerus, Laura: Timothy Leary, Pied Piper of Psychedelic 60's, Dies at 75. In: *New York Times*, 1. Juni 1996

Matheja, Bernd: 1000 Nadelstiche – Amerikaner und Briten singen deutsch, 1955-1975. 3. Auflage, Hambergen 2007

McLuhan, Marshall: Die magischen Kanäle. Düsseldorf und Wien 1968

Meinhof, Ulrike: Natürlich kann geschossen werden. In: *Der Spiegel* 25/1970. http://www.spiegel.de/spiegel/print/d-44931157.html

Mervis, Scott: Kraut Legends. In: *Pittsburgh Post-Gazette*, 24. März 2016, S. WE 10

Miersch, Manfred: Elektronische Instrumente im Film,

Folge 1. In: *Synthesizer-Magazin* 1/2007, S. 48-51

Mießgang, Thomas: Schlagsahne, Irrengesang, Kirmesgeister – Karlheinz Stockhausen testet Krautrock. In: *Die Zeit*, 18. April 1997, S. 72

Mineur, Matthias: Liner Notes, DVD-Booklet *Amon Düül II Play Phallus Dei*. Repertoire Records 2003

Mitscherlich, Alexander und Margarete: Die Unfähigkeit zu trauern – Grundlagen kollektiven Verhaltens. München 1967

Morawietz, Stefan: Kraut und Rüben. Sechsteiliger Dokumentarfilm, WDR-TV, Köln 2006

Murphy, Gareth: Cowboys and Indies – The Epic History of the Record Industry. New York 2014

Musik Express: Brain Festival – Fete für frisch gebackene Millionäre. *Musik Express* 4/1977

Musikmarkt 4. September 2013. http://www.musikmarkt.de/Aktuell/News/Universal-Music-Vertriebstagung-Wir-sind-heute-besser-aufgestellt-denn-je

Napier-Bell, Simon: Black Vinyl, White Powder. London 2002

Neumeier, Mani: DVD Liner Notes zu *Notwehr*, ZDF/Novafilm 2007

New Musical Express, 6. September 1975

News Journal, Mansfield, Ohio, 13. Mai 1975, S. 10

Novalis: Glauben und Liebe (1798). In: Mähl, Hans-Joachim und Samuel, Richard (Hg.): Novalis – Werke in einem Band. München 1995

Olivier, Thomas: Kraan – Sie sind Klasse, aber machen wenig Kasse. In: *Musik Joker* 10/1976, S. 11

Overstolz vom Rhein. Zigarettenwerbung, Mitt-1950er. https://www.youtube.com/watch?v=ieuJLnZE8sk

Patterson, Archie: The Mythos of Rolf-Ulrich Kaiser. http://www.rocksbackpagesblogs.com/2011/05/the-mythos-of-rolf-ulrich-kaiser/ (nicht mehr online)

Packard, Vance: Die geheimen Verführer – Der Griff nach dem Unbewussten in jedermann. Düsseldorf 1958

Penzel, Werner: Vagabundenkarawane. Dokumentarfilm, Deutschland 1979. https://www.youtube.com/watch?v=lN6xMtDvJCQ&t=8s

Pertou, Jacob: Manuel Goettsching – Rebuilding Culture, re-envisioning the guitar, 12. April 2015, http://passiveaggressive.dk/manuel-gottsching-interview/

Pieper, Werner: Kaiser Schmarrn süß/sauer. In: Pieper (Hg.) 2007: Alles schien möglich – 60 Sechziger über die 60er Jahre und was aus ihnen wurde; S. 50-55. Löhrbach 2007

Plodroch, Ina: Masse statt Klasse – Wie Streaming den Output von Musikern bestimmt. Deutschlandfunk, 24. Juli 2019. https://www.deutschlandfunkkultur.de/wie-streaming-den-output-von-musikern-bestimmt-masse-statt.2177.de.html?dram:article_id=454682

Police: Biography, 2019. https://www.thepolice.com/biography

Pop aktuell: o.J., wohl 1978

Prabel, Wolfgang: Der Bausatz des Dritten Reiches – Die deutsche Kulturrevolution 1890 bis 1933. Kindle 2015

Praunheim, Rosa von: Zit. n. https://de.wikipedia.org/wiki/Nicht_der_Homosexuelle_ist_pervers,_sondern_die_Situation,_in_der_er_lebt

Prieberg, Fred K.: Musik im NS-Staat. Köln 2000

Psychedelic Pictures. https://twitter.com/psychdelicpics/status/1022089968833843200

Rahn, Lutz: Referenzen. http://www.lutzrahn.de/referenzen.html

Rau, Fritz: 50 Jahre Backstage – Erinnerungen eines Konzertveranstalters. Heidelberg 2005

Reetze, Jan: Die Realität der Medien. Dissertation. Hannover 1992

Reetze, Jan: Harmonia live. In: Klanghorizonte, Deutschlandfunk 19. Dezember 2015

Reetze, Jan: Soundbreaking – Stories from the Cutting Edge of Recorded Music. PBS-Serie, 2016. In: Manafonistas, 30. November 2016. https://www.manafonistas.de/2016/11/30/soundbreaking/

Reinartz, Burkhard: Auferstehen muss der Mensch schon selbst – Joseph Beuys und die Religion. Deutschlandfunk, 25. Dezember 2019. https://www.deutschlandfunk.de/joseph-beuys-und-die-religion-auferstehen-muss-der-mensch.886.de.html?dram:article_id=466086

Reinders, Ralf und Fritzsch, Ronald: Zitat von 1995, in Wikipedia, https://de.wikipedia.org/wiki/Bewegung_2._Juni

Reuband, Karl-Heinz: Soziale Determinanten des Drogengebrauchs – Eine sozialwissenschaftliche Analyse des Gebrauchs weicher Drogen in der Bunderepublik Deutschland. Opladen 1994

Reynolds, Simon: Retromania – Pop Culture's Addiction to Its Own Past. New York 2011

Roedelius, Hans-Joachim: Roedelius – Das Buch. Bad Vöslau 2016

Roedelius, Hans-Joachim: Heilende Hände spielen heilende Töne. In: *Kurier*, 4. November 2018. https://kurier.at/kultur/interview-mit-roedelius-heilende-haende-spielen-heilende-toene/400314423

Rolling Stone 06/2015: 50 Greatest Prog Rock Albums of All Time. https://www.rollingstone.com/music/lists/50-greatest-prog-rock-albums-of-all-time-20150617/happy-the-man-happy-the-man-1977-20150617

Rother, Michael: Michael Rother spielt einziges Konzert in Deutschland. *Weser-Ith-News*, 31. Juli 2014. http://archiv.meine-onlinezeitung.de/gesellschaft/54-gesellschaft/7270

Rudorf, Reginald: Das Geheimnis der schwarzen Rille. Zit. n. Haas, Walter: Das Jahrhundert der Schallplatte – Eine Geschichte der Phonographie. Bielefeld 1979

Rundfunkstaatsvertrag, Abschnitt II: Vorschriften für den öffentlich-rechtlichen Rundfunk, § 11: Auftrag. https://www.ard.de/download/538848/Staatsvertrag_fuer_Rundfunk_und_Telemedien_in_der_Fassung_des_20__Aenderungsstaatsvertrags__vom_8__bis_16__12__2016.pdf

Sailer, Niklas: Oh-oh-oh Amadeus. In: *Spiegel*, 31. März

2016. http://www.spiegel.de/einestages/rock-me-amadeus-von-falco-die-geschichte-des-deutschen-us-nr-1-hit-a-1084647.html

Schmidt, Hildegard und Kampmann, Wolf: Can Box Book. Münster 1998

Schmidt, Irmin: Interview in „Aspekte", ZDF 1971. https://www.youtube.com/watch?v=d4Jz_c4cAQM

Schneider, Norbert Jürgen "Enjott": Handbuch Filmmusik – Musikdramaturgie im Neuen Deutschen Film. München 1986

Schober, Ingeborg: Tanz der Lemminge – Amon Düül II. Eine Musikkommune in der Protestbewegung der 60er Jahre. Reinbek 1979

Schober, Ingeborg: DAF - Alles ist gut. In: *Musikexpress* 5/1981

Schöler, Franz: High-Fidelity-Technik für Aufsteiger – Vom Klangerlebnis über Tonstudiopraktiken bis zur digitalen Revolution. Reinbek 1981

Schoener, Stefanie: Eberhard Schoener – Grenzen gibt es nicht. München 2010

Schreiber, Bernd: Das Synthesizer-Handbuch – Synthesizer transparent gemacht. Deutschland 1980

Schwabe, Oliver: Keine Atempause – Düsseldorf, der Ratinger Hof und die neue Musik. Dokumentarfilm, WDR-TV, Köln 2016

Schwesig, Oliver: Flucht in die Musik von früher – Oliver Schwesig im Gespräch mit Albert Koch. Deutschlandfunk Kultur, 3. Februar 2016

SDW (Stiftung deutscher Wald) o.J. http://www.sdw.de/waldwissen/weihnachtsbaum/

Shapiro, Ari: Nixon's Manhunt For The High Priest Of LSD. In: NPR, 5. Januar 2018 https://www.npr.org/2018/01/05/575392333/nixons-manhunt-forthe-high-priest-of-lsd-in-the-most-dangerousman-in-america

Simmeth, Alexander: Krautrock – „Heimatmusik aus dem Rhein-Ruhr-Gebiet". In: *Mittelweg 36, Zeitschrift des Hamburger Instituts für Sozialforschung*, 4-5/2016, S. 157-178

Sloterdijk, Peter: Die schrecklichen Kinder der Neuzeit – Über das anti-genealogische Experiment der Moderne. Frankfurt 2014

Sloterdijk, Peter: Der Staat streift seine Samthandschuhe ab – Ausgewählte Gespräche und Beiträge 2020-2021. Berlin 2021

Spiegel 12/1963: Göring – Überall Denkmäler. *Der Spiegel*, 20. März 1963. https://www.spiegel.de/spiegel/print/d-45142769.html

Spiegel 19/1968: Eine ‚Bild'-Schlagzeile ist mehr Gewalt als ein Stein am Polizisten-Kopf. *Der Spiegel*, 6. Mai 1968. http://www.spiegel.de/spiegel/print/d-46039870.html

Spiegel 41/1968: Größtes Ding. In: *Der Spiegel*, 7. Oktober 1968, S. 213-214. http://www.spiegel.de/spiegel/print/d-45922258.html

Spiegel 43/1971: Szene - Popmusik. In: *Der Spiegel*, 18. Oktober 1971, S. 177. http://www.spiegel.de/spiegel/print/d-44916493.html

Spiegel 40/1973: Prinzip der Freude. In: *Der Spiegel*, 1. Oktober 1973, S. 186-188. http://www.spiegel.de/spiegel/print/d-41911372.html

Spiegel Mai 2008: Hanns Dieter Hüsch – Der Mann, der den Jazz in Worte fasste. 19. Mai 2008. https://www.spiegel.de/geschichte/hanns-dieter-huesch-a-946870.html

Spiegel 50/2009: Maschinen sind einfach lockerer. Interview mit Ralf Hütter. http://www.spiegel.de/spiegel/print/d-68074001.html

Spiegel 35/2017: Es ist scheiße, ein Mörder zu sein. http://www.spiegel.de/spiegel/print/index-2017-35.html

Spittler, Christoph: Deutschland hatte Angst vor dieser Band. In: Kalenderblatt, Deutschlandradio Kultur, 11. September 2015. http://www.deutschlandradiokultur.de/erster-stones-auftritt-vor-50-jahren-deutschland-hatte.932.de.html?dram:article_id=330753

SPK 2004: Re-Issue *Einsjäger und Siebenjäger*, Booklet zur CD SPV 085-70152

Statista: Durchschnittlicher Brutto-Jahresarbeitslohn je Arbeitnehmer in Deutschland von 1960 bis 2014. http://de.statista.com/statistik/daten/studie/164047/umfrage/jahresarbeitslohn-in-deutschland-seit-1960/

Staub, Samantha: Joseph Beuys – Jeder Mensch ist ein Künstler. In: modernperformanceart, o.J. https://modernperformanceart.wordpress.com/joseph-beuys-jeder-mensch-ist-ein-kuenstler/

Stenke, Wolfgang: Beate Klarsfeld – die Frau, die Kanzler Kiesinger ohrfeigte. Deutschlandfunk, 7. November 2018. https://www.deutschlandfunk.de/vor-50-jahren-beate-klarsfeld-die-frau-die-kanzler.871.de.html?dram:article_id=432491

Stichtag 23. Januar 1986. WDR 2, 26. Januar 2011. http://www1.wdr.de/stichtag/stichtag5372.html

Sting: Biography, 2020. https://www.sting.com/biography

Stockhausen, Karlheinz: Texte zur elektronischen und instrumentalen Musik, Band 1 (1952-1962). Köln 1963

Stockhausen, Karlheinz: Texte zur Musik, Band 3 (1963-1970). Köln 1971

Stockhausen, Karlheinz: Texte zur Musik, Band 4 (1970-1977). Köln 1978

Storjohann, Uwe: Hauptsache Überleben – Eine Jugend im Krieg 1936-1945. Hamburg 1993

Stubbs, David: Too Much The Darkness – The Werner Herzog Soundtracks of Popol Vuh. In: *The Quietus*, 29. August 2014

Tamarkin, Jeff: Got A Revolution! – The Turbulent Flight of Jefferson Airplane. New York 2003

Teipel, Jürgen: Verschwende Deine Jugend – Ein Doku-Roman über den deutschen Punk und New Wave. Frankfurt 2001.

Temme, Anna Lena: Heikedine Körting – Die Hörspiel-

königin. Dokumentarfilm, NDR, Hamburg 2014
Tucholsky, Kurt: Gesamtausgabe Texte und Briefe. Reinbek 2001
Unger, Heinz R.: Proletenpassion – Ein szenisches Oratorium. Wien 1976
Völker, Klaus: Kabarett der Komiker – Berlin 1924 bis 1950. München 2010
Wagner, Christoph: Der Klang der Revolte – Die magischen Jahre des westdeutschen Musik-Underground. Mainz 2013
Wagner, Christoph: Irmin Schmidt – Klang-Kalligraphie. Interview in: Jazzthetik 05/06, 2019, S. 64
Warner, Alan: 33 1/3 – Tago Mago. New York/London 2015
Weber, Eberhard: Résumé – Eine deutsche Jazz-Geschichte. Stuttgart 2015
Weber, Julian: Los Angeles ist keine einfache Stadt – Giorgio Moroder über seine Karriere. In: *die Tageszeitung*, 20. Dezember 2014. http://www.taz.de/!5025680/
Welzer, Harald/Moller, Sabine/Tschuggnall, Karoline: Opa war kein Nazi – Nationalsozialismus und Holocaust im Familiengedächtnis. Frankfurt 2002
Werding, Juliane: Wer war Conny Kramer? http://www.juliane-werding.de/service/faqs.htm#9 (2018)
Werthmann, Eberhard: Die Entwicklung der deutschen Schallplattenindustrie, ihre gegenwärtige Situation und ihre Marktformen. Dissertation, Karl-Franzens-Universität Graz, 1958
Westrupp, Walter: 68er nach Noten. http://www.computopia.de/westrupps/w+w/seiten/buch/frame_buch.htm
Whalley, Ben: Krautrock – The Rebirth of Germany. Dokumentarfilm, BBC 2009
Wikipedia (Conny Plank): https://en.wikipedia.org/wiki/Conny_Plank
Wikipedia (Dinger): https://en.wikipedia.org/wiki/Klaus_Dinger
Wikipedia (E und U): https://de.wikipedia.org/wiki/E-_und_U-Musik
Wikipedia (Giorgio Moroder): https://de.wikipedia.org/wiki/Giorgio_Moroder
Wikipedia (Kurras): https://de.wikipedia.org/wiki/Karl-Heinz_Kurras
Wikipedia (Radio): https://en.wikipedia.org/wiki/Radio_in_the_United_States
Wikipedia (Salambo): https://de.wikipedia.org/wiki/Salambo_%28Nachtlokal%29
Wikipedia (Verschickungskinder): https://de.wikipedia.org/wiki/Verschickungskinder
Zahn, Robert von: Can. Kunststiftung NRW Serie Energien/Synergien 6. Köln 2006
Zeigermann, Ralf: Ratinger Hof – Fotos und Geschichten. Königswinter 2010
Zint, Günter: Große Freiheit 39 – Vom Beat zum Bums, vom Star-Club zum Salambo. München 1987
Ziok, Ilona: *Fritz Bauer – Tod auf Raten*; Dokumentarfilm von Ilona Ziok, Deutschland 2010

FOTOS

Angaben zum Urheberrecht aller im Buch verwendeter Fotos siehe jeweilige Bildunterschrift.

Ergänzende Hinweise:

Cover-Foto: Manfred Rinderspacher.

Seite 86: Eingangsbereich des Star-Clubs. © Thomas-FHH via Wikimedia Commons, lizenziert unter: Namensnennung - Weitergabe unter gleichen Bedingungen 4.0 International (CC BY-SA 4.0).*

Seite 304: Karlheinz Stockhausen (Straßburg, 1980). © Claude Truong-Ngoc via Wikimedia Commons, lizenziert unter: Namensnennung - Weitergabe unter gleichen Bedingungen 3.0 Unported (CC BY-SA 3.0).*

Seite 456: Blixa Bargeld, Sänger von Einstürzende Neubauten (London, 19. August 1983). © Jeremy Bannister. Kommentar des Fotografen: *„Einmal drinnen, wurden die Besucher eingesperrt und die Heizungen auf volle Leistung gedreht. Zusammen mit dem Feuer auf der Bühne war das der unangenehmste Gig, den ich je erlebt habe. Hinzu kamen Winkelschleifer, die das Publikum mit Funken bedeckten, und Blixa Bargeld, der Flaschen in riesige Eisenplatten schlug, wobei Glasscherben auf das Publikum regneten."*

Seite 463: DAF: Robert Görl und Gabi Delgado-López (1981). © Ueli Frey via Wikimedia Commons, lizenziert unter: Namensnennung - Weitergabe unter gleichen Bedingungen 4.0 International (CC BY-SA 4.0).*

Seite 494: Kraftwerk 3D-Konzert „The Mix" (Tokio, 15. Mai 2013). © Takahiro Kyono via Flickr, lizenziert unter: Namensnennung 2.0 Generic (CC BY 2.0). *

*Um eine Kopie dieser Lizenzen zu erhalten, besuchen Sie https://creativecommons.org/licenses/ oder senden Sie einen Brief an Creative Commons, PO Box 1866, Mountain View, CA 94042, USA.

INDEX

#

18 Karat Gold 170, 172

A

Abba 428, 474
Abercrombie, John 255
Abs, Hermann Josef 401
Abwärts 454
Adamo 99
Adams, John 254
Addy Flor 117
Adenauer, Konrad 54, 56–7, 61, 75
Adorno, Theodor W. 432, 433, 482, 498
Aera 351, 390, 439
Afrika Bambaataa 490–1
Agitation Free 82, 257, 331, 343, 439
Ahrens, Rolf 48
Air Mail, The 113
Alaska, Joy 167
Albrighton, Roye 231–2
Alcatraz 412
Alexander, Peter 35, 43
Alexandra 391, 418
Alfred Harth's Just Music 253
Allaut, Karl 393
Alphaville 458
Altona 415
Ambros, Wolfgang 117, 469
Ammann, Max-Peter 180
Amon Düül (II) 5, 15, 67, 81–2, 117, 142–3, 146–8, 151, 153–74, 179, 181, 199, 236, 238–9, 242, 256, 270, 274, 276–7, 326–7, 431, 488, 492
Andersen, Hans Christian 211–2
Andersen, Lale 38–9
Anderson, Dave 156, 166
Anderson, Laurie 372, 391, 429, 474
Andersson, Benny 474
Andrews, Chris 426
Anger, Kenneth 331
Anima 276
Anka, Paul 44
Annexus Quam 262
Antolini, Charly 252
Antonioni, Michelangelo 324
Anyone's Daughter 384
Aphex Twin 491
Apocalyptica 413
Arche Nova 414
Ardo Dombek 120
Arendt, Hannah 62
Arkus, Anatol 240
Armstrong, Louis 247
Arndt, Udo (& die Safebreakers) 407, 487
Arnie, Ralf 152, 258, 344, 349, 376
Arnold, Jack 486
Arnold, P.P. 104
Aronoff, Kenny 218
Artaud, Antonin 141
Artmann, H.C. 286
Art Of Noise 474
Ash Ra Tempel 21, 82, 237, 257–8, 262, 265, 276, 281–2, 285, 290, 292, 326, 339, 341, 343, 390, 442
Asterix 113
Atlantis 116–7, 234–5, 262, 338–9, 389, 397, 442
Atomic Rooster 427
Atta, Mohammed 210
Auger, Brian (& The Trinity) 270
Augustin, Gerhard „Gerd“ 144–5, 150, 324, 424–6
Aust, Stefan 211
Automobil 412
Avedon, Richard 324
Avram, Marcel 219
Ayler, Albert 244
Aynsley Dunbar Retaliation, The 151

B

Baader, Andreas 16, 136–8, 204–11, 274
Baccara 105
Bach, Johann Sebastian 15, 315, 317
Bach, Kristina 250
Bacharach, Burt 314
Bachauer, Walter 240, 435
Bacia, Hubert 400
Backhausen, Peter „Backi“ 394
Baez, Joan 209
Bailey, Benny 66
Baker, Chet 40, 67
Baker, Ginger 125
Balin, Marty 164
Band, The 298
Bangs, Alan 240
BAP 174, 258, 468–9
Barber, Chris 250
Barber, Jimmy 37, 46
Barclay James Harvest 461
Bardot, Brigitte 44
Bargeld, Blixa 457
Bargmann, Franz 385
Barritt, Brian 281–2, 289, 291
Bartos, Karl 218, 374, 489
Bastós, J. 261
Bauermeister, Mary 52
Bauhaus 484
Baumann, Peter 332, 334, 355, 442
Bauman, Zygmunt 505
Baumeister, Peter 414
Bausch, Pina 470
Beach Boys 126, 128, 369
Beathovens 69, 88
Beat Kings, The 112, 403
Beatles, The 45–6, 69, 78, 83, 85, 87, 90, 96–7, 99, 100–1, 112, 126, 145, 194, 249
Beatty, Warren 324
Beaver & Krause 314
Beaver, Paul 314, 331
Bécaud, Gilbert 99
Becher, Bernd 82, 362
Becher, Hilla 82, 362
Bee Gees 105
Beethoven, Ludwig van 10, 15, 47, 190, 261, 292
Bega, Lou 11, 284
Behan, Dominic 396
Behrendt, Hans-Joachim 461
Behrens, Peter 462
Béjarano, Edna 106
Béjarano, Esther 106
Béjarano, Joram 106
Bekker, Okko 316, 353, 357, 439
Bellotte, Pete 118, 330
Bell, Simon 104
Bendix, Ralf 99
Bendorff, Benny 111–2
Benny, Jack 75
Berben, Iris 181
Berendt, Joachim-Ernst 77, 252, 254
Berg, Fritz 401
Bergman, Ingmar 129
Berio, Luciano 174, 307
Berka, Hanus 116–7
Berkers, Jerry 262, 290
Berliner Philharmoniker 253
Berliner Symphoniker 310
Berlioz, Hector 296
Berry, Chuck 42, 87–8, 367
Bertelmann, Fred 32
Bessler, Gerd 391
Between 327
Beuys, Joseph 52, 82, 148–50, 268, 343, 360, 365
Biberti, Robert 338
Biermann, Wolf 412
Bilk, Acker (Mr.) 250
Bill Brooker's Jug Band 397
Billing, Arno 419
Bilsbury, Jimmy 107
Biolek, Alfred „Bio“ 429
Birgit & Iris 106
Birth Control 146, 238, 262, 274–5, 279
Björklund, Mats 485
Blacker, Ira 368
Bläck Fööss 194, 261, 282
Black Sabbath 94, 427
Blackwell, Charles 91
Blackwell, Chris 267
Blanco, Roberto 417
Blecher, Carl Ulrich 70
Bley, Carla (Band) 244, 254, 319
Bley, Paul 244, 253
Blome, Rainer 344
Blondie 428, 451, 478
Bloss, Rainer 340
Blue Cats 112
Blue Flames, The 87
Blume, Hans 280
Blum, Hans 418, 442
Blunck, Timo 453–4
Bockmayer, Walter 358
Bognermayr, Hubert 474
Bohn, Carsten „CeBee“ 112
Bokaj Retsiem 113
Boney M 11, 359, 485
Bonham, John 258
Bonney, Graham 99, 418
Boock, Jürgen 210
Boone, Daniel 107
Bork, Horst 383
Bornemann, Frank 238
Bornhold, Herbert „Borny“ 106, 111–2
Botho-Lucas-Chor 310
Bots 297
Böttger, Gottfried 264,

393–4, 396
Boulez, Pierre 51, 302
Bowie, David 13, 33–4, 266, 333, 348, 431, 462, 488
Boyle, T.C. 131
Brac, Bert 112
Brahms, Johannes 391, 504
Brandenburg Symphony 196
Brandes, Vera 250
Brando, Marlon 41
Brand, Stewart 16, 123, 449
Brandt, Helmut 65
Brandt, Willy 140, 202, 206, 395
Branduardi, Angelo 429
Brand X 452
Branson, Richard 248, 332
Brecht, Bertolt 433, 448
Brings 174
Brockett, Mick 231
Broder, Henryk M. 270–2
Brödl, Günter 411
Bronson, Charles 394
Bröselmaschine 120, 262, 438
Brother T. & Family 113
Brötzmann, Peter 45, 66–8, 245, 270, 389
Brown, Arthur 341
Brown, Marion 253
Bruce, Jack 125
Brühl, Heidi 53
Bruhn, Christian 98, 112, 146
Brühwarm 407
Brummbär, Bernd 81
Brüninghaus, Rainer 239
Brunner-Schwer, Hans Georg 252–3
Bruno's Salon Band 394
Büld, Wolfgang 460
Bunkenburg, Hans 93
Burchard, Christian 143, 156
Burdon, Eric 232–3, 394
Burke, Clem 451
Burkhardt, Werner 168, 393
Burmeister, Dieter 282, 285
Burroughs, William S. 131, 391
Bursch, Peter 120
Burton, Gary 77, 253
Bush, Kate 429, 474
Butzmann, Frieder 453
Byrd, Donald 66
Byrds, The 125, 314

C

Cage, John 51–2
Cammell, David 331
Canned Heat 151
Can, (The) 5, 15, 67, 82, 105–6, 119, 133, 143, 151–2, 174–97, 199, 236, 238–9, 242, 246–7, 262, 276, 307, 338, 346, 357, 360–1, 382, 384, 427, 433, 436, 439, 442, 469, 488, 492, 498
Capone, Al 93
Cara, Irene 330
Carambolage 459
Caravan 242, 427
Carlos, Wendy 312, 315, 317, 332, 465
Carlton, Larry 104
Carpendale, Howard 99, 418
Cartun, Walter 84
Casalich, Olaf 446
Cash, Ben 112
Cash, Johnny 33, 112, 485
Cattini, Clem 218
Cave, Nick (& The Bad Seeds) 457
Charles, Ray 69, 90
Charlie & his Orchestra 25
Checker, Chubby 44, 87, 96
Checkpoint Charlie 412
Cherry, Don 244
Chevalier, Michael 394
Chicory Tip 330
Children of Quechua 113
Chipmunks, The 47
Christo 52
Churchill, Winston 24
Ciani, Suzanne 311
Cicero, Eugen 253
Circle 254
City Preachers 112, 117, 181, 270, 389, 391
Cladders, Johannes 360
Clarke, Kenny 66, 252
Clinch 409
Cluster 7, 220, 229, 239, 247, 258, 265–7, 276, 344–9, 351–6, 358, 360–1, 381, 439, 442–3, 464, 475, 498, 505
Clüver, Bernd 421
Coasters 418
Cocker, Joe 224
Cohen, Herb 232
Coincidence 106
Coldplay 491
Coleman, Ornette 66, 244
Colosseum 93, 242
Coltrane, Alice 284
Coltrane, John 247, 252, 284
Comedian Harmonists 23, 31, 338
Conniff, Ray 48
Connors, Bill 255
Conrads, Die 412
Copeland, Miles 322–3
Copeland, Stewart 322
Cordell, Phil 489
Corea, Chick 253
Cornely Singers 117
Cosmic Jokers 290–2, 341
Cotton, Jerry 51
Cousins, Michael 191–2
Cranko, John 365
Cravinkel 462
Cream 93
Cress, Curt 117, 232, 407, 485
Cretu, Michael 321, 323, 485
Cure, The 484
Curly Curve 380, 421
Curtis, Lee 95
Curved Air 123, 316, 427
Cusco 330
Cutlers, Chris 442
Cyklus 390
Czukay (Schüring), Holger 49, 119, 152, 175–80, 182, 185–6, 190–5, 197, 266, 307, 353, 442–3, 467, 497

D

Dadazuzu 412
Dalai Lama 485
Dalida 39
Dammers, Rolf 193
Dana, Vic 144
Däniken, Erich von 269
Dansereau, Corey Anderson 297
Dan The Banjo Man 489
Danzer, Georg 469
Dassin, Joe 485
Dauner, Wolfgang 253–4, 316, 436, 438–9
Dave Dee, Dozy, Beaky, Mick & Tich 105, 426
Davis, Martin 176
Davis, Miles 77, 145, 186, 192, 233, 247, 252, 296, 302, 490
Davis, Spencer (Group) 91, 112, 424
Day, Doris 33
Dean, James 41
Dean & Jean 107
Deep Purple 111, 258, 427
De Galaxis 403
Degenhardt, Franz-Josef 161, 211, 270, 392, 412, 414
DeJohnette, Jack 253
Delgado-López, Gabriel „Gabi“ 463–4
Dellmann, Gerald 460
Depeche Mode 474
Derbyshire, Delia 316
Deter, Ina 482–3
Deuker, Ernst 461
Deutsch Amerikanische Freundschaft (DAF) 194, 266, 384, 454, 463–4
Deutscher, Drafi (& His Magics) 98, 112–3, 274, 485
Deutsche Wertarbeit 386–7
DeVille, Willy 430
Devo 266, 384
Dewan Motihar Trio 439
Diba, Farah 135
Diddley, Bo 87, 100
Didion, Joan 132
Diederichsen, Diedrich 228, 453
Dierks, Dieter 10, 144, 235, 252, 259, 261–7, 276, 283, 289–90, 294, 327, 401–2
Dietrich, Marlene 38, 172, 261, 394, 419
Diez, Frank 116
Dincklage, Wilken F. „Willem“ 264–5, 389, 396–7
Dinger, Klaus 264, 347, 349, 357, 361–3, 375–85, 467
Dinger, Thomas 347, 381
Dinning, Mark 298
Dire Straits 486
Disney, Walt 35, 123, 296
Dissidenten, Die 439
Dixon, Bill 244
Doldinger, Klaus (Quartett) 45, 51, 65–6, 90–1, 114, 117, 151–2, 154–6, 170, 256, 262, 338, 360, 391, 393–4, 436, 439
Dolezal, Rudi 479

Dollase, Jürgen 289–90
Domino, Fats 87, 90
Donegan, Lonnie 41, 69, 98, 251
Donner, Hans 477
Dorau, Andreas (& die Marinas) 454, 459
Dostal, Frank 94, 102, 105
Doucet, Suzanne 144, 428
Dowland, John 484
Draper, Simon 143
Drenkmann, Günter von 138
Drews, Jürgen 107, 181
Dreysse, Kuno 94, 298
Driscoll, Julie 125, 270
Drosselbart 391
Druckknöpfe 412
Dryden, Spencer 133
Dudek, Gerd 414
Dufay, Guillaume 254
Dunkelziffer 177
Durand, René 94–5
Dürrenmatt, Friedrich 286
Dürst, Kurt „Düde" 152
Düsseldorfer Kom(m)-ödchen 398
Dutschke, Rudi 137–8, 141–2
Duwe, Michael „Mickie D" 282
Dylan, Bob 125–6, 131, 272, 324, 468
Dynamits, The 112

E

Eagles 233, 503
Earth, The 94
East Of Eden 93
Ebert, Klaus 172–3
Ebstein, Katja 112, 144, 418
Edelmann, Heinz 445
Edgar Broughton Band 222, 399
Eela Craig 474
Egger, Karl 253
Ehnert, Günter 230
Eicher, Manfred 245, 253–6
Eichmann, Adolf 62
Eiliff 239
Eimert, Herbert 76, 304–5
Einstürzende Neubauten 115, 307, 359, 454, 456–7
Eisbrenner, Norbert 82, 342
Ejwuusl Wessahqqan 498
Electric Food 113
Eliscu, Robert 327
Elleder, Raimund 321
Ellington, Duke 252
Elliot, Liz 289
Ellis, Don 66
Eloy 238, 434
Elster Silberflug 438
Embryo 143, 166, 168, 170, 245, 262, 275, 380, 391, 439
Emergency 116, 380
Emerson, Keith 332
Emsland Hillbillies 462
Emtidi 262, 276, 287
Ende, Michael 445
Engel des Herrn, Die 385
Engel, Tommy 261, 282
Enigma 321, 323
Enke, Hartmut 281–2, 291
Eno, Brian 266, 316, 348, 350, 352–5, 358
Ensslin, Gudrun 137, 206–7, 209, 211–2
Enxing, Vridolin 402
Enzensberger, Hans-Magnus 433
Epstein, Brian 101, 249
Erasure 491
Erhard, Ludwig 56–7, 401
Eroc 442–3
Eruption 406
Esch, Rüdiger 375, 382
Eskens, Margot 32
Eulenspiegel, Tyll 447
Eulenspygel 412
Europa 347
Eurythmics 266, 384, 491
Evans, Bill 252
Everly Brothers 33, 90
Evers, Jörg 170
Export, Valie 162

F

Faces 102
Fairport Convention 446
Falco 384, 390, 473
Fall, The 488
Faltermeyer, Harold 170, 330, 474
Family 270
Fantastic Pikes, The 113
Fascher, Horst 84–8, 93
Fassbinder, Rainer Werner 39, 129, 142, 166, 213, 324, 437
Fast, Christa 267–8
Faust 15, 82, 143, 229, 242, 346, 360, 440–3
Favre, Pierre 414
Feetwarmers, The 45, 65
Fehlfarben 455
Feltz, Kurt 38
Fendrich, Rainhard 469
Fichelscher, Daniel „Danny" 166, 170, 326–9
Fiedel Michel 438
Fiedler, Frank 328
Fields, Jimmy 112
Fischer, Helene 470
Fischer, Jens 390
Fitzgerald, Ella 252
Five Dops, The 226
Fixx, The 106
Fleming, Joy 450
Flick, Friedrich 401–2
Flip & The Dateliners 425
Floating Bridge 151
Floh de Cologne 54, 262, 270–1, 275–6, 287, 398–404, 412, 438
Flür, Wolfgang 70, 88, 218, 347, 361, 372
Flury, Alfred 298
Flying Lesbians 412, 421–2, 480
FM Einheit 407, 453
Folies Parisiennes 429
Ford, Emile 69
Ford, Mary 442
Forsey, Keith 117, 168, 170, 330, 394
Förster, Jonas 356
Fortune, Lance 34
Foundations, The 113
Four Renders, The 111, 113
Francis, Conny 33
Franke, Christopher „Chris" 257, 331–3, 335, 343, 465
Franke, Helmuth 102, 105, 111–2, 392
Frank, Hansi 399
Franz K 220, 411
Fraunhofer Saitenmusik 438
Free Orbit 391
Freiligrath, Ferdinand 447
Freiwillige Selbstkontrolle 454
Freund, Joki 65
Freynik, Karlheinz 151–2, 181
Fricke, Florian 5, 142, 170, 317, 323–9, 332, 343, 436
Fried, Amelie 480
Friedrich, Caspar David 484
Friedrichs, Hanns Joachim 495
Fritsch, Willi 31
Fritzsch, Ronald 138
Froboess, Cornelia „Conny" 43–4, 98, 274
Froese, Edgar 82, 91, 180, 230, 233, 236, 263, 288–90, 301, 323, 325, 332, 334–5, 337, 343, 433, 442, 493
Frommermann, Harry 338
Froon 413
Frumpy 9, 112, 116–7, 237, 239, 262, 389, 394, 397, 427, 442, 462
Fuchs, Limpe 162, 324
Fuchs, Paul 162, 324
Fugs, The 270–1, 274, 399
Fuller, Sam 184
Funk, Heinz 315–6
Future Sound Of London 479, 491

G

Gäa 439, 498
Gabriel, Gunter 485–6
Gabriel, Peter 474
Galás, Diamanda 472
Galaxy 262
Gallagher, Rory 258, 430
Gall, France 130
Gamblers 112
Gamelan-Orchester des Prinzen Agúng Raka von Saba und Pinda 321
Gänsehaut 460
Garbarek, Jan (Group) 239, 253–4
Garcia, Jerry 233
Gebärväterli 498
Gebers, Jost 245
Geer, Andy 322
Gee, Rosko 178–9
Geier Sturzflug 460
Geisler, Ladi 48
Geisterfahrer 454, 459
Genesis 408, 488
Georges, Stefan 121
Gering, Flip 109
Gerke, Walter 411
German Bonds, The 87, 89, 114, 339, 426
Gerrard, Lisa 341
Getz, Stan 66
Giants, The 113

Gienanth, Heidi von 317, 320
Gienanth, Ulf von 317, 320
Gieseler, Achim 390
Gietz, Heinz 97
Gila 262, 325, 327
Gilbert, Robert 23
Gildo, Rex 43
Gillig, Manfred 353, 358
Ginsberg, Allen 131, 274, 281–2
Giorbino, Andy 454
Giordano, Ralph 62
Glass, Philip 391
Glitter, Gary 229, 286
Gockel, Bernd 277
Goebbels, Joseph 24, 26, 72
Goethe, Johann Wolfgang von 467, 485–6
Goeyvaerts, Karel 305
Goldschmidt, Berthold 23
Golowin, Sergius 262, 283, 286
Gomorrha 184, 264
Gong 120, 299
Goodwin, Ron (& His Orchestra) 47
Gordon, Jim 104
Gorillas, The 106
Göring, Hermann 26
Görl, Robert 463–4
Gormé, Eydie 226
Gorny, Dieter 479
Gottschalk, Thomas 75, 431
Göttsching, Manuel 21, 257, 281–2, 290, 292, 339–40, 442–3
Grappelli, Stephane 252
Grateful Dead 124–5, 145, 147, 222, 233, 307, 430
Grauzone 475
Graves, Barry 293
Graves, Milford 244
Graw, Minne 446
Greenfield, Robert 283
Greenfield, Rusty 112
Greenslade 370–1
Greger, Max (Orchester) 103, 112, 119
Gregoriy, Mary 321
Grieg, Edvard 47
Griesmayr, Hartmut 436
Griffin, Johnny 66
Grobschnitt 262, 408, 430, 442
Grönemeyer, Herbert 353, 384–5, 469–70
Großkopf, Harald 289–90, 340
Groundhogs, The 151
Grumbkow, Joachim von 343
Grunsky, Jack 225
Gruntz, George 414
Guillaume, Günter 207
Gulda, Friedrich 253
Gülden, Jörg (Jogi) 381
Günther, Ulli 98
Gurtu, Trilok 175
Guru Guru (Groove) 67, 143, 147, 162, 198, 221, 237, 239, 257, 262, 265, 270, 275–6, 299, 327, 349, 351, 380, 430, 435–7, 443
Gut, Gudrun 250
Guthrie, Arlo 128

H

Haage, Ulrike 250
Haber, Heinz 122–3
Habermas, Jürgen 273
Hachfeld, Eckart 417
Hachmann, Helmut 120
Hænning, Gitte 39, 43, 99, 196, 481–2, 485
Haffmanns, Anne 502
Hafler Trio 241
Hagen, Nina (Band) 412–3, 487
Haggard, Merle (& The Strangers) 134
Haines, Paul 254
Hajo 106
Haley, Bill (& His Comets) 41–4, 69, 87
Haller, Hanne 250, 474
Hallhuber, Heino 141
Hallyday, Johnny 101
Hamburger Blues-Gesangsverein von 1970 106
Hamel, Peter Michael 327
Hammer, Jan 51
Hammoudi, Basil 359
Hampel, Gunter 66
Hancock, Herbie 337
Hannes, Mick 411
Hansen Girls & Boys 418
Hansen-Quartett 418
Hapshash & The Coloured Coat 81
Harakiri Whoom 469
Harbou, Thea von 26
Hardin & York 94
Haring, Hermann 348, 381
Haring, Keith 483
Harman, David John (Dave Dee) 426
Harmonia 7, 347–54, 358, 376, 381, 466, 498
Harth, Alfred 23 (A23H) 406
Hartz, Hans 107
Harvey, Lilian 31
Harvey, PJ 431
Harzer Meisterjodelpaar 47
Hass 411
Hassell, Jon 175, 253
Hattler, Hellmut 233, 235, 357
Hauchard, Michel 281
Hauff, Butch 359
Hauke, Peter 231, 262
Hauptmann, Gaby 480
Hawkwind 166–7
Headlights 231
Heavy Water 231
Heck, Dieter Thomas 462
Hee, Hans 425
Heibl, Robbie 172
Heil, Reinhold 487
Heine, Heinrich 410
Heino 32, 40, 99
Heintje 105
Heller, Eva 480
Hell Preachers Inc. 110–1, 113
Helms, Hans G. 52
Hendrix, Jimi 67, 93, 95, 125, 176, 425
Hennig, Sonny 412
Henze, Hans-Werner 402
Herbert & Birgit 106,–7
Herbolzheimer, Peter (Rhythm Combination & Brass) 103, 120, 253, 389, 391–2, 429
Herold, Ted 43–4
Herwegh, Georg 447
Herzog, Werner 21, 23, 129, 213, 323, 327–9
Hesse, Hermann 300
Hess, Klaus 236
Hesslein, Peter 104, 113, 394, 436, 469
Heymann, Werner Richard 23, 31
Higgs, John 283
High Tops 112
Highway 190, 233, 338–9, 389–90
Hildebrandt, Herbert 100, 106–7, 111
Hillage, Steve (Band) 430
Hilliard Ensemble 254
Hilsberg, Alfred 454
Himmelfahrt 288
Hindemith, Paul 23, 309, 311
Hinkel, Hans 39
Hippen, Reinhard 270, 272–3, 275
Hipp, Jutta 65
Hirschfeld, Magnus 419
Hirsch, Ludwig 469
Hirschmann, Wolfgang 261
Hitchcock, Alfred 310
Hitler, Adolf 24, 56, 59–60, 171–2, 236, 464
Hoelderlin 262, 276, 287, 392
Hoenig, Michael 257
Höfer, Werner 430
Hofer, Wolfgang 117, 417
Hoffman, Abbie 444
Hoffmann, E.T.A. 484
Hoffmann, Ingfried 51, 66
Hoffmann, Reinhild 429
Hof, Jasper van't 354
Hofmann, Albert 146
Hohmann, Andreas 362
Hoier, Henner 106–7
Holiday, Tony 417
Hollaender, Friedrich 23
Holländer, Manni 482
Holly, Buddy 41–2, 69, 434
Holm, Michael 330
Honecker, Erich 395
Honeycombs 50
Horkheimer, Max 432–3
Horn, Andrew 463
Hornettes, The 118
Horns, Dieter 113
Hosono, Haruomi 467
Howland, Chris 75
Hub, Andreas 274, 295
Hubbard, Freddie 252
Hübsch, Paul-Gerhard „Hadayatullah“ 81
Hula Hawaiian Quartett 35
Human Being 82, 143, 342–3, 439
Human League 488
Humpe, Annette 250, 407, 461–2, 480
Humphrey, Hubert H. 136
Humphries, John Leslie „Les“ (Singers) 102, 104, 107, 114, 237, 389, 397

Huppertz, Gottfried 356
Hüsch, Hanns Dieter 270, 414–6, 437
Hush 261
Husslein, Uwe 293
Hütter, Ralf 16, 21, 218, 257, 307, 359–66, 368, 379, 467, 491
Hyman, Dick 314

I

Ibo 411
Ickx, Manni 170
Ideal 257, 266, 384, 407, 461
Iderhoff, Jeltheda Fraukina Lümmy 84
Ihre Kinder 262, 391, 412
Iliffe, Stephen 344
Illies, Florian 458
Immendorf, Jörg 82
Improved Sound Limited 213, 436
Inga & John 117
„In" Kraut, The 106
Innerspace 174, 180
Inoyama Land 467
Insterburg & Co. 392
Interpol 412
Interzone 421
Irmler, Hans Joachim 440, 441
Iron Butterfly 114, 145
Isenbart, Jürgen 447
It's A Beautiful Day 145

J

Jackson, Jimmy 168
Jackson, Joe 430
Jackson, Michael 40, 489–90
Jaeger, Kobi 180
Jaehn, Felix 11
Jagger, Mick 257, 331–2, 334
Jakino's 7th World 390
Jandrisits, Sepp 437
Jane 229, 236, 238, 258, 380
Jarreau, Al 390
Jarre, Jean-Michel 466
Jarrett, Keith 77, 253–4
Jay Five 114
Jazz Composers Orchestra 244
Jefferson Airplane 114, 125, 133, 145, 164, 299, 307
Jeronimo 263
Jethro Tull 427, 488
John, Elton 258
Johnny & The Hurricanes 69
Johnson, David 175, 183
Jones, Gareth 461
Jones, Quincy 105, 490
Joplin, Janis 125, 209
Joshua 231
Jost, Silvia 415
Joy Division 484, 488
Joy & The Hit Kids 450
Joy Unlimited 450
Jungermann, Jimmy 75
Jürgens, Udo 117, 241, 417–8, 485

K

Kaempfert, Bert (Orchestra) 10–1, 34, 47–9, 51, 103, 119, 249, 389
Kagel, Mauricio 51, 402
Kaiser, Joachim 323
Kaiser, Rolf-Ulrich 5, 10, 123, 144, 147, 153, 169, 187, 219, 225, 248, 252, 262–3, 269–95, 300, 325, 332, 339, 341, 344, 397–8, 400, 417, 441, 449
Kalacakra 498
Kaletsch, Konrad 401
Kandlberger, Helmut 66
Kanstein, Ingeburg 416, 437
Karajan, Herbert von 310
Karlweis, Oskar 31
Karoli, Michael 176–9, 187, 191, 197
Karpenkiel, Jürgen „Jogi" 437
Karrer, Chris 153, 155, 166–7
Karthago 229, 435
Kasar, Arnold 356
Kastelruther Spatzen 265
Kästner, Erich 23
Keaton, Johnny (Orchestra) 40
Keillor, Garrison 75
Keller, Hans 453–4
Kerkmann, Gregor 411
Kesey, Ken 300
Kessler, Thomas 257, 275, 331, 332
Keusch, Erwin 213
KFc 384
Kid Creole & The Coconuts 431
Kidd, Johnny (& The Pirates) 87, 97
Kiesewetter, Knut 392
Kiesinger, Kurt-Georg 57
Killing Joke 194
Kim & Hajo 100
Kineticlights 159
King, Dave 232
Kingsley, Gershon 489
Kinks, The 468
Kin Ping Meh 238
Kinski, Klaus 328
Kissoon, Katie 104
Kistenmacher, Bernd 257, 341
Klaus der Geiger 412
Klaus & Klaus 390
Klebe, Giselher 305
Kleist, Heinrich von 166
Klemm, Dieter 399
Klemt, Peter 103
Klick, Roland 469
Klopprogge, Axel 453, 460
Kluge, Alexander 129, 213
Kluster 7, 143, 264, 343, 439
Knaup, Renate 153, 158, 163–4, 166, 167, 170, 172–3, 327–9
Knieper, Jürgen 213
Kochbek, George 465
Koenig, Aaron 477
Kohl, Helmut 471
Kollektiv 380
Kolle, Oswalt 129
Koller, Hans 65–6, 77, 156, 252, 390
Komkol 412
Kongshaug, Jan Erik 255–6
König, Gottfried Michael 305
König, Theo 399
Konitz, Lee 77
Körber, Günter 248, 283, 352, 380, 385
Korduletsch, Jürgen S. 170–2
Korner, Alexis 270
Körner, Theodor 447
Korngold, Erich Wolfgang 23
Körting, Heikedine 112
Koschmider, Bruno 85, 96
Koshi, Miharu 467
Kosmonautentraum 454
Köster, Bettina 453
Kowald, Peter 66, 245
Kraan 221, 230, 233–5, 238, 357, 435, 443
Kraftwerk 5, 11–3, 15–6, 21, 82, 143, 218, 220, 228–32, 234–5, 237–40, 242, 247, 257–8, 264–6, 276, 301, 307, 310, 337, 344, 346–7, 349, 351, 358–76, 382, 384, 386–7, 418, 427, 431, 435, 466–7, 474, 489–94, 496, 505
Kramer, Su 181
Kranemann, Eberhard 359, 368, 378, 387
Krause, Bernie 314
Krause, Dagmar 391
Krauser, Erlend 104
Kraushaar, Wolfgang 204, 209, 221, 444, 448–9
Kraus, Peter (Twist Boys) 43–4, 442
Krauts, The 143
Kravetz, Jean-Jacques 391, 394, 442
Krawinkel, Gert „Kralle" 462
Kreidler 411
Kreisler, Georg 64
Kretschmer, Carola 394
Kreutzfeldt, Hans Joachim 100
Kriegel, Volker 239, 253, 414, 438–9, 461
Krischke, Wolfgang 164
Kristina, Sonja 316
Kriwet, Ferdinand 375
Krokodil 151–2
Krüger, Frank Jürgen „Eff Jott" 461
Krüger, Hans-Joachim 365, 367
Krüger, Klaus 335
Krupps, Die 454
Kübler, Olaf 51, 82, 152, 154–7, 163–4, 167–8, 170, 178, 322, 327, 360, 393–5
Kühn, Joachim 253
Kuhn, Paul 37
Kühn, Rolf 65, 253
Kukuck, Thomas 392
Kumo (Podmore, Jono) 196
Kuno & The Marihuana Brass 106, 298
Kunze, Heinz Rudolf 333

Kunzelmann, Dieter 136
Kunze, Michael 118, 417, 481, 485
Kupferberg, Tuli 274
Kurras, Karl-Heinz 136
Kurtág, György 254
Kwaku Baah, Reebop (Anthony) 178

L

La Bouche 11
Lachenmann, Helmut 211–2
Lacrimosa 408
La Düsseldorf 230, 238, 382–3, 385, 431
Ladybirds, The 425
Lage, Klaus 257
Lake 113, 233, 238, 338, 389–90
Lakomy, Reinhard 334
Lampe, Hans 347, 366, 381, 383, 385
Lamprecht, Günter 437
La!Neu? 385
Lang, Fritz 21, 22, 166, 330, 356, 484
Langhans, Rainer 136, 324
Lanrue, R.P.S. (Ralph Peter Steitz) 403
Lars Reichow Bigband 416
Laserium 322, 334
Lask, Ulrich P. 254
Last, Hans „James" 10, 15, 49, 102–5, 107, 111–2, 114, 119, 237, 296, 315, 389, 394
Lava 380
Lea & Chess 425
Leanders, Zarah 413
Leandros, Leo 34
Lear, Amanda 485
Leary, Timothy 126, 281–6, 289–91, 293, 297
Lebowitz, Fran 18
Leckebusch, Michael „Mike" 10, 424, 426–7, 441
Ledbetter, Huddie 98
Led Zeppelin 223, 258
Leedy, Douglas 311
Lehndorff, Gottliebe von 324
Lehndorff, Veruschka von 324
Lehn, Erwin 65
Leidecker, Jon 356
Leinemann 396
Leitner, Olaf 435
Lemke, Klaus 66
Lenin, Wladimir Iljitsch 203
Lennon, John 318, 324, 331, 468
Lenz, Günter 414
Leopold, Peter 148, 160, 163, 166, 167
Leopold, Ulrich 147
Lesh, Phil 307
Les Percussions de Strasbourg 120
Lettmann, Gerlinde „Gille" (Sternenmädchen) 250, 269, 280–2, 284–95, 300
Lewis, George 66
Lewis, Jerry Lee 42
Leyton, John 33
LFO 491
Lieberberg, Marek 219
Liebermann, Rolf 390
Liebezeit, Hans „Jaki" 67, 119, 175, 177–9, 182, 185, 187, 191, 197, 357–8, 361, 377, 384, 439, 492
Lied des Teufels 412
Lietz, Peter 70
Ligeti, György 10, 174, 305, 389
Lilac Angels 385
Liliental 357
Limbus 4 275
Lindenberg, Udo (Panikorchester) 116, 238, 264, 389, 391–7, 421, 429, 469
Lindgren, Astrid 264
Lind, Hera 480
Lindlau, Dagobert 297
Linges, Monika 254
Lion, Margo 419
Lippegaus, Karl 194
Lippmann, Horst 219
Lisken, Gerd 416
Little Steven (Van Zandt, Steve) 430
Littmann, Corny 407
Liverbirds, The 87, 102, 425
Lixfeld, Elke 81, 342
Loch, Siegfried E. „Siggi" 10, 90–1, 102, 144–5, 150, 155–7, 163, 170, 181, 239, 275
Lockwood, Sir Joseph 251
Loef, Frank 485
Lokomotive Kreuzberg 412
Lolita 37
London Symphony Orchestra 172
Long, Robert 421
Lords, The 70, 97–100, 107, 426
Lorenz, Peter 138, 207, 264
Lorre, Peter 23
Love Generation 117
Lovers, The 112
Low, Bruce 32
Löwenthal, Gerhard 401
Lucifer's Friend 107, 111, 113–4, 116, 234, 389, 394, 397, 469
Ludwig, Bob 500
Lunch, Lydia 454
Lüngen, Kurt „Zappo" 106
Lütticke, Heinz-Gerd 238, 243
Lynyrd Skynyrd 373
Lyttelton, Humphrey 251

M

Macchi, Egisto 141
Macero, Teo 186
Mack, Heinz 52
Mack, Reinhold 258
Mädchenorchester von Auschwitz 106
Maerz, Marion 98
Maessen, Hubert 280–1
Maffay, Peter 172, 472
Magics, The 98
Mahavishnu Orchestra 423
Mahler, Gustav 303, 504
Majewski, Hans-Martin 310
Malanga, Gerard 162
Malmkvist, Siw 98
Mandrake 485
Mangelsdorff, Albert 51, 77, 219, 253, 389
Manhattan Transfer 409
Mann, Klaus 121–2, 124, 405
Mann, Manfred 33
Mann, Thomas 121
Manson, Charles 133
Mantler, Michael 244
Manuela 98, 226, 274
March, Peggy 134
Marcuse, Herbert 432
Marcus, Jürgen 181, 419
Marquard, Jürg 125
Marshall, John 175
Martino, Al 48
Marusha 250
Marx, Karl 203, 400
Material 454
Mayall, John (& his Bluesbreakers) 424
Mays, Lyle 474
McCartney, Paul 85, 92
McGlory, Mary 102
McGuinn, Roger (Thunderbyrd) 314, 430
McKee, Robert 36
McLaren, Malcolm 452–3
McLean, Penny 118
McLuhan, Marshall 123, 126, 159
Meat Loaf 258
Meek, Joe 34, 50, 99, 250–1, 425
Megaton 107
Meid, Lothar 51, 117, 143, 152, 166, 168–70, 172–3
Meinecke, Ulla 394
Meinhof, Ulrike 16, 136, 138, 204–7, 209, 211, 274
Meins, Holger 210
Meisel, Peter 10, 98, 112, 145–7, 153, 257, 270, 274–8, 280, 284, 298, 329, 330–1
Meisel, Sven 257
Meisel, Thomas 145, 257
Meisel, Will 257
Meistersinger 391
Menge, Wolfgang 184, 202
Mertens, Hans-Otto 264
Metheny, Pat 77, 253–5, 390
Meuser, Hans-Georg „Micki" 482
Meyer-Eppler, Werner 76
Mey, Reinhard 206, 392
Michels, Wolfgang 247–8
Mikulski, Bernhard 294
Milestones 410
Mille, Frank 106
Miller, Glenn 31, 395
Milli Vanilli 11, 359
Mina 37
Missus Beastly 245, 351
Mitchell, Joni 126
Mitscherlich, Margarete 62
Mittagspause 454
Möbius, Gert 408
Möbius, Peter 408
Moch, Manfred 104
Moebius, Dieter 143, 220, 343–9, 351–3, 356–7

Moebius, Irene 356
Moebius & Plank 356
Moebius & Tietchens 356
Moerlen, Pierre 120
Molcho, Sami 394
Möller, Irmgard 207
Mommartz, Lutz 375
Mondshine, Clara 240
Mönicks, Alfred 359
Monkees, The 314
Monk, Meredith 254
Monks, The 82, 256
Monopols, Die 384
Monroe, Marilyn 166
Mood Mosaic 425
Moody Blues, The 332
Moog, Robert A. „Bob" 311–2, 314, 318, 323, 336
Mooney, Malcolm 152, 176–7, 180, 182, 185
Moon, Keith 125
Moorman, Charlotte 53
Morawietz, Stefan 134
Morgenrot 257
Morgenschein 498
Morgenstern, Barbara 250
Mörl, Markus 460
Moroder, Giorgio 5, 33, 98, 117–8, 170, 257–8, 274, 315, 317, 319, 329–30, 380, 413, 493
Morrison, Van 430
Mossmann, Walter 412
Motherhood 66, 151
Mother's Finest 430
Mothers Of Invention 66, 122, 147, 270, 399
Moti Special 106
Mouskouri, Nana 36, 429
Mozart, Leopold 47
Mozart, Wolfgang Amadeus 47, 135
Mr. President 11
Mud 229
Mugabe, Robert 413
Müller-Hohls, Bettina 285
Müller, Jonny 392
Müller, Klaus D. „kdm" 461
Müller, Rosemarie „Rosi" 285, 290–1
Müller, Werner (Orchester) 117
Müller-Westernhagen, Marius 118, 264, 300, 397, 462, 469
Müller, Wolfgang 36
Münchener Freiheit 172
Münchner Lach- und Schiessgesellschaft 398
Münster, Clemens 159, 161
Murnau, Friedrich Wilhelm „F.W." 21–2, 484
Mussolini, Benito 464
Myhre, Wencke 107
Mythos 262, 276, 287, 339

N

Nachdenkliche Wehrpflichtige 453
Nakat, Lothar 120
Namlook, Pete 341
Nannini, Gianna 266, 384
Naura, Michael 77, 390, 392, 394
Nay, Joe 168
NDR-Bigband 102, 389, 394
Negra, Leila 35
Neidhart von Reuental 446
Nejadépour, Houschäng 239
Nektar 225, 229–32, 234, 262, 443
Nelson, Sandy 218
Nelson, Willie 33
Nena 11, 396, 407, 460
Néondian 383, 385
Nerke, Ursula „Uschi" 425, 427, 428
Nero, Paul (Sounds) 91, 360
Nervous Germans 482
Nettelbeck, Uwe 440–1
Neu! 242, 258, 264–5, 276, 347–8, 358, 361, 363, 376–82, 384–7, 390, 439, 442, 466, 492
Neuhaus, Gerrit 422
Neumeier, Manfred „Mani" 67, 162, 198, 221, 349, 351, 436–7, 439
Neundlinger, Beatrix 410
Neuss, Wolfgang 36
New Nektar 232
New Seekers 114
New Triumvirat 238
New York Dolls 428, 452
Nice, The 93–4
Nicholson, Jack 324
Nichols, Roger 473
Nico 274, 381
Nicols, Maggie 254
Niedecken, Wolfgang 468
Nietzsche, Friedrich 36
Nixon, Richard 53, 126
Nomi, Klaus 429, 462–3
Novalis 115, 120, 217, 238, 380, 389, 442
Novalis (von Hardenberg, Georg Philipp Friedrich) 148
Noya, Nippy 321
Nüchtern, Rüdiger 153, 158–62, 170
Numan, Gary 491

O

Obermeier, Uschi 146, 298
O'Brien-Docker, John 117, 391
O'Connor, Hazel 465
Odin 394
Ofarim, Abi 180–2
Ofarim, Esther 180, 429
O'Hara, John (& The Playboys) 425
Ohnesorg, Benno 136, 138
Oktober 408–10
Olaf, Tim 442
Oldemeier, Lutz 351
Oldfield, Mike 120, 248, 364, 369–70, 443, 486
Omega 234
Omi 11
Ones, The 82, 91, 143, 343
Orange Peel 82
Orange Surprise 407
Orchester der Münchner Kammeroper 141, 321
Orchestral Manoeuvres In The Dark 488
Orff, Carl 447
Organisation 143, 264, 359
Original Naabtal Duo 474
Orloff, Peter 411
Oscar's Trio 65
Osibisa 107
Os Mundi 407, 422
Ostbahn-Kurti & Die Chefpartie 411
Osterwald, Hazy (Sextett) 32, 36
Ougenweide 438, 446–50
Our Gang 106
Out Of Focus 439

P

Pabst, Georg Wilhelm 22
Packard, Vance 123
Paethe, Manfred 343
Page, Patti 33
Pahlavi, Schah Mohammad Reza 135
Paik, Nam June 52, 380, 429
Palais Schaumburg 454
Palermo, Blinky 82
Pallat, Nikel 277–8, 405–6
Panther 412
Pappert, Johannes „Alto" 357
Parker, Graham (& The Rumour) 430
Pärt, Arvo 254
Parzival 264
Passport 117, 168, 234, 256, 262, 393
Pasveer, Kathinka 261
Patterson, Archie 288
Paul, Les 376, 442
Paul VI. (Papst) 279
Peake, Mervyn 196
Peanuts, Die 99
Pearl, Minnie 75
Peel, John 82, 239–40, 333, 488
Pegasus 106–7
Pell Mell 262
Pepperoni, Toni 106
Percewood's Onagram 247
Peron, Jean-Hervé 143
Pérotin 254
Petards, The 151
Peter, Paul & Barmbek 412
Petersen, Wolfgang 202, 469
Peterson, Oscar 65–6, 252
Petrel, Peter 396
Pet Shop Boys 491
Peysang, Ursula 418
Phantoms, The 359
Pichler, Peter 311
Piene, Otto 52
Pieper, Werner 293, 295
Pietsch, Rainer 117
Pike, Dave (Set) 253, 439
Pink Floyd 99, 167, 282
Pink Mice, The 113
Piper, Tommi 172
Pissoff 359
Pitney, Gene 481
Plan, Der 454–5

Plank, Konrad „Conny“ 10, 144, 178, 194, 236, 252, 258–61, 264–8, 276, 343–4, 349, 356–7, 359, 362, 364–6, 368–9, 375–7, 379–84, 386, 389–90, 393, 402, 461, 464
Plank, Stephan 268
Platz, David 176
Platzek, Günter 315
Poe, Edgar Allen 484
Polanski, Roman 133
Police, The 322, 428, 430
Polke, Sigmar 82
Pomus, Doc 114
Ponty, Jean-Luc 151–2
Pookah 151
Popcorn Makers 489
Pop, Iggy 488
Popol Vuh 142, 170, 213, 276, 287, 319, 323–9, 344, 436, 492
Portishead 431
Pousseur, Henri 51, 302, 305
Powell, Baden 252
Praunheim, Rosa von 420
Presley, Elvis 33, 41–2, 69, 87
Preston, Denis 250, 251
Prestons, Mike 33
Price, Broderick 82, 342
Prinzen, Die 284
Probst, Christoph 61
Propaganda 458
Propeller 106
Protschka, Josef 305
Przygodda, Peter 184
Psy Free 343
Public Image Ltd. 488
Pudelkow, Heiner 421
Purcell, Henry 463

Q

Quant, Mary 122
Queen 258
Quick, Benny 109
Quick, Joe 152
Quicksilver Messenger Service 145
Quinn, Freddy 37–8, 134

R

Raabe, Max (Palastorchester) 49
Raben, Peer 213
Radierer, Die 454
Rahn, Lutz 115, 442–3
Rainbows, The 363
Raka, Prinz Agùng 321
Rambo Zambo Bluesband 359
Rammstein 12, 257, 359, 413
Ramses 236
Ramsey, Bill 130
Randy Pie 106, 233, 238, 338–9, 389–90, 397, 435
Raspe, Jan Carl 136, 207, 209
Rattles, The 70, 87, 94, 97–8, 100–2, 106–7, 109, 111, 298, 339, 389, 426, 485
Rau, Fritz 219, 394
Raukes, Dorothea 386–7
Rautenberg, Kai 415
Real Ax Band 390
Real McCoy 11
Rebel 113
Reed, Lou 351, 391
Rehm, Dieter 255
Reich, Steve 175, 254, 416, 441
Reich, Wilhelm 203
Reichel, Achim 94, 100–2, 105, 389, 438, 443, 447
Reichelt (Rrr), Moritz 454
Reinders, Ralf 138
Reiser, Rio 112, 278, 403–4, 407–8, 421
Reitz, Edgar 52, 129, 213
Release Music Orchestra 461
Remmler, Stephan 462
Remo Four, The 426
Rentnerband 396
Resetarits, Lukas 410
Resetarits, Willi 410–1
Revelers 338
Revere, Paul (& The Raiders) 114
Rheingold 266, 348, 384, 386, 469, 483
Richard, Cliff 33, 86
Richard, Little 42, 87, 90, 100
Richter, Gerhard 82
Richter, Ilja 286, 428–9
Richter, Janina 429
Riechmann, Wolfgang 347, 361, 385–6
Riedl, Anton 51
Rief, Beatrix 82, 342
Riefenstahl, Leni 26
Riegel, Hans Peter 149
Righteous Brothers 144
Riley, Terry 123
Riot Squad 99
Rivets, The 87, 89, 94, 106, 298
Rocking Stars, The 109
Roedelius, Christine Martha 347
Roedelius, Hans-Joachim 5, 7, 81, 136, 143, 220, 267, 342–9, 351–6, 361, 467
Roedelius, Rosa 347, 349
Roeg, Nicolas 331
Rogner, Falk 153, 163–4, 166–7
Rollicks, The 117
Rolling Stones, The 40, 45, 69, 99–100, 112, 114, 219, 258, 334, 433, 468, 485
Ronny 37, 424
Roos, Mary 118, 315
Rooyens, Bob 427
Roper, Will 355
Rosenberg, Marianne 419
Roski, Ulrich 392
Rossacher, Hannes 479
Ross, Erwin 86, 95
Rote Rübe 407
Roth, Claudia 407
Rother, Michael 238, 264, 347–54, 357–9, 361, 363, 369, 376–8, 380–2, 384–6, 390–1, 443, 466
Rotzkotz 454
Roussos, Demis 485
Roxy Music 350, 428
Roza, Lita 33
Rubens, Peter Paul 86, 95
Rubettes 421
Rüchel, Peter 430
Rückriem, Ulrich 183
Rudolf Rock & die Schocker 113, 394
Rugenstein, Hermann „Rugy“ 111
Rühmann, Heinz 31
Rumpf, Inga 117, 234, 262, 391, 394, 442
Runge, Christa 343
Ruttmann, Walter 26
Rützel, Ulrich 277, 280, 310, 474
Ryan, Barry 424
Rypdal, Terje 253, 390
Ryrie, Kim 473

S

Sachs, Gunter 320
Sagan, Carl 123
Sakamoto, Ryuichi 467
Sala, Oskar 308–11
Sanders, Helma 129, 184
Sanders, Pharoah 244
Santana 224, 341, 427
Satin Whale 460
Saville, David 47
Schaab, Vincent 159
Schaak, Boris 81, 342
Schabowski, Günter 495
Schaeffer, Roland 437
Schaeffers, Willi 38
Schamoni, Thomas 184
Schaumburger Hofsänger 57
Schepior, Michael 261
Schiffer, Marcellus 419–20
Schilling, Peter 11
Schily, Otto 274
Schirz, Verena 82, 342
Schittenhelm, Julius 147
Schleyer, Hanns Martin 206–7
Schliemann, Heinrich 404
Schlippenbach, Alexander von 67, 245
Schlöndorff, Volker 129
Schmeißer, Jürgen 276
Schmetterlinge 408–11
Schmidt, Helmut 206–7
Schmidt, Hildegard 176, 178–80, 182, 250
Schmidt, Irmin 174–80, 183–6, 190–1, 195–7, 307, 309, 338, 360, 433, 436
Schmidt, Markus 399
Schmidt, Willy 156
Schmid, Wolfgang 117
Schmoelling, Johannes 334
Schnebel, Dieter 51
Schneewittchen 412
Schneider-Esleben, Claudia 361
Schneider(-Esleben), Florian 13, 137, 218, 257, 310, 351, 359–60, 363, 365, 368, 379
Schneider-Esleben, Paul 360
Schnitzler, Conrad 81–2, 143, 343–4, 355, 406
Schober, Ingeborg 153–4, 158, 162, 171, 236, 240, 333, 350, 431

Schobert & Black 392
Schock, Rudolf 113
Schoener, Eberhard 5, 141–2, 154, 159, 256, 317–24, 329–30, 332, 390, 436, 457, 463, 465, 493
Schoener, Stefanie 318
Scholl, Hans 61
Scholl, Sophie 61
Schoof, Manfred 67, 175, 439
Schrade, Hans 90
Schreiber, Bernd 386
Schroeder, Bernd 437
Schroeder Roadshow 412, 421
Schroyder, Steve 282
Schubert, Franz 13, 366, 422, 467
Schult, Emil 365, 367, 371
Schultze, Kristian 168, 232, 330
Schulze, Klaus 178, 238, 257, 262, 281, 285, 290, 326, 336, 339–41, 343, 359, 386, 443, 457, 461, 465, 475, 479
Schulzke's Skandaltrupp 397
Schulz, Klaus 412
Schumann, Coco 24
Schwab, Siegfried 319, 321
Schwaner, Teja 373
Schweiß, Hans 386
Schweizer, Irène (Trio) 66–7, 162, 439
Schwers, Alex 411
Schygulla, Hanna 324
Scorpions 11–2, 233, 238, 258, 263, 265, 434
Scott, Christopher 314
Scott, Tom 104
Screaming Lord Sutch 50, 69, 87
Searchers, The 87, 91
Seelos, Ambros 117
Seesselberg 439–40
Seesselberg, Eckhardt 439
Seesselberg, Wolf-Jürgen 439
Seger, Bob (& The Silver Bullet Band) 396
Seidel, Wolfgang 403, 406
Seiler, Burkhard 454
Serfas, Dieter 143, 153, 155
Séverine 418
Sexauer, Manfred 428
Sex Pistols 451–3
Shankar, Ravi 445
Shapiro, Helen 33
Sharades, The 425
Shearing, George 252
Shelton, Anne 33
Shepp, Archie 244
Sheridan, Tony 44, 87, 89, 249
Shouters, The 117
Shrieve, Michael 341
Sichtermann, Kai 403
Sievernich, Christoph 81, 342
Silberbart 111, 239, 462
Silver Convention 11, 118, 359, 485
Sinatra, Frank 48, 128, 145
Sir Douglas Quintet 330
Sixty-Nine 239
Sklar, Leland 218
Skolimowski, Jerzy 184
Skrjabin, Aleksandr 322
Slade 229
Slick, Grace 164
Sloterdijk, Peter 28, 199
Small Faces 426
Small, Millie 91
Smash, Johnny 112
Smith, Patti 430
Snap 11
Snowball 232
Soft Cell 491
Soft Machine 239, 427, 441
Sogenanntes Linksradikales Blasorchester 412
Sohl, Hans-Günther 401
Solm-Brothers 442
Sommer, Birgit 106–7
Sonic Youth 454, 492
Sonny & Cher 426
Soulful Dynamics, The 107
Sounds Incorporated 425
Southside Johnny & The Asbury Jukes 411
Soyfer, Jura 411
Spandau Ballet 428
Sparifankal 245, 412
Spector, Phil 144, 185, 251
Sperrmüll 380
Spiegel, Laurie 311
Spier, Bernd 130
Spinach 330
Spinning Wheel 113
Spirit 430
Spirit Of Sound 347, 361
Spliff 407, 413, 487
Spoerri, Bruno 175, 196
Spoliansky, Mischa 419
Spooky Tooth 94
Spotnicks 485
Springfield, Dusty 112
Springmann, Baldur 213
Springsteen, Bruce 373, 430, 468
Sprung aus den Wolken 454
Städtler, Dick 399
Staiger, Bodo 384, 469
Stanley, Owsley 300
Starr, Ringo 351
Stars, The 112
Stauffer, Teddy (und seine Original-Teddys) 25
Steele, Tommy 41
Steeleye Span 446
Steely Dan 233, 339, 473
Steffen, Arno 229, 384
Steiner, Rudolf 148–9
Stein, Gerd 158
Steinhauser, Harald 485
Stephan, Steffi 394
Stevens, Ray 367
Stewart, Rod 102
Sting 322, 425, 429, 465
Stockhausen, Karlheinz 10, 52, 76–7, 157, 174–6, 194, 196, 261, 302–8, 313, 316, 324, 340, 429
Stockhausen, Markus 239
Stonewall 113
Story, Tim 356
Storz, Erich 47, 117
Strand, The 452
Strassenjungs 453, 460
Streetmark 386
Strobel, Heinrich 77
Ströer, Hans Peter 321
Studer, Fredy 239
Subotnick, Morton 311
Suicide 454
Sullivan, „Big" Jim 104
Summer, Donna 118, 181, 319, 329–30
Summers, Andy 321–2
Sun Ra 244
Sunshine Band 106
Supremes, The 33
Süverkrüp, Dieter 392
Suzuki, Kenji „Damo" 119, 177, 179–80, 182, 185, 190
Swans 454
Swapo Singers 413
Sweet Smoke 225
Sweet, The 229, 286
Syberberg, Hans-Jürgen 166
Sylvian, David 194

T

Tabor, Charlie 51
Talking Heads 264
Tallis, Thomas 303
Tame & Maffay 258
Tangerine Dream 15, 82, 91, 143, 146, 153, 156, 180, 236–8, 242, 257, 262, 270, 274–6, 288, 290, 325–6, 331–6, 339–40, 343, 355, 359, 386, 389, 433–5, 439, 442, 457, 465, 475, 488, 493, 497, 505
Tanned Leather 117
Tanzorchester des Südwestfunks 65
Tanzorchester ohne Namen 46, 49
Tarantino, Quentin 104
Tarrach, Reinhard „Dicky" 102
Tati, Jacques 213
Taylor, Cecil 244
Taylor, Kingsize 87
Tcherepnin, Serge 176
Teller Bunte Knete 412
Tenth Planet 177
Teschner, Hajo 111–2
Tetley, Glen 365
Teufel, Fritz 136
Thiele, Christian „Shrat" 147, 166
Thirsty Moon 380
Thomas, Peter (Sound Orchestra) 50–1
Thon, Franz 46
Thunderbeats 117
Tiepold, Wolfgang 341
Tietchens, Asmus 241, 316, 353, 355–7, 391
Tiger B. Smith 453
Tinner, René 384
Tizian 159
Todd, Teddy 112
Tödliche Doris, Die 454
Toelle, Tom 184
Tolkien, J.R.R. 285, 445
Tölzer Knabenchor 321–2
Tomita 332
Tomorrow's Gift 258
Tone Band 113
Tonics, The 111–2, 462
Ton Steine Scherben 112, 222, 224, 245, 277–8, 399, 403–8, 412, 421–2, 443, 459
Tony (Oberdörffer, Man-

fred) 111, 462
Tony & The Kingtones 113
Torfrock 390, 397
Tornados, The 49, 87
Toten Hosen, Die 454
Toto 233
Towner, Ralph 255
Traffic 178
Trautwein, Friedrich 309
Travis, Dave Lee 426
Traxler, Hans 471
Trenkler, Winfried 167, 239, 344–5, 350, 358, 387
Trepte, Uli 67
T. Rex 229, 286
Tri Atma 390
Tribute 120
Trio 12, 462, 474
Triumvirat 229, 238, 488
Truck Stop 389, 397
Trülzsch, Holger 156, 324, 326–7
Tschaikowsky, Peter 47
Tubes 412
Tucholsky, Kurt 23, 61
Tudor, David 51–2
Twiggy 122
Tyndall 475

U

U2 266
Uecker, Günther 52, 375
Ulbrichs, Lutz „Lüül" 257
Ultravox 194, 266, 384, 488
United Jazz + Rock Ensemble 438
United States of America, The 125, 311
Unverdorben, Ingrid 396
Ure, Midge 428
U-She 195
Utopia 168–9

V

Vader Abraham 105
Valente, Caterina 11, 33, 35, 442
Valentino, Henry (& Uschi) 418
Valéry, Paul 254
Valhalla 151
Vanilla Fudge 94, 215
Vasel, Marianne 47
Vaughn, Billy (Orchestra) 34
Veit, Conny 327
Velvet Underground, The 147–8, 162, 381
Venture Five 112
Viebahn, Fred 272
Village People 421
Vincent, Gene 87
Vincent, Paul 393
Virus 264
Visage 428
Vogel, Peter 473
Volks-Musik 222, 412
Voormann, Klaus 462
Vorschlaghammer 412
Vostell, Wolf 52

W

Waalkes, Otto 264, 394
Wader, Hannes 206, 270, 392, 412
Waffenschmidt, Friedrich Wilhelm „Fritz" 248
Wagner, Richard 15
Waits, Tom 391
Waldron, Mel 245, 253
Waldthausen, Bettina von 323–4, 326, 328, 329
Wallace, Edgar 51, 309
Wallenstein 262, 276, 287, 289, 290
Walters, Keith 231
Walther, Gitta 117–9
Walther von der Vogelweide 446
Walton, Raoul 384
Warhol, Andy 274, 378–9, 493
Warwick, Dionne 33
Wath Tholl 162
Watson, Derek 104
Watts, Ernie 104
Waves 214, 472
Weather Girls 104
Weber, Eberhard 66, 414
Wecker, Konstantin 412, 416
Wedel, Robert „Robby" 319, 324, 330
Wefel, Karl-Heinz „Kalla" 409
Wegmüller, Walter 262, 291
Weibel, Peter 162
Weigel, Hans-Ulrich 298
Weihe, Peter 407
Weindorf, Hermann 485
Weintraub's Syncopators 23
Weinzierl, John 147, 153, 166–7
Weiss, Klaus 66
Weissleder, Manfred 10, 83–5, 87–93, 95, 101, 426
Weißleder, Manfred (Radsportler) 83
Weiß, Matthias „Ufo" 159–60
Weitz, Ann 386
Wellershaus, Klaus 148, 239
Wells, H.G. 166
Wendel, Bruno 248, 283
Wenders, Wim 159–61, 164, 184, 213
Wendland, Gerhard 420
Wenske, Helmut 82
Werding, Juliane 106, 298, 485–7
Westphal, Lorenz „Lonzo" 264, 394, 396
Westrupp, Walter 263, 275, 285, 294
Westwood, Vivienne 452
Who, The 400, 426, 430
Wicha, Hansjörg 51
Wieben, Wilhelm 425
Wiegand, Frank-Michael 246, 248
Wieland, Martin 256
Wiene, Robert 22
Wigman, Mary 121
Wilenand, Barney 439
Wilp, Charles 284
Wilson, Robert 391
Winter, Johnny 151, 430
Wippich, Bernd 394
Wippich, Freya 394
Wirtschaftswunder, The 454
Wiska, Alex 174
Witthüser, Bernd 270, 275
Witthüser & Westrupp 262, 276, 284–5, 290, 392, 438
Wojirsch, Barbara 255
Wolf, Donald 37
Wolfe, Tom 131, 300
Wolff, Anne de 250
Wollschon, Gerd 399, 438
Wonderland 11, 34, 94, 102, 104–7, 389
Wonder, Stevie 442
Wood, Brian 320
Wuermeling, Hendrik 271
Wulf, Ramona 118
Wunderlich, Klaus 442
Wunderwald 438
Würges, Paul 44, 109
Wyatt, Robert 413

X

Xhol Caravan 146, 274, 289
Xmal Deutschland 454
X-Pectors 461

Y

Yankees, The 425
Yankovich, „Weird Al" 367
Yatha Sidhra 439
Yazoo 491
Yello 474
Yellow Magic Orchestra 431, 467, 491
York, Pete 321
Young, La Monte 175
Yui, Miki 385
Yun, Djong 327
Yun, Isang 327

Z

Zacher, Rolf 166, 465
Zadek, Peter 394, 457
Zahl, Peter-Paul 411
Zahn, Peter von 259
Zamfir, Gheorghe 104
Zanki, Edo 258
Zappa, Frank 122, 125, 232, 270, 399, 434, 441
Zauner, Stefan 172–3
Zedong, Mao 203
Zeltinger Band 174, 421
Zeltinger, Jürgen 421
Zero 52
Zevon 151
Ziedrich, Eckehard „Ecki" 453
Zimmer, Hans 257
Zimmermänner, Die 454
Zint, Günter 83, 89, 95
Zodiac, The 314
Zuckowski, Rolf 113
Zupfgeigenhansel 266
Zuschrader, Harald 474
Zweistein 239, 428
ZZ Top 430

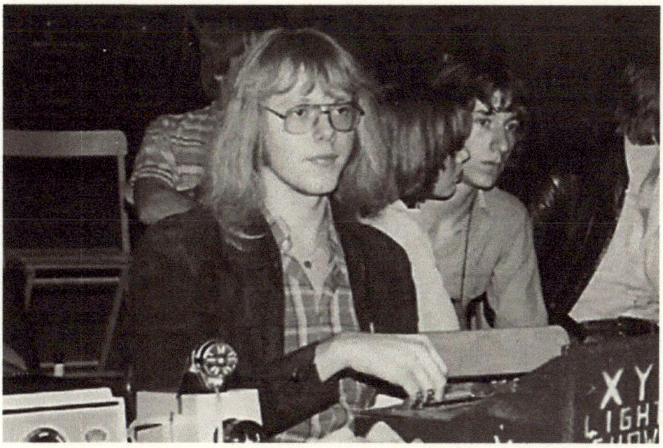

JAN REETZE

Geb. 1956, brachte Mitte der Siebziger einige Zeit an den Mischpulten der Hamburger Alster-Studios zu, war dann eine Zeitlang Industriekaufmann und studierte später Soziologie, Politikwissenschaft und Systematische Musikwissenschaft an der Universität Hamburg. Danach eher kurze Zwischenspiele am Institut für Soziologie der Uni Hamburg, in einem Markt- und Meinungsforschungsinstitut und als Geschäftsführer eines Musikverlages. Daneben arbeitet er seit 1987 als Buch-, Hörfunk- und Drehbuchautor. Er lebt heute mit seiner Frau in Pittsburgh, Pennsylvania.

Thorsten Breyer
Halvmall Verlag
Buntentorsteinweg 172
28201 Bremen

www.halvmall.de

Die englische Originalausgabe erschien 2020 ebenfalls bei Halvmall unter dem Titel „Times & Sounds“ (ISBN 978-3-9822100-0-1). Die deutsche Ausgabe folgte 2022 zuerst als Hardcover (ISBN 978-3-9822100-2-5).

Autor: Jan Reetze
Gestaltung, Illustration, Infografiken, Buchsatz: Thorsten Breyer
Lektorat, Korrektorat: Kira Molina
Druck: BALTO print (Utenos g. 41B, 08217 Vilnius)

Die Deutsche Nationalbibliothek verzeichnet diese Publikation in der Deutschen Nationalbibliografie; detaillierte bibliografische Daten sind im Internet über http://dnb.dnb.de abrufbar.

Dieser Titel ist ebenfalls als E-Book erhältlich
(ISBN 978-3-9822100-3-2)

1. Auflage 2024

Gedruckt in der EU
ISBN 978-3-9822100-6-3